中共中央政治局常委李长春宣布中国文字博物馆开馆

中共中央政治局委员国务院委员刘延东在国际博物馆协会第22届大会暨第25届全体会议上讲话

全国政协副主席孙家正参加“国宝中的国宝　大足石刻千手观音抢救性保护——千手基金启动仪式”

文化部部长蔡武在中国文化遗产日主场城市活动开幕式上

“众志成城　雷霆出击——全国重点地区打击文物犯罪专项行动成果展”开幕

国家文物局、国家海洋局关于合作开展水下文化遗产保护工作的框架协议签约仪式

国家旅游局、国家文物局旅游发展与文物保护战略合作框架协议签字仪式

国家测绘局、国家文物局战略合作协议签字仪式

国际博物馆协会第22届大会暨第25届全体会议

第二届全国青少年文化遗产知识大赛启动仪式

“春华秋实——
国家文物局六十年展”
开幕式

国务院第三次全国文物
普查领导小组办公室
第三次会议

全国文化文物系统
对口支援新疆工作会议

全国文物局长会议

浙江省人民政府、国家文物局
共建国家文化遗产保护科技区
域创新联盟签约仪式

国家文物局、湖北省人民政府
大遗址保护荆州片区共建协议
签字仪式

国家文物局、陕西省人民政府
合作共建彰显华夏文明历史文化
基地框架协议书签字仪式

国家文物局、甘肃省人民政府
合作加强甘肃文化遗产工作框架
协议签署仪式

全国文物安全工作部际联席会议第一次会议

全国文物安全与执法督察工作会议

湖北省召开全省开展严厉打击盗掘古遗址古墓葬犯罪专项行动电视电话会议

“大运河与海上丝绸之路”宁波论坛

中国文化遗产保护普洱论坛——茶马古道遗产保护

中国文化遗产保护无锡论坛——文化景观遗产保护

第七批全国重点文物保护单位评选会

水下文化遗产保护展示与利用国际学术研讨会

北海市被列为“国家历史文化名城”庆祝大会

第二届“中国历史文化名街”评选推介活动新闻发布会

世界文化遗产都江堰二王庙古建筑群灾后抢救保护工程竣工仪式

大遗址保护工作会议暨首批国家考古遗址公园授牌仪式

新疆北庭故城国家考古遗址公园建设启动仪式

中国考古学会第十三次年会——三峡考古发现与研究暨纪念夏鼐先生诞辰100周年

“南澳Ⅰ号”合作
协议签字仪式

国家水下文化遗产保
护青岛基地揭牌仪式

国家水下文化遗产
保护宁波基地、宁
波·中国港口博物馆
奠基典礼

世界文化遗产监测
管理工作会议

全国博物馆纪念馆
免费开放工作会议

全国博物馆文化产品
开发工作座谈会

全国民办博物馆发展
成都论坛

2010年国际博物馆日
主会场活动暨广东省博物馆
新馆开馆仪式

贵州省博物馆新馆
开工奠基仪式

纪念5·18国际博物馆日暨西安碑林新石刻艺术馆开馆仪式

秦始皇陵遗址公园开园仪式

“大三国志展”开幕式

“利玛窦——明末中西科学技术文化交融的使者”展览开幕式

天津博物馆三星堆特展开幕式

国家文物局划拨国家博物馆文物交接仪式

国家文物进出境审核四川管理处揭牌仪式

全国文物保护科技工作会议

“璀璨——良渚文化特展”
开幕式在台湾举行

海峡两岸文化遗产保护论坛——闽系红砖建筑的保护与传承

重走故宫文物南迁路活动

中埃签署《中华人民共和国政府与阿拉伯埃及共和国政府关于保护和返还从原属国非法贩运被盗文化财产的协定》

中华人民共和国国家文物局和厄瓜多尔共和国自然与文化遗产协调部2011年至2014年谅解备忘录签字仪式

国家文物局文物外事工作座谈会

驻华使节走进世界文化遗产活动

美国加州大学洛杉矶分校、北京大学、西北大学中美田野考古训练班现场发掘

第二届全国青少年文化遗产知识竞赛决赛现场

纪念鲁迅诞辰129周年中学生鲁迅作品诵读会

北京博物馆日活动：
博物馆致力于社会和谐——
促人文建设　创世界城市

《中国文物地图集》总结表彰会

薪火相传——中国文化遗产保护年度杰出人物颁奖典礼暨事迹报告会

国家文物局向玉树地震灾区捐款活动

美化避暑山庄环境 保护世界文化遗产 国家文物局植树活动

中国文物年鉴

CHINA CULTURAL HERITAGE YEARBOOK

2011

国家文物局　编

文物出版社

编辑说明

《中国文物年鉴》由国家文物局主编，各省（自治区、直辖市）文物行政部门、有关文博单位共同参与编纂，中国文物信息咨询中心承办，综合记述我国文物事业年度发展情况。

《中国文物年鉴·2011》反映我国文物、博物馆事业2010年的发展情况，分为图片、专辑、综述篇、分述篇、纪事篇和附录等部分。

《中国文物年鉴》的稿件、资料来自国家文物局各部门、各直属单位、各省（自治区、直辖市）文物行政部门以及国内相关文物机构，不包含香港、澳门特别行政区和台湾省的资料。

由于编辑水平所限，《中国文物年鉴·2011》编校工作难免存在不足，希望广大读者提出宝贵意见和建议。

编者

2012年12月4日

特约撰稿人

（按姓氏笔画顺序）

马凤霞	马永红	马晓丽	王大方
王大民	王协锋	王　铮	王晶晶
王增亚	孔翔跃	甘　伟	叶大治
叶　青	史　勇	司志晓	朱鸿文
乔静安	刘　杰	刘实民	刘柏良
刘　洁	刘　葳	许　鑫	孙　波
孙　鹏	杨圣云	杨　菊	杨　睿
李一兵	李　让	肖谋用	吴丽丹
吴　兵	何春平	宋　江	张伟明
张和清	张金梅	张复生	周　宇
周君生	赵耀双	胡秀杰	施晨艳
姚文中	贺占哲	徐秀丽	高梦甜
高智伟	高嵩巍	唐　炜	黄　元
黄宇星	戚　军	龚张念	彭冰冰
焦丽丹	鲁　蓉	谢宾顺	蔡　宇
樊慧君	黎吉龙	颜永树	

目　录

【特　辑】

重要文章、讲话

重要文献

重要公文

【综述篇】

【分述篇】

【纪事篇】

【附　录】

特　辑

重要文章、讲话

保护发展文化遗产 建设共有精神家园

李长春

（2010 年 6 月 12 日）

今年 6 月 12 日，是我国第五个文化遗产日。文化遗产日的设立，充分体现了我们党和国家对保护、发展文化遗产的高度重视，对于弘扬中华民族优秀传统文化、激发人民群众参与保护、发展文化遗产的热情，发挥了积极的推动作用。借此机会，我代表党中央、国务院，向为我国文化遗产事业作出重要贡献的老一辈文化遗产工作者致以崇高敬意，向全国广大文化遗产工作者表示诚挚问候，向关心和支持文化遗产事业发展的社会各界表示衷心感谢！

在我国 5000 年文明史中，勤劳智慧的中华民族创造了光辉灿烂的历史文化，留下了灿若群星、独具特色的文化遗产。这些珍贵的文化遗产是我们民族悠久历史的鉴证，是民族智慧的结晶、民族精神的象征，是民族生命力和创造力的重要体现，也是人类文明的瑰宝。保护好、传承好、利用好、发展好这些文化遗产，对于继承和发扬中华民族优秀传统文化，弘扬以爱国主义为核心的民族精神和以改革创新为核心的时代精神，维护国家统一和民族团结，推动社会主义文化大发展大繁荣，促进国际文化交流和人类共同发展，具有十分重要的意义。

党和国家历来高度重视对文化遗产的保护、发展工作。党的十六大以来，以胡锦涛同志为总书记的党中央从弘扬中华文化、发展社会主义先进文化的高度，将保护、发展文化遗产放到更加重要的位置，强调“扶持对重要文化遗产和优秀民间艺术的保护工作”。2005 年 12 月，国务院确定每年 6 月的第二个星期六为我国的“文化遗产日”。党的十七大进一步从中国特色社会主义事业“四位一体”总体布局的高度，提出兴起社会主义文化建设新高潮、推动社会主义文化大发展大繁荣的战略任务，突出强调弘扬中华文化、建设中华民族共有精神家园的重要性，强调“加强对各民族文化的挖掘和保护，重视文物和非物质文化遗产保护”。几年来，党和国家制定出台了一系列关于文化遗产保护的重大政策措施，修正《中华人民共和国文物保护法》、公布施行《长城保护条例》、印发《关于加强文化遗产保护的通知》和《关于加强我国非物质文化遗产保护工作的意见》等一系列法律法规和重要文件，不断加大对文化遗产事业的投入。各地区各部门认真贯彻中央决策部署，采取有效措施，扎实推进各项工作，文化遗产事业呈现蓬勃发展的可喜局面。主要表现在：文化遗产事业的基础工作进一步夯实，文化遗产保护能力建设明显加强；基本建设中的文物保护工作扎实推进，一批重要文物得到有效保护；博物馆事业蓬勃发展，免费开放工作取得明显进展，公共文化服务水平不断提高；非物质文化遗产保护卓有成效，逐步推向深入；对外交流与合作成绩斐然，有力推动了中华文化走向世界；文化遗产保护理念逐步深入人心，全社会积极参与势头方兴未艾。总之，文化遗产事业在保护中传承、在开拓中前进，有效发挥了咨政育人、传承文明、普及知识、丰富生活的作用，为提高全民族思想道德素质和科学文化素质，扩大中外文化交流，增强中华文化国际影响力作出了重要贡献。

当前，党和国家各项事业发展站在了一个新的历史起点上，我国社会主义文化建设面临着进一步繁荣发展的良好机遇。加快文化遗产保护和发展的步伐，是深入贯彻落实科学发展观、促进经济社会又好又快发展的迫切需要，是弘扬中华民族优秀传统文化、传播社会主义先进文化、推动社会主义文化大发展大繁荣的迫切需要，是满足人民群众日益增长的精神文化需求、提高全民族思想道德素质和科学文化素质的迫切需要，是增进民族团结、维护国家统一和社会稳定的迫切需要，是提高国家文化软实力、增强中华文化国际影响力的迫切需要，是维护世界文化多样性和创造性、促进人类共同发展的迫切需要。必须清醒地认识到，与全面建设小康社会的新要求相比，与人民群众日益旺盛的精神文化需求相比，与传承中华文明的事业需要相比，保护、发展文化遗产的任务依然十分繁重。我们必须充分认识文化遗产事业面临的新形势新任务，自觉肩负起历史和时代赋予我们的神圣职责，坚持服务于党和国家工作大局，坚持“保护为主、抢救第一、合理利用、加强管理”的文物工作方针和“保护为主、抢救第一、合理利用、传承发展”的非物质文化遗产工作方针，坚持以人为本、服务群众，坚持与时俱进、开拓创新，加快推进文化遗产强国建设，在新的起点上推动文化遗产事业实现新的跨越。

第一，围绕中心、服务大局，不断提高文化遗产事业对促进经济社会发展的贡献。经济社会发展是保护、发展文化遗产的基础和前提，保护、发展文化遗产是经济社会发展的重要内容和有力支撑。加强文化遗产的保护和发展，对于改善生态环境、优化城乡面貌、彰显地域魅力、促进经济社会发展，具有重要作用。特别是文化遗产作为文化产业和旅游产业的重要资源，在培育国民经济新的增长点、带动现代服务业发展等方面发挥着不可替代的作用，对促进经济增长、加快经济发展方式转变的贡献越来越大。要把保护、发展文化遗产与促进经济发展结合起来，合理利用文化遗产的宝贵资源，加快发展文化产业，积极开发旅游业，打造国内外知名的文化和旅游品牌，提高衍生产品和配套服务质量，使文化遗产成为促进经济发展的新亮点。要把保护、发展文化遗产与城乡建设结合起来，既加强对文化遗产的抢救保护，又充分展示城乡蕴藏的独特历史文化内涵，并在新的历史条件下不断丰富和发展，增强城乡的吸引力和影响力。要把保护、发展文化遗产与改善环境结合起来，不仅注重对文化遗产本体的保护，还要关注对文化遗产依存的生态环境的保护，通过国家考古遗址公园、文化生态保护区建设等模式，既实现对文化遗产的整体性保护，又为人民群众创造良好的生活环境。

第二，突出思想内涵、强化教育功能，充分发挥文化遗产在开展爱国主义教育方面的重要作用。文化遗产承载着中华民族的辉煌历史，铭刻着中华民族的伟大创造，是弘扬优秀传统文化、开展爱国主义教育的重要载体。要把保护、发展文化遗产与开展群众性爱国主义教育相结合，充分利用文化遗产丰富的历史和革命文化资源，不断赋予其新的时代内涵，生动展示中华民族丰富的历史文化遗产和灿烂的文明进步成就，展示中国人民在中国共产党领导下创造美好生活、实现中华民族伟大复兴的艰辛历程和辉煌成就，弘扬以爱国主义为核心的民族精神和以改革创新为核心的时代精神，不断激发全社会的爱国热情和民族自尊心、自信心、自豪感。要把保护、发展文化遗产与开展民族团结宣传教育相结合，深入发掘自古以来各民族友好交往、相互融合的重要史实，充分反映中华民族大家庭血脉相连、血浓于水的深厚情感，反映新中国成立60多年来民族地区繁荣发展的生动实践，切实增强各民族的认同感和凝聚力、向心力，共同维护民族团结的大好局面。要把保护、发展文化遗产与弘扬传统文化、传播先进文化相结合，深入挖掘文化遗产的文化内涵，通过丰富的展品、高品位的展览，以及各种形式的群众性节日活动和文化遗产进校园、进社区等活动，使更多的群众增长知识、愉悦身心、陶冶情操、升华情怀。要把保护、发展文化遗产与加强青少年教育相结合，进一步密切文化遗产单位与学校的联系，建立文化遗产保护发展与学校教育、课外活动和社会实践的有机衔接，寓教于乐，寓教于游，使文化遗产成为提高青少年综合素质的重要渠道。要把保护、发展文化遗产与开展红色旅游相结合，深入挖掘文化遗产中的红色文物、红色文艺等资源，拓展红色旅游的内容，丰富红色旅游的思想内涵，创新展陈和服务方式，不断增强红色旅游的吸引力和感染力。

第三，以人为本、关注民生，推动文化遗产保护成果最大限度地惠及全体人民，丰富人民群众精神文化生活。人民群众是文化遗产的所有者、鉴赏者和传承者。文化遗产保护必须紧紧依靠人民群众，文化遗产保护成果必须惠及全体人民，这是实现文化遗产价值的现实需要，也是保护、发展文化遗产的根本目的。要把保障人民基本文化权益摆在文化遗产工作的首要位置，加大对公共博物馆、大遗址保护项目、重要文化遗产展览等的投入，实施重大文化遗产工程，向全社会提供更多优质便捷的公共文化鉴赏服务。要进一步深化博物馆免费开放工作，各类博物馆、纪念馆、展览馆、烈士陵园等爱国主义教育基地，对青少年学生集体参观一律实行免票，强化服务意识，完善服务设施，充实服务内容，改进服务方式，把专业性和知识性、学术性和趣味性、科学性和观赏性有机结合起来，不断提高服务群众的能力和水平。要始终关注民生、改善民生、保障民生，无论在文化遗产考古发掘和保护修缮中，还是在历史文化街区和村镇的保护建设中，都要实现好、维护好、发展好最广大人民的根本利益，着力改善群众居住和生活条件，激发人民群众参与文化遗产保护的积极性、主动性、创造性，使文化遗产保护事业为民造福。

第四，深化改革、开拓创新，始终保持我国文化遗产事业的生机和活力。改革创新是加快我国文化遗产事业发展的强大动力。要大力推进观念创新，妥善处理文化遗产保护、传承、利用、发展的关系，既要保护、传承好文化遗产，又要利用、发展好文化遗产，在保护、传承的基础上充分利用、发展，通过利用、发展促进保护、传承。要大力推进科技创新，充分运用现代科学技术研究和修缮文化遗产，破解古代发明创造和工艺成果，提高文化遗产保护的科技水平。要大力推进展示方法创新，注重介绍文化遗产发掘过程、历史背景、相关历史人物故事等信息，注重再现传统生产技术和工艺流程，注重运用声光电等现代科技手段提高震撼力和视觉效果，注重增强参与性、互动性、体验性和趣味性，帮助人们深入了解和亲身体验中华文明的丰富内涵和独特魅力。要大力推进传播手段创新，积极推动文化遗产数字化，开设网上展览，特别是借助全国文化信息资源共享工程、校园网络和远程教育网络，使文化遗产辐射城镇、农村学校和边远地区，扩大文化遗产的影响力。要大力推进保护和传承方式创新，对具有重大历史价值的文化遗产，都要按照中央的要求，与经济建设、政治建设、文化建设、社会建设紧密地结合起来，对于有市场前景的，鼓励在国家政策支持下进入市场，特别是和发展旅游业紧密结合，开发文化产品，拓展服务项目，在与产业和市场的结合中实现传承和可持续发展，在参与创造物质财富和精神财富的实践中焕发新的生机和活力。这是最积极、最有效、最有利于文化遗产可持续发展的保护和传承方式。

第五，促进交流、走向世界，不断提高中华文化的国际影响力。国与国之间文化遗产展览交流是传播历史文化的重要途径，是展示国家形象、提高文化软实力的有效手段。要积极配合国家外交大局，扩大和深化人文交流与合作，推动与更多国家签署政府间文化遗产保护双边协定，开展更有深度和实质性内容的合作。要坚持“走出去”与“请进来”相结合，加强与国外文化遗产部门的交流合作，扩大对外文化遗产展览交流，加大展览宣传推介力度，向世界人民展示我国辉煌灿烂的文明成就与和平和谐的文化理念，增进世界各国人民对中华文化的了解，真正使文化遗产展览成为“中国走向世界、世界了解中国”的重要窗口。要以更加开阔的视野，汲取世界文化遗产保护、发展的有益成果，更好地推动我国文化遗产事业繁荣发展。要巩固和发展我国与相关国际组织和民间机构的关系，积极参与国际文化遗产保护行动和相关国际公约的制定，增强我国在国际文化遗产保护领域的话语权。

第六，加强领导、形成合力，努力营造全社会参与保护、发展文化遗产事业的良好环境。文化遗产事业作为文化建设的重要组成部分，是全社会的共同事业，必须充分调动各方面的积极性，努力形成文化遗产保护的强大合力和长效机制。各级党委政府要高度重视文化遗产事业的发展，充分认识文化遗产事业在经济社会发展中的重要地位和作用，切实把文化遗产保护、发展摆上更加突出的位置，纳入党委和政府的重要议事日程，纳入经济社会发展总体规划，纳入科学发展考核评价体系，与经济社会各领域工作一同部署、一同推进、一同督查，确保文化遗产工作的各项任务落到实处。要加大保护、发展文化遗产的投入力度，完善文化遗产保护经费增长机制，健全公共博物馆等文化设施免费开放的财政保障机制。宣传思想文化战线特别是各级文化、文物部门，要进一步增强加快文化遗产事业发展的责任感紧迫感，从本地区经济社会发展全局出发，理清发展思路，谋划发展战略，实施重大工程，更好地发挥文化遗产事业对推动经济社会发展的积极作用。要统筹规划博物馆发展布局，有条件的县可以根据本地资源优势，结合重大考古发现和文物保护需求，建设遗址博物馆，地市级中心城市重点建设特色性博物馆，省一级城市重点建设综合性博物馆，省会城市博物馆和省级博物馆要各有侧重，形成特色鲜明、布局合理的博物馆体系。要按照属地管理原则，落实文化遗产保护和管理责任，依法实施文化遗产保护和管理，切实加强文物安全防范设施建设、文物执法机构和队伍建设，确保文物安全和文化遗产事业有序发展。要加强文化遗产工作队伍建设，努力造就一批知识渊博、品质优秀、甘于奉献的专门型人才，一批敢于创新、善于创新的创新型人才，一批熟悉和掌握古代科技知识和传统工艺的专业型人才，一批善于运用现代科技手段保护和利用文化遗产的科技型人才，一批熟悉文化遗产工作、懂经营善管理的复合型人才，一批历史文化知识丰富、具有世界眼光、熟悉外语的外向型人才。要完善和落实社会力量捐赠公益性文化事业的政策措施，研究制定社会资金进入文化遗产保护领域的相关规定，鼓励引导更多社会资金投入文化遗产保护事业。要加强宣传普及工作，广泛介绍文化遗产知识，增强公民依法保护意识，积极培养文化遗产保护志愿者。营造保护文化遗产人人有责、文化遗产保护成果人人共享的社会环境，形成有利于文化遗产保护的舆论氛围。

文化遗产工作责任重大，使命光荣。希望广大文化遗产工作者坚持以邓小平理论和“三个代表”重要思想为指导，深入贯彻落实科学发展观，倍加珍惜我国文化遗产事业面临的大好机遇，开拓进取，奋发有为，努力开创文化遗产事业新局面，为推动社会主义文化大发展大繁荣，提高国家文化软实力，全面建设小康社会作出新的更大贡献。

在国务院第三次全国文物普查领导小组第三次（扩大）会议上的讲话

刘延东

（2010 年 6 月 22 日）

文物普查是国情国力调查的重要组成部分，是确保国家历史文化遗产安全的重要措施，是我国文化遗产保护的基础工作。开展第三次全国文物普查是国务院做出的重要决策，自 2007 年 4 月启动以来，特别是 2008 年国务院第三次全国文物普查领导小组第二次（扩大）会议以来，各省（区、市）、各有关部门克服了洪涝、地震等自然灾害的不利影响，组织工作得力，管理措施到位；一线普查队员们付出了巨大的心血，克服了很多难以想象的困难，保证了工作进度和质量。第二阶段的实地文物调查工作已圆满完成，取得了关键性成果。这是各成员单位、各级政府共同努力的结果，凝聚着一线普查队员的汗水和心血。在此，向大家并通过你们向各有关方面特别是全国各地一线普查队员致以诚挚的问候！

现在，文物普查工作已由第二阶段的实地文物调查转入第三阶段。希望各省（区、市）、各有关部门按照这次会议的部署和要求，在巩固成果的基础上，周密安排第三阶段工作，加强薄弱环节，解决突出问题，为全面完成文物普查工作做好最后冲刺。下面，我就如何做好文物普查第三阶段的工作谈六点意见。

一、高度重视，不辱使命

党中央、国务院历来重视文化建设，把文化建设作为实现中华民族伟大复兴的重要战略举措。党的十七大做出了推动社会主义文化大发展大繁荣、兴起文化建设新高潮的重要部署，强调要提高国家文化软实力。当今世界，发展文化软实力以提高综合国力和国际地位，已经是世界各国普遍的重大战略选择。文化遗产的保护和传承作为文化建设的重要组成部分，在精神文明建设和增强民族凝聚力方面的重要作用日益凸显。文物普查作为文化建设中的一项基础性工作，对于全面了解和掌握我国丰富的文化资源，更好地发挥文化遗产的价值具有十分重要的意义。目前，第二阶段的实地文物调查工作已顺利完成，但普查工作并未大功告成。第三阶段的室内资料整理、汇总和上报，以及普查成果发布等工作，是普查成果的落脚点和最终体现，对确保普查质量、保障成果转化有着至关重要的作用。希望各级文物部门和普查工作者怀着对国家和民族高度负责、对历史和未来高度负责的态度，以科学发展观为指导，再接再厉，切实履责，按照时间节点，保质保量完成各项任务。

二、加强领导，落实责任

全国文物普查是一项浩大的系统工程，涉及面广，任务繁重，必须统筹规划，科学组织，周密实施。前一阶段普查工作能够顺利开展的一个重要原因，就是各级政府、各有关部门组织领导有力，措施到位。希望下一阶段的工作，继续坚持并不断完善省级目标责任制，加强领导，突出重点。一是充分发挥省级人民政府及其普查领导小组的组织领导作用，尽快组织召开各省（区、市）的普查领导小组会议，制定方案，完善措施，精心部署。二是各级普查领导小组组长作为本辖区普查第一责任人，要切实负起领导责任，经常过问普查工作，亲自到一线督促检查指导，及时掌握进展境况，解决实际困难和问题。三是各级普查领导小组办公室要做好日常组织和协调，分解细化任务，制定具体工作计划，确保责任落实到人，确保人员和经费足额投入。四是完善奖罚机制，各省（区、市）要按照与市（地、州、盟）签订普查目标责任书的有关要求，对任务完成好的地区和单位给予表彰和奖励，对工作不力的给予批评和纠正，以充分调动各方面的积极性。

三、精益求精，保证质量

普查成果的准确和真实，是我们研判文物保护形势、制定文物保护政策和中长期规划的重要基础，是构建科学有效文化遗产保护体系的重要基础。我们一定要把确保和提高普查质量作为重中之重。各地文物部门和领导小组要仔细核查登记的每一处文物点，认真验收每一份普查数据，确保普查成果真实可信，真正使第三次全国文物普查成为经得起社会和历史检验的基础资源调查。各省级领导小组要从四个方面抓好质量控制工作：一要加强督查力度，督促各地在进行验收工作时严格按照《第三次全国文物普查实施方案及相关标准规范》的要求，利用普查校验和汇总软件，认真做好已登记不可移动文物点复核和自查工作，发现问题及时予以整改。二要确保参与普查数据整理人员的专业素质。普查数据整理工作复杂繁琐，各地要把责任心强、业务精通、经验丰富的专业人员充实到普查机构，对数据进行准确、完整、科学的整理汇总。三要组织专家切实做好实地调查阶段的检查和验收工作，把好质量关，对普查的质量做出客观、全面的评价，提高普查的公信力和数据统计的准确率。全国验收工作在今年年底之前全面完成。四要适时开展普查误差率检测工作，根据实际情况，努力降低误差率。

四、加强协作，形成合力

全国文物普查涉及方方面面，任何环节出问题都会影响普查工作的进度和质量。各有关部门一定要从大局出发，既各司其职、各负其责，又通力协作、密切配合。在前一阶段普查中，各有关部门都很注重相互支持。特别是军队相关单位主动开展营区文物调查，中央党史研究室积极参与文物普查，这些都值得充分肯定。希望各级政府和有关部门在第三阶段继续发扬团结协作的好做法。一是确保普查经费和物质保障及时到位。二是尽快完成普查成果发布的准备工作。按照《中华人民共和国统计法》的相关规定，由文物局和统计局等单位共同制定《第三次全国文物普查成果公布方案》，明确普查成果的公布程序、方式及内容，报领导小组批准后施行。这里，我特别强调一点，各省（区、市）普查领导小组一定要严格遵守普查成果公布纪律，不得擅自对外公布相关数据，必须在国家普查成果对外公布后再行公布本省（区、市）的普查成果数据。这要作为一条铁律，以实现政令统一。三是将军队文物调查成果纳入文物普查之中，确保文物普查成果的准确性和完整性。四是党史部门要就党史、革命史普查中涉及的相关文物情况与文物部门进行沟通，确保将符合条件的文物及时纳入普查成果。

五、汇总成果，深化研究

文物普查成果只有实现了转化利用，才能在文化遗产事业发展中真正发挥作用。已通过国家验收的省份要结合下一阶段任务，拓宽工作思路，尽快完成本省文物普查成果转化工作。普查成果主要体现在以下方面：一要组织核对、编写本省不可移动文物名录，向社会公布普查重要发现；二要利用普查汇总软件系统，进行数据的整理分析，建立不可移动文物分布电子地图系统；三要整理普查档案资料，编写普查工作总结报告。各级普查机构还要加强对普查成果的研究利用工作，在整理分析普查数据、撰写普查工作报告的过程中，深入研究，发现问题，分析原因，提出制度性、政策性的建议，探索和掌握文物保护工作发展的客观规律，推动形成具有普遍指导意义的文物保护政策、法规和制度，促进文物工作的法制化、规范化，为提高我国文物保护、管理、利用的整体水平奠定基础。

六、加强保护，扩大宣传

文物普查的最终目的，是为了摸清我国文化遗产家底，使其得到及时抢救、有效保护和科学利用。这次文物普查中新发现文物点数量较多，类型丰富，特别是工业遗产、乡土建筑、20 世纪遗产等新型文化遗产类型所占比重很大，许多新发现文物点与各成员单位的行业、系统息息相关，也是各行业、系统宝贵的历史财富和文化生长点。要从以下几个方面做好普查成果保护和宣传：一要充分利用现代科技，做好普查原始资料的归档和保存工作，为后代留下一份真实完整的资料。陕西建设文物普查标本库房的做法值得各省学习借鉴。二要运用政策手段切实保护好调查登记的文物点，将其迅速纳入《中华人民共和国文物保护法》的保护范畴。对其中价值较高、类型稀缺的文物点要及时公布为文物保护单位。三要加强行业协作和区域合作，充分利用普查成果。四要利用现代传媒和网络信息平台，及时向公众宣传文物普查的成果，让公众通过普查关注文化遗产，爱护文化遗产，增强文化遗产保护意识。

“行百里者半九十”，第三次全国文物普查任务已过大半，进入最后的冲刺阶段，让我们紧密团结在以胡锦涛同志为总书记的党中央周围，齐心协力，密切配合，夺取第三次全国文物普查工作的全面胜利，为保护祖国文化遗产、增强国家文化软实力、实现中华民族伟大复兴作出新的更大贡献！

博物馆功能和职能的加强与完善

——在国际博物馆协会第22届大会管理委员会学术会议上的发言

单霁翔

（2010年11月9日）

当今世界正经历着复杂而深刻的变化，博物馆事业面临新的重要发展机遇，也面临不少巨大的挑战。积极适应新形势，加快改革和创新，进一步提升博物馆的专业化水平，激发博物馆可持续发展的活力，加快博物馆融入社会生活的步伐，是国际博物馆界共同关注和积极实践的重大命题。

从近年来国际博物馆日的主题，可以看出对人类面临问题的普遍关注，以及鲜明的时代特点。中国博物馆界也始终关注社会发展、跟踪社会热点，先后针对博物馆与环境、博物馆与全球化、博物馆与无形遗产、博物馆与文化多样性、博物馆与社会变革及发展、博物馆与社会和谐等课题进行积极探索，开始将更多关注的目光投向全体公众的基本文化权益和文化需求。

这些博物馆发展理念的变化，充分反映出新时期博物馆关注社会现实、承担社会责任、体现社会价值的风貌，充分表达出人们追溯自身精神轨迹的清醒意识。博物馆不仅从最初的收藏保护发展为开放展示，而且逐步从“以藏品为中心”向同时“以人为中心”转变，建立起更加融入社会的发展理念。

从数量上看，中国已经逐渐跻身博物馆大国行列，但是从博物馆功能的发挥和博物馆职能的履行上看，中国博物馆与国际先进水平还有不小差距，必须积极吸收国际先进经验，转变发展模式，实现从“数量增长”走向“质量提升”，从“馆舍天地”走向“大千世界”的转变。

一、从“数量增长”走向“质量提升”

今天，博物馆事业的可持续发展，不仅需要良好的外部环境，也需要博物馆自身强化管理。其中博物馆的法制化规范化、管理体制创新、运行机制改革、职业道德建设、综合评价体系、社会投入机制等方面，均是当前在博物馆管理中，应该重视和解决的突出问题。

在博物馆馆舍建设方面，不但要重视建设速度，更要重视功能保障；不但要重视建设规模，更要重视长远发展；不但要重视造型新颖，更要重视地方特色；不但要重视建筑装饰，更要重视陈列展览；不但要重视硬件投入，更要重视管理支撑。使博物馆建设回归文化理想、科学精神和永恒价值。

在博物馆藏品保护方面，伴随人类生存环境变化，大批具有珍贵价值的“人类及人类环境的物证”，面临被破坏和消失的危险，亟须强化预防性保护理念，综合运用科技手段，确保文物藏品安全。同时，不仅要树立“为今天而收藏昨天”的理念，而且还要提倡“为明天而收藏今天”的意识。

在博物馆科学研究方面，要在博物馆的各项工作中，提倡科学思想、科学精神、科学理念、科学方法、科学态度，努力使博物馆学成为一门有理论表述与体系框架的学科。充分发挥专业人才集中的优势，组织跨部门、跨行业、跨系统参与的重大学术课题研究，支撑博物馆各项工作科学发展。

在博物馆陈列展览方面，要不断创新陈列展览的内容、形式、手段，加强博物馆文化传播的能力，提高精品意识，增加文化内涵和科技含量，实现学术性、专业性、知识性与趣味性、观赏性有机统一，充分体现博物馆文化的教育性、时代性、科学性，以吸引观众经常走进博物馆。

在博物馆人才培养方面，博物馆的核心价值能否坚守，很大程度上取决于博物馆人的思想品格、敬业精神和服务能力。人才是博物馆各项工作中最基本、最活跃、最关键的因素，而创新用人观念，健全用人标准、改革用人机制，拓宽用人渠道，是博物馆人力资源管理的核心内容。

在博物馆文化产业方面，博物馆文化产业和市场经营并非普通的商业活动，而是博物馆社会教育和文化服务功能的拓展与延伸，是体现高雅文化和人文情怀的文化活动。要依托文物藏品和陈列展览，开发多层次的博物馆文化产品，让更多的观众“把博物馆文化带回家”。

二、从“馆舍天地”走向“大千世界”

面对环境的变迁和社会的期待，博物馆不能再囿于过去所形成的传统框架，不能再将博物馆的活动空间和影响范围，循规蹈矩地限定在馆舍之内或有限范围，而应该创建和拓展出更广阔的空间和更宽阔的领域，进一步拉近与社会公众的距离，增强博物馆的亲和力和影响力。

今天，博物馆事业具有广阔前景，充满发展机遇。通过运用“融贯的综合研究”方法，深入思考博物馆概念内涵的深化和外延的扩展，分析和梳理博物馆发展与文化遗产保护之间的内在联系，更加多样化地理解博物馆的功能与职能，探索全面发展、兼容并蓄、动态开放的博物馆理论。

博物馆应是城市文化进步的积极力量。今天应将博物馆建设成为充满人文关怀与和谐氛围的“精神家园”和“文化绿洲”，成为城市文化创造的内在动力。为此，博物馆应当更加关心城市文化的进步，注重自身业务活动与人居环境改善的内在联系，以推动和促进社会变革和发展为己任。

博物馆应是加强社会教育的积极力量。将博物馆纳入国民教育体系，是建设学习型社会的必然要求。努力发挥博物馆教育资源的独特优势，推动博物馆与学校教育、社会教育的紧密结合，组成更加健全的社会教育网络，有利于普及博物馆文化，提高全民文明素质。

博物馆应是改善民众生活的积极力量。公平正义是实现社会和谐的重要基础，重视消除文化贫困、维护文化公平，关切基层民众的基本文化权益，降低文化消费的门槛，保证全体社会成员共享人文关怀和文化成果，应该成为博物馆不懈的文化追求。

博物馆应是促进社会发展的积极力量。博物馆应以“为社会及其发展服务”为宗旨，更多地参与到社会发展的进程之中，不断满足广大民众日益增长的精神文化需要，促进人的全面发展。这既是公共文化机构的本质特征，也是实现公民文化权利和文化福利的重要内容。

当今时代，博物馆的功能与职能，将再次从“保护文物藏品”延伸到“保护文化遗产”。这是时代对当代博物馆的呼唤，也是博物馆价值的体现。面对多样化的文化资源，从文化要素到自然要素，从历史遗产到当代遗产，从可移动文物到不可移动文物，从物质遗产到非物质遗产，体现出外向的、多维的发展趋势。

今天，博物馆的保护、研究、展示空间，也将从馆舍到社区、从城市到乡村、从地上到地下，将文化遗产与自然遗产置于博物馆的广义范畴来认识，博物馆的专业功能和社会职能必然不断完善和提升、拓展和深化，也赋予21世纪博物馆工作者以前所未有的用武之地。

从“馆舍天地”走向“大千世界”，还体现在博物馆类型的多样化发展。无论是旧址博物馆、遗址博物馆，还是生态博物馆、社区博物馆，这种贴近文化原生地环境的博物馆类型，使保护文化遗产本体与保护文化遗产环境联系在一起，而数字博物馆的探索与实践，将使博物馆文化的传播方式出现跨越式发展的趋势，

博物馆在新的世纪能否真正对人类文明和社会发展产生出前所未有的作用，能否真正成为未来社会中不可或缺的文化资源，能否真正承担引领文化发展方向的重任，这些既是博物馆的使命，也是博物馆前进的方向。但是我们坚信，每一次变革都会使博物馆文化变得更为强大、更为有力。

解放思想，开拓创新，携手共创大遗址保护的美好明天

——在大遗址保护工作会议暨首批国家考古遗址公园授牌仪式上的讲话

单霁翔

（2010年11月18日）

各位领导、各位专家，同志们，朋友们：

今天，我们在天府之国四川成都召开大遗址保护工作会议，举行首批国家考古遗址公园授牌仪式，邀请各省文物部门和相关大遗址保护管理机构的代表共同见证首批国家考古遗址公园授牌的历史时刻；同时，也利用这次机会，一起总结大遗址保护的成功经验，探讨当前大遗址保护和考古遗址公园建设工作面临的问题，进一步明确考古遗址公园的定位，研究健全相关管理体制机制的有效措施，寻找适合我国国情和现实需

要的大遗址考古、研究、保护、展示、利用手段与模式，在“十二五”期间全面推进大遗址保护和考古遗址公园建设工作。在此，我谨代表国家文物局，向参加这次会议的各位领导、专家和与会代表表示热烈欢迎！

大遗址保护是我国文化遗产保护工作的特色和重要组成部分，也是近年来国家文物局最重要的工作任务之一。自2005年国家正式启动大遗址保护工程以来，六年中，大遗址保护在探索中快速前行，在实践中开拓创新，取得了令人瞩目的成绩。为做好“十二五”大遗址保护和考古遗址公园建设工作，下面，我主要谈三个方面的意见：

一、我国大遗址保护工作的回顾

提起大遗址，不得不提到考古遗址。我国地域广阔，文物资源丰富，在2352处全国重点文物保护单位中，有四分之一为考古遗址。因此，必须走一条有中国特色的考古遗址保护之路，让考古遗址在我们的手中得以延续和流传。我国考古遗址类型复杂多样，为我们率先进行遗址博物馆理论研究和建设实践提供了得天独厚的条件。目前，我国遗址博物馆按照博物馆建筑选址位置和建设方式可以分为四类：直接建设在考古遗址上面的遗址博物馆、建设在考古遗址保护范围内的遗址博物馆、建设在考古遗址建设控制范围内的遗址博物馆和建设在考古遗址附近的遗址博物馆等。西安半坡博物馆、定陵博物馆、秦始皇兵马俑博物馆、唐华清宫御汤遗址博物馆、白鹤梁水下石刻博物馆、敦煌石窟文物保护研究陈列中心、三星堆遗址博物馆、汉阳陵博物馆等，都在遗址博物馆建设方面进行了有益的探索，也为我们开展大遗址保护工作积累了丰富的经验。

大遗址一词始出现于20世纪50年代。1995年全国文物工作会的会议文件及1997年国务院《关于加强和改善文物工作的通知》正式提出大型文化遗址的概念、工作内容和方向。1999年国家文物局向当时的国家计委报送了“十五”期间大遗址保护专项规划的基本思路，并在“十五”期间进行了考古、规划、人才等方面的准备工作，开展了重点保护工程的初步实践，为大遗址保护工作奠定了坚实基础。

在党中央、国务院的深切关注下，2005年国家正式设立大遗址保护专项资金，投入20亿元启动大遗址保护工程。在各有关部门的大力协作下，在地方各级党委、政府的全力支持下，在广大民众的积极参与下，我国大遗址保护工作蓬勃开展，《国家文物事业“十一五”发展规划》的相关内容以及《“十一五”期间大遗址保护总体规划》确定的目标与任务圆满完成，成果丰硕。

第一，初步建立了大遗址保护管理体系。颁布实施了《长城保护条例》，积极研究制定《大运河文化遗产保护条例》，颁行了秦始皇陵、隋唐洛阳城、渤海上京龙泉府等多处遗址的地方性专项管理法规，河南省人民政府还专门下发了《关于加强大遗址保护工作的通知》，为大遗址的保护提供了法律和政策保障。国家文物局与国家旅游局、国家测绘局、中国科学院等部门进一步加强了沟通合作，并与湖北、陕西、甘肃、四川等省人民政府签署了共建大遗址片区的协议，形成合力，积极探索建立新的大遗址保护工作模式；全国文物安全工作部际联席会议制度的建立，大运河沿线城市联盟、省部际会商制度的建立，洛阳大遗址保护办公室、杭州良渚遗址管理区管理委员会的成立，在大遗址保护管理体制方面做出了有益的探索，并取得了良好的效果；有关“大遗址保护特区”的思路也逐步明确。各类培训班的举办切实提高了大遗址保护管理人员的业务水平和管理水平，为大遗址保护储备了人才。国家文物局相继公布了16家文化遗产保护科研基地，授予了四批200余家单位文物保护工程甲、一级资质，在承担繁重的大遗址保护任务中，考古、规划、保护、科技等方面的机构和人员也发挥了重要作用，得到了全面锻炼。

第二，扎实推进了大遗址保护各项基础工作。积极开展大遗址考古工作，进一步探清了一批重要大遗址的布局和内涵，出版了一批重要考古发掘报告，收集了100处重要大遗址航片卫片，为大遗址保护提供了科学依据；与国家测绘局联合开展了长城资源调查工作，正式发布明长城测绘数据，并建成运行长城信息数据库；土遗址保护关键技术研究等取得较大突破，空间信息技术、环境监测技术、数字复原展示技术等一批重要科技手段在大遗址保护工作中广泛应用，不断提高大遗址保护水平；在《“十一五”国家重要大遗址保护规划纲要》的框架下，已编制完成秦始皇陵、隋唐洛阳城、汉长安城、大明宫等50余处重要大遗址保护总体规划，并积极推动大运河地市级、省级和国家级保护规划的编制工作，为大遗址保护工作的全面开展提供了科学的保障。

第三，组织实施了一批具有示范意义的大遗址保护展示工程，初步构建了中国大遗址保护的格局。通过中央与地方的集中强投入，实施了一批重要大遗址保护展示项目，得到国际社会和国内各界的肯定，社会效益、经济效益和生态效益逐步彰显。其中，高句丽王城、王陵和贵族墓葬以及安阳殷墟先后被联合国教科文组织列入《世界遗产名录》，为大规模抢救保护和利用大遗址提供了成功范例；大运河保护与申遗工作、丝绸之路跨国联合申遗工作持续推进；大明宫、隋唐洛阳城遗址的保护与环境整治、城市经济发展紧密结合，充分发挥了大遗址对地方经济发展的促进作用；殷墟遗址博物馆、良渚博物院、金沙博物馆、鸿山遗址博物馆等一批高水平的遗址博物馆相继建成，汉阳陵、秦始皇陵、鸿山等大遗址保护示范园区初具规模，国家考古遗址公园的战略决策得以成功实践，并在当地经济社会发展中发挥了积极的效益；“三线（长城、丝绸之路、大运河）两片（西安、洛阳）”为核心、100处大遗址为重要节点的保护格局初步形成，为全面扭转大遗址保护的被动局面打下了坚实基础。

第四，不断更新和拓展大遗址保护理念。在开展大遗址保护工作的过程中，特别是洛阳和无锡现场会的顺利召开，西安高峰论坛、良渚高峰论坛和洛阳高峰论坛的成功举办，大遗址的社会认知和影响力不断提升，地方政府和广大民众保护大遗址的信心和决心明显增强。大遗址保护和考古遗址公园建设引发了我们对于新时期文化遗产保护工作做什么、怎么做、为谁做这些根本问题的深刻思考。在总结国际国内文化遗产保护理念和实践的基础上，结合中国文化遗产保护的实际情况，先后形成了《中国文物古迹保护准则》、ICOMOS十五届大会文件《西安宣言》、城市文化国际研讨会暨第二届城市规划国际论坛《城市文化北京宣言》，以及《大遗址保护西安共识》、《关于建设考古遗址公园的良渚共识》和《大遗址保护洛阳宣言》，逐渐形成了大遗址保护的自身特色，并引起了国际社会的广泛关注。大遗址保护工作的持续推动和引领，对中国文化遗产保护理论体系的日趋成熟作出了贡献。

大遗址保护工作近六十年的探索和“十一五”期间的成功实践表明：中央引导，加大投入，是开创大遗址保护工作新局面的首要条件；政府重视，多方参与，是大遗址保护工作顺利开展的有力保证；规划先行，加强管理，是科学有序推进大遗址保护工作的有效途径。大遗址保护必须充分调动城市管理者的积极性和热情，与他们所关注的经济建设、文化建设、城市建设、新农村建设、民生改善等结合起来，形成双方共同努力、合作共赢的局面，这是大遗址保护工作成功的一条可行之路。

通过多年来的工作，我国大遗址保护工作已经奠定了良好的开局。大遗址重新找回了自己的尊严，它所承载的中华文明已不仅仅是教科书中冰冷呆板、毫无生气的文字，而变成可以亲近、可以感知、可以触摸的现实存在，逐渐成为一个城市最具吸引力和代表性的文化标志。大遗址保护工作已经成为中国文化遗产保护领域的热点，逐渐成为各级政府和社会各界关注的焦点。我们深刻体会到，大遗址保护不仅是一项文化工程，更是一项民生工程；大遗址保护不仅是实施国家区域发展战略的重要举措，更是在维护我国文化安全，提升文化软实力方面发挥着重要作用。多年来的实践证明，大遗址保护是建设有中国特色社会主义和谐社会的重要组成部分，是我国政府贯彻落实科学发展观，在新时期大力推进文化大发展大繁荣的重要体现。

二、从大遗址保护到考古遗址公园建设

近年来，区域发展规划已成为促进我国经济发展的重要依托，区域经济发展正以前所未有的密集度跃升至国家战略层面。大遗址作为区域内特殊的文化资源，有着不可替代的独特性和唯一性，正逐渐成为地方区域经济实力的一个新的增长点。同时，城市化进程、新农村建设不断加快，高速铁路、公路、大型水库等国家大型基本建设项目纷纷上马，大遗址的生存空间不断被挤压和蚕食，生存环境日益恶化。随着物质生活水平的提高，民众在精神文化生活上有了更高的需求，对身边大遗址的命运越来越关注，要求参与大遗址保护工作的热情越来越高。面对大遗址保护工作的新形势，国家文物局提出建设“考古遗址公园”的保护理念，以更开阔的视野，从区域发展的角度统筹解决大遗址保护与利用、保护与发展的问题。

考古遗址公园是基于考古遗址本体及其环境的保护与展示，融合了教育、科研、游览、休闲等多项功能的城市公共文化空间。在许多国家，考古遗址公园已经被实践检验证明是一种切实有效、并已日趋成熟的大型考古遗址保护和利用模式。在我国，从20世纪80年代国务院批准北京建设圆明园遗址公园，到2003年国家发改委、国家文物局批复秦始皇陵遗址公园建设项目，我们一直在探索遗址公园的保护管理模式。考古遗址公园是遗址公园的延伸和发展，是大遗址保护工作发展到一定阶段，中国考古学和文化遗产保护相关理论研究和实践经验积累到一定程度后自然选择的结果，也是目前在我国城市建成区和城乡结合处最具现实意义和操作性的一种大型考古遗址保护途径，是在新时期大力创新文化遗产保护理念的重要体现。

为了进一步指导各地依法开展考古遗址公园建设工作，国家文物局印发了《国家考古遗址公园管理办法（试行）》，逐步构建国家考古遗址公园管理体系，并于今年组织开展了国家考古遗址公园评定工作，共有19个省（区、市）、74个项目申请参加了此次评定。经过初审、现场考察评分、专家投票评定，共有12个项目入选国家考古遗址公园名单、23个项目入选国家考古遗址公园立项名单。这次国家考古遗址公园评定工作，既是一次对前一时期大遗址保护和考古遗址公园建设成果的检验，也是对当前实际

工作情况的一次全面调研，为我们了解、掌握各地考古遗址公园建设、管理、运营等各方面情况提供了第一手资料，让我们能够更好地研究、解决大遗址保护和考古遗址公园建设中面临的实际问题。

首次评出的12家国家考古遗址公园集中展现了我国大遗址保护、展示和利用的不同案例，也生动呈现了考古遗址公园理念形成、发展、逐渐成熟的过程。从圆明园、周口店、秦始皇陵的起步，到集安高句丽、殷墟的试点；从金沙、三星堆、汉阳陵的探索，到大明宫、隋唐洛阳城的全面启动，再到良渚、鸿山的规划实施，通过建立考古遗址公园整体保护大型考古遗址的方式逐渐得到人们的关注和认可。圆明园遗址的断壁残垣让民众对中华民族遭受的屈辱和苦难感同身受，激发出爱国热情和民族自尊心；秦始皇陵、汉阳陵、金沙、三星堆、周口店遗址以发掘现场展示的方式使民众置身古代文明之中，亲身感受到中华文明的灿烂辉煌和气势恢宏；大明宫、隋唐洛阳城遗址在周边环境整治上的突出成效，为全面展示中华文明鼎盛时期的繁华景象奠定了坚实基础；集安高句丽、殷墟遗址从更加广阔的区域和空间内统筹规划遗址保护、展示和利用，形成了良好的规模效应；良渚、鸿山遗址结合区域社会经济发展规划，在寸土寸金的余杭和无锡地区将规模宏大的遗址保护下来，并大力依托遗址发展特色经济，取得了良好的社会效益和经济效益。

国家考古遗址公园不仅仅立足于文化资源保护，国民教育，更承担着构建经济社会发展与遗产保护和谐关系的重任。虽然仅仅是一个考古遗址公园，但是其引领作用、杠杆作用已经展现。金沙国家考古遗址公园的建设，促成“金沙第四商圈”的出现，使城市获得了新的发展空间与机遇；良渚、鸿山国家考古遗址公园协调了遗产保护与城市发展、新农村建设的关系，使美丽的人居环境、“田园城市”的梦想开始呈现；大明宫、隋唐洛阳城国家考古遗址公园助力了城市转型，改善了城市环境，并重塑了城市品格。这些都让我们看到考古遗址公园作为城市这一巨大有机体的一部分，所焕发出的无限生命力。这是我们抓住了社会经济发展规律，并运用科学理论解决问题的结果。考古遗址公园不仅仅是一块绿地，更是跃动着城市发展脉搏的心脏，它承载着城市的历史，也萌动着它的未来。它不仅仅属于考古学家，文物保护工作者，更是当地人民生活中不可缺少的部分，伴随着每个人的成长，成为几代人共同的记忆与回望，成为城市最美丽的文化景观。文化遗产保护，不是经济社会发展的包袱，而是城市发展新的契机与动力。

12家国家考古遗址公园建设的实践证明：建设考古遗址公园有利于揭示遗址价值，实现整体保护；有利于推动考古学和文化遗产保护学科发展，创新保护展示理念；有利于整合文化遗产资源，突出城市文化特色；有利于促进经济社会发展，改善民众现实生活和城市环境，动员社会各界参与文化遗产保护。建设考古遗址公园是全面贯彻落实文物工作方针，积极探索具有中国特色文化遗产保护之路的重要举措，是将文化遗产保护做大做强的一种有效方式，更是文化遗产保护由部门行为上升为国家战略的一次有益尝试。

三、存在问题和思考

此次国家考古遗址公园评定工作，让我们看到了大遗址保护和考古遗址公园发展的美好前景，令我们信心百倍，备受鼓舞。但是，大遗址保护特别是考古遗址公园建设是实践先于理论，是“摸着石头过河”，在实际工作中不可避免的出现一些问题，突出表现在：

第一，思想尚未统一，对大遗址保护和考古遗址公园建设的一些理论问题，如为什么建设考古遗址公园、什么样的遗址适合建设考古遗址公园、如何建设考古遗址公园、考古遗址公园的定位等尚有争议，认识仍然模糊。

第二，管理体制不畅，相关制度亟待建立和完善，一些地方在实施保护和建设项目时出现了违规建设，甚至造成了遗址遭受破坏等违法事件，严重违背了大遗址保护的初衷。

第三，展示和利用手段单一，或缺乏突破和创新，相互照搬照套，难以突出遗址特色；或片面追求保护、展示设施的与众不同，建设大体量的所谓标志性建筑，喧宾夺主，影响了展示设施与遗址本体和周边环境的协调统一。

第四，考古和研究工作滞后，个别大遗址保护工程特别是考古遗址公园建设工程，没有为考古工作预留足够的时间和空间，限制了对遗址价值的深入研究，进而也影响到大遗址保护工作的顺利开展。

这些大遗址保护，特别是考古遗址公园建设中存在的问题，前一段时间一些专家在不同场合曾提出过，我们也曾组织专门会议听取专家们的意见和建议。出现这些问题都是前进中的问题、发展中的问题，需要在前进中解决，在发展中解决。当前，大遗址保护和考古遗址公园建设已进入了一个关键时期，更需要我们高度重视，加强研究，深入思考，积极面对；更需要我们统一思想，进一步提高认识，进一步加强管理和引导，迎难而上，妥善解决上述问题。建设高水平、高标准的考古遗址公园，确保大遗址保护工作健康、有序的发展必须积极处理好两个关系，坚持三个原则。

第一，大遗址保护与考古遗址公园建设的关系。遗址保护是考古遗址公园建设的基础。结合大遗址保护开展的考古、研究、规划编制工作，以及相关环境整治、保护、展示工程等，都为考古遗址公园建设的顺利开展创造了良好的条件，保证建设工作水到渠成。建设考古遗址公园是大遗址保护的一种有效模式，它以更加多样有效的手段和方式诠释遗址的内涵与价值，有力推动大遗址保护、展示和利用成果的社会化和公众化。但是，考古遗址公园并非大遗址保护的唯一模式。它不是万能良药，有其适用性和局限性，需要因地制宜，决不能一哄而上；它更不是游乐场和主题公园，需要以保护为前提，科学展示遗址自身独特的文化内涵和历史价值。我们既要积极推动各地将符合条件的大遗址建设成为考古遗址公园，提高大遗址保护、展示和利用水平，充分发挥大遗址特有的社会价值和综合效益；同时，也要扎实推进大遗址保护的各项基础工作，不断研究、探索其他保护途径，丰富大遗址展示和利用手段，避免商业化、低俗化，以不同方式让那些暂不具备条件、或不适宜建设考古遗址公园的重要大遗址得到有效保护，全面推动大遗址保护工作向纵深发展。

第二，大遗址保护与遗址合理利用、可持续发展的关系。确保遗址本体及其背景环境的真实性、完整性，是大遗址保护工作的根本所在，也是遗址合理利用与可持续发展的首要前提。在任何时候、任何情况下都要将“保护”放在第一位，坚持“保护为主”的方针不动摇。在实施大遗址保护工程、建设考古遗址公园时，要始终贯彻“保护”理念，不能以牺牲遗址为代价来谋求眼前利益，更不能以掠夺式开发来谋求一时的短暂发展，这是我们工作的“红线”和“底线”。合理利用又是实现遗址有效保护、可持续发展的有力支撑。通过多种方式、多种模式对遗址进行展示利用，深入发掘遗址的价值与内涵，充分发挥大遗址保护对改善生态环境、优化城市面貌、促进经济发展的积极作用，调动地方政府的主动性，激发社会各界的责任心和使命感，让人们亲近遗址、敬重遗址，从而为大遗址保护工作的顺利开展创造良好的社会氛围。新的时代精神和公众需求要求大遗址保护不能自说自话，必须围绕中心，服务大局，这就需要我们与时俱进，不断解放思想，不断开拓创新，变被动的保护为主动的保护和积极的发展，在坚持“保护为主”的前提下，更加充分地考虑地方区域发展和各种不同利益群体的合理诉求，通过区域内环境整治、产业结构调整和土地置换等多种途径，合理利用文化资源，提高城市综合竞争力，构筑经济建设与文化遗产保护双赢的局面。

为处理好这两个关系，我们必须坚持三个原则。

首先，坚持考古和规划先行的原则。扎实的考古工作和科学的保护规划是大遗址保护工作的基础，也是建设具有特色的考古遗址公园的前提。考古与规划的水平直接影响到大遗址的保护水平、展示水平和服务水平，以及今后大遗址保护的可持续发展。要坚持考古先行，在开展保护和建设工程前必须进行考古工作，最大限度地提取历史信息，将考古工作贯穿于大遗址保护的始终，为相关工作的开展提供科学依据。要坚持研究先行，不断加强考古研究、保护展示理论和技术研究，充分揭示遗址本身所承载的文化内涵，为大遗址“量身定制”符合自身特点的保护措施和展示手段，形成考古遗址公园的特色。要坚持规划先行，结合遗址自身保存现状和文化价值，编制具有较强针对性、操作性和前瞻性的保护规划和考古遗址公园规划，科学指导大遗址保护和考古遗址公园建设的各项工作，发挥大遗址保护工作的综合效益。

其次，坚持尊重科学的原则。大遗址保护工作要科学阐释遗址价值，采用多种方式吸引民众更好地理解遗址、保护遗址。要坚持科学保护，以确保遗址本体和周边环境的真实性与完整性为首要条件，加强技术创新，充分听取专家和各方面的意见，真正做到保护的科学化和决策的民主化，最大限度地降低保护工程和建设项目对遗址的扰动和影响。要坚持科学展示，考古遗址公园建设不是展示点越多越好，也不是将展示点搞得越花哨越好，而是以能反映遗址的规模、性质、特点、地位为目标，要突出遗址感，服从特定保护的需要，要不断提升展示水平和品位，不能媚俗，避免单纯追求建筑风格的新、奇、特，避免“挂羊头卖狗肉”。要坚持科学管理，不断研究、探索、创新大遗址保护的管理模式，建立健全法律法规、规章制度和行业标准，加强监督，使大遗址保护和考古遗址公园建设走上法制化、规范化轨道，以科学的管理促进保护工作。

第三，坚持把社会效益放在首位的原则。大遗址保护是实现文化遗产保护成果社会化、公众化的有效途径之一。要坚持惠及民众，积极指导和引导当地居民参与大遗址保护和考古遗址公园建设工作，充分体现服务性和公益性，不断向全社会提供更多高质量、高水平的公共文化服务。要坚持惠及子孙后代，为后人保护好祖先留下的珍贵历史文化遗产，通过形式多样、生动活泼的展示娱乐项目，让广大青少年更好地了解历史、了解传统文化，让大遗址保护展示园区、遗址博物馆和考古遗址公园成为青少年教育的第二课堂和文化遗产传承基地。要坚持惠及学科发展，结合大遗址保护和考古遗址公园建设开展专门的考古和研究工作，通过具有针对性和前瞻性课题，积极开展多学科、跨学科合作攻关，加强科技研发，不断提高学科发展水平。

“十一五”为我国大遗址保护工作奠定了良好的开局，但是我国大遗址保护面临的形势依然严峻，大遗址保护管理体系尚未健全完善，大遗址展示和利用方式仍然单一，相关科学研究尚需加强，各项基础工作仍需推进，人才队伍仍显不足，大遗址保护工作依然任重道远。刚刚结束的中共中央十七届五中全会提出“要推动文化大发展大繁荣、提升国家文化软实力”，“充分发挥文化引导社会、教育人民、推动发展的功能，建设中华民族共有精神家园，增强民族凝聚力和创造力”。李长春同志在《保护发展文化遗产，建设共有精神家园》一文中也提出“保护好、传承好、利用好、发展好”文化遗产，“推进文化遗产强国建设”。这些都对文化遗产保护工作提出了新的更高的要求。

在“十二五”期间，我们将着力推动大遗址保护由部门行为变成国家战略、由专业行为上升为全民行动，继续推进大遗址考古、研究、规划等各项基础工作，以大遗址保护展示工程和考古遗址公园建设为主要内容，加强管理，突出政府在大遗址保护过程中的主导作用，力争建立以五片（西安片区、洛阳片区、荆州片区、成都片区、曲阜片区）、四线（长城、大运河、丝绸之路、茶马古道）、一圈（边疆和海疆）为重点、150 处重要大遗址为支撑的我国大遗址保护新格局；稳步推动考古遗址公园建设和国家考古遗址公园评定工作，建设一批、完善一批、发展一批、储备一批，进一步促进大遗址保护融入经济社会发展，推动大遗址保护成果为全民所共享，为中华五千年悠久历史得以不断传承和延续，让祖先创造的辉煌文明得到应有的尊重和敬仰！

谢谢大家！

立足新起点 谋划新发展
推动文化遗产事业实现新的跨越

——2010 年全国文物局长会议工作报告

单霁翔

（2010 年 12 月 21 日）

同志们：

2010 年全国文物局长会议的主要任务是，贯彻落实党的十七大和十七届五中全会、中央经济工作会议精神，深入学习中央领导同志关于文化遗产工作的一系列重要论述，回顾成就、总结经验、凝心聚力、共谋发展。

一、关于国务院《通知》和“十一五”规划的落实情况

进入新世纪，伴随我国经济社会的蓬勃发展，文化建设新高潮逐渐兴起。党中央、国务院审时度势、果断决策，出台了一系列关于文化遗产工作的重大政策措施。2005 年，《国务院关于加强文化遗产保护的通知》对新时期我国文化遗产事业发展进行全面部署，提出“到 2010 年，初步建立比较完备的文化遗产保护制度，文化遗产保护状况得到明显改善”的阶段性目标。5 年来，在党中央、国务院的领导下，全国文物系统以

强烈的使命感、责任感，积极投向文化遗产保护实践，为传承中华文明，推动经济社会发展做出了卓越贡献。

这5年，是我国发展史上极不平凡的5年。面对国内外环境的复杂变化和重大风险挑战，我们党团结带领全国各族人民，紧紧抓住发展这个党执政兴国的第一要务，推动科学发展，促进社会和谐，使国家面貌发生了新的历史性变化。有效应对国际金融危机巨大冲击，保持了经济平衡较快发展良好态势；战胜汶川特大地震等重大自然灾害；成功举办北京奥运会和上海世博会；胜利完成“十一五”规划确定的主要目标和任务。我国社会生产力快速发展，综合国力大幅提升，人民生活明显改善，国际地位和影响力显著提高，社会主义经济建设、政治建设、文化建设、社会建设以及生态文明建设和党的建设取得重大进步，谱写了中国特色社会主义新篇章。

这5年，是文化遗产事业取得重大进展的5年。全国文物系统深入贯彻落实科学发展观，牢牢把握新时期文化遗产工作面临的新机遇新特点，顺应时代发展，体现人民意愿，立足自身实际，承担社会责任，在融入经济社会发展、推动保护成果惠及民众等方面，取得了令人鼓舞的重大成就。我们全面贯彻国务院《通知》精神，制定《国家文物事业发展“十一五”规划》，研究部署、细化落实《通知》提出的目标和任务，基本实现了《通知》确立的阶段性目标和“十一五”期间的各项任务。

5年来，我们坚持把基础工作摆在突出的战略位置，文化遗产事业的持续发展能力不断增强。

——落实依法治国基本方略，文化遗产法规制度日趋完备。国务院颁布《长城保护条例》《历史文化名城名镇名村保护条例》，文化部、国家文物局出台30余个部门规章和规范性文件；基本形成以《文物保护法》为核心，以行政法规为支撑，以部门规章、地方性法规、地方政府规章、各种规范性文件和行业标准规范为基础的文物保护法律法规体系。提高立法质量，推进依法行政。文物保护单位、世界文化遗产、历史文化名城名镇名村、博物馆管理制度进一步完善；考古、文物保护工程、文物拍卖、文物进出境责任鉴定等从业资质资格制度进一步规范。文物保护工作正日益步入法制化、科学化、制度化可持续发展轨道。

——全面启动摸清家底工作，文物资源调查积极推进。第三次全国文物普查全面铺开，已经完成实地文物调查阶段整体验收。国务院先后召开3次会议，研究部署普查工作；各成员单位积极参与，全国文物部门全力推进，普查工作取得阶段性成果。截至2010年12月中旬，中央和地方各级财政累计投入文物普查经费12.03亿元，全国2800多个县域基本单元全部完成实地文物调查工作，调查登记不可移动文物80余万处。全国长城资源调查田野工作全部完成，初步建成长城资源信息系统。大运河文化遗产资源调查工作圆满完成，登记大运河文化遗产点段1000余处。沿海文物调查进展顺利，已发现200余处水下文物点、70处沉船遗址。文物调查及数据库管理系统建设项目、全国文物系统馆藏一级文物登录和二、三级文物备案圆满完成。

——实施科技支撑战略，文化遗产保护科技实现跨越式发展。实施6项国家科技支撑计划项目，“中华文明探源工程（二）”业经科技部结项验收，举办“早期中国——中华文明探源工程成果展”，“文化遗产保护关键技术研究”等项目顺利结项，取得了一批具有自主知识产权的研究成果。“指南针计划”专项进展顺利。举办“奇迹天工——中国古代发明创造文物展”。建立17家国家文物局重点科研基地。颁布实施6项国家标准和33项行业标准。以体制机制创新为先导，构建跨行业、跨学科、高效和务实的创新体系。与中科院探索建立文化遗产保护技术创新平台，与中国科协开展文物保护科研和普及战略合作，成立陶质彩绘文物保护技术创新联盟，文化遗产保护科技创新体系和标准化体系初步建立。

——落实人才强国战略，人才培养和队伍建设势头良好。牢固树立人才资源是第一资源的观念，加大培训力度。5年全国共开展各级各类培训400余次，参训人员约2.5万人次。完成新疆、安徽、江西、吉林、辽宁等27个省份地市文博管理干部培训和“国保”单位保护管理机构负责人培训。第三次全国文物普查培训、世界文化遗产保护与管理培训等及时开展，促进相关业务工作的开展。各类专业技术培训稳步开展，逐渐形成规模。涉外培训取得重要成果。大教育、大培训观念进一步强化，多渠道联合办学和培训的模式逐步形成。

——确立文物安全“生命线”地位，文物安全督察工作有序开展。国务院批准国家文物局设立督察司，建立了由文化部、公安部等10部门参加的“全国文物安全工作部际联席会议”。国家文物局建立并实施文物安全与执法督察公示公告制度。连续5年开展行政执法专项督察。开展全国文物系统安全大检查。与公安部、住房和城乡建设部等联合督办湖南长沙“12·29”特大团伙盗墓案，天津、南京城市改造破坏文物事件，直接督察山西大同云冈石窟、福建福州乌塔、内蒙古库伦三寺违法建设等数十起重大文物违法、犯罪案件。与公安部门联合开展“全国重点地区打击文物犯罪专项行动”，侦破文物案件541起，打掉犯罪团伙71个，抓获犯罪嫌疑人787人，追缴文物2366件。举办全国重点地区打击文物犯罪专项行动成果展。推进执法机构和队伍建设，全面开展文物行政执法培训，提高执法能力。

5年来，我们扎实开展重大文化遗产抢救保护和考古工程，有效保护文化遗产、传承中华文明。

——重大文化遗产保护工程进展顺利。国务院核定公布第六批全国重点文物保护单位1081处，全国重点文物保护单位达2352处。开展第七批全国重点文物保护单位的遴选和评审工作。国务院公布历史文化名城9座，建设部和国家文物局公布历史文化名镇名村328处，文化部和国家文物局公布历史文化名街20处。西藏布达拉宫、罗布林卡、萨迦寺三大重点文物保护主体修缮工程竣工，并启动西藏“十一五”重点文物保护工程。开展山西南部早期建筑、涉台文物、鸡鸣驿城、承德避暑山庄和外八庙等重点文物维修保护工程。加强近现代重要史迹保护，开展湘鄂赣三省革命文物保护试点工作。

——灾后文化遗产抢救保护有序开展。文物保护被纳入国家《汶川地震灾后恢复重建条例》。《四川省文物抢救保护修复规划》被纳入国家《汶川地震灾后恢复重建公共服务设计建设专项规划》，其中列入文物抢救保护项目245项，中央基金安排文物抢救保护专项资金25.1亿元。积极开展藏羌民族文化遗产的保护。建设茂县羌族博物馆新馆、北川羌族民俗博物馆。世界文化遗产都江堰古建筑群灾后抢救保护工程竣工。云南姚安龙华寺古建筑群文物本体保护主体工程基本完成。开展玉树震后文化遗产保护工程。

——考古和大遗址保护工作扎实推进。三峡文物保护工程规划内项目已基本完成并通过验收。南水北调工程文物保护第一、二批控制性项目顺利实施。南水北调东、中线初设阶段文物保护方案业经批复，已累计完成考古发掘面积100余万平方米。白鹤梁水下文物保护工程、“南海Ⅰ号”“华光礁Ⅰ号”等水下考古项目成功实施。国家水下文化遗产保护中心正式挂牌成立。初步建成一批大遗址保护展示示范园区。以西安片区、洛阳片区和长城、丝绸之路、大运河等“两片三线”为代表的大遗址保护格局初步确立。探索建设“国家考古遗址公园”，公布首批12家国家考古遗址公园。

——世界文化遗产工作卓有成效。安阳殷墟、开平碉楼与村落、福建土楼、山西五台山、河南登封“天地之中”历史建筑群等先后被列入《世界遗产名录》。截至目前，我国共有世界遗产40项，其中世界文化遗产28项，世界文化与自然混合遗产4项，世界自然遗产8项。重设《中国世界文化遗产预备名单》，颁布《世界文化遗产保护管理办法》《中国世界文化遗产监测巡视管理办法》《中国世界文化遗产专家咨询管理办法》等。加大世界遗产监测巡视力度，初步建立国家、省、市三级监测巡视体系。“丝绸之路”跨国联合申遗有序推进，大运河保护和申遗工作全面启动。

5年来，我们不断推进博物馆建设和免费开放工作，大力提高公共文化服务能力和水平。

——博物馆体系日臻完善。全国博物馆总数达到3020个，其中文物系统博物馆为2252个。新建、扩建重点博物馆200余座。中国国家博物馆扩建工程即将竣工；首都博物馆、中国文字博物馆、中国妇女儿童博物馆、中国科技馆、山东博物馆等新建、扩建项目竣工开放；安徽省博物馆、河南省博物院等建设持续推进。博物馆门类日益丰富，办馆主体呈多元化，社会力量兴办的博物馆日渐增多，经文物部门注册登记的民办博物馆达328个。初步形成门类丰富、特色鲜明、分布广泛的博物馆发展新格局。

——免费开放取得重大突破。2008年初，按照中央部署，全国博物馆免费开放全面启动。中央财政每年安排免费开放专项经费20亿元。截至2009年底，全国免费开放博物馆纪念馆总数达到1743个，约占文化文物部门归口管理博物馆纪念馆和全国爱国主义教育示范基地总数的77%；2008至2009年，接待观众8.2亿人次，平均观众量比免费开放前增长50%，使广大人民群众在博物馆的知识殿堂中实现了前所未有的文化体验。免费开放加快了博物馆融入社会的步伐，博物馆的文化辐射力和社会关注度得到空前提高，公共文化服务能力和社会效益得到进一步增强。

——管理水平逐步提升。博物馆评估定级工作全面启动，公布83个国家一级博物馆、171个二级博物馆和288个三级博物馆，约占全国博物馆总数的18%。推进博物馆体制机制创新试点，8家博物馆被确定为首批中央地方共建博物馆，3家博物馆被确定为培育对象。对国家一级博物馆运行状况进行了初步评估，为掌握博物馆绩效、实施动态管理积累了经验。全国文物、博物馆单位收藏文物达到2710.8万件（套）；新建100余个文物中心库房，试点单位绵阳博物馆文物中心库房在汶川大地震中发挥了重要作用。

——社会效益显著增强。落实“三贴近”要求，全国博物馆积极融入社会，更新服务理念，充实服务内容，创新展示方法，基本陈列和专题展览的主题内容、科技含量和艺术感染力显著提升。启动县级博物馆展示服务水平提升工程。推动博物馆纳入国民教育体系。全国博物馆每年举办陈列展览近万个。“中国记忆”“长江文明”等迎奥运展览取得良好社会效益。全国博物馆十大陈列展览精品评选，博物馆进社区、进校园等特色活动持续开展，彰显了博物馆的文化魅力。生态博物馆、社区博物馆、数字博物馆等新型博物馆实践积极开展。

——社会文物管理力度加大。颁布《文物出境审核标准》《文物进出境审核管理办法》，启动实施全国文物进出境审核信息共享工程。全国文物进出境审核机构达16个。文物出境数量大幅下降，临时进境的回流文物数量年均增长10%，2009年达2万余件，其中大部分留在境内。文物拍卖经营资质行政审批、文物拍卖许可证年审、文物拍卖标的备案工作得到加强。国家投入珍贵文物征集经费，征集商代“子龙”鼎等重要文物1万余件。成功开展多次影响较大的文物追索行动，追回流失境外中国文物3千余件。

5年来，我们坚持“走出去”、“请进来”，不断提高中国文化遗产的国际影响力。

——政府间交流与合作不断深化。“十一五”期间，先后与12个国家签署了关于防止盗窃、盗掘和非法进出境文化财产协定或谅解备忘录，并在信息交流、成果共享、人员培训、文物返还等方面取得实质性的合作成果。开展柬埔寨吴哥窟、蒙古国博格达汗宫保护维修和肯尼亚合作考古、研究等项目。开展面向非洲、亚洲及阿拉伯地区文物保护人员培训。完成美国梅隆基金会、盖蒂保护研究所、中意、中法、中日韩合作等培训项目。驻华使节、外交官走近中国文化遗产活动富有成效，对外合作与交流呈现多层次、多渠道、全方位的发展势头。

——与国际组织的合作日趋活跃。积极参与国际文化遗产保护工作交流。举办文化遗产保护与可持续发展国际会议、东亚地区文物建筑保护理念与实践国际研讨会、城市文化国际研讨会、东亚地区木结构彩画保护国际研讨会等国际会议，成功承办国际博协第22届大会，陆续形成《绍兴共识》《北京文件》《北京宣言》《北京备忘录》《上海宣言》等国际文件。国际古迹遗址理事会国际保护中心在西安成立。我国代表通过竞选担任国际古迹遗址理事会、国际博物馆协会、国际文化财产保护与修复研究中心等领导职务。中外文化遗产保护理念的交流与融合，增强了中国在国际文化遗产保护领域的话语权，进一步丰富了国际文化遗产保护理论。

——文物出、入境展览和交流亮点纷呈。“十一五”期间，出入境文物展览约400项，平均每年达80项，展览的水平和质量不断提高，学术水平逐步提升。“中国元代艺术展”“大三国志展”“中国古代帝王珍宝展”“丝绸之路展”“华夏瑰宝展”“西藏文化艺术与考古展”“秦汉—罗马文明展”等对传播中华文化、促进国际人文交流发挥了重要作用。与港澳台地区文化遗产交流形式多样、亮点频出，“丝绸之路大展”“微笑的俑——汉景帝的地下王国展”等对台文物展览引起良好反响。中意文化年、中俄国家年等重大外事活动中，文物展览作为“外交使者”、“国家名片”密切配合国家外交大局，成为中华文化的承载者、传播者。

5年来，我们不断创新体制机制，努力开创政府主导、社会参与的文化遗产保护新局面。

——统筹力量，构建社会各方面共襄文化遗产事业的新格局。“十一五”期间，全国文物事业经费从2006年的37.6亿元增加到2009年的97.9亿元；中央专项补助经费从2006年的7.65亿元增加到2010年的47.3亿元。建立健全党委统一领导、文物部门主要负责、各部门齐抓共管、社会各方面共同参与的工作机制。各地将文化遗产保护纳入省委党组中心组学习重要内容，纳入党委和政府的重要议事日程，纳入经济社会发展总体规划，与经济社会各领域工作一同部署、一同推进。引导文物系统社会组织开阔视野、拓展业务，积极承担社会责任。推进文物报刊、图书和音像制品的出版发行，丰富文物工作的表现形式和传播形式。文化遗产保护志愿者队伍建设日趋活跃，逐步成为推动文化遗产事业发展的重要生力军。

——形成合力，探索文化遗产保护共建合作的新机制。为整合中央和地方在政策、技术和资金等方面的优势和力量，国家文物局分别与国家测绘局、国家旅游局、国家海洋局签署战略合作框架协议；与湖北、浙江、陕西、甘肃、四川等省人民政府签署文化遗产保护共建协议，通过部门共建、省局合作，充分发挥各地区各部门保护文化遗产的积极性和创造性。

——促进共赢，开创大遗址保护带动区域经济社会发展的新模式。围绕大遗址保护和利用，召开大遗址所在地人民政府参加的“高峰论坛”，交流大遗址保护带动区域经济社会发展的做法和经验，达到了统一思想的目的。支持西安、集安、安阳、无锡、成都等城市建设大明宫、高句丽、殷墟、鸿山、金沙等国家考古遗址公园，在深化改革，探索建立适应社会主义市场经济体制要求、遵循文物工作自身规律、国家保护为主并动员全社会参与的文物保护体制，促进发展、惠及民生等方面迈出了坚实的步伐。

——营造氛围，持续开展文化遗产宣传和普及活动。自我国文化遗产日设立以来，以文物保护法为核心的宣传活动日趋活跃。启用中国文化遗产标志，推广中国文化遗产保护公益歌曲，成功组织杭州、苏州文化遗产日主场城市活动。国际古迹遗址日、国际博物馆日等活动精彩纷呈。设立重大新闻发布制度，召开新闻发布会、通气会等100余次。多次邀请中央媒体深入南水北调、“三普”工作一线采访报道。“中国记忆”文化遗产日电视直播、安徽黄山文化遗产日主场活动、重庆文化遗产宣传月活动等拉近了民众与文化遗产的距离。108个县区荣获“全国文物工作先进县”，502个先进集体和先进个人得到表彰，156个单位和个人获得文化遗产日活动组织奖；分别向从事文物、博物馆工作60年、30年的5800多名同志颁发荣誉证书。一批批文物专家学者、基层文物工作者和“护宝”农民走上光荣的领奖台，先进典型的示范作用得到有效发挥，文化遗产人人保护、保护成果人人共享的氛围初步形成。

5年来，我们深入贯彻落实科学发展观，围绕中国特色社会主义总体布局、党和国家文化建设的战略部署，坚决执行《中华人民共和国文物保护法》，认真贯彻文物工作方针，认真落实各级领导交办的每一项重要指示，以人为本，开拓创新，推动文化遗产事业全面协调可持续发展。

5年来，我们努力把科学发展观的要求转化为文化遗产事业发展的正确思路、政策措施和体制机制，不断探索新形势下文化遗产工作的特点和规律，凝聚全国文物工作者的集体智慧，鼓励和支持各地文物部门不懈探索，积累了许多成功做法和宝贵经验。我们深深体会到：

——必须持续开展文化遗产资源调查工作。要继续加大文物立法、资源调查、人才培养和文物安全工作力度，发展规划优先安排基础工作，经费投入优先保障基础工作，公共资源优先满足基础工作。要在全面摸清不可移动文物家底的基础上，进一步开展国有可移动文物普查，从根本上廓清全国文化遗产家底。

——必须深化博物馆免费开放工作。要始终坚持博物馆的公益属性，创新博物馆文化传播的内容、形式和手段，完善博物馆免费开放机制，创新管理运行模式，强化内部激励机制，建立绩效评估制度，着力研究博物馆从业人员准入制度等政策问题，努力解决运行机制滞后、内部管理不顺、绩效考评和激励意识不强、展示和服务水平不高等问题。

——必须推进大遗址保护和国家考古公园建设。要按照“本体保护好、环境整治好、社会发展好、生活改善好”的标准，进一步推进大遗址保护和国家考古遗址公园建设，使考古遗址在新时期受到当地政府和社会各界的应有重视，更加拥有尊严。要积极探索建立文化遗产保护与经济社会协调发展、和谐共融、互利多赢的长效机制。

——必须坚持科技创新。要进一步加强文化遗产科技的研究、应用和推广，掌握一批文化遗产保护的共性技术和关键技术，解决热点、难点和瓶颈问题。积极应用现代科学技术挖掘、传承和改良文化遗产保护的传统工艺和技术。加强现代信息网络技术在文化遗产保护、展示、传播、传承和管理中的应用。

——必须不断加大教育培训工作力度。要紧紧围绕文化遗产事业科学发展的需求，落实大规模培训干部、大幅度提高干部队伍素质的战略任务，以提高培训质量为主线，创新体制机制为重点，努力形成多层次、多渠道、大规模的文博教育培训工作新格局，为文化遗产事业科学发展提供智力支持和人才保证。

——必须时刻把文物安全放在首位。要从人员机构、政策法规、体制机制、规划措施、技术设备和宣传教育等各个方面增加行政资源，努力构建政府统一领导、职能部门各尽其责、文物部门有效监管、文物单位全面负责、人民群众积极参与的长效机制，确保文物安全。

同志们，“十一五”时期成就的取得，离不开党中央、国务院的英明决策；离不开文化部党组的正确领导；离不开国家各相关部门的大力支持；离不开社会各界的热情参与；离不开专家学者的热情指导；离不开文化遗产志愿者的倾心奉献；离不开全国文物系统的辛勤耕耘。在此我们表示衷心的感谢！

我们还要清醒地认识到，在文物安全形势依然严峻的同时，还存在管理机制和机制创新问题，机构设置和队伍建设问题，经费投入和管理水平问题，博物馆建设和服务质量问题。对此要予以高度重视，在“十二五”时期认真加以解决。

二、关于“十二五”时期文化遗产事业的发展思路

在党的十七届五中全会上，胡锦涛总书记发表重要讲话，全会审议通过《中共中央关于制定国民经济和社会发展第十二个五年规划的建议》，要求发挥文化引导社会、教育人民、推动发展的功能，把推动文化大发展大繁荣、提升国家文化软实力，作为未来五年的一项重要任务。

今年文化遗产日期间，中央政治局常委李长春同志发表的重要文章，全面回顾了党的十六大以来我国文化遗产工作取得的成就，科学分析了文化遗产事业面临的形势，深刻阐述了文化遗产工作的重大意义，并对今后一个时期我国文化遗产事业发展进行了全面部署。

今年初以来，按照国家文物局的统一部署，全国文物系统组织精干力量，开展“十二五”规划的编制工作。在深入调研，广泛征求各有关方面意见的基础上，形成《国家文物事业发展“十二五”规划》（建议稿），今天将向大会作规划编制说明，并提交本次大会的会议代表讨论。

“十二五”时期，是全面建设小康社会的关键时期，是落实科学发展观、加

快转变经济发展方式的攻坚时期，是实现文化遗产事业跨越发展的关键时期。世情、国情将继续发生深刻变化，我国经济社会发展呈现出新的阶段特征，文化遗产事业也面临新的发展形势。

——纵览世界，文化已成为国家核心竞争力的重要因素。随着世界多极化、经济全球化的深入发展和科学技术的日新月异，文化与经济、政治相互交融，与科技的结合日益紧密。今天谁占据了文化发展的制高点，谁拥有了强大的文化软实力，谁就能在激烈的国际竞争中赢得主动。快速变化的形势，迫切要求我们对中华民族几千年的优秀文化传统再学习、再思考、再认识，充分发挥我国文化遗产丰厚的资源优势，维护国家利益和文化安全，提高国家文化软实力，增强中华文化国际影响力，尽快蓄积与我国经济社会发展和国际地位相适应的文化优势。

——着眼国情，文化遗产事业在经济社会发展中的作用日益凸显。随着中国特色社会主义事业的全面推进，文化遗产保护的综合效益不断增强，在保障人民基本文化权益方面的作用越来越明显。文化遗产事业发展潜力大、科技融合性强、资源消耗低、环境污染少、文化品位高，是转变经济发展方式、推动经济社会发展的重要着力点，已经成为社会共识。全面建设小康社会既需要殷实富足的物质生活，更需要健康向上的精神生活。这迫切需要发挥文化遗产引领社会、教育人民、推动发展的功能。

——审视自身，文化遗产事业面临机遇与挑战并存的局面。党的十六大以来，我国文化遗产事业在保护利用中传承、在开拓创新中前进，初步建立了比较完备的文化遗产保护制度，初步形成了适应我国文化遗产资源分布和类型特点的保护管理体制，初步掌握了文化遗产保护和利用的基本规律，初步探索了一条中国特色文化遗产保护道路，努力开创工作新局面。党和国家高度重视，综合国力持续增强，投入逐步加大，人民精神文化需求快速增长，文化体制改革深入推进，全社会参与文化遗产保护的热情日益高涨。所有这些，都为文化遗产事业发展提供了持久动力。可以预见，未来五年，我国文化遗产事业将继续保持持续发展的良好态势。

同时也要看到，制约和影响文化遗产事业发展的矛盾和问题依然突出。与全面建设小康社会的新要求相比，与人民群众日益旺盛的精神文化需求相比，与传承中华文明的事业需要相比，我们的工作依然艰巨，我们的任务依然繁重。这迫切要求我们认清形势，理清思路，更加奋发有为地推进文化遗产事业实现新的跨越。

5 年是一个历史单元，也是一个新的起点。“十二五”时期，我国文化遗产事业发展要围绕国务院《通知》提出的“到 2015 年，基本形成较为完善的文化遗产保护体系，具有历史、文化和科学价值的文化遗产得到全面有效保护；保护文化遗产深入人心，成为全社会的自觉行动”这个第二个阶段性目标，基本建立以下十个体系：

——中国特色、世界接轨的文化遗产理论体系。发挥理论先导作用，加强文化遗产工作的基础理论研究、应用理论研究、发展战略研究，探索文化遗产有效保护、合理利用、传承发展的规律，引领当代我国文化遗产保护实践，推进中外文化遗产理念融合，丰富国际文化遗产保护理论，始终保持我国文化遗产事业的蓬勃生机和旺盛活力。

——科学完备、保障有力的文化遗产法律体系。提高立法质量，增强法律法规的针对性、实效性和操作性。重视法律法规实施，弘扬法治精神，强化法治意识，坚持依法行政。基本实现文化遗产保护和利用的有法可依、有法必依、执法必严、违法必究，实现法律实施与法律体系构建的协调发展。

——责权明晰、效能统一的文化遗产管理体系。按照属地管理、分级管理、权责一致、监管到位的原则，明确中央和地方政府文化遗产保护管理的责任、权利和义务。加强国家文物行政部门政策引导、法规制定、宏观管理和执法督察职责，加强地方各级政府及文物部门统筹协调、实施监管职责。

——联动响应、监管到位的文化遗产安全体系。发挥全国文物安全工作部际联席会议作用，推动文物安全联防联控。完善文物安全重大事项决策机制和联合执法督察机制。加强文物行政执法机构，提升执法能力；规范文物行政执法监督，提高执法质量；完善文物行政执法机制，提升执法效能。

——特色鲜明、布局合理的博物馆体系。构建以中央地方共建国家级博物馆和国家一、二、三级博物馆为骨干、以国有博物馆为主体、民办博物馆为补充的博物馆体系。推动博物馆发展从“数量增长”走向“质量提升”、从“馆舍天地”走向“大千世界”，成为公共文化服务的核心阵地。

——政府主导、惠及全民的文化遗产公共文化服务体系。按照体现公益性、基本性、均等性、便利性的要求，基本建成文化遗产公共文化服务体系。创新服务方式，拓展服务空间，丰富服务内容，增强服务效益。鼓励社会力量参与文化遗产公共文化服务体系建设。

——结构合理、素质全面的文化遗产人才队伍体系。充分发挥人才队伍建设的基础性、战略性作用，造就知识渊博、品质优秀、甘于奉献的专门型人才；善于运用现代科学技术手段保护和利用的科技型人才；熟悉文化遗产工作、善于管理的复合型人才；具有世界眼光、熟悉国际保护理念的外向型人才。

——重点突破、支撑发展的文化遗产科技创新体系。完善科技组织体系、技术研发体系、成果推广体系，搭建科技基础条件共享平台。实施文物保护重大科技攻关工程和可移动文物保护工程，全面提升文化遗产行业的科技支撑能力。建立科学合理的综合评价体系和科研机构开放合作的运行机制。

——多方协力、共建共享的文化遗产社会参与体系。吸引、支持广大民众参与文化遗产保护，形成广大民众在履行文化遗产保护义务上各尽其能、在共享文化遗产保护成果上各得其利的生动局面。鼓励社会力量参与文化遗产保护工作，建立健全公众参与机制，完善文化遗产信息公开制度。

——传输便捷、覆盖广泛的文化遗产传播体系。提高文化遗产展陈水平，拓展传播渠道，丰富传播手段，扩大覆盖面和渗透力。推动中华文化“走出去”，积极参与国际文化竞争，增强中国文化软实力。推动文化遗产与现代数字、网络技术结合，使高新技术成为传播中华文化的重要手段。

蓝图绘就，重在落实。“十二五”时期，要按照国务院《通知》要求，着眼于国家经济社会发展，结合我国文化遗产事业发展实际，着力理清以下几个方面的问题：

第一，在融入经济社会发展上要有新突破。围绕中心、服务大局，不断提高文化遗产事业对促进经济社会发展的贡献。要把文化遗产保护与促进经济发展结合起来，合理利用文化遗产资源，使文化遗产成为促进经济发展的新亮点。要把文化遗产保护与城乡建设结合起来，既加强对文化遗产的抢救保护，又充分展示城乡蕴藏的独特历史文化内涵。要把文化遗产保护与改善环境结合起来，不仅注重对文化遗产本体的保护，还要关注对文化遗产依存的生态环境的保护，通过国家考古遗址公园建设等模式，既实现对文化遗产的整体性保护，又为人民群众创造良好的生活环境。

第二，在保障人民群众基本文化权益上要有新举措。切实坚持政府主导，加大投入力度，体现文化遗产工作的“公益性、基本性、均等性、便利性”。要把保障人民基本文化权益摆在文化遗产工作的首要位置，加大对大遗址保护项目、公共博物馆和重要展览等的投入，向全社会提供更多优质便捷的公共文化服务。要进一步深化博物馆免费开放工作，不断提高服务群众的能力和水平。要始终关注民生、改善民生、保障民生，无论在文化遗产考古发掘和保护修缮中，还是在历史文化街区和村镇的保护建设中，都要实现好、维护好、发展好最广大人民的根本利益，着力改善群众居住和生活条件，激发人民群众参与文化遗产保护的积极性、主动性、创造性，使文化遗产事业为民造福。

第三，在引导全社会参与文化遗产保护上要有新途径。推动各级党委政府切实把文化遗产保护摆到更加突出的位置，确保文化遗产工作的各项任务落到实处。要加大投入力度，完善文化遗产保护经费增长机制，健全公共博物馆免费开放的财政保障机制。要按照属地管理原则，明确文物保护主体责任，切实加强文物安全防范设施建设、文物执法机构和队伍建设，确保文化遗产事业健康有序发展。要完善和落实社会力量捐赠公益性文化事业的政策措施，研究制定社会资金进入文化遗产保护领域的相关规定，鼓励引导更多社会资金投入文化遗产事业。要加强宣传普及工作，增强公民依法保护意识，积极培育文化遗产保护志愿者。要建立完善文物保护员制度，加强群防群治，充分发挥广大群众保护文化遗产安全的积极性、主动性，营造文化遗产保护人人有责、文化遗产保护成果人人共享的社会环境。

第四，在提高文化遗产保护能力上要有新进展。要加强文化遗产保护基础理论研究，发挥理论的先导作用。进一步夯实文化遗产事业的基础工作，完善法律法规、摸清文物家底、优化人才队伍、确保文物安全。要理清发展思路，谋划发展战略，实施重大工程，提高保护和管理水平。要大力推进观念创新、科技创新、展示方法创新、传播手段创新、保护和传承方式创新。全面提升文化遗产管理的精细化、规范化和信息化水平。提高依法行政能力、宏观管理能力、公共文化服务能力。

第五，在提高中华文化国际影响力上要打开新局面。积极配合国家外交大局，扩大和深化人文交流与合作，推动与更多国家签署政府间文化遗产保护双边协定，开展更有深度和实质性内容的合作。要坚持“走出去”与“请进来”相结合，加强与国外文化遗产部门的交流合作，扩大对外文化遗产展览交流，加大展览宣传推介力度，真正使文化遗产展览成为“中国走向世界、世界了解中国”的重要窗口。要以更加开阔的视野，汲取世界文化遗产保护、发展的有益成果，更好地推动我国文化遗产事业繁荣发展。要巩固和发展我国与相关国际组织和民间机构的关系，积极参与国际文化遗产保护行动和相关国际公约的制定，增强我国在国际文化遗产保护领域的话语权。

三、关于 2011 年重点工作

2010 年，是两个五年规划的交替点：“十一五”规划基本完成，“十二五”规划即将展开。在这承前启后的历史节点，文化遗产事业发展迎来了新的历史契机。今年以来，党中央、国务院对文化建设和文化遗产工作作出了一系列重要论述和决策部署。一年来，全国文物系统树立机遇意识、发展意识，锐意进取、扎实工作，文化遗产事业保持了持续发展的良好势头：以中央决策部署指导规划编制工作，为“十二五”时期文物事业发展开篇布局；稳步推进重大文物保护工程，持续开展震后文物抢救保护工作；加强考古项目管理，积极开展大遗址保护工作；世界遗产工作有序开展，完成长城资源调查田野工作；免费开放工作进一步深化。国际博协大会成功举办；规范文物市场管理，加强文物进出境审核；文物安全机制逐步健全，执法督察力度加大；文化遗产保护科技成绩斐然，教育培训工作不断加强；对外交流与合作富有成效，文物法制和宣传工作持续开展。

2011 年，是落实国务院《通知》第二个阶段性目标的第一年，做好明年的文化遗产工作，对于“十二五”开好局、起好步，以优异成绩迎接建党 90 周年，具有十分重要的意义。要全面贯彻党的十七大和十七届三中、四中、五中全会和中央经济工作会议精神，以邓小平理论和“三个代表”重要思想为指导，深入贯彻落实科学发展观，正确把握当前文化遗产工作的新变化新特点，以科学发展为主题，认清形势，坚定信心，扎扎实实做好各项工作。

（一）认真落实中央决策部署，全面完成“十二五”规划编制工作

各地要抓紧编制文物事业“十二五”规划，以十七届五中全会和李长春同志重要文章精神为指导，把中央要求转化为文物事业发展规划的具体目标和任务。要根据国务院《通知》提出的第二个阶段性目标，细化任务，分步落实。要积极向各级党委政府、相关部门和社会公众介绍文化遗产事业发展情况和面临的形势，尽可能地把文物事业发展规划的重要指标和任务，纳入当地经济社会发展规划和各部门规划，进一步争取政策、争取资源、争取支持，为文化遗产事业与经济社会同步协调发展创造更好的条件。

（二）完成第三次全国文物普查，推进重大文物保护和考古、世界文化遗产工作

召开第三次全国文物普查总结暨表彰大会、普查成果新闻发布会，2011 年底向全社会公布普查数据。做好全国不可移动文物名录的出版，开展“普查百大新发现”评选活动。继续做好第七批“国保”单位评选工作，于 2011 年上半年形成推荐名单上报国务院。继续稳步推进四川、青海震后文化遗产抢救保护工作。做好西藏重点文物保护、山西南部早期建筑保护、涉台文物保护等重点工程。做好援柬二期茶胶寺、中共六大会址修复等涉外文物保护工程。加强文物保护工程的管理，开展优秀文物保护工程评选工作。

继续做好南水北调、西气东输等大型建设工程中的文物保护和考古工作，加强考古管理。积极开展沿海地区水下文物重点调查工作，组织有关单位做好“南澳 I 号”、“南海 I 号”和“华光礁 I 号”沉船的考古和保护工作。组织第六期全国水下考古专业人员培训。与国家海洋局联合开展水下文化遗产保护人员培训，促进海洋部门与文物部门的合作。组织召开全国考古工作会，组织评审全国十大考古新发现，组织评审国家文物局田野考古奖。召开大遗址保护高峰论坛。推动建立五片、四线、一圈为重点，150 处重要大遗址为支撑的我国大遗址保护新格局。

参加第 35 届世界遗产委员会会议和第 17 届国际古迹遗址理事会大会，做好“杭州西湖文化景观”项目申报工作。指导遗产地做好元上都遗址的申报文本编制、文物保护、展示和接待国际专家现场考察评估等准备工作。开展《中国世界文化遗产预备名单》重设工作。推进丝绸之路申遗，适时召开丝绸之路申遗相关国际会议。启动世界文化遗产管理动态信息和监测预警系统建设试点工作，推动建立世界文化遗产年度报告制度。推进明清皇家建筑保护工程和中国大型石窟寺保护工程。基本完成明长城“四有”工作。完善长城资源信息系统。召开世界文化遗产保护管理座谈会。举办中国加入《世界遗产公约》25 周年庆祝活动。

（三）加强博物馆建设和免费开放工作，做好社会文物管理

编制《中国博物馆事业中长期发展纲要》，召开全国博物馆工作会议。制定博物馆章程、理事会组织规则。制定《中央地方共建国家级博物馆运行评估办法》，推进共建博物馆体制机制创新试点。开展国家一级博物馆评估认定和年度运行评估。制定免费开放博物馆绩效考评机制。开展民办博物馆帮扶试点。开展国有可移动文物普查前期准备，做好立项申请。做好出入境文物展览的审批、管理，深化中外博物馆文化交流。开展第九届全国博物馆十大陈列展览精品评选。

制定《文物拍卖图录标注规范》《文物拍卖暂行规定》，加大文物市场行政执法力度。探索文物鉴定资质资格管理模式。完善文物进出境审核信息管理系统。积极支持相关省份设立文物进出境审核机构。积极参与国际组织促进文物返还的国际合作，建立完善国内各有关部门共同参与、快速反应的文物追索工作机制，有重点地开展重要流失文物追索工作。全面推进中国流失海外文物调查。

（四）加强文物保护科技工作，推动教育培训工作

制定发布《国家文物保护科学和技术发展“十二五”规划》。做好“十二五”期间重大科技项目的项目凝练、发布、评审和立项工作。做好指南针计划、中华文明探源工程、石质文物保护关键技术等项目的组织管理工作。做好科研成果的宣传和转化。开展可移动文物保护修复工作调研。

继续举办省级文博管理干部培训班，着力做好县级文物行政部门负责人大规模调训工作，加强各类专业技术人员培训。与 ICCROM 合作举办中国和亚太地区世界文化遗产监测培训项目。开展国家考古遗址公园保护管理、水下文化遗产保护等专题培训。加强文博教育培训基础工作，构建文博教育培训的长效机制。

（五）加强文物立法工作，推进文物安全机制建设和执法督察

继续推动《博物馆条例》《大运河文化遗产保护条例》立法进程，推进《中华人民共和国水下文物保护管理条例》修订工作，发布《文物保护单位保护管理办法》《馆藏文物修复管理办法》；研究起草《世界文化遗产保护管理条例（草案）》等。

召开全国文物安全工作部际联席会议第二次会议，与各部门联合下发关于加强文物安全工作的指导意见。启动“全国文物安全综合管理实验区”研究和试点工作。正式施行文物行政执法与安全监管公示公告制度。开展“国保”单位文物安全责任人建档备案工作。修订完善文物安全领域规章制度与标准规范，举办文物安全防护设施建设工程培训班。开展沿海水下文化遗产安全防范监控试点。协调公安部开展新一轮打击文物犯罪专项行动。开展文物单位消防安全专项检查。

推动地方文物执法机构建设和队伍提升。继续加大重大文物违法案件督办督察力度。加强执法督察基础理论研究和制度建设。出台“十二五”文物行政执法人员培训大纲，编制执法培训配套教材，开展大范围执法人员和历史文化名城城乡规划督察员培训工作。加强文物违法案例研究，建设案例数据库，继续编辑出版《文物行政执法案例选编分析》。推行文物安全与行政执法巡查工作，建立执法巡查档案，努力实现预防为主、关口前移。

（六）深化对外交流与合作，深入开展文化遗产宣传工作

推动与英国、法国、瑞士、日本等中国文物非法流向目的国签署防止盗窃、盗掘和非法进出境文物协定，加快与柬埔寨、墨西哥等签署防止盗窃、盗掘和非法进出境文物协定。加大做好对台、涉藏、涉疆等方面的文物展览工作力度。做好意大利“秦汉—罗马文明展”、印度“中国古代瑰宝展”，积极参加意大利、印度、澳大利亚、土耳其等国的文化年活动。

组织国际古迹遗址日、国际博物馆日和中国文化遗产日活动，办好文化遗产日主场城市活动，完善主场城市申办机制。做好文化遗产保护新闻发布和宣传工作。召开全国文化遗产新闻宣传工作会议。提高舆情监测、研判和公共危机应对管理能力，营造良好发展氛围。

（七）进一步落实依法行政，推进文物系统作风建设

坚持依法行政。全面落实国务院《关于加强法治政府建设的意见》。改进服务方式，提高服务水平，建设服务型机关；简化办事程序，提高办事效率，建设效率型机关；大力推行政务公开、信息公开，让行政权力在阳光下运行，特别是重大项目审批、经费使用等事宜，要做到公开透明，杜绝暗箱操作，自觉接受监督和问责。

加强作风建设。管好行业必须先树好行风。各级文物部门认真落实全国依法行政工作会议精神，牢固树立法治观念，严格依法办事。要自觉接受全国文物系统的监督，自觉接受基层文物部门和广大干部职工的监督，着力解决服务意识不强、服务质量不高、办事效率低下等问题。要抓好行业作风教育、职业道德教育、廉洁从政教育，树立文物部门依法行政的良好形象。

“等闲识得东风面，万紫千红总是春。”我们的责任崇高而神圣，我们的事业前景光明而美好。让我们更加紧密地团结在以胡锦涛同志为总书记的党中央周围，高举中国特色社会主义伟大旗帜，团结一心、再接再厉，信心百倍地努力开创文化遗产事业的美好明天！

重要文献

国家文物局关于发布《文物入境展览管理暂行规定》的通知

文物博发［2010］23 号

各省、自治区、直辖市文物局（文管办、文化厅）：

《文物入境展览管理暂行规定》已于2010年5月26日经国家文物局局务会议

审议通过，现予发布，请遵照执行。

特此通知。

附件：文物入境展览管理暂行规定

二〇一〇年六月八日

文物入境展览管理暂行规定

第一条　为加强文物入境展览的管理，根据《中华人民共和国文物保护法》及其实施条例等相关法规，制定本规定。

第二条　本规定所称文物入境展览，是指文物系统的博物馆等文物收藏单位（以下简称举办单位），利用外国及香港、澳门特别行政区和台湾地区博物馆提供的文物，在境内举办的公益性展览。

第三条　文物入境展览应当符合中华人民共和国法律法规和政策，及国际组织关于保护文化财产及促进国际交流的公约规范。

第四条　国家文物局负责全国文物入境展览的管理，履行以下职责：

（一）制定文物入境展览管理的政策和规定；

（二）审核文物入境展览项目；

（三）监督、协调文物入境展览项目实施。

第五条　省级文物行政部门负责本行政区域文物入境展览的管理，履行以下职责：

（一）监督文物入境展览管理政策和规定的执行；

（二）核报文物入境展览项目；

（三）监督、协调文物入境展览项目实施；

（四）核报展览协议书及展览结项材料。

第六条　举办单位应当于展览项目实施前3个月，向省级文物行政部门提交申请。省级文物行政部门初审同意后，报国家文物局审核。

申请材料包括：

（一）文物入境展览申报表（包括文物入境展览展品目录及展品登记表）；

（二）展览协议书草案（包括展览的名称、时间、地点、展品目录，及展品安全、保险、点交、运输、知识产权的使用与保护，境外来华人员、展览相关费用等，双方的权利和义务）；

（三）文物提供方出具的证明文物真实性和来源合法性的法律文件；

（四）展览举办各方的有关背景资料、资信证明；

文物入境展览申报表和展览协议书草案应同时报送纸质和电子文档各一份。

省级文物行政部门初审意见应当包括：展览缘由，主（承）办单位，展览名称、时间、地点，展品数量，展品保险估价，筹展及人员费用，入境口岸等内容，及联系人、联系方式。

第七条　文物入境展览展品涉及《濒危野生动植物种国际贸易公约》所规定的濒危物种制品的，申报时应当附具国家有关部门的批准文件。

第八条　经核准的文物入境展览协议书草案、展品目录等，如需修改或者变更的，应当重新履行报审手续。

第九条　举办单位应当于展览协议书签订之日起1个月内，将协议书副本报省级文物行政部门审核，并报国家文物局备案。

第十条　举办单位应当负责入境展品的安全，并确保展览的场地、设施和展示方式符合文物展览的要求。

第十一条　举办单位应于展览结束之日起2个月内，将展览结项备案表、结项报告及相关音像资料，报省级文物行政部门审核，并报国家文物局备案。

第十二条　文物入境展览的展品进境，举办单位应持国家文物局的核准文件，由指定的文物进出境审核机构审核、登记，并从指定的口岸进境。入境展览的文物复出境，应向原进境口岸申报，经原文物进出境审核机构审核查验后，办理海关手续。

第十三条　违反本规定，有下列行为之一的，由国家文物局根据情节轻重，给予警告或暂停举办文物入境展览等处分：

（一）未如实申报文物入境展览项目申请材料的；

（二）未经核准，擅自签订文物入境展览协议书的；

（三）展览内容不当，造成恶劣社会影响的；

（四）造成文物安全责任事故的；

（五）未及时报送文物入境展览协议书、结项备案表和结项报告的。

第十四条　本规定自发布之日起施行。

国家文物局、财政部关于印发《中央地方共建国家级博物馆管理暂行办法》的通知

各省、自治区、直辖市文物局（文化厅、文管会）、财政厅（局）：

为深化博物馆改革创新，加强重点博物馆建设，促进博物馆事业又好又快发展，国家文物局和财政部于2009年12月启动了中央地方共建国家级博物馆相关工作。为加强和规范中央地方共建国家级博物馆的建设和管理，国家文物局、财政部制定了《中央地方共建国家级博物馆管理暂行办法》，现印发给你们，请遵照执行。

二〇一〇年九月九日

中央地方共建国家级博物馆管理暂行办法

第一章　总则

第一条　为贯彻落实中宣部、财政部、文化部和国家文物局《关于全国博物馆、纪念馆免费开放的通知》（中宣发［2008］2号）和国家文物局、财政部《关于开展中央地方共建国家级博物馆工作的通知》（文物博函［2009］1387号），规范中央地方共建国家级博物馆的建设和管理，制定本办法。

第二条　中央地方共建国家级博物馆是由国家文物局、财政部共同认定，中央和省级人民政府联合共建的代表中华文明的地方所属重点博物馆。

第三条　中央地方共建国家级博物馆坚持择优认定、定期评估、动态调整和稳定支持的原则，其建设内容和目标是，通过调动中央与地方两个积极性，加大投入力度，大幅提高重点博物馆的藏品保护、陈列展览、科学研究、社会教育和公共服务水平，造就一批国内一流、国际先进的博物馆；构建以点带面、立足区域、辐射全国、面向世界的博物馆综合资源共享平台，推动我国博物馆整体水平迈向世界先进行列。

第四条　中央财政设立专项经费，支持中央地方共建国家级博物馆提升藏品保护、陈列展览、科学研究、人才培

养、文化交流、社会教育和公共服务水平。专项经费管理办法另行制定。

第二章　管理职责

第五条　国家文物局、财政部负责中央地方共建国家级博物馆的宏观管理，主要职责是：

（一）组织编制和实施中央地方共建国家级博物馆发展规划，制定相关政策和管理制度；

（二）组织审定中央地方共建国家级博物馆年度计划和项目申请，合理安排专项资金；

（三）组织开展中央地方共建国家级博物馆承担中央支持项目的验收和绩效考评；

（四）组织开展中央地方共建国家级博物馆运行状况年度评估。

第六条　省级人民政府负责中央地方共建国家级博物馆的日常管理，主要职责是：

（一）负责本地区中央地方共建国家级博物馆的培育和推荐；

（二）指导及监督中央地方共建国家级博物馆的运行和管理；

（三）落实地方支出责任，足额安排中央地方共建国家级博物馆运行经费及事业发展所需项目经费，逐步加大投入力度，建立经费稳定增长机制；

（四）配合开展中央地方共建国家级博物馆绩效考评与年度评估。

第三章　培育与认定

第七条　中央地方共建国家级博物馆采取专家评审、行政决策的方式，从省级博物馆中有计划、有重点地遴选和培育，每5年核定一次，予以总量控制。

第八条　国家文物局会同财政部制定中央地方共建国家级博物馆认定标准，由省级人民政府组织申报。

第九条　申请认定为中央地方共建国家级博物馆的，应为已运行和对外开放两年以上的省级博物馆，并具备下列基本条件：

（一）文物藏品具有极高历史、艺术、科学价值，形成完整体系；

（二）陈列展览与本馆使命、宗旨紧密契合，社会影响力强；

（三）专业技术力量雄厚，能够承担国家重要文化遗产保护、研究和展示任务；

（四）具备良好的基础设施，文化传播与社会服务功能有效发挥；

（五）建立完善有效的管理制度，制定并向社会公布科学的中长期发展规划。

第十条　省级人民政府组织具备条件的单位填写《中央地方共建国家级博物馆认定申请报告》，审核后报国家文物局。国家文物局组织评审，商财政部择优认定。

第十一条　列为中央地方共建国家级博物馆培育对象的，培育期限一般不超过两年。省级人民政府提供培育期间所需的相关条件保障。

第十二条　中央地方共建国家级博物馆培育计划完成后，经省级人民政府审核并报国家文物局，国家文物局组织专家验收通过的，商财政部予以认定。

第四章　管理与运行

第十三条　中央地方共建国家级博物馆应完善法人治理结构，逐步实行理事会决策、馆长负责的管理体制和运行机制。理事会成员由主管部门委派，由政府相关部门的代表、馆长、职工代表以及热心博物馆事业的社会人士代表担任。

建立由本单位人员、社会相关人员组成的藏品征集、学术研究、展示教育等专业委员会制度，负责向理事会、馆长等决策、执行机构和人员提供咨询建议，落实员工和公众对博物馆经营管理的参与权。

第十四条　中央地方共建国家级博物馆馆长人选应为具有丰富博物馆管理经验和全国性学术影响的专家，馆长实行任期目标责任制，在任期内，非法定或特殊情况，不应随意更换馆长。

第十五条　中央地方共建国家级博物馆应深化人事制度改革，建立相应的竞争、激励、约束机制，优化组织结构，科学设置岗位，完善职位管理，保持合理的人员结构和规模。

应当注重学术梯队和优秀中青年队伍建设，稳定高水平专业技术队伍。

第十六条　中央地方共建国家级博物馆应制定章程、中长期发展规划和年度工作计划，经省级人民政府有关部门审核后，报国家文物局和财政部核准。

第十七条　中央地方共建国家级博物馆的省级行政主管部门应当根据共建要求，制定专门的管理制度，明晰本部门与中央地方共建国家级博物馆之间的事权责任。

中央地方共建国家级博物馆承担的省部级（含）以上藏品保护、陈列展览、科学研究、人才培养、文化交流、社会教育和公共服务重大项目，必须纳入绩效考评计划。

第十八条　中央地方共建国家级博物馆之间应建立战略协作机制，并整合全国博物馆资源，实施文化遗产保护、研究、展示、利用行动计划。

每年应有计划地举办全国性专题展览，在全国范围内进行巡展和博物馆文化推广。

第十九条　中央地方共建国家级博物馆负有对本省（区、市）和全国中小博物馆、民办博物馆加强业务指导和人员培训的义务。

积极推动中央地方共建国家级博物馆对中小博物馆的托管或连锁运营。

第二十条　中央地方共建国家级博物馆应积极推动博物馆事业社会化，引导和争取社会力量支持博物馆的建设与发展，鼓励社会力量对博物馆进行捐赠，不断壮大“博物馆之友”、博物馆志愿者队伍，发挥行业示范和引导作用。

第二十一条　中央地方共建国家级博物馆应依托文物藏品、陈列展览等文化元素，大力开发具有影响力的文化产品，创造特色鲜明、在国内外具有竞争力的创意品牌，成为博物馆文化产品研发的示范基地。

第二十二条　中央地方共建国家级博物馆应加大开放力度，保障藏品、科研资料、仪器设备的开放共享，建设成为文化遗产领域国家公共平台；并积极开展国际文化遗产、博物馆合作和交流，参与重大国际文化遗产、博物馆合作计划。

第五章　考核与评估

第二十三条　中央地方共建国家级博物馆每年末编制年度工作报告，经省级人民政府有关部门审核并出具相关意见后，于次年 2 月末之前报国家文物局和财政部，同时接受中央和地方有关部门的监督、审计。工作报告内容应包括年度计划的执行情况，藏品、展览及社会教育工作情况，人员和机构变动情况，安全、财务管理情况（含中央财政专项经费使用情况）等内容。

第二十四条　国家文物局每年组织对中央地方共建国家级博物馆的运行状况进行评估，评估结果予以公告，并作为次年中央财政专项经费安排的重要依据。评估办法由国家文物局另行制定。

第二十五条　中央地方共建国家级博物馆连续三年居于评估末位的，不再列入中央地方共建国家级博物馆序列。

第六章　附则

第二十六条　鼓励各省（区、市）比照中央地方共建国家级博物馆的模式，按照省（区、市）地共建的原则，建设省级博物馆。

第二十七条　本办法自发布之日起施行。

国家文物局关于印发《文物进出境责任鉴定员管理办法》的通知

文物博发［2010］42号

各省、自治区、直辖市文物局（文化厅），各国家文物进出境审核管理处：

《文物进出境责任鉴定员管理办法》已经2010年12月2日国家文物局第14次局务会议审议通过，现予发布，请遵照执行。

特此通知。

附件：文物进出境责任鉴定员管理办法

二〇一〇年十二月十六日

文物进出境责任鉴定员管理办法

第一章　总则

第一条　为加强对文物进出境责任鉴定员（以下简称责任鉴定员）的管理，根据《中华人民共和国文物保护法》、《中华人民共和国文物保护法实施条例》和《文物进出境审核管理办法》，制定本办法。

第二条　责任鉴定员是指获得国家文物局规定的鉴定资格，并在文物进出境审核机构承担文物进出境审核业务，签署文物进出境审核文件的文物鉴定专业人员。

第三条　责任鉴定员应当依据国家有关法律法规要求，科学、客观、公正地开展文物进出境审核工作，承担相应的法律责任。

第二章　鉴定资格认定

第四条　责任鉴定员鉴定资格认定，原则上实行全国统一的分类考试制度。边疆省区民族类文物责任鉴定员的考试，经国家文物局批准后可以单独组织。

第五条　参加责任鉴定员鉴定资格考试的人员应具备以下条件：

（一）拥护中华人民共和国宪法，遵守有关文物保护的法律法规，具有良好的品行；

（二）具有大学本科以上学历和文物博物专业中级以上职称，或在国有文物收藏单位工作五年以上；

（三）身体健康，具有正常履行职责的身体条件；

（四）国家文物局规定的其他条件。

第六条　按照统一安排，报名者应当向省级文物行政主管部门报名，经国家文物局审查合格后参加考试。

第七条　考试合格人员，由国家文物局颁发《文物进出境责任鉴定员资格证》并在国家文物局政府网站予以公布。

第八条　取得《文物进出境责任鉴定员资格证》并在文物进出境审核机构工作的人员，由国家文物局向海关部门备案。

未取得《文物进出境责任鉴定员资格证》的人员不得从事文物进出境审核业务。

第三章　权利和义务

第九条　责任鉴定员享有下列权利：

（一）独立表达鉴定审核意见；

（二）要求申请人如实提供审核业务所需的相关信息和资料；

（三）拒绝办理单证不真实、手续不齐全的审核业务；

（四）参加文物行政主管部门组织的相关业务培训；

（五）参加其他文物门类的鉴定资格考试；

（六）法律法规规定的其他权利。

第十条　责任鉴定员履行下列义务：

（一）认真履行文物进出境审核机构职责和工作规定；

（二）完成上级部门指派的审核任务；

（三）如实表达审核意见，对审核结论负责；

（四）保守在审核过程中知悉的商业秘密或个人隐私；

（五）参加文物行政主管部门举办的有关业务培训；

（六）法律法规规定的其他义务。

第四章　监督和管理

第十一条　国家文物局负责全国文物进出境审核管理工作，负责组织鉴定资格考试、鉴定培训和责任鉴定员年检等工作。

第十二条　国家文物局就下列事项对责任鉴定员进行监督检查：

（一）遵守相关法律法规的情况；

（二）遵守文物进出境审核工作程序和执行文物出境审核标准的情况；

（三）遵守职业道德和职业纪律的情况；

（四）法律法规规定的其他事项。

第十三条　文物进出境审核机构应当定期将责任鉴定员名单报国家文物局备案；责任鉴定员发生变化的，应当于三十日内报国家文物局备案。

第十四条　文物进出境审核机构负责对所属责任鉴定员进行管理和考核，并实行差错登记制度。

第十五条　因进出境审核工作需要，文物进出境审核机构确需聘用具有鉴定资格退休人员的，由所在文物进出境审核机构向主管部门和国家文物局提出申请，经批准后聘用。

第十六条　国家文物局建立责任鉴定员管理数据库，对责任鉴定员遵守法律法规、遵守职业道德和职业纪律、履行工作职责、培训考核、差错、年检等情况实施动态管理。

第十七条　国家文物局每两年对责任鉴定员进行一次考核。

第十八条　责任鉴定员不得在文物商店或者拍卖企业任职、兼职，不得以责任鉴定员名义从事商业性文物鉴定活动。

第五章　奖励和处分

第十九条　有下列事迹之一的责任鉴定员，由国家文物局给予精神鼓励或者物质奖励，并可作为申报评定文物博物系列高级专业技术职务任职资格的一项主要业绩：

（一）认真执行文物保护法律、法规，保护文物贡献突出的；

（二）长期从事文物进出境审核工作，严格执行文物进出境审核标准，作出显著成绩的；

（三）在文物鉴定的科学技术、学术研究方面有重要成果的。

第二十条　有下列行为之一的责任鉴定员，由上级主管部门视情节轻重，依法给予相应行政处分；构成违法或犯罪的，依法予以处理；受到开除处分或者行政、刑事处罚的，由国家文物局吊销其《文物进出境责任鉴定员资格证》：

（一）不履行本办法第十条规定，情

节严重的；

（二）一年内出现三次以上审核差错记录，后果严重的；

（三）未按规定接受国家文物局考核的；

（四）伪造、变造、买卖或者盗用、涂改文物进出境审核文件、印章、标志、封志的；

（五）其他违反文物进出境法律法规，情节严重的。

第六章　附则

第二十一条　本办法自发布之日起施行。

重要公文

国家文物局关于加强和改进文物、博物馆行业作风建设的意见

文物人发［2010］3号

各省、自治区、直辖市文物局（文化厅、文管会），各直属单位：

加强和改进文物、博物馆行业作风建设是贯彻落实党的十七大、十七届四中全会精神，贯彻落实科学发展观，推进文化遗产事业科学发展的重要内容。国家文物局就加强和改进文物、博物馆行业作风建设提出如下意见：

一、加强和改进文物、博物馆行业作风建设的重要性和紧迫性

近年来，全国文物系统坚持以邓小平理论和“三个代表”重要思想为指导，深入贯彻落实科学发展观，认真贯彻执行党和国家的文物工作方针和《文物保护法》，在推进文化遗产事业科学发展的过程中，大力加强行业作风建设，努力提高文物、博物馆队伍整体素质。爱国主义、集体主义、社会主义思想日益深入人心，为人民服务精神不断发扬光大，老一辈文物、博物馆工作者艰苦创业的优良传统得到弘扬，崇尚先进、学习先进蔚成风气，文明单位建设取得成效。文物、博物馆工作者在艰苦的环境中竭尽全力保护文化遗产，面对自然灾害奋不顾身抢救文化遗产，面对违法行为挺身而出维护法律的尊严，展现出良好的思想品德和精神风貌。

同时我们也应该清醒地看到，文物、博物馆行业作风建设还存在一些问题。有的文物、博物馆单位思想政治工作存在薄弱环节，学习风气不浓，队伍松散；干部职工中有的工作不求上进、不思进取、虚化浮躁；有的宗旨意识、法制意识、纪律意识不强，违纪、违反职业道德现象时有发生；有的拜金主义、享乐主义有所滋长，存在见利忘义、损公肥私、以权谋私行为。这些问题影响着文物、博物馆队伍的稳定，影响着单位和行业作风建设，影响着文化遗产事业科学发展的大局，必须引起高度重视，及时解决。

加强行业作风建设是一项长期紧迫而又艰苦细致的任务。面对文化遗产事业发展的良好机遇和严峻挑战，面对市场经济的深入发展，面对人民群众精神

文化需求的不断增长，面对文物、博物馆单位改革不断深化，所有制形式、就业和分配方式、利益关系呈多样化的趋势，面对各种思想文化的相互激荡，文物、博物馆行业作风建设有许多新情况新问题需要认真研究。要抓住有利时机，巩固已经取得的成果，克服薄弱环节，在内容、形式、方法、机制等方面努力改进创新。各级文物行政部门要把加强和改进文物、博物馆行业作风作为一项重要工作抓紧抓好，以自身的表率作用树立良好作风。各文物、博物馆单位要将思想政治工作、业务工作、队伍建设和作风建设紧密结合，努力形成追求高尚、激励先进的良好作风，促进文物、博物馆行业队伍整体素质不断提高，推进文化遗产事业科学发展。

二、加强和改进文物、博物馆行业作风建设的指导思想

当前和今后一个时期，加强和改进文物、博物馆行业作风建设的指导思想是：以毛泽东思想、邓小平理论、“三个代表”重要思想为指导，贯彻落实科学发展观，坚持重在建设、以人为本，在全行业内树立建设中国特色社会主义的共同理想和正确的世界观、人生观、价值观，大力倡导爱国守法、勤奋学习、依法行政、敬业奉献、求真务实、艰苦奋斗、团结向上、文明和谐的良好作风，努力提高从业人员的整体素质，促进人的全面发展，建设一支有理想、有道德、有文化、有纪律的文物、博物馆干部职工队伍，为文化遗产事业发展提供有力保证。

三、加强和改进文物、博物馆行业作风建设的主要内容

（一）勤奋学习理论，坚定理想信念。组织党员、干部职工认真学习马列主义、毛泽东思想和中国特色社会主义理论体系，弘扬理论联系实际的学风，着力思考文化遗产事业科学发展和本单位改革发展稳定的重要问题，建设学习型单位。学习践行社会主义核心价值体系，引导党员、干部职工坚定走中国特色社会主义道路的理想信念，坚持正确的政治方向，忠诚文化遗产事业，增强大局意识、责任意识。加强业务学习，优化知识结构，提高综合素质。

（二）坚持依法行政，确保文物安全。坚决贯彻执行党和国家的文物工作方针和《文物保护法》，依法保护文化遗产，维护法律尊严。遇到破坏、损毁、盗窃、盗掘文物等违法行为，勇于挺身而出，采取有效措施保护文物安全，与违法行为坚决斗争。进一步加强文物安全措施，提高科技防范水平，加大执法督察力度，严厉打击破坏文物违法犯罪活动。依法加强文物市场管理工作，规范社会文物流通行为。

（三）坚持服务人民，努力改善民生。在文化遗产保护实践中，努力实现好、维护好、发展好最广大人民的根本利益，善于挖掘典型、总结经验，充分发挥人民保护文化遗产的积极性、主动性和创造性。进一步深化博物馆免费开放，博物馆和开放的文物保护单位要完善服务机制、提高服务水平，注重开展面向人民的、丰富多彩的社会教育活动，使文化遗产事业融入社会、促进发展、改善民生，让文化遗产保护成果惠及人民群众。

（四）坚持求真务实，倡导真抓实干。建立健全工作责任制，促进党员、干部真正把心思用到干事业、干成事业上，把工夫下到察实情、出实招、办实事上。各级文物行政部门要转变政府职能，整顿文风会风，精简会议文件，力戒空话套话，严格控制评比、庆典、表彰活动，把机关干部的精力集中到深入基层调查研究、解决实际问题、推动改革发展上来。鼓励年轻干部到基层工作，在艰苦地区、复杂环境、关键岗位砥砺品质、锤炼作风、增长才干。

（五）遵守职业纪律，恪守职业道德。在从事文物调查、考古发掘、陈列展示、宣传出版、征集收购、国际交流等工作中所获得的文物，必须及时上缴主管单位保存，严禁隐瞒私存或为他人留存文物。不得垄断文物信息资料并利用其谋取私利。严禁将国有文物作为礼品赠送，严禁出售或变相出售馆藏文物。严禁以个人或家属、子女名义收藏文物或参与买卖文物。

（六）坚持艰苦奋斗，严格廉洁自律。发扬不畏艰难、奋力拼搏、克己奉公、甘于奉献的精神，始终谦虚谨慎、艰苦奋斗。领导干部深入基层轻车简从，不搞层层陪同，不接受超标准食宿安排；严格执行财经制度和经济工作纪律，带头吃苦在前、勤俭节约、艰苦朴素，严格规范职务消费，把有限资金和资源更好地用在保护文化遗产、改善民生上。严格遵守廉洁自律各项规定，严格要求自己和配偶子女，不得利用工作之便谋取不正当利益。严禁铺张浪费、奢靡享乐、挥霍公款，大力开展反腐倡廉工作。

（七）推进政务公开，接受群众监督。建立和完善党务公开、政务公开制度，面向社会公开行政许可、行政执法事项，推动行政机关及其工作人员施政方式、管理办法和管理作风的改进，畅通倾听民声、了解民意的渠道，提高依法行政水平。对本单位党的建设、事业发展、工作进展、行政管理、改革措施等重要事项定期向党员大会、职工大会报告，集中党员、干部职工的智慧，反映党员、干部职工的意愿。深化人事制度改革，推行公开选拔、竞争上岗，保证干部职工的知情权、参与权、监督权和选择权，创造优秀人才脱颖而出的良好环境。

（八）树立文明新风，增进团结和谐。以服务人民、奉献社会为宗旨，推动文物、博物馆行业文明建设。围绕实现优美环境、优良秩序、优质服务，推动文物、博物馆单位文明建设。自觉践行社会主义荣辱观，倡导爱国、敬业、诚信、友善等道德规范，对干部职工普遍进行职业责任、职业道德、职业纪律教育，规范岗位要求，树立行业新风。在工作和生活中发扬相互关心、相互支持、助人为乐的精神，增强文物、博物馆单位的向心力和凝聚力，营造团结民主、奋发向上、和谐融洽的氛围。

四、切实把加强和改进文物、博物馆行业作风建设落到实处

（一）各文物、博物馆单位党组织和行政领导要把加强和改进行业作风建设摆到重要位置，领导班子要经常研究本单位行业作风建设的基本状况，有针对性开展工作和活动，把行业作风建设作为岗位培训的重要内容，促使干部职工自觉遵守《中国文物、博物馆工作者职业道德准则》，养成良好的职业习惯，树立行业新风。发挥本单位各部门和工会、共青团、妇女组织的作用，统筹规划、明确目标、分解任务、落实责任，齐抓共管，形成合力。

（二）充分利用重大节日以及“4·18 国际古迹遗址日”“5·18 国际博物馆日”“文化遗产日”等，举办形式多样的庆祝、纪念活动，宣传文化遗产保护成果、普及文化遗产保护知识、展示文物、博物馆行业的精神风貌，增强干部职工的事业心、责任感和主动性。积极开展创建文明单位活动，组织丰富多彩、健康向上的活动，使干部职工在参与中受到教育，在实践中得到提高。

（三）大力弘扬老一辈文物、博物馆工作者在艰苦创业中传承下来的优良传统作风，热情宣传新时期文物、博物馆行业涌现出来的先进单位和优秀人物的事迹。文物、博物馆行业的报刊、网站要积极报道加强和改进文物、博物馆行

业作风的典型事例，推广先进经验。对在加强和改进文物、博物馆行业作风建设中作出突出成绩的，要给予表彰。

（四）共产党员和领导干部要充分发挥模范带头作用，牢记党的宗旨，讲党性、重品行、作表率，清正廉洁、公道正派、勤政为民。要求别人做的自己首先做到，禁止别人做的自己坚决不做，自觉接受监督，以良好的形象取信于民，带动干部职工切实把加强和改进文物、博物馆行业作风建设落到实处。

二〇一〇年一月十五日

中宣部　财政部　文化部　国家文物局关于进一步做好公共博物馆纪念馆免费开放工作的意见

各省、自治区、直辖市党委宣传部，财政厅（局），文化厅（局），文物局（文管会）：

为深入贯彻党的十七大和十七届三中、四中全会精神，充分发挥公共博物馆纪念馆和爱国主义教育基地（以下统称博物馆纪念馆）宣传和传播先进文化的重要作用，加强公共文化服务体系建设和公民思想道德建设，现就进一步做好博物馆纪念馆免费开放工作，提出如下意见：

一、提高思想认识，积极推进博物馆纪念馆免费开放工作

1. 博物馆纪念馆免费开放意义重大。博物馆纪念馆是公共文化服务体系建设的重要内容，是保障人民群众基本文化权益的重要阵地。做好博物馆纪念馆免费开放工作，充分发挥其社会功能，对于满足人民群众日益增长的精神文化需求，陶冶道德情操，振奋民族精神，激发爱国热情；对于弘扬优秀文化传统，传播灿烂中华文明，推动社会主义文化大发展大繁荣，具有十分重要的意义。各地各部门要统一思想、提高认识，采取措施、周密安排，切实把免费开放工作做实、做细、做好，为公众提供更多更好的公共文化产品和服务。

2. 博物馆纪念馆免费开放成效显著。2008年1月，中央有关部门印发《关于全国博物馆纪念馆免费开放的通知》。两年来，在各方面共同努力下，全国已有1440多家文化文物部门归口管理的公共博物馆纪念馆，以及全国爱国主义教育示范基地向社会免费开放（还有一批博物馆纪念馆自行向社会免费开放）。目前，博物馆纪念馆免费开放呈现出安全、平稳、有序的良好态势，低收入群体、学生、老人和干部群众的参观人数大幅增加，很好地满足了人们的精神文化需求。同时也要看到，博物馆纪念馆免费开放工作与社会发展要求和广大群众期望相比，还存在许多不适应之处：有的地方相关政策和配套措施未能及时跟进；一些博物馆纪念馆内部管理和运行机制不够完善；不少博物馆纪念馆基础设施破旧、基本陈列落后、展示水平不高。这些问题，应当引起足够重视，切实加以解决。

3. 博物馆纪念馆免费开放是一项长期任务。做好博物馆纪念馆免费开放工

作，要以邓小平理论和“三个代表”重要思想为指导，深入贯彻落实科学发展观，认真贯彻中央关于深化文化体制改革、加快公共文化服务体系建设的一系列决策部署，贴近实际、贴近生活、贴近群众，紧紧抓住增强活力、改善服务两个关键环节，创新体制机制，激发内在活力，提高服务水平，最大限度地发挥博物馆纪念馆的社会效益，为弘扬民族精神和时代精神服务，为加强社会主义核心价值体系建设服务，为实现全面建设小康社会的奋斗目标服务。

二、坚持改革创新，努力提升博物馆纪念馆展览展示、宣传教育和服务水平

4. 创新体制机制，增强发展活力。要将体制机制创新作为推动博物馆纪念馆免费开放工作的强大动力，抓住当前正在进行的文化体制改革机遇，按照以政府为主导，增加投入、转换机制、增强活力、改善服务的要求，结合文博事业特点和本单位实际，优化组织结构，改进内部管理，创新服务方式，提高运营效率。要积极探索完善法人治理结构，逐步实行理事会决策、馆长负责的管理运行机制，形成政府、社会、公众代表相结合的监督管理体系。要深化劳动人事和分配制度改革，建立健全博物馆纪念馆从业资格、人员聘用、人才培养和岗位设置管理制度，形成讲实绩、重贡献、向优秀人才和关键岗位倾斜的分配激励机制。要努力争取社会力量支持、参与博物馆纪念馆建设，实现发展模式由封闭型向开放型转变。

5. 积极推进共建，发挥示范效应。要按照中央地方共建国家级博物馆纪念馆的有关要求，以建设具有国际一流水准的博物馆纪念馆为目标，加快构建以点带面、立足区域、辐射全国、面向世界的博物馆纪念馆综合资源共享平台。要参照中央地方共建国家级博物馆纪念馆工作的建设原则，制定本地区博物馆纪念馆事业发展规划，推进机制创新和资源整合，提高使用效益，使其在本地区经济、社会、文化建设中发挥更大作用。

6. 增进交流合作，提升展览水平。省级以上博物馆纪念馆要加强交流合作，整合区域藏品、展览、人才、技术、资金等资源，举办各种专题展览、巡回展览和文化活动，并有计划地引进国外优秀展览，向公众介绍世界文明和多元文化。要适应社会文化生活的新特点和人民群众的新期待，注重陈列展览内容和形式创新，把知识性、趣味性和观赏性有机结合起来，增强展览的表现力和感染力。要依托藏品和展览，开发独具特色、形式多样的文化产品，更好地满足市场需求。要避免文化产品同质化和低水平重复生产，加强文化产品市场管理，规范经营行为，使其健康有序发展。

7. 注重社会效益，拓展服务领域。正确处理社会效益和经济效益的关系，把社会效益放在首位，是博物馆纪念馆工作的重要原则。要加强导游讲解员队伍建设，加大教育培训力度，强化职业道德素质，提升宣传讲解水平。要牢固树立服务意识，对参观群众在接待咨询、参观引导、提供资料以及安排讲解等方面实行规范化服务。要适应网络信息技术快速发展的新形势，组织实施“数字博物馆计划”，大力推进网上展馆建设。要借助全国文化信息资源共享工程和远程教育网络，延伸拓展博物馆纪念馆传播服务功能，辐射广大城镇、农村和边远地区，为基层和群众提供更多健康向上的精神文化产品。

三、采取有效措施，为博物馆纪念馆免费开放创造良好条件

8. 加大公共财政扶持力度，逐步建立

博物馆纪念馆经费保障机制。明确公共博物馆纪念馆的公益性质，加强财政经费保障，建立与改革相适应的激励约束机制，促进提高公共服务水平。要拓宽经费来源渠道，建立多元化投入机制，落实相关财税政策，鼓励社会力量进行捐赠。要继续做好陈列布展项目资助工作，支持改善展览效果。各地财政部门要足额保障博物馆纪念馆免费开放资金，与宣传、文化、文物部门协商，研究制定本地区中央财政补助专项资金和地方财政资金具体分配方案，并及时将方案报财政部备案。财政部适时会同中宣部、国家文物局等部门对资金使用情况进行检查。

9. 强化管理和绩效考评，确保博物馆纪念馆可持续发展。有关部门将制定博物馆纪念馆工作条例，完善以博物馆纪念馆运行状况评估为重点，以宣传展示、开放服务为核心的博物馆纪念馆质量评价体系。要对免费开放博物馆纪念馆的管理运作效能、业务完成指标、资金效益指标、社会效益指标、公众满意度等进行评估，评估结果作为对博物馆纪念馆实行动态管理的依据。各地要定期公布免费开放博物馆纪念馆运行管理状况，保障公众知情权，并于每年1月31日前将上一年度博物馆纪念馆免费开放绩效评估报告报国家文物局备案（全国爱国主义教育示范基地相关情况同时报中宣部备案）。

10. 形成部门合力，共同推进博物馆纪念馆免费开放工作。宣传、财政、文化、文物等部门要加强沟通配合，协调指导博物馆纪念馆做好免费开放工作。改革发展、民政、工商、税务等部门要发挥职能作用，为博物馆纪念馆免费开放提供必要的政策保障，创造良好发展环境。教育行政部门要结合教学安排，组织学生到博物馆纪念馆参观学习，使博物馆纪念馆成为学校教育的第二课堂。旅游部门要指导旅行社与博物馆纪念馆加强合作，精心设计旅游线路，积极开展红色旅游、文化旅游。工会、共青团和妇联等群团组织要根据各自特点，利用博物馆纪念馆开展活动。通过各方面共同努力，使博物馆纪念馆免费开放工作取得更大成效。

各地各部门要根据本意见，抓紧制定具体措施和办法。

国家文物局　民政部　财政部　国土资源部　住房和城乡建设部　文化部　国家税务总局关于促进民办博物馆发展的意见

文物博发［2010］11号

各省、自治区、直辖市文物局、民政、财政、国土资源、住房和城乡建设、文化厅（局、委）、国家税务局、地方税务局：

民办博物馆是为了教育、研究、欣赏的目的，由社会力量利用民间收藏的标本、资料等文化财产依法设立并取得法人资格，向公众开放的非营利性社会服务机构。进入新世纪以来，文化体制改革逐步深化，民办博物馆发展迅速。但是由于民办博物馆在我国还是一个新事物，尚处于探索阶段，还存在着准入制度不完善、扶持政策不健全、管理运行不规范、社会作用不明显等问题，严重制约了民办博物馆的健康发展。

为贯彻党的十七大关于推动社会主义文化大发展大繁荣的精神，落实中央关于深化文化体制改革的总体部署，进一步调动社会力量参与文化遗产保护和社会主义先进文化建设的积极性，现就积极鼓励、大力支持民办博物馆发展提出以下意见：

一、高度重视，积极促进民办博物馆健康发展

（一）民办博物馆来自于民间、成长于民间、服务于民间，是我国经济社会持续稳定发展大背景下公民文化需求增长的必然结果，是具有文化普及鲜明特色的公共文化服务机构，是动员全社会广泛参与，共同构建公共文化服务体系，促进文化大发展、大繁荣，建设和谐社会的一支重要力量。

（二）各地、各有关部门要切实提高对支持民办博物馆发展重要性的认识，明确和坚持积极鼓励，大力支持，正确引导，依法管理的指导思想，将民办博物馆纳入国民经济和社会发展规划，纳入博物馆事业发展规划，因地制宜，分类指导，制定符合各地民办博物馆发展的目标、措施和相关政策，支持、鼓励和引导民办博物馆的科学发展。文物、民政、财政、国土资源、住房城乡建设、文化、税务等行政部门和行业组织要加强协调，形成合力，加强调查研究，对民办博物馆在创办、开放、发展中遇到的具体困难和问题，给予必要的关注，及时帮助切实解决，保障民办博物馆健康发展。

二、加强扶持，为民办博物馆创造良好的发展环境

（三）规范民办博物馆准入制度，加强管理。加快出台《博物馆条例》，完善博物馆管理基本制度体系，明确民办博物馆与公立博物馆同等的法律地位。文物、民政行政部门制定民办博物馆登记管理办法，细化民办博物馆准入标准，完善审批程序，健全民办博物馆准入制度。依照《中华人民共和国文物保护法》等法规的规定，加强对拟申办民办博物馆藏品来源合法性和真实性审查，明确博物馆对藏品的合法所有权。鼓励社会力量兴办填补博物馆门类空白和体现行业特性、区域特点的专题性博物馆。兴办民办博物馆应符合城乡规划。对符合设立条件的民办博物馆，要按照《民办非企业单位登记管理暂行条例》和《博物馆管理办法》等有关规定，及时审核和给予登记注册。要加强对民办博物馆凭证执业、依法办馆的监督，按照法律法规和规章的规定，做好民办博物馆的登记、年检、执业和监督管理工作。要开展经常性的执法检查活动，严厉打击非法办馆行为，坚决取缔无证执业，规范竞争行为，营造公平有序的发展环境，保障合法博物馆的正当权益。

（四）切实帮助解决民办博物馆的馆舍与经费保障问题。推广民办公助、公建民营等形式，在有条件的地区，建立政府对民办博物馆单位的资助机制。各地可利用在布局结构调整后闲置的房产，支持民办博物馆发展。可在旅游景区和文化产业园区内规划建设民办博物馆，为民办博物馆提供馆舍和基础设施运行保障。对符合国家《划拨用地目录》规定的非营利性民办博物馆的建设用地，经县级以上人民政府批准，可以划拨方

式供地。民办博物馆建设必须贯彻节约集约用地的原则，严格执行《博物馆建设用地指标》的规定，严禁改变博物馆用地的土地用途，不得以划拨土地使用权抵押。民办博物馆因故终止的，其用地由国家依法收回后继续作为博物馆建设用地。协调金融机构为符合条件的民办博物馆提供贷款。鼓励企业、事业单位、社会团体以及个人等社会力量向民办博物馆提供捐赠。鼓励民办博物馆依托藏品、展览研发推广博物馆文化产品。民办博物馆在接收捐赠、门票收入、非营利性收入等方面，可按照现行税法规定享受有关优惠政策。

（五）加强对民办博物馆的专业指导和扶持。文物行政部门要积极探索新形势下民办博物馆的管理体制、机制和办法，根据民办博物馆自愿办馆、自筹资金、自负责任、自主管理的特点，通过法规、政策、标准、评估、督导等措施为博物馆的目标管理和质量管理提供服务。民办博物馆在行业准入、等级评定、人员培训、职称评定、科研活动、陈列展览，以及人才、学术的交流、合作、奖励、政府政策信息服务等方面，与国有博物馆一视同仁，同等待遇。对具有门类特点、行业个性或地域文化、民族（民俗）唯一性的民办博物馆，以及致力于抢救濒危文化遗产、填补某领域文化空白或稀缺的新建民办博物馆，给予必要和适当的倾斜性扶持。鼓励国有博物馆对民办博物馆的藏品保护、陈列展览、科学研究等业务活动实施帮扶。加强博物馆行业协会建设，制定行业规范，鼓励民办博物馆加入行业协会，促进行业自律。

（六）努力形成有利于民办博物馆健康发展的社会舆论氛围。要充分利用广播、电视、报纸、网络等媒体，大力宣传政府鼓励、支持、引导民办博物馆发展的方针政策，宣传民办博物馆在社会主义先进文化建设中的重要地位和作用，宣传民办博物馆中涌现出的先进典型，扩大民办博物馆的影响。对优秀民办博物馆以及在民办博物馆事业方面做出突出贡献的单位和个人，给予表彰。

三、依法办馆，全面提高民办博物馆的质量

（七）建立健全民办博物馆内部管理制度。文物、民政行政部门要把民办博物馆纳入质量监管体系，通过评估定级和年度检查、考评等方式，指导民办博物馆严格遵守国家相关政策法规和技术标准规范以及国际博物馆协会职业道德准则，健全以理事会（董事会）、监事会为核心的法人治理结构，完善博物馆章程和发展规划，依法自我管理、科学运行，承担相应的社会义务。要落实民办博物馆的法人财产权，对举办者和其他投资者投入民办博物馆的藏品、资产、国有资产、受赠的财产、收取的费用以及办馆积累，应当分别登记建账，并依法享有法人财产权。民办博物馆存续期间，对博物馆所有资产依法享有占有、使用、收益和处分的权力，任何组织和个人不得侵占和非法干涉。

（八）规范民办博物馆的藏品管理。藏品是博物馆赖以生存的物质基础，保障藏品安全并充分发挥其社会作用是博物馆的基本义务。民办博物馆应当依照《中华人民共和国文物保护法》《博物馆管理办法》《博物馆藏品管理办法》等法规和国际博物馆协会职业道德准则要求，加强藏品收集，建立、健全藏品收藏、保护、研究、展示等相关规章制度，建立健全藏品总账、分类账及每件藏品的档案，并报所在地市（县）级文物行政部门备案。民办博物馆处置无保存价值的藏品，以及民办博物馆终止时的藏品处置，必须进行严格的评估，并报所在地省级文物行政部门审批。民办博物馆

不再收藏的藏品应优先转让给其他博物馆收藏。处置藏品所得应当用于博物馆收藏新的藏品、改善藏品保管条件和博物馆日常维护等用途。

（九）切实加强民办博物馆展示服务工作。民办博物馆要落实“以质量求生存、以特色求发展”的办馆理念，加强人才队伍建设，加强科学研究，大力提升展示服务水平。要把博物馆的特色和品牌建设作为直接关系民办博物馆生存的大事来抓紧抓好，满足社会对优质博物馆文化资源的需求。文物行政部门要加强对民办博物馆陈列展览、社会教育和服务活动的指导，严格基本陈列内容审查，抵制低俗之风。民办博物馆要完善开放服务制度，开展进校园、进社区活动，纳入当地旅游线路，开展博物馆文化旅游活动。根据公平、择优的原则，采用公开招标和政府购买服务的方式，支持民办博物馆参与公共文化服务体系和国民教育体系建设。对于社会服务功能发挥良好、成绩突出的民办博物馆，可按规定命名为爱国主义教育基地和青少年教育基地。鼓励民办博物馆积极参与对外文化交流。

二〇一〇年一月二十九日

国家文物局2010年重点工作计划

2010年是全面落实文物事业“十一五”规划各项重点任务以及科学编制“十二五”文化遗产事业发展规划的重要一年，也是实现《国务院关于加强文化遗产保护的通知》提出的“初步建立比较完备的文化遗产保护制度，文化遗产保护状况得到明显改善”这个新时期文化遗产保护第一个阶段性目标的最后一年。全国文物系统要认真贯彻党的十七大和十七届三中、四中全会精神，以邓小平理论和“三个代表”重要思想为指导，深入贯彻落实科学发展观，稳步推进各项重点工作，全面实现“十一五”时期文化遗产事业发展目标。

一、认真开展文物事业发展战略研究，做好“十二五”规划编制工作

1. 以科学发展观为指导，深入开展涉及全局性、战略性重大问题的研究，从解决文化遗产保护突出矛盾和问题入手，明确文化遗产保护规划的思路，提出相应措施。编制文化遗产事业“十二五”发展规划，努力争取一批重大项目纳入各级政府的“十二五”规划。

2. 组织编制文化遗产保护经费“十二五”规划及项目库。研究制定大遗址保护、全国重点文物保护单位、水下文物保护、国家宝藏工程、红色旅游、文物保护装备“十二五”规划，提出“十二五”期间中央财政资金支持建议。

3. 认真做好社会公众参与文化遗产保护状况研究工作，做好人口较少民族文化遗产保护调研和世界文化遗产管理体制调研工作。

二、切实把基础工作提高到战略地位，提高文化遗产事业的持续发展能力

4. 进一步加强各级文物保护单位，特别是全国重点文物保护单位的“四有”工作。结合第三次全国文物普查的深入

开展，研究提出各级文物保护单位的保护要求。

5. 2010 年底前完成文物调查及数据库管理系统建设项目的综合评估和总结，实现基本廓清全国馆藏文物家底的预期目标。

6. 进一步加强对专项资金的检查力度，促进文物保护项目的规范管理，充分发挥财政资金的使用效益。

三、进一步加大工作力度，扎实开展第三次全国文物普查和第七批全国重点文物保护单位评审

7. 扎实推进第三次全国文物普查工作，2010 年底完成省级整体验收工作。

8. 做好第七批全国重点文物保护单位评审工作，2010 年底形成上报国务院的推荐名单。

四、积极推进文物立法工作，加强文物执法督察和安全机制建设

9. 编制“十二五”立法规划。开展“《文物保护法》实施情况调研”和“《文物认定管理暂行办法》实施情况调研”。

10. 重点推动《博物馆条例》的立法工作。起草《大运河文化遗产保护管理条例》《文物保护单位保护管理办法》《流失境外文物追索管理办法》《文物建筑保护工程报告编写出版管理办法》《文物建筑保护工程报告编写出版要求》。配合有关部门积极推动我国加入《水下遗产保护公约》和《武装冲突下保护文化遗产公约第二议定书》工作。

11. 开展 2010 年度行政执法专项督察工作。督察督办查处文物违法大案要案。与公安部联合开展“全国文物单位消防安全大检查”。开展“全国文物安全部际联席会议制度”相关工作。制定《文物行政执法督察与巡查工作规程》《文物违法案件和安全事故核查、处理工作程序》《文物建筑消防安全管理规则》。修订《文物行政处罚程序暂行规定》《文物系统博物馆安全防范工程设计规范》(GB/T16571－1996)。

12. 联合公安部规范文物系统一级风险单位安全技术防范工程设计方案审批和工程验收工作。加强对各省文物安防工程方案审批工作的指导和监督，减少审批环节，提高工作效率。联合公安部组织开展文物系统第四批一级风险单位核定、公布工作。继续推进地方各级文物行政执法机构、队伍建设，开展文物行政执法和文物安全培训工作。

五、稳步推进重大文物保护工程和考古工作，进一步加强世界遗产的申报和管理

13. 稳步推进汶川地震灾后文化遗产抢救保护工作，加强对灾后文物抢救保护工程的监督和指导，确保工程质量。结合灾后文化遗产抢救保护工程的开展，继续加强对藏羌民族文化遗产的保护。

14. 继续推进西藏“十一五”重点文物保护工程、山西南部早期建筑保护工程、涉台文物保护工程等重点文物保护工程的实施，加强红色旅游中的文物保护工作，积极推动湘鄂赣三省革命文物保护试点工作。

15. 进一步完善文物保护工程资质体系建设，重点加强个人资质的培训与管理工作。贯彻落实《文物建筑保护工程报告编写出版管理办法》《文物建筑保护工程报告编写出版要求》，采取切实措施全面推动工程报告编写出版工作。

16. 组织召开 2010 年度中国文化遗产保护无锡论坛。

17. 继续组织、协调做好南水北调、

西气东输二线等大型建设工程中的文物保护和考古工作。做好重要考古调查和发掘项目的指导、检查工作。继续推进考古报告整理出版工作。继续开展全国水下文物普查和重点调查工作，做好“南澳Ⅰ号”等古沉船的考古和文物保护工作。继续做好丝绸之路（新疆段）、西安片区、洛阳片区、牛河梁、良渚等重点大遗址保护和展示项目。开展重要大遗址卫星遥感技术动态监测。公布第一批国家考古遗址公园。

18. 加强规范世界文化遗产申报项目审核和预备名单管理工作，制定《世界文化遗产申报项目审核管理办法》和《中国世界文化遗产预备名单管理办法》，启动《中国世界文化遗产预备名单》重设工作。加强世界文化遗产监测巡视工作，召开世界文化遗产监测工作会议。

19. 做好登封“天地之中”历史建筑群、杭州西湖文化景观项目申报世界遗产工作。基本完成丝绸之路、哈尼梯田、元上都等项目各项申报准备工作。完成大运河遗产保护地市级和省级保护规划的审批工作，基本完成全段保护规划编制和国保单位、世界遗产申报点段遴选工作。

20. 继续推进长城保护工程。建立长城资源调查信息系统，基本完成明长城资源调查数据整合、档案建设和调查报告编写工作。编制省级长城保护规划，确定长城保护管理要求和重点段落，实施长城抢险加固项目。

六、深化博物馆免费开放工作，进一步加强社会文物的管理

21. 加强博物馆发展战略研究和调研，组织编制《中国博物馆事业发展纲要（2011—2015年）》。联合财政部等部门开展专题调研，健全和完善免费开放管理制度，深化博物馆免费开放。召开全国博物馆工作会议。

22. 制定《中央地方共建国家级博物馆管理办法》《中央地方共建国家级博物馆运行评估办法》，加强对中央地方共建国家级博物馆的指导和管理。

23. 以开展国家一级博物馆年度运行评估为重点，完善博物馆质量评价制度体系建设。做好出入境文物展览的审批、管理工作。

24. 开展文物拍卖许可证年审和第三批申报增加第一类文物拍卖经营资质的集中审批工作。开展文物拍卖专业人员资格认定管理试点推广工作。开展全国文物流通管理问题调研；加强对边疆省区新设文物进出境审核机构的设立指导和专业人员培训工作。制定《文物进出境责任鉴定员管理办法》和《中国濒危文物红色目录》。完成文物进出境审核信息管理系统项目开发和启动试点工作。

七、进一步加大文化遗产保护科技工作力度，做好教育培训工作

25. 组织编制《文化遗产保护科学和技术“十二五”发展规划》，凝练重大科技专项。召开全国文物科技工作会议。积极探索文化遗产保护领域创新联盟的体制研究和建设。参与国家标准化体系建设工程，完成文物保护标准化体系框架的编制。做好《中华文明探源及其相关文物保护技术研究》项目的组织管理，配合科技部完成国家科技支撑计划重点项目的结项验收工作。做好“指南针计划”主体类项目的组织实施工作。启动可移动文物保护修复资格认定的调研工作。完成“基于泛在网络理念的文化遗产信息化建设可行性研究”科研课题的结项验收工作。

26. 配合全局重点工作举办各类专

题培训班。继续实施馆藏文物保护与修复中长期培训计划和博物馆专业人员文物鉴定中长期培训计划。基本完成地市文博管理干部培训和全国重点文物保护单位保护管理机构负责人培训。加强专业技术职务任职资格管理工作。

八、积极推动对外交流与合作，深入开展文化遗产宣传工作

27. 进一步推动政府间文化遗产保护协定的签署。做好在意大利“中国文化年”期间举办“秦汉—罗马文明展”等重大对外文化活动。继续深入推进对台交流与合作，抓好“西藏文物展”的指导、协调工作；办好“海峡两岸第2届文化遗产保护与研究论坛”。组织实施援助柬埔寨吴哥窟二期工程。

28. 积极指导并协调2010年国际博协大会的筹备和承办工作。

29. 组织2010年国际古迹遗址日、国际博物馆日和中国文化遗产日宣传活动，办好文化遗产日主场城市活动，完善主场城市申办机制。做好重大文物保护和考古工作的新闻发布和宣传。积极与电视媒体合作拍摄反映我局2010年年度工作成果的专题片。

九、加强机关和事业单位建设

30. 贯彻落实党的十七大和十七届三中、四中全会精神，落实《建立健全惩治和预防腐败体系2008—2012年工作规划》，贯彻落实第十七届中央纪委第四、五次全体会议精神，加强党风廉政建设。启动局系统党员轮训工作。

31. 发挥电子政务管理办公室的作用，继续推动并完善办公自动化OA系统改造工作，加强政府信息公开和保密管理工作。

32. 加强规范财务收支管理，督促预算执行。坚持预算执行通报制度，形成财务监管、督促预算执行的长效机制。对项目支出进行规范管理。继续做好财务管理系统的应用工作。配合做好国家审计预算执行和其他财政收支情况，积极开展部门预算执行的内部绩效审计。

33. 推动文物出版社转制工作。深化直属事业单位人事和收入分配制度改革。加强机关和直属单位干部队伍建设。

国家文物局关于印发《2010年度文化遗产新闻宣传工作要点》的通知

办政发［2010］1号

各省、自治区、直辖市文物局（文化厅、文管会）：

现将《2010年度文化遗产新闻宣传工作要点》印发给你们，请结合实际参考执行。

二〇一〇年三月二十六日

2010年度文化遗产新闻宣传工作要点

2010年，是全面落实文物事业“十一五”规划的各项重点任务，实现《国务院关于加强文化遗产保护的通知》提出的“到2010年，初步建立比较完备

的文化遗产保护制度，文化遗产保护状况得到明显改善”这个新时期阶段性目标的关键一年。文化遗产新闻宣传工作要坚持以邓小平理论、“三个代表”重要思想为指导，深入贯彻落实科学发展观，坚持解放思想、实事求是、与时俱进，紧紧围绕文化遗产工作重点，牢牢把握正确舆论导向，创新新闻宣传形式，丰富新闻宣传内容，坚持内宣外宣并重，传统媒体与新兴媒体并重，整合力量，提高质量，把文化遗产新闻宣传做得有声有色，为文化遗产工作又好又快发展提供舆论支持、精神动力和良好氛围。

一、牢牢把握文化遗产新闻宣传工作的正确导向和发展趋势

文化遗产新闻宣传工作要把坚持正确舆论导向放在首位，牢固树立政治意识、大局意识、责任意识、阵地意识，紧紧围绕文化遗产中心工作，继续保持积极、昂扬的宣传基调，以团结鼓劲、正面宣传为主旋律，维护文化遗产尊严，弘扬文化遗产魅力。要认真宣传推广文化遗产工作的显著成果和融入经济社会发展的成功经验，全面展示广大文化遗产工作者积极进取、恪尽职守、敬业乐业的队伍形象，着力推动社会公众树立文化遗产保护的科学观念和正确理念，精心营造文化遗产保护与经济建设和谐共融、协调发展、互利双赢的良好舆论氛围。

文化遗产新闻宣传工作要继续深入贯彻落实科学发展观，坚持解放思想、实事求是、与时俱进。致力于尊重和维护人民群众对文化遗产保护的知情权、参与权、表达权和监督权，充分发挥新闻媒体的舆论监督作用，着力改进信息公开和新闻发布工作，积极关注社会舆情，主动回应媒体和公众关注的热点问题，进一步做好重大突发事件的新闻发布和舆论引导，努力做到及时准确，公开透明，用事实说话，让公众说话，解释疑惑，通达民意，达成共识，改进措施，促进工作。巩固加强各级文物部门在文化遗产保护舆论领域的公信力，树立维护文化遗产事业的良好公益形象，推动促进文化遗产事业各项工作的健康发展，推进国家保护为主，全社会共同参与的文物保护新体制。

二、积极改善文化遗产新闻宣传工作的综合水平

文化遗产宣传教育是一项社会性的系统工程，需要积极动员整合各方面的力量和资源，争取各有关方面的配合和社会公众的大力支持，形成全社会的合力共同推进和发展；要适应时代发展要求，积极探索新形势下文化遗产新闻宣传工作的内在规律和有效途径，进一步改进文化遗产新闻宣传工作的方式方法，提高文化遗产新闻宣传工作的水平和质量。

各地文物部门要争取在各级政府和宣传部门的指导和支持下，努力提高应对媒体的主动意识和沟通能力，切实做到善待媒体、善用媒体、善管媒体。要注重发挥电视、广播、报刊等传统媒体与网络、手机等新兴媒体的优势，发挥主流媒体的主渠道作用，支持行业媒体的发展，注重系统谋划，加强统筹协调，形成整体效应，形成上下联动、协调一致、反应迅速的文化遗产新闻宣传网络。要按照新闻宣传的体裁要求，深入挖掘提炼文化遗产的新举措、新成果和新经验，主动为新闻媒体找素材，选角度，做策划，不断培育文化遗产新闻宣传工作的新亮点，推动文化遗产新闻宣传由一般性动态报道向政策解读、形势分析、经验总结等纵深报道转变。

各地文物部门要注重加强舆情监测

工作，尤其要注重研究依托信息咨询机构，梳理文化遗产保护相关网络舆情，畅通和完善舆情信息汇集报送渠道，全面准确掌握舆情动态，增强分析研判能力，努力做到实时跟踪、及时回应。在科学收集、监测和研判文化遗产保护舆情的基础上，提高文化遗产新闻宣传工作的针对性，有效应对处理文化遗产保护重大突发公共事件。

三、精心组织文化遗产日等重点新闻宣传活动

国际博物馆日、文化遗产日活动作为每年文化遗产宣传工作的重头戏，是文物部门与社会公众沟通的重要窗口，是集中展示文化遗产工作的重要舞台。2010年，“5·18”国际博物馆日的主题为“博物馆致力于社会和谐”。2010年文化遗产日为6月12日，主题确定为“文化遗产在我身边”。从4月中旬到6月中旬，全国各地文物部门要集中组织多种形式的宣传活动，做好文化遗产日主场城市活动，“城市更新中的文化传承”世博会苏州论坛、全国十大考古新发现评选公布、第三次全国文物普查实地文物调查阶段突出贡献个人和集体表彰、第二届全国青少年文化遗产知识大赛等重点项目宣传，形成全年文化遗产保护宣传高潮。配合4月7日召开的“中国文化遗产保护无锡论坛”，大力倡导推广文化景观遗产保护理念。做好11月7日召开的第22届国际博协大会宣传报道。

四、大力宣传推进第三次全国文物普查工作

第三次全国文物普查工作已基本完成实地调查阶段，今年正在抓紧开展验收工作，并开始转入第三阶段资料整理工作。要通过召开新闻发布会，举办普查成果展览等形式重点加强普查成果特别是新型文化遗产普查成果的宣传力度，展示社会公众对第三次文物普查的热情参与情况，关注、探讨普查成果的应用和保护，宣传普及关于不可移动文物认定、登录的法律政策。

五、广泛动员社会公众参与文化遗产法制建设

大力宣传普及文物保护各项政策法规和规章制度。围绕《大运河文化遗产保护管理条例》《文物保护单位保护管理办法》《流失境外文物追索管理办法》等立法工作，动员媒体讨论、报道，广泛征求社会公众意见，营造舆论氛围，推动文化遗产立法工作科学化、民主化，夯实法律法规贯彻执行基础。配合文物执法专项督察工作组织新闻媒体采访，及时向社会公众通报文物执法典型案例和重大案件督察进展，充分发挥舆论监督对执法督察工作的促进作用。

六、扎实开展重大文物保护工程和考古发现的宣传

积极宣传震后文化遗产抢救保护工作和藏羌民族文化遗产保护取得的显著成效，重点是鼓励推动树立文化遗产防灾，减灾意识。继续做好西藏“十一五”重点文物保护，重点宣传中央和地方政府一贯尊重和保护少数民族群众宗教权利和生活习惯，高度重视宗教寺庙、坎儿井等民族文化遗产的维护和修缮。做好西气东输二线、高速铁路、高速公路等大型基本建设工程中的文物保护新闻宣传工作。围绕国家考古遗址公园建设，深入宣传大遗址保护成功经验。围绕“南澳Ⅰ号”古沉船等重点考古项目，及时主动地以丰富、权威的信息向社会进行新闻发布，研究加强公众考古教育，使公众对考古工作的意义和过程有更加深入的认知和理解。适时公布世界文化遗产申报进展，依法发布世界文化遗产警示名单。组织中央新闻单位深入实地，

采访报道长城保护工程和秦汉长城资源调查项目进展。

七、着力深化博物馆免费开放、社会文物管理政策宣传

博物馆、纪念馆免费开放是公共文化服务的创新之举，是公共文化设施惠及于民的系统工程，引起了新闻媒体和社会舆论的高度关注。要继续深化免费开放宣传，重点研究分析免费开放过程中出现的新问题、新思路，宣传免费开放以来博物馆在展示传播水平，彰显以人为本理念方面取得的新成效，鼓励全国各级博物馆及时通过媒体更新服务信息，引导观众有序、文明参观。努力把博物馆建设成为爱国主义教育的重要阵地，传播先进文化、愉悦群众身心的精神家园，青少年接受教育的第二课堂。宣传普及民间收藏文物相关法律法规，规范引导民间收藏行为。组织新闻媒体加强对盗窃盗掘、走私、倒卖出土文物犯罪行为的舆论批评。重点宣传依法返还文物的成功经验，树立依法追索流失境外文物理念。

八、切实展示文化遗产保护科技、教育培训工作成果

积极阐释“指南针计划”“中华文明探源工程”等项目的重要意义。重点展示文化遗产保护科技、信息化、标准化取得的显著成效，宣传倡导文化遗产保护科技创新体系建设。宣传近年来文化遗产教育培训工作的显著进展，重点组织对茶马古道文物保护、民族文物保护专题培训班的新闻报道。

九、积极扩大文化遗产对外宣传和交流工作声势

文化遗产保护是打造国家软实力，扩大国际影响力的重要标志。要积极向公众阐释推广国际文化遗产保护条约的精神和要求，及时报道政府间《防止盗窃、盗掘和非法进出境文物的协定》的签署和实施情况。围绕政府间对外交流合作项目进展开展宣传工作，宣传对外展览对配合外交大局、展示我国家形象的重要作用，深入报道我援助柬埔寨吴哥窟二期工程的进展。重点组织主流媒体跟踪报道第二届海峡两岸文化遗产保护论坛和赴台“西藏文物展”。

国家文物局关于加强旱期文物消防安全工作的通知

文物督函［2010］278号

广西、重庆、四川、贵州、云南省（自治区、直辖市）文物局（文化厅）：

2009年冬季以来，广西、重庆、四川、贵州、云南5省、自治区、直辖市持续遭遇严重干旱，火灾诱因和风险增加，文物单位消防安全形势严峻。3月19日，云南省巍山彝族回族自治县发生森林火灾，引燃省级文物保护单位巍宝山古建筑群中的斗姥阁，导致斗姥阁除山门外全部建筑被焚毁，过火面积300余平方米。五省文物行政部门要把旱期

文物消防安全工作作为当前重要任务，明确单位主要领导是消防安全第一责任人，提高警惕，落实责任，重点做好以下工作：

一、坚持预防为主，开展文物单位消防安全巡查。要针对当前气候干旱、火灾突发性强、扑救难度大的特点，将火灾预防作为首要任务，认真组织开展文物单位消防安全巡查，不放过任何安全隐患和问题，同时要加大整改力度，根治火灾隐患；对重点文物单位及其要害部位实施24小时不间断火险监控，责任到人、职责到岗。通过检查做到文物单位安全状况清、火灾隐患情况清、整改落实结果清。

二、提高防范意识，有针对性的采取防火措施。要从控制火灾源头做起，采取措施遏制当前火灾事故高发态势。被森林包围的文物单位，要设置防火隔离带，并与公安消防、林业等部门加强沟通、配合，避免森林火灾引发文物火灾。对位于城镇和乡村的文物单位，要开辟消防通道，加强对周边群众的防火宣传教育，引导安全用火，避免生产生活用火引发文物火灾。同时要督促文物使用单位加强安全管理，严格规范用火用电行为，及时更换过期老化的电器、电线，清理易燃物品，禁止在文物单位遗留火种。

三、强化应急处置，增强预防和扑救火灾能力。文物行政部门和各文博单位要认真研究各种可能出现的火情火险，提高扑救初期火灾能力，做到对火险火情发现得早、处置得好、控制得住。要针对旱期消防水源缺乏的实际情况，适当增加灭火器和灭火工具等消防设备。要立足于实战需要，制定和完善文物单位防火应急预案，组织专兼职消防队伍加强消防演练，一旦发生火灾事故，及时组织人员疏散和有效灭火。

请五省、自治区、直辖市文物行政部门及时将开展消防安全巡查情况总结上报我局。

二〇一〇年四月十二日

国家文物局关于切实加强博物馆公共安全工作的紧急通知

文物博发［2010］21号

各省、自治区、直辖市文物局（文化厅、文管会）：

今年以来，个别地方发生了数起针对中小学校园、幼儿园的恶性安全案件，造成严重后果，社会影响恶劣。博物馆作为向公众开放的公共文化服务机构，务必要高度警惕，加强防范，认真查找问题，采取综合措施，确保博物馆公共安全。现就有关事项紧急通知如下：

一、各地文物行政部门和博物馆要高度重视博物馆公共安全工作，充分认识加强博物馆公共安全的极端重要性和现实紧迫性，切实肩负起维护博物馆公共安全的政治责任和社会责任，切实加强博物馆安全防范，确保观众和博物馆人员安全。

二、要严格落实馆长安全管理责任，

进一步完善门卫、值班、巡逻、安全检查等安全管理制度，充实博物馆安全保卫力量，加强技防建设，提高安全防范能力。

三、要进一步健全博物馆公共安全应急预案，完善安全应急措施，切实提高预防控制应对博物馆公共安全突发事件的能力。

四、要切实加强博物馆门卫和出入口安全防范工作，严格落实安全检查，防止不法分子进入博物馆制造事端。

五、要加强与公安部门的沟通，积极配合，共同建设好博物馆安全防控体系。要密切关注博物馆及周边治安秩序，加强博物馆治安巡逻，发现异常情况，要迅速妥善处置。

六、要举一反三，加强对中小学生观众等重点人群，以及博物馆展厅、公共服务区、广场等重点部位和重点场所的安全防范工作，切实增强人民群众安全感。

七、要严格执行值班和信息通报制度，妥善处置与观众和博物馆职工切身利益相关的问题，落实安全工作责任制和责任追究制，切实维护博物馆安全稳定。

八、各地文物行政部门要加强监督检查，迅速部署本地区博物馆公共安全工作，指导和督促区域内博物馆限期完成排查、整改的各项任务，切实解决博物馆安全管理工作中的实际问题，确保不留盲点、不留死角，有效预防博物馆公共安全事故发生。

特此通知。

二〇一〇年五月十三日

国家文物局关于2010年第一季度文物行政执法与安全监管情况的通报

文物督发［2010］22号

各省、自治区、直辖市文物局（文化厅、文管会），上海市、天津市、重庆市文化市场行政执法总队：

根据《国家文物局关于试行文物行政执法与安全监管情况公告制度的通知》（文物督函［2009］1393号），为全面推进文物行政执法，加强文物安全监管，自2010年1月1日起，国家文物局在全国试行文物行政执法与安全监管情况公告制度。2010年第一季度，各省级文物行政部门按照《文物行政执法与安全监管情况公告制度工作方案（试行）》（以下简称《工作方案》），大力实施文物行政执法和安全检查，认真做好统计和汇总工作，取得了较好成效。上海、天津、新疆、河北、宁夏、广西、山东等省份提交了书面报告，并提出了工作建议。河北、山东两省参照《工作方案》，在省内建立并实施了公示公告制度，效果明显。现将2010年第一季度全国文物行政执法与安全监管工作情况通报如下：

一、执法巡查与安全检查情况

（一）执法巡查：全国各省级文物行政部门开展文物执法巡查5984次。其中，对全国重点文物保护单位开展文物行政执法巡查共5744次，巡查1606处，巡查覆盖率68.3%；对列为一级风险单位的文物收藏单位巡查240次，巡查76处，巡查覆盖率31.7%。

（二）安全检查：全国各省级文物行政部门对一级风险单位开展安全检查7903次。其中，对全国重点文物保护单位开展安全检查共6987次，检查1737处，检查覆盖率73.9%。安全检查发现各类安全隐患428项，整改377次，整改率88.1%；对列为一级风险单位的文物收藏单位开展安全检查共916次，检查列为一级风险单位的文物收藏单位104处，检查覆盖率80.6%。安全检查发现安全隐患32项，整改32次，整改率100%。

二、文物行政违法与安全案件情况

（一）文物行政违法案件：全国重点文物保护单位发生行政违法案件12起，责令改正违法行为12件，进行行政处罚2件。省级以下文物保护单位发生行政违法案件11起，责令改正5件，行政处罚4件。全国各级文物单位共发生行政违法案件23起，责令改正16件，行政处罚6件。

（二）文物安全案件：全国重点文物保护单位共发生文物安全案件11起，其中文物火灾案件2起，文物被盗抢案件3起，文物被盗掘案件6起。省级以下文物保护单位发生文物安全案件12起，其中文物火灾案件2起，文物被盗抢案件6起，文物被盗掘案件4起。全国各级文物单位共发生文物安全案件24起，其中文物火灾案件4起，文物被盗抢案件9起，文物被盗掘案件10起，馆藏一级文物发生丢失案件1起。

三、国家文物局开展舆情监督情况

2010年1月开始，国家文物局对文物安全与执法工作情况实施舆情监督，每天搜集全国各主要新闻媒体和网络关于文物安全与行政违法案件信息，并在国家文物局文物安全与执法督察信息系统发布，国家文物局对其中的重大案件进行重点督办。第一季度，共收集文物行政违法与文物安全案件信息104条，在文物安全与行政执法管理信息系统进行公布的104条。文物案件信息中涉及全国重点文物保护单位3条，省级以下文物保护单位101条。全国重点文物保护单位中，文物违法案件1件，文物安全案件2件。国家文物局对通过舆情监督收集到的其中6起案件进行了重点督办。

四、文物安全与行政执法情况分析

第一季度文物安全案件主要集中为古墓葬盗掘、田野石刻被盗和古建筑火灾案件，其中全国重点文物保护单位发生的安全案件中，这三种类型案件分别占总发案量的43.5%、39.1%、和17.4%。田野古墓葬和石刻文物安全形势依然严峻。通过开展公安部、国家文物局联合部署的全国文物单位消防安全检查，全国文物消防安全状况得到改善，安全管理得到加强，但文物古建筑消防安全形势仍不容乐观。进一步加强田野文物安全工作和继续实施文物单位消防安全隐患治理是当务之急。

第一季度文物行政违法案件主要集中为文物保护单位保护范围内违法建设、破坏文物本体及将文物保护单位交由企业经营，其中全国重点文物保护单位发生的行政违法案件中，这三种类型案件分别占总发案量的50%、30%和20%，是当前文物执法督察工作的重点与难点。

五、存在的主要问题

（一）文物行政执法巡查与安全检查工作有待进一步加强。从各地上报的统计报表情况看，一些省份文物行政执法巡查与安全检查工作还没有开展起来，对文物安全与行政违法案件不能及时发现和依法处置。省级文物行政部门对全国重点文物保护单位的执法巡查和安全检查没有达到全面覆盖，个别省份的覆盖率较低。

（二）发生文物安全与行政违法案件不按要求及时上报。如全国重点文物保护单位发生的安全案件中，有5起是国家文物局接群众举报或者通过舆情收集渠道获取的信息，占总发案量的41.7%；全国重点文物保护单位发生的行政违法案件中，有6起是国家文物局接群众举报或者通过舆情收集渠道获取的信息，占总发案量的50%。

（三）统计报表存在虚报、漏报、迟报甚至瞒报的问题。第一季度，有近50%的省份未按《文物行政执法与安全监管情况公告制度工作方案（试行）》规定的时限（4月15日前）上报统计表及有关资料。经多次催办，截至5月18日，30个省份已上报，海南省仍未上报。从已上报的统计报表看，个别省份填报的文物行政执法巡查和安全检查数据明显不实，有的省份漏报文物安全与行政违法案件，还有的省份报表不规范，或者未按要求以书面和电子文本同时上报等。

六、下一步工作要求

（一）强化文物行政执法与安全监管工作。针对当前形势，各地要坚持执法关口前移，建立和完善行政执法巡查与安全检查制度，提高预警能力，减少文物损失。同时，切实采取有效措施加强田野古墓葬和石刻文物保护工作，全力配合公安部门认真做好打击文物犯罪专项行动，遏制田野古墓葬和石刻文物被盗抢、盗掘案件上升的趋势。经常性开展文物单位消防安全检查，整改火灾隐患，提高文物单位火灾防范和灭火能力，确保文物安全。

（二）认真实施文物安全与行政执法公示公告制度。各地要高度重视文物安全与行政执法公示公告工作，在扎实做好行政执法巡查和安全检查工作的基础上，认真进行各项数据和案件情况的统计汇总，按要求及时上报统计报表和信息资料。发生文物行政违法与安全案件，要依法处置，并按规定程序、时限和形式上报。第二季度，对统计报表和有关资料存在虚报、漏报、迟报、瞒报和报表不规范的，我局将在全国予以通报。

附件：1. 2010年第一季度全国各省文物行政执法与安全工作情况统计表

2. 2010年第一季度全国重点文物保护单位安全与行政执法工作情况统计表

3. 2010年第一季度全国重点文物保护单位和馆藏一级文物安全案件统计表

4. 2010年第一季度全国重点文物保护单位行政违法案件统计表

二〇一〇年五月二十七日

附表 1：2010 年第一季度全国各省文物行政执法与安全工作情况统计表

省份	执法巡查和安全检查情况				文物行政违法案件情况				文物安全事故情况				
	执法巡查次数	安全检查次数	发现隐患次数	责令整改次数	发生违法案件	立案件数	责令改正件数	行政处罚件数	案件总数	火灾事故	盗抢案件	盗掘案件	其他安全事故
北京市	386	471	12	12	0	0	0	0		0	0	0	0
天津市	62	87	31	31	0	0	0	0		0	0	0	0
河北省	347	393	31	31	0	0	0	0	9	1	4	4	0
山西省	21	43	7	7	1	0	1	0	2	0	1	1	0
内蒙古自治区	987	987	30	30	1	1	1	0		0	0	0	0
辽宁省	1	1	0	0	0	0	0	0	1	1	0	0	0
吉林省	108	127	2	0	0	0	0	0		0	0	0	0
黑龙江省	66	96	0	0	0	0	0	0		0	0	0	0
上海市	0	0	0	0	0	0	0	0		0	0	0	0
江苏省	289	325	8	8	1	0	1	0		0	0	0	0
浙江省	18	0	4	3	0	0	0	0		0	0	0	0
安徽省	6	27	2	2	0	0	0	0		0	0	0	0
福建省	37	37	36	19	0	0	0	0		0	0	0	0
江西省	98	234	3	3	0	0	0	0		0	0	0	0
山东省	1236	601	36	32	2	2	0	0	3	0	0	3	0
河南省	871	2097	52	56	3	3	2	1	1	0	1	0	0
湖北省	0	31	17	17	0	0	0	0		0	0	0	0

续表

省份	执法巡查和安全检查情况				文物行政违法案件情况				文物安全事故情况				
	执法巡查次数	安全检查次数	发现隐患次数	责令整改次数	发生违法案件	立案件数	责令改正件数	行政处罚件数	案件总数	火灾事故	盗抢案件	盗掘案件	其他安全事故
湖南省	53	185	63	59	0	0	0	0		0	0	0	0
广东省	143	247	11	8		3	3	3		0	0	0	0
广西壮族自治区	497	575	15	14	5	2	4	0	3	0	2	1	0
重庆市	27	26	0	0	1	1	2	1		0	0	0	0
四川省	15	131	3	0	1	0	1	0		0	0	0	0
贵州省	85	82	3	3	1	0	1	1	1	1	0	0	0
云南省	255	603	55	32	1	0	0	0	1	1	0	0	0
西藏自治区	121	119	0	0	0	0	0	0		0	0	0	0
陕西省	50	50	6	6	0	0	0	0	1	0	1	0	0
甘肃省	30	114	0	0	0	0	0	0		0	0	0	0
宁夏回族自治区	63	75	0	3	0	0	0	0		0	0	0	0
青海省	53	80	1	1	0	0	0	0	1	0	0	1	0
新疆维吾尔自治区	59	59	0	0	0	0	0	0	1	0	0	1	0
总计	5984	7903	428	377	23	13	16	6	24	4	9	11	0

附表 2：2010 年第一季度全国重点文物保护单位安全与行政执法情况统计总表

省份	执法巡查和安全检查情况				文物行政违法案件情况				文物安全事故情况				
	执法巡查次数	安全检查次数	发现隐患次数	责令整改次数	发生违法案件	立案件数	责令改正件数	行政处罚件数	发生安全事故总数	火灾事故	盗抢案件	盗掘案件	其他安全事故
北京市	386	395	12	12	0	0	0	0	0	0	0	0	0
天津市	38	59	20	20	0	0	0	0	0	0	0	0	0
河北省	331	376	0	0	0	0	0	0	2	0	0	2	0
山西省	20	40	7	7	1	0	1	0	2	0	1	1	0
内蒙古自治区	924	924	26	26	2	2	2	0	0	0	0	0	0
辽宁省	1	1	0	0	0	0	0	0	1	1	0	0	0
吉林省	108	115	2	0	0	0	0	0	0	0	0	0	0
黑龙江省	61	89	0	0	0	0	0	0	0	0	0	0	0
上海市	0	0	0	0	0	0	0	0	0	0	0	0	0
江苏省	282	316	8	8	2	2	2	0	0	0	0	0	0
浙江省	18	0	4	3	0	0	0	0	0	0	0	0	0
安徽省	6	21	2	2	0	0	0	0	0	0	0	0	0
福建省	35	35	34	19	0	0	0	0	0	0	0	0	0
江西省	96	224	2	2	0	0	0	0	0	0	0	0	0
山东省	1215	587	36	32	0	0	0	0	1	0	0	1	0
河南省	844	1758	52	54	3	1	3	1	0	0	0	0	0
湖北省	0	17	9	9	0	0	0	0	0	0	0	0	0

续表

省份	执法巡查和安全检查情况				文物行政违法案件情况				文物安全事故情况				
	执法巡查次数	安全检查次数	发现隐患次数	责令整改次数	发生违法案件	立案件数	责令改正件数	行政处罚件数	发生安全事故总数	火灾事故	盗抢案件	盗掘案件	其他安全事故
湖南省	47	165	62	58	0	0	0	0	0	0	0	0	0
广东省	140	239	9	6	0	0	0	0	0	0	0	0	0
广西壮族自治区	497	485	15	14	2	2	2	0	2	0	1	1	0
重庆市	18	22	0	0	0	0	0	0	0	0	0	0	0
四川省	15	107	3	0	1	0	1	0	0	0	0	0	0
贵州省	85	82	3	3	1	0	1	1	1	1	0	0	0
云南省	248	508	52	29	0	0	0	0	0	0	0	0	0
西藏自治区	91	89	0	0	0	0	0	0	0	0	0	0	0
陕西省	50	50	6	6	0	0	0	0	1	0	1	0	0
甘肃省	28	95	0	0	0	0	0	0	0	0	0	0	0
宁夏回族自治区	63	75	0	3	0	0	0	0	0	0	0	0	0
青海省	39	55	1	1	0	0	0	0	1	0	0	1	0
新疆维吾尔自治区	58	58	0	0	0	0	0	0	0	0	0	0	0
总计	5744	6987	365	314	12	7	12	2	11	2	3	6	0

附表 3：2010 年第一季度全国重点文物保护单位和馆藏一级文物安全案件统计表

省 份	序 号	案发单位名称	案件来源	案件类别	案件基本情况	处理结果或处理进展情况
河北省	1	邯郸市赵王陵 5 号墓	省文物局报告	古墓葬被盗掘	2009 年 12 月 22 日，永年县全国重点文物保护单位赵王陵发现盗洞。省文物局立即派员赴现场与当地公安刑侦部门进行案情分析，决定继续蹲守。2010 年 1 月 6 日，6 名犯罪嫌疑人再次到赵王陵作案，被当场抓获。	6 名犯罪嫌疑人被当场抓获。团伙头目及其他涉案人员正在追捕之中。该案已被公安部列为督办案件。
	2	沧州市献县汉墓群	舆情收集	古墓葬被盗掘	3 月 22 日，当地群众报告，全国重点文物保护单位献县汉墓群串连冢发现盗洞。	当地公安刑侦部门已介入，此案正在侦破中。
山西省	3	曲沃县曲村－天马遗址	国家文物局考古处通报	古墓葬被盗掘	3 月 19 日，山西省曲沃县境内的全国重点文物保护单位曲村－天马遗址的“邦墓”区发生古墓被盗案件，为挖地道式盗掘，盗洞深约 8 米。	当地文物、公安部门加强对该处墓群的看护巡逻。
	4	临汾市丁村民宅	省文物局报告	文物被盗	1 月 14 日凌晨，丁村民宅 30 号院西边花园南墙被凿一盗洞，院内存放展出的一对八棱浮雕狮座柱础被盗。	当地公安部门已立案，正在追捕犯罪嫌疑人。

续表

省 份	序 号	案发单位名称	案件来源	案件类别	案件基本情况	处理结果或处理进展情况
辽宁省	5	义县奉国寺	群众举报	文物火灾	4 月 14 日，五名游客在全国重点文物保护单位奉国寺大雄殿后山墙东数第七根外檐柱下的通风口内烧纸，引燃了包在檐柱外的芦苇，发生火灾。火灾导致该檐柱从根部上至 2 米高度被烧焦，烧焦炭化深度约为 0.3 至 0.5 厘米。	国家文物局派员现场督察。义县人民政府对负有领导和管理责任的县文化旅游局、县文物管理处和奉国寺管理处相关负责人给予行政记过处分 3 人，行政记大过处分 1 人，撤职处分 5 人。
山东省	6	邹城市邾国故城	省文物局报告		3 月 23 日，文物部门巡查中发现盗洞，遂向公安机关报案。经过公安机关立案侦查，将犯罪嫌疑人抓获。	盗墓分子已刑拘，正在处理当中。
青海省	7	热水墓群	省文物局报告	古墓葬被盗掘	2 月 13 日，都兰县全国重点文物保护单位热水墓群中的一座中型墓葬发生盗掘案件，犯罪嫌疑人（5 人）在返回都兰途中被县刑警队抓获。盗洞对墓室顶部的封土造成破坏，现场盗洞尚未涉及墓室内的文物	5 名犯罪嫌疑人被抓，案件进一步审理中。
广东省	8	乐昌市博物馆	省文物局报告	一级文物被盗	1 月 14 日，广东省乐昌市博物馆发现一级文物“万历布政使司通行证”丢失，原装该文物的纸袋和文物标签尚存，铁皮柜没有任何被破坏的痕迹。	国家文物局派员现场督察。当地公安部门立案侦查。

续表

省 份	序 号	案发单位名称	案件来源	案件类别	案件基本情况	处理结果或处理进展情况
广西壮族自治区	9	桂林市靖江王陵郑氏次妃墓	舆情收集	古墓葬被盗掘	1 月 14 日，桂林市全国重点保护单位靖江王陵郑氏次妃墓神道两旁石刻中的一尊麒麟被人为移动；1 月 19 日，郑氏次妃墓连续几次遭破坏，其中一石麒麟被推倒，另一石麒麟被严重搬动；2 月 21 日，郑氏次妃墓神道两旁石刻中的一尊麒麟再次遭移动，被移动的石雕麒麟身上有钢丝绳捆绑的痕迹；2 月 28 日晚，公安和文物部门逮捕了四名偷盗文物的犯罪分子。	当场逮捕了 4 名犯罪分子，此案正在进一步审理当中。
	10	靖江悼僖王陵	省文物局报告	古墓葬被盗掘	1 月 24 日靖江悼僖王陵被盗挖，经过现场勘察发现此盗洞深约 3 至 4 米，洞口直径约 80 厘米。	已报案，正在处理当中。
贵州省	11	织金县织金古建筑群之东山寺	省文物局报告	文物火灾	2 月 22 日，贵州省织金县第六批全国重点文物保护单位织金古建筑群中的东山寺发生火灾事故，起火部位位于东山寺梵帝宫右稍间，过火面积 26.6 平方米。起火原因是右稍间内使用大功率电热水器，无人看管，时间长电热水器短路起火。	国家文物局派员现场督察。当地公安和司法部门立即对责任人实施批捕，依法追究刑事责任；对县文物局主管副局长行政记大过处分。
陕西省	12	唐肃宗建陵	舆情收集	田野石刻被盗	4 月 1 日左右，咸阳市全国重点文物保护单位唐肃宗建陵陵寝内城东门青龙门遗址前两尊石刻蹲狮被盗。	公安机关在 4 月 3 日接到失盗报案，已立案。

附表 4：2010 年度第一季度全国重点文物保护单位行政违法案件统计表

省份	序号	案发单位名称	案件来源	案件基本情况	案件处理结果或处理进展情况
山西省	1	山西永济蒲津渡和蒲州古城遗址	信访件	3 月 4 日，全国重点文物保护单位永济蒲津渡和蒲州古城遗址被交由企业经营管理。	3 月 4 日向山西省文物局下发执法督察通知单。
内蒙古自治区	2	包头市五当召	信访件	1 月 8 日，包头市全国重点文物保护单位五当召管理处主任苏和巴特尔为搞政绩，擅自迁移和兴建寺庙，破坏该文保单位的历史风貌，要求有关部门依法查处。	1 月 13 日，已向内蒙古自治区文物局发函，要求当地调查处理并反馈我局。内蒙古自治区文物局派员实地调查，当场制止了违法建设行为，并对五当召管理处、五当召教管会违法行为提出了处理意见。
	3	内蒙古燕长城遗址	电话记录	3 月 23 日，群众反映敖汉旗丰收乡在燕长城遗址上违规建电站，使遗址遭到破坏。3 月 31 日，内蒙古自治区文物局调查，中国电信敖汉旗分公司在 2009 年 12 月份左右，在事发地段建移动通讯基站一处，到发现时已将基座浇注完成，并建机房一座，造成该段长城 40 余米本体被掩埋，遗址边环境遭到破坏。	处理意见：1、4 月 8 日前，由中国电信敖汉旗分公司无条件拆除违法建筑；2、依法进行行政处罚；3、责成敖汉旗文体广电局制定保护修缮方案，于 5 月 31 日前对损坏段长城进行修缮。

续表

省份	序号	案发单位名称	案件来源	案件基本情况	案件处理结果或处理进展情况
江苏省	4	汉楚王墓群—驮篮山汉墓	省文物局报告	2月27日，在全国重点文物保护单位驮篮山汉墓东围墙东侧新建厂房的负责人，以汉墓保护区（东围墙西侧）占用其半亩坟地未赔偿为由，强行拆除汉墓东围墙50余米，并要在汉墓东围墙内建办公楼。	函请徐州经济开发区管委会制止在该文保单位保护范围内非法建房行为，并妥善处理相关问题。
	5	南京城墙水西门遗址	媒体报道	3月21日，南京市秦淮区擅自破坏全国重点文物保护单位南京城墙水西门遗址，兴建仿古建筑赏心亭和孙楚酒楼。	3月22日，国家文物局电话督办江苏省文物局核查有关情况。江苏省文物局核查现场后答复，当地在进行前期考古调查，相关考古发掘手续已按程序报国家文物局考古处，发现遗址将原地保护。
河南省	6	隋唐洛阳城遗址	省文物局报告	洛阳市瀍河回族区民政局未经文物部门同意，擅自在全国重点文物保护单位隋唐洛阳城遗址建设控制地带内建设老年公寓。	处以10万元行政罚款。被处罚人已上交罚款。
	7	郑州商代遗址	省文物局报告	当地居民欲在保护范围和建设控制地带内建住房	已责令改正并制止违法行为。
	8	安阳殷墟	省文物局报告	当地居民欲在保护范围和建设控制地带内建住房	已责令改正并制止违法行为。

续表

省份	序号	案发单位名称	案件来源	案件基本情况	案件处理结果或处理进展情况
广西壮族自治区	9	经略台真武阁	省文物局报告	1月，容县城投公司未获有关部门批准擅自在全国重点文物保护单位经略台真武阁保护范围内开始埋设城市排污管道	容县文物管理所当即责令城投公司获批准后再动工建设。
	10	容县近代建筑——马晓军别墅	省文物局报告	1月，一马姓村民擅自在全国重点文物保护单位马晓军别墅的保护区范围内挖地基建造居民房。	容县文物管理所当即责令该村民停止建设。
四川省	11	四川大庙飞来殿	电话举报	3月10日，四川峨眉山第三批全国重点文物保护单位大庙飞来殿被交由民营企业经营。	3月9日下午，电话要求四川省文物局核查有关情况。四川省文物局已调查属实，并上报《关于峨眉山大庙飞来殿保护管理有关工作的情况报告》。
贵州省	12	贵州湄潭浙江大学旧址	信访件	3月19日，贵州省湄潭县国家级文物保护单位湄潭浙江大学旧址周边有建设工程。湄潭县人民政府未履行报批手续，违规在文庙建设控制地带内修建还民楼房，两栋楼层式民居楼现已基本竣工，房高23米，楼体距离文庙墙体18至20米。	国家文物局给贵州省文物局下发督察通知单。省文物局实地调查并提出处理意见：1、责成湄潭县人民政府作书面检查；2、贵州省文物局在近期尽快将此事在全省通报；3、贵州省文物局将近期组织专家，对违规修建的楼房提出整改措施和治理意见，报送国家文物局和贵州省人民政府。

国家文物局关于开展2010年度文物行政执法专项督察工作的通知

文物督函［2010］550号

各省、自治区、直辖市文物局（文化厅、文管会），天津、上海、重庆市文化市场行政执法总队：

为切实履行法律赋予文物部门的职责，规范文物执法行为，落实行政执法责任制，推动文物行政执法机构建设。根据《中华人民共和国文物保护法》及其实施条例、《中华人民共和国行政处罚法》、《国务院办公厅关于推行行政执法责任制的若干意见》（国办发［2006］37号）、《文化部国家文物局关于加强文物行政执法机构建设的通知》（文物督发［2009］39号）等有关法律、法规、文件精神，经研究，国家文物局决定开展2010年度文物行政执法专项督察工作。现将具体事项通知如下：

一、督察重点

（一）各地文物行政执法队伍建设现状，包括机构建设、人员培训情况和存在的问题。

（二）各地对文物违法案件的处理情况，重点检查文物行政处罚案卷等有关情况。

（三）各地开展文物行政执法巡查情况。

（四）各地配合大型基本建设工程的文物保护工作，重点检查其中是否发生违反文物保护法律法规的违法行为。

（五）2010年度国家文物局重点督办违法案件。

二、督察时间

我局将于9月上旬至10月中旬派出督察组，赴相关地区实地督察，具体督察地区和时间另行通知。

三、认真开展自查工作

请各地文物行政部门根据本通知要求，加强领导，严密组织，深入实际，认真开展自查工作，发现违法事件及时开展行政处罚工作，对存在问题和隐患的文博单位要督促其积极整改。请按照本通知后附的《文物违法案件情况调查表》、《配合大型基本建设工程的文物保护情况调查表》要求，认真填写本辖区内有关情况，并结合督察重点将自查情况在7月底前书面上报我局。

四、督察信息发布

督察结束后，我局将如实向全国通报被督察地区和单位的有关情况，并通过新闻媒体向社会公布。对各地发生的重大文物违法案件，我局将随时对其整改、处理情况进行督察并向全国通报。

文物行政执法是文物工作的重要内容，在我局督察期间，各地文物行政部门务必积极参与，如实反映存在的问题；客观地对我局的工作和急需解决的问题提出意见和建议。

特此通知。

附件：1. 文物违法案件情况调查表（略）

2. 配合大型基本建设工程的文物保护情况调查表（略）

二〇一〇年六月十八日

国家文物局关于建立汛期文物灾情信息报告制度的紧急通知

文物督函［2010］587号

浙江、福建、江西、湖北、湖南、广东、广西、重庆、四川、贵州省（自治区、直辖市）文物局：

近日以来，南方地区持续出现大范围强降雨，浙江、福建、江西、湖北、湖南、广东、广西、重庆、四川、贵州10省（自治区、直辖市）遭受了严重的洪涝灾害，文物防汛减灾形势严峻。6月20日，全国重点文物保护单位福建泰宁尚书第因洪水暴雨侵袭发生倒塌事故。为及时掌握汛区文物安全状况，我局决定建立汛期文物灾情信息报告制度，具体要求如下：

一、报告范围

（一）省（自治区、直辖市）内受灾区域情况（具体到市、县）；

（二）世界文化遗产地受灾及损失情况；

（三）各级文物保护单位（重点是古建筑、近现代重要史迹及代表性建筑、石窟寺及石刻）受灾及损失情况；

（四）历史文化名镇（名村）受灾及损失情况；

（五）博物馆、考古所、文管所等文物收藏单位受灾及损失情况；

（六）文物系统人员人身安全情况。

二、报告形式

汛期文物灾情信息报告采用“综合情况周报”“突发事件专报”两种形式。

（一）“综合情况周报”为常规性报告方式，由省级文物行政部门汇总“报告范围”所涉6项内容后，每周五16时前以书面形式传真至国家文物局督察司安全监管处。

（二）“突发事件专报”为发生重大文物安全事故或可能出现重大险情时采用的紧急报告方式，根据《国家文物局突发事件应急工作管理办法》有关要求，由省级文物行政部门在接到报告2小时内通过电话或传真形式报告国家文物局值班室。“突发事件专报”应包括如下内容：

1. 事件发生或可能发生的地区（单位、部门）、时间、地点和现场情况；

2. 事件简要经过和文物损失情况的初步估计；

3. 事件原因的初步分析；

4. 事件发生后已经采取的措施及效果；

5. 其他需要报告的事项。

三、报送要求

（一）专人负责。汛区各级文物行政部门要充分重视汛期文物灾情信息报告工作，指定一名专（兼）职灾情信息员，负责及时了解和报送文物灾情信息。

（二）渠道畅通。各级文物行政部门要切实实行24小时值班制度，确保汛期24小时值班电话畅通，随时上报、处理突发灾情。

（三）及时准确。灾情报送工作要严肃、及时、准确、规范，不得瞒报、漏报、迟报或虚报、多报。

四、其他事项

（一）请各省级文物行政部门于6月25日（周五）16时前，将省（自治区）文物局灾情信息员基本情况（姓名、单位、职务、联系方式）、值班电话及第一期“综合情况周报”传真我局。

（二）联系电话

国家文物局值班室 010－59881572（传真）

国家文物局督察司安全监管处 010－59881619（传真）

特此通知。

二〇一〇年六月二十四日

国家文物局关于进一步发挥文化遗产保护志愿者作用的意见

文物政发［2010］28号

各省、自治区、直辖市文物局（文化厅、文管会）：

中共中央政治局常委李长春同志在今年文化遗产日发表《保护发展文化遗产　建设共有精神家园》重要文章指出：“要加强宣传普及工作，广泛介绍文化遗产知识，增强公民依法保护意识，积极培养文化遗产保护志愿者。营造保护文化遗产人人有责、文化遗产保护成果人人共享的社会环境，形成有利于文化遗产保护的舆论氛围。”

文化遗产事业作为文化建设的重要组成部分，是全社会的共同事业，必须充分调动各方面的积极性，努力形成文化遗产保护的强大合力和长效机制。多年来，在社会各界的共同努力下，我国文化遗产保护志愿者队伍正在逐步形成。在志愿者的积极参与和艰辛努力下，许多文化遗产地免遭破坏，文化遗产保护理念逐步深入人心。我国的文化遗产保护志愿者为建设中华民族共有精神家园作出了重要贡献。

当前，文化遗产事业发展站在了一个新的历史起点上。与全面建设小康社会的新要求相比，与人民群众日益旺盛的精神文化需求相比，与传承中华文明的事业需要相比，文化遗产保护的强大合力和长效机制尚未形成，文化遗产保护志愿者的队伍尚未壮大，作用尚未充分发挥。我们必须进一步认识文化遗产事业面临的新形势新要求，认识志愿者工作对社会进步和文化遗产事业发展的重要意义，充分发挥文化遗产保护志愿者的作用。为此，提出意见如下：

一、要将支持、协调志愿者开展工作纳入议事日程。文物部门是国家保护文化遗产的主导力量，志愿者是全社会参与保护文化遗产的生力军。组织、鼓励志愿者开展工作，是文物行政部门的工作职责。文物行政部门应当主动培育志愿者队伍，与志愿者紧密合作，深入细致地帮助志愿者解决困难，共同为文化遗产事业努力奋斗。

二、要积极、及时地向志愿者通报信息，使广大志愿者充分了解文化遗产保护工作的成就以及面临的困难。只有广大志愿者充分了解党和政府对文化遗产事业的高度重视和大力支持，充分了解文化遗产事业取得的成就、进步以及面临的阻力、挑战，充分了解各级文物行政部门的工作重点和计划，才能够鼓舞士气充满干劲，才能够更好地服务于文化遗产事业发展大局。

三、要更多地为志愿者搭建参与平台，提供发挥作用的机会。目前，志愿者施展才华和热情的空间还不够宽广，开展工作的渠道有限，发挥志愿者作用的社会环境亟待改善。要保护和鼓励志愿者工作的积极性，要在法律允许的范围内充分提供志愿者发挥作用的途径和机会。要通过媒体等平台使志愿者的事迹得到更广泛传播，从而感动并带动更多的民众参与到文化遗产事业中来。

四、要更耐心诚恳地倾听志愿者的意见和建议，把志愿者的智慧和积极性化作推动文化遗产事业发展的资源和动力。志愿者来自社会各界，他们的意见建议具有代表性和创造性，能够切中弊端，帮助我们解决突出问题。志愿者意见、建议的角度、方法可能与文物部门不尽相同，我们要善于理解并积极借鉴、吸纳，用于完善相关工作。

五、要进一步肯定志愿者工作的成果和作用，大力鼓励志愿者队伍，表彰优秀志愿者。志愿者为创建国家保护为主、全社会共同参与的文化遗产保护新体制作出了重要贡献，并将继续发挥更大作用。进一步肯定志愿者工作的成果和作用，不仅有利于培养文化遗产保护志愿者，有利于形成文化遗产保护的舆论氛围，也是贯彻实施《中华人民共和国文物保护法》的具体体现。

以上意见，请参照执行。

二〇一〇年七月二十日

国家文物局关于转发《国务院办公厅关于进一步加强地质灾害防治工作的通知》的通知

文物督函［2010］761号

各省、自治区、直辖市文物局（文化厅、文管会）：

近日，国务院办公厅下发了《关于进一步加强地质灾害防治工作的通知》（国办发明电［2010］21号），现转发给你们，请认真贯彻落实，并提出如下要求：

一、提高认识、高度重视。当前全国正值主汛期，部分地区地质灾害频发，已经给一些文物保护单位造成较大损失。各级文物行政部门、文博单位要充分认识当前地质灾害防治形势的严峻性，按照国务院和各级政府的部署，切实增强减灾防灾意识，分解、落实安全管理责任。

二、加强预防、细化措施。各级文物行政部门要加强与相关部门的联系沟通，及时掌握本地区可能发生的地质灾害情况，有针对性的组织制定防灾措施和预案，加强培训演练，加强巡查。各文博单位要全面开展安全隐患排查和整治工作，对重点地区、重点部位要实施

24 小时不间断监测。

三、妥善应对，及时上报。各地一旦发生因地质灾害造成人员伤亡、文物损毁事件，要妥善处置，及时上报。如因洪涝等灾害引发文物灾情，要立即启动应急预案，及时向当地政府报告，并按照国家文物局《关于建立汛期文物灾情信息报告制度的紧急通知》（文物督函［2010］587 号）等有关规定要求，启动相关报告程序。

特此通知。

附件：国务院办公厅关于进一步加强地质灾害防治工作的通知

二〇一〇年七月二十八日

国务院办公厅关于进一步加强地质灾害防治工作的通知

国办发明电［2010］21 号

各省、自治区、直辖市人民政府，国务院各有关部门：

今年以来，我国气候极端异常，南方持续强降雨，部分地区地质灾害多发频发，群死群伤事件时有发生。国务院领导同志对此高度重视，多次作出重要批示，要求加强地质灾害隐患巡查和预警预报，及时转移受威胁群众，认真做好排险防治工作，强化应急抢险处置，落实各项防范应对措施，确保人民群众生命财产安全。为进一步做好地质灾害防治工作，经国务院同意，现就有关事项通知如下：

一、充分认识当前地质灾害防治形势的严峻性。当前正值主汛期，也是地质灾害多发易发期，特别是南方岩土体含水偏饱和、部分地区前旱后雨，西北地区黄土稳定性脆弱，三峡库区水位明显涨落，汶川、玉树地震灾区岩石破碎，再遇强降雨极易引发崩塌、滑坡、泥石流等地质灾害。各地区、各有关部门要充分认识当前地质灾害防治形势的严峻性，深刻了解地质灾害的隐蔽性、复杂性、突发性和破坏性，坚决克服懈怠情绪和麻痹思想，进一步细化、实化、深化各项防灾措施，切实把地质灾害防治工作落到实处。地质灾害易发地区各级政府要把防治地质灾害作为一项刻不容缓的重要任务，进一步部署和落实各项防范应对工作。

二、迅速开展地质灾害隐患再排查。各地要按照《国土资源部关于组织开展全国汛期地质灾害隐患再排查紧急行动的通知》（国土资发［2010］95 号）的要求，重点针对可能引发地质灾害的城镇、乡村等人员聚集区，公路、铁路等交通要道沿线地区和重大工程项目施工区等，在专业技术队伍的指导和帮助下，依靠基层政府和组织，发动群众迅速开展地质灾害隐患再排查工作，确保不留死角。对发现的地质灾害隐患点要逐一登记造册，落实防范和治理措施，纳入群测群防工作体系。

三、进一步加强监测预警。对所有威胁群众和重要设施安全的地质灾害隐患点，地方各级人民政府和相关主管部门要采取有针对性的监测手段和方法，切实落实巡查人员和责任，并将防灾责任人和监测人公开、公示。要加大汛期巡查监测频率，对重大隐患点实行 24 小时监测，一旦发生险情要及时发出预警。各地要重视和加强群测群防队伍建设，配备必要的装备，组织广大群测群防员上岗到位。同时，要关心他们的安全和生活。

四、强化临灾避险和应急处置。凡出现地质灾害险情，基层政府单位要迅速组织群众转移并做好安置工作，对危险区域要设置警戒线，防止群众在转移后擅自再次进入，采取切实有效措施，坚决避免群死群伤事故发生。地质灾害发生后，地方各级人民政府要第一时间组织相关部门和救援力量，开展抢险救灾工作。国土资源部门要强化技术指导，进一步组织开展灾害隐患点周围的隐患排查，防止发生次生灾害。地质灾害易发地区的各级人民政府要完善应急预案，建立快速反应机制，加强应急救援队伍建设，做好物资、资金、设备等各项应急准备工作。

五、落实地质灾害防治责任。要按照《地质灾害防治条例》的要求，进一步明确地方各级地方人民政府地质灾害防治工作的责任，特别是要加强县乡两级责任制的落实，把责任层层落实到基层和人员。国土资源部门要加强地质灾害防治工作的组织、协调、监督和指导工作，并会同气象部门加强地质灾害气象预报预警；水利、交通、铁道、建设、安全监管、旅游、教育、电力等部门要按照职责分工，分别组织指导做好相关领域的地质灾害隐患排查巡查、监测预警和排危除险工作。

六、加大防灾知识宣传普及力度。地方各级人民政府和国土资源部门要充分利用各类新闻媒体，通过开展贴近实际、简便易学和群众喜闻乐见的宣传形式，全面普及预防、辨别、避险、自救等地质灾害防治应急知识，提高干部群众的临灾自救和互救能力。有关部门和单位要在所有地质灾害隐患点设立警示牌和宣传栏，及时向受威胁群众发放防灾、避险明白卡，明确险情发生后撤离转移的路线和避让地点。

二〇一〇年七月十六日

国家文物局关于2010年第二季度文物安全与执法工作情况的通报

文物督发［2010］30号

各省、自治区、直辖市文物局（文化厅、文管会）：

2010年第二季度，各省级文物行政部门按照《文物行政执法与安全监管情况公告制度工作方案（试行）》（以下简称《工作方案》），认真实施文物行政执法和安全检查工作，取得了较好成效。现将2010年第二季度全国文物行政执法与安全监管工作情况通报如下：

一、执法巡查与安全检查情况

（一）执法巡查：全国各省级文物行政部门开展文物执法巡查3713次。其中，对全国重点文物保护单位巡查3412次，巡查1573处，巡查覆盖率66.9%；对列为一级风险单位的文物收藏单位巡查301次，巡查104处，巡查覆盖率80.6%。

（二）安全检查：全国各省级文物行政部门对一级风险单位开展安全检查4503次。其中，对全国重点文物保护单位检查4090次，检查1640处，检查覆盖率69.7%。安全检查中发现各类安全隐患168项，整改142次，整改率84.5%；

对列为一级风险单位的文物收藏单位（共129家）检查413次，检查111家，检查覆盖率86%。安全检查发现安全隐患23项，整改23项，整改率100%。

二、文物行政违法与安全案件情况

（一）文物行政违法案件：第二季度接报全国各级文物单位发生行政违法案件39件，责令改正32件，行政处罚8件。其中，全国重点文物保护单位发生行政违法案件17件，责令改正违法行为17件，进行行政处罚5件。省级以下文物保护单位发生行政违法案件22件，责令改正15件，行政处罚3件。

（二）文物安全案件：第二季度接报全国各级文物单位发生文物安全案件16件，其中文物火灾案件2起，文物被盗抢案件6件，文物被盗掘案件7件，其他文物安全案件1件。接报或通过舆情收集到全国重点文物保护单位发生文物安全案件10件，其中文物火灾案件1件，盗窃文物案件6件，盗掘古墓葬案件2件，群体性抢挖地下文物案件1件。

三、国家文物局开展舆情监督情况

第二季度，通过“舆情监督”共收集文物行政违法与文物安全案件信息191条，在“文物安全与行政执法管理信息系统”发布191条。文物案件信息中涉及全国重点文物保护单位6条（文物违法案件2条，文物安全案件4条），省级以下文物保护单位185条。国家文物局对其中6起案件进行了重点督办。

四、文物安全与行政执法工作情况分析

（一）一些省份尚未开展文物行政执法巡查与安全检查工作。第二季度，福建、湖北、四川、辽宁等省文物行政执法巡查和安全检查工作还没有全面开展起来。全国省级文物行政部门对全国重点文物保护单位的执法巡查和安全检查覆盖率还较低，其中福建省执法巡查和安全检查面覆盖率均为0，湖北、四川行政执法巡查覆盖率为0。

（二）田野石刻文物安全形势严峻。第二季度文物安全案件主要集中为田野石刻文物被盗和古墓葬、古遗址被盗掘案件，其中全国重点文物保护单位发生的安全案件中，两类案件分别占总发案量的40%和30%。2009年12月到2010年6月，公安部、国家文物局在9个重点省份联合部署打击文物犯罪专项行动，取得了重要战果，有力打击和威慑了文物犯罪。但，全国田野古墓葬和石刻文物安全形势依然不容乐观，盗掘古墓葬、古遗址的犯罪活动有向非重点地区扩散的趋势。加强防范和打击文物犯罪工作是长期艰巨任务。

（三）违法建设破坏文物历史环境风貌案件是执法督察重点与难点。第二季度，文物行政违法案件主要集中为未经许可在文物保护单位保护范围和建设控制地带内进行基本建设或者生产活动，破坏文物保护单位历史环境风貌，其中全国重点文物保护单位发生的行政违法案件中，这类案件占总发案量的82.4%。

五、存在的主要问题

文物行政执法与安全监管情况公告制度实施两个季度以来，有力促进了各地开展文物安全检查与执法巡查工作。但从各地实施情况看，仍存在以下问题：

（一）重视程度不够。一些省份未能正确认识开展文物行政执法与安全监管工作的重要意义，未将其列入工作计划并指定专人负责，对文物安全与行政执法信息统计和季报工作应付、拖延，严重影响这项工作的开展。

（二）瞒报文物案件信息。第二季度，各地上报文物案件共55件，而国家

文物局通过开展“舆情监督”收集到各类文物案件信息191条。全国重点文物保护单位发生的安全案件中，有5件是国家文物局通过舆情收集或者接群众举报渠道获取的信息，占总发案量的50%。这些都表明一些省份对文物行政执法和文物安全案件信息存在瞒漏报问题。

（三）迟报、虚报问题仍然严重。第二季度有15个省份未按《工作方案》规定的时限（7月15日前）上报统计表及有关资料，有的省份经多次催办仍不按要求报送。个别省份填报的文物行政执法巡查与安全检查次数明显不实，不能体现本省真实情况。

（四）报表缺项、漏项等问题突出。报表格式不符合要求，各份报表所填数据不统一，将文物行政违法案件与文物案件混淆；不同时上报工作情况统计报表（附表一、二）和案件统计报表（附表三、四），不同时填报文物安全检查和执法巡查数据，或者不同时报书面和电子文本等。这些都给信息统计和季度通报工作带来极大难度。

六、下一步工作要求

（一）全面开展文物执法巡查与安全检查工作。尚未开展文物行政执法巡查与安全检查工作的省份，要借鉴浙江、北京等省、市的经验和做法，尽快制定执法巡查和安全检查制度，必须在第三季度开展巡查、检查工作。已经开展执法巡查和安全检查工作的省份，要进一步健全完善巡查、检查制度和程序，提高巡查、检查覆盖率和安全隐患整改率，增加文物安全预警能力。

（二）加大防范和打击文物犯罪力度。要针对当前文物安全形势，采取有效防控措施，增强文物安全防范能力。积极协调配合公安部门严厉打击文物犯罪，遏制盗窃、盗掘文物案件上升的趋势。同时，要充分发挥文物保护单位周边群众的作用，实施群防群控。

（三）做好文物火灾预防工作。第二季度全国文物火灾事故较第一季度明显减少，但各地不能掉以轻心，要经常性开展文物单位消防安全检查，落实整改责任，消除火灾隐患，制定、完善消防预案并组织演练，提前做好应对第三、四季度火险高发期的各项准备工作。

（四）认真实施文物安全与行政执法公示公告制度。各地要提高认识，将文物安全与行政执法公示公告工作列入重要议事日程，加强领导，明确专人负责。既要扎实开展巡查、检查工作，又要严格按《工作方案》要求的时限、内容、形式，认真做好统计汇总和信息上报，严禁瞒报、漏报、虚报和无故迟报巡查、检查工作情况和案件信息。

我局将把各地开展执法巡查和安全检查工作情况纳入今后文物行政执法专项督察重要内容，进行督察督办。凡是不认真开展文物行政执法巡查与安全检查，巡查、检查工作流于形式，或者不按要求上报文物行政违法与文物安全案件，瞒报、漏报、虚报和无故迟报文物行政执法与安全监管季度工作情况的，我局将在全国通报。因工作不力或者失职、渎职造成文物损失的，将通报当地政府，依法依纪追究相关责任。

附件：1. 2010年第二季度全国各省市文物行政执法与安全工作情况度统计表

2. 2010年第二季度全国各省市全国重点文物保护单位安全与行政执法情况统计总表

3. 2010年第二季度全国重点文物保护单位和馆藏一级文物安全案件统计表

4. 2010年第二季度全国重点文物保护单位行政违法案件统计表

二〇一〇年八月十二日

附件一：2010 年第二季度全国各省市文物行政执法与安全工作情况统计表

省市	执法巡查和安全检查情况				文物行政违法案件情况				文物安全事故情况				
	执法巡查次数	安全检查次数	发现隐患次数	责令整改次数	发生违法案件	立案件数	责令改正件数	行政处罚件数	案件总数	火灾事故	盗抢案件	盗掘案件	其他安全事故
北京市	331	426	0	0	1	1	1	0	0	0	0	0	0
天津市	198	198	0	0	0	0	0	0	0	0	0	0	0
河北省	205	205	0	0	4	0	0	0	0	0	0	0	0
山西省	34	17	1	1	0	0	0	0	0	0	1	0	0
内蒙古自治区	469	469	10	10	1	1	1	0	0	0	0	0	0
辽宁省	5	5	2	2	0	0	0	0	0	1	0	0	0
吉林省	113	130	2	0	0	0	0	0	0	0	0	0	0
黑龙江省	78	104	1	0	0	0	0	0	0	1	0	0	0
上海市	69	0	0	0	1	1	1	0	0	0	0	0	0
江苏省	409	442	8	8	1	1	1	0	0	0	0	0	0
浙江省	63	63	5	4	1	0	1	0	0	0	1	0	0
安徽省	5	41	0	0	0	0	0	0	0	0	0	0	0
福建省	0	0	0	0	0	0	0	0	0	0	0	0	0
江西省	87	110	8	6	0	0	0	0	0	0	1	0	0
山东省	188	192	6	6	6	2	4	2	0	0	0	4	0
河南省	134	134	18	17	9	6	9	2	0	0	0	0	0
湖北省	0	25	15	15	0	0	0	0	0	0	0	1	0

续表

省市	执法巡查和安全检查情况				文物行政违法案件情况				文物安全事故情况				
	执法巡查次数	安全检查次数	发现隐患次数	责令整改次数	发生违法案件	立案件数	责令改正件数	行政处罚件数	案件总数	火灾事故	盗抢案件	盗掘案件	其他安全事故
湖南省	57	92	24	24	1	1	1	0	0	0	0	1	0
广东省	137	277	13	9	0	0	0	0	0	0	0	0	1
广西壮族自治区	268	464	30	24	2	0	1	0	0	0	0	0	0
重庆市	31	0	0	0	0	0	0	0	0	0	0	0	0
四川省	0	50	4	4	0	0	0	0	0	0	0	0	0
贵州省	87	84	0	0	0	0	0	0	0	0	0	0	0
云南省	167	438	26	17	0	0	0	0	0	0	0	0	0
西藏自治区	104	104	1	1	0	0	0	0	0	0	0	0	0
陕西省	135	151	0	0	1	1	1	0	0	0	2	0	0
甘肃省	84	16	15	15	11	11	11	4	0	0	0	0	0
宁夏回族自治区	96	102	0	0	0	0	0	0	0	0	0	0	0
海南省	80	76	0	0	0	0	0	0	0	0	0	0	0
青海省	14	16	2	2	0	0	0	0	0	0	1	0	0
新疆维吾尔自治区	65	72	0	0	0	0	0	0	0	0	0	1	0
总计	3713	4503	191	165	39	25	32	8	16	2	6	7	1

附件二：2010 年第二季度全国各省市全国重点文物保护单位安全与行政执法情况统计表

省市	执法巡查和安全检查情况				文物行政违法案件情况				文物安全事故情况				
	执法巡查次数	安全检查次数	发现隐患次数	责令整改次数	发生违法案件	立案件数	责令改正件数	行政处罚件数	发生安全事故总数	火灾事故	盗抢案件	盗掘案件	其他安全事故
北京市	271	336	0	0	1	1	1	0	0	0	0	0	0
天津市	143	143	0	0	0	0	0	0	0	0	0	0	0
河北省	184	184	0	0	1	0	1	0	0	0	0	0	0
山西省	31	14	1	1	0	0	0	0	0	0	1	0	0
内蒙古自治区	448	448	3	3	1	1	1	0	1	0	0	0	0
辽宁省	5	5	2	2	0	0	0	0	1	1	0	0	0
吉林省	113	120	2	0	0	0	0	0	0	0	0	0	0
黑龙江省	74	100	1	0	0	0	0	0	0	0	0	0	0
上海市	60	0	0	0	0	0	0	0	0	0	0	0	0
江苏省	401	430	8	8	1	1	1	0	0	0	0	0	0
浙江省	63	63	5	4	1	0	1	0	1	0	1	0	0
安徽省	5	37	0	0	0	0	0	0	0	0	0	0	0
福建省	0	0	0	0	0	0	0	0	0	0	0	0	0
江西省	85	106	7	5	0	0	0	0	1	0	1	0	0
山东省	183	183	4	4	1	0	1	0	1	0	0	1	0
河南省	113	112	18	17	1	1	1	1	0	0	0	0	0
湖北省	0	13	7	7	0	0	0	0	1	0	0	1	0

续表

省市	执法巡查和安全检查情况				文物行政违法案件情况				文物安全事故情况				
	执法巡查次数	安全检查次数	发现隐患次数	责令整改次数	发生违法案件	立案件数	责令改正件数	行政处罚件数	发生安全事故总数	火灾事故	盗抢案件	盗掘案件	其他安全事故
湖南省	53	83	22	22	0	0	0	0	0	0	0	0	0
广东省	134	257	13	9	0	0	0	0	0	0	0	0	0
广西壮族自治区	258	441	30	24	1	0	1	0	0	0	0	0	0
重庆市	21	0	0	0	0	0	0	0	0	0	0	0	0
四川省	0	44	4	4	0	0	0	0	0	0	0	0	0
贵州省	87	84	0	0	0	0	0	0	0	0	0	0	0
云南省	163	429	23	14	0	0	0	0	0	0	0	0	0
西藏自治区	74	74	1	1	0	0	0	0	0	0	0	0	0
陕西省	135	151	0	0	1	1	1	0	1		2	0	0
甘肃省	84	0	15	15	8	8	8	4	0	0	0	0	0
宁夏回族自治区	72	78	0	0	0	0	0	0	0	0	0	0	0
青海省	11	11	2	2	0	0	0	0	1	0	1	0	0
海南省	77	73	0	0	0	0	0	0	0	0	0	0	0
新疆维吾尔自治区	64	71	0	0	0	0	0	0	1	0	0	1	0
总计	3412	4090	168	142	17	13	17	5	10	1	6	3	0

附件三：2010 年第二季度全国重点文物保护单位和馆藏一级文物安全案件统计表

省份	序号	案发单位名称	案件来源	案件类别	案件基本情况	处理结果或处理进展情况
山西省	1	清凉寺	舆情收集	盗窃文物	6 月 29 日晚，芮城县清凉寺大门口一对石狮被盗。	7 月 29 日晚抓获嫌疑人 4 名，被盗石狮被缴获。目前，此案正在进一步扩大审理中。
辽宁省	2	义县奉国寺	接群众举报	火灾	4 月 14 日，因游客烧纸，引燃了包在大殿檐柱外的芦苇，发生火灾。当地文物和公安消防机关果断采取措施，及时将火扑灭。	国家文物局、省文物局派督察组现场督察，并提出明确处理意见。义县人民政府对负有领导和管理责任的责任人员给予了行政处分。
浙江省	3	俞源村古建筑群之精深楼	省文物局报告	盗窃文物	5 月 9 日，武义县俞源乡俞源村古建筑群“精深楼”前院东厢房檐廊 4 只雀替被盗。	目前，当地公安部门已开始立案侦查。
江西省	4	流坑村古建筑群	舆情收集	盗窃文物	5 月份，发现 3 块牌匾被盗，当地公安部门从井冈山古玩市场追回一块牌匾	1 人已正式被当地检察机关批捕。
山东省	5	�国故城	省文物局报告	古墓葬被盗掘	文物部门巡查中发现盗洞，遂向公安机关报案。经过公安机关立案侦查，将犯罪嫌疑人抓获。	盗墓分子已被依法判处徒刑。
	6	京杭大运河德州段	舆情收集	文物被盗抢	京杭大运河德州段河床内发生群体性盗抢地下文物事件。	当地文物部门联合公安机关对现场进行了控制，抓获 2 名嫌疑人，并加强了对大运河的巡查，与乡镇政府、村委会签订文物安全责任书。

续表

省份	序号	案发单位名称	案件来源	案件类别	案件基本情况	处理结果或处理进展情况
湖北省	7	擂鼓墩古墓群	省文物局报告	古墓葬被盗掘	6月3日，发现随州市擂鼓墩驻军学校原教官宿舍院内发生古墓葬被盗迹象。	公安机关正在侦破中。
陕西省	8	唐建陵	舆情收集	田野石刻文物被盗	4月3日晚，全国重点文物保护单位唐肃宗建陵陵寝内城东门青龙门遗址前两尊石刻蹲狮被盗。	省文物局和省公安厅正在督办当地公安机关破案。
	9	明惠王墓	省文物局报告	石刻文物被盗	6月27日，全国重点文物保护单位明惠王墓神道旁边华表上方的“天禄”石刻被盗，现场遗留有梯子、砖头，周边有汽车轮胎印，初步推测作案车辆为小型车辆。	目前区公安机关正在侦破中，省文物局和省公安厅也在大力督办。
青海省	10	格萨尔三十大将军灵塔及达那寺	省文物局报告	文物盗窃	玉树4·14地震后，达那寺组织部分僧侣赴玉树参与抗震救灾工作。5月1日，部分僧侣在回寺后发现三十大将军灵塔群中7座被盗，但具体时间及被盗物品不详。	县委、县政府高度重视，成立了由县委副书记为组长，县政法委、公安局等相关单位领导为成员的专案组，负责案件的侦破工作，省公安厅刑侦总队派员赶赴现场指导。目前案件还在侦破当中。

附件四：2010年第二季度全国重点文物保护单位行政违法案件统计表

省份	序号	案发单位名称	案发来源	案件基本情况	案件处理结果或处理进展情况
北京市	1	广济寺	市文物局报告	5月26日，北京市西城区房屋土地经营管理中心新街口管理所在西城区西四北头条2号院施工，未经批准，擅自拆除了全国重点文物保护单位广济寺东北角南北走向15.5米的围墙。	北京市文物局于7月9日制发了《责令整改通知书》和《听证告知书》，其它事项正在按程序进行。
河北省	2	承德市普宁寺	国家文物局执法检查发现	承德市普宁寺山门前广场建筑破坏古建筑风貌。	国家和省文物局进行执法督察，门前广场建筑已部分拆除。
内蒙古自治区	3	和林格尔土城子遗址	省文物局报告	当地群众在和林格尔土城子遗址保护范围内取土。	已责令整改。
江苏省	4	罗汉院双塔	省文物局报告	4月1日，中国电信股份有限公司苏州分公司擅自在罗汉院双塔及正殿遗址西侧建了一座电信信号发射基站，影响到双塔历史环境风貌。	已责令改正。

续表

省份	序号	案发单位名称	案发来源	案件基本情况	案件处理结果或处理进展情况
浙江省	5	桃渚城	省文物局报告	4 月 22 日，省文物监察总队对地处临海市辖区的全国重点文物保护单位桃渚城进行日常巡查，发现城内有村民未向文物行政部门申报，擅自对私宅进行搭建以及对外观进行装修的行为。	当场责令改正，并协调当地村委会，制定相应整改与疏导措施，妥善解决保护文物与群众改善生活的矛盾。目前违法行为已经制止，相关解决方案正在制定。
山东省	6	曹植墓	省文物局报告	群众举报东阿县文化部门在未履行审批手续的情况下，计划在曹植墓保护范围内的鱼山上进行摩崖石刻，省文物局下发督办通知予以制止。	违法行为发生前被责令改正。
河南省	7	隋唐洛阳城遗址	省文物局报告	4 月 26 日，当地一家单位在隋唐洛阳城遗址保护范围内违法建设居民楼。	处 50 万元罚款，正在处理当中。
陕西	8	郑国渠首遗址	舆情收集	陕西泾阳县郑国渠首遗址由于个别村民非法挖沙，致使泾河两岸数公里良田、滩地变成沙坑，郑国渠保护界碑三面被挖空成了“孤岛”。	国家文物局已下发督办通知，省文物局正在处理。
广西	9	容县近代建筑—黄绍竑故居	省文物局报告	村民在容县近代建筑—黄绍竑故居内乱堆乱放稻草和柴木等易燃物品。	县文体局下达书面通知和博物馆安排专人督促村委会及村民搬移和清理稻草和柴木。村民已搬移和清理稻草和柴木。

续表

省份	序号	案发单位名称	案发来源	案件基本情况	案件处理结果或处理进展情况
甘肃省	10	果园新城墓地	省文物局报告	一家公司经酒泉市肃州区监察局招商引资，经土地局、规划局批准，在果园墓群保护范围内边缘处修建工厂，已完成地基修建，致使环境风貌受到破坏。	责令停工，择址另建，恢复地貌。
	11	明长城嘉峪关段	省文物局报告	西气东输二线建设工程未经批准擅自顶管穿越长城，造成环境受到影响。	恢复地貌。
	12	明长城古浪县段	省文物局报告	西气东输二线建设工程未经批准，在4处擅自顶管穿越长城，造成部分地段长城本体及其历史环境风貌受到破坏。	恢复地貌，由管道四公司出资10万元，为古浪县境内144千米长城沿线制作并安设保护标志。
	13	明长城凉州区段	省文物局报告	西气东输二线建设工程未经批准擅自顶管穿越长城，破坏长城历史环境风貌。	恢复地貌。
	14	明长城凉州区段	省文物局报告	西气东输二线建设工程未经批准擅自顶管穿越长城，破坏长城历史环境风貌。	恢复地貌。
	15	明长城山丹县段	省文物局报告	西气东输二线建设工程未经批准擅自顶管穿越长城，破坏长城历史环境风貌。	恢复地貌。
	16	明长城瓜州县（原安西县）段	省文物局报告	西气东输二线建设工程未经批准擅自顶管穿越长城，破坏长城历史环境风貌。	恢复地貌。
	17	火烧沟遗址	省文物局报告	兰新二线铁路建设设计改道，从保护范围内通过，破坏文物历史环境风貌。	设计改道，从遗址边缘通过。方案已报国家文物局。

国家文物局关于取消和调整部分行政审批项目的通知

文物政发［2010］31号

各省、自治区、直辖市文物局（文化厅、文管会），局机关各部门：

根据2010年7月4日《国务院关于第五批取消和下放管理层级行政审批项目的决定》（国发［2010］21号）的要求，我局决定自2010年7月4日起，取消“拍摄易损的一般文物审批（特殊的珍贵文物及书画、壁画、丝织品、漆器等易损易坏文物的拍摄许可）”行政审批项目。

请各省、自治区、直辖市文物行政主管部门按照国务院决定的要求，取消“拓印内容涉及我国疆域、外交、民族关系的古代石刻审批”，将“拍摄市级文物保护单位审批”下放到设区的市级人民政府文物行政主管部门，将“拍摄县级文物保护单位审批”下放到县级人民政府文物行政主管部门，并认真做好取消和下放管理层级行政审批项目的落实和衔接工作，切实加强后续监管，确保文物安全。

特此通知。

附件：2010年调整后国家文物局行政许可项目目录（26项）

二〇一〇年九月二日

附件：2010年调整后国家文物局行政许可项目目录（26项）

序号	许可事项名称	设定依据
1	省级和全国重点文物保护单位保护范围内其他建设工程或者爆破、钻探、挖掘等作业许可	《中华人民共和国文物保护法》第十七条
2	全国重点文物保护单位建设控制地带内建设工程设计方案许可	《中华人民共和国文物保护法》第十八条第二款
3	全国重点文物保护单位原址保护措施许可	《中华人民共和国文物保护法》第二十条第二款
4	省级文物保护单位的迁移或拆除许可	《中华人民共和国文物保护法》第二十条第三款
5	全国重点文物保护单位修缮许可	《中华人民共和国文物保护法》第二十一条第二款

续表

序号	许可事项名称	设定依据
6	由政府出资修缮的非国有全国重点文物保护单位的转让、抵押或者改变用途许可	《中华人民共和国文物保护法》第二十五条第二款
7	文物保护工程资质许可	《中华人民共和国文物保护法》第二十一条第三款,《中华人民共和国文物保护法实施条例》第十五条、第十七条
8	考古发掘资质许可	《中华人民共和国文物保护法》第二十七条第一款,《中华人民共和国文物保护法实施条例》第二十一条
9	考古发掘计划许可	《中华人民共和国文物保护法》第二十八条、第三十条,《中华人民共和国文物保护法实施条例》第二十四条
10	水下文物的考古勘探和发掘活动许可	《中华人民共和国文物保护法》第二十八条、第三十条,《中华人民共和国文物保护法实施条例》第二十四条,《中华人民共和国水下文物保护管理条例》第七条第一款
11	外国人或者外国团体在中国境内考古调查、勘探、发掘许可	《中华人民共和国文物保护法》第三十三条,《中华人民共和国水下文物保护管理条例》第七条第二款
12	考古发掘单位保留少量出土文物留作科研标本许可	《中华人民共和国文物保护法》第三十四条,《中华人民共和国文物保护法实施条例》第二十七条
13	考古发掘领队资格许可	《中华人民共和国文物保护法实施条例》第二十二条
14	国际合作考古调查、勘探、发掘的文物或自然标本送到境外进行分析化验或技术鉴定许可	《中华人民共和国考古涉外工作管理办法》第十一条
15	非国有文物收藏单位和其他单位借用国有馆藏一级文物许可	《中华人民共和国文物保护法》第四十条第三款

续表

序号	许可事项名称	设定依据
16	已建立馆藏文物档案的国有文物收藏单位之间交换馆藏一级文物许可	《中华人民共和国文物保护法》第四十一条
17	馆藏一级文物的修复、复制、拓印许可	《中华人民共和国文物保护法实施条例》第三十二条
18	博物馆一级藏品取样分析许可	《国务院对确需保留的行政审批项目设定行政许可的决定》第464项
19	局直属文物收藏单位处理不够入藏标准、无保存价值的文物或标本许可	《国务院对确需保留的行政审批项目设定行政许可的决定》第465项
20	文物拍卖许可证核发	《中华人民共和国文物保护法》第五十四条第一款，《中华人民共和国文物保护法实施条例》第四十一条、第四十二条
21	文物拍卖标的许可	《中华人民共和国文物保护法》第五十六条第二款
22	文物出境许可证核发	《中华人民共和国文物保护法》第六十一条第一款，《中华人民共和国文物保护法实施条例》第四十七条
23	文物出境展览许可	《中华人民共和国文物保护法》第六十二条第一款，《中华人民共和国文物保护法实施条例》第四十八条第一款
24	境外机构和团体拍摄考古发掘现场许可	《国务院对确需保留的行政审批项目设定行政许可的决定》第461项
25	境外机构和团体拍摄文物许可	《国务院对确需保留的行政审批项目设定行政许可的决定》第460项
26	外国公民、组织和国际组织参观未开放的文物点和考古发掘现场许可	《中华人民共和国考古涉外工作管理办法》第十三条

国家文物局关于颁发第四批文物保护工程甲、一级资质单位名单的通知

办保发［2010］5号

各省、自治区、直辖市文物局（文化厅）：

根据《中华人民共和国文物保护法》、《中华人民共和国文物保护法实施条例》和《文物保护工程管理办法》、《文物保护工程勘察设计资质管理办法》、《文物保护工程施工资质管理办法》、《文物保护工程监理资质管理办法》（试行）的有关规定，经组织专家评审并予公示，我局决定授予有关单位第四批文物保护工程勘察设计、施工、监理甲、一级资质，现予公布（有关单位名单附后）。请你局（厅）根据国家有关规定加强相关管理工作。

特此通知。

附件：1. 授予文物保护工程勘察设计甲级资质的单位名单

2. 授予增加业务范围的勘察设计甲级资质的单位名单

3. 授予文物保护工程施工一级资质的单位名单

4. 授予增加业务范围的施工一级资质的单位名单

5. 授予文物保护工程监理甲级资质的单位名单

6. 恢复原有文物保护工程施工一级资质的单位名单

二〇一〇年九月七日

附件1：授予文物保护工程勘察设计甲级资质的单位名单（共17家）

序号	单位名称	业务范围
1	辽宁有色勘察研究院	古遗址古墓葬保护、古建筑维修保护、石窟寺和石刻保护、近现代文物建筑维修保护（限以上各类的岩土工程）
2	湖北金木石工程设计有限公司	古建筑维修保护、近现代文物建筑维修保护
3	山西达志古建筑保护有限公司	古建筑维修保护、文物保护规划编制
4	山西省文物技术中心	古建筑维修保护
5	山西圆方古迹保护修复有限公司	古建筑维修保护、近现代文物建筑维修保护、壁画保护（含彩画）、文物保护规划编制

续表

序号	单位名称	业务范围
6	太原市文物考古研究所	古建筑维修保护、壁画保护（含彩画）、古遗址古墓葬保护
7	山西重德古建筑规划设计院有限公司	古建筑维修保护
8	新疆维吾尔自治区文物古迹保护中心	古建筑维修保护、近现代文物建筑维修保护、古遗址古墓葬保护
9	重庆文化遗产保护中心	近现代文物建筑维修保护
10	上海建筑装饰（集团）设计有限公司	古建筑维修保护、近现代文物建筑维修保护
11	陕西省古迹遗址保护工程技术研究中心	古建筑维修保护、近现代文物建筑维修保护、文物保护规划编制
12	北京华宇星园林古建设计所	古建筑维修保护、近现代文物建筑维修保护
13	成都市新方圆环境营造有限公司	古建筑维修保护、近现代文物建筑维修保护
14	四川园冶古建园林设计研究有限公司	古建筑维修保护、近现代文物建筑维修保护、文物保护规划编制
15	河北省文物保护中心	古遗址古墓葬保护、石刻保护、壁画保护（含彩画）
16	中国水利水电科学研究院	古建筑维修保护、古遗址保护、石刻保护、近现代文物建筑维修保护（限以上各类的文物水利工程）
17	中国中建设计集团有限公司	文物保护规划编制

附件2：授予增加业务范围的勘察设计甲级资质的单位名单（共7家）

序号	单位名称	业务范围
1	山东省文物科技保护中心	文物保护规划编制
2	山西省古建筑保护研究所	壁画保护（含彩画）
3	北京市文物建筑保护设计所	石刻保护
4	四川省文物考古研究院	壁画保护（含彩画）、文物保护规划编制
5	南京博物院	文物保护规划编制
6	郑州大学城市规划设计研究院	古建筑维修保护、近现代文物建筑维修保护
7	安徽省文物保护中心	文物保护规划编制

附件3：授予文物保护工程施工一级资质的单位名单（共25家）

序号	单位名称	业务范围
1	山西省文物技术中心	古建筑维修保护
2	山西万荣古建工程有限公司	古建筑维修保护、近现代文物建筑维修保护
3	山西杨氏古建筑工程有限公司	古建筑维修保护
4	太原市文物考古研究所	古墓葬保护、壁画保护
5	新疆维吾尔自治区文物古迹保护中心	古建筑维修保护、近现代文物建筑维修保护、古遗址古墓葬保护
6	重庆文华置业公司	古建筑维修保护、近现代文物建筑维修保护、石窟寺和石刻保护
7	西藏自治区罗布林卡管理处	古建筑维修保护（限罗布林卡）
8	西藏自治区布达拉宫管理处	古建筑维修保护（限布达拉宫）
9	诸暨市绿都园林工程有限公司	古建筑维修保护、近现代文物建筑维修保护
10	古今集团有限公司	古建筑维修保护、近现代文物建筑维修保护

续表

序号	单位名称	业务范围
11	浙江省东阳市方中古典园林有限公司	古建筑维修保护
12	巍山县宏基建筑安装有限责任公司	古建筑维修保护、近现代文物建筑维修保护
13	苏州蒯祥古建有限公司	古建筑维修保护
14	万兴建筑集团有限公司	古建筑维修保护、近现代文物建筑维修保护、古遗址保护
15	成都博艺文物保护工程有限责任公司	古建筑维修保护、近现代文物建筑维修保护
16	四川开禧古建筑园林工程有限公司	古建筑维修保护、近现代文物建筑维修保护
17	敦煌市第二建筑工程公司	古建筑维修保护、石窟寺石刻保护、古遗址古墓葬保护
18	河北省文物保护中心	古遗址古墓葬保护、石刻保护、壁画保护（含彩画）
19	江西九丰园林古建筑工程有限公司	古建筑维修保护、近现代文物建筑维修保护
20	苏州思成古代建筑工程有限公司	古建筑维修保护、近现代文物建筑维修保护
21	拉萨市城关区市政工程公司	古建筑维修保护（限大昭寺）
22	西藏仁布县达热瓦建设工程有限责任公司	古建筑维修保护（限日喀则）
23	西藏日喀则地区江孜县西嘎建筑工程有限责任公司	古建筑维修保护（限日喀则）
24	中国文化遗产研究院	古建筑维修保护、古遗址古墓葬保护、近现代文物建筑维修保护、石窟寺和石刻保护、壁画保护（含彩画）
25	河北省建筑科学研究院	古建筑维修保护、近现代文物建筑维修保护

附件 4：授予增加业务范围的施工一级资质的单位名单（共 6 家）

序号	单位名称	业务范围
1	浙江匀碧文物古建工程有限公司	近现代文物建筑维修保护
2	北京市园林古建工程公司	古遗址古墓葬保护
3	石窝园林古建工程公司	古建筑维修保护、近现代文物建筑维修保护
4	北京同兴古建筑工程有限责任公司	近现代文物建筑维修保护
5	成都市屹华建筑工程公司	古遗址古墓葬保护、石窟寺和石刻保护、彩画保护
6	中兴文物建筑设计工程公司	近现代文物建筑维修保护

附件 5：授予文物保护工程监理甲级资质的单位名单（共 1 家）

名　　称：拉萨圣玉监理有限公司

业务范围：古建筑维修保护、近现代文物建筑维修保护。

附件 6：恢复原有文物保护工程施工一级资质的单位名单（共 1 家）

名　　称：广东五华一建工程有限公司

业务范围：古建筑维修保护、近现代文物建筑维修保护（限广州分公司）。

国家文物局关于公布第一批国家考古遗址公园名单和立项名单的通知

文物保发［2010］35 号

各省、自治区、直辖市文物局（文化厅）：

为进一步推动大遗址保护工作，规范考古遗址公园建设，根据《国家考古遗址公园管理办法（试行）》和《国家考古遗址公园评定细则》等有关法规性文件要求，国家文物局组织开展了国家考古遗址公园评定工作。根据各地申请，通过初审、现场考察评分和专家会议评议，依据专家投票结果，国家文物局同意圆明园考古遗址公园等 12 个项目为第一批国家考古遗址公园，晋阳古城考古遗址公园等 23 个项目获得国家考古遗址公园立项。现将第一批国家考古遗址公园名单和立项名单公布如下（见附件 1、2）。

请你局（厅）指导有关单位严格遵守《中华人民共和国文物保护法》和《国家考古遗址公园管理办法（试行）》等相关法律法规，进一步做好考古遗址公园建设工作，不断提高管理水平，切实加强遗址的保护、研究、展示和利用。同时，认真做好立项项目的相关工作，按程序及时报批相关建设项目，在条件具备后及时报请评定为国家考古遗址公园，充分发挥国家考古遗址公园对地方经济和社会发展的促进作用。

特此通知。

附件：1. 第一批国家考古遗址公园名单

2. 第一批国家考古遗址公园立项名单

二〇一〇年十月九日

附件1：

第一批国家考古遗址公园名单（共12项）

北京　圆明园国家考古遗址公园
　　　周口店国家考古遗址公园
吉林　集安高句丽国家考古遗址公园
江苏　鸿山国家考古遗址公园
浙江　良渚国家考古遗址公园
河南　殷墟国家考古遗址公园
　　　隋唐洛阳城国家考古遗址公园
四川　三星堆国家考古遗址公园
　　　金沙国家考古遗址公园
陕西　阳陵国家考古遗址公园
　　　秦始皇陵国家考古遗址公园
　　　大明宫国家考古遗址公园

附件2：

第一批国家考古遗址公园立项名单（共23项）

山西　晋阳古城考古遗址公园
辽宁　牛河梁考古遗址公园
吉林　渤海中京考古遗址公园
江苏　扬州城考古遗址公园
江西　御窑厂考古遗址公园
山东　南旺枢纽考古遗址公园
　　　曲阜鲁国故城考古遗址公园
　　　大汶口考古遗址公园
河南　汉魏洛阳故城考古遗址公园
　　　郑州商城考古遗址公园
　　　三杨庄考古遗址公园
湖北　楚纪南城（含八岭山、熊家冢）考古遗址公园
湖南　长沙铜官窑考古遗址公园
　　　里耶古城考古遗址公园
　　　老司城考古遗址公园
广西　靖江王府及王陵考古遗址公园
　　　甑皮岩考古遗址公园
贵州　可乐考古遗址公园
陕西　汉长安城考古遗址公园
　　　秦咸阳城考古遗址公园
甘肃　锁阳城考古遗址公园
新疆　北庭故城考古遗址公园
重庆　钓鱼城考古遗址公园

国家文物局关于印发《2009年全国博物馆名录》的通知

文物博发［2010］37号

各省、自治区、直辖市文物局（文化厅）：

为了加强博物馆行业规范化管理，促进博物馆事业科学发展，国家文物局近期对各省（区、市）文物行政部门根据《博物馆管理办法》要求报送的博物馆2009年度检查备案结果进行了汇总。

经审核，全国共有3020个博物馆通

过省级文物行政部门年检备案。其中，根据博物馆举办主体，文物行政部门所属的国有博物馆2193个，非文物行政部门所属的行业性国有博物馆499个，民办博物馆328个；根据博物馆专业标准，功能基本完善的博物馆2601个，其余419个博物馆与专业标准有较大差距，存在的问题主要是基础设施薄弱、尚不具备正常开放条件和登记名称不规范（以民办博物馆为主）等，需进一步完善、提高。

为了增强社会公众对我国博物馆事业的了解，现将基本符合博物馆专业标准的2601个博物馆汇总编制成《2009年全国博物馆名录》，予以印发。

特此通知。

附件：2009年全国博物馆名录（略）

二〇一〇年十月二十五日

全国文物安全工作部际联席会议成员单位职责

为切实加强文物安全工作，坚决打击文物违法犯罪活动，建立文物安全监管长效机制，强化部门间协调配合，国务院批准建立全国文物安全工作部际联席会议制度。依据有关法律法规规定和文物安全工作部际联席会议主要职能，文物安全部际联席会议成员单位应履行以下职责：

一、公安部

组织、协调、指挥、督办地方公安机关做好防范和打击盗掘、盗窃、盗捞、倒卖、走私、破坏文物等违法犯罪活动；指导各级公安机关加强文物单位内保工作并整治文物单位周边治安环境，对破坏文物并构成违反治安管理行为的依法给予治安处罚；指导各级公安消防机关做好文物单位消防工作，对文物单位进行消防业务指导和监督检查。

二、国土资源部

指导和督促各级国土资源管理部门在土地利用、地质公园建设和矿产资源开采审批中加强文物保护，对危害文物安全且涉及土地利用或矿产资源开采的违法行为进行核查处理。

三、环境保护部

将文物保护作为环境影响评价的重要内容，负责对危害文物安全的环境保护违法行为进行核查处理。

四、住房和城乡建设部

指导和督促各级住房和城乡建设部门加强城乡建设过程中的文物保护，在历史文化名城、名镇、名村和风景名胜区管理中加强文物保护，会同文物行政部门商定文物保护单位的保护措施并纳入城乡规划，对危害文物安全且涉及城乡规划的违法行为进行核查处理。

五、海关总署

指导各地海关加强对进出境文物的监管，开展打击走私文物专项行动。会同国家文物行政主管部门研究制定加强对进出境文物监管的政策规定，加强海关监管一线人员进出境文物执法能力建设。

六、国家工商行政管理总局

指导和督促各级工商行政管理部门加强对文物商店、文物拍卖企业的监管，对非法的文物商业经营活动进行依法查处。

七、国家旅游局

督促指导各级旅游行政管理部门在

涉及文物保护单位的旅游景点管理中加强文物保护，落实文物安全保护措施；会同文物、公安部门对旅游景区内的文物进行安全检查，依法对在旅游发展中危害文物安全的违法行为进行核查处理。

八、国家宗教事务局

指导和督促各地相关宗教活动场所做好文物保护和安全管理工作，会同文物、公安等部门开展对宗教活动场所内文物的安全检查。

九、国家文物局

制定文物安全管理和行政执法督察的规章制度；研究建立文物安全防范体系；组织开展文物行政执法督察和安全检查，加强文物安全监管；组织督察查处文物违法重大案件，协助配合有关部门查处文物犯罪重大案件。

国家文物局关于进一步加强文物单位消防工作坚决遏制文物火灾事故的紧急通知

文物督函［2010］1217 号

各省、自治区、直辖市文物局（文化厅、文管会），各直属单位：

近期以来，部分地区连续发生文物火灾事故，文物损失严重。10 月 13 日，河北省曲阳县省级文物保护单位三霄圣母殿发生火灾事故，过火面积 109 平方米，火灾造成殿顶被烧毁。11 月 13 日，全国重点文物保护单位清华大学早期建筑群中的清华学堂发生火灾，过火面积 800 多平方米，损毁严重。为深刻吸取教训，坚决预防和遏制文物火灾事故的发生，现将有关事项通知如下：

一、高度重视，切实加强冬季文物消防安全工作

当前已进入冬季，风干物燥，用火用电用油用气增加。元旦、春节、元宵节即将来临，许多文物保护单位及其周边地区将会举办各种庆祝集会和传统民俗文化活动，火灾诱因和风险增加，防控难度加大，文物消防安全形势更加严峻。各级文物行政部门和各文博单位要进一步增强抓好冬季文物防火工作的责任感和紧迫感，坚决克服麻痹松懈思想，切实加强领导，积极协调解决文物消防安全存在的突出问题，及时部署各项火灾预防和隐患排查整治工作，采取积极有效措施，做到警钟长鸣、万无一失。

二、立即行动，全面开展火灾隐患大排查大整治

各级文物行政部门和各文博单位要立即组织开展冬季火灾隐患大排查、大整治活动。全面排查各单位文物消防安全责任落实、消防安全制度实施、用火用电用油用气管理、灭火应急预案制定与演练、消防设施设备配备与使用和消防安全档案建立等情况。同时，对文物古建筑和近现代代表性建筑要重点排查私搭乱建、电气线路老化、违规燃香烧纸等突出问题；对博物馆重点排查展览设施与装修装饰材料防火措施、展厅电器电动设备防火性能、消防疏散标志与应急照明的布设等情况；对文物库房重

点排查文物包装材料与文物存放设施的防火性能、恒温恒湿与照明设备的使用管理等情况；对文物保护工程工地要重点排查建筑材料防火、建筑作业用火用电操作等情况；对文物开放单位重点排查人员安全疏散设施管理、外来携带火种检查监管等情况。

文物火灾隐患排查工作要扎实有效、真检实查，做到横向到边、纵向到底，必须找准诱因、查清隐患，严禁流于形式、走过场。对排查发现的火灾隐患要立即整改，不能立即整改的要明确整改期限和要求，并加大人力物力，死看死守。对于重大火灾隐患，要提出解决方案，督促文物的使用单位整改，并向文物行政主管部门、消防部门或者当地人民政府报告。对不具备消防安全条件的文物开放单位和文物保护工程工地，不能按要求整改火灾隐患的，要责令停止开放或者施工作业。各省级文物行政部门要将本辖区内开展文物火灾隐患大排查、大整治工作情况于2010年12月25日前书面报我局，我局组织人员赴各地抽查。

三、加强管理，有针对性地采取防范措施

各级文物行政部门和各文博单位要根据文物防火工作的特点和要求，加强安全管理，完善设施、设备，改善防范条件，全力降低火灾事故发生率。提高扑救初起火灾能力，立足于实战需要，制定和完善防火应急预案，加强消防演练，一旦发生火灾事故，及时组织人员疏散和有效灭火。重点防火单位要实施重点防护，对文物保护工程工地要加强对施工单位的安全监管，督促安全制度和措施的落实，避免施工作业不规范引发火灾；对位于其他建筑包围的文物保护单位，要开辟消防通道，加强对周边群众的防火宣传教育，引导安全用火，避免生产生活用火引发文物火灾；对被森林包围的文物保护单位，要设置防火隔离带，并与公安消防、林业等部门加强沟通、配合，避免森林火灾引发文物火灾。

四、狠抓落实，严格实施责任追究

各单位法定代表人是本单位安全工作第一责任人，分管负责同志是主要责任人。主要领导要亲自安排部署消防安全工作，逐级落实消防安全责任制，把任务分解到各个部门和具体工作人员，并层层签订责任书，保证人员到位、保障有力、措施有效。对于消防安全检查不力、监管不严、隐患不除、失职渎职的，要进行通报并追究相关责任人责任。发生重特大文物火灾事故的，要实施责任到查和逐级追查，按照事故原因不查清不放过、事故责任者得不到处理不放过、整改措施不落实不放过、教训不吸取不放过的原则严肃处理。触犯法律的，要依法追究相关责任人的法律责任。

特此通知。

二〇一〇年十一月二十日

国家文物局关于加强田野文物安全工作的紧急通知

文物督函［2010］1249号

各省、自治区、直辖市文物局（文化厅）：

今年以来，河北邯郸赵王陵、广西桂林靖江王陵、山西曲沃天马曲村遗址、河北沧州献县汉墓群、青海都兰热水墓群、陕西咸阳唐建陵、青海玉树达那寺、陕西西安明惠王墓、湖北随州擂鼓墩古墓群、江苏徐州汉楚王墓群、湖北枝江青山墓群、陕西西安秦东陵等全国重点文物保护单位先后发生盗掘古墓葬、盗窃石刻文物案件，犯罪分子在严打态势下，公然侵害帝王陵墓、重要遗址和墓葬群，田野文物安全形势严峻。为坚决遏制盗窃盗掘古遗址、古墓葬和石窟寺、石刻案件高发势头，确保田野文物安全，现紧急通知如下：

一、推动各级人民政府落实文物保护责任。文物保护法明确规定，地方各级人民政府负责本行政区域内的文物保护工作，负有文物保护主体责任。各级文物行政部门要主动向当地政府报告田野文物面临的严峻安全形势，提请各级政府加强对相关工作的领导和组织协调，加强文物保护机构建设，充实文物保护执法力量，加大田野文物人防、物防、技防投入力度。文物资源特别丰富的地区，要推动市级政府将文物安全纳入对各县（区）政府的年度考核内容，明确对县级政府文物保护工作的具体要求。

二、加强部门协调，构建文物安全联合长效机制。今年5月，国务院正式批复建立全国文物安全工作部际联席会议制度，统筹协调全国文物安全工作，文化部、公安部、国家文物局等10部门为成员单位。11月3日，第一次联席会议讨论通过了各成员单位职责分工等文件。各级文物行政部门要认真贯彻落实会议精神，提请当地政府建立本地区文物安全联席会议制度，着力构建政府统一领导、部门各司其职、标本兼治、综合治理的文物安全工作格局。要重点加强与公安、海关、工商等部门的协调配合，始终保持对各类文物犯罪活动的严打高压态势。特别是文物犯罪高发地区，文物行政部门要积极向政府汇报，协调有关部门组织开展打击文物犯罪专项行动，坚决打击文物违法犯罪行为。

三、落实机构人员，健全文物安全责任体系。各级文物行政部门要根据文物保护法有关要求，严格落实内部安全防范管理工作责任制，逐处落实文物保护单位的保护机构或保护管理责任人，逐级签订《文物安全目标责任书》，把文物安全保卫工作任务落实到每个文物点、各个岗位和具体人员，确保不留死角与盲区。省级文物行政部门要对全国重点文物保护单位保护机构或专职保护人员设置情况进行全面摸底并登记造册，对于机构、人员尚未落实到位的，要及时督促整改。

四、调整管护策略，加强巡查、值班与报告制度。各级文物行政部门要针对犯罪分子的活动规律和田野文物犯罪多为夜间作案的特点，逐处制定不可移动文物的具体保护措施，并公布施行。对于全国重点文物保护单位和其他重要田野文物，要加大巡查时间、频率和范围，重点加强夜间巡查，落实24小时值班制度，实现全天候巡查管护。要坚决落实突发事件报告制度，发生文物案件或安全事故后第一时间按要求报告公安机关和上级部门，不得迟报、缓报、瞒报。

五、完善防范设施，提高田野文物防护科技水平。各地要在重视人防的基础上，进一步加大田野文物物防、技防设施建设力度，提高一线工作人员安全防护装备水平，着力解决巡查车辆、设备短缺问题。针对帝王陵寝、石窟寺和地下埋藏丰富、被盗风险性高的墓葬群、窑址，要在“十二五”项目库基础上，编制田野文物安防设施专项规划，区分轻重缓急，组织实施一批重大技术防范工程。国家文物局将会同中央财政，根据国家有关规定给予重点支持。

六、加强监控举报，建设好文物保

护员队伍。要坚持专群结合、群防群控，建设好群众性文物保护员队伍，制定管理办法，明确工作内容，加强教育培训，落实经费补助，落实激励措施，使之成为基层文物保护工作的重要辅助力量。要建立文物保护举报奖励制度，公布举报电话，设立奖励经费，鼓励群众积极提供信息和线索，将犯罪分子置于全社会监控之下，着力提高公众参与文物保护的程度与水平。

七、加强宣传引导，开展警示教育。公安部、国家文物局在京举办的“全国重点地区打击文物犯罪专项行动成果展”，已经取得良好宣传效果。该展览结束后，各地要结合本地区实际，通过举办展览等多种方式，掀起一轮打击文物犯罪宣传高潮，集中展示政府打击文物犯罪的决心与成果，增强人民群众文物保护意识，震慑文物犯罪行为。同时，要针对近年来发生的监守自盗案件和重大文物安全责任事故，开展文物系统从业人员职业道德教育和失职、渎职犯罪警示教育，着力建设一支忠于事业、恪尽职守的文物工作队伍。

八、建立奖惩制度，落实责任追究。各级政府要建立文物安全奖惩制度，既要大力表彰、奖励文物保护先进人物与事迹，更要揭露、曝光破坏文物的违法犯罪行为，特别是要落实文物安全责任制，重点追究因失职、渎职造成文物损毁、被盗或流失的国家工作人员的行政与法律责任。如查实有相关部门人员涉案或者存在失职、渎职行为，不管涉及谁，都要坚决按照刑法、文物保护法等有关要求，严格依法处理，不能姑息迁就。

九、组织开展田野文物安全大检查。各级文物行政部门要按照本通知各项要求，结合本地区实际情况，立即集中组织开展田野文物安全大检查，全面排查安全隐患并督促落实整改措施，协助公安机关加大2010年尚未结案的重大文物案件及以往积案等查处力度。省级文物行政部门对辖区内全国重点文物保护单位的巡查覆盖率，全年不应低于80%。各地检查、督办结果，请各省级文物行政部门汇总后于2011年1月15日前上报我局。

特此通知。

附件：公安部、国家文物局“全国重点地区打击文物犯罪专项行动成果展”资料光盘（略）

二〇一〇年十二月一日

国家文物局关于公布继续有效失效和废止规范性文件的通知

文物政函［2010］1280号

各省、自治区、直辖市文物局（文化厅）：

按照国务院办公厅《关于做好规章清理工作有关问题的通知》精神和要求，国家文物局对历年发布的规范性文件进行了清理，现将清理结果予以公布。

附件：

1. 国家文物局继续有效的规范性文件目录

2. 国家文物局废止和失效的规范性文件目录

二〇一〇年十二月二日

附件1：国家文物局继续有效的规范性文件目录

序号	文件名称	发布单位	文号	发布日期
1	《拓印古代石刻的暂行规定》	国家文物事业管理局		1979.9.4
2	《文物商店工作条例（试行）》	国家文物事业管理局	（81）文物字第343号	1981.7.17
3	《全国重点文物保护单位保护范围、标志说明、纪录档案和保管机构工作规范（试行）》	国家文物局	（91）文物字第185号	1991.3.25
4	《国家文物局田野考古奖励办法（试行）》	国家文物局	（93）文物文字第545号	1993.8.1
5	《文物复制暂行管理办法》	国家文物局	国家文物局令第3号	1998.8.20
6	《考古发掘管理办法》	国家文物局	国家文物局令第2号	1998.7.15
7	《文物系统安全保卫人员上岗条件暂行规定》	国家文物局	文物博发［2000］020号	2000.4.9
8	《文物拍摄管理暂行办法》	国家文物局	文物办发［2001］027号	2001.6.6
9	《文物拍卖管理暂行规定》	国家文物局	文物办发［2003］46号	2003.7.14
10	《文物保护科学和技术研究课题管理办法》	国家文物局	文物办发［2003］63号	2003.9.11
11	《国家文物局突发事件应急工作管理办法》	国家文物局	文物办发［2003］87号	2003.11.21
12	《文物保护科学和技术研究课题招标评标暂行办法》	国家文物局	文物办发［2003］86号	2003.11.21
13	《国家文物局行政许可管理办法》	国家文物局	文物办发［2004］23号	2004.5.18
14	《文物保护科学和技术创新奖励办法》	国家文物局	文物博发［2004］40号	2004.7.6
15	《全国重点文物保护单位保护规划编制审批办法》	国家文物局	文物办发［2003］87号	2004.8.2
16	《国家文物局重点科研基地管理办法（试行）》	国家文物局	文物博函［2004］1081号	2004.8.13
17	《文物保护行业标准管理办法（试行）》	国家文物局	文物博发［2004］48号	2004.9.3

续表

序号	文件名称	发布单位	文号	发布日期
18	《文物出境展览管理规定》	国家文物局	文物办发［2005］13号	2005. 5. 27
19	《文物保护工程勘察设计资质管理办法》	国家文物局	文物保发［2005］18号	2005. 8. 22
20	《文物保护工程施工资质管理办法》	国家文物局	文物保发［2005］18号	2005. 8. 22
21	《文物保护科学和技术研究课题评审程序暂行规定》	国家文物局	文物博发［2005］19号	2005. 8. 23
22	《文物保护科学和技术评审与咨询专家管理办法（试行）》	国家文物局	文物博发［2005］20号	2005. 8. 23
23	《文物保护优秀工程奖评选办法》	国家文物局	文物保发［2005］23号	2005. 11. 2
24	《国家文物鉴定委员会管理规定》	国家文物局	文物博发［2006］2号	2006. 1. 12
25	《中国文化遗产标志管理办法》	国家文物局	文物政发［2006］5号	2006. 2. 6
26	《国家文物局高级专业技术资格评定管理办法》	国家文物局	文物人函［2006］101号	2006. 8. 9
27	《中国世界文化遗产监测巡视管理办法》	国家文物局	文物保发［2006］92号	2006. 12. 8
28	《中国世界文化遗产专家咨询管理办法》	国家文物局	文物保发［2006］92号	2006. 12. 8
29	《关于加强基本建设工程中考古工作的指导意见》	国家文物局	文物保发［2006］42号	2007. 1. 16
30	《文物保护工程监理资质管理办法（试行）》	国家文物局	文物保发［2007］14号	2007. 4. 16
31	《文化遗产保护领域国家科技支撑计划课题管理暂行办法》	国家文物局	文物博发［2007］17号	2007. 4. 18
32	《文化遗产保护领域国家科技支撑计划第三方机构评估咨询管理暂行办法》	国家文物局	文物博发［2007］16号	2007. 4. 18

续表

序号	文件名称	发布单位	文号	发布日期
33	《可移动文物技术保护设计资质管理办法（试行）》	国家文物局	文物博发［2007］24号	2007.5.11
34	《可移动文物修复资质管理办法（试行）》	国家文物局	文物博发［2007］25号	2007.5.11
35	《国家文物局重点科研基地运行评估规则》	国家文物局	文物博发［2007］23号	2007.5.11
36	《全国博物馆评估办法（试行）》	国家文物局	文物博发［2008］6号	2008.2.5
37	《国家文物局二级域名管理办法》	国家文物局	文物博发［2006］31号	2006.12.5
38	《国家文物局社会组织管理暂行办法》	国家文物局	文物人发［2008］49号	2008.7.21
39	《田野考古工作规程》	国家文物局	文物保发［2009］6号	2009.2.17
40	《国家考古遗址公园管理办法（试行）》	国家文物局	文物保发［2009］44号	2009.12.27
41	《秦俑出国（境）展览管理暂行规定》	国家文物局	文物政发［2010］20号	2010.4.7
42	《文物入境展览管理暂行规定》	国家文物局	文物博发［2010］23号	2010.6.8
43	《世界文化遗产申报项目审核管理规定》	国家文物局	文物保发［2010］27号	2010.6.21
44	《考古调查、勘探、发掘经费预算定额管理办法》	国家文物局、国家计委、财政部	（90）文物字第248号	1990.4.20
45	《依法没收、追缴文物的移交办法》	国家文物局、财政部、公安部、海关总署、国家工商总局	文物保函［1999］060号	1999.4.5
46	《关于禁止擅自改变文物保护单位管理体制的通知》	文化部、国家文物局	文物发［2001］24号	2001.7.10

续表

序号	文件名称	发布单位	文号	发布日期
47	《关于加强和改善世界遗产保护管理工作的意见》	文化部、国家文物局、国家计委、财政部、教育部、建设部、国土资源部、环保总局、国家林业局	文物发［2002］16号	2002. 4. 25
48	《关于进一步做好文物保护“五纳入”的通知》	国家文物局、中央编办、国家发展改革委、财政部、建设部、文化部、国家税务总局	文物办发［2003］26号	2003. 6. 2
49	《南水北调东、中线一期工程文物保护管理办法》	国家文物局、国务院南水北调办公室	文物保发［2008］8号	2008. 2. 4
50	《关于加强革命文物工作的若干意见》	国家文物局、中宣部、发展改革委、教育部、民政部、财政部、住房城乡建设部、文化部、国家旅游局、共青团中央	文物博发［2008］22号	2008. 3. 20
51	《关于促进民办博物馆发展的意见》	国家文物局、民政部、财政部、国土资源部、住房和城乡建设部、文化部、国家税务总局	文物博发［2010］11号	2010. 1. 19

附件2：国家文物局废止和失效的规范性文件目录

序号	文件名称	发布单位	发布日期	说明
1	《省、市、自治区博物馆工作条例》	国家文物事业管理局	1979.6.29	已被2005年12月22日《博物馆管理办法》（文化部令第35号）代替
2	《国家文物局文物科研项目课题及经费管理办法（试行）》	国家文物局	1991.6.17	已被《文物保护科学和技术研究课题管理办法》等代替
3	《国家文物局文物科学技术进步奖励办法（试行）》	国家文物局	1991.6.17	已被《文物保护科学和技术创新奖励办法》代替
4	《文物、博物馆单位接受国外及港澳台地区捐赠管理暂行规定》	国家文物局	1998.6.3	与现行法律法规不相适应，相关行政审批已经取消，实际已经失效
5	《考古发掘品移交管理办法（试行）》	国家文物局	1998.7.31	已被文物保护法及其实施条例代替
6	《考古发掘资格审定办法》	国家文物局	1998	已经被《考古发掘管理办法》代替
7	《全国文物、博物馆系统人文社会科学重点研究课题管理暂行办法》	国家文物局	2000.4.28	已被《文物保护科学和技术研究课题管理办法》等代替
8	《国家文物局社会团体管理暂行办法》	国家文物局	2000.10.8	已被《国家文物局社会组织管理暂行办法》代替
9	《国家文物局古建工程系列研究员级高级工程师专业技术职务任职资格评审管理办法（试行）》	国家文物局	2006.1.20	已不适应现实需要，实际已经失效

国家文物局关于公布第三届全国文物行政处罚案卷评比结果的通知

文物督函［2010］1262号

各省、自治区、直辖市文物局（文化　　厅），天津、上海、重庆市文化市场行政执法总队：

为深入贯彻落实《国务院关于印发全面推进依法行政实施纲要的通知》（国发［2004］10号）、《国务院办公厅关于推行行政执法责任制的若干意见》（国办发［2005］37号）和《国务院关于加强法治政府建设的意见》（国发［2010］33号）等文件精神，进一步加强文物行政执法评议考核工作，健全文物行政处罚案卷评审制度，规范执法行为，提高执法水平，我局今年组织开展了第三届全国文物行政处罚案卷评比活动。

北京、山西、内蒙古、上海、江苏、浙江、山东、河南、湖南、重庆、陕西等地按照要求报送了参评案卷，其余地区未报送参评案卷。此次案卷评比采取专家封闭阅卷、集中评议、现场调研等方式，最终确定了评比结果以及获奖案卷和制作单位名单，共评出一等奖5名、二等奖8名、三等奖10名，现将评选结果予以公布（详见附件）。

案卷评比工作不仅仅是简单的案卷文书质量评比，也是对文物行政机构和执法人员依法行使执法职权和履行法定义务的情况进行评审的过程，主要考察执法主体资格、执法行为、执法依据和执法程序的合法性问题，以及相应的行政执法决定、行政复议、行政诉讼和申请法院强制执行等有关情况。执法文书制作水平直接反映了一个地区文物行政执法水平，请各地切实重视行政执法过程中的文书制作，依法执法，遵守法定程序，明确执法依据，规范执法过程，并做好立卷归档工作。

特此通知。

附件：第三届全国文物行政处罚案卷评比活动获奖案卷和制作单位名单

二〇一〇年十二月六日

附件：第三届全国文物行政处罚案卷评比活动获奖案卷和制作单位名单

一等奖（5个）

江苏省常州市二十四中学擅自修缮市级文物保护单位游击府大殿，明显改变其原状案

制作单位：江苏省常州市文化广电新闻出版局

水利部黄河水利委员会黄河服务中心擅自在全国重点文物保护单位郑州商代遗址保护范围内进行黄委会幼儿园教学楼工程建设案

制作单位：河南省郑州市文物管理局

上海周氏圣博文化发展有限公司擅自在全国重点文物保护单位龙华革命烈士纪念地保护范围内进行建设工程案

制作单位：上海市文化市场行政执法总队

北京东方康泰房地产开发经营有限责任公司擅自拆除不可移动文物溥伦贝子府案

制作单位：北京市东城区文化委员会

浙江省杭州之江发展总公司擅自拆除不可移动文物钱塘江海塘的一段塘提案

制作单位：浙江省杭州市园林文物局

二等奖（8个）

陈建军擅自修缮市级文物保护单位都神殿，明显改变文物原状案

制作单位：浙江省舟山市文化广电

新闻出版局

北京密云黑龙潭旅游管理处擅自在全国重点文物保护单位长城—密云县石城乡大关桥段保护范围内进行建设工程案

制作单位：北京市文物局

山西省寿阳县朝阳广场商铺开发项目部擅自拆除市级文物保护单位文昌阁东西配殿案

制作单位：山西省晋中市文物局

重庆市潼南县大佛寺景区开发建设有限责任公司擅自在全国重点文物保护单位潼南大佛寺摩崖造像保护范围内建设案

制作单位：重庆市文化市场行政执法总队

河南省洛阳中迈置业有限公司擅自在省级文物保护单位东周王城遗址建设控制地带内建设红东方广场案

制作单位：河南省洛阳市文物管理局

山东省淄博大源城建开发有限公司、沂源县房屋建设综合开发有限公司、沂源县建源房产综合开发有限责任公司擅自在市级重点文物保护单位沙沟遗址保护范围和建设控制地带内进行建设工程案

制作单位：山东省淄博市文物事业管理局

肖建邦擅自变更已批准的市级文物保护单位悬桥巷肖宅修缮计划和工程设计方案中的重要内容进行施工案

制作单位：江苏省苏州市文化广电新闻出版局

陕西省西安航空旅游培训学院的体育场工程未进行考古调查、勘探，擅自施工案

制作单位：陕西省西安市文物局

三等奖（10个）

王志伟擅自修缮省级文物保护单位近园，明显改变其原状案

制作单位：江苏省常州市文化广电新闻出版局

浙江省瑞安市大南乡圣井山石殿擅自在全国重点文物保护单位圣井山石殿建设控制地带内进行建设工程案

制作单位：浙江省瑞安市文化广电新闻出版局

河南省捷宏置业有限公司擅自进行工程建设致使商代古文化遗址遭破坏案

制作单位：河南省郑州市文物管理局

江苏省无锡市崇安城市投资发展有限公司擅自修缮省级文物保护单位锡金公园旧址案

制作单位：江苏省无锡市文化广电新闻出版局

北京大学擅自在全国重点文物保护单位未名湖燕园建筑保护范围内进行建设工程案

制作单位：北京市文物局

浙江省江新风热电有限公司擅自在全国重点文物保护单位古纤道保护范围内进行挖掘和铺设热网管道建设工程等作业案

制作单位：浙江省绍兴县文化广电新闻出版局

河南省洛阳市瀍河回族区民政局擅自在全国重点文物保护单位隋唐洛阳城遗址建设控制地带内建设老年公寓案

制作单位：河南省洛阳市文物管理局

重庆通用工业（集团）有限责任公司擅自拆除、迁移区级文物保护单位黄位贤烈士纪念碑案

制作单位：重庆市江北区文化广电新闻出版局

浙江鲁易建筑安装工程有限公司擅自在市级文物保护单位裕华新村保护范围内建设工程案

制作单位：上海市静安区文化市场行政执法大队

湖南省曙光电子集团有限公司职工宿舍改造工程未经考古调查勘探并有两座古墓遭严重破坏案

制作单位：湖南省长沙市文物局

国家文物局关于2010年第三季度文物行政执法与安全监管情况的通报

文物督函［2010］1289号

各省、自治区、直辖市文物局（文化厅）：

2010年第三季度，各省级文物行政部门按照《文物行政执法与安全监管情况公告制度工作方案（试行）》（以下简称《工作方案》），认真实施文物行政执法和安全检查工作，取得了较好成效。现将2010年第三季度全国文物行政执法与安全监管工作情况通报如下：

一、执法巡查与安全检查情况

（一）执法巡查：全国各省级文物行政部门开展文物执法巡查4969次。其中，对全国重点文物保护单位（共2352处）巡查4710次，巡查1594处，巡查覆盖率67.8%；对列为一级风险单位的文物收藏单位（共129家）巡查259次，巡查84处，巡查覆盖率65.1%。

（二）安全检查：全国各省级文物行政部门对一级风险单位开展安全检查5903次。其中，对全国重点文物保护单位（共2352处）检查5522次，检查1696处，检查覆盖率72.1%。安全检查中发现全国重点文物保护单位存在各类安全隐患168项，整改152次，整改率90.5%；对核定为一级风险单位的文物收藏单位（共129家）检查381次，检查92家，检查覆盖率71.3%。安全检查发现核定为一级风险单位的文物收藏单位存在安全隐患20项，整改20项，整改率100%。

二、文物行政违法与安全案件情况

（一）文物行政违法案件：第三季度接报全国各级文物单位发生行政违法案件30件，责令改正违法行为29件，进行行政处罚5件。其中，全国重点文物保护单位发生行政违法案件20件，责令改正违法行为19件，进行行政处罚5件。省级以下文物保护单位发生行政违法案

件10件，责令改正10件。

（二）文物安全案件：第三季度接报全国各级文物单位发生文物安全案件17件，其中文物被盗抢案件1件，文物被盗掘案件13件，其他文物安全案件3件。接报或通过“舆情监督”收集到全国重点文物保护单位发生文物安全案件5件，其中文物被盗抢案件（盗窃田野石刻文物）1件，文物被盗掘案件（盗掘古墓葬）3件，其他安全案件（交通肇事损毁文物保护单位）1件。

三、开展舆情监督情况

第三季度，通过“舆情监督”共收集文物行政违法与文物安全案件信息238条，在“文物安全与行政执法管理信息系统”发布238条，其中涉及全国重点文物保护单位的15条。国家文物局对其中4条信息反映的情况进行了重点督察督办。

四、文物安全形势

（一）田野文物安全形势严峻。第三季度文物安全案件仍然集中为田野石刻文物被盗和古遗址、古墓葬被盗掘案件，其中全国重点文物保护单位发生的5起安全案件中，3起是古墓葬遭盗掘案件，1起为田野石刻文物遭盗窃案件。通过开展打击文物犯罪专项行动，有力打击和威慑了文物犯罪，一些地区文物犯罪案件有所下降。但是，文物安全形势依然不容乐观，古文化遗址、古墓葬被盗掘和田野石刻文物被盗窃案件时有发生，一些地方甚至发生犯罪分子公然袭击文物行政执法人员或公安巡警的暴力犯罪行为。

（二）文物保护单位保护范围和建设控制地带违法建设问题突出。第三季度，文物行政违法案件仍然集中在未经许可在文物保护单位保护范围和建设控制地带内进行基本建设或者生产活动，破坏文物保护单位历史环境风貌，其中全国重点文物保护单位发生的行政违法案件中，该类案件达14件，占总发案量的70%。

（三）第三季度正值汛期，部分省份的文物保护单位和文物收藏单位因洪涝灾害受灾严重。据统计，洪涝灾害涉及18个省份，共有3处世界文化遗产地、195处全国重点文物保护单位、664处省级文物保护单位、589处市县级文物保护单位、28处历史文化名镇名村和121家文物收藏单位受灾。汛期文物安全预警和防范工作有待进一步加强。

五、公告制度实施情况

（一）文物安全与执法情况公告制度的实施有力推动了各地文物行政执法与安全工作。第三季度各省均上报了文物安全与执法情况信息。从各地报告情况看，目前全国各省都开展了文物行政执法巡查与安全检查工作，一些省份结合本地实际进一步强化了文物执法与安全监管工作。如，北京市文物局建立并实施了文物行政执法与安全监管工作情况半年通报制度。湖北省下发了《关于进一步建立与完善文物保护单位安全责任制度的通知》，建立并实施文物保护单位安全责任制。陕西省文物局下发了《关于加强文物安全巡查工作的通知》，在全省开展田野文物安全巡查工作。

（二）前两季度已存在的一些共性问题依然突出。一是瞒报文物案件信息。第三季度，各地上报文物案件共47件，而国家文物局通过开展“舆情监督”收集到各类文物案件信息238条。国家文物局接群举报或者通过“舆情监督”督办的文物行政违法案件就有35件，而各地上报的各类文物行政违法案件只有21件。这些表明一些省份对文物行政违法和文物安全案件信息的瞒漏报问题较为严重。二是迟报、虚报问题仍然存在。第三季度仍有 7 个省份未按《工作方案》规定的时限（10 月 15 日前）上报统计表及有关资料，有的省份经多次催办仍不按要求报送。个别省份填报的文物行政执法巡查与安全检查次数明显不实。三是报表不符合要求。各份报表所填数据不统一，将文物行政违法案件与文物安全案件混淆；不同时上报工作情况统计报表（附表一、二）和案件统计报表（附表三、四），不同时填报文物安全检查和执法巡查数据，这些都给信息统计和季度通报工作带来极大难度。

六、下一阶段工作要求

（一）进一步加强文物执法巡查工作。各地要针对当前大规模城乡建设和基础设施建设中破坏文物本体及历史环境风貌的突出问题，提早介入、关口前移，认真开展文物行政执法巡查，对发生的违法行为依法查处，严肃追责。

（二）加大安全防范和打击文物犯罪力度。第四季度是文物犯罪高发期，各级文物行政部门要在本辖区内组织开展文物安全检查，对安防意识差、安保人员不到位、安防设施设备不达标、安防措施不得力等隐患和问题，集中进行整治，督促文物安全防范重点单位逐一落实责任人员和安全措施。同时加强与当地公安部门协调配合，进一步加大打击文物犯罪力度，防止本年度全国打击文物犯罪专项行动结束后文物犯罪活动反弹。

（三）做好文物火灾预防工作。第四季度正值冬季，2011 年元旦、春节、元宵节即将来临，各地用火用电用油用气增多，火灾诱因和风险增加，文物消防安全形势更加严峻。各级文物行政部门和各文博单位要克服麻痹松懈思想，及时部署各项火灾预防和隐患排查整治工作，采取积极有效措施，做到警钟长鸣、万无一失。

（四）认真总结文物安全与行政执法公示公告制度实施情况。第四季度，各地要严格按照《工作方案》要求的时限、内容和形式，认真做好统计汇总和信息上报工作。对巡查、检查工作流于形式，或者不按要求上报文物行政违法与文物安全案件，瞒报、漏报、虚报和无故迟报文物行政执法与安全监管季度工作情况的，我局将在全国通报。今年年底，各地要对本年度实施文物安全与行政执法公示公告制度情况进行认真总结，对2011 年度公示公告制度的更好实施提出意见和建议，并于2011 年1 月15 日前书面报国家文物局督察司。

附件：

1. 2010 年第三季度全国文物安全与行政执法工作情况统计表；

2. 2010 年第三季度全国重点文物保护单位安全与行政执法工作情况统计表；

3. 2010 年第三季度全国重点文物保护单位和馆藏一级文物安全案件统计表；

4. 2010 年第三季度全国重点文物保护单位行政违法案件统计表。

二〇一〇年十二月九日

附件一：2010 年第三季度全国文物安全与行政执法工作情况统计表

省市	执法巡查和安全检查情况				文物行政违法案件情况				文物安全事故情况				
	执法巡查次数	安全检查次数	发现隐患次数	责令整改次数	发生违法案件	立案件数	责令改正件数	行政处罚件数	案件总数	火灾案件	盗抢案件	盗掘案件	其他安全事故
北京市	282	309	11	11	2	2	2	1	0	0	0	0	0
天津市	121	192	10	10	0	0	0	0	0	0	0	0	0
河北省	374	374	0	0	3	3	2	0	1	0	1	0	0
山西省	143	143	0	1	0	0	0	0	0	0	0	0	0
内蒙古自治区	1093	1088	19	16	2	2	2	0	1	0	0	0	1
辽宁省	19	19	0	0	3	3	3	0	0	0	0	0	0
吉林省	155	153	6	0	0	0	0	0	0	0	0	0	0
黑龙江省	73	107	0	0	2	2	2	1	0	0	0	0	0
上海市	93	0	0	0	1	1	1	0	0	0	0	0	0
江苏省	444	519	3	3	2	2	2	2	1	0	0	1	0
浙江省	12	12	0	0	1	1	1	0	0	0	0	0	0
安徽省	4	40	0	0	1	1	1	0	0	0	0	0	0
福建省	64	85	25	25	0	0	0	0	0	0	0	0	0
江西省	95	113	17	17	0	0	0	0	1	0	0	1	0
山东省	454	434	3	3	3	3	3	1	2	0	0	2	0
河南省	271	292	0	0	2	2	2	0	0	0	0	0	0
湖北省	2	8	6	5	0	0	0	0	2	0	0	2	0

续表

省市	执法巡查和安全检查情况				文物行政违法案件情况				文物安全事故情况				
	执法巡查次数	安全检查次数	发现隐患次数	责令整改次数	发生违法案件	立案件数	责令改正件数	行政处罚件数	案件总数	火灾案件	盗抢案件	盗掘案件	其他安全事故
湖南省	81	103	20	20	1	1	1	0	2	0	0	2	0
广东省	143	276	0	0	0	0	0	0	1	0	0	0	1
广西壮族自治区	203	377	9	8	0	0	0	0	0	0	0	0	0
重庆市	30	0	0	0	4	4	4	0	0	0	0	0	0
四川省	0	47	6	6	0	0	0	0	0	0	0	0	0
贵州省	94	91	3	3	0	0	0	0	0	0	0	0	0
云南省	196	438	36	31	0	0	0	0	0	0	0	0	0
西藏自治区	86	86	8	8	0	0	0	0	0	0	0	0	0
陕西省	19	107	0	0	2	2	2	0	5	0	0	4	1
甘肃省	155	210	0	0	0	0	0	0	0	0	0	0	0
宁夏回族自治区	105	105	0	0	0	0	0	0	0	0	0	0	0
海南省	15	12	0	0	1	1	1	0	0	0	0	0	0
青海省	31	31	3	3	0	0	0	0	0	0	0	0	0
新疆维吾尔自治区	112	132	3	3	0	0	0	0	1	0	0	1	0
总计	4969	5903	188	173	30	30	29	5	17	0	1	13	3

附件二：2010 年第三季度全国重点文物保护单位安全与行政执法情况统计表

省市	执法巡查和安全检查情况				文物行政违法案件情况				文物安全事故情况				
	执法巡查次数	安全检查次数	发现隐患次数	责令整改次数	发生违法案件	立案件数	责令改正件数	行政处罚件数	案件总数	火灾案件	盗抢案件	盗掘案件	其他安全事故
北京市	207	233	11	11	2	2	2	1	0	0	0	0	0
天津市	111	146	5	5	0	0	0	0	0	0	0	0	0
河北省	355	355	0	0	2	2	1	0	0	0	0	0	0
山西省	136	136	0	0	0	0	0	0	0	0	0	0	0
内蒙古自治区	1031	1026	19	16	2	2	2	0	0	0	0	0	0
辽宁省	19	19	0	0	3	3	3	0	0	0	0	0	0
吉林省	155	142	6	0	0	0	0	0	0	0	0	0	0
黑龙江省	73	107	0	0	2	2	2	1	0	0	0	0	0
上海市	75	0	0	0	0	0	0	0	0	0	0	0	0
江苏省	441	502	3	3	1	1	1	2	1	0	0	1	0
浙江省	12	12	0	0	1	1	1	0	0	0	0	0	0
安徽省	4	36	0	0	1	1	1	0	0	0	0	0	0
福建省	64	82	25	25	0	0	0	0	0	0	0	0	0
江西省	92	107	14	14	0	0	0	0	0	0	0	0	0
山东省	444	424	1	1	1	1	1	0	0	0	0	0	0
河南省	257	278	0	0	2	2	2	0	0	0	0	0	0
湖北省	2	2	2	1	0	0	0	0	2	0	0	2	0

续表

省市	执法巡查和安全检查情况				文物行政违法案件情况				文物安全事故情况				
	执法巡查次数	安全检查次数	发现隐患次数	责令整改次数	发生违法案件	立案件数	责令改正件数	行政处罚件数	案件总数	火灾案件	盗抢案件	盗掘案件	其他安全事故
湖南省	77	91	18	18	1	1	1	0	0	0	0	0	0
广东省	140	256	0	0	0	0	0	0	0	0	0	0	0
广西壮族自治区	199	365	9	8	0	0	0	0	1	0	0	1	0
重庆市	20	0	0	0	0	0	0	0	0	0	0	0	0
四川省	0	42	4	4	0	0	0	0	0	0	0	0	0
贵州省	92	89	3	3	0	0	0	0	0	0	0	0	0
云南省	191	422	35	30	0	0	0	0	0	0	0	0	0
西藏自治区	65	65	8	8	0	0	0	0	0	0	0	0	0
陕西省	19	107	0	0	1	1	1	1	1	0	0	0	1
甘肃省	155	192	0	0	0	0	0	0	0	0	0	0	0
宁夏回族自治区	81	81	0	0	0	0	0	0	0	0	0	0	0
青海省	23	23	2	2	0	0	0	0	0	0	0	0	0
海南省	59	51	0	0	1	1	1	0	0	0	0	0	0
新疆维吾尔自治区	111	131	3	3	0	0	0	0	0	0	0	0	0
总计	4710	5522	168	152	20	20	19	5	5	0	0	4	1

附件三：2010 年第三季度全国重点文物保护单位和馆藏一级文物安全案件统计表

省份	序号	案发单位名称	案件来源	案件类别	案件基本情况	处理结果或处理进展情况
江苏省	1	汉楚王墓群—楚王山汉墓群	省文物局报告	古墓葬被盗掘件（未遂）	8 月 29 日，徐州市铜山县交巡警大彭中队在 310 国道查获一辆载有 80 公斤炸药、雷管、起爆器等危险物品及洛阳铲、手电筒、袋子等疑似盗墓工具的车辆；经立案侦查，以韩胜合为首的 11 人盗墓团伙，8 月下旬起分批次购买炸药、雷管、起爆器、洛阳铲等作案工具，并先后 5 次到楚王山寻找墓穴，预谋盗窃全国重点文物保护单位汉楚王墓群中的楚王山汉墓群。	抓获涉案嫌疑人共 11 人，案件正在进一步审理中。
广西省	2	靖江王陵	省文物局报告	田野石刻文物被盗	7 月 16 日，桂林市靖江王陵野外石刻文物中原被推倒的两尊翁仲中的一尊再次被凿伤，深度约 2 厘米。7 月 23 日，原被推倒凿伤的一尊翁仲头像被凿断后移开距原地约 30 米的草丛中，另一尊翁仲头像再次被锯伤，深度约 2 厘米	公安部门立案侦察。

续表

省份	序号	案发单位名称	案件来源	案件类别	案件基本情况	处理结果或处理进展情况
湖北省	3	青山墓群—鲤鱼塚子	省文物局报告	古墓葬被盗掘	8 月 26 日，枝江市全国重点文物保护单位青山墓群—鲤鱼塚子南约一公里处古墓葬被盗掘，2 个盗洞在棉花田里呈东西排列。	公安部门已立案侦察。
	4	青山墓群—大高庙塚子	省文物局报告	古墓葬被盗掘	9 月 29 日，枝江市全国重点文物保护单位青山墓群—大高庙塚子保护员在塚子南边发现盗洞。盗洞位于革新村三组村民左大成棉花田内，距大高庙塚子南边 2 米处，洞口直径 0.70 米，洞内有积水，用竹竿探测洞深约 3 米，盗洞已被盗墓分子回填。	公安部门已立案侦察。
陕西省	5	药王山石刻—明代方授龙宫石牌坊	省文物局报告	交通肇事损毁文物	7 月 14 日，一辆运输生产石料车辆在调头时，将铜川市药王山管理局大门外上山道路旁的明代方授龙宫石牌坊（属于全国重点文物保护单位药王山石刻一部分）挂倒，造成石牌坊解体。事发后，该车辆逃逸。	当地公安机关已查获肇事车辆及车主、驾驶员。被损石牌坊已被妥善保存；该案已由药王山管理局起诉至铜川市耀州区人民法院。

附件四：2010 年第三季度全国重点文物保护单位行政违法案件统计表

省份	序号	案发单位名称	案发来源	案件基本情况	案件处理结果或处理进展情况
北京	1	北京广济寺	北京市文物局报告	5 月 26 日，广济寺僧团举报，北京市西城区房屋土地经营管理中心新街口管理所在西城区西四北头条 2 号院施工中，未经文物主管部门批准，擅自拆除了全国重点文物保护单位广济寺东北角南北走向 15.5 米的围墙。	该案已于本季度处理结案。对北京市西城区房屋土地经营管理中心新街口管理所进行罚款 50000 元人民币的行政处罚。
	2	司马台长城	群众举报	北京司马台长城景区停业升级改造，采用“整体产权开发、复合多元运营、度假商务并重、资产全面增值”式进行开发。	国家文物局督办，正在调处理中。
河北省	3	承德市避暑山庄	省文物局报告	8 月 12 日，群众反映承德市避暑山庄距宫墙约 30 米处的丽正门附近正在建设大型天然气储气池。	省文物局下发执法督查通知，要求调查核实，依法处理。当地已撤消该工程项目建设。
	4	秦皇岛市抚宁县九门口长城	群众来信反映	绥中县反映秦皇岛市抚宁县九门口村村民擅自在距九门口长城箭岛西侧仅 1 米处修筑建筑物并在保护范围内铺石修路。	省文物局派专人前去现场调查处理。

续表

省份	序号	案发单位名称	案发来源	案件基本情况	案件处理结果或处理进展情况
内蒙古自治区	5	锡林浩特市贝子庙	内蒙古文物局报告	7月26日，在锡林浩特市贝子庙保护单位保护区范围内未经审批进行违法建设	正在调查处理之中
内蒙古自治区	6	呼和浩特市武川县“什儿登”秦汉长城	内蒙古文物局报告	呼和浩特市武川县“什儿登”秦汉长城段遭破坏	正在调查处理当中
辽宁省	7	兴城古城	群众举报	6月，群众举报辽宁兴城古城成立了“古城景区管委会”，将原属当地文化、文物部门的古城内文物保护和管理的工作职能全部划归古城景区管委会下属的古城办事处。	国家文物局督办
辽宁省	8	义县万佛堂石窟	群众举报	全国重点文物保护单位义县万佛堂石窟东区东北50米处，新修了由十一座僧尼圆寂后坟墓组成的塔林。石窟东区国宝韩贞题记每天遭到烟熏。	国家文物局督办，正在调查处理中。
辽宁省	9	保佑顺寺	群众举报	香港僧人改变第六批全国重点文物保护单位保佑顺寺原貌，在院内挖掘大型化粪池。	国家文物局督办，正在调查处理中。

续表

省份	序号	案发单位名称	案发来源	案件基本情况	案件处理结果或处理进展情况
黑龙江	10	金上京会宁府遗址	省文物局报告	7月15日，阿什河街道白城村六组村民肖某由于使用铲车清理垃圾致使金上京会宁府遗址西城垣西坡北侧约10米范围内被破坏，遗留有铲车刮土痕迹。	已对责任人进行罚款，并将城垣恢复原貌.
	11	青龙山古城	文物保护员举报	当地一家小煤窑在全国重点文物保护单位青龙山古城址私挖乱采	国家文物局督办
江苏省	12	瑞光寺塔、盘门	省文物局报告	6月11日，苏州移动公司安装一大功率电讯发射塔，严重破坏盘门三景（全国重点文物保护单位瑞光寺塔、盘门和省级文物保护单位吴门桥）的文物景观和历史风貌。	已责令改正。当事人已自行拆除该移动通信基站。
浙江省	13	吴越王陵之钱宽、水邱氏墓	省文物局报告	临安市西墅村在全国重文物保护单位吴越王陵之钱宽、水邱氏墓的部分建设控制地带内擅自动土建文化中心。	施工已停。省文物执法总队要求当地文物行政部门继续督促建设单位履行相关报批手续，做好现场监管，避免再次发生擅自施工行为。

续表

省份	序号	案发单位名称	案发来源	案件基本情况	案件处理结果或处理进展情况
安徽省	14	繁昌皖南土墩墓群	省文物局报告	当地群众拟在繁昌县平埔镇五华行政村吴村村民组西侧山岗建家族墓园。县文物局得知该情况后核实确认该处属文物保护区域后立即电话告知当事人，严禁进行建设工程，同时函告当地政府予以制止。但当事人私自施工，对文物历史风貌造成破坏。	省文物局进行执法督察。现场违法建筑拆除、环境风貌恢复已完成。县执法部门正在研究对相关责任人的处理方案。
山东省	15	萧王庄汉墓群	省文物局报告	8月，济宁市文物部门在执法巡查中发现施工单位在萧王庄汉墓群保护范围和建设控制地带内擅自进行327国道拓宽工程，立即下达停工通知书，省文物局下达了督办意见。	工程停工，文物部门责令改正，要求施工单位依法履行报批程序。目前正在处理当中。
河南省	16	洛阳祖师庙	省文物局报告	7月，未经批准，擅自在洛阳祖师庙保护范围内进行违法建设。	已责令改正，违法建设已停工
	17	隋唐城遗址	群众来信举报	河南省洛阳市洛龙区破坏隋唐城大遗址搞房地产开发。	国家文物局督办。当地文物部门正在处理中。

续表

省份	序号	案发单位名称	案发来源	案件基本情况	案件处理结果或处理进展情况
湖南省	18	邵阳北塔	省文物局报告	“邵阳北塔”附近居住的居民在自己的私利驱动下，在自家的自留地“邵阳北塔”保护范围内和建筑控制地带内违法建房，破坏了文物保护单位历史风貌。	现此案件正在由邵阳市人民政府、北塔区人民政府按照《文物保护法》和其他有关法律、法规进行处理，坚决拆除违法建筑。
海南省	19	秀英炮台	新闻媒体报道	海口市全国重点文物保护单位秀英炮台因施工导致部分围墙倒塌。	国家文物局督办。责任单位表示，确保秀英炮台原貌恢复。当地文物部门制定了《秀英炮台维修方案》并依法履行报审程序。
陕西省	20	西安未央区汉长安城遗址	群众举报	西安市未央区全国重点文物保护单位汉长安城遗址中70%的农田被毁、被占，用于违法建筑	国家文物局督办。部分违法建筑已被拆，遗址保护规划已制定。

国家文物局关于表彰文化遗产日活动组织奖先进集体和先进个人的决定

文物政发［2010］40号

各省、自治区、直辖市文物局（文化厅），各直属单位：

2010年是国务院批准设立“文化遗产日”的第五年。五年来，全国各地、各有关单位根据国家文物局的统一部署和要求，围绕“文化遗产日”主题，结合本地区、本单位实际，组织开展了丰富多彩的活动，有力地推动了文化遗产保护知识和理念的宣传普及，为提高广大公众的文化遗产保护意识，引导全社会积极参与文化遗产保护创造了良好的舆论氛围。

为鼓励“文化遗产日”活动中涌现的先进集体和个人，进一步彰显“文化遗产日”活动的引领效应和社会作用，经研究，决定授予杭州市园林文物局等3个单位“文化遗产日活动组织特别奖先进集体”称号，北京市西城区文化委员会等56个单位“文化遗产日活动组织奖先进集体”称号，范学新等58名同志“文化遗产日组织奖先进个人”称号，并予以通报表彰。

希望荣获表彰的集体和个人，率先垂范，再接再厉，在今后的“文化遗产日”活动组织和文化遗产宣传普及工作中勇于开拓，不断创新，为保护文化遗产、传承中华文明做出更大贡献。

附件：文化遗产日活动组织奖先进集体和先进个人名单

二〇一〇年十二月十四日

附件：文化遗产日活动组织奖先进集体和先进个人名单

文化遗产日活动组织特别奖先进集体：

杭州市园林文物局
苏州市文化广电新闻出版局
中国文物报社

文化遗产日活动组织奖先进集体：

北京市西城区文化委员会
北京市东城区文化委员会
天津市文物管理中心
天津市文化遗产保护中心
河北省文物局
承德市文物局
晋祠博物馆
八路军太行纪念馆
内蒙古博物院
呼和浩特市文化局
本溪满族自治县文化局
建平县文化局
吉林市文化局
黑龙江省博物馆
鹤岗市文物管理站
上海市卢湾区文物保护管理所
上海市徐汇区文化局
宁波市文化广电新闻出版局
长兴县文化广电新闻出版局
安徽省文物局
黄山市文化委员会
福建省文物局

福建省福州三坊七巷管委会
靖安县博物馆
瑞金中央根据地纪念馆
山东省博物馆
青岛市文物局
郑州市文物局
安阳市文物局
钟祥市显陵管理处
鄂州市博物馆
长沙市文物局
郴州市文物局
开平市文物局
广西壮族自治区博物馆
重庆市文物局
重庆市巴南区文化广播电视新闻出版局
成都市文化局
自贡市文化局
黄平县文物局
铜仁地区文物局
拉萨市文物局
昌都地区文物局
延安市文物局
西安市长安区文物局
甘肃省博物馆
酒泉市文物管理局
青铜峡市文物管理所
银川市文物管理处
乌鲁木齐市文物局
阿克苏地区文物局
中央电视台科教频道暨《中国记忆》特别项目组
中国教育电视台中线传媒纪录片制作中心
《中国文化报·科教城市周刊》
中国文物信息咨询中心
中国文物保护基金会

文化遗产日活动组织奖先进个人：

范学新（北京市延庆县文化委员会）
龚顺宝（北京市平谷区文物管理所）
田家馨（天津市文物管理中心）
郭男平（元明清天妃宫遗址博物馆）
刘 洁（河北省文物局）
许 军（河北省承德市文物局）
许高哲（山西省文物局）
李红霞（山西省运城市文物局）
王大方（内蒙古自治区文物局）
马晓丽（内蒙古自治区文物局）
李家栋（辽宁省文物局）
于志刚（辽宁省北镇市文物处）
王明辉（吉林省吉林市满族博物馆）
张云鹏（黑龙江省文物局）
覃 劲（黑龙江省文物局）
尹占群（苏州市文化广电新闻出版局）
李 红（苏州市文物管理委员会）
戎平娟（浙江省舟山市文化广电新闻出版局）
赵幼强（浙江省博物馆）
张宏明（安徽省文物局）
宋百灵（安徽省博物馆）
陈建中（福建省泉州市博物馆）
黄丽霞（福建省建瓯市博物馆）
高增忠（江西省新余市博物馆）
黄 仂（安源路矿工人运动纪念馆）
吴明新（山东省聊城市文物局）
汪海涛（山东省文物局）
王 绣（河南省洛阳博物馆）
司志晓（河南省文物局）
肖承云（湖北省宜昌博物馆）
戴德明（湖北省鹤峰县博物馆）
谭建武（湖南省岳阳市文物管理处）
程政财（湖南省安乡县文物管理所）
吴就良（广东省开平市文物管理委员会）
黄敏强（广东省清远市博物馆）
程 州（广西壮族自治区柳州市博物馆）
严小红（中国三峡博物馆）
林必忠（重庆市文物考古所）
王成平（四川省广安市文物管理所）

付贵兰（贵州省贵阳市乌当区文物管理所）

郑远文（贵州省毕业地区文物局）

西 洛（西藏自治区山南地区文物局）

拉巴次仁（西藏自治区日喀则地区文物局）

曹晓明（陕西历史博物馆）

王利娜（陕西省西安半坡博物馆）

韩延军（甘肃省敦煌研究院）

田德海（甘肃省天水市麦积区文化体育局）

石宇清（宁夏回族自治区中卫市文物管理所）

王金铎（宁夏回族自治区原州区文物管理所）

乌东军（新疆维吾尔自治区阿勒泰地区文物局）

王林山（新疆维吾尔自治区伊犁哈萨克自治州文物局）

刘 琼（人民日报）

杨雪梅（人民日报）

廖 翊（新华社）

李 韵（光明日报）

霍小娜（中央电视台）

刘修兵（中国文化报）

文松辉（人民网）

国家文物局关于2010年第四季度文物行政执法与安全监管情况的通报

文物督函［2011］211号

各省、自治区、直辖市文物局（文化厅）：

2010年第四季度，各省级文物行政部门按照《文物行政执法与安全监管情况公告制度工作方案（试行）》（以下简称《工作方案》），认真实施文物行政执法和安全检查工作，取得了较好成效。现将2010年第四季度全国文物行政执法与安全监管工作情况通报如下：

一、执法巡查与安全检查情况

（一）执法巡查：全国各省级文物行政部门开展文物执法巡查5265次。其中，对全国重点文物保护单位（共2352处）巡查4828次、1660处，巡查覆盖率70.6%；对列为一级风险单位的文物收藏单位（共129家）巡查259次、107家，巡查覆盖率82.9%。

（二）安全检查：全国各省级文物行政部门对一级风险单位开展安全检查6104次。其中，对全国重点文物保护单位（共2352处）检查5577次、1910处，检查覆盖率81.2%。安全检查中发现全国重点文物保护单位存在各类安全隐患144项，整改134项，整改率93%；对核定为一级风险单位的文物收藏单位（共129家）检查527次、106家，检查覆盖率82.2%。安全检查发现核定为一级风险单位的文物收藏单位存在安全隐患107项，整改107项，整改率100%。

二、文物行政违法与安全案件情况

（一）文物行政违法案件：第四季度接报全国各级文物单位发生行政违法案件8件，责令改正违法行为7件，进行行政处罚3件。其中，全国重点文物保护单位发生行政违法案件6件，责令改正违法行为6件，进行行政处罚2件。

（二）文物安全案件：第四季度接报全国各级文物单位发生文物安全案件22件，其中文物火灾案件3起，文物被盗、抢案件5件，文物被盗掘案件9件，其他文物安全案件5件。接报或通过“舆情监督”收集到全国重点文物保护单位发生文物安全案件8件，其中文物火灾案件2起，文物被盗、抢案件2件，古墓葬被盗掘案件4件。

三、开展舆情监督情况

第四季度，通过“舆情监督”共收集文物行政违法与文物安全案件信息146条，在“文物安全与行政执法管理信息系统”发布146条，其中涉及全国重点文物保护单位的1条。国家文物局对其中7条信息反映的情况进行了重点督察督办。

四、文物安全形势

（一）古墓葬和田野石刻文物被盗窃、盗掘案件时有发生。第四季度文物安全案件集中为古墓葬被盗掘和田野石刻文物被盗窃案件，其中全国重点文物保护单位发生的8起安全案件中，4起是古墓葬遭盗掘案件，2起为田野石刻文物遭盗窃案件。第四季度，国家文物局下发了《关于加强田野文物安全工作的紧急通知》，部署了田野文物安全大检查工作，各地通过开展检查，加强了安全防范。但是，文物安全形势依然不容乐观，古文化遗址、古墓葬被盗掘和田野石刻文物被盗窃案件时有发生。加强防范和打击文物犯罪工作是下一阶段的主要任务。

（二）文物保护单位保护范围和建设控制地带违法建设问题更加突出。第四季度，文物行政违法案件仍然集中在未经许可在文物保护单位保护范围和建设控制地带内进行基本建设或者生产活动，破坏文物保护单位历史环境风貌，其中全国重点文物保护单位发生的6起行政违法案件中，有5起为此类案件。

（三）文物防火形势严峻。第四季度是全国文物单位冬季防火的关键时期，再加上北方地区气候干旱少雪，防火任务非常严峻。国家文物局下发了《关于进一步加强文物单位消防工作坚决遏制文物火灾事故的紧急通知》，各地按要求开展了文物单位消防安全大检查大整治活动，取得了明显成效。但第四季度全国仍有2处全国重点文物保护单位和1处省级文物保护单位发生火灾事故，文物损失严重。

五、公告制度实施情况

文物行政执法与安全监管公告制度实施一年，有力推动了各地文物行政执法与安全工作，北京、河北、浙江、山东、湖北、湖南、陕西等省，结合本地实际制定并实施文物行政执法巡查、安全检查、公示公告等各项管理制度，取得了明显成效。但仍有一些省份未能正确认识实施文物行政执法与安全监管公告制度的重要意义，未将其列入工作计划并指定专人负责，对文物安全与行政执法信息统计和季报工作应付、拖延，瞒报、迟报、虚报信息和数据，严重影响文物行政执法与安全监管公告制度在全国的实施。

六、下一阶段工作要求

（一）进一步实施文物行政执法与安全监管公示公告制度。国家文物局将对2011年公告制度实施情况进行认真总结，根据各地提出的意见和建议，对《文物行政执法与安全监管情况公告制度工作方案》进行修改完善，并在全国正式施行。各地要将文物行政执法与安全监管公示公告制度列为重点工作抓紧抓好，明确专人负责，结合本地实施制定具体实施办法，认真做好信息、数据的汇总、统计和上报工作，以保障此项工作的顺利开展。

（二）文物行政执法巡查和安全检查制度化。各地要按照预防为主、关口前移原则，建立和完善行政执法巡查与安全检查制度，认真开展文物行政执法巡查与安全检查，针对当前文物行政执法与安全工作存在的问题，分析研究危害文物安全的主要隐患，提早介入，事前预警，及时发现，妥善处置，减少文物损失。

（三）加大安全防范和打击文物犯罪力度。针对当前依然严峻的安全形势，要重点加强与公安、海关等部门的协调配合，建立联合长效机制，始终保持对各类文物犯罪活动的严打高压态势。同时，加大物防、技防设施建设力度，落实安全责任制，明确安全管护人员，提高、安全防护装备水平，加大巡查时间、频率和范围，提高安全防范能力和水平。

（四）严控文物单位火灾事故。坚持“预防为主、防消结合”的方针，加强消防安全基础设施建设，建立和完善消防安全制度，全面开展文物单位消防安全排查整治，加大火灾隐患整治力度，增强火灾事故应急处置能力和扑救初起火灾能力，预防和遏制文物火灾事故的发生。

附件：1. 2010 年第四季度全国文物安全与行政执法工作情况统计表；

2. 2010 年第四季度全国重点文物保护单位安全与行政执法工作情况统计表；

3. 2010 年第四季度全国重点文物保护单位和馆藏一级文物安全案件统计表；

4. 2010 年第四季度全国重点文物保护单位行政违法案件统计表。

二〇一一年三月四日

附件一：2010 年第四季度全国文物行政执法与安全工作情况统计表

省份	执法巡查和安全检查情况				文物行政违法案件情况				文物安全事故情况				
	执法巡查次数	安全检查次数	发现隐患次数	责令整改次数	发生违法案件	立案件数	责令改正件数	行政处罚件数	案件总数	火灾事故	盗、抢案件	盗掘案件	其他安全事故
北京市	206	202	5	2	0	0	0	0	2	2	0	0	0
天津市	115	103	4	5	0	0	0	0	0	0	0	0	0
河北省	536	536	0	0	0	0	0	0	2	1	1	0	0
山西省	92	86	0	0	0	0	0	0	2	0	2	0	0
内蒙古自治区	1154	1154	3	3	3	3	2	0	1	0	0	0	1
辽宁省	11	11	0	0	0	0	0	0	0	0	0	0	0
吉林省	92	99	2	0	0	0	0	0	0	0	0	0	0
黑龙江省	7	7	0	0	0	0	0	0	0	0	0	0	0
上海市	78	0	0	0	0	0	0	0	0	0	0	0	0
江苏省	490	580	0	0	0	0	0	0	0	0	0	0	0
浙江省	55	57	0	0	2	2	2	1	0	0	0	0	0
安徽省	13	46	0	0	0	0	0	0	0	0	0	0	0
福建省	82	191	22	22	0	0	0	0	0	0	0	0	0
江西省	192	200	28	28	0	0	0	0	2	0	2	0	
山东省	266	232	12	9	1	1	1	1	1	0	0	1	0
河南省	328	325	7	7	1	1	1	1	0	0	0	0	0
湖北省	106	219	105	105	0	0	0	0	3	0	0	3	0

续表

省份	执法巡查和安全检查情况				文物行政违法案件情况				文物安全事故情况				
	执法巡查次数	安全检查次数	发现隐患次数	责令整改次数	发生违法案件	立案件数	责令改正件数	行政处罚件数	案件总数	火灾事故	盗、抢案件	盗掘案件	其他安全事故
湖南省	80	111	15	15	1	1	1	0	1	0	0	1	0
广东省	138	257	3	3	0	0	0	0	1	0	0	0	1
广西壮族自治区	240	374	9	9	0	0	0	0	0	0	0	0	0
重庆市	27	26	0	0	0	0	0	0	0	0	0	0	0
四川省	0	64	1	1	0	0	0	0	0	0	0	0	0
贵州省	94	91	0	0	0	0	0	0	0	0	0	0	0
云南省	161	409	22	18	0	0	0	0	0	0	0	0	0
西藏自治区	104	104	1	1	0	0	0	0	0	0	0	0	0
陕西省	154	111	0	0	0	0	0	0	4	0	0	3	1
甘肃省	201	32	0	0	0	0	0	0	0	0	0	0	0
宁夏回族自治区	33	42	2	2	0	0	0	0	0	0	0	0	0
海南省	72	70	0	0	0	0	0	0	0	0	0	0	0
青海省	40	40	8	8	0	0	0	0	0	0	0	0	0
新疆维吾尔自治区	98	325	2	3	0	0	0	0	3	0	0	1	2
总计	5265	6104	251	241	8	8	7	3	22	3	5	9	5

附件二：2010 年第四季度全国重点文物保护单位安全与行政执法情况统计表

省市	执法巡查和安全检查情况				文物行政违法案件情况				文物安全事故情况				
	执法巡查次数	安全检查次数	发现隐患次数	责令整改次数	发生违法案件	立案件数	责令改正件数	行政处罚件数	发生安全事故总数	火灾事故	盗、抢案件	盗掘案件	其他安全事故
北京市	186	182	5	2	0	0	0	0	2	2	0	0	0
天津市	42	42	4	4	0	0	0	0	0	0	0	0	0
河北省	514	514	0	0	0	0	0	0	1	0	1	0	0
山西省	89	82	0	0	0	0	0	0	0	0	0	0	0
内蒙古自治区	1106	1106	3	3	2	2	2	0	0	0	0	0	0
辽宁省	11	11	0	0	0	0	0	0	0	0	0	0	0
吉林省	92	94	2	0	0	0	0	0	0	0	0	0	0
黑龙江省	71	136	0	1	0	0	0	0	0	0	0	0	0
上海市	72	0	0	0	0	0	0	0	0	0	0	0	0
江苏省	484	558	0	0	0	0	0	0	0	0	0	0	0
浙江省	55	57	0	0	2	2	2	1	0	0	0	0	0
安徽省	13	43	0	0	0	0	0	0	0	0	0	0	0
福建省	79	180	22	22	0	0	0	0	0	0	0	0	0
江西省	187	195	28	28	0	0	0	0	1	0	1	0	0
山东省	256	222	12	9	1	1	1	1	0	0	0	0	0
河南省	313	310	7	7	0	0	0	0	0	0	0	0	0
湖北省	8	19	8	8	0	0	0	0	2	0	0	2	0

续表

省市	执法巡查和安全检查情况				文物行政违法案件情况				文物安全事故情况				
	执法巡查次数	安全检查次数	发现隐患次数	责令整改次数	发生违法案件	立案件数	责令改正件数	行政处罚件数	发生安全事故总数	火灾事故	盗、抢案件	盗掘案件	其他安全事故
湖南省	76	98	12	12	1	1	1	0	0	0	0	0	0
广东省	135	237	3	3	0	0	0	0	0	0	0	0	0
广西壮族自治区	231	351	9	9	0	0	0	0	0	0	0	0	0
重庆市	18	22	0	0	0	0	0	0	0	0	0	0	0
四川省	0	64	1	1	0	0	0	0	0	0	0	0	0
贵州省	92	89	0	0	0	0	0	0	0	0	0	0	0
云南省	157	392	21	17	0	0	0	0	0	0	0	0	0
西藏自治区	30	30	0	0	0	0	0	0	0	0	0	0	0
陕西省	111	111	0	0	0	0	0	0	2	0	0	2	0
甘肃省	201	0	0	0	0	0	0	0	0	0	0	0	0
宁夏回族自治区	29	38	2	2	0	0	0	0	0	0	0	0	0
青海省	9	9	3	3	0	0	0	0	0	0	0	0	0
海南省	64	62	0	0	0	0	0	0	0	0	0	0	0
新疆维吾尔自治区	97	323	2	3	0	0	0	0	0	0	0	0	0
总计	4828	5577	144	134	6	6	6	2	8	2	2	4	0

附件三：2010 年第四季度全国重点文物保护单位和馆藏一级文物安全案件统计表

省份	序号	案发单位名称	案件来源	案件类别	案件基本情况	处理结果或处理进展情况
北京市	1	孚王府	舆情收集	文物火灾	11 月 7 日，北京市朝阳门内大街孚王府西院，一住户搭建的 3 个大棚起火，火灾将孚王府西配殿屋檐的梁柱烧焦。	正在调查处理
	2	清华学堂	北京市文物局报告	文物火灾	11 月 13 日凌晨，正在修缮的全国重点文物保护单位清华大学早期标志性建筑清华学堂失火，过火面积 800 余平方米，学堂遭受严重损毁。	尚在处理中。
河北省	3	天护陀罗尼经幢	河北省文物局报告	盗窃文物	12 月 26 日晚，位于石家庄市井陉矿区天户村的全国重点文物保护单位天护陀罗尼经幢部分被盗。	12 月 27 日晚，在公安机关强大威慑下，被盗文物被犯罪分子送回。
江西省	4	云居山塔林	江西省文物局报告	盗窃文物	12 月 28 日，全国重点文物保护单位云居山塔林—大明秀极僧塔塔身被盗，塔基座、墓碑、麻石柱及新修建的石刻护栏和两座石刻麒麟仍在。	公安部门已立案侦查。

续表

省份	序号	案发单位名称	案件来源	案件类别	案件基本情况	处理结果或处理进展情况
湖北省	5	擂鼓墩古墓群王家湾墓地	湖北省文物局报告	古墓葬被盗掘	11 月 24 日，在擂鼓墩古墓群王家湾墓地发现南北长 0.9 米，东西宽 0.63 米，深 3.68 米的盗洞。在擂鼓墩古墓群蔡家湾墓地发现南北长 1.16 米，东西宽 0.66 米，深 8.60 米的盗洞。	公安机关正在破案中。盗洞已回填。
	6	青山古墓群乌龟冢子	湖北省文物局报告	古墓葬被盗掘	12 月 3 日，在青山古墓群乌龟冢子发现南北长约 1 米，东西宽 0.6 米，深 5 米的盗洞。	公安机关正在破案中。盗洞已回填。
陕西省	7	丰镐遗址	陕西省文物局报告	古墓葬被盗掘	11 月 22 日，丰镐遗址保管所人员进行安全巡查时，发现丰镐遗址周边墓葬群被盗，有大量盗洞。	公安机关正在侦破中。
	8	秦东陵	陕西省文物局报告	古墓葬被盗掘	10 月 20 日，秦东陵文物管理所工作人员在一号陵园一号墓（M1）封土顶部发现深约 30 米盗洞，遂向当地派出所报案。21 日，办案人员勘查发现洞底条形椁木，情况严重。	国家文物局、公安部进行现场督办。当地公安机关立案侦查，抓获犯罪嫌疑人 9 名，缴获涉案文物 5 件（组），其中国家一级文物 1 件，三级文物 4 件（组）。

附件四：2010 年第四季度全国重点文物保护单位行政违法案件统计表

省份	序号	案发单位名称	案发来源	案件基本情况	处理结果
内蒙古自治区	1	十二连城城址	内蒙古自治区文物局报告	11 月 10 日，鄂托克前旗十二连城遭破坏。	当地文物行政执法部门调查处理之中。
	2	贝子庙	内蒙古自治区文物局报告	4 月，发现内蒙古锡林郭勒盟锡林浩特市全国重点文物保护单位贝子庙保护范围和建设控制地带内进行违法建设工程。	国家文物局函告住房城乡建设部稽查办，并致函内蒙古自治区文物局，提出督办要求。
浙江省	3	寿昌桥	浙江省文物局报告	11 月 18 日，省文物监察总队对德清县全国重点文物保护单位寿昌桥进行抽查时，发现其桥北建设控制地带内有竖立大型广告牌。	经现场执法，广告牌已经移除到建设控制地带之外，稻田已经恢复原状。
	4	安城城墙	浙江省文物局报告	11 月 3 日，湖州市安吉县文物监察大队在执法巡查中，发现递铺镇安城村村委会擅自在全国重点文物保护单位安城城墙保护范围内进行建设工程。	安吉县文广新局要求当事人自行拆除已搭建的建筑，并对当事人处以 5 万元罚款的行政处罚。

续表

省份	序号	案发单位名称	案发来源	案件基本情况	处理结果
山东省	5	东海峪遗址	山东省文物局报告	12 月 22 日，日照市文物管理办公室在巡查时发现东海峪遗址保护范围内违法建房，违法筑位于东海峪遗址保护标志碑北约 30 米处，房屋 7 间，庭院面积 150 平方米。	当地文物部门配合相关部门联合执法，已拆除违法建筑。
湖南省	6	向警予故居	湖南省文物局报告	溆浦县委、县政府在纪念向警予诞辰 115 周活动中，未经批准，擅自在向警予故居保护范围与建设控制地带内内违法建设，拆除重建了部分围墙并改变围墙原走向，降低围墙原有高度；围墙处新建一座门楼；拆毁故居原有桔园改为通道，严重破坏了文物保护单位历史风貌。	怀化市文物部门已立案，正在调查处理中。

综述篇

党建工作

【党组织建设】

2010 年 3 月，国家文物局党组制定《关于推进学习型党组织建设的实施意见》。本年度党组中心组认真组织党员领导干部加强理论学习。一是认真学习贯彻党的十七届五中全会精神，引导党员干部深刻认识在“十一五”期间我国经济社会发展取得的巨大成就，认真总结文化遗产事业取得的成绩和经验，促进《国家文物、博物馆事业发展“十二五”规划》的编制完成，推进事业科学发展。二是认真学习胡锦涛总书记在中共中央政治局第 22 次集体学习时发表的重要讲话，以及李长春同志在我国第五个文化遗产日之际发表的《保护发展文化遗产建设共有精神家园》重要文章，深刻理解新形势下深化文化体制改革的重大意义，深刻认识文化遗产事业在全面建设小康社会中的地位和作用，进一步理清发展思路。三是认真学习贯彻《中国共产党党员领导干部廉洁从政若干准则》，引导党员干部增强宗旨意识、廉洁从政意识，正确行使权力、认真履行职责，严格执行《廉政准则》，自觉廉洁自律，接受群众监督，以优良的党风促进政风，带动民风。

“七一”期间，中国文化遗产研究院第二党支部被评为学习型党支部标兵，鲁迅博物馆人事保卫处党支部、文物出版社第五党支部、中国文物交流中心党支部、中国文物报社第一党支部、中国文物信息中心第一党支部被评为学习型党支部，曹兵武等 10 名党员被评为学习积极分子，受到文化部直属机关党委表彰。

【创先争优活动】

按照党中央的部署，国家文物局党组制定了《关于在局系统基层党组织和党员中深入开展创先争优活动的实施方案》，推动创先争优活动深入开展。

（一）结合事业发展实际，认真部署创先争优活动。7 月 1 日，局党组召开深入开展创先争优活动动员大会，动员各级党组织和全体党员，围绕贯彻落实科学发展观这个主题，以“提高推进文化遗产事业发展的能力”为载体，积极投入创先争优活动。局党组书记、局长单霁翔在大会作了《探索中国特色文化遗产保护之路》的报告。局机关各党支部和各直属单位党组织结合本单位工作实际，引导基层党组织履行职责创先进，广大党员立足岗位争优秀，推动创先争优活动逐步深入。

（二）结合党员思想实际，努力推动创先争优活动。一是各基层党组织开展主题党日活动。有三个方面的内容：中国文物信息咨询中心党总支组织党员干部赴四川参观邓小平故居，新文化运动纪念馆党支部组织党员干部参观延安革命纪念馆，国际友谊博物馆党总支组织党员干部赴河南林县参观“红旗渠”，鲁迅博物馆党委组织党员参观西柏坡纪念馆，党员干部学习党的光荣传统，并重温入党誓词。中国文化遗产研究院党委组织党员干部深入世界文化遗产地高句丽遗址，调研基层文物保护工作，促进党员增强党性观念和作风养成。二是组织党员轮训。局直属机关党委组织了2期党员培训班，培训120多名党员，教育党员增强党性观念和光荣感、责任感。三是组织党务干部培训。组织各单位党组织负责人深入广西考察文物保护工作，组织党务干部深入安徽考察文物保护工作，加深对科学发展观的认识和理解。

（三）结合本职工作实际，深入开展创先争优活动。各基层党组织以服务文化遗产事业科学发展为主题，围绕本部门本单位工作目标，发挥党员的智慧和力量。办公室、政法司积极做好编制文物事业“十二五”规划工作；文物保护与考古司组织开展第七次全国重点文物保护单位遴选工作，推动第三次全国文物普查和大遗址考古公园建设；博物馆与社会文物司开展博物馆免费开放工作调研，圆满完成承办国际博协第22届大会任务；督察司配合公安部开展打击文物犯罪专项行动和文物单位消防安全大检查；人事司加强全国文博教育培训工作，推动人才队伍建设、提高干部队伍整体素质。文物出版社党委以“做科学发展先锋，构建和谐出版社”为主题，以“抓改革、促生产、保稳定”为活动载体，顺利完成转企改制工作。中国文化遗产研究院以“提高管理和业务能力，推动文研院科学发展”为主题，将党建工作与业务工作相结合，深入开展“一个党员一面旗帜”活动，发挥党员在本职岗位的先锋模范作用，推动援柬项目、大足石刻千手观音保护维修、大运河总体规划等重点工程顺利开展。北京新文化纪念馆党支部带领党员在各自的岗位上努力工作，在人员少、任务重的情况下，顺利完成“春华秋实——国家文物局60周年展”“中国古代建筑经典模型展”等专题展览。

2010年12月初，中组部创先争优活动指导组到国家文物局调研时，对国家文物局的创先争优活动给予充分肯定。

【党风廉政建设】

2月，局党组召开国家文物局2010年党风廉政建设工作会议，认真学习贯彻中央纪委十七届第五次全会精神。直属机关党委、纪委协助组织全体党员认真学习《党员领导干部廉洁从政若干准则》，将党风廉政建设与业务工作同部署、同落实、同考核。局党组制定《国家文物局2010年党风廉政建设和反腐败工作任务分工》《关于进一步实行党务公开的意见》，进一步完善党风廉政建设和反腐败工作制度建设。

组织党员参观最高人民检察院举办的“惩治和预防渎职侵权犯罪展览”和国家安全部举办的保密展览，进行警示教育。印发致机关和直属单位副司级以上干部的函，将中央纪委、中央组织部、监察部发出的《关于严厉惩治干部选拔任用工作中行贿受贿行为的通知》以及12起违规违纪用人典型案件的通报印发给领导干部。

按照驻部纪检组的要求，组织局机关各部门认真查找廉政风险点32个，各直属单位查找廉政风险点45个，并制定了相应的预防措施。开展对局系统各种庆典、研讨会、论坛活动的清理摸底工作；开展县（处）级以上领导干部填报个人有关事项和年度收入申报工作；开展制止公款出国（境）旅游监督检查工作。对局机关行政许可、重大建设工程等项目进行监督。2010年收到群众来信来访电话举报17件，均按规定程序认真进行了调查核实。

【扶贫及救灾】

局领导带领调研组，深入国家文物局帮扶的甘肃省武山县开展调研。在武山县与县委、县政府领导座谈，交流帮扶工作，考察文物保护工作和国家文物局扶贫项目，考察局援建的棋盘希望小学，向同学们捐赠学习和生活用品，走访慰问山区村民。暑假期间，局团委和中国文化遗产研究院共同举办“心手相连 情系武山”活动，邀请武山县棋盘乡文博希望小学的15名师生来到北京，进行为期4天的参观学习。

在青海玉树发生地震、甘肃舟曲发生特大泥石流自然灾害后，国家文物局直属机关党委组织党员和干部职工踊跃捐款捐物，支持灾区人民的抗灾斗争。

【其他活动】

举办局机关职工春节联欢会。组织机关全体职工和直属单位主要负责同志到河北承德避暑山庄开展春季植树活动。举办局系统职工运动会，来自机关、直属单位的11支代表队展示了文博行业团结向上、争创一流的精神风貌。组织局系统职工参加“中央国家机关第三届运动会”，80多名选手报名参加了15个比赛项目，取得了良好成绩。直属机关团委举办“继承光荣传统、弘扬优良作风”座谈会，邀请文博专家谢辰生先生讲述文物事业60年发展历程，学习老一辈文物工作者艰苦创业、无私奉献的精神。局妇委会举办了“三八”妇女节纪念活动。

法规建设

【立法工作进展】

（一）博物馆条例

《博物馆条例（送审稿）》于2008年1月报送国务院法制办公室审查，已列入国务院2010年立法工作计划一档项目。2010年3月，国家文物局与国务院法制办共同对《博物馆条例（征求意见稿）》进行了修改并送有关部门征求意见。国务院法制办也专门召开立法论证会，征求了国土、建设、编办、税务、文化、文物等部门对博物馆条例修改稿的意见。12月16日，国务院法制办教科文卫司在京召开立法论证会，邀请全国人大、文化部、中科院、北京大学、人民大学、中央财经大学、北京观复博物馆、中国地质博物馆等单位专家对《博物馆条例》有关问题进行研讨。

（二）大运河遗产保护条例（草案）

在多省实地调研和专题研讨会基础上，国家文物局对与大运河有关的现行法律法规进行了系统学习和研究，初步确定了《大运河遗产保护条例》的立法方向、目标、重点。2010年9月完成了草案初稿并征求了有关专家意见，随后又发文征求八省市人民政府和11个国务院部门的意见，12月初按照各方面反馈的意见进行修改，期间再次与大运河文化遗产保护总体规划编制单位中国文化遗产研究院专家进行座谈讨论，对各部门意见再次研究。

（三）保护水下文化遗产公约、水下文物保护管理条例

2010年上半年，国家文物局开展了加入《保护水下文化遗产公约》的研究工作。在此基础上，7月初，国家文物局分别致函外交部、国家海洋局等八个相关部门征求对加入公约的意见，与外交部进行了多次沟通。根据反馈意见情况，对加入公约作进一步研究。

根据我国水下文物保护管理的实际和严峻的保护形势，结合《保护水下文化遗产公约》的理念和要求，国家文物局拟研究适合我国国情的水下文物保护制度，以使《水下文物保护管理条例（修订稿）》更好地反映我国水下文物保护的新进展和新要求。

（四）流失境外文物追索工作管理办法

流失文物涉及国家权益、外交事务和个人权益，情况错综复杂，尤其是主权性要求，许多方面内容只有法律法规才能规定。2010年的工作重心是筹备开展相关课题的研究，增强这一领域的理论研究水平，在充分研究论证基础上再起草切实可行的法规文件。

（五）其他规范性文件

研究起草了《文物复制拓印管理办法》《国家文物局行政许可项目说明》《关于文物系统依法行政和建设法治政府的意见（草案）》《国家文物局立法工作规定（草案）》；审查《与新加坡签署博物馆合作谅解备忘录》《中丹（丹麦）关于促进博物馆和文化遗产保护领域交流与合作谅解备忘录》《与埃及签署打击文物走私的双边协定》《国家考古遗址公园管理办法（试行）》《文物进出境责任鉴定员管理办法》《文物拍卖企业资质年审管理办法》《中央地方共建国家级博物馆管理暂行办法》《文物入境展览管理暂行规定》《国家文物局系统评比达标表彰活动管理办法（试行）》《国家文物局工作人员和直属单位领导班子成员社会兼职管理办法》《局机关公务车辆及驾驶员管理暂行规定》等20余项规范性文件。

【其他工作】

（一）两会建议和提案办理

2011年，国家文物局负责办理人大建议46件，政协提案57件、转信1件，共计104件，已经圆满办结，并已对各司室办理工作进行评比表彰。

（二）规章和规范性文件清理

按照国务院办公厅《关于做好规章清理工作有关问题的通知》（国办发［2010］28号）精神和国家文物局的统一部署，规章和规范性文件清理工作已经结束，清理结果已向社会公布。

（三）调研

参与了人口较少民族文化遗产保护情况调研，古代都城遗址保护的专项调研，博物馆免费开放情况的调研；组织开展了文物保护与旅游发展情况的调研、大遗址保护和利用情况调研。

（四）文物法制宣传教育

2010年7月，在河北省秦皇岛组织召开了全国文物法制宣传工作座谈会，各省、自治区、直辖市和计划单列市、新疆生产建设兵团文物部门代表50余人参加会议。会上交流了普法工作经验，对文物普法工作提出了建议。

（五）文物保护与旅游发展战略协议

2010年7月8日，国家文物局与国家旅游局签署文物保护与旅游发展战略合作协议，并着手组织开展文物保护与旅游发展情况调研工作，为下一步制定指导性意见奠定了基础。

（六）出版

配合国际博协第22届大会的召开，

组织协调中国博物馆协会编辑出版中英文版《博物馆法规选编》，该书受到与会代表的普遍欢迎。

文物安全与执法督察

文物安全是文物保护工作的“生命线”。2010年，文物违法和安全事故案件频发，文物保护工作形势严峻。国家文物局党组高度重视文物安全工作，提出要时刻把文物安全放在首位。督察司在局党组的正确领导之下，积极学习落实党中央对文化遗产事业的重要指示精神，认真贯彻执行文物保护法律法规，有序开展文物安全与执法督察各项工作，以联合执法、配合公安部门重点打击文物犯罪和督办行政违法大案要案为亮点，加强文物日常安全管理，积极推进队伍和机构建设，使得2010年的文物安全与执法督察工作顺利进行，并为“十二五”时期文物安全工作奠定了基础。

【制度建设与创新】

2010年，秉持“关口前移、加强防范”的工作思路，针对当前全国文物安全形势的特点，督察司加快推动联合执法工作机制和制度规范的建设。围绕国务院批准成立全国文物安全部际联席会议制度的决定，组织召开了联席会议首次办公室会议和联席会议第一次会议，审定了各成员单位职责分工、工作规则和2010~2011年度重点工作计划，使得文物安全部际联席会议制度正式建立，初步搭建了联合执法长效机制的平台。联合公安部开展打击文物犯罪专项行动、文物单位消防安全大检查，使得联合执法的工作机制得到加强和完善。

在制度建设方面，督察司继续2009年走访各部委和到地方实地调研的钻研态度，积极开展文物行政执法基本理论研究。委托相关科研单位开展了《文物行政执法预警机制研究》和《2006~2008年文物行政执法案例研究》两个课题；委托专业法律研究机构负责修订《文物行政处罚程序暂行规定》和新版《文物行政处罚案卷评分标准》；组织论证起草中的《文物行政执法巡查规程》和《文物违法案件和安全事故核查、处理工作程序》等；组织开展《文物系统博物馆安全防范规程设计规范（GB/T16571－1996）》修订工作；委托河北省文物局组织起草《文物单位消防安全检查操作规程》；委托全国安防标准委员会开展《文物系统博物馆风险等级和安全防护级别的规定（GA27－2002）》修订工作；启动《古建筑消防安全管理规则》修订预研工作。

在创新工作机制方面，督察司在全国试行文物行政执法与安全监管公示公告制度，按季度收集、汇总和发布全国文物行政违法和安全案件，公布各地文物行政部门执法巡查与安全检查情况，并结合公示公告制度试行工作，对文物安全事故与违法犯罪案件实施舆情监督。2010年全年共收集有效信息550条，督察司对其中涉及全国重点文物保护单位的信息第一时间进行督办。

【打击文物犯罪】

2010年是1997年以来打击文物犯罪力度最大的一年，也是成果最丰富的一年。2009年12月~2010年6月，督察司联合公安部在山西、内蒙古、安徽、山东、河南、湖北、陕西、甘肃、青海等9

个省份部署开展了“全国重点地区打击文物犯罪专项行动”，共侦破文物案件541起，其中公安部部督案件15起；打掉犯罪团伙71个，抓获犯罪嫌疑人787人；追缴文物2366件（套），其中已鉴定的一级文物14件，二级文物156件，三级文物376件。此外2010年督察司督办的重大文物犯罪案件还有：广东乐昌县博物馆一级文物丢失案、河南驻马店“1·01”特大盗掘古墓葬案、广西桂林靖江王陵系列被盗案、河北邯郸赵王陵被盗案、陕西礼泉唐建陵石狮被盗案、大运河文物被盗挖案、陕西临潼秦东陵被盗案。这些案件中，有的引起中央领导同志的高度重视，有的犯罪情节恶劣，影响极坏。通过公安和文物两部门联合重拳出击，震慑了犯罪分子，也调动了地方行政部门的执法和安全管理的主动性。比如河北、河南、安徽等七省建立打击文物犯罪联合长效机制，陕西省公安厅成立打击文物犯罪侦查处，咸阳市成立文物公安联合执法队等。

联合公安部举办“众志成城 雷霆出击——全国重点地区打击文物犯罪专项行动成果展”。展览选用文物犯罪案例15起，展出图片170幅，展示涉案珍贵文物140件（套），客观展现了当前文物安全形势和专项行动取得的辉煌战果。展览历时14天，多家媒体刊发了深度报道，对打击文物犯罪起到了良好的宣传效果。

【督办文物行政违法案件】

2010年，督察司重点督办多起党中央、国务院领导同志批示的重大文物违法案件，日常督办各类文物违法案件80余起。重点督办的案件有：西气东输二线工程中文物遭受破坏事件、黑龙江省渤海国上京龙泉府遗址内破坏文物与违法建设事件、江苏省镇江市双井路古粮仓遗址遭破坏事件、云南省大理市公路建设破坏龙首关遗址事件、黑龙江省哈齐铁路建设拆除文物事件、湖北省阳新县太平天国古战场遗址被非法占压事件、安徽省泗县房地产开发中非法拆除释迦寺事件、广东省揭阳县将军第保护问题、湖北省鄂州城隍庙保护问题等。同时，继续督办安徽宣城广教寺双塔违法建设案件，至2010年12月止，已有三座违法建筑被拆除。

对文物违法案件的督办，促进和推动了地方的文物管理机构建设。如龙首关遗址被破坏案和大理巍宝山火灾案推动大理白族自治州、大理市、剑川县成立文化遗产局，安徽泗县释迦庙案件的处理推动泗县成立文物局等。

【消防安全与防汛救灾】

在重大火灾事故处理上，督察司积极落实文物安全责任制，重点督办了河北省正定县南城门火灾案、贵州省织金古建筑群东山寺（国保）火灾案、云南省巍宝山古建筑群之斗姥阁（省保）火灾案、辽宁省义县奉国寺（国保）火灾案、黑龙江齐齐哈尔五教道德院（省保）火灾案、河北曲阳三宵圣母殿（省保）火灾案、清华大学清华学堂（国保）火灾案，督促地方政府严肃处理责任人，刑拘10人，行政处分30余人，捍卫了文化遗产尊严。

联合公安部在全国范围内开展文物单位消防安全大检查，共检查文物单位22082处，发现火灾隐患7243项，整改6258项，整改率达到86.4%，是自2003年以来检查整改力度最大的一次。针对不同时期消防安全工作特点，有针对性的下发了《关于加强文物保护单位消防安全工作的紧急通知》《关于加强早期文物消防安全工作的通知》《关于进一步加强文物单位消防工作坚决遏制文物火灾事故的紧急通知》，督促、指导地方文物行政部门和文博单位加强消防安全管理，全年火灾事故发生率较 2009 年明显下降。

2010 年，文物单位受汛情影响严重，洪涝灾害影响了 18 个省份的 3 处世界文化遗产地、195 处全国重点文物保护单位、664 处省级文物保护单位、589 处市县级文物保护单位、28 处历史文化名镇（名村）和 121 家文物收藏单位，先后下发《关于加强汛期文物安全工作的紧急通知》和加强防范地质灾害的通知，指导地方加强防汛减灾工作。2010 年 6 月南方汛情加重后，根据局领导要求，下发《关于建立汛期文物灾情信息报告制度的紧急通知》，4 次统计后续灾情，及时为局领导和相关司室救灾决策提供信息和数据支撑。

【队伍与机构建设】

2010 年，督察司加大对文物行政执法人员的培训力度，全国分六个片区培训了省级、地市级文物执法机构负责人员和骨干共计 880 人，是历年来对文物行政执法人员培训规模最大的一次。培训内容包括文物保护基础理论、行政执法基本理论、执法技能和文物安全监管等多项内容。组织开展了第三届文物行政执法案卷评比工作。在全国各省上报的文物行政执法案卷中，评出一等奖 5 名、二等奖 8 名、三等奖 10 名，并随后召开了部分地区文物行政执法案卷研讨会。通过案卷评比，推动了各地文物行政执法程序的规范化和标准化。

在地方机构大合并的趋势之下，督察司尽力推动地方文物安全执法机构的建设，力争在省一级文物行政管理部门内设安全执法机构。通过督办大案要案，加强文物行政执法督察，也对地方的文物管理起到了促进作用，部分地区加强了文物管理机构或文物行政执法队伍的建设。

【其他文物安全管理工作】

督察司建立和完善国家文物局督办文物违法案件数据库，加强信息管理工作。将每个案件的案由、过程、结果以及相关文件和图片资料统一载入数据库，实现案件的统计与查询功能。

针对水下文物盗捞、盗抢严峻形势，委托国家水下文化遗产保护中心，在福建漳州启动水下文物保护监控试点工作，该技术方案的初步设计已经编制完成。

向全国下发了《关于加强馆藏文物安全工作的通知》《关于 2010 年中秋、国庆期间加强文物安全工作的通知》等文件，预先对文物安全工作提出要求。进一步加强文物安全防范工程方案审核工作。参与“十二五”项目库编制有关工作。

文物保护

【文物抢救保护】

截至 2010 年 12 月，259 项汶川地震灾后文物抢救保护项目开工 245 项，开工率 94.59%，已完成和即将完成的 182 项，完工率 74.29%，完成投资额 157163.13 万元，占国家核定资金的 64.89%。11 月 17 日，二王庙古建筑群灾后文物抢救保护工程顺利竣工，并荣获国家文物局颁发的优秀文物保护工程特别奖。

玉树地震发生后，在国家文物局党组的统一领导下，全力投入了玉树震后文物抢救保护工作。组织古建筑、规划、壁画、岩土、考古等方面的专家，多次深入灾区，对新寨嘉那嘛呢堆、贝大日如来佛石窟寺和勒巴沟摩崖等多处全国重点文物保护单位和省级文物保护单位进行现场考察，评估受损情况，及时组织有关单位编制了玉树文物抢救保护修复专项规划。2010 年 5 月 14 日，青海省人民政府、国家文物局在玉树全国重点文物保护单位新寨嘉那嘛呢联合举行了玉树震后文化遗产抢救保护工程启动仪式。已基本编制完成新寨嘉那嘛呢维修方案、藏娘佛塔及桑周寺总体保护规划和文物本体维修及壁画保护方案、贝大日如来佛石窟寺及勒巴沟摩崖抢险加固方案等；对部分存在险情的文物单位采取了紧急排险支护工作；完成了东仓大藏经珍藏馆附属设施的恢复重建工作。

云南省姚安震后文物保护工程进展顺利。文物本体主体维修工作已基本完成，基础加固等工作已启动。

西藏“十一五”重点文物保护工程总投资 5.7 亿元，除古格王国遗址外，已全部开工。部分工程项目已竣工并完成初验。已到位资金 4.3 亿元，完成投资 3.8 亿元。

山西南部早期建筑保护工程有序开展，已经完成维修方案设计的保护工程有 86 处，已开始编制的有 7 处；已经完成保护规划编制的保护工程有 54 处，已开始编制的有 22 处。完成环境整治方案编制的保护工程有 21 处。截至 2010 年 12 月，已完成文物本体维修工程 33 处，另外还有 27 处已开始施工，已开工项目近 60%。

首批 15 个涉台文物保护工程项目中，昙石山遗址保护工程已基本完成，全国重点文物保护单位福州三坊七巷朱子坊建筑群、泉州天后宫、施琅宅祠、天一总局、白礁慈济宫、漳州林氏宗祠的保护工程已启动；东山关帝庙、安溪清水岩、汀州文庙、邵武李纲祠、莆田平海天后宫、厦门芦山堂、漳州陈元光墓、古田临水宫的保护规划和方案已完成编制。12 月 15 日～16 日，配合局办公室国际处组织了海峡两岸文化遗产保护论坛，组织海峡两岸学者共同研究探讨“闽系红砖建筑的保护与传承”，进一步推动涉台文物保护工作的开展。

在与商务部就项目实施的方式和费用等问题达成共识的基础上，针对中国政府援助柬埔寨吴哥古迹二期茶胶寺保护修复工程，组织中国文化遗产研究院赴现场开展了大量前期的勘察测绘、历史研究、病害调查、材料试验等工作。审批了《茶胶寺保护修复总体研究技术报告》和第一期抢救保护设计方案，并获得吴哥古迹保护国际协调会议批准。11 月 27 日，柬埔寨吴哥窟茶胶寺开工仪式顺利举行，标志着中国政府援助柬埔寨吴哥古迹二期茶胶寺保护修复工程正式进入实施阶段。国家文物局文物保护与考古司与商务部国际经济事务合作局、中国文化遗产研究院就项目的推进实施召开了多次会议，进行沟通，确保茶胶寺 2011 年工作计划顺利执行。在中宣部领导下，参与了中共六大会址修复的前期准备工作，于 10 月赴俄考察六大会址受损情况，了解与俄方合作修复的具体问题。回国后向报文化部提交了考察报告。

【完善文物保护工程管理体系】

2010 年 4 月，会同文研院组织 9 个有方案审批权的省市召开文物保护工程公示备案管理工作会议，不断完善配套制度建设和“文物保护工程审批监管网”建设，着手研究文物保护工程网上监管规程，进一步规范、完善工程下放管理模式，保证管理模式改革工作顺利、平稳实施。

6月30日~7月1日，组织召开了第四批文物保护工程单位资质评审会，共审议了21个省、自治区、直辖市75个单位的79项资质申请。在国家文物局纪检部门的监督下，通过记名投票，共有17个单位通过勘察设计甲级资质审核；25个通过施工一级审核；1个通过甲级监理资质审核；7个通过增加勘察设计业务范围审核；6个通过增加施工一级业务范围审核；1个通过恢复原有资质审核。

12月9日~10日，在湖南省长沙市召开第四次全国文物保护工程汇报会。国家文物局党组书记、局长单霁翔，副局长童明康，湖南省委常委、宣传部部长路建平，湖南省人民政府副省长郭开朗及部分特邀专家出席会议。单局长、童局长作重要讲话。8个省、市及单位负责人发言，介绍了相关重点文物保护工程的开展情况。与会代表还围绕单霁翔局长的报告，重点就加强文物保护工程前期研究、工程资料收集、文物保护优秀工程评选等开展了分组讨论，形成了多项共识。

【历史文化名城名镇名村的管理】

2010年2月22日~25日，与住房和城乡建设部城乡规划司在北京共同组织召开第五批中国历史文化名镇名村评选会。全国共有29个省、自治区、直辖市的196个镇村（其中86个镇，110个村）申报第五批中国历史文化名镇名村。经过专家委员会审议，共有99个镇、村被评为第五批中国历史文化名镇名村。并于12月13日与住房和城乡建设部联合举行了第五批中国历史文化名镇名村授牌仪式。

2010年，广西北海、广东中山等18座城市向国务院提出申报国家历史文化名城。已与住房和城乡建设部联合对其中13座城市开展了实地评估考察工作。已经与住房和城乡建设部会签了广西北海等6座名城的请示件，并上报国务院。广西北海已于11月9日由国务院公布为国家历史文化名城。

2010年，就国家历史文化名城、中国历史文化名镇名村保护的检查工作与住房和城乡建设部反复进行了沟通、研究和论证，对照《历史文化名城名镇名村保护条例》，研究制定了国家历史文化名城保护评估标准、中国历史文化名镇名村评价指标体系等，国家文物局与住房和城乡建设部共同成立了全国检查工作领导小组，印发了《关于开展国家历史文化名城、中国历史文化名镇名村保护工作检查的通知》，计划在2011年分四个阶段开展检查工作。

【第七批全国重点文物保护单位】

先后于2010年7月和10月召开两次第七批全国重点文物保护单位专家评选大会，文物、考古、建筑、近代史、革命史、党史等领域的130多位专家，通过电脑评审系统对5300多处申报材料进行了评选，8月~9月，又会同考古处对全国30个省、自治区、直辖市的340多处申报项目进行了现场复核，最终通过记名投票形成了专家评选结果。12月，根据局务会决议和相关领导批示，对部分申报项目进行了现场复核。报送国务院的最终简介的编写工作由文化遗产研究院牵头，组织社科院考古所、建筑历史研究所、清华大学等单位开展，已经召开多次会议沟通情况，力争2011年形成上报国务院的推荐名单。

【文化遗产保护理论与实践】

2010年4月10日，组织召开了第五

届“中国文化遗产保护无锡论坛”，对文化景观的保护理论与实践进行了探讨。来自国内外文化遗产保护领域的专家学者、全国各省级文物行政部门有关负责同志共100余人参加论坛。在论坛开幕式上，单霁翔局长做了《走进文化景观遗产的世界》的主旨报告。在为期一天的论坛上，经过专家学者的充分讨论，形成并通过了《关于文化景观遗产保护的无锡倡议》，提出了加强文化景观遗产保护的六点倡议，呼吁各级政府和全社会关注、支持和加强对文化景观遗产的保护。

为适应新时期文化遗产内涵和外延的深化和扩展，成立了由古建筑、石窟寺、考古、世界遗产、规划和行政管理等多方面专家组成的《中国文物古迹保护准则》修订工作小组，多次组织专家就《准则》修订的组织方式、修订原则及具体内容等进行研究，与美国盖蒂保护所就修订一事交换了意见。经过多次讨论，已就《准则》修订组织和修订内容形成初步意见。

【“十二五”文物保护规划】

按照国家文物局的统一部署，对“十一五”规划的执行情况进行了梳理，在此基础上组织有关单位编制了国保单位的“十二五”专项规划，包括国保单位中的古村落古民居保护、湘鄂赣渝皖四省一市近现代重要史迹保护、少数民族地区明清古建筑群、涉台文物、西藏文物保护、工业遗产保护、山西南部早期建筑保护等“十二五”专项规划已编制完成，并通过专家审核。

【其他工作】

配合普查办开展三普相关工作，重点做好领导小组第三次会议的有关准备工作。组织召开《中国文物地图集》总结表彰会。完成了大量的文物保护规划、文物维修方案和立项申请的审批工作以及局领导交办的有关工作。

大遗址保护

【概况】

2010年是大遗址保护工作取得重要突破的一年。各级政府高度重视，多项重要大遗址保护工程启动，考古遗址公园的建设理念得到成功实践，大遗址保护对引导城市发展、提高人民生活质量、促进社会经济发展的作用日益显现。

2010年，国家文物局对隋唐洛阳城遗址、汉魏洛阳故城遗址、蒲津渡与蒲州故城遗址、铜绿山古铜矿遗址、洪州窑遗址等十多处重要大遗址的保护规划，以及昙石山遗址、南汉德陵、石台子山城、三杨庄遗址等多处重要遗址的保护方案进行了审批，提出了明确指导意见，部分重要遗址的规划、方案完善、改进后，已陆续公布、实施。国家文物局先后组织专家赴大明宫遗址、隋唐洛阳城遗址、牛河梁遗址、良渚遗址、老司城遗址、铜官窑遗址等保护工程实施现场进行检查、指导，推动相关工作的顺利开展。

为了促进重要遗址的保护、展示与利用，规范考古遗址公园建设和管理，发挥文化遗产在经济社会发展中的作用，国家文物局于2009年发布了《国家考古遗址公园管理办法（试行）》。2010年6月，国家文物局下发通知启动第一批国家考古遗址公园评定工作，共有19个省（区、市）的74个项目参加此次评定。根据《国家考古遗址公园管理办法（试行）》等有关法律法规，经初审、现场考察评分和会议评议，确定了首批12家国家考古遗址公园名单和23项国家考古遗址公园建设立项名单，并对社会公布。

2010年10月，大明宫、秦始皇陵等考古遗址公园举办了开园仪式，正式对外开放。11月，国家文物局在四川成都组织召开了“大遗址保护工作会暨首批国家考古遗址公园授牌仪式”。此次会议组织学术界与相关管理部门代表共同探讨大遗址保护、考古遗址公园建设的相关问题，并为12家国家考古遗址公园单位授牌。国家文物局局长单霁翔在此次会议报告中系统回顾了我国大遗址保护工作的发展历程和主要工作成果，指出了我国大遗址保护及国家考古遗址公园建设中存在的问题和不足，为此后的工作指明了方向。国家文物局副局长童明康在会议总结讲话中对“十二五”大遗址保护规划编制工作提出了具体要求。此次会议是在2005年国家设立大遗址保护专项、正式启动大遗址保护工程以后组织召开的第一次全国性工作会议。

2010年3月4日，国家文物局和湖北省人民政府在北京签订了大遗址保护荆州片区共建协议，“十二五”期间，双方拟加强协作，全面推进荆州片区大遗址保护工作，努力将其建设成为我国南方大遗址保护重要示范区和鄂西生态文化旅游圈文化中心。7月7日，国家文物局与陕西省人民政府在北京签署了《合作共建彰显华夏文明历史文化基地框架协议》，国家文物局积极指导陕西省贯彻落实《关中—天水经济区发展规划》，重点支持“汉长安城考古遗址公园”“秦咸阳城考古遗址公园”等大遗址保护项目。11月15日，国家文物局和甘肃省人民政府签署了《合作加强甘肃文化遗产工作框架协议》，计划在重要历史文化遗产保护、建设国家级旅游示范区等方面开展合作。11月17日，国家文物局与四川省人民政府在四川成都签订共建大遗址保护成都片区框架协议书，计划共同做好三星堆、金沙等重要大遗址保护和考古遗址公园建设工作，全面提升其保护、展示、管理水平。

考古工作

【概况】

2010年，国家文物局共批准740余项考古发掘项目，其中，基本建设考古项目依然是本年度考古工作的重中之重，占到总数的80%以上。为做好南水北调、三峡、高速铁路、公路、西气东输等国家大型基本建设工程以及城市基本建设中的考古和文物保护工作，国家文物局大力协调相关部门和单位，并积极开展合作。1月19日，国家文物局召集国家发展和改革委员会、国家能源局、中国石油天然气集团公司和西气东输二线工程沿线14个省（区、市）文物行政部门、考古单位的主要负责同志召开文物保护工作协调会，会后，联合国家能源局、中国石油天然气集团公司共同下发《关于继续做好西气东输二线工程文物保护工作的通知》，指导各地切实做好相关文物保护工作。3月23日～26日，河北省南水北调田野考古汇报会在石家庄召开，会议总结了河北省南水北调工程田野考古工作的成果，并对文物保护、报告整理、经费管理、展示宣传等工作提出了明确要求。国家文物局先后与国务院南水北调办沟通，共同对南水北调工程考古与文物保护工作进行检查，与国务院南水北调办协商解决湖北遇真宫等重要遗址的保护问题。

2010 年，国家文物局批准并支持 80 余项主动性考古发掘项目，包括陕西茂陵陵园遗址等大遗址考古项目、安徽禹会村遗址等围绕重要学术课题开展的考古发掘项目。此外，在江苏大云山汉墓、陕西白水下河遗址等抢救性发掘工作中，也获得了重要发现，引起社会广泛关注。

2010 年 12 月 2 日，国家文物局联合国务院三峡工程建设委员会办公室组织评审会，石宝寨文物保护工程通过专家验收。

为进一步壮大基层工作力量，提高田野工作水平，国家文物局委托北京大学考古文博学院于 2010 年 9 月 ~2011 年 1 月在河南南阳八里岗遗址举办全国田野考古培训班，对长期从事田野考古工作、非考古专业毕业的在职人员进行培训。各地共 16 名学员参加了此次培训。

2010 年，国家文物局委托中国文物信息咨询中心开展考古发掘电子审批系统改版工作。升级方案已完成并获专家评审通过，新版审批系统计划于 2011 年开始测试并逐步在全国推广。

2010 年，《扬州城》《安阳小屯殷墟建筑遗存》《周原》《汉魏洛阳故城南郊礼制建筑遗存》等一批积压多年的考古发掘报告，《巴东旧县坪》《大兴北程庄墓地》等近年来基本建设考古发掘项目的报告相继出版，为相关考古学文化的研究和遗址保护工作的开展提供了基础资料。

【重要考古发掘项目】

在 2010 年的考古发掘项目中，有 42 项被列入国家文物局年度重要考古发现。吉林和龙大洞遗址，是此前东北亚地区发现的规模最大的一处旧石器时代晚期旷野遗址，出土大量以黑曜石为原料的打制石制品。河南新郑赵庄遗址揭露出史前人类的活动面，象头骨竖立放置，石英制品分布于象头骨的四周。江西靖安高湖老虎墩遗址发现一处距今 7000 至 4500 年的新石器时代晚期大型聚落，清理出包括宗教祭祀广场、墓地、红烧土建筑基址、道路等在内的大量遗迹。浙江桐庐方家洲遗址是长江流域第一处经过考古发掘的新石器时代玉、石器加工场遗址，为研究五、六千年前该地区的玉、石器生产工艺，提供了重要线索。山西翼城霸国墓地发现大量精美的青铜器随葬品，为这一时期的历史研究提供了崭新的材料。河南新郑望京楼遗址，发现了二里头文化和二里岗文化时期的两座城址，并在其外围初步确定一处更大的城垣基址。浙江东苕溪中游，发现商代的原始瓷窑址群 20 多处。江苏盱眙马坝大云山山顶上，揭露出一处完整的西汉诸侯王陵园，一号墓墓主是西汉第一代江都王刘非。陕西汉茂陵外藏坑、洛阳东汉帝陵陵园的钻探也都取得重大进展，在西安南郊凤栖塬还发现了西汉高等级的贵族墓地。山西云冈石窟山顶区域的考古发掘工作中，发现了一处北魏时期寺庙遗址，已发掘廊房、塔基、砖瓦窑等遗迹。新疆吐鲁番鄯善吐峪沟石窟寺发现近百座洞窟，是我国新疆东部地区开凿时代最早、规模最大的佛教石窟群。

2010 年 6 月，国家文物局组织开展了“2009 年度全国十大考古新发现”评选活动。来自北京大学、中国社会科学院考古研究所、光明日报等部门和单位的评委，对入围十大发现终评阶段的 24 个项目进行评议，河南新密李家沟旧石器至新石器过渡阶段遗址、安徽固镇垓下大汶口文化城址等 10 个项目入选。国内 20 余家新闻媒体参加了评选活动的报道，该活动取得良好的社会反响。

【交流与合作】

2010年，中美合作福建沿海史前海洋文化考古和研究项目、中蒙合作蒙古国回鹘考古学文化研究项目等多项中外合作考古项目进展顺利，取得一系列成果。

2010年7月～8月，北京大学考古文博学院组织有关专业人员，赴肯尼亚开展“中国和肯尼亚合作实施拉穆群岛地区考古项目”的陆上考古发掘工作。在肯尼亚马林迪市周边的曼布鲁伊地区和卡提布清真寺分别发现一处11世纪的聚落遗址和与卡提布清真寺相关的早期建筑遗址。本年度考古工作为了解马林迪市的城市发展史，卡提布清真寺的布局和建筑历史，以及中非交流史等提供了珍贵资料。同时，中国文化遗产研究院派员随队监理，积极探索我国境外考古工作的管理模式。

2010年11月下旬，中国国家博物馆组织水下考古专业人员赴肯尼亚开展为期2个月的“中国和肯尼亚合作实施拉穆群岛地区考古项目”水下考古调查工作，对拉穆群岛、马林迪海域的水下遗存线索进行了较为细致的陆地调查、物探调查和潜水调查，并及时对获取资料进行了整理。此次水下调查面积达46963平方米，共发现6处水下文化遗存和3处滨海散落遗存。

【水下考古工作】

2010年3月30日～31日，国家文物局在北京组织召开了第一次“全国水下文化遗产保护工作会议”。外交部、财政部、科技部、国家海洋局、中国人民解放军总参谋部等“国家水下文化遗产保护工作协调小组”成员单位代表，中国海监总队、中国气象局等相关部门代表，以及沿海和部分内水水域的各有关省（区、市）文物部门、科研机构和高等院校代表80余人参加了会议。会议听取了国家水下文化遗产保护中心的工作汇报及“十二五”规划编制工作的最新进展情况，同时对在“南澳Ⅰ号”古沉船考古和文物保护工作中做出突出贡献的广东省南澳县云澳边防派出所进行表彰，授予该所“文物保护特别奖”。

2010年11月22日，国家文物局与国家海洋局在北京签署关于合作开展水下文化遗产保护工作的框架协议，双方拟在水下文化遗产保护战略与规划、水下考古、水下文化遗产管理、水下文化遗产保护、水下文化遗产执法、国际合作与权益维护、海洋文化建设、协商和日常联系机制等八个方面加强合作，共同推进我国水下文化遗产保护事业和海洋事业的发展。作为主管我国文化遗产保护事务和海洋事务的行政部门，国家文物局和国家海洋局拟在联合国《海洋法公约》和《保护水下文化遗产公约》的引导下，遵循我国文化遗产保护和海洋管理的相关法律法规，依据合作框架协议内容，充分发挥海洋部门在人员、设备和技术优势，以及文物部门在水下考古、文物保护和研究方面的主导作用，进一步整合双方力量，实现优势互补和资源共享，推动我国水下文化遗产保护事业实现工作模式、工作重心、工作思路的转变，力争在“十二五”期间实现我国水下文化遗产保护事业的跨越式发展。

2010年7月，国家水下文化遗产保护宁波基地奠基；8月，国家水下文化遗产保护青岛基地揭牌。两个基地将在国家文物局统一领导下，协助国家文化遗产保护中心开展相关海域的水下文化遗产调查、发掘、保护，以及出水文物的保护、展示、研究等工作。

2010年，“南澳Ⅰ号”“半洋礁Ⅰ号”等水下考古发掘和文物保护工作顺利开展。6月开始，由国家水下文化遗产保护中心与广东省文物考古研究所合作实施“南澳Ⅰ号”水下考古发掘项目，完成对沉船的测量绘图、水下摄影、舱位标示和文物提取等工作，已经清理出20余个舱位，以瓷器为主的文物3000余件出水。9月～11月，国家水下文化遗产保护中心与福建博物院合作开展“半洋礁Ⅰ号”水下考古调查，初步摸清了沉船位置和保护状况，并采集了少量黑釉盏、铜刀格、锡碗、漆木片等文物标本，为制定下一步考古和保护方案提供了科学依据。

同时，国家文物局指导地方文物部门和国家水下文化遗产保护中心等单位，结合水下考古工作，积极与地方公安、边防部门协调，以南澳和漳州为试点，研究建立水下文化遗产监控体系，依靠地方公安、边防力量，不断完善水下文化遗产保护体系。

2009～2010年，国家文物局结合第三次全国文物普查，组织开展全国水下文物普查工作，对我国沿海和部分内陆现存于水下的各类文物开展全面调查摸底。此次调查，共发现各类沉船遗址及其他水下文化遗存108处，8处明确的水下线索地点，以及尚待进行水下探测、探摸的上百处路上线索，熟悉了调查海域的水文地理环境，为此后继续开展各地沿海水下考古调查工作奠定了基础。

2010年4月，国家水下文化遗产保护中心派员搭乘国家海洋局执法巡查船，赴南沙群岛实地考察水下文化遗产状况。此次考察涉及相关海域岛礁37个，抵近观察12个，考察人员对岛礁的现状、经纬度，以及海况做了详细记录，搜集到大量珍贵资料和线索。

2010年12月，国家文物局组织水下文化遗产保护中心，基本完成国家水下文化遗产保护“十二五”规划编制工作。

【考古工作会议】

2010年1月，国家文物局在北京组织召开了“2009年度考古发掘资质及考古发掘领队资格评议会”，共39人通过评议获得考古发掘领队资格，重庆中国三峡博物馆获得考古发掘资质。5月，国家文物局组织在湖北荆州举办了新领队上岗前的集中培训，提高新领队的理论水平和田野考古工作能力，增强文物保护意识。

世界遗产

【申遗成效显著】

2010年，国家文物局颁布实施了《世界文化遗产申报项目审核管理规定》，明确了世界文化遗产申报的程序、要求和遗产地政府、主管部门、专业咨询机构的职责，进一步加强和规范了世界文化遗产申报管理工作。

登封“天地之中”历史建筑群在巴西首都巴西利亚召开的第34届世界遗产委员会会议上成功列入《世界遗产名录》，成为我国第28处世界文化遗产。杭州西湖文化景观申报文本已经世界遗产中心审核并予以受理，国际现场评估专家对该项目给予了积极、正面的评价。经专家评审推荐并报国务院批准，确定元上都遗址为我国2012年世界文化遗产申报项目。

大运河保护和申遗、丝绸之路跨国系列申报世界文化遗产工作稳步推进。召开了大运河保护和申遗省部际会商小组第二次会议、大运河保护和申遗工作会议，部署落实相关工作。经专家现场考察和集体评审，形成了专家推荐申遗的大运河预备名单，编制完成了大运河遗产保护与管理总体规划初稿。11月在西安召开了丝绸之路价值与申报世界遗产工作研讨会，邀请国际专家介绍了丝绸之路总体研究的进展情况，推动各省区继续加强丝绸之路的保护和申遗工作。

【加强监测管理】

2010年5月和11月，国家文物局分别召开了中国世界文化遗产监测管理工作会议和中国世界文化遗产第二轮定期报告工作会议，全面部署开展世界文化遗产第二轮定期报告监测编写工作，完成了突出普遍价值声明的编制工作，并按照世界遗产委员会决议组织遗产地完成了拉萨布达拉宫历史建筑群、澳门历史城区、丽江古城的保护状况报告。

【实施重大工程】

2010年，国家文物局积极推进长城保护工程，如期完成了全国长城资源调查全部田野工作。明长城资源调查数据校验和整合工作基本完成，建立并试运行了长城资源调查信息系统。省级明长城资源调查报告编写工作取得阶段性成果。省级长城保护规划编制工作全面展开。11月16日在北京召开了长城保护工作会议，部署了长城保护的重点工作。

启动了承德避暑山庄及周围寺庙文化遗产保护工程，成立了工程领导小组并召开了第一次会议，国家文物局领导担任领导小组正副组长。大足石刻千手观音像抢救工程中期试验基本完成，各项指标试验效果良好，为开展全面修复工程奠定了基础。

博物馆

【简述】

截至2010年底，全国共有3200多个博物馆通过年检登记，比“十一五”末增加约800个。其中，文物系统博物馆2435个，馆藏文物1755.25万件（套），馆藏一级文物58674件（套）。举办陈列展览10091个，观众人数4.07亿人次（其中未成年人观众1.14亿人次）。

【博物馆建设情况】

2010年建成开放的重要博物馆有：广东省博物馆新馆，总用地面积4.1万平方米，总建筑面积6.7万平方米，地下一层，地上五层，展示主题以广东历史文化、艺术、自然为主；山东省博物馆新馆，占地210亩，主体建筑面积8.29万平方米，广场约10万平方米，收藏历史文物10万余件，自然标本8000余件，书籍12万册，展览面积1.5万平方米，展出各类文物4500余件，涉及玉石器、青铜器、瓷器、书画等20余个门类；中国妇女儿童博物馆，建筑面积3.5万平方米，馆藏文物3万余件，展览分为妇女和儿童两大主题，反映各个历史时期中国妇女儿童的生存状态、地位变化、文化习俗、杰出人物和社会贡献，涉及经济、政治、文化、教育、卫生、科技、体育等各个领域；中国水利博物馆，建筑面积3.6万平方米，核心展区分为水利千秋、水中万象和龙施雨沛三大部分；上海中国航海博物馆，占地面积2.48万平方米，建筑面积4.64万平方米，分设航海历史、船舶、航海与港口、海事与海上安全、海员、军事航海等六大展馆，以及渔船与捕鱼、航海体育与休闲两个专题展区，并建有天象馆、4D影院、儿童活动中心；宝鸡青铜博物院，建筑面积3.48万平方米，基本陈列“青铜铸文明”，以考古研究成果、历史文献为依据，荟萃了宝鸡地区出土的珍贵青铜器等文物1400多件。

2010年开工建设的重要博物馆有：北京市周口店遗址博物馆新馆，占地38000多平方米，建筑面积8093平方米，总投资约1.8亿元，计划于2011年周口店遗址发掘90周年之际建成开放；贵州省博物馆新馆总占地面积52838平方米，建筑面积42996平方米，总投资4.234亿元，计划于2013年建成。

促进民办博物馆和行业博物馆发展：1月，国家文物局、国家发展改革委、民政部、财政部、国土资源部、住房和城乡建设部、文化部、国家税务总局印发七部门《关于促进民办博物馆发展的意见》，这是国家层面首次颁布规范和发展民办博物馆的政策性文件。11月，国家文物局举办“全国民办博物馆发展成都论坛”，加强对民办博物馆发展的指导。同时，为促进高校博物馆发展，国家文物局组织北京大学开展“高校博物馆建设与发展”专题调研，研究提出促进高校博物馆发展的思路和对策。

加强博物馆质量评价体系建设，实现从数量增长向质量提升的转变：国家文物局组织中国博物馆协会开展了国家一级博物馆2008~2009年度运行状况的评估工作。运行评估依据《国家一级博物馆运行评估规则（试行）》和《国家一级博物馆运行评估指标体系（试行）》，包括定性评估和定量评估。定性评估是对国家一级博物馆藏品搜集效果、科学成果的价值、陈列展览质量、社会教育效果、公共关系和服务质量、队伍人员的素质和博物馆管理水平的综合判断；定量评估是对一级博物馆的藏品搜集和科研成果、临时展览、教育项目以及人才培养等可以量化的指标进行统计的数据核查。参考其他领域定性与定量分析相结合的考察方式中两者权重比例，在国家一级博物馆指标体系中选取定性与定量权重比为7：3，并且随着国家一级博物馆的发展建设水平的提高，定量评估指标权重将逐渐减少直至最终取消定量评估。同时，为充分调动中央和地方两个积极性，加快构建以点带面、立足区域、辐射全国、面向世界的博物馆综合资源共享平台，国家文物局、财政部联合推进中央地方共建国家级博物馆工作，印发《中央地方共建国家级博物馆管理暂行办法》，从中央地方共建国家级博物馆工作的目标、监管职责、培育认定、管理运行、考核评估等方面，提出了明确要求和规范。

【博物馆展示服务】

深化博物馆免费开放：2010年1月，中宣部、财政部、文化部、国家文物局等四部局联合印发《关于进一步做好博物馆纪念馆免费开放的意见》，公布1444个免费开放博物馆纪念馆和全国爱国主义教育示范基地名单，并召开全国博物馆纪念馆免费开放工作会议，对进一步提升博物馆展示服务水平，深化博物馆、纪念馆免费开放工作做出部署。2月，国家文物局组织中国博物馆协会、故宫博物院举办首届博物馆文化产品展览及评奖活动，组织召开全国博物馆文化产品开发工作座谈会，研究部署进一步加强博物馆文化产品开发工作，满足免费开放后公众多样性的文化需求。4月~6月，财政部、国家文物局会同中宣部等组成10个调研组，对28个省份的博物馆免费开放情况进行了全面实地调研并形成调研报告，提出博物馆事业发展应实现从数量增长向质量提升、从馆舍天地向大千世界的转变。

组织博物馆文化普及宣传活动，促进博物馆与公众的良好互动：围绕2010年国际博物馆日的主题“博物馆致力于社会和谐”，5月18日，国家文物局在国际博物馆日主场城市广州组织了主场城市活动、“广州国际博物馆论坛”和广东省博物馆新馆开幕仪式等一系列庆祝活动。各地博物馆也纷纷围绕主题开展了主会场活动、特色展览、文化讲座等一系列丰富多彩的宣传活动。11月，国际博协第22届大会在上海世博中心成功举办，122个国家、地区和国际组织的3542名博物馆及相关领域的代表参加了会议。通过此次会议，向世界展示了中国博物馆事业的发展成就，有效提升了中国博物馆的国际影响力。

上海世博会“中国国家馆”向世界各国观众展示我国的历史文化遗产，包括陕西秦始皇兵马俑博物馆藏铜车马、故宫博物院藏张择端版《清明上河图》。工业遗产的再利用，是上海世博会的开创之举：“城市足迹馆”和“世博会博物馆”均依托江南造船厂旧厂房建造，调集来自国内外几十家博物馆的300多件反映城市发展、与历届世博会相关的珍贵文物。“丝绸之路——大西北遗珍”展，展出西北五省区22家文博单位多年来出土的丝绸之路文物精品241件（套），其中一级文物100多件（套），反映了我国西北地区自春秋战国时期至宋元时期丝绸之路的发展脉络和丝路文化。

【博物馆藏品管理】

历时10年的“文物调查及数据库管理系统建设项目”圆满完成。该项目自2001年在山西省启动，经历了试点（2001～2005年，范围为山西、辽宁、河南、甘肃等4省）、试点推广（2005～2008年，范围为湖北、湖南、河北、浙江、陕西、四川、广西等7省区）、全面推广（2008～2010年，范围为北京等20个省区市）等三个阶段，覆盖全国31个省、自治区、直辖市。共完成1660275件（套）馆藏珍贵文物数据采集，其中一级文物48006件（套），二、三级文物1612269件（套），并采集一般文物数据137万余条。拍摄照片3869025张，录入文本信息3.05亿字，国家文物局数据中心接收数据总量15.16TB。基本廓清全国文物系统馆藏珍贵文物家底，丰富了馆藏文物基础信息资料。

社会文物管理

【简述】

2010年，国家文物局进一步规范文物市场及民间收藏文物的管理，开展文物拍卖许可证年审和申报增加第一类文物拍卖资质的集中审批工作，推动文物拍卖专业人员资格认定管理的试点工作。加强文物进出境审核机构建设和人才培养，加强文物进出境责任鉴定员资格管理，初步完成文物进出境审核信息管理系统建设。

【文物市场监管】

1. 文物拍卖许可资质年审

国家文物局对2009年12月31日前取得《文物拍卖许可证》的239家拍卖企业依法进行了审核，通过年审的文物拍卖企业215家，暂停文物拍卖资质7家，撤销文物拍卖资质17家。2010年授予34家企业文物拍卖资质。截至2010年底，具有文物拍卖资质的企业共有249家。

2. 文物拍卖经营资质审批

2010年初，国家文物局启动文物拍卖企业增加第一类文物拍卖经营资质的审批工作。4月，国家文物局组织专家委员会，对申报增加第一类文物拍卖经营资质的拍卖企业进行了集中评审，批准16家拍卖企业增加第一类文物拍卖经营资质。

3. 文物拍卖专业人员资格管理

开展了文物拍卖专业人员资格清理规范工作，将162名通过国家文物局2007～2009年度文物拍卖专业人员考试人员的《考试合格证》统一换发为《文物拍卖企业专业人员资格证书》，并在国家文物局政府网站设置证书查询系统。

4. 文物拍卖专业人员聘用试点工作

继在江苏开展文物拍卖专业人员聘用试点工作以后，2010年确定北京为扩大试点区域。以上地区拍卖企业聘用的经国家文物局考核合格的文物拍卖专业人员，在企业申请文物拍卖资质以及参加年审时，可视同具有高级文物博物专业技术职务资格，逐步解决文物拍卖企业聘用文博高级职称专业人员存在的问题。

5. 文物拍卖专业人员资格考试

2010年11月，文物拍卖专业人员资格考试在北京举行，本次参考人数为历年最多，共293人报名参加了考试，最终有80人通过了106门次的考试。

6. 文物拍卖企业资质年审管理办法

国家文物局经过广泛征求意见，于2010年底发布实施了《文物拍卖企业资质年审管理办法》，促进了文物拍卖企业年审工作的规范化、制度化、透明化，促进了文物拍卖企业的规范发展。

【文物进出境管理】

1. 关于进一步加强文物临时进境审核管理工作的通知

国家文物局召开临时进境文物审核专家研讨会，经专家审议，国家文物局批准，发布了《关于进一步加强文物临时进境审核管理工作的通知》，对非法文物进境加强审核管理，并拟和海关合作，进一步加强文物进境管理的制度建设。

2. 国家文物进出境审核信息管理系统软件开发项目

完成“国家文物进出境审核信息管理系统软件开发项目”招标以及初步开发工作。委托中国文物信息咨询中心开展电子标签应用工作，并按计划开展了系统的部署、培训工作。

3. 文物进出境审核机构建设

国家文物局批准恢复辽宁、四川国家文物进出境审核管理处进出境审核资质，并分别在沈阳、成都举行了授牌仪式。

4. 文物进出境责任鉴定员培训

2010年11月，国家文物局与公安部联合在河北磁县举办陶瓷器类文物进出境审核鉴定培训班，来自16个国家文物进出境审核管理处和公安系统的50余名鉴定专业人员参加了培训。2010年12月，国家文物局与海关总署联合在广州举办了海关人员家具和杂项类文物鉴定培训班。同时，为推进边疆地区文物进出境审核机构建设，重点开展拟新设文物进出境审核机构的人员培训工作，筹备在呼和浩特举办“民族文物责任鉴定员培训班”。

5. 文物进出境责任鉴定员资格考试

2010年，国家文物局举办了玉器类、杂项类、陶瓷类文物进出境责任鉴定员资格考试，其中30人参加玉器类考试，

5 人成绩合格；21 人参加杂项类考试，4 人成绩合格；32 人参加陶瓷类考试，6 人成绩合格。

6. 文物进出境责任鉴定员管理办法

《文物进出境责任鉴定员管理办法》发布实施，规定文物进出境责任鉴定员是指获得鉴定资格，并在文物进出境审核机构承担文物进出境审核业务，签署文物进出境审核文件的文物鉴定专业人员，责任鉴定员鉴定资格实行考试认定制度。

【流失文物追索】

在国际博协第 22 届大会召开期间，国际博物馆协会与中国博物馆协会联合对外公布了《中国濒危文物红色目录》。该目录旨在帮助博物馆、收藏者、文物艺术品交易商、海关和其他执法人员甄别非法出境的中国文物，从而更好地打击盗窃、盗掘和走私贩运中国文物的行为。为便于甄别，该目录展示了非法交易中常见的十余类中国文物。国际博物馆协会与中国博物馆协会借该目录公布之机，呼吁博物馆、收藏者、文物艺术品交易商以及相关机构和个人，在尚未彻底了解其来源之前不要购买这类文物。

【国家重点珍贵文物征集】

成功征集公簋、作册吴盉、饕餮纹方彝三件青铜器。三件青铜器均为西周至商代的标准器，其中公簋保存完整，铭文共 22 个字，为研究西周早期诸王年代、金文年谱等问题提供了重要依据，具有极高的历史研究价值；作册吴盉纹饰精美，较为少见，铭文对研究西周断代、礼制等具有非常高的历史和考古价值；饕餮纹方彝纹饰瑰丽，存世稀少，铭文对研究商代政治、礼仪制度具有较高的价值。

文物保护科技与信息化

【简述】

2010 年，在科技工作方面，开展了行业科技发展“十二五”规划的编制工作，召开了全国文物保护科技工作会议，完成了“十一五”首批启动的国家科技支撑计划课题的结项验收，开展了科技创新奖励评审，组织体系进一步发展完善，行业创新体系初步形成。

【“十二五”科技规划编制】

2010 年，积极开展文化遗产保护领域“十二五”科技工作发展战略研究和重大专项的凝练工作，分 12 个方向共形成 150 余万字的研究报告，编制完成《国家文物保护科学和技术发展“十二五”规划》的征求意见稿。在此基础上，开展了世界文化遗产地监测关键技术、水下文化遗产保护关键技术、遗址博物馆生物病害防治关键技术、博物馆文化公共服务平台建设关键技术、博物馆有机材质珍贵文物保护关键技术、文物建筑健康评价关键技术和文物保护传统工艺科学化研究等重大文物保护项目的可行性研究，为“十二五”科技发展规划落地奠定坚实基础。

【全国文物保护科技工作会议】

2010 年 12 月上旬，国家文物局在北京召开了全国文物保护科技工作会议，进一步总结成绩和经验，分析当前形势和面临问题，研究部署“十二五”期间文物保护科技工作。来自有关部委、省级文物行政部门、国家文物局重点科研基地、高等学校、科研院所的近200名代表参加了会议。

文化部部长蔡武、科技部社会发展科技司司长马燕合出席会议并作重要讲话，国家文物局局长单霁翔作了题为《加快行业创新体系建设 全面提高科技创新能力》的工作报告。会议对于各地各单位交流经验、提高认识、鼓舞工作、积极吸引各方力量做好“十二五”期间全国文物保护科技工作起到了重要作用。

会议期间，在首都博物馆举办了“百工千慧——文物保护科技成果展”，展览通过丰富的科研成果案例，充分展现“十一五”期间我国文化遗产保护科技领域取得的丰硕成果。展览共分5个单元，分别是全国一盘棋——文物保护科技事业的新格局、永恒的五行——文物保护科技的创新、山河知岁月——现代科技在考古领域的应用、德行无疆——广泛深入开展国际合作、文明的传承——文化遗产价值挖掘与传播。展览在向公众展示科技成果、普及保护知识、引导公众珍视文化遗产等方面起到了积极作用，各界反响良好。

【国家科技支撑计划项目】

“十一五”首批启动的文化遗产保护领域4项国家科技计划项目共15个课题全部完成结项验收工作，取得显著科研成果。据统计，共研发新技术（工艺）21项，新产品、新材料、新装置36项，获得自主知识产权和专利179项，制定技术标准40项，培养博士、硕士研究生301名，发表文章513篇，出版专著15本。通过项目的实施，在技术研发、人才培养、基地建设、装备升级和体制机制创新等方面取得了显著成效。

“石质文物保护关键技术研究”国家科技支撑计划项目已开始组织实施。

【中华文明探源工程】

中华文明探源工程三期“中华文明探源工程及相关文物保护关键技术研究”获得科技部批准立项，在前期预研究和一期、二期研究的基础上，项目的广度和规模得以扩展。

【指南针计划】

“指南针计划——中国古代发明创造的价值挖掘与展示”（以下简称“指南针计划”）专项进展顺利。“‘指南针计划’进大学校园”“物联网技术在文化遗产保护和利用中的应用研究及示范”“‘指南针计划’青少年体验基地建设研究及示范项目”先后启动实施；“指南针计划”门户网站建设工作进展顺利，取得阶段性成果。

【文物保护科技创新奖】

2010年9月，国家文物局组织开展了2009年度文物保护科学和技术创新奖的评审工作。通过专家评审，43个申请项目中，有3个项目获得一等奖，6个项目获得二等奖。这些获奖项目是近年来科技成果的杰出代表，如《白鹤梁题刻原址水下保护工程研究与实践》《文物出土现场保护移动实验室研发》《“南海Ⅰ号”整体打捞及保护》等。为进一步推广科技成果，倡导科技理念，组织编纂出版了《2009年度文物保护科学和技术创新奖成果集》。

【科技创新联盟与科研基地建设工作】

2010年4月，国家文物局与浙江省

政府签订了国家文化遗产保护科技区域创新联盟共建协议，标志着区域创新联盟的建设试点工作正式启动。联盟将充分发挥中央与地方在政策、组织和技术方面的优势，有效整合文博单位、高等院校、科研院所和相关企业的资源优势，建立跨学科、跨行业、跨领域的战略合作组织，形成技术研发、资源共享、成果转化、人才孵化和新兴产业培育平台。

2010 年 8 月，完成了第四批国家文物局重点科研基地的遴选和评审工作。至此，国家文物局重点科研基地已达 17 家，实现了在可移动文物保护、不可移动文物保护、博物馆、考古研究、高新技术应用研究等领域的科研布局，完成了科技发展“十一五”规划提出的建设目标。

【文物保护标准化建设】

围绕不可移动文物、可移动文物、文物调查与考古发掘、博物馆及文物保护、博物馆信息化及信息建设等方面，开展了文物保护标准体系建设课题研究，初步制定了文物保护标准化体系框架。

继续推动国标、行标的制修订工作，已经累计发布国标 6 项、行标 33 项。另有 72 项标准已开始编制。编纂出版了《文化遗产保护领域行业标准集》。文物保护技术标准国际突破、被国家列入重点支持方向。

【可移动文物保护工作】

为完整、准确地揭示馆藏文物的价值，规范保护修复流程，组织开展了纺织品、金属、纸质等不同材质文物的保护技术手册和修复报告的编制工作，以普及和推广先进的保护修复技术和成功经验，切实提高保护修复水平。

依托国家文物局重点科研基地科研力量和科技成果，结合国家重点文物保护专项，组织开展金属文物保护修复培训班，纸质文物保护修复培训班，通过专家授课、现场演示、学员实践等多种形式，对全国文物、博物馆机构的 150 余名专业技术人员进行培训。

【行业信息化项目】

根据国家发展改革委的统一要求，完成了《文化遗产预防性保护综合信息平台建设工程（一期）项目建议书》和《全国文物和博物馆公共服务平台（一期）建设工程项目建议书》。前者通过遥感及其他空间技术、图像信息技术、环境动态数据采集技术、海量数据存储技术、计算机技术和网络技术等应用和集成，搭建起包括五大区域数据中心在内的全国性文化遗产预防性保护综合信息平台，实现文化遗产预防性保护信息资源采集、数据存储与处理、信息资源的交换与共享、各类应用与服务系统建设；后者以促进经济和文化的发展为目标，针对一定时期的公共需求，通过组织整合、集成优化各类资源，提供可共享共用的基础设施、设备和信息资源共享的各类渠道，达到减少重复投入、提高资源效率、加强信息共享的目的。

对外交流与合作

2010 年，为配合国家外交大局，推动我国文化遗产事业的发展，国家文物局积极开展文化遗产对外交流，加强政府间文物交流与合作，加大双边文化遗产保护协定和禁止文物非法进出境协定的签署，进一步加大对外援助项目的实施工作，积极开展与有关国际组织和民间机构的合作，推进与港澳台地区在文化遗产领域的交流与合作，不断提高进出境文物展览的质量和水平，主办学术研讨会，提高中国在国际文化遗产保护领域的影响力。

【政府间文物交流与合作】

开展援助柬埔寨吴哥古迹、保护修复二期工程茶胶寺和肯尼亚合作考古、研究等项目。开展面向非洲、亚洲、拉美地区文物保护人员培训。完成中美、中意、中法、中日韩合作等培训项目。驻华使节、外交官走近中国文化遗产活动富有成效，对外合作与交流呈现多层次、多渠道、全方位的发展势头。

2010 年，为执行政府间文化交流执行计划，国家文物局与朝鲜、韩国、印度尼西亚、泰国、越南、埃塞俄比亚、肯尼亚、津巴布韦、尼日利亚、厄瓜多尔、罗马尼亚、克罗地亚等 12 个国家顺利实施了互访。

安排接待了意大利文化遗产活动部代表团、韩国文化财代表团、印尼文物代表团、新加坡文物代表团、泰国建筑代表团、泰国文化遗产代表团、英国博物馆代表团、克罗地亚等国文物代表团、朝鲜史迹工作者代表团、津巴布韦代表团、厄瓜多尔代表团及国际博协主席和盖蒂保护所访华等。

2010 年 10 月 7 日，在温家宝总理的见证下，文化部部长蔡武与意大利文化遗产与活动部部长邦迪在罗马签署了《中华人民共和国国家文物局与意大利共和国文化遗产与活动部关于促进文化遗产合作的谅解备忘录》。

2010 年 11 月 15 日，在习近平副主席和新加坡副总理的见证下，文化部副部长赵少华与新加坡新闻、通讯与艺术部常秘陈英杰代表中新两国文化遗产部门在新加坡签署了《中华人民共和国国家文物局与新加坡共和国国家文物局关于博物馆合作的谅解备忘录》。

2010 年 7 月 ~8 月，北京大学考古文博学院组织有关考古专业人员 9 人，赴肯尼亚开展“中国和肯尼亚合作实施拉穆群岛地区考古项目”的陆上考古发掘工作。此次考古发掘地点选择在肯尼亚马林迪市周边的曼布鲁伊地区和卡提布清真寺，考古发掘面积近 600 平方米。考古队在曼布鲁伊地区发现一处 11 世纪的聚落遗址，发掘出房址、冶铸作坊、窑炉及灶、卫生设施等遗迹现象，出土了大量当地产陶片和中国景德镇青花瓷片、龙泉窑瓷片，还出土中国明代“永乐通宝”钱币、伊斯兰陶器、贝壳类饰品、铁器、骨器等遗物；在卡提布清真寺周边主要发掘出与清真寺相关的早期建筑遗址。这些考古工作对于了解马林迪市的城市发展史，卡提布清真寺的布局和建筑历史，大型聚落的年代、布局和文化面貌，以及中外交流史等提供了珍贵资料。

2010 年 11 月 27 日，文化部部长蔡武会见柬埔寨副首相宋安并出席中国政府援助柬埔寨吴哥古迹二期工程茶胶寺开工仪式。当日，中国政府援助柬埔寨吴哥古迹二期茶胶寺保护修复工程开工仪式在柬埔寨暹粒市举行，文化部部长蔡武、国家文物局副局长童明康、中国驻柬埔寨大使潘广学、联合国教科文组织副总干事班德林以及柬埔寨政府副首相兼内阁办公厅大臣宋安、柬埔寨文化艺术部部长亨柴等出席开工仪式并为工程开工剪彩。

【打击文物走私双边协定】

2010 年 10 月 12 日，国家文物局局长单霁翔和埃及最高文物委员会秘书长扎西·哈瓦斯（Zahi Hawass）在开罗分别代表中埃两国政府签署了《中华人民共和国政府与阿拉伯埃及共和国政府关于保护和返还从原属国非法贩运被盗文化财产的协定》，这是中国政府与非洲大陆签署的第二个类似的协定。

2010年12月1日，国家文物局局长单霁翔与厄瓜多尔共和国自然与文化遗产协调部副部长胡安·卡洛斯·科埃亚·米德罗斯签署了《中华人民共和国国家文物局和厄瓜多尔共和国自然与文化遗产协调部2011年至2014年谅解备忘录》。

截至2010年年底，我国共与13个国家签署了关于防止盗窃、盗掘和非法进出境文化财产的双边协定或谅解备忘录，是世界上签署此类协定最多的国家之一。

【文物对外展览、博物馆馆际交流】

2010年4月，中意两国政府文化遗产主管部门在意大利米兰举办了“秦汉—罗马文明展”米兰站开幕式。国家文物局副局长顾玉才和米兰市市长出席米兰站开幕式。

2010年10月上旬，温家宝总理访问意大利期间，中意两国政府文化遗产主管部门在意大利罗马举办了“秦汉—罗马文明展”罗马站开幕式。蔡武部长和意大利文化遗产与活动部部长邦迪出席了展览开幕式。

“大三国展”巡展地达到15个。该展2008年5月赴日本东京富士美术馆等7地巡展，在日本掀起了持续的三国热。2009年4月该展从日本归国后，除在大陆7地巡展外，于2010年6月5日～9月5日在台北历史博物馆展出，受到岛内的广泛关注。15个展地参观人数总计190万人次。

2010年9月，在美国开幕的“忽必烈的时代——中国元代艺术展”，受到中美领导人的持续关注，好评如潮。国家文物局副局长董保华率团出席开幕式活动。

赴日“华夏文明之源——河南文物珍宝展”、赴瑞典“中国的兵马俑”展、赴台“雪域——西藏艺术大展”“文艺绍兴——南宋艺术与文化特展”“法门寺地宫与唐代文物大展”等一系列出境展览向观众充分展示了中华文明的博大精深，获得了各界好评。

2010年上海世界博览会期间，上海博物馆在与日本东京国立博物馆合作举办了“鉴真和空海——中日文化交流的见证”展、“千年丹青——日本中国藏唐宋元绘画珍品展”。“鉴真和空海展”展示了日本的国宝级文物——中国人鉴真和日本人空海的肖像，彰显了他们在中日文化交流史上的卓越贡献。上海博物馆、大英博物馆以及维多利亚与阿尔伯特博物馆在世博会期间联合举办了“古印度文明——辉煌的神庙艺术”展。此外，上海博物馆还与俄罗斯艾尔米塔什博物馆合作举办了“北方之星：俄罗斯帝国黄金时代和叶卡捷琳娜二世”展。

2010年是“中英文化连线”博物馆交流活动开展的第二年。8月底，中方派出8人代表团赴英国参加交流活动，对大英博物馆、维多利亚及阿尔伯特博物馆和剑桥费茨威廉博物馆等英国知名博物馆进行了考察。其间，代表团与其中大部分博物馆举办了座谈会。此外，中、英博物馆代表还在伦敦大学学院考古研究所举办了主题为“博物馆的公共教育普及功能”的研讨会，当地博物馆同仁和学生反响热烈。

2010年10月底，以英国博物馆、图书馆及档案委员会赫德利·皮尔斯·斯怀因先生为团长的英国博物馆代表团来华访问，参观了上海、江苏、湖南、湖北等地的博物馆并进行了业务交流。

2010年11月5日，国家文物局在湖北省博物馆组织了中英连线“博物馆馆藏的教育功能”研讨会，就“博物馆馆藏在展览与公众教育中的应用”等课题展开讨论。湖北省文物局、湖北省有关博物馆及高校、内蒙古博物院、云南省博物馆和相关媒体近200人参加了本次研讨会。

【与国际组织和民间机构的合作】

2010年，国家文物局进一步发展与相关国际文博组织的关系，积极参与国际会议和重要国际活动，开展各种国际多边文化遗产交流活动，积极参与国际文化遗产保护工作交流。举办文化遗产保护与可持续发展国际会议、东亚地区文物建筑保护理念与实践国际研讨会、城市文化国际研讨会等国际会议，成功承办国际博物馆协会第22届大会，形成一系列具有影响的国际文件。

2010年7月21日~8月6日，国家文物局副局长童明康率团出席了在巴西首都巴西利亚召开的联合国教科文组织第34届世界遗产委员会会议。中国的“登封‘天地之中’历史建筑群”通过会议表决，成功登录《世界遗产名录》。

9月26日~30日，国家文物局局长单霁翔前往杭州接见对中国2011年世界文化遗产提名项目“杭州西湖文化景观”进行现场技术评估的ICOMOS专家。

11月25日，中国邀请部分外国专家在西安召开丝绸之路申遗工作会议。

11月7日~11月12日，国际博物馆协会第22届大会暨第25届全体会议在上海世博中心举行。本届大会共有来自全球122个国家、地区和国际组织的3542名博物馆及相关领域的代表参会，其中境外代表1493人。30个专门委员会会议和博物馆志愿者、博物馆与城市经济、新技术等3个开放式主题论坛，为中外博物馆工作者提供了广阔的学术交流平台，体现了多元、差异、创新前提下的对话、包容、共存和发展。176个展位构成的博物馆展览会，吸引了国内外众多博物馆及相关领域的专业公司积极参展，充分反映了博物馆及相关文化产品与技术的最新成果与发展动态。

会上通过了《关于博物馆致力于社会和谐的上海宣言》，国际博物馆协会与国家文物局联合发布了《中国濒危文物红色目录》，推进预防和遏制国际间针对中国文物的盗卖和走私，呼吁国际社会为中国文物保护共担责任。大会通过了在中国设立国际博协培训中心的建议，同时选举产生了国际博协和下属各国际专门委员会的新一届机构人员，许多中国代表进入了国际博协执委会或国际博协下属国际专门委员会，扩大了中国博物馆的影响力。

此外，国家文物局派员前往哥伦比亚、埃及、法国等国出席有关文物追索、科技保护等国际会议。派员出席了联合国教科文组织和国际文化财产保护与修复研究中心等组织的一系列重要国际会议，积极参与文化遗产领域的国际事务；参加了分别于6月8日~9日在柬埔寨举行的联合国教科文组织吴哥窟国际协调委员会会议、6月12日~13日在巴黎召开的ICOMOS主席团会议、9月10日~15日在巴黎召开的ICOMOS世界遗产工作组会议、10月26日~31日在爱尔兰首都都柏林召开的ICOMOS咨询委员会、执委会和科学委员会会议、11月26日~29日在西班牙马德里召开的ICOMOS文化线路委员会年会和12月1日~6日在巴黎召开的ICOMOS世界遗产专家组会议和世界遗产工作组会议。

【涉外文物培训】

2010年，完成中日韩合作丝绸之路沿线文物保护修复人员培养计划最后一个年度的培训任务，举办了纺织品保护和壁画保护两个培训班。2010年12月15日，举办了该培训计划结项国际研讨会，国家文物局、中国文化遗产研究院、日本文化财保护研究助成财团、东京文化财保护研究所、三星公司的代表以及参加这个培训计划的学员参加了研讨会。国家文物局向日本文化财保护研究助成财团、东京文化财保护研究所和中国三星公司等外方合作单位颁发了“文物保护荣誉奖”奖牌。这个历时五年的培养计划为河南、陕西、甘肃、宁夏、青海和新疆等六省区培养了 8 个专业门类的 102 名专业技术人员，搭建了中日韩三国在文化遗产保护领域的合作平台。

【文物外事会议】

2010 年 11 月 16 日，国家文物局文物外事工作座谈会在江苏无锡市召开，来自外交部、文化部等相关单位的领导和全国文物系统负责文物外事工作的代表共 60 余人出席了座谈会。国家文物局副局长顾玉才在座谈会上作了重要讲话。座谈会总结了 2010 年文物外事工作取得的成绩及存在的问题，探讨外事工作的思路，部署 2011 年文物外事工作的主要任务，为此后的特别是“十二五”期间的文物外事工作做好准备。

2010 年 12 月 15 日 ~18 日，举办了第二届“海峡两岸文化遗产保护论坛”。20 余名大陆古建领域知名专家学者以及 16 名台湾古建专家和官员参加了论坛。论坛为两岸对红砖建筑的价值、内涵和保护的研究奠定了坚实的基础。

【赴港澳台展览】

2010 年，组织了“长沙国与马王堆文物展”“港深古代文化根源展”“从同盟会到辛亥革命文物展”等赴香港展览；“黄金辽源——内蒙古博物馆精品特展”“千古英雄：大三国特展”“西藏艺术大展”“文艺绍兴——南宋艺术与文化特展”“法门寺地宫与唐代文物大展”等赴台展览；“海峤儒宗——利马窦逝世四百周年文物特展”“秣陵烟月——南京博物院藏明末清初金陵画派精品展”“斗色争妍——故宫博物院藏清代御窑瓷器精品展”等赴澳门展览。

文博教育培训

【培训工作】

完成了新疆、山西、辽宁、吉林、安徽、江西、重庆等省市的地市文博管理干部培训和国保单位负责人培训。举办了茶马古道保护培训、军队营区文物保护与管理培训、西藏自治区文博管理干部第二期培训等重点培训项目。完成了中日韩合作丝绸之路沿线文物保护修复人员培养计划最后一个年度的培训任务，举办了壁画保护修复培训班和纺织品文物保护修复培训班。完成了文物保护修复中长期培养计划 2010 年度的工作任务，举办了石质文物保护培训班和壁画保护修复培训班。完成了博物馆文物鉴定人员中长期培养计划 2010 年度的工作任务，举办了玉器鉴定研修班和杂项鉴定研修班。举办了第四期新任考古领队岗前培训班。

【全国文博教育培训工作座谈会】

2010 年 10 月 26 日 ~27 日，全国文博教育培训工作座谈会在郑州召开。国家文物局局长单霁翔作了重要讲话，从七个方面总结了近年来文博教育培训工作取得的成绩和经验，对加强和改进文博教育培训工作讲了三点重要意见，进一步明确了“十二五”期间文博教育培训的指导思想、基本原则和主要任务。各省、自治区、直辖市文物部门和部分高校的代表就进一步加强和改进文博教育培训，做好“十二五”期间大规模培训干部工作提出了很多意见和建议。

【职称评审】

2010年，国家文物局评审了文物博物馆、古建工程和文物编辑出版等三个系列的高级职务任职资格。评审结果如下：天津市涂小元、岳宏，山西省王春波、张映莹、郭俊卿，云南省李枝彩、葛永才、何金龙、高峰、马波，国家民族事务委员会计红梅、马志敏、冯昆思，国土资源部张志军，新闻出版总署赵春英，北京鲁迅博物馆马俊亭，国际友谊博物馆乔扬，中国文物信息咨询中心金瑞国，文物出版社肖人桂、张道奇、王伟、孙霞，中国文化遗产研究院王金华、刘曙光、张兵峰、王林安，中国文物报社李文昌、张双敏。

人事工作

【机构编制】

中编办印发《关于调整国家文物局行政编制的通知》（中央编办发［2010］5号），为国家文物局增加编制，明确国家文物局机关行政编制为92名。

中央编办、国务院军转办印发《关于为2008和2009两个年度文物局接收军队转业干部增加行政编制的通知》（中央编办发［2010］152号），为国家文物局2008和2009两个年度接收军队转业干部增加3名行政编制。

根据上述2个通知，国家文物局编制总数为95名（含“两委”人员编制2名，离退休干部工作人员编制6名）。其中，局长1名，副局长4名，正副司长职数19名（含机关党委专职副书记）。

【机构调整】

中央编办印发《关于国家文物局文物保护与考古司加挂世界文化遗产司牌子的批复》（中央编办复字［2010］319号），同意国家文物局文物保护与考古司加挂世界文化遗产司牌子。

中央编办印发《关于中国文化遗产研究院增加有关职责和事业编制的批复》（中央编办复字［2010］188号），将国家博物馆组织、指导全国水下考古的事务性工作职能交由中国文化遗产研究院承担；从国家博物馆划转4名财政补助事业编制到中国文化遗产研究院。

【制度建设】

根据《2010～2020年深化干部人事制度改革规划纲要》，局党组结合实际制定《中共国家文物局党组关于贯彻落实〈2010～2020年深化干部人事制度改革规划纲要〉的实施意见》、《国家文物局机关干部深入基层锻炼实施办法》和《国家文物局2010年深化干部人事制度改革工作要点》，制定《国家文物局干部职务名称表》。

根据中央要求和统一部署，在局系统内广泛开展学习贯彻四项监督制度相关工作，结合国家文物局实际制定《国家文物局党政领导干部选拔任用工作责任追究办法实施细则》和《国家文物局党政领导干部选拔任用工作有关事项报告办法实施细则》。

【干部管理】

2010年1月27日，中央组织部任命顾玉才、宋新潮为国家文物局党组成员，免去张柏的国家文物局党组副书记职务；

2010年2月8日，国务院任命顾玉才、宋新潮为国家文物局副局长，免去张柏的国家文物局副局长职务；2010年12月19日，中央组织部任命董保华为国家文物局党组副书记。

2010年1月，国家文物局党组任命荣大为为中国文化遗产研究院副院长（正局级）；免去吴加安的中国文物信息咨询中心党总支书记、副主任职务；免去荣大为的中国文化遗产研究院副院长职务；任命张全国为文物出版社社长，免去其文物出版社党委书记职务；任命苏士澍为文物出版社名誉社长，免去其文物出版社社长职务；任命侯菊坤兼任文物出版社党委书记（正局级）。

2010年2月，免去王良学的国际友谊博物馆党总支书记职务；任命张全国为文物出版社党委副书记。

2010年3月，任命黄元兼任国际友谊博物馆党总支书记（正局级）；任命罗伯健为国家文物局办公室（外事联络司）副主任、机关服务中心主任、党支部副书记（正局级），免去其中国文物交流中心主任职务；任命吴东风为中国文物信息咨询中心党总支书记、副主任，免去其国家文物局办公室（外事联络司）副主任、机关服务中心主任、党总支副书记职务；免去顾玉才的中国文化遗产研究院院长、党委副书记职务；任命刘曙光为中国文化遗产研究院院长、党委副书记，免去其国家文物局办公室（外事联络司）主任职务；任命王军为中国文物交流中心主任，免去其国家文物局政策法规司司长职务；任命王莉为国家文物局办公室（外事联络司）副主任，免去其国家文物局政策法规司副司长职务；免去李培松的国家文物局办公室（外事联络司）副主任职务；任命李耀申为国家文物局政策法规司司长，免去其国家文物局博物馆与社会文物司（科技司）巡视员职务；任命段勇为国家文物局博物馆与社会文物司（科技司）司长；免去宋新潮的国家文物局博物馆与社会文物司（科技司）司长职务。

2010年12月，任命杨阳为北京鲁迅博物馆馆长、党委书记、法人代表，免去其中国文物交流中心党支部书记、副主任职务；免去孙毅的北京鲁迅博物馆馆长职务；免去杨晋英的北京鲁迅博物馆党委书记、副馆长职务；任命张全国为文物出版社有限责任公司董事长、社长、法人代表；任命张自成为文物出版社有限责任公司党委书记、总经理，免去其中国文物报社总编辑职务；免去侯菊坤的文物出版社党委书记职务；任命葛承雍为文物出版社有限责任公司总编辑、副总经理；免去游庆桥的中国文物信息咨询中心主任、党总支副书记、法人代表职务，吴东风主持中国文物信息咨询中心工作。

【直属事业单位管理】

根据中央统一部署，在中宣部、国家新闻出版总署、财政部、文化部和国家文物局的指导下，文物出版社于2010年12月31日顺利完成转企改制工作，成立文物出版社有限责任公司。

经国家文物局专业技术二级岗位专家评审委员会评审推荐，国家文物局党组研究同意，相瑞花（国际友谊博物馆副馆长、研究馆员）、常兴照（中国文物信息咨询中心评估部技术总监、研究馆员）、张昌倬（文物出版社副总编辑，编审）、侯卫东（中国文化遗产研究院副院长、总工程师、研究员）等4人具备专业技术二级岗位任职资格。

【社团管理工作】

经民政部批准，中国博物馆学会更名为中国博物馆协会。

分述篇

国家文物局直属单位

北京鲁迅博物馆

【概述】

北京鲁迅博物馆（简称鲁博）保存有藏品、图书等81763件（套、册）。其中文物藏品17301件（套），包括一级文物700件（套），未定级文物16601件（套），主要包含鲁迅文物、鲁迅亲属文物、鲁迅同时代人的文物；一般藏品9617件（套），主要包含文化名人的手稿、照片、生平史料、藏书、藏画等藏品；新、旧图书54845册，主要包含鲁迅著译版本、鲁迅研究著作、新旧期刊、社科图书等。

【业务建设】

（一）鲁迅研究中心建设

1. 继续办好《鲁迅研究月刊》，为鲁迅研究工作提供良好的研究平台，不断推动鲁迅研究事业的健康发展。

2. 举办系列学术活动。2010年1月，韩国鲁迅研究专家朴宰雨教授在鲁博与馆内业务人员就当下中韩鲁迅研究的现状进行座谈；继续开展鲁迅外文藏书研究国际协作项目，部分成果在学术刊物上发表；举办“诗人郭小川90周年诞辰纪念会暨学术研讨会”。3月，日本东京大学盲聋教授福岛智，到鲁博作学术报告和交流。11月，“翻译与二十世纪中国文学”学术研讨会在鲁博举行，来自国内各大院校和研究机构的六十余位专家、学者应邀出席；第三届中国当代散文创作与发展研讨会在鲁博举行，当代著名作家共同探讨散文创作的发展方向。11月19日~20日，鲁讯博物馆与中国艺术研究院文学院、上海鲁迅文化发展中心在北京联合举办了“2010鲁迅论坛”。

3. 与国家图书馆出版社合作，编辑出版《胡风主编期刊汇辑》五册。编辑出版《先师余杭章太炎先生手札》。编印《鲁迅用笺》《鲁迅印谱》。2010年鲁博共有6人发表了10篇文章。

（二）鲁迅文物资料中心建设

1. 做好文物征集工作。征集到第三批胡风、梅志遗物共847件文物。征集到力群、赵延年、晁楣、董其中、莫测、杨先让等著名版画家代表作近400件，丰富了鲁博的版画收藏。征集到部分阿垅文物、路翎文物。召开多次专家会，对周海婴先生所藏鲁迅文物进行鉴定评估，形成征集文本，已通过专家审核；召开两次专家会，对赵延年捐赠的与鲁迅相关的全部版画作品46件184幅进行鉴定评估。征集到著名版画家莫测、杨先让、张桢麒、郝伯义的版画100多件。

2. 积极参加专业培训，6人次参加“纸质文物保护”和“文物考古与保护专题”两个专业培训班。8人次参加“丘东平生平与作品”“路翎与合川”“文物保护专业委员会年会”等3个学术研讨会。提高了文物保管人员的业务素质。编制鲁迅文物资料电子图库项目预算申报计划。

3. 信息化工作方面，保证了网站的正常运行及维护，采集各类新闻20余条。采集胡风与友人往来书信及木屑文丛图片等。采集上海鲁迅活动纪念地图像。扫描鲁迅研究历年剪报。

（三）鲁迅生平展示中心建设

1. 陈列展览

2010年共举办了各种类型的展览5个，其中原创性输出展览有“鲁迅的艺术世界——鲁迅博物馆馆藏文物精品展”；引进的展览有“杨先让版画展”“莫测版画展”和“无上清凉书画展”；引进并具有原创性的展览有“贾俊学藏曹禺戏剧史料展”。这几个展览均引起社会各界高度关注。

“鲁迅的艺术世界——鲁迅博物馆馆藏文物精品展”于5月18日起在湖州市博物馆展出一个月。这次展览共有237件文物，其中一级文物76件，这是鲁博建馆以来外展珍品最多的一次。《中国文物报》、湖州市报刊、电视台等都对此进行了报道。

10月，鲁迅博物馆与中国闽台缘博物馆在泉州联合举办“1946—1948：许寿裳在台湾”文物展。11月，文化部、浙江省政府主办的“东西贯中——吴冠中艺术回顾大展”在杭州美术馆举办，鲁迅博物馆以馆藏6件吴冠中精品参展。

2. 社会教育

做好日常开放工作。2010年4月1日，鲁博对社会免费开放，观众量有所增加，鲁博为此制定了参观登记制度，有效控制了观众的流量；安排业务人员值班，维持秩序，并为观众讲解答疑；节假日观众流量大，安排青年志愿者为观众服务，充分发挥爱国主义教育基地的职能，接待工作获得观众的好评。

继续开展多种形式的活动，宣传鲁迅文化。4月，鲁迅博物馆与鲁迅中学、三十五中学和劲松四中等共建学校联合举办了主题为“欣慰的纪念——青年学子颂鲁迅”清明节纪念活动，120余人参加。还举行“传承鲁迅精神、弘扬民族文化”社会大课堂活动。共建学校师生们朗诵了鲁迅的《死火》《雪》，表演了《傻子、奴才和聪明人》《鲁迅先生在课堂上》等节目。这次活动让师生们加深了对鲁迅精神的理解。9月，鲁迅博物馆与多所共建学校联合举办了大型纪念诵读会——“纪念鲁迅诞辰129周年中学生鲁迅作品诵读会”。西城区委宣传部、西城区文联、西城教委社会大课堂的领导、著名朗诵艺术家殷之光，北京博物馆学会社会教育委员会主任齐吉祥老师朗诵了鲁迅作品并作艺术指导。《中国文化报》《中国文物报》《西城报》《现代教育报》和北京电视台等均作了采访报道。

继续开展“走近鲁迅”系列活动。把为中学生量身打造的“走近鲁迅”展览陆续送到京郊18个远郊区县，配合助学活动巡回展出。5月25日和12月1日，鲁迅博物馆在怀柔区长哨营乡满族中学和密云县巨各庄中学开展“走近鲁迅”馆校牵手校园行活动。还向两所中学捐赠了文体用品，充分体现文化进校园的主题。送展活动宣传了鲁迅思想，弘扬了鲁迅精神，开阔了学生们的眼界，将“社会大课堂”活动打造成馆校教育相结合的文化精品。

举办迎接“5·18 国际博物馆日”名人展览系列活动。鲁迅博物馆与宋庆龄纪念馆等 8 家京城名人故居、纪念馆联手，先后在门头沟区博物馆、延庆博物馆举办“人文精神与文化名人”展览和“文化名人与新中国”展览。通过这些活动让中华民族的人文精神得以传承、弘扬和发展，增强国民的责任感和使命感，为把首都建成繁荣、文明、和谐、宜居的首善之区做出贡献。

做好培训青年志愿者工作。鲁迅博物馆社教部为共建学校培训了 80 名志愿者。积极参加文化部团委组织的读书节演讲比赛，社教部职工刘晴同志在这次演讲比赛中获得主题读书演讲比赛三等奖。此外，圆满完成了 34 名港澳大学生内地文化实践活动培训任务。

鲁迅博物馆社会教育工作得到了各方面的认可和好评。年终荣获“北京市校外教育（社会大课堂）先进集体”称号，社会大课堂活动入选社会大课堂优秀案例集。在西城区举办的第九届宣南文化节开幕式上，北京鲁迅博物馆获得“西城区首批著名文化旅游目的地”称号。

国际友谊博物馆

【概述】

国际友谊博物馆（简称友博）隶属于国家文物局，是收藏、研究、展示和宣传中华人民共和国成立以来党和国家领导人、政府机构以及社会团体接受的外交礼品的专题博物馆。

友博已收藏来自世界五大洲 170 多个国家和地区以及国际组织的近 2 万件珍贵礼品，包括金银器、铜器、陶瓷器、玻璃器、漆器、玉石器、牙骨器、木雕、织绣、绘画、摄影作品等 30 多个门类近百个品种。这些礼品是当代中外友好往来的实物见证，异彩纷呈，具有较高的艺术和研究价值，展现了世界各国和地区的文化传统、艺术风采。还有一些珍贵化石和动植物标本，堪称稀世珍宝。

2010 年，友博在国家文物局党组的领导下，坚持邓小平理论和“三个代表”重要思想，深入学习实践科学发展观，以求真务实的态度和作风，以服务社会、服务观众为主旨，进一步发挥博物馆社会服务功能，深化制度建设，完善基础工作，扎实推进博物馆事业向前发展。

【学习教育】

友博把深入学习实践科学发展观活动与博物馆工作紧密联系起来，在深入研究问题的基础上，形成推动事业发展的思路和措施，并切实落实到工作中，加强了党员、干部、职工对十七大精神和科学发展观的学习理解，促进大家进一步解放思想，把认识和行动统一到科学发展博物馆事业的高度上来。

2010 年，友博坚持把发展作为第一要务，在加强对科学发展观理论、李长春同志重要文章、廉政准则等理论学习的基础上，积极开展争先创优活动，坚持友博特色，继续广泛深入地举办“国礼神州行”系列展览，努力推动陈列展示、文物保护、基础建设等各项工作向前迈进。

【展览宣传】

2010 年，友博的“国礼神州行”系列展览分别在海南省海口市、陕西省西安市、甘肃省天水市和兰州市、宁夏回族自治区银川市等地展出。国礼展以鲜明的主题、深刻的内容、生动的形式，突出展示了世界各地不同风格的礼品，有着很好的观赏性和教育意义，给观众留下了深刻的印象。许多观众表示，通过展览看到了新中国辉煌的外交成就，追忆起老一辈革命家的丰功伟绩，感受了世界文化艺术的丰富魅力，重温了历史，得到了启迪，增强了民族自信心和自豪感。

在巡展中，友博特别重视提高展览宣传工作的创新能力，在不断发掘藏品资源的基础上，深化研究，积极策划形式新颖的陈列展览，努力实现展览题材多元化。4月~9月，友博在西安大唐西市博物馆和兰州市博物馆举办的“丝绸之路沿线国家国务礼品展”以及自7月起在宁夏博物馆举办的长达9个月的“伊斯兰国家国际礼品展”，分别从丝路文化和伊斯兰文化这两个独特的角度诠释国礼，更加贴近实际、贴近生活，满足了观众对多元文化的需求，也提高了“国礼神州行”展的品牌和质量。

在展陈宣教工作中，友博深刻认识到“国礼神州行”系列展览的重要性，认识到友博和国礼展在实现博物馆社会服务功能，推动文化大繁荣、大发展进程中的重要作用，树立精品意识，积极实践，积累经验，充分发挥主观能动性，团结一致、统筹兼顾，努力克服巡回展览展示环境复杂、安保条件薄弱等困难，有计划、有步骤、安全有效地把国礼展送到各地。

【文物保护】

1. 藏品管理信息系统

友博完善了藏品信息管理系统，结合研究成果和巡展中发现的问题，进一步对部分藏品的资料、信息和数据进行核对和修正，并录入数字图片，使得该系统查询检索更加便捷、准确、丰富，提高了系统的实用性。

2. 巡展中的文物保护

友博按照馆里制定的巡展中文物保护工作规范，结合实际，在展品维护、提退、运输、布置与撤收等工作环节上，认真研究，精心着手，注重细节，把握关键，有效地提高了巡展中文物的科学保护水平。

【学术研究】

随着“国礼神州行”系列展览巡展工作的不断拓展，友博的学术研究工作也逐步加强。馆内许多干部职工结合岗位实践、专业研究和巡展体会，在陈列展示、文物保护、博物馆建设等方面提出了一些有价值的学术观点，撰写了一些有分量的学术文章。友博在此基础上，编辑出版了论文集、馆刊以及展览图录等学术刊物。通过学术研究和交流，友博干部职工拓宽了思路，锻炼了队伍，实现了研究、实践双提升。

【制度建设】

友博为了规范管理、规范工作程序，在梳理近年来制定的各项规章制度的基础上，结合工作实际，建立健全和修订完善了一批规章制度，并将综合性制度印制成册，公布实施，提高了制度建设水平，使各项工作有章可循，为科学发展提供良好的制度保障。

【网站建设】

友博完成了网站改版工作。新网站增强了信息发布功能，更加形象、直观地展示了友博的工作和建设，展示了友博人的精神风貌。新增的四个网上主题展览生动地再现了近年来友博举办过的重点展览。新网站为观众提供了解国礼、了解友博、了解文化遗产知识的平台，也增强了友博与观众之间的沟通、交流。

【安全保卫】

友博坚持“预防为主、防治结合”的原则，认真抓好安全保卫制度的落实、监督和检查工作。年初，馆里与每个部门及每个工作人员都签订了年度安全责任书，明确了安全责任和预期目标。日常工作中，友博重视经常性安全教育和检查落实，督促职工强化责任意识和风险意识，把坚持制度、防微杜渐、确保安全的要求贯穿始终。在大家的共同努力下，友博安全保卫工作质量和水平不断提高，较好地完成了展览期间、两会期间、节日期间以及日常安全保卫工作任务。

【资产清查】

友博于2010年下半年开展了对文物、各类设施设备、经营开发项目及资金、税务情况以及图书资料和文件档案等各类资产的清查工作，理清了家底。

【第22届国际博协大会相关工作】

友博认真落实国家文物局的指示，与国际博协、上海市等各有关方面积极沟通、协调，按照部署，落实责任，精心组织，周密实施，紧张筹备，为保证大会顺利召开奠定了基础。

中国文物信息咨询中心

【概述】

2010年，中国文物信息咨询中心（以下简称“信息中心”）继续深入学习实践科学发展观，紧密围绕国家文物事业“十二五”发展需要，结合文物博物馆事业信息化建设和咨询评估的核心职能，整合资源、夯实基础、自主创新、增强实力，在国家文物局的正确领导和中心全体职工的共同努力下，各方面工作均取得了稳步发展。

【内部建设】

2010年，全体职工按照中央和国家文物局的要求和部署，进一步学习、实践科学发展观，增进“积极事业、务求实效、自主创新、宽松和谐”的共识。加强内部制度建设，推进机制创新，提高工作效率。

按照国家文物局党组和直属机关党委要求，积极推进学习型党组织建设，开展创先争优活动。在建党纪念日前夕，组织全体党员和职工赴邓小平故里四川广安开展了主题党日活动。

玉树地震发生后，信息中心干部职工踊跃捐款，以实际行动支援抢险救灾。组织职工参加春季运动会、植树等活动。开展多种形式的文体活动，丰富职工的精神文化生活。

【文物信息化建设】

（一）研究规划

受国家文物局委托，编制《文物博物馆行业信息化“十二五”发展规划编制调研报告》，并通过了专家论证；开展《博物馆综合管理服务平台建设》前期调研工作；开发数据管理系统，建立“文物保护单位及管理机构信息数据库”，并研究撰写了《文物保护单位管理体制调研》统计分析报告。

调研编制了《中国国家博物馆发展规划（2011～2020）》和《文物数据资源管理办法（报审稿）》。

（二）文物资源调查项目建设

根据国家文物局2010年重点工作计划，全力做好文物调查及数据库管理系统建设项目组织落实工作。深入各省数据采集现场，开展项目培训、数据审核、技术指导、进度督促；研发馆藏文物数据管理与应用系统软件等相关信息系统，完成文物调查项目数据审核、整理和接收；为项目全面总结工作做好准备。

积极为第三次全国文物普查提供技术支持，研发普查数据汇总管理软件；开展田野调查数据汇总与验收，实地汇总验收了31省（市、自治区）的数据，并按规范程序完成了数据接收、汇总和存储工作。

按计划完成长城资源调查数据存储环境和系统运行环境建设，办理数据移交手续。

（三）数据资源建设

完善国家文物局数据中心基础数据结构，初步形成了以文物数据资源目录和文物身份统一标识为核心，以文物数据交换平台、元数据管理为手段的基础数据架构和运行体系，为大规模数据管理与应用奠定了基础。

配合馆藏文物调查和文物普查项目，开展文物数据管理与应用服务系统软件预研究。建立文物保护单位数据库，收录了涵盖30多个指标项、共51527条文保单位的管理和业务信息。启动“文物拍卖管理数据信息系统”开发工作。

截至2010年12月底，完成各省（市、自治区）上报的1660275条馆藏珍贵文物数据的整理入库工作，数据存储总量达15.16TB。接收31省（市、自治区）文物普查数据8TB。整理存储各类相关业务档案数字化影音资料约4.5TB。

加强数据存储与备份。构建国家文物局数据中心在线盘阵、离线磁带、异地容灾的三级数据存储体系，部署了超过30TB的存储空间。制定《国家文物局数据中心数据资源管理办法》等规范制度，从技术和制度双层面加强了数据资源的管理。

（四）电子政务与政府网站建设

根据国家文物局机关业务流程，开发新版OA系统，已通过中国软件测评中心专业测试，已在机关内网进行试运行。

维护和升级文物安全与行政执法管理信息系统、考古发掘电子审批系统，增加执法督察人员年审、考古领队年审等功能。截至2010年12月底，已接收地方上报信息一万余份，为国家文物局和各地文物部门文物执法督察工作提供了便捷服务。

初步建成文物局电子政务短信服务平台，为信息及时上传下达提供更加便捷的途径。初步完成文物电子标签调研、需求分析和设备选型工作。

继续做好国家文物局网站及各专题子站的内容和技术维护，配合“6·12文化遗产日”“国际博协大会”等重大活动和事件，策划系列专题栏目，通过多种形式加大网站信息宣传和服务力度。截至2010年11月22日，浏览量达到2051余万次，比2009年同期增长87%。

（五）行业信息技术服务

继续为中国文化遗产研究院、中国文物报社等近10家单位提供网站建设与维护、服务器托管、网络系统建设等技术支持与服务。为国家博物馆编制藏品综合管理系统需求规格说明书，为新疆文物考古研究所等单位编制文化遗产信息服务平台建设咨询报告。免费提供博物馆藏品综合管理软件及技术支持工作。全国累计有200多家博物馆使用了该系统，陕西全省推广使用了该系统。

（六）基础设施建设与运行维护

进一步加强国家文物数据中心机房建设，优化数据存储环境，提升安全防护水平，确保国家文物局机关网络、政府网站及各类应用系统和数据的安全稳定运行。

【文物保护咨询评估、认证业务】

（一）文物保护工程咨询评估

受国家文物局委托，继续组织开展文物保护工程方案、规划等审核工作，全年共组织专家审核文物保护工程方案、文物保护单位保护规划、行政许可等各类方案615份。编辑印发了《文物保护工程》杂志。汇总、整理、分析了2009年中心受理的各类项目审核情况，编写了近3.5万字的《2009年度项目审核评估报告》。组织专家赴安徽、辽宁、福建、新疆等地开展咨询评估服务，通过现场考察、与设计单位交流等形式，为地方文物管理部门提供咨询服务。

完成国家文物局委托开展的《世界文化遗产动态信息及监测预警系统预研究》。完成《全国重点文物保护单位保护规划实施情况跟踪监测研究结项报告》。

（二）文博行业资质资格认证与考试

根据国家文物局工作部署，继续组织文物拍卖标的审核备案、文物出境鉴定员考试、拍卖专业人员考试和海外流失文物调查等工作。开展尧公簋等青铜器、周海婴藏鲁迅文物等国家重点珍贵文物征集工作，代国家文物局严格按照程序征购尧公簋等青铜器，并妥善做好文物后续保管工作。

【文留文物清点工作】

按照国家文物局指示，启动文留文物清点移库工作。清点工作人员在任务繁重、压力大、多数同志疲劳病倒、人手严重不足的情况下，克服文物库房无水、无电、积尘，夏季高温炎热、冬季无取暖设备等实际困难，保质保量完成了清点移交工作。截至2010年12月3日，已完成了午门东燕翅库房全部文物和宝蕴楼全部铜佛文物及大部分瓷器文物的清点工作，共计清点移交文物211910件，超过待移交文物的半数。

【业务培训与宣传】

受国家文物局委托，承办全国博物馆专业人员玉器、杂项鉴定研修班。与中国拍卖行业协会合作，开展全国拍卖专业人员玉器、陶瓷器培训班。

在文化遗产日期间，组织承办了“第二届全国青少年文化遗产知识大赛”，通过电视、网络等媒体，面向全国大学生和中学生普及文化遗产知识，培养青少年的文化遗产保护意识。

文物出版社

【概况】

2010年，文物出版社始终坚持“三个代表”重要思想和科学发展观，继续深入贯彻落实党的十七大报告精神，正式完成出版社的转企改制。在新形势下，从实际出发，巩固编辑队伍、扩大作者群、提高出书质量、加大市场宣传力度，在探索中做大做强。

2010年，文物出版社共出版图书316种，其中新书252种，重印书64种。大量蕴含学术价值、教育价值、知识普及价值的优秀图书面市，为读者提供了精神飨宴。如读者非常期待的《中国竹木牙角器全集（全五册）》出版完毕，《中国法书全集·清1～3》继续出版，还有《两宋名画册》（再版）、《银雀山汉墓竹简（贰）》、《丝绸之路——大西北遗珍》、《文物藏品定级标准图例·造像卷》、《“十一五”文化遗产保护领域国家科技支撑计划重点项目论文集（全五册）》、《广元皇泽寺文物保护维修工程报告》、《闻宥落照堂藏青铜器拓本》、《都江堰二王庙震后抢险保护勘察报告》、《美岱召壁画与彩绘》等诸多精品图书推出。

【转企改制】

新闻出版总署贯彻中央出台的《关于深化文化体制改革的若干意见》，于2005年先后制定9个分类改革方案，明确了改革的总体思路。文物出版社始终按照中央确定的“路线图”、“时间表”扎实部署、稳妥推进，于2010年12月全面完成转企改制任务。12月29日，文物出版社在国家事业单位登记管理局办理事业单位法人注销登记，上缴事业单位法人证章。文物出版社有限责任公司正式成立。

【获奖概况】

2010年，文物出版社出版的图书、音像制品在实现了经济效益的基础上，荣获多项大奖，产生了巨大的社会影响，实现了较高的社会效益。文物出版社音像出版物《敦煌》荣获“第三届中华优秀出版物（音像出版物）奖”；《文明的长河》入选“向全国青少年推荐百种优秀图书”；在“优秀古籍图书奖”评选中，《新中国出土墓志》荣获一等奖，《秦汉简牍文书分类辑解》和《历代书籍装帧艺术》荣获二等奖；《中国考古60年：1949～2009》被评为“2010年度全行业优秀畅销品种；在首届“紫禁城杯”（2009年度）全国文化遗产十佳图书评奖活动中，文物出版社有6部图书入选“十佳图书”，此外还获得了“最佳文集”“最佳图录”“最佳工具书”“最佳考古发掘报告”“最佳文物鉴赏图书”，另有11部图书获得“优秀图书”称号。

【党务活动】

文物出版社党委在国家文物局党组的直接领导下，严格按照中央统一部署，在“三个代表”重要思想指导下，牢固树立科学发展观理念，深入学习党的十七届五中全会精神，加强党的基层建设。社党委、党组成员相继参加了“国家文物局2010年党风廉政建设工作会议”、国家文物局机关党委和纪委第十二届四次会议等中宣部、国家文物局直属机关党委、中共中央党校等部门举办的各项学习活动。社党委组织社领导班子成员学习《干部选拔任用工作四项监督制度》，组织副处级以上领导干部学习《关于认真贯彻实施干部选拔任用工作四项监督制度有关问题的通知》精神等。出版社党员积极参加文化部直属机关组织的基层党支部书记培训班和中共国家文物局直属机关党委举办的国家文物局系统第一期党员培训班等培训活动。通过参加上级党组织活动，组织社内党组织活动，做到了党组会议精神的上传下达，取得了较好的效果。

【海内外市场的拓展】

2010年，文物出版社继续开拓海内外图书市场，以书展、学术交流为契机，积极参加国内外各项相关展览、活动，向海内外读者推荐图书，图书销量逐年增加。《全国重点文物保护单位》（1～6批）、《20世纪中国文物考古发现与研究丛书》、《中国石窟》、《中国竹木牙角器全集》等105种图书作为国礼，随国家副主席习近平出访亚太四国，被赠与澳大利亚国立大学中华全球研究中心。在第七届萨洛尼卡中国主宾国国际书展、第62届法兰克福国际书展以及第十六届北京国际图书博览会上，文物出版社参展的图书都得到主办方、参展商和当地读者的好评，文物出版社与世界各国出版机构探讨版权合作事宜，达成多项合作意向。文物出版社相关领导在学术领域积极活跃，参加了在新加坡举行的“二十一世纪中华文化世界论坛”第六次学术研讨会以及国内诸多以文化遗产保护为主题的学术会议。

【版权交易】

2010年，文物出版社与三联书店（香港）有限公司续签了《中国历史年代简表》一书的版权输出合同，完成了与商务印书馆（香港）有限公司就《文明的长河——中外文化艺术对照年表（插图本）》一书版权输出合同的签订。另有数本（套）图书的版权输出项目达成合作意向。

【捐款赈灾】

2010年，文物出版社向青海玉树地震灾区捐款78800元（包括个人捐款及单位捐款），向甘肃舟曲特大泥石流灾区捐款38540元，持续积极参加国家文物局组织的“向实行计划生育的贫困母亲献爱心”捐款活动，捐款3760元。

中国文化遗产研究院

【概况】

中国文化遗产研究院（以下简称文研院）是国家文物局直属的、以文化遗产研究、保护、修复和培训为主要业务的公益性事业单位，是我国文化遗产领域最基本的专业力量之一，是我国成立最早的以文化遗产研究、保护为主业的专业机构，其历史可追溯到1935年成立的“旧都文物整理委员会”，其直接前身是1990年成立的中国文物研究所。

文研院具有中华人民共和国考古发掘资质、可移动文物技术保护设计资质（甲级）、可移动文物修复资质（一级）、文物保护工程勘察设计资质（甲级）、文物保护工程施工资质（一级）等相关资质。其主要职责为：承担开展文化遗产发展战略、政策法规研究，组织开展全国水下文化遗产保护研究；组织开展中国世界文化遗产地及预备清单动态信息和预警监测系统的管理与研究；开展以全国重点文物保护单位为代表的不可移动文物保护等系统性工作；开展以馆藏文物为代表的保护修复等系统性工作；开展行业资质培训、专业技术培训、工程专项培训和国际合作培训；开展出土文献、考古调查、文物保护标准化等研究；受国家文物局委托，组织开展文物保护科学和技术研究、课题项目、行业科研基地等方面的相关管理和事务性工作。

截至2010年，文研院内设国家文化遗产调查登录中心、国家水下文化遗产保护中心、发展研究所、保护科学技术研究所、建筑保护研究所、岩土文物与遗址保护研究所、规划设计所、教育培训中心、图书馆等业务部门和办公室、人事处、科研与综合业务处、预算财务处、服务中心等管理及保障部门。

文研院现有实验室用房1600余平方米，科研仪器设备204台，其中大型设备（50万元以上）18台，中型设备（20万元以上）14台，20万元以下设备172台；建设了较高标准配置的金属、石质、壁画、纺织品、纸质、陶瓷修复实验室及古建筑结构实验室，并配置了移动实验车。院藏古籍23000余部、历史照片218182张、古建筑图纸8000余张、金石拓片11738种以及制作于20世纪50年代初的古代建筑模型59件。

2010年，文研院在册职工共133人，具有研究生以上学历72人（其中博士26人，硕士46人），具有高级专业技术职称58人（其中正高级专业技术职称13人，副高级专业技术职称45人）。3人获外国政府授勋，19人享受国务院政府特殊津贴，1人入选人力资源和社会保障部等七部委联合评选的“百千万工程人选”。

2010年，文研院取得了一系列业务成果，完成文物保护工程项目92项，其中规划类项目27项，维修类项目47项，科技保护类项目18项。在研课题19项，其中国家科技支撑课题3项、国家自然科学基金课题2项、国家社会科学基金课题1项、国家文物局课题2项、基本科研业务费课题11项，完成2007～2010年度课题中期评审与结题验收39项，同时完成博士后科研工作站的申报工作；完成专业技术及岗前培训班6个，培训人员119人；发表学术论文103篇（其中期刊论文63篇），出版专著6部，申请专利3项，科技成果获奖2项。

【重要科研项目】

1. 国家文物博物馆事业“十二五”规划

该课题在评估“十一五”时期国家文物博物馆事业发展的新成就、新经验及存在问题的基础上，研究提出了“十二五”时期国家文物博物馆事业发展的指导思想、基本原则、发展目标、主要任务、重大项目和措施，为完成《国家文物博物馆事业发展“十二五”规划》的编制工作奠定了坚实基础。

2. 文研院“十二五”规划

该规划编制与研究工作紧紧围绕国家文化遗产事业的发展需求，对文研院存在的主要问题和面临的发展形势做了深入准确分析，明确了“十二五”期间发展的指导思想和基本原则，在实事求是的基础上提出未来5年发展的总体目标、阶段性目标和主要指标，明确了重点发展方向和主要任务，并提出必要的保障措施。

3. 空间信息技术在大遗址保护中的应用（以京杭大运河为例）

文研院主要承担了“大遗址保护空间信息技术应用需求分析”“京杭大运河现状调查与空间数据采集”“京杭大运河遗产历史文化与当代人居环境研究（以扬州为例）”等三项专题的研究和组织工作。课题组完成了大运河现场调查、需求分析、数据采集等基础性工作，提出了京杭运河保护规划编制与区划建议，同时完成了5份研究报告及5项规范；出版2本专著；发表4篇论文。2010年4月，课题通过科技部论证并结项。

4. 石窟岩体结构稳定性分析评价系统

该课题以云冈石窟为研究对象，研究内容包括云冈石窟形制机构和石窟岩体调查，构建云冈石窟地质模型与简约力学模型，开展环境温度及岩体梯度温度检测、岩体含盐量分析及分布研究、岩体风化影响因素及环境作用长效劣化试验研究等各种流变场的耦合分析，建立石窟岩体稳定性影响指标体系，并根据石窟岩体的破坏形式和状况，建立不同状况的石窟岩体稳定性评价体系。

5. 无损或微损检测技术在石窟保护中的应用

2010年课题完成国内外前期资料调研工作，完成5篇文献综述，完成各种无损技术方法与仪器的评价和筛选工作，完成现场勘查、选点及采样工作，并开展现场原位分析的预实验。

6. 南京报恩寺阿育王塔及出土文物保护技术

2010年课题完成国内外鎏金银器、

玻璃器、香料、固结及印绘纺织品分析与保护相关文献和资料的查阅、整理与研究工作；开展了阿育王塔鎏金银病害调查、木胎变形调查及样品采集、纺织品病害调查和样品采集工作，并对银鎏金文物、玻璃器、宝石、香料、纺织品等文物开展无损检测；完成阿育王塔鎏金表面保护处理工作和样品分析检测与保护材料试验研究工作。

7. 环境因素控制下砂岩类文物材料性能失效分析

2010 年完成课题相关试验，并完成部分数据的整理、研究报告 2 份，发表 4 篇论文。

8. 溶液—凝胶法制备负载缓蚀剂的有机化涂层及其在铁质文物保护中的应用

课题组在对铁质文物腐蚀机理及保护方法总结的基础上，针对文物保护的切实需求，设计针对铁质文物腐蚀特点的涂层材料。

2010 年，课题按照计划进展，已经初步完成材料制备方法的研究工作。

9. 文化遗产领域公共文化服务体系

课题以实证研究为基础，评估文化遗产领域公共文化服务体系的发展现状，研究文化遗产领域公共文化服务体系的基本构成，探讨文化遗产领域公共文化服务体系建设的发展方式和路径选择，为构建文化遗产保护成果惠及民众的基本途径，形成文化遗产保护融入经济社会发展的长效机制，建设公共服务型政府提出政策建议和立法建议。

10. 文物术语

该课题通过对现行有关术语的收集、梳理和甄别，并从行业特点出发，结合相关国际和国家标准，对文物领域概念体系、文物术语的使用范围及界定标准进行研究，提出术语标准化基本原则和编制方法，建立文物领域的术语体系。

11. 清代建筑世家“样式雷”族谱

“样式雷”在清代建筑史上具有举足轻重的历史地位，《雷氏族谱》记录雷氏家族七代人数百年的运转历程，是清代历史的映照，是清史编修的重要参考材料。《清代建筑世家样式雷族谱校释》（共 30 万字）研究工作已顺利完成，并于 2010 年 12 月通过国家清史编纂委员会专家评审结项。在项目执行期间，课题组发表论文 1 篇以及调研报告 5 篇。

【水下文化遗产保护与研究】

1. 规划

国家水下文化遗产保护中心承担并完成了“国家水下文化遗产保护‘十二五’规划”的起草工作。该规划从我国水下文化遗产保护工作的实际出发，深入准确地分析了水下文化遗产保护的现状和存在的问题，确定了“十二五”期间水下文化遗产保护的重点项目，提出了到“十二五”末，基本建立法规健全、基础扎实、队伍精干、技术领先的水下文化遗产保护体系，形成国家主导，以沿海海域为主，适当兼顾内陆水域的水下文化遗产保护新格局，从而实现水下文化遗产保护事业跨越式发展的总体目标。

2. 沉船遗址调查、抢救发掘

国家水下文化遗产保护中心与广东省文物考古研究所联合组建了“南澳 I 号”考古队，从 2010 年 4 月开始，连续进行了近 4 个月的抢救发掘工作。发掘初步探明了“南澳 I 号”沉船的基本情况，出水文物逾万件，以瓷器为主。发掘资料整理工作基本结束，并完成了年度工作报告和 2011 年发掘方案的撰写工作。

国家水下文化遗产保护中心会同福建省文物局组织、协调海南、广东、浙江、青岛、国家博物馆等相关单位专业人员和设备，对“半洋礁Ⅰ号”进行了为期40天的重点调查，基本摸清了沉船的埋藏状况，完成了调研工作报告。

3. 水下文化遗产保护

2010年8月，国家水下文化遗产保护中心结合“半洋礁1号”沉船调查项目，会同福建、漳州的文物部门开展了水下文化遗产安全监控试点项目。数次组织多家单位的专家赴现场实地考察，初步提出了“浮标监控”“座底监控”“反蛙人声纳与无人机协同监控”等三种技术方案（还有其他监控方案尚未最后完成）。力图在解决半洋礁水域水下文物保护监控问题的同时，为全国水下文化遗产保护监控摸索经验。

利用文研院自主科研费设立了“海洋出水陶瓷、金属和木质文物保护前期研究”、“南海诸岛文物考古相关资料搜集及初步研究”等专项课题。

【重大工程项目】

1. 重庆大足千手观音造像抢救性保护工程

2010年，项目完成了针对大足千手观音的彩绘和金箔抢救性加固前期试验，千手观音雕像岩石、金箔、彩绘风化病害破坏机理研究，风化砂岩渗透加固保护材料试验，岩土体工程地质详细勘察，贴金工艺研究与修复试验，雕刻岩体稳定性测试与评估，千手观音环境监测前期研究等项目子课题的研究，并依照中期目标完成了报告汇总工作。6月29日，通过重庆市文物局组织的中期论证会审议。同时还完成总体工作方案，完善了基于近景摄影测量的高清晰图件制作等项工作。针对小面积试验区开展的现场修复试验也取得了良好收效。

2. 援助柬埔寨吴哥古迹茶胶寺保护工程

2010年，文研院正式提交了茶胶寺八座单体建筑的保护设计方案，并通过专家论证，同时完成了茶胶寺保护工程总体研究报告，并提交联合国教科文吴哥古迹保护协调委员会（简称ICC）和柬埔寨政府，总体研究报告获得了ICC批准和专家们的较高评价，获得柬埔寨吴哥文物局的施工许可，为下一阶段保护工程的实施提供了先决条件。

3. 应县木塔现状信息系统建设和二期监测

2010年，项目完成了应县木塔现状信息系统建设第一阶段工作。第二阶段的数据采集工作进展顺利，建立了数据库后台管理系统，其中包括整体结构变形监测基准体系建设，二层明层现状三维空间结构精确化激光扫描与绘图，应县木塔风压系数现场实测与分析等内容。同时，对院落积水与台明险情进行了初步勘察，并积极协调应县文物局开展详细勘察和保护设计方面的工作。

4. 花山岩画保护工程

2010年，项目完成了花山岩画第一期抢修保护工程设计，同时开展花山岩画颜料胶结材料分析，颜料层脱落及褪色病害原因，保护材料研发和岩画保护试验及耐老化性能测试，石灰岩质文物注浆材料老化试验和后期材料性能评价等相关研究。岩画防风化保护前期研究现场试验工作也已完成。

5. 长城资源调查

2010年，项目完成《中国明长城资源调查工作报告》（初稿），并完成《中国明长城资源调查报告》资料搜集与整理工作；同时对测绘数据进行全面检查，形成《明长城资源调查测绘成果数据检查结果》报告；完成了长城资源信息系统建设研制工作，与国家基础地理信息中心合作开展了长城资源调查数据处理、整合与建库工作；基本完成秦汉及其他时代长城资源田野调查工作；完成长城保护“十二五”专项规划编制工作；编撰了《世界遗产中国长城·明代卷》图录和《长城世界文化遗产突出普遍价值声明》(初稿)。

6. 第七批全国重点文物保护单位申报材料初审整理与简介编写

2010年，文研院承担了第七批全国重点文物保护单位申报材料初审整理与简介编写工作。至2010年年底，共接收整理了4400处文物保护单位申报材料；开发了《第七批全国重点文物保护单位专家评审系统软件》，完成《第七批全国重点文物保护单位评审标准》、第七批全国重点文物保护单位简介范本和简介编写要求的起草工作。组织院内古文献研究室、中国社会科学院考古研究所、中国建筑设计研究院、国家博物馆、清华大学等单位的专业人员编写起草了3031处文物保护单位简介。

7. 云南哈尼梯田申遗文本编制

文研院按照《实施保护世界文化与自然遗产公约的操作指南》要求，在云南哈尼梯田申遗文本编制中引入了人居环境科学理念，积极挖掘其背后的文化、自然、产业方面的深层动因，揭示了哈尼梯田蕴含的科学价值与文化传统之间直接而紧密的联系。2010年7月完成申遗文本，并获得国家文物局及相关专家的较高评价。

8. 青海玉树新寨嘉那嘛尼震后抢险维修工程

青海玉树地震后，文研院派出项目组赶赴玉树，完成了新寨嘉那嘛尼的勘察和维修设计构想（包括十三座塔、三座殿和嘛尼堆的勘察设计任务）。圆满完成了玉树灾后第一个文物保护工程的设计方案；同时完成了《青海省玉树嘉那嘛呢保护规划》初稿。

9. 四川汶川地震灾区文物保护

2010年，文研院承担的七曲山大庙的抢险工程与龙护舍利塔保护工程施工接近尾声。同时还完成了梓潼县贞孝节烈总坊本体保护方案的设计工作。

10. 西藏文物保护项目

完成了《西藏布达拉宫保护规划》编制工作。此外，还完成了白居寺保护工程设计和哲蚌寺错钦大殿壁画抢救性保护方案设计。

11. 潼南大佛本体保护修复工程

2010年，潼南大佛头部（面部和发髻）的保护修复工作顺利开展，大佛躯干部分的积尘去除和表面清洗工作同时启动。在现场进行的金箔揭取、回贴等试验取得了阶段性成果。

12. 牛河梁国家考古遗址公园规划设计

顺利完成牛河梁国家考古遗址公园规划设计工作。规划立足于牛河梁国家考古遗址公园的“考古遗址”特性，结合一般公园的设计概念和方法，提出了以牛河梁考古遗址价值和现状为基础的牛河梁国家考古遗址公园设计原则、目标、策略及方案。

13. 肯尼亚考古监理

2010年7月29日~9月26日，受国家文物局和商务部委托，文研院承担了赴肯尼亚考古监理的工作。

此次考古监理是我国第一次在国外对水下、陆上考古发掘项目进行全程监理，按照国家文物局颁布的《田野操作规程》，文研院的专家对北京大学在肯尼亚承担的曼布鲁伊村和卡提布清真寺遗址考古发掘工作进行了全程监理。

【人才培训】

1. 中意合作文物保护修复培训

2010年中意合作文物保护修复培训二期项目的主要工作围绕成果转化，举办专业技术培训班，举办中意合作文化遗产保护成果展等内容展开。

文研院与意大利非洲东方研究院合作于 2010 年 12 月 6 日 ~ 14 日举办了“科学与修复，物理与化学在文物保护修复中的应用”提高培训班。授课教员由来自罗马第三大学、国家研究院米兰研究中心等高校和科研机构的专家担任。培训班针对保护修复中表面清洗的方法、材料、技术等进行了专题授课。教员指导学员在凝胶清洗材料的应用、激光清洗原理及技术应用等方面进行了实践。

2. 丝绸之路沿线文物保护修复技术人员培养（壁画、纺织品文物保护修复方向）

培训班按照理论与实践结合的方式授课。中、日、韩三国的教员共完成 618 课时的课堂教学和 720 课时的实验室实践教学。学员完成了河北湾漳壁画及河南洛阳唐墓壁画，新疆吐鲁番地区考古出土纺织品等一批文物的保护修复，并完成了两本修复报告及学术论文的撰写。

3. 纺织品文物保护修复技术培训

培训课程有考古纺织品艺术史、制作技术史、织物结构、染色机理及实践、纤维鉴定以及考古出土纺织品的现场保护等。在修复实验室实习阶段，在纺织品修复涉及的清洗、生物病害治理、加固、织补、染色等方面培训学员的严谨性和技术规范性。学员在教师的指导下完成了来自北京和新疆吐鲁番地区纺织品文物的修复，并撰写了修复报告。

4. 馆藏石质文物保护修复技术培训

培训内容包括石质文物保护相关标准和准则、石质文物考古和艺术史、材料学、矿物学、物理、化学等。实习包括文物信息档案制作、清洗、粘接、脱盐、补全加固、封护及展示等。学员在教师的指导下对大理石、彩绘砂岩等文物进行了保护修复，并撰写了修复报告。

5. 全国新任考古领队岗前培训

培训班于 2010 年 5 月 23 日 ~6 月 8 日在湖北荆州举办，来自全国各省、市、自治区的 45 名新任考古领队参加了培训。主要就现场保护在考古发掘过程中的技术关联性，考古发掘现场有机质材料的保护，考古出土动物骨骼研究动态，国际考古现场保护和展陈，衡水绛县古墓发掘实例等内容进行培训。

【文献整理与出版】

2009 年起，文研院启动“院藏珍贵古籍及文物资料抢救保护项目”，2010 年完成了西域文献整理工作，摸清了院藏敦煌西域文献的家底，并进行识别、鉴定、拼缀、释读，编纂了《中国文化遗产研究院藏西域文献遗珍》一书；完成了院藏善本古籍的甄辨及编目整理，辑录完成《院藏善本书目》。同时，整理图纸类档案 4831 份，整理各类历史资料 900 余套。

完成《保护承德——承德避暑山庄及周围庙宇总体保护规划前期研究》、Casel Brandi 的《修复理论》中文版第二版的编辑出版工作。完成《文物科技研究》（第七辑）、《中国文物保护科学》（2010 年 1 ~4 期）的编辑出版工作。其中，由文研院编辑的《中国文物保护与修复技术》《艺术品中的铜和青铜：腐蚀产物，颜料，保护》2 部专著获得 2009 年度全国文化遗产优秀图书奖和 2009 年度全国文化遗产最佳译著奖。

【党建工作】

2010 年 8 月，文研院党委以“提高管理和业务能力，推动文研院科学发展”为主题，紧紧围绕中心工作，不断推进党组织建设。在创先争优活动中，坚持“三个结合”：一是与学习实践科学发展观活动整改措施的落实相结合，让群众满意；二是抓党建与抓业务相结合，大兴研究之风；三是与院重点工作相结合，展党员风采。

7月14日～16日，全院干部职工赴吉林省集安市开展了以“积极投身创先争优，立足本职做贡献”为主题的党日活动。

9月10日，召开团支部委员会选举大会，大会投票选举了新一届团支部委员会。11月4日，举行第三届工会委员会换届选举大会，选举产生了第四届工会委员会。

【合作交流】

2010年4月20日下午，文研院举办了“中欧历史村落保护与展示项目”研讨会并与欧盟—中国文化交流机构、比利时公共考古与遗址阐释中心专家代表Willem Derde，就合作开展中欧历史村落保护与展示有关项目进行了建设性的洽商和研讨。

9月23日～24日，文研院与其战略合作伙伴——德国考古研究院在北京联合举办了题为“往昔世界——虚拟重生”的国际学术研讨会，旨在探讨激光扫描、三维复原、增强现实等数字化技术在考古研究、博物馆和遗产保护、管理、展示等领域的应用。来自国家文物局、国家博物馆、德国驻华大使馆、德国考古研究院以及国内各地方文物局、科研院所、博物馆等相关单位的代表50余人参加了会议。

10月25日～11月10日，由国家文物局、意大利文化遗产与活动部主办，文研院与首都博物馆承办的“丝路新篇——中意文化遗产保护合作成果展”在首都博物馆开幕。国家文物局副局长顾玉才、意大利驻华大使馆代表Claudio Poeta、联合国教科文组织北京办事处文化官员卡贝斯、中意发展合作项目管理办公室代表以及各国驻华使馆代表等出席了开幕仪式。

11月24日，文研院与联合国教科文吴哥古迹保护协调委员会（以下简称ICC－Angkor）、联合国教科文组织驻柬埔寨代表处共同主办的“茶胶寺保护技术论坛（TA KEO TEMPLE MOUNTAIN WORKING SESSION）”在柬埔寨暹粒举行。联合国教科文组织及ICC－Angkor专家与文研院项目组共同实地考察了茶胶寺，对文研院承担的茶胶寺保护修复项目进行指导与评估。

11月24日～26日，“水下文化遗产保护、展示与利用”国际学术研讨会在重庆举行。会议由联合国教科文组织、文研院、重庆市文物局联合主办，国家水下文化遗产保护中心、重庆中国三峡博物馆、重庆文化遗产保护中心、涪陵白鹤梁水下博物馆承办，共有来自联合国教科文组织以及中国、英国、德国、法国、瑞典、加拿大、土耳其、埃及、韩国等国家的80多位水下文化遗产领域的专家、学者参加，这是在国内第一次举办以水下遗产保护、展示与利用为主题的国际学术研讨会。

12月6日～8日，由文研院与联合国教科文组织北京办事处、甘肃省博物馆和甘肃省文物考古研究所联合主办，中国文物保护技术协会、中国华夏文化遗产基金会、日本国宝修复装潢师联盟、韩国装潢研究会和东亚文化遗产保护学会共同协办的“纸之路——第四届东亚纸张保护国际学术研讨会”在兰州顺利举行，来自朝鲜、韩国、日本、蒙古、英国、美国以及中国香港的180余名代表参加了此次研讨会。

2010年，文研院先后组织4批12人次参加了“亚洲文化遗产国际会议——东亚地区的文化遗产”“平城迁都1300周年纪念活动大会——第一次太极殿修复竣工纪念庆典仪式及庆祝会”“第二届中日韩建筑文化遗产保护国际学术会议”

"第 17 届吴哥古迹保护全体年会"；组织 4 批 7 人次出国考察；有力地促进了文研院与世界各地的合作交流。

2010 年，文研院与有关单位共同举办了"中国古代建筑经典模型展""2010 年中国近代建筑史第 12 次国际研讨会""纪念中国建筑宗师李诫逝世 900 周年学术研讨会""2010 年中国首届工业建筑遗产学术研讨会暨中国建筑学会工业建筑遗产学术委员会成立大会"" 西南少数民族山地聚落学术研讨会"等；科研业务人员先后参加了"全国水下文化遗产保护工作会议""第二届全国文物保护科技工作会议""'华光礁 I 号'出水文物保护及木船构件脱盐保护方案专家咨询会"等。

中国文物报社

【概述】

2010 年，在国家文物局正确领导下，中国文物报社认真学习贯彻党的路线、方针、政策和文化遗产保护事业的一系列决策、部署和重要指示，积极履行职责，扎实勤奋工作，努力推进文化遗产保护事业宣传工作稳步向前发展，取得了一定的成绩。

【党的建设、职工队伍的建设】

2010 年，报社以"加强组织建设，提高整体素质，创建一流队伍"为主题，以"努力践行科学发展理念，着力打造文化遗产最佳媒体"为载体，将创先争优活动与报社实际相结合，全面开展了"四比四看"和"五带头"活动，努力创建学习型党组织、学习型集体。7 月 9 日，文化部直属机关学习型党组织创建活动表彰大会在京举行，报社业务部门党支部（第一党支部）被授予"文化部直属机关学习型党支部"称号，副总编辑曹兵武同志被授予"文化部直属机关党员学习积极分子"称号，受到表彰。

报社领导班子注重以制度建设为核心，加强能力建设和组织建设，加强推进惩治和预防腐败体系建设，加强民主集中制建设和廉政建设。坚持一切按程序、制度办事，杜绝奢侈浪费，弘扬勤俭之风。为了凝聚人心，鼓舞干劲，培育报社团队协作精神，组织全社同志开展野外拓展训练活动，取得了很好的效果。

【中国文物报】

2010 年，《中国文物报》在积极配合、跟踪重点工作任务，进行深入报道的同时，按照局领导的要求，逐渐加强主动性，推出一系列有特色有影响的专刊特刊，比如世界遗产——都江堰古建筑群伏龙观的抢救保护、河南安阳西高穴曹操高陵的发掘等。自 1 月份开始，报纸的"博物馆""文物考古""保护科学""收藏鉴赏"四个周刊陆续刊发年终专稿，对 2009 年文化遗产保护领域的情况作了较为全面的回顾和总结。3 月，全国两会召开，报纸开辟"两会系列专题"进行重点报道。4 月 14 日，青海玉树发生强烈地震，《中国文物报》对党中央、国务院对灾区人民的慰问和地震遇难同胞的深切哀悼作了及时报道，对地震灾区文化遗产抢救保护工作进展情况进行了跟踪报道。在报道第 41 届上海世界博览会时，"博物馆""保护科学"周刊分别刊发专刊，对上海世博会的有关内容作了介绍。5 月，"南澳 I 号"水下考古为社会广泛关注，报社派专员进行跟踪、连续报道。5 月 18 日是"国际博物馆日"，报纸同时刊发了 4 个版面特别报道。中国第五个"文化遗产日"前夕，根据国家文物局的总体要求，报社编辑出版了20个版面的特刊，印制了10万份特刊发往各地，以便遗产日当天宣传发放。在文化遗产日（6月12日）当天，中共中央政治局常委李长春同志发表了《保护发展文化遗产 建设共有精神家园》重要文章，报纸在第一时间进行报道，全文转载，配发社论，并按照局党组的要求，组织编发了学习李长春同志重要文章的系列专刊和专栏。

2010年下半年的国际博协大会特刊、国家遗址公园特刊、文化遗产科技创新特刊等等，吸引了广泛的社会关注，产生了很大的影响。

【文物天地】

《文物天地》月刊坚持正确的办刊方针，坚持宣传党和国家的文物方针、政策、法规，努力引导文物艺术品收藏健康、理智、有序地发展，尽量发展、构建沟通各方的桥梁，及时报道文物艺术品收藏界的重大活动。比如胡惠春、范季荣捐献文物展览，国家文物局2010年第一类文物经营资质审批工作等。同时，重点对文物界逝去的杰出人物进行宣传，如王世襄、徐展堂、秦公等。“宣德炉专辑”“磁州窑专辑”“铜镜专辑”等内容丰富，影响很大，有的甚至脱销。

【中国文化遗产】

为配合国家文物局大遗址保护重点工作，《中国文化遗产》从大遗址所贯穿的中华文明的主线、大遗址保护工作的现状以及十座城市的大遗址保护经验等方面进行了梳理。《中国文化遗产》还对山西南部早期建筑保护工程选题进行了策划，推出了“聚焦山西南部早期建筑”；对涉及“盐业文明”的文化线路进行了全面的策划报道。而“茶马古道”专辑、故宫专辑、中国的世界遗产专题等，继续围绕文化遗产保护的热点问题，围绕国家文物局的中心工作，进行选题、策划和出版，产生了巨大的影响。

【文物工作】

《文物工作》月刊创刊于1979年，是由国家文物局主办，中国文物报社编辑出版的内部刊物。3月22日，社长办公会议研究通过《文物工作》编辑方案，明确了《文物工作》作为国家文物局机关刊物的定位，拟着重突出其宏观指导性和政策性，努力提高刊物的质量。

【文化遗产资讯参考】

《文化遗产资讯参考》是经国家文物局批准，由国家文物局政策法规司主办，中国文物报社编辑出版，是内部、专业、双月刊，主要摘录各大媒体或各大专业网站有关文化遗产方面的有价值的参考资料，汇编成册。3月22日，社长办公会议研究通过《文化遗产资讯参考》编辑方案，明确了《文化遗产资讯参考》的办刊宗旨，力求以丰富的内容，大量的信息，及时反映文化遗产保护工作的实际情况，揭露典型性问题、新问题、新矛盾，提供舆情参考，做好各级文物行政部门的参谋。《文化遗产资讯参考》2010年出版6期，总计120万字。

【中国文物信息网】

2010年，报社在“中国文物信息网”上传文字约1000万，不但及时上传《文物天地》和《中国文化遗产》的封面、目录、重要文章提要，转载主流媒体有关文化遗产保护的新闻、评论、报道，还配合报社重要采编工作和评选活动制作了相关专题。

网站开通了报社内部办公网，着力保持办公网的正常运转。完成了2005～2009年《中国文物报》光盘的制作。在完成日常运转、更新的同时，网站配合相关工作，制作了中国文物报全国两会专题报道、2009 年度全国十大考古新发现评选等专题。

【评报评刊活动】

2010 年，报社正式启动了评报评刊活动。评报评刊是报社提高报刊和出版物质量的重要举措。为不断提升报社一报两刊的质量，进一步强化全体编校印发工作人员的质量意识，在报社内部形成“人人关心报刊质量”的良好氛围，在局领导的倡议和推动下，报社从年初起按季度开展评报评刊。这是对报社全体编辑记者全年采编整体工作和成果的持续检验和考评。2010 年的评审工作已经全部结束，评审方式和规程制度仍在继续完善。这项工作必将对报社采编质量的提高和报社的发展产生积极、深远的影响。

【全国十大考古新发现评选】

年度十大考古的评选活动秉承科学、公平、公正和公开的原则，顺利开展，2009 年被纳入政府评奖体系，至 2010 年已经是第 20 届。20 年来，十大考古发现评选活动不断完善评选程序和方法，通过增加参评项目演示汇报环节、扩大初评评委范围、全程网上实时直播、鼓励公众网上投票等多种方式，使评选过程更加公开、透明，更加深入人心。

“2009 年度全国十大考古新发现”评选结果如下：

1. 河南新密李家沟旧石器至新石器过渡阶段遗址
2. 安徽固镇垓下大汶口文化城址
3. 江苏张家港东山村遗址
4. 内蒙古赤峰二道井子夏家店下层文化聚落遗址
5. 山东高青陈庄西周城址
6. 陕西富县秦直道遗址
7. 陕西西汉帝陵考古调查及发掘
8. 河南安阳西高穴曹操高陵
9. 河北曲阳涧磁村定窑遗址
10. 江西高安华林造纸作坊遗址

2010 年，全国十大考古新发现评选活动首次尝试在文化遗产日前夕进行，并将评选活动纳入整个文化遗产日的宣传体系，让考古成果更加贴近民众，惠及民众。通过十大考古新发现评选活动，以及对考古成果的展示与宣传，引导公众正确认识和理解考古工作，提高对文化遗产保护重要性的认识，自觉增强文化遗产保护意识。

【“紫禁城杯”全国文化遗产十佳图书评选】

新世纪之初，为向全社会集中展示中国文化遗产图书的独有风采，推动文博考古界的学术发展、出版进步和读书活动，中国文物报社独家举办了“二十世纪文博考古最佳图书”评选活动，在文博界、学术界、出版界引起了很大反响。在此基础上，中国文物报社开创性地举办了年度“全国文博考古十佳图书评选”活动。经过近 10 年的艰苦努力，这项评选活动已经发展成为文化遗产领域的重要品牌活动。从 2010 年起，这项评选活动改为年度“全国文化遗产十佳图书评选”活动，并在故宫博物院的大力支持下，首次冠名为“紫禁城杯”。

经过推荐申报、专家初评、读者投票，《中国文物事业 60 年》等 10 种图书被评为 2009 年度“全国文化遗产十佳图书”，《故宫问学》等 8 种图书荣获年度最佳，《佛教美术全集》等 24 种图书被评为年度优秀图书。详细名单如下：

2009 年度“全国文化遗产十佳”图书：

《中国文物事业 60 年》，国家文物

局编，文物出版社出版

《中国考古60年：1949～2009》，国家文物局主编，文物出版社出版

《三普人手记——第三次全国文物普查征文选集》，国家文物局第三次全国文物普查办公室、中国文物报社编，文物出版社出版

《故宫退食录》（上下），朱家溍著，紫禁城出版社出版

《浙江省博物馆典藏大系》（10本），浙江省博物馆编，陈浩总主编，浙江古籍出版社出版

《早期中国——中华文明起源》，中华人民共和国科学技术部、国家文物局编，文物出版社出版

《洛阳王城广场东周墓》，洛阳市文物工作队编著，文物出版社出版

《法门寺文物图饰》，法门寺博物馆韩生编著，文物出版社出版

《新出简帛与古文字古文献研究》，赵平安著，商务印书馆出版

《考古学：发现我们的过去》，（美）罗伯特·沙雷尔（Sharer，R. J.）、（美）温迪·阿什莫尔（Ashmore，W.）著，余西云等译，世纪出版集团上海人民出版社出版

2009年度全国文化遗产最佳论著：

《故宫问学》，章宏伟著，紫禁城出版社出版

2009年度全国文化遗产最佳文集：

《曾昭燏文集·考古卷》，南京博物院编，文物出版社出版

2009年度全国文化遗产最佳图录：

《苏州博物馆藏瓷器》，苏州博物馆编著，张欣主编，文物出版社出版

2009年度全国文化遗产最佳译著：

《艺术品中的铜和青铜：腐蚀产物，颜料，保护》，（美）大卫·斯考特（Scott，D. A.）著，马清林、潘路等译，科学出版社出版

2009年度全国文化遗产最佳普及图书：

《客死长安——解读文化遗产背后的沧桑故事》，吴晓丛著，陕西出版集团三秦出版社出版

2009年度全国文化遗产最佳工具书：

《博物馆纺织品文物保护技术手册》，国家文物局博物馆与社会文物司主编，文物出版社出版

2009年度全国最佳考古发掘报告：

《西安东汉墓》（上下），西安市文物保护考古所编著，文物出版社出版

2009年度全国最佳古建维修报告：

（空缺）

2009年度全国最佳文物鉴赏图书：

《元瓷之珍》，安徽省博物馆编，文物出版社出版

2009年度全国文化遗产优秀图书（按出版时间排序）：

《佛教美术全集》（6册），林保尧等著，文物出版社出版

《良渚文化兴衰史》，吴汝祚、徐吉军著，社会科学文献出版社出版

《文物中国史（丛书）》，中国国家博物馆编，中华书局出版

《中国文物保护与修复技术》，中国文化遗产研究院编，科学出版社出版

《中国—意大利合作洛阳山陕会馆保护与修复图说》，姚洪峰、杨蔚青著，文物出版社出版

《考古中的雕塑艺术》，刘凤君著，山东画报出版社出版

《景教遗珍——洛阳新出唐代景教经幢研究》，葛承雍主编，文物出版社出版

《柴泽俊古建筑修缮文集》，柴泽俊著，文物出版社出版

《汉文佛籍目录》，宿白著，文物出版社出版

《景德镇出土明代御窑瓷器》，北京大学考古文博学院、江西省文物考古研究所景德镇市陶瓷考古研究所编著，文物出版社出版

《南海Ⅰ号沉浮记——继往开来的航程》，李岩、陈以琴著，文物出版社出版

《俞伟超先生纪念文集·学术卷》，北京大学考古文博学院、中国国家博物馆编，文物出版社出版

《中国国家博物馆馆藏近现代捐赠精品》，中国国家博物馆编，紫禁城出版社出版

《渤海上京城：1998～2007年度考古发掘调查报告》（上下），黑龙江省文物考古研究所编著，文物出版社出版

《秦汉—罗马文明展》，中国国家文物局、意大利文化遗产与艺术活动部编，文物出版社出版

《复兴之路》，中国国家博物馆编，文物出版社出版

《美术考古论集》，杨琮著，科学出版社出版

《天地之吻：紫禁城图像》，李文儒撰文/摄影，紫禁城出版社出版

《天下潞商》，田秋平著，山西出版集团三晋出版社出版

《我与文化遗产保护——庆祝新中国60年华诞“我与文化遗产保护”大型主题征文活动文选》，中国文物报社编，文物出版社出版

《湘楚物华——阅读湖南博物馆》，陈建明主编，紫禁城出版社出版

《衣冠天下——中国服装图史》，黄能馥、乔巧玲著，中华书局出版

《来楚生书画篆刻》，童衍方 徐尧林编，上海世纪出版股份有限公司上海书店出版社出版

《浙江自然博物馆概览》，浙江自然博物馆编，康熙民主编，浙江古籍出版社出版

7月16日，在四川成都举行了首届“紫禁城杯”（2009年度）全国文化遗产十佳图书评选颁奖仪式，国家文物局副局长顾玉才同志出席并讲话。在颁奖仪式结束后举行的研讨会上，获奖图书作者和出版单位代表，围绕文化遗产图书出版如何促进文化遗产事业发展、如何满足民众的读书需求、如何创新等论题展开了热烈的研讨。

【第三届全国文物行政处罚案卷评比】

为深入贯彻落实《全面推进依法行政实施纲要》、《国务院办公厅关于推行行政执法责任制的若干意见》（国办发［2005］37号）和《国务院关于加强法治政府建设的意见》（国发［2010］33号）等文件精神，进一步规范文物行政处罚行为，推进依法行政，提高文物行政处罚案卷的质量，国家文物局2010年5月决定开展第三届全国文物行政处罚案卷评比工作。中国文物报社承办了本届文物行政处罚案卷评比的具体工作。这项评比活动是两年一届。前两届评比活动也是报社承办的。

此次案卷评比采取专家封闭阅卷、集中评议、现场调研等方式，最终确定了评比结果。案卷评比工作不仅仅是简单的案卷文书质量评比，也是对文物行政机构和执法人员依法行使执法职权和履行法定义务的情况进行评审的过程，主要考察执法主体资格、执法行为、执法依据和执法程序的合法性问题，以及相应的行政执法决定、行政复议、行政诉讼和申请法院强制执行等有关情况。执法文书制作水平直接反映了一个地区文物行政执法水平。全国文物行政处罚案卷评比活动对进一步推进文物行政执法工作，规范文物行政处罚程序和执法行为，提升文物执法队伍执法水平，提高文物行政处罚案卷质量具有重要的意义。

【编辑出版三普调查阶段突出贡献个人手记】

中国文物报社于2008年年底至2009

年9月组织的第三次全国文物普查征文活动，取得了很好的社会反响，205篇获得优秀奖的征文作品结集出版的《三普人手记——第三次全国文物普查征文选集》，在首届“紫禁城杯”（2009年度）全国文化遗产十佳图书评选中被评为2009年度全国文化遗产十佳图书，给一线普查队员以极大的鼓舞。

编辑出版《踏寻遗珍——第三次全国文物普查实地文物调查阶段突出贡献个人手记汇编》，共68万字，2010在12月出版。

【文化遗产日活动组织奖评选】

2010年6月12日是我国的第五个“文化遗产日”。围绕“文化遗产在我身边”这一主题，各地开展了丰富多彩的活动。根据国家文物局《关于开展2010年文化遗产日活动的通知》要求，报社负责组织2010年文化遗产日活动组织奖评选。评选设组织奖80个。集体奖40个，个人奖40个。由国家文物局颁发证书、奖牌。每省（自治区、直辖市）推荐名额：集体奖2个，个人奖2个，集体奖推荐名额主要面向基层。在2010年底的全国文物局长会期间进行了表彰。

【通联工作会议】

加强中国文物报社特约通讯员队伍建设，对做好全行业全系统的宣传工作，对文化遗产保护宣传事业具有重要意义。9月初，报社在贵州省贵阳市召开2010年通联工作会议，梳理了近两年来报社落实通联会议所提工作建议的情况，再次学习了国家文物局领导在有关会议上对报社工作和发展的重要指示，坦诚交流，共商贯彻国家文物局要求，做好文化遗产保护宣传工作大事，取得了很好的效果。

中国文物交流中心

【概述】

对外文物交流是传播历史文化、展示中华文明的窗口，是树立国家形象、提高文化软实力的有效手段，是促进文化交流、增强中华文化国际影响力的重要途径，在中外文化交流中发挥着不可替代的重要作用。

中国文物交流中心作为国家文物局直属的从事对外文物交流的专职机构，遵循“为外交大局服务、为对外文化交流服务、为文物事业服务”的宗旨，坚持“展示中华文明，促进文化交流”的理念，努力将中国文物交流中心建设成为“国际知名、行业领先、工作规范、服务一流、形象良好的文物交流专业机构和文物外事服务机构”，为促进文化交流、增强中华文化的国际影响力发挥积极作用。

2010年，在国家文物局的关心指导下，在各地文物部门及文博单位的支持帮助下，中国文物交流中心坚持解放思想，勇于创新实践，不断开拓思路，进一步扩大与国内外文博机构在文化遗产领域的交流与合作，组织承办文物展览项目20个，初审出境及来华文物展览项目53个，接待国外来访团组12个，组织出国（境）团组50个，为国家文物局系统109个出国团组办理签证服务325人次，承办外事翻译111项，为促进中国文化遗产事业发展、推进文物交流工作贡献了力量。

【文物展览】

2010年，中国文物交流中心举办或承办的20个文物展览涉及美国、意大利、比利时、韩国、日本及香港、台湾地区。在展览筹备中，始终坚持"文物外事无小事，文物安全无小事"的工作原则，在制定展览大纲、签订展览协议、编写图录资料、文物点交、包装运输及文物库房管理等每个环节都严格执行规章制度，力争做到细致严谨、万无一失，确保了文物展览的顺利展出。

中国文物交流中心2010年承办文物展览一览表

序号	展览名称	展览时间	展出国家（地区）	展出地点
1	西藏艺术与考古展	2009年4月11日~2010年5月20日	日本	日本九州国立博物馆、北海道立近代美术馆、东京上野森美术馆、大阪历史博物馆、仙台博物馆
2	"大三国志展"归国汇报展	2009年4月12日~2010年11月28日	中国	上海图书馆、湖北省博物馆、良渚博物院、湖州博物馆、国家大剧院、河南博物院、四川省博物馆
3	秦汉—罗马文明展	2009年7月30日~2010年1月15日	中国	北京中华世纪坛世界艺术博物馆、洛阳博物馆
4	独特的视角——罗聘的艺术世界展	2009年10月5日~2010年1月10日	美国	纽约大都会博物馆
5	中国古代帝王珍宝展	2009年10月8日~2010年1月24日	比利时	布鲁塞尔美术宫
6	啸虎和跃鲤：中国动物画中的象征意义	2009年10月9日~2010年1月3日	美国	辛辛那提艺术博物馆
7	丝绸之路展	2009年10月23日~2010年2月7日	比利时	布鲁塞尔皇家艺术与历史博物馆
8	中国明代文物特展	2009年10月23日~2010年5月9日	意大利	卡萨德·卡拉雷兹博物馆

续表

序号	展览名称	展览时间	展出国家（地区）	展出地点
9	中华之耀——山东省古玉器展	2009 年 12 月 19 日 ~2010 年 2 月 21 日	日本	山口县立萩美术馆 · 浦上纪念馆
10	利玛窦——明末中西科学技术文化交融的使者	2010 年 2 月 6 日 ~ 2010 年 7 月 25 日	中国	首都博物馆、上海博物馆、南京博物院
11	秦汉—罗马文明展	2010 年 4 月 15 日 ~ 2011 年 2 月 6 日	意大利	米兰王宫、罗马元老院和威尼斯宫
12	千古英雄——大三国特展	2010 年 6 月 4 日 ~ 2010 年 9 月 5 日	台湾	台北历史博物馆
13	通往亚洲之路	2010 年 6 月 24 日 ~ 2010 年 10 月 10 日	比利时	布鲁塞尔美术宫
14	西藏艺术大展	2010 年 7 月 1 日 ~ 2011 年 1 月 9 日	台湾	台北故宫博物院、高雄科学工艺博物馆
15	港深古代文化根源文物展	2010 年 7 月 10 日 ~ 2011 年 6 月 30 日	香港	香港中文大学考古艺术研究中心
16	丝路之马展	2010 年 7 月 13 日 ~ 2010 年 9 月 5 日	日本	九州国立博物馆
17	忽必烈的时代——中国元代艺术展	2010 年 9 月 28 日 ~ 2011 年 1 月 2 日	美国	纽约大都会博物馆
18	文艺绍兴——南宋艺术与文化特展	2010 年 10 月 8 日 ~ 2010 年 12 月 26 日	台湾	台北故宫博物院
19	众志成城 雷霆出击——全国重点地区打击文物犯罪专项行动成果展	2010 年 11 月 17 日 ~2010 年 12 月 4 日	中国	中国人民革命军事博物馆
20	丝绸之路大文明展	2010 年 12 月 17 日 ~2011 年 4 月 3 日	韩国	韩国国立中央博物馆

（一）西藏艺术与考古展

“西藏艺术与考古展”是由中华文物交流协会、中国西藏文化保护与发展协会和日本大广株式会社主办，中国文物交流中心与西藏自治区文物局承办的展览，先后在日本九州国立博物馆、北海道立近代美术馆等五地展出，观众50万余人。展品119件（套），来自西藏博物馆、布达拉宫、罗布林卡、山南地区博物馆、萨迦寺、扎什伦布寺、敏竹林寺、夏鲁寺、白居寺和承德避暑山庄博物馆、承德市外八庙管理处等11家文博单位。展览分为“佛教文化的授受和发展”“西藏密宗佛教的精华”“元明清时西藏与中央政府的往来”等三个部分，真实、客观、全面地反映了自公元七世纪的吐蕃至民国时期一千多年来藏民族文化的风格和特点，使日本观众对西藏文化、艺术、宗教，以及中华文化的丰富多彩和多元一体有了更深切的认识。

（二）“大三国志展”归国汇报展

由中国文物交流中心与日本富士美术馆、黄山美术社合作主办的“大三国志展”先后在日本巡回展出一年，观众人数突破100万。该展从日本归来后，先后在上海图书馆、湖北省博物馆等七地进行国内巡展，观众59万余人。展品100余件（套），来自北京、天津、安徽、河南、湖北、江苏、陕西、四川、甘肃、辽宁、湖南等11省市的30余家文博单位。展览分为三国时代出土文物和以“三国故事”为题材的传世文物两个部分。第一部分精选了反映东汉末至西晋政治、经济、军事、文化、生活、宗教等方面的出土文物。第二部分以反映三国演义的展品为内容。

（三）中国古代帝王珍宝展

“中国古代帝王珍宝展”是由文化部和国家文物局与比利时欧罗巴利亚国际协会共同主办，中国文物交流中心承办的展览，观众10万人。展品163件（套），来自故宫博物院、社会科学院考古研究所、国家图书馆及安徽、湖北、江苏、陕西、河南、河北等省、市的24家文博单位。展览分为“宗教祭祀”“贵族礼乐”“盛世帝国”“宫廷生活”四个部分。

该展是“欧罗巴利亚中国艺术节”活动的重要组成部分，于2009年10月8日艺术节开幕当天举行了展览开幕式，国家副主席习近平、比利时国王阿尔贝二世和王后、王室人员以及政要出席了开幕式。

（四）中国明代文物特展

“中国明代文物特展”是由中国文物交流中心和意大利卡萨马尔卡基金会合作举办的中国文物系列展的第三个展览，观众6万余人。此前举办的两个展览分别为2005年的“丝路遗宝展”、2007年的“辽宋夏金元文物展”。展品152件（套），来自文化部恭王府管理中心、北京十三陵特区管理处、首都博物馆、北京石刻艺术博物馆、南京博物院、南京市博物馆、镇江博物馆、湖北省博物馆、陕西历史博物馆等4省市的9家文博单位。该展展示了明代宫廷、贵族生活及文化、宗教艺术，使观众在了解明代二百多年历史的同时得到艺术的享受，感受五千年中华文明的悠久与恢宏。

（五）利玛窦——明末中西科学技术文化交融的使者展

为纪念利玛窦逝世400周年、庆祝中国与意大利两国建交40周年和意大利中国文化年系列活动，意大利马尔凯大区政府和中国文物交流中心合作举办“利玛窦——明末中西科学技术文化交融的使者”展览。该展于2010年2月6日~3月20日在首都博物馆、4月2日~5月23日在上海博物馆、6月3日~7月25日在南京博物院先后展出，观众35万余人。

展品134件（套），其中72件（套）

意大利文物来自罗马、马切拉塔、热那亚等地的二十余家博物馆和图书馆，62件（套）中国文物来自上海博物馆、首都博物馆、南京博物院、辽宁省博物馆。展览分为两个部分，以利玛窦的一生为脉络，从他的出生、教育，到远航，再到踏上中国大地之后留在各个城市的足迹，把这位400年前中西文化交流先行者的心路历程展现在观众面前。

（六）秦汉—罗马文明展

“秦汉—罗马文明展”是由国家文物局和意大利文化遗产与活动部联合主办，中国文物交流中心承办的展览，于2010年4月15日~9月5日在米兰王宫展出，观众6万余人；2010年10月7日~2011年2月6日在罗马元老院和威尼斯宫展出。赴意大利之前，展览曾在北京中华世纪坛世界艺术博物馆和洛阳博物馆分别展出。

展品495件（套），其中中国展品217件（套），来自国内19个省、市、自治区的61家文博单位；意大利展品278件（套），来自意大利罗马、那不勒斯、庞贝等地区的10家博物馆。

2010年是中意建交40周年，也是意大利“中国文化年”，为此，意大利政府组织了一系列的纪念和庆祝活动。“秦汉—罗马文明展”是系列活动的重要组成部分。

（七）西藏艺术大展

“西藏艺术大展”（又名“圣地西藏——最接近天空的宝藏”）由中国西藏文化保护与发展协会、中华文物交流协会与台湾联合报系金传媒集团共同主办，西藏自治区文物局和中国文物交流中心承办，于2010年7月1日~9月18日在台北故宫博物院展出，2010年9月29日~2011年1月9日在高雄科学工艺博物馆展出，两地参观人数总计23万余人。

展品130件（套），包括民族文化宫收藏的清代达赖、班禅敬献给中央政府的精美礼品，避暑山庄博物馆、外八庙收藏的清王朝皇家寺院的藏传佛教造像，布达拉宫收藏的七至八世纪时期克什米尔风格的铜佛像，敏竹林寺收藏的萨迦派祖师、大成就者鎏金铜像等精彩文物。

（八）忽必烈的时代——中国元代艺术展

“忽必烈的时代——中国元代艺术展”是由中华文物交流协会与美国纽约大都会博物馆联合主办，中国文物交流中心承办的专题展览，观众16万余人。展品300余件（套），其中中国文物交流中心组织展品109件（套），来自中国内地十三个省、市、自治区的25家文博单位，另有100余件展品分别来自台北故宫博物院和美国、英国、德国、加拿大、日本等地多家博物馆及私人收藏。展览分为四个部分。第一部分重点展示以上都、大都为中心的元代北方城市文化的发展。第二部分展示宗教文化，包括道教、伊斯兰教、基督教文化以及体现印度教与中国传统文化相结合的展品。第三部分为书画，表现了元代绘画的美感。第四部分为装饰美术，通过展示元代陶瓷、漆器等，反映了南北文化的发展和融合。

（九）众志成城 雷霆出击——全国重点地区打击文物犯罪专项行动成果展

“众志成城 雷霆出击——全国重点地区打击文物犯罪专项行动成果展”是由国家文物局与公安部主办，中国文物交流中心承办的专题展览，观众1万余人。

展览共展出图片170幅，涉案珍贵文物141件，介绍文物犯罪典型案件13个。展览分为“国宝在呼唤”“向文物犯罪宣战”“玉宇澄清万里埃”“文物安全没有休止符”四个部分，主要反映了加强法制建设、打击文物犯罪专项行动的决心和信心。

【交流合作】

中国文物交流中心坚持合作共赢原则，贯彻“信息互通、资源互享、优势互补、发展互惠”的指导思想，通过签署协议、订立公约、建立联盟、组织论坛等方式，与国内外文博机构建立良好的合作伙伴关系，不断扩大交流与合作，努力建设成为中国文化遗产事业对外的窗口和平台，成为促进文化遗产国际交流的纽带和桥梁。

（一）国际交流

树立国际眼光，开拓工作视野，积极加强与世界各国在文化遗产领域的交流与合作，建立良好的合作机制。

5月19日，与日本NHK（日本放送协会）就双方合作举办展览事宜进行商谈并取得共识。

6月24日，与英国维多利亚与阿尔博特博物馆进行友好交流，在以后双方合作方面取得建设性意见。

7月16日，与美国克拉克艺术中心聘请的策展人朱安耐博士就举办展览事宜举行座谈并取得共识。

10月9日，与英国剑桥大学菲茨威廉博物馆进行工作座谈并就双方合作事宜达成共识。

10月13日，与意大利文化遗产与活动部文化遗产经营与推广司国际关系处负责人罗萨纳·比那提女士与该司推广与交流负责人马里奥·安德烈业·埃托雷先生举行会谈，并就举办“元代与丝绸之路展”事宜达成共识。

11月17日~19日，赴日本参加第八届国际文化论坛会议期间，先后与日本文化厅、NHK（日本放送协会）、九州国立博物馆及东京国立博物馆进行了友好交往，与日方就“重现辉煌的中华文明展”筹备工作进行了洽谈，并与九州国立博物馆馆长三轮嘉六先生、东京国立博物馆馆长钱谷真美先生就双方签署合作框架协议事宜交换了意见，双方约定研究后签订《合作框架协议》，进一步扩大双方的交流，不断加强文物展览、文物保护、学术研究、人员互访、学习培训等方面的交流与合作。

另外，2010年中国文物交流中心还与日本、美国、意大利、英国等国外相关文博机构及人士进行了友好交往，并在对外文物交流方面取得了广泛共识。

（二）国内合作

整合资源与优势，不断加强与国内文博机构的沟通与联系，2010年先后与吉林省文物局、河北省文物局、河南文物局、四川省文物局、山东省文物局、甘肃省文物局、新疆维吾尔自治区文物局等进行工作座谈，在对外文物交流方面取得一致意见。

贯彻落实中央新疆工作会议精神及文化部、国家文物局对口支援新疆文化文物建设工作部署要求，6月22日与新疆维吾尔自治区文物局签订了《战略合作关系框架协议书》，在诸如对外文物展览交流、文化衍生品开发、文物旅游服务、博物馆的合作交流与业务考察等多方面开展深层次、宽领域的战略合作。

8月20日，与故宫博物院就当前和未来双方合作共同做好对外文物交流等项工作进行了座谈，双方一致表示加强交流与合作，共同开启全方位的合作领域。

注重馆际之间的交流与合作，牵头组建了中国博物馆协会展览交流专业委员会，6月21日在新疆乌鲁木齐顺利召开了成立大会，国内45家文博机构为首批团体会员单位。11月份，赴上海参加了国际博物馆协会第22届大会，并组织筹备了国际博协展览交流专业委员会（ICEE）会议，与ICEE理事会全体成员进行了密切交流，与国内外博物馆及相关机构同仁进行了广泛磋商。

（三）对外宣传

2010年，中国文物交流中心拍摄制作了多媒体短片，设计制作了中、英、日文版本的宣传简介，不断扩大宣传和影响，努力提升在国内外博物馆界的知名度和影响力。

采取新闻通气会、媒体专访报道、报刊专版宣传等方式，通过电视、报纸、网络等从不同形式和角度加强展览的宣传和影响。6月份，与中央统战部、西藏自治区文物局、日本主办方、台北故宫博物院等在中华世纪坛联合举办了赴日“西藏艺术与考古展”归国和赴台“西藏艺术大展”启动的新闻通气会。

【外事任务】

中国文物交流中心不断强化“平台意识、服务意识、形象意识”，坚持“服从外交大局、服务文物外事”的原则，按照国家文物局的委托任务标准、要求、时限，优质高效地完成以外事接待、展览初审、护照签证办理、外事翻译为主要内容的各项任务，努力成为国内外文博机构可以信赖、可以依赖的文物外事服务机构。

（一）接待来访团组

2010年，中国文物交流中心共接待泰国、美国、韩国、英语、朝鲜、津巴布韦、厄瓜多尔、印度尼西亚等国家来访团组12个，接待外国来宾67人。

（二）出境及来华文物展览初审

2010年，依据国家文物局《文物出境展览管理规定》及《文物出境审核标准》相关规定，中国文物交流中心审核涉外展览项目53项，其中来华展览4项，出境展览49项，展览涉及加拿大、美国、韩国、日本、哥伦比亚、瑞典、英国、荷兰、澳大利亚、印度等国家及港澳台地区。

（三）组织出访团组

2010年，中国文物交流中心制定了《出境工作团组守则》，坚持“行前教育会”制度，实行团（组）长负责制，执行团组出国报告制度，组织出国（境）团组50个，出访人员244人次，为国家文物局系统109个出国团组办理签证服务325人次，提供外事礼品服务70余次，承办外事翻译111项。

（四）其他外事任务

在承担国家文物局委托的八项经常性工作任务基础上，2010年中国文物交流中心还承担了“驻华使节走进文化遗产活动”“赴发展中国家文物展览项目”“推动中西部对外交流工作”主题调研及其他外事工作会议等。

10月10日～14日，组织埃塞俄比亚、伊朗、智利、越南、泰国、缅甸、蒙古以及津巴布韦等8个国家的大使与夫人、参赞及代表计12人赴河南参加了“驻华使节走进文化遗产活动”，先后考察了河南省博物院、洛阳龙门石窟、登封“天地之中”历史建筑群、安阳殷墟等世界文化遗产地，参观了少林寺、白马寺等全国重点文物保护单位，并在活动期间召开了“文化遗产的保护与传承”专题座谈会。

认真筹备“赴发展中国家文物展览项目”，指定专人与周边的亚洲国家、丝绸之路古道国家及非洲、中东、南美洲等30余个国家和地区的驻华使馆就举办文物展览等事进行了沟通联系。

承担了“推动中西部地区对外文物交流工作”主题调研，采取现场调研、实地考察、问卷调查、电话询问等方式全面收集相关材料，撰稿形成了调研报告。

整理编辑了《国家文物局文物外事简报汇编1992～2010》，收录了1992年5月第1期至2010年12月第133期的《文物外事简报》共150期、64万余字，系统记录了近20年来中国文物事业对外交流工作的历程。

【基础建设】

中国文物交流中心注重加强基础建设，理顺各种工作关系，形成良好的互信互动机制，努力构建依法合规、工作高效、科学协调的文物交流机构，逐步建立与国际接轨的文物交流工作制度，增强可持续发展能力，为丰富工作领域、拓展职能任务做好组织保障、人才保障和制度保障。

（一）组织建设和思想建设

2010年，中国文物交流中心领导班子进行了较大幅度调整，在发扬老班子优良作风的同时，新班子贯彻集体领导，注重团结协作，实行民主集中制，坚持“事务公开透明、接受群众监督”的工作原则，涉及重要事项和敏感问题都能够召开会议集体研究决议。

2010年，在党支部和全体党员中深入开展了“创先争优”、“讲党性、重品行、作表率”、“推进反腐倡廉建设科学化”理论研讨、学习贯彻干部选拔任用工作“四项监督制度”等相关主题活动，并在全体职工中开展了“积极投身创先争优活动”主题党日实践活动，向青海玉树地震灾区及甘肃舟曲特大山洪泥石流灾区献爱心捐款活动，“保护文化遗产”主题植树活动，迎“十一”摄影比赛等。

（二）人才队伍建设

坚持把“提高学术水平，培养研究人才”作为人才队伍建设的目标，2010年采取公开招聘、公平考试、择优录取的方式招聘了4名硕士、学士应届毕业生。注重抓好职工的学习培训，研究制定了“2010年业务学习培训方案”及“基础英语培训计划”，坚持每月组织两次业务讲座，每周组织两次英语培训，广泛邀请相关专家学者授课辅导，领导班子成员及业务骨干能够结合工作实际开展业务学习培训。

（三）规章制度建设

2010年，依据国家文物局相关政策法规，中国文物交流中心注重加强行政管理工作，不断构建规范的工作秩序。规范了领导班子议事规则，进一步明确了主任办公会、中心办公会制度；规范公文管理，严格公文办理和运转程序；规范工作程序，实行工作项目责任制。

2010年，科学编撰了“中国文物交流中心2011年~2015年工作规划”，召开了专题座谈会，邀请国家文物局相关部门、地方文物部门及兄弟文博单位的近30位领导、专家学者为规划编制工作献言献策。

北京新文化运动纪念馆

【简述】

北京新文化运动纪念馆位于北京市东城区五四大街29号的沙滩红楼。红楼建成于1918年，是北京大学旧址，是二十世纪初中国新文化运动的营垒，五四爱国运动的策源地，中国共产党早期活动的重要场所，是中国近代史上具有重要意义的见证地之一。1961年，红楼被国务院公布为第一批全国重点文物保护单位。2001年，国家文物局委托原中国革命博物馆筹建北京新文化运动纪念馆，将红楼一层辟为纪念馆对外开放。2002年4月28日，北京新文化运动纪念馆正式对外开放。2007年10月，北京新文化运动纪念馆隶属关系变更，成为国家文物局直属单位。2008 年，红楼进行整体维修，北京新文化运动纪念馆闭馆。

2009 年 4 月 22 日，北京新文化运动纪念馆面向社会重新开馆。为突出旧址类博物馆特色，北京新文化运动纪念馆确立以旧址复原为主、陈列展览为辅的原则，恢复了图书馆主任室、登录室、第二阅览室、第十四书库，以及新潮杂志社、学生大教室等六处旧址；举办“新时代的先声——新文化运动陈列”，蔡元培、陈独秀专题展，凸显五四新文化运动时期的红楼历史氛围，使观众通过旧址的原状再现和展品展示，在特定的历史氛围中感受红楼的魅力，获得更多的知识和信息。

北京新文化运动纪念馆是全国唯一一家全面展示“五四新文化运动”历史的专题性博物馆。2002 年，北京新文化运动纪念馆被命名为东城区爱国主义教育基地和北京市爱国主义教育基地，2004 年被评为全国百家红色旅游经典景区之一，2010 年被命名为北京市廉政教育基地。

【展览陈列】

北京新文化运动纪念馆以红楼为依托，秉承宣传和弘扬“爱国、进步、民主、科学”的五四精神的宗旨，不断推出各种形式的展览，向广大群众尤其是青少年进行爱国主义教育。

2010 年 3 月，北京新文化运动纪念馆举办“岁月如画——戴泽画展”。该展览是北京新文化运动纪念馆为戴泽先生举办的一次 60 年艺术生涯的成果展，画展紧扣新文化运动主题和红楼文化旧址的特点，并与徐悲鸿曾经在红楼倡导的现实主义结合起来，赋予展览新的含义。

5 月 4 日，北京新文化运动纪念馆团支部，与华北电力大学团委、对外经济贸易大学青年马克思主义研习社联合举办了“激情五月 青春飞扬”——五四运动 91 周年纪念活动。活动分为主题讲座、知识竞赛和诗歌朗诵会三个部分，充满了激情和活力，洋溢着青春的气息，受到了老师、同学的好评。

2010 年“5 · 18 国际博物馆日”期间，北京新文化运动纪念馆在院内设置了咨询台和展板，向前来参观的观众免费发放北京新文化运动纪念馆的宣传册。当天，纪念馆与景山街道办事处、中国美术馆共同举办“5 · 18 国际博物馆日——博物馆致力于社会和谐”宣传活动。北京新文化运动纪念馆设计制作了“博物馆致力于社会和谐”专题展览和“北大红楼与五四名人”展览，在街心公园展出，推出了有奖知识问答等互动环节，半天时间内，发放宣传册 400 本、门票 400 张，到场观众达 2000 余人。

6 月 ~9 月，北京新文化运动纪念馆与中国文化遗产研究院联合举办了“中国古代建筑经典模型展”。该展览在有限的空间内完美地展现了建筑模型的精巧细腻，整个展览给观众隆重、大气的感觉，受到观众和专家的好评。

2010 年，北京新文化运动纪念馆开展“新时代的先声”巡回展览活动，将精品展览送到全国多个博物馆和学校，努力打造“没有围墙的博物馆”。4 月，该展览在山东聊城傅斯年陈列馆展出；5 月，该展览在新疆乌鲁木齐市博物馆展出；7 月，该展览在北京首都图书馆展出；8 月，该展览在北京延庆博物馆展出。展览在各地开幕当天分别举办了配合展览内容的专题讲座。该系列巡展取得良好的社会反响，累计接待观众 50 余万人。

【对外交流】

2010年10月26日~11月1日，北京新文化运动纪念馆应邀赴台与台湾胡适纪念馆、中国国民党文化传播委员会党史馆等单位进行学术交流及参访。纪念馆就台湾地区五四新文化运动研究资料的典藏情况、五四新文化运动历史时期的研究状况，和台湾地区博物馆的展览展示方法、宣传手段等进行了调研，并与台湾胡适纪念馆就2011年两馆合作举办展览事宜进行洽谈。

11月7日~14日，北京新文化运动纪念馆作为中国博物馆协会社会教育专业委员会的挂靠单位，赴上海参加2010年国际博物馆协会第22届全体大会相关工作，举办了国际博物馆协会教育与文化活动专委会2010年年会。11月8日~10日，来自30多个国家和地区的87名外国代表和151名中国代表参加了国际博物馆协会教育与文化活动专委会2010年年会，这是国际博物馆协会30个专委会中参会人数最多、涉及国家最广的一次会议。会议共设发言45个，分为主旨发言、学术理论探讨、海报会和实操性社教工作交流等。除了大会发言，还组织代表参观上海博物馆、摩卡当代艺术馆和土山湾博物馆，观摩织布蜡染技术教学活动，并举行晚宴。中国博物馆协会理事长张柏和副理事长张春雨、常务副秘书长吴宏堂亲临会场，认真听取代表发言，并对会议工作给予了充分肯定。教育与文化活动专委会主席及代表们评价说，这次会议是超越完美的，是所有会议中最好的一个。

11月27日~12月2日，北京新文化运动纪念馆赴新加坡举办“品味经典、感受大师——中国新文学作家作品展”。展览通过300余幅历史及文献图片，介绍鲁迅、郭沫若、茅盾、巴金、老舍、曹禺、徐志摩、郁达夫、朱自清、艾青等10位新文学作家的生平、文学作品、文化贡献等，再现10位作家的创作历程，诠释他们的文学名篇。新加坡文艺协会会长骆明和北京新文化运动纪念馆副馆长郭俊英出席展览开幕式并致辞。开幕式后，纪念馆在新加坡国家图书馆举办专题讲座“中国白话文学的鲁迅传统”。新加坡《联合早报》和《新明日报》对展览进行了报道。

【参观人数】

2010年，北京新文化运动纪念馆全年接待观众21000余人次；其中学生观众9300余人，占观众总人数的45%。

2010年，北京新文化运动纪念馆举办的各种流动展览累计接待观众60万人次。

【藏品保管】

截至2010年12月30日，北京新文化运动纪念馆拥有藏品约4000余件（套），多为纸质文物，以书信、手稿、书籍、书画为主，也有少量印章、家具、文具等器物；其中一级文物59件（套）。

2010年北京新文化运动纪念馆正式开始文物定级工作，从4000余件（套）藏品中甄选出100件（套）较珍贵的文物，并于7月和9月，分两批通过全国馆藏近现代一级文物鉴定专家组评审，共评定一级文物59件（套），其中包括钱玄同的印章、日记及讲义，于右任的书法，李大钊的原版老照片等。此次定级工作对北京新文化运动纪念馆的藏品管理工作有极大的促进作用。

北京新文化运动纪念馆因需租用北京鲁迅博物馆的地下文物库房。库房面积200多平方米，分隔成大小不等的四间，分别为基本藏品库房、画库、家具库和杂物间，库房内共摆放文物柜33

个。其中基本藏品库房和画库有恒温恒湿的空调设备，每间库房都配备了净化空气的洁净屏，用来改善库房空气质量，减少有害气体。2010 年库房还配备了环氧乙烷真空消毒柜一台，用于日常文物消毒。

【文物征集】

北京新文化运动纪念馆 2010 年共征集到藏品 286 件（套），其中从私人收藏家处征集到 15 件（套），从拍卖会征集到 118 件（套），从网上征集到 1 件（套），从古旧书店征集到 152 件（套）。征集品中有很多珍贵藏品，如沈尹默写给常惠的行书条幅、沈尹默写给常惠的苏曼殊诗句四条屏，容庚写给常惠的金文对联，北京大学学生周刊，国立北京大学二十周年纪念册，北京大学日刊等。

【学术交流、研究和出版等】

6 月 29 日 ~30 日，台湾博物馆专业协会理事长徐纯受邀来北京新文化运动纪念馆授课，介绍了国外先进博物馆的展示理念和陈列经验。

北京新文化运动纪念馆完成了“新文化运动之路”的拍摄和光盘制作，与中国教育电视台三台合作完成电视片“新文化运动启示录”的拍摄，并在中国教育电视台三台播放。

北京新文化运动纪念馆编辑出版《春华秋实——国家文物局 60 年纪事》图录及《品味经典，感受大师——中国新文学作家与作品展览图录》。

2010 年度，北京新文化运动纪念馆业务人员共发表文章 10 余篇，多次参加博物馆专业会议，并在会议、学校等机构进行学术演讲，宣传新文化运动。这些工作的开展，为丰富人民群众精神文明生活，共享文化成果起到了积极的作用。

【机构和人员】

北京新文化运动纪念馆是隶属于国家文物局的正局级中央在京一类事业单位，下设办公室和业务部两个部门。

截至 2010 年 12 月 30 日，北京新文化运动纪念馆共有在册人员 20 人，其中编制内人员 10 人。在册 20 人中，研究生学历 5 人，本科学历 11 人，大专学历 4 人。在编 10 人中，高级职称 4 人，中级职称 3 人，初级职称 1 人。

各省、市、自治区

北京市

【概述】

2010 年，是“十一五”规划的收官之年。北京市文物系统紧密围绕市委、市政府的中心工作，配合建设、规划部门初步制定完成《首都功能核心区保护性改造工作的若干规定（修订）》，指导旧城、历史文化保护区的修缮改造工作，全面推动历史文化名城的整体保护；启动颐和园四大部洲、香山昭庙等 30 余项文物修缮工程，完成天坛昭亨门甬路、北堂、怀柔区水长城和南堂等 20 余项文物修缮工程；第三次全国文物普查、长城资源调查以及大运河保护申遗工作有条不紊地开展并取得突出的成效。截至 2010 年 12 月，北京地区注册博物馆达 156 家，馆藏品总数达 332 万件（套），全年举办各类展览 500 余项，接待观众 3500 万人次，博物馆的规范化管理和服务接待水平普遍提高，展览陈列质量不断提升，博物馆在“人文北京”及传统文化节日宣传活动中的影响力不断提高。

【法规建设】

2010年，组织成立《北京市地下文物保护管理办法》起草小组，完成了相关法规文件收集整理工作，听取政协委员意见，完成了《关于制定北京市地下文物保护管理办法的立项论证报告（征求意见稿）》和《地下文物保护法规文献资料汇编》。同时完成了《故宫缓冲区保护管理办法》《北京市名人故居文物建筑保护管理办法》的资料收集工作和《周口店保护管理办法》后评估工作。

2010年，起草《北京市文物局2010年推进依法行政实施意见》，成立了新的“依法行政领导小组”；制定《行政许可案卷评查制度》，开展了业务处室行政许可案卷的评查工作；完成《北京市文物行政部门规范行政处罚裁量权办法（试行）》修改工作，并于12月1日正式实施；落实了《关于取消和调整部分行政审批项目的通知》，对行政许可审批和非行政许可审批事项进行了清理。

【执法督察和安全保卫】

2010年，北京市文物行政执法人员对国保单位和市保单位开展执法巡查1616次，安全检查1836次，发现隐患76次，责令整改76次，基本完成雪池冰窖、法国邮局旧址、地安门西大街153号四合院、南新仓、湖南会馆、北海先蚕坛、原辅仁大学等文保单位的安全隐患整改工作。

2010年，共接到举报、信访、上级督办事项63件。其中依法处罚2起，共罚款5.5万元；责令改正5起；向法院申请强制执行1起；向市相关执法部门移交5起；转区县文化委员会行政执法队查处14起；自动改正轻微违法行为6起，共拆除违法建筑面积4000余平方米。配合公安机关协调文物鉴定专家为涉案文物鉴定49次，共计6000余件（套）。

2010年，为解决重点文物保护单位避雷设施、消防水系统、消防报警系统和电路改造四个方面存在的消防安全隐患，初期投资1700万元，解决了太庙电路老化、平谷区丫髻山消防水系统不健全、都龙王庙无避雷设施和花市火神庙无防火报警器等24项安全隐患；追加投资1500余万元，主要解决重点博物馆的报警监控设施的升级改造、消防设施的维修、保养、安装安全护栏、电路改造等项目内容。

【不可移动文物的保护和管理】

（一）文物保护修缮

8月24日，香山昭庙全面修缮工程正式启动。这标志着市委、市政府部署开展的北京地区民族文物建筑系统修缮工程正式启动。本次工程计划分三期实施，投资近4000余万元，修复后的昭庙将再现其清代历史风貌。

9月9日，日坛修缮工程正式启动。此次修缮北京市、朝阳区两级政府共投资1500余万元，修缮内容包括祭坛坛墙、神台、祭器库、具服殿大门及院墙、西天门、北天门、七间殿、宰牲亭、神库大门及院墙等古建筑。

10月23日，全国重点文物保护单位——西什库教堂主教府修缮工程正式竣工。本次修缮根据始建于1887年的主教府的历史照片及有关材料恢复其原有面貌，文物建筑修缮面积达6556.75平方米。

11月16日，怀柔水长城抢险修缮工程正式竣工。此次抢险修缮工程总投资约555万元，工程全长2200延长米，其中敌台1座，敌楼5座，修缮面积约11000平方米。

11月17日，颐和园四大部洲修缮工

程正式启动。此次修缮工程总投资 2292 万元，主要是排除文物建筑的病害和隐患，完善建筑防雷、消防、安防监控等保护措施。修缮后的四大部洲将再现其历史风貌。

（二）区县文物修缮

2010 年，各区县文化委员会多方争取和筹集文物修缮资金，加大文物修缮工作力度。东城区完成了清末邮局修缮工程、隆安寺二期修缮工程等重点项目，启动钟楼防渗加固抢险修缮工程，并积极配合钟鼓楼广场恢复整治工程和北京时间博物馆项目；西城区启动了银锭桥修缮工程、万松老人塔纠倾加固工程等 38 项文物修缮项目；昌平区投资 299.28 万元，对长峪城北城门及瓮城、庆王坟碑楼及坟冢、南口老城门、阳坊药王庙、回龙观玉光寺进行抢救性修缮；房山区完成了上方山、灵鹫禅寺中殿、圆通殿抢险修缮；平谷区抢险加固丫髻山碧霞元君祠遗址，增设消防水系统、避雷设施，并积极争取专项资金 2100 余万元，修缮峨眉山营遗址等 7 个区级文物保护建筑；大兴区完成了恭勤夫人谢氏墓、火神庙修缮工程；十三陵特区明茂陵修缮项目全面竣工，并编制完成《银山塔林文物保护规划》初稿；八达岭特区历时 4 年，投资近 1600 万元的长城抢险加固工程全面竣工。

（三）大遗址保护

2 月 9 日，北京市文物局组织召开大运河北京段遗产保护规划专家评审会，与会专家一致认为大运河北京段遗产保护规划研究方法科学、评估体系完整，符合北京地区运河遗产实际情况，有利于指导今后的保护和申遗工作，原则通过该规划。根据专家论证意见，将万宁桥、南新仓等 12 处不可移动文物列入大运河北京段推荐名单申报第七批全国重点文物保护单位，有关申报材料已上报国家文物局。2010 年，还配合国家文物局完成了“十二五”时期大运河保护工作规划。

（四）全国重点文物保护单位

2010 年，长城沿线的平谷、密云、怀柔、延庆、昌平、门头沟六区县开展了北京段长城资源调查内业整理工作，整理完成北京段长城资源调查报告，基本完成延庆县长城保护规划制定试点编制工作，并配合国家文物局完成了北京地区“十二五”时期长城保护工作专项规划。

2010 年，总参保障部服务局和故宫博物院签订协议，正式将大高玄殿移交给故宫博物院管理。朝阳区完成了东岳庙东路的腾退工作，并收归北京民俗博物馆管理使用。

（五）第三次全国文物普查

4 月 7 日，国家文物局、北京市文物局启动北京市文物普查实地调查验收工作，并对东城区第三次全国文物普查实地调查阶段工作进行了验收。验收组专家听取了东城区关于实地调查阶段的工作汇报，认真检查了《不可移动文物登记表》及《消失文物登记表》。实地抽查了玉河遗址、清末自来水厂旧址等不可移动文物的登记情况，与区文物普查工作人员进行了座谈。认为东城区文物普查实地调查工作基本符合国家、北京市第三次全国文物普查办公室相关技术标准、规范和要求以及北京市“三普”工作实施方案，同时建议在普查数据、图纸、照片等方面进一步完善。

4 月 29 日，组织召开北京市第三次全国文物普查验收工作总结会，总结了实地调查阶段的工作情况，提出了整改完善意见，并对下一步资料整理工作提出了要求。经国家文物局评选，延庆县文物普查队获得全国文物普查实地调查阶段先进集体称号，李仪录、张鑫宇同志获得先进个人称号。

【考古发掘】

2010 年，开展了亦庄经济技术开发区、丽泽金融商务区等考古工作，共完成大型基本建设地下文物保护工作 62 项，总勘探面积 2922.5 万平方米，总发掘面积 4.36 万平方米，发掘和保护古墓葬 1400 余座，古遗址 150 余个，瓷器坑 1 座（出土瓷片上万片），出土文物 1100 余件（套），出版物 7 部，发掘报告和论文 27 篇。其中，在丰台区丽泽金融商务区发现了 80 米长、超过 10 米宽的较大型建筑基址 57 排，设有前后廊，初步分析为金代遗址。该处考古发掘过程中还发现一具金代铠甲，这是我国首次发现金代铠甲，为研究金代军事制度及军事装备情况提供了重要的考古资料，具有重大的科研价值与文物价值。

【博物馆与可移动文物】

2010 年，北京地区博物馆建设取得了新的进展，新注册登记北京新文化运动纪念馆、中国民兵武器装备陈列馆等 5 家博物馆。截至 12 月底，北京地区注册博物馆已达 156 家，其中免费开放的博物馆达到 46 家。馆藏品总数达 332 万件（套），全年举办各类展览 500 余项，接待观众 3500 万人次。

2010 年，全力开展北京奥运博物馆筹建工作。奥运博物馆的建设立项前期工作、展陈大纲编写修订、展览小样深化设计工作及文物、照片资料的征集工作已基本完成，展陈形式设计深化方案和博物馆新馆址已经市领导确定，重点科技展项的设计制作工作已开展。2010 年奥运博物馆展品共征集到 508 件（套），完成征集工作的 71.3%。

2 月 6 日，“利玛窦——明末中西科学技术文化交融的使者”展在首都博物馆开幕。展览通过对利玛窦这位在中意交流史上占有重要地位的历史人物的介绍，展示了那个时代中国和意大利科学技术文化艺术的辉煌。

5 月 5 日～6 日，国家文物局局长单霁翔率领全国博物馆、纪念馆免费开放工作调研小组在北京进行调研。单局长率领调研小组先后对宣南文化博物馆、中国人民抗日战争纪念馆、北京自然博物馆和首都博物馆 4 家北京地区免费开放博物馆进行现场调研，随后出席了北京地区博物馆免费开放调研工作座谈会。北京市文物局局长孔繁峙介绍了北京地区免费开放博物馆工作的基本情况，北京市财政局副局长吴素芬介绍了北京地区免费开放博物馆财政补贴的支持政策与具体措施，中国人民革命军事博物馆等北京地区免费开放博物馆的负责同志分别介绍了各馆免费开放后的工作情况。单局长充分肯定了北京地区免费开放博物馆工作两年多来取得的长足进展和巨大成绩，并就进一步做好免费开放博物馆工作做了重要指示。

5 月 18 日，以“博物馆：促人文和谐 创世界城市”为口号的北京地区国际博物馆日宣传活动启动仪式在首都博物馆举行。与会领导为第二届“清华工美杯”博物馆纪念品大赛及第四届“我看博物馆”摄影大赛的获奖单位和选手颁奖，新成立的“首都博物馆艺术团”表演了精彩的节目。

5 月 19 日，周口店北京人遗址博物馆新馆奠基仪式举行。新馆位于周口店遗址建设控制地带内，占地 38000 多平方米，建筑面积 8093 平方米，总投资约 1.8 亿元，计划于 2011 年周口店遗址发掘 90 周年之际建成，并向公众开放。

7 月 29 日，“考古中华——中国社会科学院考古研究所成立 60 周年成果展”在首都博物馆开幕。展览分“沧桑巨变——旧石器时代向新石器时代的过渡”“王朝崛起”等 18 部分，展出 60 多处重要聚落址、都城址、佛寺遗址和大型墓葬等考古发掘出土的400多件珍贵文物。

9月14日，北京艺术博物馆与良渚博物院联合举办的“天子之雅——清代帝王生活侧影展”在良渚博物院开幕，此次展览遴选出北京艺术博物馆102套152件文物藏品，从衣食、宗教、文娱、政务等多个侧面展现清代帝王生活的常态。

9月16日，“范正锡美，巧夺天工——侯马陶范艺术展”在大钟寺古钟博物馆开幕。展览选取规模最为庞大的古代冶铸遗址之一——山西侯马晋国冶铸遗址出土的精美陶范进行集中展示，展品类型包括乐钟范、礼器范、兵器范、车马器范、生活用具范、空首布范等，共计106件（套）。

9月28日，“首届世界华人典藏大展”在首都博物馆开幕。此次展览是国内首次大规模地集中展示世界华人的收藏精品，包括宋代五大名窑、清代瓷器、书画、玉器、丝织品等珍贵的收藏佳作，共计100件（套）。

10月25日，“丝路新篇——中意文化遗产保护合作成果展”在首都博物馆开幕。展览分十二个部分，以图片、文字、实物及视频的形式展示了中国、意大利两国在文化遗产保护等方面的交流成果。

【社会文物管理】

2010年，全市共有文物拍卖企业80家，其中31家具有一类文物拍卖资质，占全国总数的三分之一；共举办文物艺术品拍卖会195场，上拍文物190450件（套），成交总额360.43亿元人民币，同比增长186.06%，其中第二季度成交额高达121.24亿元，同比增长296.34%，创单季度成交额最高纪录，黄庭坚书法《砥柱铭》以4.368亿元的天价成交，创中国艺术品成交最高纪录。

2010年，开展文物拍卖企业一类资质初审工作及文物拍卖企业资质审核工作。经国家文物局最后审核批准，共有长风、永乐等10家拍卖公司获得一类文物拍卖经营资质，69家拍卖公司年审获得通过。完成全市8家申请设立文物拍卖资质企业的初审工作，有5家企业经国家文物局批准获得文物拍卖资质。

2010年，完成对全市53家文物拍卖企业112场拍卖会121056件（套）标的的依法审核工作，确定国家一级珍贵文物38件，撤拍文物215件。

10月22日～25日，第二届北京·中国文物艺术品国际博览会在光华路五号国际会展中心举行。此次博览会主会场部分共分古器物、古代书画、近现代书画和当代艺术四大板块，分会场的中高端艺术品展销汇集了国营文物商店、文物拍卖公司等67家企业参展，实现销售额3.2亿元。此外还举办了主题为“人文北京·典藏世界”的高峰论坛，分“北京在全球艺术品收藏市场中的定位”“收藏的境界与视野：如何引导成熟的中国文物艺术品收藏理念”“金融资本如何分享艺术品盛宴”“在北京迈向世界艺术品交易之都的进程中，博物馆的定位与思考”四个板块，就业界关注的焦点问题进行了深度交流。

11月21日，第五届中国（北京）国际文化创意产业博览会圆满结束。其中文物及博物馆相关文化创意产品展馆共有来自越南、津巴布韦、法国、意大利等国以及中国内地多个省区的111家单位参展，展出内容包括博物馆相关衍生产品、高档古玩、各类艺术品、民俗展示以及文博相关文化创意产品等。由首都博物馆、北京艺术博物馆、北京百年世界老电话博物馆、孔庙和国子监博物馆等23家博物馆组成的博物馆长廊，以其明清皇家仿古外观、丰富有趣的互动活动以及精美的创意产品再次博得了

"最佳展示奖"的美誉。文博会期间共接待观众十余万人，实现销售额1300余万元。

【科技与信息】

2010年，资助出版首都博物馆《首都博物馆藏北京地区经济史资料整理与研究》第一册《窑契与经济合同文书》、北京石刻艺术博物馆《北京石刻艺术博物馆馆藏拓片编目提要》、北京市文物研究所《学思启罔——以北京为核心的考古学历史、实践与展望》和大葆台西汉墓博物馆《西汉广阳王陵》，组织申报了2010年度国家社会科学基金项目、2010年国家社科基金后期资助项目和北京市哲学社会科学2010年度增补项目。

做好馆藏文物数据汇总和上报工作，共汇总17家局属单位的馆藏文物9341件（套），图片65157张。其中一级品480件（套），图片3608张；二级品5115件（套），图片35383张；三级品3746件（套），图片26196张，数据报送成功率100%。

【文博教育与培训】

2010年，制定《2010年北京市文物局干部教育培训工作要点》，明确了2010年度重点培训任务；举办2010年度中青年干部培训班，共有120名中青年干部参加了培训，安排了5次专题辅导；举办军转干部培训，40名军转干部通过召开座谈会、局领导专题授课、组织参观宋庆龄、李大钊故居等系列活动，进一步增强了适应地方工作的能力；举办两期公务员信息化与电子政务培训班，进一步提升了公务员电子政务与信息化水平。

【文博宣传与出版】

2010年，以重要文物保护修缮工程、博物馆特色展览、"国际博物馆日"、"文化遗产日"、"首届孔庙国子监国学文化节"和"第二届北京·中国文物艺术品博览会"等重要文博事件为重点，共举办各类新闻发布会、组织媒体记者集体采访活动48次，接待国内外记者采访56次。继续通过在平面媒体开办图文专版、在电视台和网站开辟专题、发送手机短信等多种形式，展示北京文博行业取得的重要工作成果。文化遗产日期间，首次尝试在首都之窗和千龙网对主会场活动进行现场直播，实现与网民的互动，受到网民热烈欢迎。

2010年，由北京燕山出版社出版的《道藏说略》（上、下）获第二届中国出版奖政府提名奖，《土地征用过程中农民利益保护问题研究》《北京地名研究》《北京近千年生态环境变迁研究》和《清代前期关税制度研究》四种图书获北京市哲学社会科学优秀成果二等奖。

【对外交流与合作】

2010年，代表北京市政府完成捐建加拿大渥太华市中国城牌楼项目，该项目于国庆期间正式竣工，北京市政府特地组织代表团赴加拿大渥太华为中国城牌楼举行了揭幕仪式。捐建哥斯达黎加圣何塞市中国街牌楼项目也已完成实地考察和设计工作。另外，按照市政府友城交往工作的安排，市文物局还组团赴墨西哥城参加了"北京——墨西哥城论坛"活动，与该市就历史文化遗产保护工作进行了交流。

2010年，为比利时布鲁塞尔"欧罗巴利亚中国艺术节"送去了"中国古代文人生活"精品展；应国家文物局要求，首都博物馆和北京石刻艺术博物在美国纽约大都会博物馆举办了"中国元代文物展"；首届北京孔庙国子监国学文化节期间，还举行了海峡两岸师生联合祭祀孔子活动。

【机构及人员】

北京市文物局局属事业单位33家，其中博物馆19家、文物科研机构2个，文物保护管理机构1家，文物商店1家，其他文物机构10家。另外，全市区县文物管理机构有16个。

截至2010年底，局属33家事业单位共有在编在职职工970人。按学历层次划分：大专以下101人、大专149人、大学本科603人、硕士96人、博士21人；按专业岗位人员职称划分（此数据仅为在聘任在专业技术岗人员的职称情况，不含管理岗位人员职称情况）：初级职称235人、中级职称155人、副高级职称32人、正高级职称3人；按单位性质划分：全额拨款事业单位740人、自收自支事业单位174人、参公单位9人、工资纳入规范管理单位47人；与2009年末人数相比增加11人。

【其他】

6月12日，以“保护文化遗产，建设世界城市”为主题的2010年文化遗产日主会场活动在北京明城墙遗址举行。活动表彰了北京市地下文物保护先进集体和先进个人，首批发布了北京市故宫、颐和园等六处世界文化遗产的“声音标签”。

7月20日，由北京博物馆学会主持编写的《北京博物馆年鉴》第六卷（2004~2008）正式出版。该卷年鉴收录了北京市135家博物馆的相关资料，同时注意到年鉴收录期间博物馆事业的发展，增加了北京地区博物馆发展特点的专门文章。此外，年鉴还收录了博物馆学会的15家与博物馆业务和设施有关的企业会员单位，从一个侧面反映了北京地区博物馆事业的发展。

7月27日，北京市文物局、房山区文化委员会和周口店北京人遗址管理处联合召开了《周口店遗址保护管理办法》施行一周年评估工作会议。周口店北京人遗址管理处就《办法》颁布一周年的施行情况进行了汇报，北京市文物局政策法规处处长高小龙处长对《办法》实施成果给予肯定，并提出了具体要求。

8月24日，北京市文物局组织召开“孔庙碑林保护利用专家论证会”。市委常委、宣传部部长、副市长蔡赴朝，市委宣传部副部长张淼，文物保护专家谢辰生、徐苹芳、赵其昌、吴梦麟、阎崇年等出席。与会领导、专家学者着重就如何加强孔庙碑林的保护利用工作发表了意见，并达成共识。

9月14日~17日，北京地区第八届博物馆科普培训班在房山区举办，46个博物馆的52名科普工作者参加。中国大百科全书出版社总编王勤等专家、学者紧密结合当前科学技术前沿，围绕博物馆多媒体数字技术主题，用诙谐、幽默、风趣的语言及多媒体动态视频样片，讲授了在博物馆中开展数字展品制作、展示和媒体语言应用的有关知识，还结合博物馆工作特点就各类灾害中如何应急避险，做了科普知识讲座。北京天文馆与大钟寺古钟博物馆分别介绍、展示了北京天文馆与大钟寺古钟博物馆的科普互动活动项目。

11月8日，北京市文物局召开由各区县文委、各全国重点文物保护单位和局属各单位主要领导参加的冬春季火灾防控及2011年度烟花爆竹安全管理工作部署会，部署了《火灾隐患排查整治专项行动暨2010至2011年度冬春季火灾防控工作方案》和2011年元旦春节烟花爆竹安全管理工作；市消防局、市政府烟花办的有关领导针对文物单位火灾隐患排查整治行动、冬春季火灾防控工作和春节烟花爆竹安全管理工作分别提出了相关工作要求。

12月18日，北京市文物局主持召开首届北京博物馆志愿者表彰大会暨北京博物馆志愿服务总队成立大会。会议回顾了近年来博物馆志愿者服务工作情况，通报表彰了优秀志愿者及优秀志愿者团队，宣布北京博物馆志愿服务总队成立。

12月27日，北京市文物局组织召开了全市文物系统安全工作大会。会议对全市文物保护单位落实元旦、春节期间烟花爆竹安全管理工作提出了具体要求。要求各区县文化委员会、各文物保护单位要深刻吸取“清华学堂”火灾事故的教训，开展广泛的文物安全教育，加大安全隐患排查力度，特别加强文物修缮施工工地的安全防范措施，切实落实市综治委、市防火委、市烟花办的各项要求。

天津市

【概述】

2010年，在中共天津市委、天津市政府正确领导下，天津市文物局坚持以邓小平理论和“三个代表”重要思想为指导，深入贯彻落实科学发展观，按照胡锦涛总书记对天津工作提出的一系列重要要求，高举旗帜、围绕大局、服务人民、改革创新，认真贯彻落实国家文化遗产保护方针，积极加强文化遗产保护，建设共有精神家园。文物博物馆事业取得了突出的成绩。率先完成第三次全国文物普查实地文物调查工作，共调查登记不可移动文物2128处，其中2010年发现的1198处。完成周恩来邓颖超纪念馆基本陈列改造工程和天津文庙整体修复工程并对外开放。市直属公共博物馆、纪念馆全年共举办“消失与复活——三星堆、金沙遗址出土文物精品展”“西花厅记忆——杜修贤摄影艺术展”“人民公仆 干部楷模——焦裕禄精神展”等各类展览61场，吸引观众240万人次。天津自然博物馆被科技部、中宣部、中国科学技术协会授予“全国科普工作先进集体”荣誉称号，天津博物馆被中宣部授予“全国爱国主义教育基地示范单位”称号。

【执法督察与安全保卫】

2010年11月，对粤鸿和尊雅会未经批准擅自修缮和平区文物保护单位龚心湛旧居案进行了查处，给予粤鸿和尊雅会五万元的行政处罚，并责令整改，将该文保单位恢复原状。

对天津市范围内15个全国重点文物保护单位、7个一级风险单位、113个天津市文物保护单位逐一进行了摸底检查，了解了各个文保单位的实际情况，对其进行了文物保护方面的法律、法规宣传，对文保单位负责人进行了谈话，制作了《现场检查笔录》

【不可移动文物的保护和管理】

（一）概述

截至2010年底，经天津市文物局登记备案的不可移动文物达2082处（包括古遗址745处、古墓葬157处、古建筑164处、石窟寺及石刻23处、近现代重要史迹及代表性建筑975处、其他18处），其中世界文化遗产1处，全国重点文物保护单位15处，省（直辖市）级文物保护单位113处，区县级文物保护单位155处。

（二）大遗址保护

天津市文物局会同天津大学编制了京杭大运河保护规划。规划包括现状评估、价值评估、遗产点遴选、运河遗产保护范围划定等内容。此外还形成了六项专题研究项目，包括运河聚落遗产——杨柳青历史文化名镇保护研究、南运河上减河变迁研究等。

（三）全国重点文物保护单位

2010 年，天津市有 15 处全国重点文物保护单位，其中古遗址 2 处（天妃宫遗址、京杭大运河），古建筑 2 处（独乐寺、石家大院），石窟寺及石刻 1 处（千像寺造像），近现代重要史迹及代表性建筑 10 处（大沽口炮台、望海楼教堂、义和团吕祖堂坛口遗址、南开学校旧址、天津利顺德饭店旧址、天津广东会馆、天津劝业场大楼、盐业银行旧址、法国公议局旧址、梁启超旧居）。

2010 年，天津市文物局组织天津市各区县进行全国重点文物保护单位的记录档案录入制作工作。同时，启动了全国重点文物保护单位独乐寺保护规划的编制工作。

【考古发掘】

1. 静海县程庄子遗址

4 月，对静海县程庄子发现的一处面积约 4 万平方米的唐代遗址进行考古调查。该遗址保存较好，部分剖面可见人型房址，为天津地区保存最好的唐代聚落遗址。

2. 津保铁路建设工程项目沿线

6 月，对津保铁路建设工程沿线进行文物调查。调查了道沟子元明遗址、西房子明清遗址、小诸庄战国遗址三处遗址。

3. 东丽区娘娘庙遗址

6 月 ~7 月，对东丽区娘娘庙遗址进行考古调查与勘探。勘探发现 5 处建筑基址，采集柱顶石、青砖等遗物，初步复原娘娘庙原有平面布局，为该庙下一步工作提供基础证据。

4. 天津渤海海域

9 月，与国家博物馆水下考古研究中心合作，在渤海水域开展了水下探测、探摸工作，取得了初步成果，为以后的文物保护工作开展奠定了基础。

5. 圣光龙庭工程工地

9 月，对蓟县圣光龙庭建设工程工地的 10.5 万平方米进行考古勘探，共勘探出明清时期墓葬 11 座。10 月 ~ 11 月，对上述 11 座明清时期墓葬进行考古发掘，出土陶、瓷、铜、银等质地文物 60 余件，获取了蓟县清代中期下葬、随葬、丧葬习俗的大量信息。

【博物馆与可移动文物保护】

（一）博物馆

1. 博物馆建设

2010 年，天津博物馆相继组织召开了四次专家论证会，积极开展天津博物馆新馆、美术馆的相关建设工作，对天津博物馆、天津美术馆的功能设置、展陈理念及古代史、近代史基本陈列进行深入论证，基本实现内部功能设置和展陈理念的创新。完成天津博物馆新馆十一个陈列展览以及美术馆三个陈列展览的陈列大纲的编写工作。

天津自然博物馆完成《天津自然博物馆迁建改造项目任务书》；并撰写新馆内容设计提纲（已完成 6 稿）及形式设计效果图（征求意见稿）等；组织了 2 次新馆设计方案专家论证会。

周恩来邓颖超纪念馆基本陈列改造工程完工并于 2010 年 6 月 12 日重新对外开放。新的基本陈列保留了原展览中的精华，调整了布局，更新了内容，突出了主题和天津特色。与基本陈列改造同步进行了消防设施与安防设施的更新改造，使主展馆从展陈内容到硬件设施达到一个新的层次。

文庙博物馆的落架整修及展陈改造工程顺利完成，于8月1日正式对外开放。修缮后的文庙博物馆展线丰富，展示方式多样。对两庙的整体环境进行了提升改造，恢复了府庙历史陈列，制作完成了“大哉孔子”“孝德展”两个展览，新增了众多可视性内容，全面反映出天津文庙的原貌和历史特色。

平津战役纪念馆红色旅游项目——文物库房基建工作完成。

李叔同故居纪念馆展览经过初步验收，专家认为展览总体效果理想，展室布局科学合理，能够突出反映李叔同的文化成就和李叔同故居的天津特色，基本上具备开馆条件。

2. 可移动文物的保护、管理和研究

2010年度接收、征集文物1411件，修复藏品413件。

根据国家文物局《关于全面推进文物调查及数据库管理系统建设项目的通知》（文物博函［2008］1347号）要求，天津市文物局按时完成珍贵文物数据采集报送的工作，一级文物共采集报送782件（套），照片3705张，总数据量61.47GB。珍贵文物共采集报送42445件（套），照片28798张，总数据量347.1GB。

3. 博物馆间的交流与合作

6月29日，由中共天津市纪律检查委员会、中共天津市委宣传部、天津市文化广播影视局主办，平津战役纪念馆、河南兰考焦裕禄纪念馆联合承办的“人民公仆 干部楷模——焦裕禄精神展”在平津战役纪念馆展出。

8月12日，天津博物馆举办的“丹青艺事越千年——天津博物馆藏宋元明清绘画精品展”在湖南省博物馆展出。

9月18日，四川广汉三星堆遗址博物馆和四川成都博物院联合举办的“消失与复活——三星堆、金沙遗址出土文物精华展”开幕式在天津博物馆举行，展出文物157件（套）。

10月1日~7日，由重庆红岩纪念馆和平津战役纪念馆共同主办的“写在党旗上的名字——红岩精神展”于国庆节期间在平津战役纪念馆对外展出。

4. 重要文物陈列展览

4月27日~5月2日，由天津戏剧博物馆文庙博物馆管理办公室承办的“天津——京剧艺术重镇”展览赴台北展出。

6月30日，“西花厅记忆——杜修贤摄影展”在周恩来邓颖超纪念馆开幕。

7月11日，“秘书眼中的邓颖超——赵炜、高振普摄影展”在周恩来邓颖超纪念馆开幕。

12月10日，天津博物馆举办的“吉光焕彩——纪念刘奎龄诞辰125周年特展”开幕。

12月31日，“一世朗润——民国瓷器特展”开幕，展出民国时期瓷器文物224件。

（二）可移动文物保护

作为2006年国家重点文物保护修复项目，由天津博物馆负责实施的“天津武清出土明代铜像保护修复”专项修复项目，经过四年的实验和保护处理，定期观察后铜人状态稳定，达到了预期效果，于2010年6月17日通过了国家文物局专家组的验收。

【社会文物管理】

全年经审核允许出境各类文物、文物复仿制品4000余件，审核临时进境文物100余件。

受天津海关委托，协助海关现场鉴定疑似文物共计4769件，出现场43次，验扣禁止出境文物167件。

文物拍卖标的审核10次，共审核各类文物标的5358件，撤拍9件。文物商店售前文物审核1次，共审核各类文物351件。完成司法鉴定3次，共鉴定涉案文物45件。

【文博教育与培训】

1. “名师教室”工程

天津市文博系统“名师教室”工程于2007年7月6日正式启动，到2010年3月第一期已顺利完成教学培养任务。

第一期“名师教室”工程共聘请导师20人，经过报名和认真筛选最终入选学生35人，学科设置主要有考古学、历史学、博物馆学、文物艺术品鉴定、自然科学、周恩来邓颖超研究、民俗学、戏曲理论研究等。基本涵盖当前文博研究的内容。

在教学方式上，“名师教室”不拘泥于传统单调的课堂教学，而是注重紧密联系工作实际，真正做到了“干中学、学中干”，将理论学习的效果真正落到实处。除此以外，“名师教室”还通过安排师生带着课题有目的地外出考察学习，解决了多年未解的研究、鉴定中的问题。

“名师教室”工程在人才培养方面进行了初步尝试，为天津乃至全国文博界的人才培养探索出一种可持续发展的良好模式。“名师教室”作为“人才兴文”战略的重点工程，已经取得了初步成效。

2. 继续教育

继续教育工作是专业技术人员知识更新的重要工程，是天津市文化广播影视局（天津文物局）历年来扎实推进的基础工程。2010年，天津市文博系统专业技术人员的继续教育工作，继续坚持以“大文博”概念为原则，以“时事性”“专业性”“普及性”三结合的总体思路，结合文博工作实际，安排了系列讲座。全市文博系统专业技术人员400余人次参加了培训。

继续教育工作，改善了天津市文博系统专业技术人员队伍的现状、加强综合素质教育的力度，注重专业技术人员政策水平的提高、前沿意识以及学术视野拓展的培养，取得了良好的效果。

3. 文博干部培训

为落实国家文物局《关于推进地市文博单位管理干部和全国重点文物保护单位保护管理机构负责人培训工作的意见》的精神，全面提高天津市文博干部职工的专业水平和综合素质，由国家文物局组织，天津市文物局承办的天津市区县文博单位管理干部暨全国重点文物保护单位保护管理机构负责人培训班于10月11日～17日在蓟县举行。局直属文博单位负责同志、各区县文化局（文物局）文博管理干部、各区县文物管理所负责同志、全国重点文物保护单位管理机构负责人共计57人参加了此次培训。

【文博宣传与出版】

1. 文博节日宣传活动

2010年“国际博物馆日”，天津市各博物馆、纪念馆围绕“博物馆致力于社会和谐”主题，开展了主题鲜明，形式多样，内容丰富的活动，拉近了博物馆与公众的距离，极大地推动了天津市博物馆事业整体水平的不断发展。

天津博物馆以主会场与分会场遥相辉映的形式展开互动宣传，主会场活动是题为“尊崇之美——佛像的鉴定与社会和谐”的开放性专题学术讲座，分会场设立在南开大学、天津大学和师范大学校园内，由天津博物馆的工作人员和志愿者为大学生送去“五星红旗迎风飘扬”流动展览，并现场进行讲解。

天津自然博物馆以情景剧、舞蹈、相声、小品等多种表现形式在主展厅举办科普知识演出专场、科普情景剧演出，开展科普知识竞赛、科普影片展映、趣味寻宝探秘活动，向公众传播科普知识。为青少年朋友们精心准备了20余个科普展览并组织开展“进化中心脏的演化”“秦岭四大国宝”“美丽的北极狐”“有趣的动物大迁徙”等系列科普知识讲座送进大中小学校和社区活动。

平津战役纪念馆把“百年国耻——八国联军侵华史实展”送到天津市一轻技校，受到了在校师生的广泛好评。

元明清天妃宫遗址博物馆将传统文化与课堂教育紧密结合，将“文字的结构和发展”讲座送进中小学课堂，培养学生对传统文化的兴趣。将“走进世界遗产”“传统文化的载体——乡土建筑”“探索明长城——天津明长城资源调查成果汇报展”等展览送至静海县中小学素质教育基地、静海县高级中学军训基地进行展览。

塘沽博物馆在馆前广场向市民宣传普及《国家文物保护法》《博物馆管理办法》等法律法规外，还进行“非遗”项目表演，现场气氛非常热烈。

文化遗产日期间，天津以“文化遗产，在我身边”为主题组织系列宣传活动。包括“我们身边的文化遗产”图片展；开展收藏常识咨询及鉴定活动；组织学生进行模拟考古发掘；举办考古和文物保护知识专题讲座等项目。《天津新闻》报、天津卫视、天津都市频道、北方网等相继对此次活动进行报道，取得广泛好评和良好的社会效益。

2. 学术研究与出版

《鉴识——张慈生自述》《眼力——刘光启自述》《洞鉴——云希正自述》《明镜——田俊荣自述》四本著述，均由天津文博院编写，天津人民出版社2010年1月出版。

《工业遗产保护初探——从世界到天津》，岳宏著，天津人民出版社2010年1月出版。

《古玉鉴赏一百讲》，徐春苓、曹平著，百花文艺出版社2010年4月出版。

《天津文博论丛》（共3集4本），天津文博院编，天津人民出版社2010年6月出版。

《天津水生维管束植物》，刘家宜著，天津科学技术出版社2010年8月出版。

《天津文博》第七辑，天津市文物博物馆学会编，科学出版社2010年9月出版。

《钱币图鉴——钱币收藏入门》，王会娟著，化学工业出版社2010年11月出版。

《刘奎玲书画鉴定》，邢捷、于英著，天津人民美术出版社2010年11月出版。

《一世朗韵——民国瓷器特展》，天津博物馆编，科学出版社2010年12月出版。

《吉光焕彩——纪念刘奎玲诞生125周年特展》，天津博物馆编，科学出版社2010年12月出版。

【机构及人员】

截至2010年底，天津市文物业机构（包括博物馆、文物保护管理机构、文物商店）27个。其中，国有博物馆22座（市属文化系统博物馆8座，区、县属文化系统博物馆14座）、文物管理中心1个、文物保护中心1个、文物商店（均为市属）3家。

从业人员数量总计941人，包括2010年增加的105人。初级职称168人、中级职称187人、副高81人、正高11人。

【对外交流与合作】

1月1日，为纪念达尔文200周年诞辰，及其著作《物种起源》面世150周年，由英国驻华大使馆文化教育处无偿捐赠的“永远的达尔文”展览在天津自然博物馆正式对公众开放。

巴黎时间4月13日19时，由法国、中国、美国等国家联合举办的“最后的巨人”大型恐龙展在法国国家自然历史博物馆开幕。该展览是天津自然博物馆与法国国家自然历史博物馆签订互为姊妹馆的第一个展览交流项目，该展览的展期为10个月。

为加强海峡两岸的文化交流与合作，天津博物馆与台北历史博物馆初步议定结成姊妹馆，计划在人员往来、学术交流、展览互换等方面进行全方位合作，进一步提升自身的影响力。

2010年10月，平津战役纪念馆与俄罗斯1921～1945年卫国战争中央博物馆签署友好合作意向书，两馆将在展览、人才培养、学术研究、等方面开展交流合作。

为加强津台两地文化交流，推动京剧艺术发展，天津市文物局组织，由天津戏剧博物馆承办的“天津——京剧艺术重镇”展览于4月27日～5月2日在台北展出。

河北省

2010年，河北省文物工作注重基础，突出重点，强化服务，开拓创新，进一步加强文物保护、利用和管理工作，中央和河北省两级财政全年投入文物专项经费2.7亿元，实施了一大批文物保护项目及博物馆、纪念馆免费开放工作，考古发掘工作取得了新进展，博物馆建设方兴未艾，文物执法督察工作取得了较大成果，各项工作都取得了明显成效。

【执法督察与安全保卫】

多措并举，加强文物法制宣传和普法工作，扩大文物保护社会共识。大学生志愿者文物保护法规宣传“进社区、进校园、进村镇”活动开展更加深入；7月28日，在全国文物法制宣传工作座谈会暨文物立法“十二五”规划论证会上，河北省文物局以“大学生志愿者是文物法规宣传的主力军”为题作典型发言，受到好评；国家文物局推荐，河北省文物局为评为“2006～2010年中宣部、司法部等部委表彰的全国法制宣传教育先进集体”。

3月4日，省政府召开全省文物安全工作电视电话会议，安排部署文物安全工作，开展打击文物犯罪专项行动，进行消防安全检查，建立文物安全长效工作机制。经省政府同意，建立全省文物安全厅际联席会议制度，联席会议由省文化厅、省公安厅、省国土厅、省城建厅、省环保厅、省民宗厅、省工商局、省旅游局、石家庄海关和省文物局10个单位（部门）组成。9月28日，省文物局组织召开了全省文物安全工作厅际联席会议办公室会议第一次会议。通过了《全省文物安全工作厅际联席会议办公室工作制度》《全省文物安全工作厅际联席会议成员单位职责》和《全省文物安全工作厅际联席会议2011年度重点工作计划》等相关文件。

按照国家文物局、公安部的统一部署，省文物局与省公安消防总队于2009年12月～2010年3月联合开展文物消防安全整治百日行动，全面查找文物安全隐患和问题，排查火灾隐患，完善消防设施，防止火灾事故发生。加强馆藏文物和文物保护单位的安全管理，省文物局与省直各文博单位签订文物安全责任书。

省文物局与省公安厅刑侦局合作，主动出击、确定重点、加大力度、有效防范，开展严厉打击文物犯罪专项行动，在全省确定六市十八县为打击文物犯罪专项行动重点地区。专项行动期间，破获各类文物犯罪案件9起，抓获犯罪嫌疑人51人，追缴被盗文物13件，有效遏制了文物犯罪活动。国家文物局、公安部对河北省文物局、河北省刑侦局联合打击文物犯罪工作机制给予肯定；省文物局被国家文物局、公安部表彰为组织协调先进单位。11月，河北省作为特邀代表参加了公安部、国家文物局联合主办的“众志成城 雷霆出击——全国重点地区打击文物犯罪专项行动成果展”。

完成了国家文物局委托制定《文物消防安全检查规程（试行）》（送审稿）工作。

【不可移动文物的保护和管理】

（一）概况

河北省拥有全国重点文物保护单位168处，省级以上文物保护单位930处。

完成河北省明长城总体保护规划；山海关关城至老龙头、隆尧唐祖陵规划编制工作已开始；启动涞源县乌龙沟段明长城保护规划。

重要文物保护工程投入经费及重大工程项目情况：承德避暑山庄及周围寺庙文化遗产保护工程全面展开，2010年拨付国家重点文物保护专项补助经费2190万元。8月，为贯彻落实李长春同志到承德视察时的重要指示精神，财政部张少春副部长、国家文物局单霁翔局长主持召开了避暑山庄及周围寺庙保护工作现场办公会，会议决定从抢救性、补救性项目入手，计划用5年左右时间，中央财政投入资金6亿元，用于文物本体保护和山庄水系治理。省委、省政府高度重视避暑山庄及周围寺庙文化遗产保护工作，专门召开会议研究，做出了安排部署。报经国家文物局同意，正式成立避暑山庄及周围寺庙文化遗产保护工程领导小组，明确了领导小组的主要职责，并召开了领导小组第一次会议；聘请国内相关专业的31位专家组成专家组；编制60多项文物保护维修方案，其中的14项通过国家文物局审批；安远庙、须弥福寿之庙保护修缮和山庄宫墙抢险修缮项目已开工，其他各项工作也有序推进。

山海关古城墙保护工程后续工作进展顺利。已经实施了两年的山海关古城墙保护工程监测，于2010年完成监测评估，数据稳定，护城河展示工程已进入招标阶段。

积极推进鸡鸣驿城抢修保护工程。2010年拨付国家重点文物保护专项补助经费2000万元。至2010年底，鸡鸣驿城外墙城墙砖的剔补及补砌剥落、地基处理及水泥土桩施工、毛石堵砌地道等工程已全部完成，拆砌及修复墙体、内墙夯土、垛口墙砌筑等工程均已进入收尾阶段。同时组织专业机构对鸡鸣驿城内文物建筑进行全面勘察，进一步明确了维修保护具体对象，制定了鸡鸣驿城内文物建筑修缮方案，并通过专家论证。

开展涿州永济桥维修保护工程，2010年，拨付国家重点文物保护专项补助经费400万元；完成了涿州双塔等保护修缮工程；蔚县真武庙大殿、灵岩寺等修缮工程按计划进行；启动涞源阁院寺天王殿、藏经楼维修保护工程。

加强文物保护工程管理。组织对国家文物局授权和本级项目的审批、审核，2010年组织全国专家力量对文物保护规划和文物保护维修方案进行了评审，通过的项目实行了上网公示，共计评审文物保护工程设计方案60余处；组织国家和省级专家到工地检查，并实地验收了冉庄地道战文物保护工程、涉县娲皇宫危岩体加固保护工程、北岳庙环境整治（二期）工程、定州清真寺礼拜大殿抢修工程、正定县府文庙维修工程、晏阳初故居修缮工程等。

河北省古代建筑研究所支援四川地震灾区都江堰二王庙监理工程项目完工，通过了国家文物局的验收，并荣获国家文物局颁发的优质工程特别奖。

（二）大遗址保护

编制《河北省大遗址保护发展规划纲要》，启动赵邯郸故城、元中都遗址、中山故城遗址建设国家考古遗址公园相关前期工作。

完成中山古城遗址、赵邯郸故城、磁县北朝墓群、秦行宫遗址保护规划编制工作，并组织专家对规划进行论证，有关规划要按照专家意见做进一步修改、补充和完善。中山靖王墓保护规划经国家文物局同意，并经省政府批准，由保定市人民政府公布实施；燕下都遗址保护规划待报省政府批准。燕下都遗址完成300延长米城墙壁围栏保护设施建设工程；完成元中都遗址10000米城址围栏设施建设工程；完成了沽源小宏城遗址的勘察工作，为编制小宏城遗址保护规划奠定了基础。

为推进河北省大遗址保护工作，12月，召开了全省24处大遗址保护管理机构的领导及遗址所在地人民政府主管领导参加的全省大遗址保护工作会议。会上，河北省文物局与邯郸市、张北县、平山县政府分别签订了国家考古遗址公园建设协作意向书。争取在“十二五”期间，将赵邯郸故城王城遗址、元中都遗址、中山故城遗址纳入国家文物局考古遗址公园建设体系。

（三）世界文化遗产

河北拥有3项世界文化遗产——长城、承德避暑山庄及周围寺庙、清东陵和清西陵。

大运河保护和申遗工作全面展开。大运河河北段沿线邯郸、邢台、沧州、衡水、廊坊5个设区市的保护规划通过了省级论证，并分别由各市人民政府批准公布实施，省级文物保护规划文本已经完成，并抓紧进行完善和论证；河北省大运河保护和申遗领导小组办公室挂牌成立；组织专业人员对河北省大运河重要遗产进行全面测绘，并编制保护维修方案，完成了红庙闸遗址、马厂炮台等12处重要遗产点的测绘工作，编制完成5处遗产点的保护修缮方案。

组织河北省世界遗产巡视组，开展对清西陵和清东陵、避暑山庄及周围寺庙的年度巡视工作。

【考古发掘】

（一）概况

文物考古工作取得新进展，全年完成考古勘探面积250余万平方米，发掘面积30000余平方米。

由省文物研究所与北京大学考古文博学院、曲阳县定窑遗址文保所联合考古发掘的定窑遗址，入选“2009年度全国十大考古新发现”。

“南水北调中线一期工程文物保护项目——河北省考古发掘报告第二号”即《唐县高昌墓地发掘报告》、《河北考古重要发现（1949—2009）》出版。已整理完成交付出版社的有《河北考古文集》（四）、《高昌汉墓》、《蓟镇长城考古调查报告》（1981—1987）、《故城寺壁画》、《河北省文物地图集》、郧城遗址考古发掘报告等。

（二）重要考古项目

定窑遗址考古发掘总面积为776平方米，清理各类遗迹94处，出土了大量各时期的瓷器和窑具，以及一些以前未曾见过的独特器物，其中完整或可复原标本数千件。本次发掘还发现了带有“官”“尚药局”“尚食局”“东宫”和“乔位”等款识和其他文字款的器物残片数十件，地层中出土了一些重要的纪年材料；开展石家庄正定国际机场改扩建工程文物保护工作，组织考古人员对机场征地进行了考古勘探，并对涉及的省级文物保护单位——新城铺遗址进行了试掘，勘探面积145万平方米，发现墓葬12座；对平山水帘洞旧石器时代晚期洞穴遗址进行了发掘，发现大量用火遗迹及砾石遗迹，发现石制品、动物化石等共计20余万件，为研究太行山东麓旧石器时代晚期的文化传播及南北文化交流提供了重要资料；陕京输气管道工程鹿泉北胡庄遗址考古发掘，为商代考古和历史研究提供了重要的新资料，填补了先商文化考古在这一地区的空白，具有非常重要的意义。

南水北调中线工程文物保护工作进入收尾阶段。2010年全面推进石家庄以南段南水北调中线工程田野考古发掘工作，历经5年努力，“南水北调中线工程专题报告”中所列85个项目、新发现12个项目的田野考古发掘工作全部完成，保障了南水北调中线工程建设的顺利进行，共发掘文物遗存97处（其中12处为施工中新发现文物遗存），发掘遗址（含古墓葬）面积274300平方米，发掘大中小型古墓葬2633座，出土文物20390件（套）。永年台口遗址发现了后岗二期文化遗存，结合以往考古成果，证明它属于龙山文化下七垣文化类型，丰富了河北龙山文化的研究内涵；赞皇南马遗址发现了先商、早商到商代早期的文化遗存，文化内涵十分丰富，发展脉络清晰，器物类型多样，从年代上及器物类型上，遗址可分为早、中、晚三期，它为研究商文化起源，发展和演变，提供了重要的实物资料；在赞皇西高墓发现9座赵郡李氏家族墓葬。墓群规模庞大、排列有序，是少见的北朝大型家族墓地，具有重要的学术价值和历史意义。西高墓群随葬品丰富、组合清晰、纪年明确，尤其是墓地出土的墓志、青瓷器等遗物反映了北朝时期特有的艺术风格，是研究古代艺术史的珍贵实物资料，通过综合研究可以成为北朝墓葬研究的标尺；元氏南程墓地，发掘墓葬126座，另外发掘汉代砖窑2座。出土可复原器物371件，此次发掘对石家庄地区汉代葬俗及常山郡城的兴废有重要研究价值；按照南水北调工程总体规划要求，顺利成了河北省南水北调田野考古工作，2010年底，河北省南水北调工程文物保护已进入整理研究考古资料、修复保护出土文物、编写考古发掘报告阶段。

【博物馆与可移动文物】

（一）博物馆

1. 博物馆建设与管理

河北已登记注册博物馆、纪念馆90多座，其中文化、文物系统归口管理的63座；按属性划分：综合性博物馆28座，专题性博物馆64座。

2010年度全省批准注册博物馆8家，包括霸州市李少春纪念馆、河北英烈纪念馆、临城县邢窑博物馆、开滦博物馆、唐山启新水泥工业博物馆、唐山永和典藏博物馆（民办）、衡水内画艺术博物馆（民办）、南皮县民俗博物馆。完成2009年博物馆年检工作。参加年检的博物馆、纪念馆共计76家，比2009年度增加6家，其中文物系统博物馆58家，行业博物馆13家，民办博物馆5家。

进一步规范博物馆、纪念馆免费开放工作，改善服务设施，提高服务水平。组织召开了全省文物（文化）系统博物馆纪念馆免费开放工作经验交流会，研究探讨免费开放工作中存在的问题，增进馆际之间的交流合作。

大力扶持行业博物馆建设。对阳原泥河湾博物馆、秦皇岛玻璃博物馆、涿州博物馆等博物馆建设进行业务指导。冉庄地道战纪念馆、张北元中都博物馆正式落成并对外开放。泥河湾遗址博物馆进入展陈设计阶段，邺城遗址博物馆已开工建设，磁县北朝博物馆完成选址工作，方案设计已经完成。

河北省博物馆新馆外部装修基本完成，开始编制内部装修设计施工方案、征集文物、完善陈列设计方案；投资2000余万元对旧馆进行升级改造，改善服务设施，完善使用功能，美化庭院环境，突出人性化服务，提升省博物馆的品位。

积极改善馆藏文物保管条件。2010年为省文物保护中心、省文物研究所、省民俗博物馆馆藏文物制作文物囊匣共计4067件。

2. 调研及报告

开展了一系列博物馆方面的调研，完成了《关于促进我省民办博物馆发展的调研报告》《全省文物系统馆藏文物科技保护摸底调研情况报告》《关于河北全省博物馆建设发展情况的专题报告》；调研、整理了国家文物局《博物馆体制机制、文物市场和文物保护科技工作调研》《高校博物馆发展调研》《免费开放博物馆2008年以来举办临时展览情况的调研》《博物馆、纪念馆免费开放资金来源情况》等调研报告中河北省相关情况的材料，并上报国家文物局。

3. 馆间交流与合作

组织召开了全省文物（文化）系统博物馆纪念馆免费开放工作经验交流会，研究探讨免费开放工作中存在的问题，增进馆际之间的交流合作。12月10日～12日，组织全省15个博物馆代表赴河南郑州参加“豫陕晋冀四省博物馆理论与实践研讨会”。组织河北文物参与“中国廉政文物精华展”、内蒙古博物院“走向辉煌——元代文物精华展”、首都博物馆“文物保护科技成果展”和上海世博会等展览。

4. 重要文物陈列展览

围绕“博物馆致力于社会和谐”的宣传主题，开展了“国际博物馆日”系列宣传活动。全省举办展览近400个，重点开展了送展进军营、进学校、进社区等系列活动，将博物馆纪念馆的传播服务功能，辐射到广大城镇社区和边远农村，得到了社会各界的广泛赞誉，取得了良好的社会效益。省博物馆推出了“河北省文物普查成果展”“河北省长城调查成果展”“梁斌文学艺术展”等展览。省民俗博物馆组织举办“2010年校园民俗文化节”和文化遗产知识讲座，推出“河北珍宝亮相世博——河北文化遗产图片展”，举办了“世博会与博物馆”论坛。

（二）可移动文物保护

河北省馆库收藏文物有91万件，其中珍贵文物79695件，包括一级文物8880件、二级文物15259件、三级文物55556件。

为解决大量文物及资料急需场地存放、整理、修复和研究的情况，省文物研究所计划在鹿泉申后村筹建文物整理基地，2010年4月经省发改委批准并立项，8月完成了征地工作，各项工作有序推进。

由省文物保护中心负责，完成河间鎏金佛像保护项目；实施了南水北调工程邯郸磁县宋代壁画墓保护搬迁复原项目；组织实施武强木雕版修复项目；修复了南水北调工程考古发掘出土的一批青铜器文物、陶器、瓷器等；实施邯郸市文研所藏青铜器修复项目。

【社会文物管理】

完成一家文物拍卖企业年审、两家文物拍卖企业申报初审工作。

省文物局印发了《河北省文物鉴定委员会专家库管理规定》《河北省文物进出境审核申办程序》。

完成了省公安、纪检、司法部门提交的涉案文物鉴定，共鉴定332件涉案物品，其中二级文物 2 件，三级 28 件，一般 21 件，仿品 281 件；完成了邯郸市博物馆拟征集历代钱币 2393 件和大名县拟征集的明、清圣旨的鉴定工作；完成了北京市荣海嘉国际拍卖有限公司文物艺术品拍卖标的的审核鉴定工作。

完成了廊坊杨杨古典家具有限公司（美国独资）三批申请出境文物的审核工作。

【科技与信息】

启动战国铁足大铜鼎的科技保护加固项目课题研究。完成唐山市凤凰山碑刻和迁安市五里山北魏摩崖石造像防风化加固保护工程。完成 6 项金属类和壁画保护文物科技保护修复方案的编制工作，启动 5 项文物科技保护方案的编制工作。

开发河北省文物局电子数据库管理系统，建立了不可移动文物、博物馆、纪念馆和馆藏文物数据信息框架，经试运行，各项功能正常。河北文物网站运行工作进一步完善。

【文博教育与培训】

深入开展“干部作风建设年”活动。扎实推进行政权力公开透明运行，积极推进行政权力运行监控机制建设。

7 月 23 日，在平山县驼梁召开省直文物系统学习李长春同志重要文章座谈会。10 月 25 日 ~26 日，由中国古陶瓷学会、河北省文物局和邯郸市文物局主办，磁县人民政府、磁州窑博物馆承办的首届国际磁州窑论坛在磁县举行。11 月 3 日，由国家文物局和国家公安部刑侦局联合主办，并委托国家文物进出境审核河北管理处承办的“全国文物进出境审核陶瓷类责任鉴定员培训班”在邯郸磁县隆重开幕。

【对外交流与合作】

配合国家文物局做好赴意大利“秦汉—罗马文明展”、赴美国“忽必烈的时代——中国元代艺术展”等展览服务工作；8 月，中、日旧石器考古学者实地考察阳原泥河湾遗址群，为中日共同研究泥河湾盆地更新世中、晚期古环境以及旧石器时代遗址编年做准备。

举办首届国际磁州窑论坛。2010 年，省文物局机关及省直文博单位共有 8 个团组，22 人次出国（境），赴美、英、德、日、台湾等 10 余个国家和地区，开展文物展览、学术交流、讲学、洽谈业务等活动。11 月，省文物局在石家庄与来访的台湾金传媒集团负责人进行座谈，就加强文物展览交流与合作达成意向，并组织河北省文物代表团赴台湾进行具体磋商；进一步扩大河北对外文化交流。

【文物宣传与出版】

围绕 2010 年国际古迹遗址日、国际博物馆日，特别是中国文化遗产日等重要节日，举办了形式多样的宣传活动。4 月，省文物局组织省内文史界、诗词界、书画界的数十位文化名人赴定州采风；6 月 12 日，在长城网举办了“鸡鸣驿城在我身边”访谈节目，邀请文物建筑、邮政等方面的专家，就鸡鸣驿城保护工作进行了精彩的讲述。与河北日报联合开展“河北最具影响力十大文物景观”评选活动，并于文化遗产日当天在省博物馆举行了发布仪式；与石家庄市文物局、平山县人民政府联合推出“探访石家庄先民之家”公众考古活动，受到社会各界好评。文化遗产日当天全省有 123 家文物单位向社会减免费开放，全省各地举办了一系列活动，扩大了文物工作的社会影响。河北省文物局和承德市文物局双双荣获国家文物局颁发的“文化遗产日活动组织奖先进集体”称号，这是继 2007 年之后，省文物局再获此殊荣。

开展文物法规进校园、进社区、进乡村活动。大学生志愿者文物保护法规宣传活动更加深入，全社会的文物法制意识得到进一步提高。省文物局制作的文物法宣传展板及宣传画册，受到国家文物局领导和与会代表的一致好评。

做好新华网河北文物网站维护建设工作；全年编发内部资料《河北文物工作》6 期，共 20 多万字；编发省文物局纸质信息 133 期。

出版了《北宋临城王氏家族墓誌》《北响堂石窟加固保护工程报告》《隆化鸽子洞元代窑藏》《石家庄市博物馆馆藏瓷器》《曲阳北岳庙名碑典藏》《张家口考古文集》《隆化古代史情》《隆化民间故事传说》等一批专业书籍。

【机构及人员】

全省文博机构总计 236 个，其中文物科研机构 4 个，文物保护管理机构 161 个，博物馆 65 个，文物商店 3 个，其他文物机构 3 个。

从业人员 6530 人，其中高级职称 330 人，中级职称 648 人；其中博士 1 人，硕士 30 人，本科 866 人，其余为专科以下学历。

【文物普查或调查】

2010 年，全省文物普查工作顺利通过了国家文物局组织的文物普查实地调查阶段整体验收；文物普查电子数据顺利通过国家文物保护信息中心审核接收。

为保障实地调查质量，省内组成了包括考古、文物建筑和近现代史专家在内的专家组，对全省 11 个设区市、172 个县（市、区）的文物实地调查工作进行验收，并对普查资料逐一审核修订；编制文物普查工作报告、文物普查成果集萃、全省不可移动文物名录和电子分布图。省政府新闻办公室于 6 月召开新闻发布会，公布河北省第三次全国文物普查成果，全省不可移动文物总数达 33000 多处。

完成了河北境内明长城资源调查和资料整理工作，至 2010 年底，早期长城调查、资料整理录入工作已经完成，并通过省级专家验收。6 月，省文物局和省测绘局联合在山海关老龙头举行明长城入海处地理信息标志发布仪式，调查和测绘明长城长度 1338.63 千米。完成涞源、迁安两个分县的明长城资源调查报告编写工作。

山西省

【概述】

2010 年，山西省文物事业取得了令人欣喜的成绩。各级党委、政府更加重视文物工作，文物保护法制建设不断加快，文物保护机构得到充实加强，文物保护投入稳步增长，文物保护基础进一步夯实。围绕中心、服务大局，积极配合国家和省重点建设工程，一大批地下珍贵文物得到有效保护。南部工程稳步推进，文物普查受到中央领导的肯定。一批市级博物馆相继开工建设。公共文化设施得到改善，服务能力整体提升，精品展览不断涌现，免费开放富有成效。以世界遗产为旗帜的一大批文物景点不断得到提升，有力地支撑了山西省文化产业和文化旅游的发展。

【法规建设】

2010 年 9 月，对山西省文物局负责实施的行政审批事项进行了清理。根据《国务院关于第五批取消和下放管理层级行政审批项目的决定》的要求，山西省文物局新增审批项目1项，取消2项，下放市级文物行政部门实施审批的3项，变更项目名称2项。清理后负责实施的行政审批项日为18项。

10月～11月，按照省人大安排，山西省文物局配合省人大就贯彻落实《中华人民共和国文物保护法》和《山西省实施〈中华人民共和国文物保护法〉办法》在朔州、运城、晋城三市进行了执法调研。省人大安焕晓副主任带领调研组听取了三个市文物工作情况汇报，并深入文物保护单位了解情况。调研组就文化遗产保护事业实现转型跨越发展、落实文物工作“五纳入”等问题提出了意见，明确指出了各市文物保护工作存在的问题。

【执法督察与安全保卫】

（一）文物消防安全大检查

根据国家文物局、公安部的统一部署，山西省文物局和省公安消防总队下发了《关于联合开展文物单位消防安全大检查的通知》，从2009年12月15日开始，集中三个月的时间，在全省文物系统开展文物单位消防安全大检查，并将此次大检查列入全省“个十百千万”大行动之中。

省文物局和消防部门联合作战，认真履行职责，发挥职能作用，严格按照法定程序和技术规范要求，将国家级和省级重点文物保护单位作为监管重点，根据文物单位消防安全工作中存在的突出问题，有针对性地开展工作，对检查中发现的消防安全管理问题和火灾隐患逐条逐项找原因、查根源，积极采取相应的整改和防范措施，使大批火灾隐患得到了整改。据统计，全省共计检查文物单位3500余家，发现火灾隐患1686条，整改1650条，下发隐患通知书372份，极大地提升了文物单位消防安全整体水平。

（二）打击文物犯罪专项行动

2009年12月～2010年6月，公安部、国家文物局在山西、内蒙古、安徽、山东、河南、湖北、陕西、甘肃、青海等9个省份部署开展了历时7个月的“全国重点地区打击文物犯罪专项行动”。

山西省文物局和省公安厅联合召开了“打击文物犯罪专项行动动员部署电视电话会议”，各市、县的公安机关分管刑侦的领导、文物行政部门负责人和相关人员在各地分会场参加了会议。省公安厅成立了由省公安厅党委委员、刑侦总队总队长段绪忠任组长的专项行动领导组，各市也成立了由主要负责同志任组长的相应机构，组织开展专项打击行动。截至2010年6月底，全省共破获各类文物案件78起，其中盗掘古墓葬41起、盗窃24起、抢劫1起、倒卖12起；追缴各类文物81件，其中二级文物4件、三级文物6件、一般文物71件；打掉犯罪团伙8个；抓获违法犯罪人员80名。

（三）文物安全“金铠甲”达标活动

为进一步加大达标力度和拓宽达标范围，全面提升“金铠甲”工程达标工作的水平，山西省从2010年开始，省级以下（含省级）文物保护单位将由各市参照省局“金铠甲”工程达标标准实行分级管理。各市根据本地实际，做好规划，按照标准要求，进一步制定、细化达标实施方案和实施办法，采取相应措施，扎扎实实地开展好达标活动。

（四）文物安全检查与隐患排查

山西省文物系统积极深入地开展文物安全检查与隐患排查治理工作。4月，临汾市在开展了文物安全隐患大排查活动，从10月20日起，临汾市还开展“安全生产百日大会战”活动。9月，省文物局对大同市进行了文物安全检查，特别是对一批新开放的文物保护单位和正在施工的保护单位进行了重点检查；还约谈了朔州市文物局与应县人民政府负责人，要求应县政府及应县文物部门要重视木塔安全，尽快完善消防给水设施。

晋中市于8月22日派出5个检查组会同县文物局、公安部门，对全市11个县（区、市）44处国保单位进行了文物安全突击检查，覆盖率达到100%，当场整改安全隐患10处，下达限期整改通知书8份，涉及44处国保单位共计隐患137条。晋中市委、市政府给予大力支持，给全市文物系统配备了文物执法车，为部分市、县级文物保护单位聘请了保护员。长治市文物旅游局在国庆节前夕，由局领导分组对所辖各县（区、市）重点文物保护单位、文物收藏单位和开放的文物保护单位进行了安全专项检查，确保了节日期间的文物安全。

11月17日，山西省政府召开了山西省冬季防火工作电视电话会议，传达了国务院办公厅《关于进一步做好消防工作坚决遏制重特大火灾事故的通知》，要求深刻吸取教训，举一反三，采取有力措施，坚决预防和遏制重特大火灾事故发生。为此，省文物局在全省开展了冬季文物消防安全大检查。

（五）执法巡查

近年来，山西省文物局紧紧抓住及时发现和查处违法违规案件这一关键环节，努力探索出一条提前制止文物违法案件，有效保护文物珍贵资源的新思路，变被动应付为主动作为，在全省范围内建立起文物行政执法巡查制度。山西省文物局制定了《山西省文物行政执法巡查制度》。对执法巡查的范围、时间、信息报送等进行了明确规定；并提出了具体的要求。一年来，全省各级文物行政部门组织人员对本辖区的文博单位进行了有重点、不间断地执法巡查，对存在的问题提出具体整改意见和整改期限，收到了良好的效果。截至到2010年底，全省各级文物行政部门进行文物安全检查和执法巡查3000余次，发现和治理隐患600多处。

【不可移动文物的保护和管理】

（一）概况

截至2010年底，山西省共有全国重点文物保护单位271处，省级文物保护单位428处。

2010年，碛口古建筑群、襄汾普净寺、汾城古建筑群、霍州州署大堂等12处全国重点文物保护规划经省政府公布。

全年重点文物保护工程投入经费9742万元。重大工程项目，一是完成了魏村牛王庙、平顺夏禹神祠、沁县普照寺等13处南部工程维修方案的审批；二是完成了晋城玉皇庙、高平游仙寺、曲沃大悲院等15处项目保护规划的上报审批；三是完成了洪洞广胜寺、翼城南撖东岳庙、盐湖区寨里关帝庙献殿等12处南部工程新开工项目的文物维修工程或附属文物保护工程的招投标工作；四是下达了潞城东邑龙王庙、尧都区东羊后土庙、长治潞安府城隍庙等38处南部工程维修任务书。

（二）大遗址保护

一是依据《国家考古遗址公园管理办法》，安排启动了全省国家考古遗址公园评定申报工作，其中晋阳古城遗址已被列入国家考古遗址公园立项名单，保护规划纲要编制工作基本完成。二是基本完成了陶寺遗址城北大型夯土基址功能区、西南手工业作坊区、西北普通居民区1000平方米的考古发掘任务;《襄汾陶寺——1978～1985年发掘报告》出版工作，已依据国家文物局批准的工作计划启动并上报国家局。三是蒲津渡与蒲州故城遗址保护管理机构已设立，总体保护规划已经国家局批复，有待修改完善。四是曲村—天马遗址晋国博物馆主体工程和陈列布展及对外开放前期工作基本完成。

(三) 全国重点文物保护单位

针对高平市国保单位数量多，规模、价值大的特点，为进一步推进国保单位保护机构建设，山西省文物局向高平市人民政府发了《关于建立健全文物保护单位保护管理机构的函》，督促高平市人民政府，尽快成立专门的文物保护机构，真正把文物保护单位管理好、利用好；下发了加强文物保护单位燃香活动的管理通知；组织实施了长子崇庆寺、晋城二仙庙、平顺龙门寺、长子天王寺、泽州岱庙、大阳汤帝庙6处国保护单位周边环境整治工程。

(四) 世界文化遗产

2010年11月16日，朔州市正式启动应县木塔申报世界文化遗产工作。

根据全国世界文化遗产监测管理工作会议精神，山西省三处世界文化遗产第二轮定期报告工作（回顾性突出普遍价值声明编写、定期报告调查表填写、地图信息补充）已全面启动，其中“回顾性突出普遍价值声明”材料已经专家审核通过。

1. 云冈石窟

一是防水保护工程前期工作已全面展开，西部窟顶试验区3000多平方米考古发掘已完成，并召开了发掘成果论证会；二是国家文物局已同意云冈石窟11～13窟崖壁抢险加固治理工程前期勘察立项方案。三是洞窟内泥塑及壁画抢救性保护修复方案已委托中国文化遗产研究院着手编制。四是报请国家文物局批复了《云冈石窟保护总体规划》。五是云冈石窟周边环境综合治理工程已按国家文物局批复意见基本完成了整改。

2. 平遥古城

城墙局部抢险维修，已完成城墙南线、西线所有敌楼的揭顶翻修、勾抿裂缝等抢险维修工程，北线工程已全面展开。镇国寺技防工程已完成前期招标工作，工程方案有待修改完善。

3. 五台山

加强了核心区和缓冲区环境整治和景观管理；完成了保护范围内不协调建筑的第一期拆迁整治工程；五台山世界遗产第二期不协调建筑工程已启动实施。

【考古发掘】

(一) 概况

2010年的田野考古发掘工作由基本建设中的文物保护与主动性考古项目两部分。

1. 基本建设中的田野考古

完成榆社至和顺高速公路沿线考古调查、大同至西安铁路客运专线沿线所涉文物遗存调查等重要基本建设项目的考古调查22项，编制专题报告18项。

完成闻合高速（运城段）沿线考古发掘、临汾市北环高速公路建设工程考古发掘、和榆高速公路考古发掘等田野考古发掘16项，共发掘遗址7处，墓地84处，烽火台搬迁1处，发掘总面积约30775平方米，出土器物3601件。

2. 主动性的考古调查及发掘项目

包括有吉县柿子滩遗址群考古新发现、翼城大河口西周墓地、大同云冈石窟窟顶遗址北魏寺庙遗址、陶寺遗址群宏观聚落形态局域调查等4项。这些考古发掘成果，都是2010年山西重要考古新发现。

3. 考古报告

2010年，出版考古报告《长治分水

岭东周墓地》《垣曲上亳》两部，研究专著《入华中亚人——解读虞弘墓》《民族汇聚与文明互动》两部，并已完成《丁村遗址发掘报告》的撰写工作，送交科学出版社。

（二）重要考古项目

1. 翼城大河口西周墓地

该墓地位于山西省南部翼城县城以东约6公里处，地处北高南低的向阳缓坡，北部为太岳山余脉和尚公德山，东南为太行山余脉翔山，浍河干流和支流分别萦绕其西南两侧流过。

2007年5月，大河口墓地被盗，2007年9月~2008年5月，山西省考古研究所、临汾市文物局、翼城县文物旅游局联合对其进行了考古勘探和试掘，共清理包括M1、M2在内的6座墓葬。2008年9月~12月，进行了全面普探，2009年5月开始进行大规模抢救性发掘。墓地共分6个发掘区，共揭露面积15000平方米，发现墓葬615座，其中大型墓葬7座，中型墓葬40座，小型墓葬568座。已完成大中型墓葬发掘，开始小型墓葬清理。已清理墓葬305座。

墓葬形制均为长方形土圹竖穴，多口小底大。绝大多数为东西向墓葬，以头向西为主。区域内墓葬聚群特征明显，大中型墓葬分布没有明显规律。车马坑均位于大中型墓葬的东侧，多为东西方向。葬具有使用单棺、也有棺椁兼备。墓主多为仰身直肢，个别为屈肢葬。出土青铜器种类有食器、酒器、水器、兵器、工具、车马器、乐器等，陶器组合主要有鬲，鬲罐，罐，鬲盆罐等等。玉、石、骨、蚌器、贝和串饰较多，部分墓葬随葬锡器或漆器，个别墓葬发现有金器。

青铜器铭文显示，大河口墓地墓主的国族名为“霸”，“霸伯”是这里的最高权力拥有者。墓葬时代横贯西周，晚期进入春秋初年。资料表明“霸”与燕、晋等国和周王朝曾有往来关系，商、周文化因素都比较明显，自身文化特色独具。其人群应为狄人系统的一支，是被中原商周文化同化的狄人人群。大河口墓地的发现，为认识不见于历史文献记载的西周“霸”国的历史及文化，研究西周时期的分封制度、器用制度和族群融合等问题提供了宝贵的实物资料。

2. 陶寺遗址群

自2009年10月~2010年8月5日，社科院考古所山西队、山西省考古研究所、临汾市文物局、襄汾县文物局，根据国家文物局组织的国家科技支撑项目“中华文明探源工程”第三阶段第四课题“公元前3500年至前1500年黄河、长江流域都邑性聚落综合研究”所规定的“陶寺遗址专项”2009~2010年度任务，完成了襄汾、临汾尧都区北至山根、曲沃县南至滏河的调查工作，并为了完整调查南什—方城遗址，对遗址所跨翼城县部分进行了调查，另在翼城调查一处怀疑与陶寺文化有关的冶铸遗址古暑。调查总面积约1300平方公里，遗址总数128处，其中陶寺文化遗址48处。

调查结构初步认为，陶寺遗址群分布宏观态势为，以陶寺城址为中心的核心地区，陶寺文化遗址偏少，似有向陶寺城址向心聚合的趋势。陶寺遗址存在期间，周边2~7公里范围内没有陶寺文化遗址，表明陶寺遗址作为“大都会”的聚纳效应已十分显著，与石家河城址遗址群和良渚城址遗址群拱卫城址的宏观聚落形态有明显区别，暗示中国史前早期“城市”发展进入到一个崭新的阶段。

3. 吉县柿子滩遗址群

吉县柿子滩旧石器时代遗址群位于山西省吉县，分布在从西村到大田窝村15公里范围内的清水河两岸，是一处旧石器时代晚期遗址，时代大约距今2万至1万年。

该遗址发现于1980年。2000～2007年，山西省考古研究所、山西大学文博学院、吉县文物管理所组成联合考古队，对其展开了系统的考古调查和连续的考古发掘，发现了以高楼河沟口为中心的原始人类活动中心营地，出土上万件石制品和动物化石，以及石磨盘、石磨棒和蚌质穿孔装饰品等，荣获“2001年度全国十大考古新发现奖”和“国家文物局田野考古三等奖”。

2009～2010年，为配合“国家高速公路网青岛至兰州公路山西境临汾至吉县段高速公路”的建设，联合考古队对柿子滩遗址群再次进行了抢救性发掘，在大田窝村—霍家咀的6公里范围内，发现了以狮子河村为中心的第三处更为丰富的原始人类活动中心营地，并对其中集中分布的7个区域进行了大规模发掘，其中以S5和S29地点为代表。2010年田野工作从4月开始，到10月16日结束。

S29地点位于狮子河村东500米。发掘面积1200平方米，发掘深度15米，发现了八个文化层，共清理出相对集中的旷野类型用火遗迹285处，出土动物化石、装饰品、研磨石、石墨盘等文化遗物3万余件；S5地点与S29地点隔河相望，发掘面积800多平方米，发掘深度4米，出土两个用火遗迹及石制品、动物化石等1000余件文化遗物。

2009～2010年的考古发掘不仅发现了早于距今2万年的旧石器时代晚期文化遗物，而且在更早的离石黄土地层中发现了人类文化遗存，为研究柿子滩文化的起源和发展提供了线索；出土石墨盘表面提取的植物淀粉遗存，为研究史前人类的食物结构、解决我国原始经济类型从采集渔猎向农耕的过渡形式和问题以及原始农业的起源研究提供了重要的线索和依据；近300处用火遗迹的成组发现不仅是探索遗址群功能和古人类生活方式的宝贵材料，也有助于研究距今2万年以来人类用火技术的发展和进步。

4. 大同云冈石窟窟顶北魏寺庙遗址

云冈石窟位于山西省大同市西16公里的武周山麓，武周川的北岸。石窟始建于北魏建都平城时代。

2010年8月～10月，配合云冈石窟窟顶防渗水工程，山西省考古研究所、大同市考古研究所、云冈研究院对工程一区做了考古调查、钻探和发掘，在云冈石窟窟顶发现并发掘一处北魏寺庙遗址，发掘面积达到3600平米。发掘出土北廊房、东廊房、西廊房、南廊房、塔基和砖瓦窑等遗迹。北廊房遗迹长61.5米，向南偏西，由15间房组成，其中北魏时期13间，辽金时期两间。北魏房分为套间和单间。套间面积最大7.4×3.4平方米，最小6.0×3.4平方米。北廊房为前廊后室的廊房式建筑，发现有土炕、灶坑和烟道等遗迹。房墙为夯筑，正房前面有柱础和散水，遗存柱础12个，砂岩质地，覆盆素面，直径基本相同。在北廊房建筑遗迹中部，还发现有两间辽金建筑遗迹，叠压于北魏房遗迹上。

西廊房南北长13.5米，东西为5.9米，有房两间。房前发现柱础，布局与北廊房相同。东廊房位于北廊房东端南部，长约18米，宽约4.4米，有房三间。这组建筑西南有房基遗迹，破坏严重，只能看出大致轮廓，暂定名南廊房。

东西廊房中间靠南残留一方形塔基，四周有夯土，南面正中有一斜坡踏道。台基表面不规则散布着40多个直径约25厘米的柱洞。台基东西两侧各有一大柱础。

砖瓦窑遗迹位于这组建筑群遗迹的西南角，共有两个，内并列三个三角形口的烟道，窑内尚有烧扭曲的瓦当和板瓦。

寺庙遗址出土大量建筑材料，北魏

时期板瓦、筒瓦20余万件，还有“传祚无穷”文字瓦当，也有少量北魏陶片，一片北魏陶器上还有“四窟”戳印。此外，辽金建筑遗址中有辽金瓦和瓷片，还有许多煤渣。在北魏建筑遗迹中，另外发现一些石质佛像和供养人残片。

这是一处以塔为中心的塔院式寺庙建筑遗址，应该是云冈译经场所或者高级僧侣生活区，属北魏云冈寺院的重要组成部分。

【博物馆与可移动文物保护】

（一）博物馆

2010年，在省委、省政府建设文化强省发展战略的推动下，经全省文博战线团结协作，共同努力，山西“十一五”期间提出的建设以山西博物院为龙头，以市级博物馆为骨干，以县级特色博物馆为支点，以行业博物馆、民办博物馆为辅助的山西博物馆事业发展架构已初步形成。按照坚持“三贴近”，高扬主旋律，建设精品，优化展陈，科学管理，服务公众的发展思路，全省博物馆建设日新月异，博物馆管理全面提升，免费开放稳步推进，陈列展示创新优化，社会宣传服务活跃多样，藏品保护管理卓有成效，文化产品开发初见成效，科研保护和人才培养成果喜人，博物馆社会影响明显扩大，社会效益明显提高，全省博物馆事业务实前行，全面发展。

2010年全省共有131个博物馆参加年检，其中文物系统博物馆85个，非文物系统行业性国有博物馆16个，民办博物馆30个。全年各级各类对外开放博物馆举办展览386个，接待观众1500万人次。山西博物院、八路军太行纪念馆、中国煤炭博物馆被国家文物局评定为国家一级博物馆；山西省民俗博物馆等13个博物馆、纪念馆被评定为国家二级博物馆；平遥县博物馆等7个博物馆、纪念馆被评定为国家三级博物馆。2010年，全省有28个博物馆、纪念馆对社会免费开放。2010年全省博物馆安全无事故，正常运行。

根据山西省馆藏文物调查及信息采集，全省文博系统各收藏单位（包括博物馆、文管所等）共收藏文物121万余件，其中珍贵文物5万余件（一级文物6000余件）。

1. 新馆建设

近两三年来，省文物局多次与各市委、市政府主要领导会晤，研究当地博物馆建设问题。2010年，全省市级博物馆建设进入了前所未有的高潮期。

太原市博物馆，2009年9月30日开工建设，总投资8.4亿，占地面积124900平方米，建筑面积76186平方米，基础工程到了地平，完成投资额3亿元，占总投资40%。

大同市博物馆，2010年5月18日开工建设，总投资3亿元，新馆选址市政府文化广场，占地面积70亩，建筑面积31000平方米，预计年底主体建筑封顶。

运城市博物馆，2009年12月28日开工建设，总投资1.48亿元，建筑面积25000平方米。已完成投资5000万元，包括征地1700万。主体工程已经封顶，年内开始内外装修。

临汾市博物馆，总投资1.2亿元，建筑面积25000平方米，馆址选在临汾市滨河西路高速公路出口处。已经开始编制规划设计方案。

朔州市博物馆，位于朔州市振华西街，总投资1.5亿元，建筑面积15000平方米，主体建筑已竣工，内外装修10月底完工后交市文物局。陈展大纲已完成。

阳泉市博物馆，总投资4365万元，建筑面积6000平方米，展厅面积2900平方米，陈展内容文本已报市政府，经修改后组织专家评审。

曲沃晋国博物馆，2009年4月20日开工建设，总投资9712万元，占地120亩，建筑面积28000平方米，主体工程和车坑保护工程基本完工，地面硬化及外立面装修已开始。陈展大纲已编制完成，并组织专家进行了初步论证。晋绥边区革命纪念馆，新馆主体工程已完成，建筑面积25900平方米，总投资1826万元，已完成陈展工程招标，准备布展。

太原晋商博物馆，位于太原市迎泽公园内。5月8日正式开馆。该馆是一座弘扬中国传统文化、展现晋商创业精神的建筑物。这里既完整再现昔日晋商会馆的建筑风貌，又全景式地将辉煌的晋商史呈现在世人面前。太原晋商博物馆是以晋商历史以及晋商文化为主要展示内容的专题博物馆。占地7980平方米，建筑总面积为4989平方米，其中，主馆区建筑面积为4315平方米。集展览、议事、招待、外联等多种功能为一体，由接待区、展示区、会客区及附属功能区组成。主展区坐西朝东，依次为鸡爪牌楼、山门、一进院、二进院，二进院内建有戏台、碑亭、石牌楼、献殿及大殿等建筑。其中大殿、献殿、南厢房等均承担着展览功能，共展出历史文物323件（套）。所展出文物中，既包括反映晋商涉足商业领域及地域的盐票、铁器，反映晋商发展历程的镖局、账局、票号的实物外，还有反映晋商经营之道及管理制度的保证书、商匾、广告单，反映与晋商有关的民俗民风文化的建筑构件、家具等。

2. 博物馆间的交流与合作

山西博物院“晋国霸业——山西出土两周时期文物精华展”于2010年先后在南昌、重庆、吉林三地进行巡展；博物院部分文物参加了日本九州国立博物馆“走过丝绸之路的马”、美国大都会艺术博物馆“中国元代艺术展”、比利时布鲁塞尔艺术博物馆“通往亚洲之路展”以及世博会中国馆“智慧长河”展览和城市足迹馆中的“两河晨曦”展览。

10月，为纪念抗日战争胜利65周年，八路军太行纪念馆根据省委宣传部、省文物局安排部署组织了“太行精神进高校”巡展活动，并举办了大型巡展“八路军抗战文化掠影”，依次在省内12所大专院校展出。

3. 重要陈列展览

山西博物院全年举办了“梦幻古蜀——三星堆和金沙遗址出土文物精品展”“烟雨扬州梦——扬州八怪书画精品展”　“华彩滇韵——云南民族风情展”“百年风雨画沧桑——辽宁省博物馆藏20世纪绘画精品展”“海上清芬——浙江省博物馆藏海派大师吴昌硕书画精品展”“大夏遗珍——西夏文物精品展”“南张北溥写山河——张大千、溥心畬绘画精品展”等临时展览7个。

八路军太行纪念馆策划制作了“党和国家领导人关怀八路军太行纪念馆”专题展览；与日本“女人们的战争和和平纪念馆”联合举办了“二战时期日军对妇女犯罪图片展”。山西省艺术博物馆举办了刘景秀“历代帝王画像展”、“林立个人艺术品展”、“万绪德雕塑艺术作品展”、“晋国青铜艺术展”等专题展览。

（二）可移动文物保护

1. 可移动文物保护修复基地建设

“十一五”时期我省初步确定了以山西博物院、省考古研究所、省古建筑保护研究所、山西云冈石窟研究院为龙头，市级文物保护科技机构为骨干，部分文保单位、博物馆和其他科研部门为支点的三级文物科技保护体系。实施山西博物院综合保护基地、大同云冈石窟石质文物保护科研基地、太原土质文物保护科研基地、省古建所壁画文物保护科研基地等建设。随着云冈石窟研究院、山西省考古研究所青铜器修复保护实验室等陆续成立和山西博物院、山西省考古研究所、山西省文物技术中心、山西省文物交流中心、太原市考古研究所等单位分别取得可移动文物技术保护设计资质和修复资质，全省文物科技保护机构和平台进一步建立健全，文物科技保护体系得到初步完善。

经国家文物局批准，山西博物院取得玉、石器，陶器，瓷器，铜器，铁器，钱币，琉璃，石刻砖瓦类文物技术保护设计甲级资质和壁画，书法绘画，碑帖拓本，古籍善本类文物技术保护设计乙级资质；太原市文物考古所取得壁画类文物技术保护设计甲级资质和陶器，瓷器，铜器，石刻砖瓦，琉璃类文物技术保护设计乙级资质；山西省文物技术中心取得玉、石器，瓷器，铜器，铁器，壁画，干燥漆木器，石刻砖瓦，竹木雕，家具，琉璃类文物技术保护设计乙级资质；山西省考古研究所取得玉、石器，陶器，瓷器，铜器，铁器，金银器，石刻砖瓦，玺印符牌，钱币，琉璃类文物技术保护设计乙级资质。

经国家文物局复核，山西博物院取得玉、石器，陶器，瓷器，铜器，铁器，钱币，琉璃，石刻砖瓦类文物修复一级资质和壁画，书法绘画，碑帖拓本，古籍善本类文物修复二级资质；太原市文物考古所取得壁画类文物修复一级资质和陶器、瓷器、铜器、石刻砖瓦、琉璃类文物修复二级资质；山西省文物技术中心取得玉、石器，瓷器，铜器，铁器，壁画，干燥漆木器，石刻砖瓦，竹木雕，家具，琉璃类文物修复二级资质；山西省考古研究所取得玉、石器，陶器，瓷器，铜器，铁器，金银器，石刻砖瓦，玺印符牌，钱币，琉璃类文物修复二级资质。

2. 可移动文物保护技术和方法及其应用

2010 年，省文物局组织全省文物科技保护单位申报国家文物保护科学和技术创新奖项，完成山西省文物技术中心“山西襄垣元代棺床科技保护项目”和云冈石窟“云冈石窟凝结水防治研究”申报二等奖的材料审核上报工作；由云冈石窟研究院、中国地质大学合作完成的“云冈石窟凝结水监测研究”荣获国家文物局 2009 年度文物保护科学和技术创新二等奖。会同省科技厅对山西博物院《山西近出青铜器的修复与保护》项目和省考古研究所“青铜器修复保护实验室建设”项目进行结项验收和科技成果鉴定。

山西博物院完成了《山西平遥博物馆馆藏石刻科技保护项目》《山西博物院馆藏壁画保护修复方案》《山西古代青铜器科学检测数据库建立与应用方法研究》《右玉保宁寺水陆画保护修复方案》等科技项目的申报工作。其中《山西古代青铜器科学检测数据库建立与应用方法研究》被列为山西省科技攻关项目，《山西博物院馆藏壁画保护修复方案》已获国家文物局批准，并获得国家财政 100 万元专项经费的支持。完成了垣曲县汉代墓葬、长治两座古壁画墓、大同北魏砖墓的搬迁工作；完成了金墓砖雕、汉墓空心砖和繁峙二号墓葬壁画的清理、保护和修复工作；参与了古人类房屋遗址的搬迁保护工作和壁画搬迁保护工作。

【社会文物管理】

山西省具有文物拍卖资质企业 6 个；其中具有一、二、三类文物拍卖资质的企业 5 个，经营二、三类文物拍卖资质的企业 1 个。2010 年度审核文物拍卖活动 16 场，审核拍卖标的 11267 件。

山西省文物商店共有 4 个，文物库存总量约 30 万件（套），无一级文物。

【文博教育与培训】

11 月 14 日 ~27 日，国家文物局主办、山西省文物局承办的山西省市、县文物局长培训班和重点文物保护单位保护管理机构负责人培训班在山西省委党校举办。此次培训班历时 14 天，全省各市文物局长、文物科长和各县（市、区）文物局长 150 人参加了全省文物局长培训；全省市属文博单位、县属重点文物保护单位 161 人参加了重点文物保护单位保护管理机构负责人培训。此次培训依据国家文物局教学大纲要求，结合山西省文博工作实际，针对学员工作特点和性质，开设了管理学、文物法规和执法、文物保护单位管理、文物安全、博物馆管理、博物馆社会教育与服务、博物馆新馆建设、文物保护资金管理、文物保护与文化产业、世界遗产和历史文化名城保护等课程。

为了丰富学习内容，还安排学员们到山西博物院进行了参观考察。形式多样的形式，生动活泼的氛围，使学员们掌握了文物保护的基本知识，深化了文物保护的思想认识。

2010 年是中国人民抗日战争暨世界反法西斯战争胜利 65 周年。9 月 2 日，由国家红色旅游工作协调小组办公室主办，中共山西省委宣传部、山西省旅游局、中共长治市委、市人民政府、长治市文物旅游局、中共武乡县委、县人民政府承办的太行山红色旅游培训班启动仪式在八路军太行纪念馆举行。此次活动培训对象为来自北京、河北、山西、河南四省（市）的红色旅游管理人员，培训为期 5 天，主要通过专家授课、经验交流、实地教学等形式，重点就红色旅游景区开发动态与趋势、红色旅游产品市场营销、红色旅游思想内涵的发掘与展示等方面进行培训。

由国家文物局主办，中国古迹遗址协会和省文物局协办的中国文物古迹保护总则——规划理论与实践培训班于 9 月 4 日 ~12 日在晋中市太谷县梅苑山庄举办。来自全国各省文物部门的 100 多名学员参加了培训。理论培训结束后，学员们到榆次老城，祁县乔家大院，太谷的曹家大院、无边寺、安禅寺、孔祥熙宅院，平遥古城等地进行了考察实践。

【文博宣传与出版】

1. 文化遗产日活动

6 月 8 日，全省第三次全国文物普查实地调查阶段总结表彰会在太原召开，会议总结了全省“三普”实地调查阶段工作，表彰了先进市、县和个人。省委常委、宣传部部长胡苏平出席会议，省政府副省长、省“三普”领导小组组长张平作了重要讲话。6 月 10 日，副省长张平在世界文化遗产地平遥古城进行视察调研，对平遥古城以及全省文化遗产保护工作作了重要指示。6 月 11 日，“华彩滇韵——云南民族风情展”在山西博物院绚丽开展。省委常委、宣传部长胡苏平，副省长张平出席并为展览剪彩。同日上午，省文物局副局长宁立新带领有关处长走进山西晚报《新闻会客厅》栏目，与全省社会公众进行电话交流互动，回答文化遗产保护有关问题。

6 月 12 日，围绕“文化遗产 · 在我身边”主题，省文物局和山西大学在百年老校山西大学联合举办“文化遗产进校园”大型宣传活动，向山西大学赠送了文化遗产图书，举办“厚重山西——山西省第三次全国文物普查重要新发现”“八路军总部在太行”图片展，受到广大师生的热烈欢迎和充分肯定。

2. 出版

《山西省第三次全国普查重要新发现》《寻找湮没的历史》《寻找 · 见证》出版。

【机构及人员】

（一）机构

机构总数为 381 个。省、市、县三级文物保护管理机构数 131 个，其中省级 1 个，市级 11 个，县级 119 个。

省、市、县（市、区）三级直属文物机构250个，其中省直15个，市直49个，县（市、区）直186个。

分类情况：

博物馆（含纪念馆）81个（省级5个，市级15个，县级61个）；

文物商店（文物交流中心）1个（省级）；

考古研究所（院）12个（省级1个，市级11个）；

古建筑保护研究所2个（省级1个，市级1个）；

文物管理所144个（省2个，市级18个，县级124个）；

文物执法（稽查）队5个（市级4个，县级1个）；

其他5个（县级景区管委会2、祭祖园1、书画院1、地质公园1）。

2010年新增博物馆（县级）1个，文管所（县级）4个。

（二）人员

人员总量全省实有从业人员6070名（在编4654名、非编1416名）。其中省级751名，市级1680名，县级3639名；全额3929名，差额补贴62名，自收自支1865名。新增人员224名。

专业技术干部1572名，其中初级869名（省级50名，市县819名）；中级497名（省级96名，市县401名）；副高173名（省级77名，市县96名）；正高33名（省级24名，市县9名）。

内蒙古自治区

【概述】

内蒙古自治区是中国古代北方游牧民族活动的主要地区，是草原文明的发祥地，是全国重要的文物大省区，其文物具有浓郁的特色和民族风格。

2010年，内蒙古自治区文化厅（文物局）在自治区党委、政府的正确领导下，紧紧围绕建设民族文化大区的目标，基层文博建设进展顺利，文化遗产保护工作得到了重视和加强，元上都遗址申报世界文化遗产工作有了新进展，博物馆免费开放与民族文物事业取得了显著成绩，对外文化交流工作成果突出，考古发掘获得“全国十大考古成果”奖励。

【执法督察与安全保卫】

遵照公安部和国家文物局的部署，配合内蒙古自治区公安厅刑警总队在全区开展了严厉打击文物犯罪活动的专项斗争，并且取得了阶段性成果。2010年11月，国家文物局、公安部在北京举办了《全国严厉打击文物犯罪活动的专项斗争成果展览》，内蒙古公安厅，以及兴安盟、赤峰市公安局的重点破案战果在展览上展出。

2010年，内蒙古自治区文物局继续查办呼和浩特市某公司破坏大青山秦汉长城的重大案件，呼和浩特市新城区法院已依法对破坏秦汉长城的当事人追究了刑事责任，此案的处理在全国尚属首例。同时，自治区文物局还依法对包头市、锡林浩特市等地出现的在文物保护单位保护范围内构建违法建筑案件进行了查处。开展了“草原神灯”田野文物安防预警监测，加强了内蒙古文物安全保卫建设。

自治区文化厅（文物局）会同自治区公安厅联合下达了《关于对全区文物单位进行消防安全大检查的通知》，会同自治区消防总队对赤峰市、通辽市、锡林郭勒盟、呼和浩特市、包头市、鄂尔多斯市、乌兰察布市的15个重点文物单位及重点古建筑进行了消防安全大检查，极大地促进了全区的文物安全保护工作，受到了国家文物局的表扬。

2010年，自治区文化厅（文物局）为全面加强全区长城保护工作，开展了为长城立碑，组建基层保护组织的工作，总计下达长城保护经费800万元。在万里长城沿线树立了400余块蒙汉文保护碑。同时，自治区文化厅（文物局）与各盟市文化局签订了《保护长城目标责任状》，把保护长城执法工作落实到全区各级文化部门。

2010年，国家文物局批准组建成立内蒙古文物鉴定站。

【不可移动文物的保护和管理】

（一）概况

2010年，通过认真调查研究和统计汇总，编制完成并向国家文物局呈报了《内蒙古文物保护“十二五”规划》《内蒙古长城保护“十二五”规划》，编制完成了《2010年内蒙古重点文物保护维修项目经费申请报告》和《内蒙古文物安全保卫项目经费申请报告》，及时上报财政部、国家文物局，为落实自治区文物保护工作经费打下了坚实的基础。

完成了向国家文物局申报的第七批全国重点文物保护单位名录的推荐工作，内蒙古共计推荐了147处国家重点文物保护单位的申报材料。

完成国家文物局要求申报的全区馆藏文物信息化工作报告，在内蒙古博物院及各博物馆进行馆藏文物信息化登录工作，发现一批重要文物。

（二）大遗址保护

据统计，在国家文物局大力支持下，在自治区政府和财政部门资助下，2010年，国家和自治区财政共计拨款近1亿元，先后对元上都、呼和浩特大窑、包头秦长城、敖伦苏木古城、辽中京、辽庆陵及奉陵邑、辽祖陵及奉陵邑、辽上京、缸瓦窑、耶律羽之墓、应昌路、嘎仙洞、萨拉乌苏、红山文化、秦直道、居延、盛乐古城等古代大遗址进行维修保护。

截至2010年12月31日，内蒙古自治区共开展文物大遗址保护与维修项目70余处；同时向国家文物局推荐申报147处第七批全国重点文物保护单位；建设了文物保护研究数据库管理系统。文化遗产保护工作取得显著成绩，并且产生了深远的社会影响。

（三）全国重点文物保护单位

全国重点文物保护单位共计79处，(2010年，又申报第七批国保单位148处)，自治区重点文物保护单位315处，旗县级重点文保单位700处。

（四）世界文化遗产

2010年，元上都遗址申报世界文化遗产的工作进展顺利，元上都遗址考古、展示和申遗工作有大的进展。2010年9月15日，自治区人民政府致函国家文物局，申请将元上都遗址列入我国2012年申报世界文化遗产提名项目。并按有关程序上报国务院。2010年9月27日，国家文物局正式复函自治区人民政府，同意元上都遗址2012年申报世界文化遗产，并要求自治区人民政府及遗产地各级政府，做好各项准备，确保国家利益，延续我国申报世界文化遗产的良好态势。同时，要求加强机构建设，落实人员责任、确保经费投入。

按照内蒙古自治区主席、自治区元上都申报世界文化遗产领导小组组长巴特尔同志的重要指示，自治区成立了元上都申遗工作总指挥部，统一领导元上都申遗各项重要工作。经自治区人民政府批准，《元上都遗址保护总体规划》《元上都遗址保护管理办法》《元上都遗址保护管理规划》等三个重要文件开始实施。自治区财政厅落实了4000余万元的元上都申报世界文化遗产专项经费。2010年，《元上都申报世界文化遗产文本》的编制、翻译、印刷工作全面完成，并由中国政府派员送达联合国教科文组织世界遗产委员会。

2010年，元上都考古发掘成果显著，发现了元代宫殿遗址、武库、石弹等文物。2010年11月，自治区元上都申遗总指挥部，在正蓝旗召开工作会议，决定邀请中国建筑设计研究院建筑历史研究所、中国文化遗产研究院岩土文物与遗址保护研究所、敦煌研究院、西安建筑科技大学建筑学院等专业院所，参与元上都遗址保护设计、展示设计等项工程。在总指挥部的领导下，通过履行必要的审批手续，由自治区文化厅（文物局）、内蒙古博物院陆续与上述单位签订了正式合同，并支付了预付款。此举使元上都遗址保护工程和国家级的文物保护专业设计、施工部门顺利接轨，为2011年7月接待联合国教科文组织世界遗产委员会专家考察，在文物保护和施工方面打下了很好的基础。

2010年12月，在元上都申遗的关键时期，文化部党组成员、国家文物局党组书记、国家文物局局长单霁翔一行，专程到内蒙古考察。12月3日，自治区党委书记胡春华，自治区党委副书记、自治区主席巴特尔分别会见了单霁翔局长一行。自治区党委常委、宣传部部长乌兰，自治区党委常委、秘书长符太增分别参加会见。

2010年10月，自治区人民政府制定公布了《元上都遗址保护管理规划》《元上都遗址保护总体规划》和相关管理办法。

2010年10月14日，《中国文化报》刊登了标题为《内蒙古元上都申遗进入冲刺》的文章。

【考古发掘】

（一）概况

在国家文物局的大力支持下，在自治区文化厅（文物局）领导下，在自治区和各盟市文物部门的共同努力下，全区文物考古事业不断取得新成就，特别是在第三次全国文物普查、长城资源调查、配合经济建设考古发掘、元上都遗址考古等方面，都取得了突出成绩。

从2006起开展的自治区第三次全国文物普查，完成了全区的文物普查任务。全区共调查登记登记不可移动文物21000余处，复查9700余处，其中新发现文物古迹12000余处，内蒙古的文物普查工作在全国居于领先位置。

在自治区文化厅（文物局）领导下，在自治区文物考古研究所组织和各盟市和有关旗县文物部门的参与下，2008～2010年，全区共组建了20个长城调查队，完成了各个时代总长度11200公里长城的资源调查任务。2010年11月，内蒙古文物局在全国长城工作会议上公布了内蒙古长城资源的调查成果。

2006～2010年，经国家文物局批准，在自治区文化厅（文物局）领导下，以自治区文物考古研究所为主，各盟市和有关旗县文物部门积极配合，全区共累计完成考古调查、勘探与发掘项目112项，文物保护研究、修复课题4项，考古调查勘探面积300余万平方米，发掘面积19余万平方米，发掘灰坑、房址、窖穴、墓葬等遗址3500座，调查古城遗址150余座，出土各类文物近30000件。

（二）重要考古项目

2010年，内蒙古文物考古研究所继续对元上都遗址进行考古勘探与发掘工作。元上都遗址勘探面积100多万平方米，对深入了解遗址建筑布局与分布数量、城市功能区域划分等具有重要意义。元上都遗址外城城墙、宫城御天门和穆清阁的考古发掘面积共580余平方米，其中外城墙与道路交汇处发掘面积80平方米，了解了城墙的结构与构筑方法，道路的建造与特点，确认城墙修建晚于道路兴建，对研究元上都遗址外城的变迁和功能的演进提供了翔实的依据；穆清阁殿址发掘面积300平方米，发现了殿址顶部柱础与铺砖地面，进一步确知穆清阁基础之上的建筑格局与特点，对研究穆清阁整个建筑起到了至关重要的作用；御天门外侧西部发掘面积200平方米，发现御天门西侧瓮城一座。通过对上述地点的考古发掘，出土了较多的建筑构件与瓷器残片。此外，还出土了大量的砲石。

由内蒙古文物考古研究所在赤峰市进行的二道井子夏家店下层文化聚落遗址考古发掘工作，被国家文物局评为“2009年全国十大考古新发现”之一。

自治区文物普查成果列入全国新发现名录。2010年，国家文物局向全国公布100项文物普查重大发现名录，内蒙古自治区共有7项重大发现荣列其中。

【博物馆与可移动文物保护】

（一）博物馆

根据《博物馆管理办法》，内蒙古自治区文物局从2007年年初开始开展全区博物馆注册登记工作。截至到2010年5月底，全区已注册登记的各级各类博物馆为129座，其中自治区级国有博物馆2座；盟市级国有博物馆17座；旗县级国有博物馆69座；乡镇国有博物馆11座。另有行业博物馆9座；民办博物馆21座。

1. 可移动文物的保护、管理和研究

内蒙古博物院经过认真登记、收藏的15.3余万件（套）文物，是自治区最为珍贵的一笔文化财产，也是中华文物宝库中十分珍贵的财富。这些文物包括历史文物、革命文物135000余件（套）；民族民俗文物6000余件（套）；古生物化石、矿产、现代动植物标本12000余件（套）。其中一级文物500余件（套），二级文物1200余件（套），三级文物1800余件（套）。这些文物集合了强烈的历史与现代元素、地域表征与民族特色，是浓缩了中国北方亿万年来生态变迁史与草原文明发展史的一部“百科全书”，也是自治区文物保护科学研究与文明程度的重要标志。

2. 博物馆间的交流与合作

内蒙古博物院与湖南省博物馆联合举办了“草原牧歌——内蒙古博物院大辽文物精品特展”，共展出精品文物114件（套）。与上海博物馆联合举办了“上海博物馆藏欧洲玻璃陶瓷展”，共展出欧洲玻璃、陶瓷精品111件。与广州博物馆联合举办了“歌舞升平——中国古代乐舞文化文物特展”“海贸遗珍——18、19世纪清代广州外销瓷艺术品展”。

内蒙古博物院应日本东映株式会社邀请，与之联合举办了“成吉思汗——中国古代北方草原游牧文化展览”，共展出精品文物120件（套）。由中华人民共和国文化部、国家文物局与比利时欧罗巴利亚国际协会共同举办的“丝绸之路展”于2009年10月22日~2010年2月7日在比利时布鲁塞尔皇家艺术与历史博物馆举行。内蒙古博物院也精选了13件文物参展。内蒙古博物院与台湾财团法人蒙藏基金会联合举办了“父亲的草原母亲的河——蒙古族文物精品展”，共展出文物119件（套）。内蒙古博物院携手台湾时艺多媒体传播股份有限公司，于2010年2月6日~5月16日，在台北故宫博物院举办了“黄金辽原——内蒙古博物院精品特展”，共展出文物118件（套）。

由中国文物交流中心与比利时布鲁

塞尔皇家艺术与历史博物馆联合举办的“通往亚洲之路”展在比利时布鲁塞尔皇家艺术与历史博物馆展出，由中国文物交流中心与日本九州国立博物馆联合举办的“丝路之马展”于2010年7月13日～9月5日在日本九州国立博物馆举行，内蒙古博物院分别精选文物参展。

由国家文物局与美国纽约大都会博物馆合作举办的“中国元代艺术展”于2010年9月21日～2011年1月2日在美国纽约大都会博物馆举办，内蒙古博物院精选了25件文物参展。为配合此次展览，纽约大都会博物馆举办了元代艺术与考古学术报告会，内蒙古博物院副院长付宁在会上作了学术演讲。

2010年8月13日，内蒙古博物院与日本九州国立博物馆友好馆签署仪式在内蒙古博物院五楼会议室隆重举行，日本九州国立博物馆馆长三轮嘉六一行，内蒙古博物院院长塔拉及各部室主任，以及新闻媒体出席了签字仪式。

内蒙古博物院与九州国立博物馆一直在文物保护与修复领域保持着密切的交流合作。内蒙古博物院的“辽代文物展”也计划于2011年赴九州国立博物馆展出。友好馆协议的签署，有利于两馆此后进一步友好交往、密切合作、互利双赢。

2010年9月～11月，内蒙古博物院保管研究部主任于宝东应美国梅隆基金会博物馆邀请参加梅隆文化交流项目，赴纽约大都会博物馆等诸多美国知名博物馆进行了学术交流。

（二）可移动文物保护

全区馆藏文物50万余件（套），其中一级文物1834件（套），二、三级文物1.8万件（套）。

为提高内蒙古自治区文物科技保护工作的水平，更好地为内蒙古自治区文物工作快速发展提供强有力的科学技术支持，内蒙古博物院购置了气质联用分析仪、傅里叶红外光谱分析仪、液相色谱分析仪、紫外光谱分析仪、三维视频显微分析仪、金相显微分析等先进的分析检测设备。

在内蒙古博物院课题组成员的共同努力下，国家文物局立项的“皮毛文物退质与传统鞣制工艺的研究”课题完成了内蒙古博物院珍贵皮毛文物藏品及呼伦贝尔民族博物馆藏皮毛文物为对象的种类及病害调查研究，并利用扫描电镜、能谱、原子吸收光谱、热重分析、X荧光光谱等分析手段以及依照QB/T1286，1287—2007、QB/T1872—2004标准对采集的羊皮、狍皮标本进行了成分、结构、物化特性及工艺特点的分析检测，取得了许多非常有价值的研究数据，完成了第一阶段的中期报告，并撰写了相关文章。

依据最小干预、可逆性、可辨识性原则，“乌海博物馆馆藏文物保护修复”项目组采用可逆层制作、结构胶黏结、砖粉材料补全等工艺，对乌海博物馆馆藏100余件陶器进行了科学的保护修复，取得了较好的保护修复效果。

【科技与信息】

2006年，“内蒙古自治区文物保护研究数据库管理系统”建设项目正式启动。经过内蒙古自治区文物保护研究信息中心与内蒙古自治区计算机应用研究院双方反复探讨实验，2008年研制成功，并实施输入，具有大模式建库、加大文物描述信息涵盖量、属性信息分类与代码、提高各信息要素之间的关联性、文物保护工作办公自动化、统计报表全自动生成、统计报表与详细查询一体化等七大特点。

此外，自治区境内的79处全国重点文物保护单位、319处自治区级重点文物保护单位、613处盟市、旗县级重点文物保护单位，也包括自治区文物局向国家文物局推荐申报的147处第七批全国重点文物保护单位的各项资料，已全部整合输入到管理系统中。

【文博宣传与出版】

深入开展全区文化遗产的保护宣传工作，自治区文化厅（文物局）制作了“内蒙古自治区第三次全国文物普查成果”“内蒙古自治区长城资源调查成果”“赤峰市二道井子夏家店下层文化聚落遗址考古成果”图片展，在全区向广大群众进行宣传，使群众对自治区的文化遗产事业有了更深一层的认识。

2010年9月6日，在“内蒙古草原文化遗产日”上，自治区人民政府文物普查领导小组隆重表彰了在全区文物普查中涌现的68个先进集体、183名先进个人。同时，自治区文化厅、文物局在内蒙古博物院举办了“全区文物普查成果展览”，由专家评选出了“全区文物普查20大新成果”。

2010年10月，《内蒙古自治区第三次全国文物普查重大成果》一书由文物出版社出版。

辽宁省

【概述】

2010年，在辽宁省委、省政府的正确领导和国家文物局的大力支持下，辽宁省文物系统高举中国特色社会主义伟大旗帜，以邓小平理论和“三个代表”重要思想为指导，深入贯彻落实科学发展观，严格执行《中华人民共和国文物保护法》，坚持“保护为主、抢救第一、合理利用、加强管理”的文物工作方针，紧紧围绕国家经济社会发展大局，团结拼搏，锐意进取，如期实现了“十一五”确定的主要发展目标。辽宁省文化遗产保护的法规建设、执法督察、不可移动文物的保护和管理、考古发掘、博物馆等各项工作均取得了新的成就，为实现辽宁全面振兴、构建和谐社会做出了积极贡献。

【执法督察与安全保卫】

2010年9月1日~3日，在辽阳举办了辽宁省文物行政执法培训班。全省14个市文化局的文物科（处）长、委托和授权担负文物行政执法工作的文化市场执法机构负责人及执法人员，新宾、凤城、桓仁、北镇、建平、本溪6个全国文物先进县担负文物行政执法的人员共计60余人参加了培训，进一步提高了辽宁省文物行政执法工作水平。

组成执法督查组，先后对大连、丹东、营口、锦州、朝阳、葫芦岛、抚顺、沈阳等地区进行了文物行政执法督查。督查以省级以上文物保护单位为重点，并抽查了部分市、县级文物保护单位，督察的主要内容包括各级文物保护单位的依法保护情况，博物馆、文物管理所等文物收藏单位文物保管情况，文物安全工作情况及文物行政执法机构建设和开展执法工作情况。对督察中发现的问题进行了及时反馈，并提出了相关工作建议，有关情况已向全省和有关市政府进行了通报。

调查处理了义县奉国寺火灾事故、鞍山普宁寺拆迁、兴城文物管理体制及古城内文物违法、瓦房店市横山书院违法建设、辽阳市文化局违规清理古墓葬等文物违法违规案件，对部分案件进行了明察暗访，并重点督查了上述违法案件的纠正情况。有些问题已得到相关地方政府、工作部门的重视，有些问题已经得到解决。

实施了奉国寺、万佛堂石窟、元帅林、省文物总店、本溪市博物馆、辽西博物馆、新乐遗址博物馆、凌海市萧军纪念馆、辽阳县文物管理所、铁岭市银冈书院、建昌县文物管理所、海城市博物馆、朝阳县文管所等20余处文博单位及文物保护单位的安防工程，进一步提升了文博系统的安全技术防范水平。

【不可移动文物的保护和管理】

（一）概况

辽宁省文物资源丰富，名胜古迹众多，拥有世界文化遗产地6处，全国重点文物保护单位53处，省级文物保护单位296处；2010年度遴选推荐了226处申报第七批全国重点文物保护单位。

2010年，辽宁省不可移动文物保护力度进一步加大。各级财政进一步增加了文物保护资金的投入额度，先后对30余处省级以上文物保护单位实施了维修保护工程，取得了良好的社会效益和经济效益。依法审核和审批了沈阳故宫、清永陵、清福陵等10余处文物保护单位保护区域的建设项目方案，强化了对文物保护单位历史风貌的管理。完成了98处省级以上文物保护单位保护标志碑的制作工作。完成了大洼县田庄台镇省级历史文化名镇的评审和东港市大孤山镇、大洼县田庄台镇国家级历史文化名镇的初评与申报工作。这些工作的开展，也得到了地方政府的大力支持，各地在动迁、修路、绿化等配套工程中投入大量资金，极大地改善了文物周边环境。

（二）大遗址保护

辽宁省各级党委、政府高度重视牛河梁大遗址保护工程，朝阳市政府将牛河梁国家考古遗址公园建设和“申遗”工作列为全市重点文化项目，相关部门为项目建设开辟“绿色通道”，使大遗址保护工程稳步推进。截至2010年底，已完成了第一地点（女神庙）保护展示工程和第二地点（祭坛、积石冢）钢结构主体工程。完成了牛河梁遗址保护范围内历史遗留企业的关停和搬迁；对环境风貌进行了大规模治理，完成了所有废弃矿坑的回填和植被恢复工作；并对保护范围及周边区域1000余亩荒山进行了全面绿化，保护区环境得到了明显改观。

牛河梁遗址入选首批国家考古遗址公园立项名单，遗址公园建设进展顺利。根据牛河梁国家考古遗址公园总体规划，完成了遗址公园内水、电、路、桥、围栏等11项基础设施建设项目的施工设计和牛河梁遗址博物馆征地、勘测、施工图纸设计、施工场地平整、施工临时供水、供电等前期准备工作。编制完成了《牛河梁遗址本体保护展示设计方案》《牛河梁遗址申报世界文化遗产文本》。

实施了凤凰山山城北门东段、西段墙体维修加固工程。完成了五女山山城博物馆主体及附属设施建设工程，对部分兵营遗址进行保护性回填，实施了五女山山城环境绿化、美化工程。

（三）全国重点文物保护单位

完成了兴城城墙部分坍塌墙体抢险工程、绥中县中前所城城墙抢险加固等全国重点文物保护单位的抢险工程；实施了北镇庙、广济寺古建筑群维修等国家文物局确定的重点工程和示范工程，工程质量得到国家文物局有关领导和专家的首肯。

实施了元帅林、大孤山古建筑群、彭公馆、明性寺、城子山山城维修保护等20余项全国重点文物保护单位的维修保护工程，不仅排除了一批全国重点文物保护单位文物本体存在的安全隐患，而且通过项目实施和牵动，为文物展示和利用工作提供了经验和借鉴。

完成了金牛山遗址、清永陵、奉国

寺、元帅林等10余处全国重点文物保护单位保护规划编制工作。编制了义县奉国寺大殿维修、绥中九门口长城哨楼及围墙修缮等20余项文物保护工程方案，为争取各级财政支持、持续开展文物保护工程创造了条件。省文物保护中心赴四川安县地震灾区，完成了文星塔、飞鸣禅院、开祈寺等文物保护单位的勘察设计、方案编制任务，有力地支援了地震灾区文物保护工作。

（四）世界文化遗产

举办了辽宁省第三届世界文化遗产地年会。来自6处世界遗产地和2个世界文化遗产预备名单单位的代表参加了会议。组织召开了由桓仁、新宾等5县有关人员参加的全国文物工作先进县座谈会。

【考古发掘】

（一）概况

2010年，本着“保护为主，抢救第一”的原则，辽宁省文物考古研究所与沈阳市文物考古研究所完成了10余项大型基本建设过程中的考古发掘工作和多项主动性考古发掘，同时加大了考古资料的整理力度。

开展了哈大客运专线、京沈高铁、青山水库等60余项大型基本建设过程中的文物保护工作，文物调查总里程近3000公里，调查总面积320平方公里。完成了26处遗址的勘探任务，勘探总面积近33平方公里。完成了12项考古发掘项目，发掘面积达11420平方米，既有效地保护了地下文物遗存，也有力地支持了地方经济建设。

完成了凌源田家沟红山文化墓地、阜新辽平原公主墓、法库蔡家沟萧袍鲁家族墓地等10余项抢救性考古发掘任务，发掘面积3000余平方米，取得了珍贵的考古学资料。对燕州城山城、小珠山遗址、偏堡子遗址进行了主动发掘，发掘面积2500余平方米，为开展科研工作提供了第一手资料。

与国家博物馆合作开展了辽宁沿海水下文物调查，承担了3项南水北调建设中的文物保护工作。编辑出版了《小孤山》、《朝阳袁台子》、《姜女石》、《辽宁考古文集》（二）、《东北亚考古学论丛》等5部考古发掘报告和研究文集；完成了牛河梁遗址、石台子山城等考古发掘报告的编写工作，签订了出版合同。

（二）重要考古发掘项目

1. 姜屯墓地

2010年3月～10月，辽宁省文物考古研究所为配合皮口到炮台高速公路建设，对大连普兰店市铁西办事处西北山村姜屯墓地进行了考古发掘，发掘面积3000平方米。共发掘墓葬209座，出土陶器、铜器、铁器和玉器2000余件。其中M41出土了鎏金铜蒂饰、鎏金铜贝鹿镇和成套的鎏金明器车马具，M45出土了一件玉覆面。此次发掘的墓葬形制较全，所得材料丰富，对于研究辽东地区的汉代历史以及汉代墓葬的分期、断代都提供了新的珍贵资料。

2. 田家沟红山文化墓地群第三地点

2010年8月～11月，辽宁省文物考古研究所对朝阳凌源市田家沟红山文化墓地群第三地点进行了抢救性发掘，发掘面积500平方米。这是一处由三重石围圈构成的积石冢墓地。在积石之下和积石之上均有墓葬和祭祀遗迹分布。发现石棺墓葬6座，大型祭祀坑与方形祭坛各1座。出土遗物有骨器、彩陶器、玉器。田家沟第三地点的发掘，对于正确解释红山文化晚期积石冢墓地的形成，提供了弥足珍贵的考古学资料。

【博物馆与可移动文物保护】

（一）博物馆

按照国家有关部门《关于全国博物

馆、纪念馆免费开放的通知》要求，在省委宣传部的统一部署下，联合印发了《辽宁省免费开放博物馆纪念馆名单》，确定公布了省65个免费开放的博物馆、纪念馆和爱国主义教育示范基地名单；转发了中宣部、财政部、文化部、国家文物局《关于进一步做好公共博物馆纪念馆免费开放工作的意见》，制定了切实可行的免费开放措施和办法，稳步推进全省免费开放工作。2010年，全省文化文物系统免费开放单位共举办阵地展览和专题展览93个，各类临时展览118个，引进国内国外展览6个，推出和交流展览22个，全年接待观众506万人次，取得了显著的社会效益。

辽宁省博物馆成为国家文物局、财政部确定的8个中央地方共建国家级博物馆之一，这对辽宁省博物馆的管理体制、经费保障、业务建设等必然产生深远影响，形成长远效益。一批市、县级博物馆新建、改扩建工程进展顺利。大连汉墓博物馆、鞍山市博物馆、本溪市博物馆、辽阳弓长岭区博物馆、弓长岭区雷峰纪念馆完成新馆建设并对外开放，辽西博物馆新馆基本完成土建工程，葫芦岛市博物馆新馆建设顺利进行。

按照《博物馆管理办法》的有关规定，依法审核批准了北镇博物馆等国有博物馆和辽宁盘古奇观博物馆、闾山博物馆等民办博物馆的设立。对全省106个博物馆进行了年检，98个博物馆、纪念馆被确认为年检合格单位。

启动了全省民办博物馆藏品登记定级试点工作。对朝阳市德辅博物馆的792件（套）藏品进行了鉴定定级，为规范民办博物馆管理，加大行业指导力度，促进辽宁省民办博物馆健康持续发展提供了借鉴。

（二）可移动文物保护

实施了辽宁省博物馆馆藏书画类文物科技保护、张氏帅府博物馆馆藏书画类文物科技保护修复、鞍山市博物馆馆藏明清家具科技保护、本溪市博物馆馆藏金属类文物科技保护、锦州市博物馆馆藏书画类文物科技保护、辽阳市博物馆馆藏书画类文物科技保护等文物科技保护项目，使省文物科技保护工作有了新突破。

完成了丹东抗美援朝纪念馆室外大型兵器及馆藏书画类文物科技保护、本溪市博物馆馆藏金属类文物科技保护等近10个科技保护方案的编制和审批工作，最大限度地储备了项目，为把文物科技保护工作进一步引向深入奠定了基础。

【社会文物管理】

加强了文物拍卖管理。辽宁光大拍卖行有限公司依法申请了二、三类文物拍卖许可证，使辽宁省具有文物拍卖资质的企业达到7家。严格贯彻执行《文物拍卖管理暂行规定》，规范省文物拍卖行为，对文物拍卖会所涉及的拍卖标的进行了严格审核并依法备案。

“国家文物进出境审核辽宁管理处”正式挂牌，推进了辽宁省乃至东北地区文物进出境审核工作的开展。加强了文物出入境审核和涉案文物鉴定工作，2010年，配合各级海关验关，进行出境审核3次，审核物品15391件；进境审核1次，审核物品16件；涉案鉴定52次，鉴定被盗墓葬18个，鉴定涉案物品373件，依法抢救保护各类文物123件，其中国家一级文物1件，国家二级文物3件，国家三级文物9件。

辽宁省文物总店开展了库存文物商品盘点工作，对摸清家底、盘活资产、拓展销售能力、提高工作效率、实现科学化管理具有积极和长远意义。

【科技与信息】

多年来，辽宁省文物科技保护工作

基础薄弱，项目实施缓慢，科研成果落后。经过近几年的努力，工程实施逐步走上正轨。

【博物馆教育与培训】

与吉林省文物局联合举办了“文博系统地市级管理干部和全国重点文物保护单位保护管理机构负责人培训班”，对94名文博系统管理干部和业务骨干进行了为期11天的系统培训，提高了全省文博队伍的管理能力和业务素质。

【文博宣传与出版】

举办了纪念“文化遗产日”和“国际博物馆日”系列宣传活动，组织各级文物主管部门、博物馆、纪念馆及其他文博单位，紧扣文化遗产日和博物馆日主题，开展内容丰富、生动活泼的纪念和宣传活动，广大市民踊跃参与，各界反响强烈，社会效益显著。

【机构与人数】

2010年全省共有文物机构129个，比2009年多1个，从业人员2160人，比2009年多56人。文物机构中文物科研机构5个，文物保护管理机构59个，博物馆61个，文物商店3个，其他文物机构2个。

【对外交流与合作】

继续与美国匹兹堡大学联合开展大凌河流域田野考古调查，与日本奈良文化财联合开展朝阳隋唐墓葬整理，并取得了阶段性成果。

【其他】

（一）文物基础工作

公布了第八批省级文物保护单位，划定了相应的保护范围和建设控制地带。组织完成了申报第七批全国重点文物保护单位的遴选、文本修改和审定工作，向国家文物局上报了八棱观塔、植股山段长城、银冈书院、龙岗墓群、奉天驿及周围建筑等226处文物遗迹的申报文本。完成了98处省级以上文物保护单位保护标志碑的制作和竖立工作。

海城市牛庄镇被公布为国家级历史文化名镇，提请省政府将普兰店市城子坦镇和绥中县前所镇公布为省级历史文化名镇，推荐前所镇申报国家级历史文化名镇。完成了兴城、北镇等11个市、县城市总体规划的修编工作。强化了对文物保护单位历史风貌的管理，依法审核、审批了抚顺至通化高速公路通过清永陵建设控制地带、京沈铁路客运专线穿越关山辽墓和高林台汉城址等20余项涉及省级以上文物保护单位保护范围和建设控制地带的基本建设项目。

编制了辽宁世界文化遗产保护工程、辽宁全国重点文物保护单位保护工程、辽宁博物馆建设工程、辽宁中东铁路保护工程、辽宁水下文物保护工程、辽宁长城保护工程等6个“十二五”专项规划和经费需求计划，为“十二五”文化遗产保护工作的开展提供了充足的项目储备。

（二）第三次全国文物普查

辽宁省100个普查单元全部完成实地文物调查工作。调查登记不可移动文物24182处，其中新发现12770处，复查11412处，消失1262处。沈阳、大连、鞍山、抚顺、本溪、营口等市工业遗产、乡土建筑、20世纪遗产等新类型文化遗产调查取得进展，共调查发现新类型文化遗产2911处。沿海6市的水下文物调查取得重大收获，初步确定古沉船等重要文物线索100余条。全省100个普查单元顺利通过了由国家文物局组织的整体验收。启动了100个普查单元三普调查报告和一批专题考古调查报告或研究文集的编写工作。

（三）长城资源调查

辽宁明长城资源野外调查、数据整理、国家验收、成果上报等项工作顺利完成，工作进度和质量位居全国前列。确认辽宁明长城总长度为1218.81公里，单体建筑1049处，堡城103座，居住址、采石场等相关遗存71处，标志着辽宁进入了长城资源大省行列。形成了辽宁明长城资源田野调查GPS轨迹图、辽宁明长城测量加密分区图等1000多幅测绘图，为"十二五"期间全面开展长城保护工程提供了重要的文物业务数据和地理信息数据。

完成了《辽宁省明长城资源调查报告》编写及审定工作，与文物出版社签订了出版合同，已进入编辑出版程序。汇集百余处长城遗迹、300多幅精美照片的《辽宁长城》图录正式出版。启动了明长城资源调查档案编制工作，已编制完成10个县（市）、区的明长城资源调查记录档案。

战国燕、汉、北齐、辽等早期长城资源调查工作进展顺利。调集全省36名精干业务人员，组成6支专业调查队，累计徒步行走25000余公里，对分布在全省11个市、36个县（市、区）、99个乡镇（街道、农场）、270个村的早期长城进行了全面系统调查，发现并登记墙体约160公里，敌台3个，烽火台198个，关堡19处，填写各类调查登记表4000多份，采集GPS点1000多个，绘制各类专业图纸585张。

完成了早期长城资源调查数据及资料整理工作，调查数据和资料第一个通过国家项目组组织的验收。启动了早期长城资源调查报告编写和记录档案编制工作。

（四）辽塔保护工程

根据省委、省政府《关于贯彻落实扩大内需方针，促进全省经济持续较快发展的意见》及《省政府工作报告》提出的"做好古塔修缮工作"的有关要求和部署，自2009年起，辽宁省全面启动38座辽塔的文物本体维修工程及11座辽塔的基础设施建设和环境整治工程。

2010年，省各有关部门及辽塔所在地政府，积极克服工程量大、工期紧张等实际困难，全力推进野外维修工程，完成了最大实物工作量。截至2010年底，已完成海城银塔、大城子塔、普兰店一塔和二塔、磨石沟塔、妙峰寺双塔、八塔子塔、塔湾塔、四官营子小塔等18座辽塔的维修保护及加固工程，并完成了工程技术验收；青峰塔、东平房塔、崇寿寺塔等15座辽塔已全面动工，野外工程全面推进；白塔峪塔、八棱观塔、黄花滩塔、班吉塔、沙锅屯石塔等5座辽塔的施工前期准备工作已基本完成。

经与省发改委沟通，落实了11座辽塔的基础设施建设及环境整治资金500万元。完成了项目可研、初步设计方案编制和审批工作，开始编制项目施工方案。

吉林省

2010年，紧紧围绕"保护为主、抢救第一、合理利用、加强管理"的文物工作方针，认真贯彻落实国家和省委、省政府的决策部署，采取针对性和操作性较强的一系列措施，扎实推进各项工作，全省文物保护工作取得丰硕成果，呈现蓬勃发展的可喜局面。

【执法督察和安全保卫】

率先完成了第三次全国文物普查验收工作。秉承"时间服从质量"的理念，严格按照国家文物局制定的“三普”标准，调集各方力量，以最短时间、较低成本取得了高质量地工作成果，在全国率先完成第三次全国文物普查验收工作。据统计，吉林省第三次全国文物普查共登记不可移动文物9017处，新发现不可移动文物4261处，复查不可移动文物4756处，消失不可移动文物807处。其中古遗址5623处，占62.36%、古墓葬804处，占8.92%、古建筑191处，占2.12%、石窟寺及石刻30处，占0.33%、近现代重要史迹及代表性建筑2268处，占25.15%、其他101处，占1.12%。

保时保质保量完成长城资源调查工作。组织全省业务力量，与省测绘局等相关部门紧密配合，取得了重要的工作成果。调查认定，吉林省境内现存的通化县汉代长城、老边岗古代土长城、延边地区长城，总长414千米。这三种不同类型、不同时代的线性文化遗产，填补了我国长城分布区域和时代空白，为认识古代东北地区历史地理格局的变化和统一多民族国家的关系提供了新的资料，具有重大的历史和学术价值。

加大文物保护法宣传力度。为加强文物保护法的学习宣传，弘扬法治精神，省文物局联合省司法厅、省依法治省办公室印发20000份文物保护法基本知识答卷，发至省直机关各部门，此举大大提高了省直机关工作人员的文物保护意识，为文物保护工作的顺利开展打下了较好的基础。

【不可移动文物的保护和管理】

吉林省境内全国重点文物保护单位33处，省级文物保护单位272处，市级文物保护单位313处，县级文物保护单位694处。集安高句丽王城、王陵及贵族墓葬被列入世界遗产名录。

扎实开展保护规划和保护方案编制工作。2010年完成了龙潭山城、帽儿山墓地、西团山遗址、阿什哈达摩崖石刻等全国重点文物保护单位测绘工作，以及自安山城、辉发城址保护规划立项。截至2010年12月，吉林省33处全国重点文物保护单位中，20处古遗址、古墓葬、古建筑、碑刻和近现代史迹及代表性建筑完成了测绘工作，12处完成了保护规划或保护方案编制，8处已开始启动保护规划编制工作。

编制完成《吉林省文物保护专项规划（2011—2020）》、《吉林省博物馆事业发展规划纲要（2010—2020）》和《吉林省“十二五”时期文物保护项目规划方案》。根据国家文物局的要求和吉林省文物事业发展需要，全面认真总结吉林省“十一五”时期的文物保护工作取得的成果，分析全省文物事业发展面临的形势和存在的问题，规划未来十年重点是“十二五”时期的发展目标、发展任务及具体的项目内容，完成三个规划的编写工作，为未来一个时期吉林省文物保护提供了发展方向。

全力做好灾后文化遗产抢救保护。为全力抢救吉林省吉林、通化、延边、白山等地区因特大洪涝灾害遭到严重破坏的全国重点文物保护单位和省级文物保护单位，一方面，省文物局积极向国家文物局和省政府汇报情况，另一方面，省文物局下发了《关于编制受损国保单位抢救性保护维修方案的通知》，以争取文物修复资金，全力做好灾后文化遗产抢救保护工作。

推动国家考古遗址公园建设。按照国家文物局《国家考古遗址公园管理办法》和《国家考古遗址公园评定细则》的要求，省文物局推动集安市与和龙市，分别做好国家考古遗址公园的评定和立项准备工作。经评定，集安高句丽王城、王陵及贵族墓葬考古遗址公园被列入第一批国家考古遗址公园名单，和龙渤海中京城考古遗址公园被列入立项名单。

完成第七批全国重点文物保护单位申报后续工作。按照国家文物局的要求，2010 年要完成第七批全国重点文物保护单位的评审和公布工作。继 2009 年吉林省较出色完成第七批全国重点文物保护单位的申报工作后，2010 年，省文物局认真完成了国家文物局要求的对部分文本的修改工作。8 月，接受了国家文物局专家组的现场评审，取得了非常好的效果，有望使吉林省的全国重点文物保护单位数量翻两番。

开展第七批省级文物保护单位申报工作。随着第七批全国重点文物保护单位申报完成，省文物局立即开展了第七批省级文物保护单位的申报工作。印发通知、上报预备名单、指导各地编写申报文本、专家论证，完成了第七批省级文物保护单位的申报，使一批重要的文物遗迹得到及时有效保护。

加强文物保护项目管理。文物保护项目从管理程序上由申报、审批、实施及验收等环节组成。吉林省的文物保护项目由全国重点文物保护单位、省级文物保护单位和市县级文物保护单位项目构成。为了改变以往文物保护项目申报无序的状况，省文化厅印发了《关于加强文物保护项目及经费管理程序的通知》，详细规定了全国重点文物保护单位、省级文物保护单位的申报要求，规范了吉林省的文物保护项目管理程序。

中央主导的大遗址保护“吉林模式”初步形成。通过高句丽王城、王陵及贵族墓葬和渤海重要遗址保护项目的实施，吉林省逐步在机构建设、经费投入模式、技术保障体系等方面摸索出一条具有吉林特色的大遗址保护项目管理模式。

【考古发掘】

（一）概况

2010 年，省文物考古研究所开展了白城市永平金代遗址的发掘和辉南县辉发城址内城的两项重大考古发掘工作，全年共发表学术文章 17 篇，考古发掘和学术研究成果丰硕。

（二）重要考古项目

1. 吉林省辉南县辉发城址内城的发掘

发掘时间：2010 年 5 月 ~10 月

发掘面积：2000 平方米

工作单位：吉林省文物考古研究所、辉南县文物管理所

出土文物及价值：

辉发城的内城为本年度的主要发掘区域，择西南部的平台为第一发掘区，内城东南部城墙与平台之间的平整地带为第二发掘区，同时对平台的北侧、东侧边缘及内城北城墙墙体进行了解剖，并对内城东北角的一号门址进行了清理。共清理出房址 20 余座，灶址 11 个，灰坑 30 余个，出土有陶器、瓷器、铜器、铁器、料器、石器、骨角器等近千余件。

辉发城系明代海西女真扈伦四部之一辉发部落的王城，同时也是东北地区保存最好的一座明代城址，此次发掘为明代东北地区考古、明代女真民族及满族文化的研究提供了丰富的材料。

2. 吉林省延边和龙大洞旧石器时代遗址发掘

发掘时间：2010 年 6 月 ~8 月

发掘面积：50 平方米

工作单位：吉林省文物考古研究所、和龙市博物馆

出土文物及价值：

文化层属性单一，表土下仅存在旧石器时代晚期文化层，发现石砧、石叶、细石核、细石叶、雕刻器、刮削器及断

块和碎片计 1030 件，在文化层底部还发现了人类用火留下的少量红烧土块和碳屑、表面有烧灼痕迹的动物骨骼残块以及一件加工精美局部磨光的角锥状石器。

该遗址地处我国长白山地区，与邻近的俄罗斯远东滨海地区、朝鲜半岛、日本列岛共同形成了旧石器时代晚期东北亚环日本海文化圈。该遗址填补了我国东北地区新旧石器时代过渡时期的空白。在研究旧石器时代晚期现代人类在东北亚地区迁徙运动、文化交流与传播方面，也成为东亚大陆与朝鲜半岛及日本列岛联系沟通的关键区域。

3. 柳河罗通山城 2010 年考古发掘

发掘时间：2010 年 6 月 ~10 月

发掘面积：100 平方米

工作单位：吉林省文物考古研究所、柳河县文物管理所

出土文物及价值：

主要有陶器残片和铁器碎块，均发现于西城北门东侧台地的腐质土中，陶片为罐类口沿和底部，铁器锈蚀严重无法辨认器型。

经过对西城北门址和西门址的清理，为进一步确认罗通山城始建于魏晋时期（即高句丽中期）提供了佐证，也对山城的进出交通孔道和防御设施有了进一步了解；北门西侧排水设施的清理是在高句丽山城的考古发掘中对山城排水设施的非常重要的发现；“东北角楼”虽未发现上部人工建筑遗迹，但其作为全城的制高点，视野极为开阔，对于山城的预警作用毋庸赘言。

4. 吉林白城市永平金代遗址的发掘

发掘时间：2010 年 6 月 ~10 月

发掘面积：2600 平方米

工作单位：吉林省文物考古研究所

重要遗迹：发掘两座台基，一条甬路，一条排水设施及环绕两座台基之间的院落铺砖。

出土文物及价值：

遗物多出土于台基四周的倒塌堆积中，出土了大量板瓦、筒瓦、压当条等砖瓦类构件，鸱吻、凤鸟、兽头等精美的屋脊类建筑构件，铁器多为钉、甲片。陶瓷器等日常生活类用具较少出土。见有红绿彩壁画和涂金粉的佛像饰件。

永平遗址在金代属临潢府路管辖，遗址面积大，布局规整，出土遗物造型优美，使用兽头、凤鸟等在宗教寺庙类高等级建筑中方可使用的建筑饰件，同时发现了红绿彩绘和涂金粉的佛像饰件。

5. 湖北省郧县肖沟旧石器时代遗址发掘

发掘时间：2010 年 10 月 ~12 月

发掘面积：1500 平方米

工作单位：吉林省文物考古研究所、十堰市文物局、郧县文物局

重要遗迹：

在临近汉江的二级阶地南缘，在夹杂黑色铁锰结核的更新世晚期黄土堆积中，发现了一处人类活动面的原生堆积。该处活动面由一处火塘和六处石器加工场组成，火塘居中，石器加工场呈半椭圆形环绕周围。遗迹整体分布面积约 30 平方米。石器原料以小型石英卵石为主，反映了北方小石片主工业传统。火塘内可见红烧土块和黑色烧石。

出土文物及价值：

反映北方主工业的小石器工业传统在该地区的出现为研究该地区旧石器时代晚期的环境变化、人群活动、文化交流提供了重要的物质参考资料。旧石器时代晚期人类活动面首次在汉江流域发现，为研究当时人类对原料资源的利用及其石器加工行为提供了重要的对比材料。

【博物馆与可移动文物保护】

2010 年，全省博物馆工作以完善基

础设施发展建设为目标，以提高博物馆综合能力素质为宗旨，着力加强专业技术人才培养，提高学术研究水准，提升展览更新能力和服务社会能力，进一步深化博物馆免费开放工作，不断提高博物馆公共服务力和社会影响力。

2010年，安图县博物馆、辉南县博物馆、梅河口市博物馆、东辽县民俗博物馆、江源区博物馆、吉林省长白山人参博物馆、仁德北方古代文明博物馆、白城市老关东石雕博物馆相继成立。

博物馆免费开放工作。2010年，吉林省增加免费开放博物馆15家，截至到10月底，全省已有45家博物馆为社会民众免费提供展览参观等公共服务，博物馆服务社会能力普遍提高，收到了很好的社会效益，博物馆在社会中的影响力也越来越大。2010年全省共获得博物馆免费开放补助经费1670万元，全年共举办临时展览183个，接待观众达511.1万人次，其中，接待青少年观众247.6万人次。各博物馆在公共基础服务设施建设方面、展陈更新方面及对外展览交流宣传等方面做了大量而细致的工作，为提高服务质量创造了条件，博物馆服务社会能力也得到了普遍提高。吉林省博物院、吉林市博物馆、延边博物馆及四平战役纪念馆等全省发展较好的博物馆，义务为发展能力较弱的博物馆设计制作展览，在全省博物馆免费开放工作中发挥着模范带头作用和友好帮扶作用，为整体提高全省博物馆社会服务能力和建设水平付出了许多努力。

文物调查及数据库管理系统建设。2010年5月10日，吉林省文物局向国家文物局数据中心上报了全省全部馆藏珍贵文物数据。在全国20个推广省（区、市）中率先完成了全省珍贵文物数据采集、报送工作，并顺利通过了国家文物局数据中心的审核，得到了国家文物局的高度认可。全省共采集珍贵文物17547件，其中一级文物601件，二级文物3005件，三级文物13941件。

吉林省博物院承担了全省大部分的数据采集工作。共采集珍贵文物信息11401件，其中一级文物信息342件、二级文物信息2082件、三级文物8977件；照片25635张，一级文物原图941张；总数据存储容量达到了95G。超额完成了省文物局下达的工作任务，并在完成时间上提前了2个月。吉林省博物院在做好本单位工作的同时，还积极承担了全省文物调查项目培训工作，并负责全省文物调查的数据接收、质量审查、监控汇总及报送工作。所有参与人员在没有领取任何额外报酬的情况下，甘愿放弃节假日及休息时间，经常加班加点地工作，为吉林省高质量高效率地完成该项目任务做出了突出贡献。

省博物院、省美术馆新馆建设工作。省博物院新馆建设工作快速推进，严格按照省委省政府的要求，按时完成了12个展厅的装修布展工作，取得了阶段性成果。

【对外交流与合作】

9月4日~9日，吉林省文物考古研究所研究员宋玉彬应俄罗斯科学院远东分院远东民族历史·考古·民族研究所邀请赴俄罗斯符拉迪沃斯托克出席“渤海国的历史与考古研究——纪念克拉斯基诺城址发掘30周年国际学术会议”，并作了题为《渤海瓦当纹饰的文化因素分析》的研究报告。

10月20日~26日，应韩国先史文化研究院邀请，吉林省文物考古研究所所长宋玉彬研究员、文保中心主任赵海龙馆员对韩国进行学术考察，参观了国立首尔大学校博物馆、国立中央博物馆、忠北大学校博物馆、垂杨界先史博物馆、垂杨界遗址等，并与各单位学者针对包括东北亚地区旧石器时代的考古学研究等内容进行了广泛的学术讨论与交流。中韩双方一致认为，应该广泛加强正常渠道的学术交流与沟通，以促进东北亚地区考古学的共同发展。吉林大学边疆考古研究中心成璟瑭副教授陪同考察。

11 月 25 日～12 月 2 日，应日本金泽学院大学小岛芳孝教授邀请，吉林省文物考古研究所研究员宋玉彬、馆员梁会丽参加了在日本金泽举行的“环日本海世界的古代史”学术研讨会。会上，宋玉彬做了题为《近十年来中国吉林省渤海·金代考古学研究的主要成果》的学术演讲，梁会丽做了题为《东辽河下游的青铜时代文化》的学术演讲。在会后的学术考察期间，先后访问了金泽学院大学、金泽文化财研究所、奈良国立文化财研究所、平城京遗址、藤原京遗址、飞鸟资料馆及青山学院。

12 月 20 日～28 日，吉林省文物考古研究所邀请俄罗斯科学院远东分院远东民族历史·考古·民族研究所副所长 А·Л·伊夫里耶夫先生一行 5 人来我国访问。该团先后参观了八连城城址、西古城城址、龙头山墓地、六顶山墓地、延边州博物馆、和龙市博物馆、吉林市博物馆、吉林省博物院、辽阳市博物馆、本溪市博物馆及辽宁省博物馆。双方就共同关心的学术课题进行了交流，并就以后的学术交流及合作项目交换了意见。

黑龙江省

【概述】

2010 年，黑龙江省各级文物行政部门遵循科学发展的要求，着力解决文物事业面临的突出矛盾和问题，全省文物保护工作制度不断完善，文物保护状况逐步改善，各项工作得到全面推进。通过第三次全省文物普查，全省已发现各类不可移动文物 10759 处（古遗址 6537 处；古墓葬 341 处；古建筑 126 处；石窟寺及石刻 37 处；近现代重要史迹及代表性建筑 3484 处；其他 234 处）。已公布为各级文物保护单位的 680 余处，其中全国重点文物保护单位 29 处，省级文物保护单位 192 处，市、县级文物保护单位 400 余处，国家级历史文化名城 1 处（哈尔滨市），省级历史文化名城（区）3 处（齐齐哈尔市、依兰县、宁安市），中国历史文化名镇 2 处（海林市横道河子镇、黑河市爱辉镇），中国历史文化名街 2 处（哈尔滨市中央大街、齐齐哈尔市昂昂溪区罗西亚大街）。截至到 2010 年底，黑龙江省共有珍贵文物 17908 件（套），其中一级品 430 件（套），二级品 1506 件（套），三级品 15972 件（套）。这些文物与标本的展示利用，对提高公民素质、推进爱国主义教育，建设边疆文化大省，促进地方经济、政治、文化、社会、生态文明建设的全面、协调、可持续发展发挥了重要作用。

【法规建设】

1 月 20 日，黑龙江省文化厅下发了《关于印发〈省文化厅规范行政权力运行制度〉的通知》（黑文党［2010］1 号），文物行政审批事项为 23 项，逐一完成了制度建设工作。4 月，侵华日军第七三一部队罪证陈列馆与哈尔滨市法制部门合作开始启动《侵华日军第七三一部队罪证遗址保护条例》的修订工作。8 月，黑龙江省人民政府下发了《关于批准公布实施渤海国上京龙泉府遗址保护规划的通知》（黑政函［2010］73 号），要求有关单位切实做好渤海国上京龙泉府遗址保护工作。

【执法督查与安全保卫】

2010年，黑龙江省、市各级文物行政部门密切合作，文物行政执法和督察工作不断加强。按照国家文物局要求，黑龙江省各级文物行政部门全部配备了执法信息员，在全省实施文物行政执法与安全管理情况信息公告制度，完成了国家文物局部署的各项文物行政执法与安全监管的信息报送工作及网上文物安全信息系统报送任务。

10月，下发了《关于发放2009～2010年度文物保护单位文物保护监察员补助费的通知》（黑文发［2010］193号），发放了文物保护监察员补助费，同时对文物保护监察员队伍进行整顿，重新核定299名省级以上文物保护单位文物保护监察员的数额，实行监察员登记建档，并办理文物保护监察员上岗证件，逐步实现规范化管理。

开展文物执法督导工作，对金上京会宁府遗址西城垣被破坏等多起违法案件进行及时处理，指导文物执法部门对齐齐哈尔、牡丹江、佳木斯等地文物保护单位的文物安全违法案件进行依法督查和处理，有效维护了文化遗产的尊严。

【不可移动文物的保护和管理】

1. 概况

2010年，黑龙江省文物保护“四有”建设工作扎实开展。2月26日，下发了《黑龙江省文化厅关于开展制作树立省级文物保护单位保护标志与界桩工作的通知》，与33个市、县签订了省保单位保护标志制作工作责任状及任务通知书，协调完成省保单位143余篇碑文的修改任务，督促各地完成省保单位保护标志牌51副，标志碑133个，界桩3410个的制作任务。相继开展了金上京会宁府遗址、侵华日军第七三一部队旧址保护规划编制、论证工作及哈尔滨霁虹桥、滨洲线松花江大桥及中东铁路沿线历史建筑保护各项工作。完成了齐齐哈尔昂昂溪区罗西亚大街申报历史文化名街组织协调及相关文字工作，使其成功入选为黑龙江省第二处国家命名的历史文化名街。中东铁路建筑群保护列入国家“十二五”项目库。

2. 大遗址保护

渤海国上京龙泉府遗址是唐代渤海国的都城，位于黑龙江省宁安市渤海镇，也是我国现保存较完好的百个大遗址之一，意义重大。2010年，黑龙江省文化厅相继开展了渤海遗址保护规划修订工作，并上报省政府，由省政府正式颁布实施；相继开展了渤海遗址考古、文物本体保护、新馆建设工程和博物馆陈列设计工作。

金上京会宁府遗址是金代前期都城位于黑龙江省哈尔滨市阿城区白城，也是我国百个大遗址之一。截至2010年底，已完成金上京会宁府遗址看护用房建设项目、遗址保护规划编制、论证工作。开展了相关保护工程和考古调查勘探工作，并与相关部门组成联合领导机构，协调开展遗址保护各项工作。

3. 全国重点文物保护单位

2010年，黑龙江省文物行政部门按照“保护为主、抢救第一、合理利用、加强管理”的文物工作方针，遵循“不改变文物原状”的原则，通过专家论证、科学决策等程序，围绕国保单位，开展了哈尔滨文庙维修及周边环境整治、侵华日军第七三一部队旧址周边环境整治，渤海国上京龙泉府遗址文物保护、金上京会宁府遗址看护用房建设、哈尔滨颐园街一号欧式建筑维修等文物保护工程。这些文物保护工程的实施，使一大批濒临人为或自然毁坏的珍贵历史文化遗迹得到有效保护，对实现文物资源的可持续保护、利用、展示、研究起到了关键作用。

4. 长城资源调查

黑龙江省现保存有唐代、金代2种类型的长城遗址。分别为唐代渤海国长城——牡丹江边墙、金长城——金界壕遗址（黑龙江段）。2010年底，全部完成黑龙江省长城资源田野调查工作，获得一系列新数据。

黑龙江省长城墙体（界壕、壕堑）总长度为266285米，其中牡丹江边墙总长度为66019米，金界壕遗址黑龙江段主墙长度200266米。牡丹江边墙新发现墙体长度为1592米。

黑龙江省长城单体建筑的总数为1522座，其中牡丹江边墙单体建筑为38座，金界壕遗址黑龙江段单体建筑为1484座。牡丹江边墙单体建筑均为马面，修筑在镜泊湖段边墙外侧，牡丹江段边墙和江东段边墙没有发现马面等单体建筑。金界壕遗址黑龙江段单体建筑为马面及烽火台，其中马面1466座，烽火台18座。金界壕遗址黑龙江段新发现单体建筑即烽火台18座。

黑龙江省长城关堡总数为33座，其中牡丹江边墙关堡3座，金界壕遗址黑龙江段关堡30座（关2座，堡28座）。牡丹江边墙中，与江东段边墙相关的关堡为岱王山山城，与镜泊湖段边墙相关的关堡为城墙砬子山城和重唇河山城。

【第三次全国文物普查】

2010年，黑龙江省三普领导小组办公室组织了五个验收专家组，对全省13个地市、132个县（区、市）第三次全国文物普查实地文物调查阶段工作逐一进行了验收。经《第三次全国文物普查数据校验软件》校验，除林场与农场外，文物调查覆盖率与到达率均达100%。

黑龙江省数据整改主要分三阶段：第一阶段：5月10日～15日，县域整改。全省132个县区普查队按照黑龙江省第三次全国文物普查领导小组办公室要求，在6月15日之前完成本地的查漏补缺和数据整改工作。第二阶段：6月16日～15日，市级排查。十三市（地）普查队对所辖县区的数据逐条把关，认真核对。第三阶段：7月16日～8月1日，省级审查。黑龙江省普查办对132个县区上报数据采取面对面审查，合格一个县，离开一个县；不合格的县留在厅普查办继续修改直至达到合格。在各级普查办队员的共同努力下，7月底，完成“三普”数据整改工作，并成功导入第三次全国文物普查汇总软件中。

8月3日～5日，国家文物局信息中心暨国家文物局第三次全国文物普查办公室数据接收组，在中国文物信息咨询中心主任游庆桥的带领下，一行4人对黑龙江省第三次全国文物普查电子数据进行了验收。8月5日，黑龙江省第三次全国文物普查电子数据移交仪式在哈尔滨举行。8月13日，国家文物局普查办一次性通过对黑龙江省三普实地调查阶段的整体验收。

【考古发掘】

5月～9月，黑龙江省文物考古研究所对渤海上京城宫城北门进行了发掘，共开探方11个，发掘面积近1000平方米。渤海上京城第一宫殿址东廊址发掘进行了初步揭露。对渤海上京城“一号大街”址进行了全面勘探，为保护工程顺利开展提供了考古学依据。

7月～8月，中国社会科学院考古研究所会同黑龙江省文物考古研究所、齐齐哈尔市文物管理站、昂昂溪区文物管理所等单位对滕家岗遗址进行了发掘，发掘区位于滕家岗的北部，以探方和探沟相结合的工作方式，发掘总面积为411平方米。

7月，黑龙江省文物考古研究所对哈尔滨市平房区兴建路以西、东北轻合金加工厂铁路专用线以东区域进行了考古调查、勘探和试掘，大致搞清了该拆迁区域的地下遗迹情况，为侵华日军第七三一部队旧址的保护规划及其他相关工作提供了准确的考古学依据。

7月13日，哈尔滨市道外区城子村铺设自来水管线时，挖沟工人从地下铲出一角青石。7月~8月，黑龙江省文物考古研究所在哈尔滨市文物管理站配合下，对哈尔滨市道外区城子村发现的石柱遗存进行了发掘，结合出土物及遗存，初步判定其年代为金代。

10月18日~26日，黑龙江省文物考古研究所在伊春市、嘉荫县文物部门的配合下，对嘉荫县保兴乡常兴屯发现旧石器时代遗址进行了复查和试掘。

【博物馆】

2010年，黑龙江省博物馆的数量大幅增加。根据社会发展和人民群众的需求，各级政府兴建了一批具有地方特色的高水准的博物馆。9月28日，黑龙江省博物馆新馆工程奠基仪式在太阳岛隆重举行。奠基后，各项后续工作稳步开展。东北抗联博物馆改扩建工程进入全面开工建设阶段。大庆、双鸭山、绥化、鹤岗等地市纷纷改扩建博物馆。博物馆办馆主体多元化，除文化部门外，其他行业、部门办馆势头强劲，私人兴办博物馆日趋普遍。博物馆的门类日益丰富，除综合类（社会历史类、自然类）博物馆外，增加了油田、农垦、林业、地质及个人收藏等专题博物馆。

2010年，黑龙江省文化厅围绕博物馆免费开放工作，组织各级各类博物馆开展公共文化服务体系建设。2010年，黑龙江省又有47家文化文物系统博物馆被列入免费开放序列，全年接待观众726万，其中免费开放接待观众374万，博物馆在构建公共文化服务体系中的作用日渐明显。

1. 陈列展览

全省博物馆注重社会效益，各馆在坚持阵地基本陈列免费开放的同时，还利用馆藏文物优势或引进省外文物资源，举办了一些贴近实际、贴近生活、贴近群众、各具特色的临时展览。全年举办展览219个。黑龙江省博物馆常年坚持开展馆藏精品“每月一星”；东北烈士纪念馆以“爱国主义教育”为主题，推出“黑土英魂精品展荟”等；黑龙江省民族博物馆举办了“少年儿童书法绘画大赛获奖作品展”等；革命领袖视察黑龙江纪念馆举办了“纪念毛泽东同志视察黑龙江并题词60周年将军书画展“等。

2. 宣传活动

黑龙江省博物馆运用动画、电子书阅览器等加强展览效果；东北烈士纪念馆充分发挥全国爱国主义教育示范基地、红色旅游经典景区的作用，积极探索爱国主义教育活动内容和形式，推出抗联历史走进社区的活动；黑龙江省民族博物馆深入发掘传统文化内涵，举办孔子后裔与省市各界人士“联合祭祀孔子”的活动等。各博物馆与新闻媒体形成良性沟通互动，各项展览及相关活动得到广泛宣传。2010年，《黑龙江日报》《哈尔滨日报》《新晚报》《生活报》《晨报》《人民日报》，新华社，东北网、东北亚电视网，黑龙江电台、电视台，哈尔滨电台、电视台等新闻媒体关于黑龙江省各博物馆的宣传报道达300余次。

3. 馆间交流与合作

在坚持阵地展览的同时，黑龙江省各馆采取走出去、请进来的方式举办展览。4月24日，黑龙江省博物馆在云南省博物馆举办“大颐寿者——潘天寿书画特展”；4 月 5 日，东北烈士纪念馆与中国人民抗日战争纪念馆进行清明节主题联线活动；8 月 28 日 ~9 月 1 日，黑龙江省博物馆自行研创、复制的平顶鸭嘴龙骨架化石赴沈阳参加“第三届中国东北文化产业博览交易会”，获得了三项大奖——“优秀组织奖”“最佳布展设计奖”“优秀参展产品奖”；9 月 18 日，东北烈士纪念馆与九一八历史博物馆举办“苏联红军在东北”历史图片展；10 月 28 日 ~12 月 8 日，黑龙江省博物馆利用自行装架、修复的馆藏第四纪古动物化石共 30 件赴宁波、苏州等地巡回展出。革命领袖视察黑龙江纪念馆为国家博物馆举办的“反腐倡廉展览”提供了毛泽东同志为黑龙江题写的“不要沾染官僚主义作风”作为展览内容。此外，各省直博物馆举办各类图片展在黑河、齐齐哈尔等地巡回展出，收到了良好的社会效益。

4. 志愿者队伍

积极发展志愿者队伍，最大限度地承担博物馆的社会责任，履行其教育职能。3 月 5 日，黑龙江省团省委、《生活报》报社和黑龙江省博物馆“招募博物馆志愿者”的信息在《生活报》刊登后，在社会上引起了强烈反响，500 余人报名。其他各博物馆如东北烈士纪念馆、革命领袖视察黑龙江纪念馆均开展向社会招募博物馆志愿者活动。志愿者义务为博物馆做讲解、导览、环保等工作，为博物馆的发展和宣传贡献了自己的力量。

【社会文物管理】

1. 数据库建设

数据库建设是藏品保护与管理的系统性基础工程，是文物保护管理领域里的一场革命，它不仅改变了传统的文物管理模式，也为实现藏品资源共享奠定基础。国家文物局对此项工作高度重视，2008 年底在全国十个省部署全面推进文物调查及数据库管理系统建设项目工作。黑龙江省文化厅迅速启动省内藏品数字化建设工作，提出符合本省实际的工作方案。经过各地市中心博物馆及文物管理站对辖区内藏品数字化工作的集中工作和管理，经过各文物收藏单位的积极配合和努力，通过举办培训班、数据监管、审核等系列工作，于 2010 年 8 月 29 日全面完成全省国有文物机构收藏珍贵文物 17908 件（套）的数据库上报工作，其中一级品全部为优秀，二、三级品高标准地达到备案要求。

2. 文物征集

为扩大博物馆馆藏，黑龙江省文化厅在全省范围内积极倡导流散文物征集工作。大庆市博物馆征集东北第四纪古生物化石，并开展相关研究、修复、制作，其所征集的古生物化石种类齐全，石化程度高，在全国东北第四纪古生物化石的保护、研究和展示方面独树一帜。瑷珲历史陈列馆作为全国唯一的、以全面反映中俄东部关系史为主题的大型陈列馆，相关文物的征集工作成果显著。省博物馆为新馆陈列而进行了古生物化石和社会流散文物征集；东北烈士纪念馆与新闻媒体联合开展了近现代文物征集，征集到辛亥革命以后和日伪时期抗日联军、苏联红军用过的物品数千件，极大地丰富了馆藏；其他如金代专题文物征集、侵华日军罪证遗物专题征集、大庆油田历史及王进喜文物专题征集、赫哲等少数民族文物征集、黑龙江大学校史文物征集等都取得了很大成果。

3. 馆藏物品的基础保护

俄文档案是黑龙江省博物馆珍存的一批极具收藏与科研价值的俄文资料，共计 4159 件，400 余万页，多数印编于 20 世纪初（中东铁路创建时期）至 30 年代，是研究黑龙江乃至东北地方史、中俄关系史等重要课题的参考文献，黑龙江省委宣传部、省文化厅对其保护工作高度重视，责成黑龙江省博物馆加强保护利用这批珍贵资料。2010 年，黑龙江省博物馆大规模开展俄文档案的扫描工作，并聘请专家将原本部分已经散张的报纸装订成册、将原已开线松散的报刊加固，妥善保护。

4. 拍卖

1 月 24 日，黑龙江省嘉瑞拍卖有限公司举办迎春艺术品拍卖会，拍品 414 件。

【文博会议】

2010 年 10 月 26 日～29 日，《全国文物保护项目及经费需求“十二五”规划（初稿）》中部地区征求意见及项目论证会在哈尔滨市召开。国家文物局副局长顾玉才，黑龙江省政协副主席陶夏新，国家文物局办公室副主任李游，博物馆与社会文物司副司长罗静，黑龙江省文化厅厅长白亚光、副厅长王珍珍出席会议，国家文物局预算处、文物处、世界遗产处负责人，以及中国文化遗产研究院、河北、山西、吉林、黑龙江、安徽、江西、河南、湖北、湖南、海南等各省文物局负责人共计 42 余人参加会议。

【文博教育与培训】

为做好黑龙江省文物保护项目及经费需求“十二五”规划工作，省文化厅分别于 1 月 10 日～11 日和 1 月 26 日～27 日举办了两期全省文物保护项目及经费需求“十二五”规划编制培训班，对省直及地市文博单位 70 余人进行了培训。2 月 2 日，牡丹江市举办了文物保护项目及经费需求“十二五”规划编制培训班；2 月 3 日，双鸭山市和黑河市也分别举办了培训班。为贯彻落实国家文物局文件精神，推进文物行政执法与安全监管公告制度在全省顺利开展，4 月，举办了一期文物安全与行政执法信息员培训班，全省 22 名信息员参加了培训。5 月 19 日～21 日，举办了一期全省文物保护工程施工单位人员培训班，来自资质单位的 23 名业务人员参加了培训。

【文博宣传与出版】

1. 中国文化遗产日

6 月 12 日，黑龙江省文化厅在黑龙江省图书馆广场举办了第五个文化遗产日宣传活动。黑龙江省首届非物质文化遗产保护成果展同时揭幕。省直各文博单位紧紧围绕宣传活动主题开展街头宣传，通过宣传展板、条幅、发放画册传单等方式，重点宣传了黑龙江省文化遗产保护工作取得的丰硕成果，特别是全省第三次全国文物普查新发现、新成果，全省非物质文化遗产普查成果和重点保护传承项目。文博专家也在现场开展文物鉴定、咨询和文物线索征集活动。为总结经验，省文化厅编辑了《黑龙江“中国文化遗产日”宣传工作总结》宣传画册。通过一系列宣传活动，大大提高了公众的文物保护意识，调动了公众参与文物保护工作的积极性。

2. 国际博物馆日

为做好国际博物馆日的宣传活动，黑龙江省文化厅认真部署，精心安排，专门成立了“5·18”国际博物馆日宣传指导小组，组织全省各类博物馆围绕主题开展了一系列丰富多彩的宣传活动。省博物馆举办了“咱们的博物馆——2010 年国际博物馆日大型公益活动”开幕仪式；东北烈士纪念馆展出的捷克式轻机枪、日本歪把子机枪、加拿大式轻机枪、国产（五九式）重机枪等兵器被群众围得水泄不通；革命领袖视察黑龙江纪念馆在哈市建民街展出了罕见的毛泽东与贺子珍生活照，吸引了无数市民；黑龙江省民族博物馆也走出文庙，在南通大街路边展出少数民族诱捕工具鹿犴哨、涉猎武器木质弓箭、神秘的萨满鼓、兼具渔猎与交通功能的桦皮船等，吸引了众多观众。据统计，仅黑龙江省直属四家博物馆5月18日当天共吸引近万名市民入馆参观，创下历史新高。各地市积极创造条件，选择便于群众活动的广场，集中文博单位的宣传队伍，采取临时展览、普法宣传、讲解表演、文物鉴定等群众喜闻乐见的宣传方式，做到了广播里有声音、电视里有身影、街道上有横幅，使宣传活动家喻户晓。

3. 出版

东北三省唯一的文博期刊《北方文物》杂志全年出版4期，共刊发文章92篇，近78万字。北方文物杂志社的《黑龙江省文物志》续志编写工作顺利进行。东北烈士纪念馆与黑龙江省烈士纪念事业基金会、省党史研究室联合编写的《不朽的丰碑——黑龙江省革命烈士事迹选》的稿件组织、撰写工作顺利进行。鸡东县文物行政部门出版了《侵华日军鸡东要塞阵地揭秘》。黑河嫩江县根据全国第三次文物普查调查成果编写出版了《历史见证——嫩江县革命遗址与日本侵华遗址纵缆》一书。侵华日军第七三一部队罪证陈列馆完成了侵华日军相关细菌战部队历史材料、《续老兵告白》中部分原队员供述、《日本军细菌战图集》、《侵华日军第七三一部队罪证陈列馆文物图鉴》的中日文翻译工作，同时收集、整理了二战题材书籍信息及侵华日军武器相关资料。

【机构与人员】

机构及人员总数：截至2010年底，全省博物馆总数达到116座，其中国有公共博物馆总数达到68座，国有行业博物馆总数达到23座，民办博物馆总数达到25座。2010年全省博物馆行业编制人员总数1553人，实有人数1655人，其中专业人员正高职称38人，副高职称154人，中级职称214人。展厅总面积235871平方米，展出文物28322件，馆藏文物总数达到228000件。全省文物保护管理机构92个，从业人员373人，其中高级职称43人，中级职称157人。文物科研机构2个，从业人员46人，其中高级职称20人，中级职称10人。

表彰情况：2010年，省文化厅文物保护与考古处张云鹏、博物馆与社会文物处覃劲被国家文物局评为“文化遗产日组织奖先进个人”。6月8日，国务院第三次全国文物普查领导小组办公室下发了《关于对第三次全国文物普查实地文物调查阶段突出贡献个人和集体进行表彰的决定》（文物普查发［2010］24号），黑龙江省6名一线普查队员和2个普查队荣获突出贡献个人奖和突出贡献集体奖。5月20日，黑龙江省文化厅下发了《关于通报表彰黑龙江省第三次全国文物普查实地文物调查阶段突出贡献集体和个人的决定》（黑文发［2010］79号），表彰了21个集体、52名普查队员和8名文物普查志愿者。12月6日，黑龙江省文化厅下发了《关于表彰黑龙江省长城资源调查田野调查阶段突出贡献集体和个人的通知》（黑文发［2010］233号），表彰了2个集体，26名工作人员。

【对外交流与合作】

3月8日，日本驻沈阳总领事馆副领事秋山普，外务省、亚洲、大洋洲局中国课町田穗高，中日共同历史研究委员会近现代史分会日方委员、日本国防卫省防卫所研究所战史研究室室长庄司润一郎来侵华日军第七三一部队罪证陈列馆参观。

3月25日，韩国国会议员代表团来侵华日军第七三一部队罪证陈列馆参观。

7月26日～31日，革命领袖视察黑龙江纪念馆随黑龙江省文化艺术代表团携带具有浓厚异国建筑特色的“颐园街一号建筑史话展览”赴俄罗斯阿穆尔州开展。

9月26日～10月2日，侵华日军第七三一部队罪证陈列馆馆长金成民应多伦多抗日战争史实维护会和埃德蒙顿抗日战争史实维护会的联合邀请，赴加拿大参加“被遗忘的声音、现实的历史”国际教育会议。

上海市

【不可移动文物的保护和管理】

（一）概况

2010年，上海市不可移动文物保护卓有成效，成绩显著。截至2010年底，上海市已有不可移动文物1334处，其中全国重点文物保护单位19处，上海市文物保护单位163处（含保护地点、纪念地点），区（县）级文物保护单位381处，区（县）登记不可移动文物771处。按照国务院印发的《关于开展第三次全国文物普查的通知》精神，上海市在2010年底圆满完成第三次全国文物普查的关键阶段——实地调查阶段工作，通过了国务院普查办对上海实地调查阶段成果的验收，初步摸清上海市不可移动文物基本情况。上海全市共调查登记不可移动文物4432处，其中新发现1802处。

（二）全国重点文物保护单位和历史文化名镇

2010年，上海市文物部门认真做好徐家汇天主堂、嘉定孔庙、佘山天文台、提篮桥监狱、蔡元培故居、杨树浦水厂、中共二大会址等7处上海市文物保护单位申报为第七批全国重点文物保护单位的申报工作。

与建设、规划部门共同组织评选申报中国历史文化名镇，将南翔、高桥、练塘和张堰四古镇申报为第六批国家历史文化名镇。

（三）文物保护工程

2010年，上海市完成和平饭店北楼及南楼、体育大厦、王伯群住宅、青年会宾馆、怡和洋行、东风饭店、徐汇中学崇思楼、国共合作时期国民党中央执行部旧址、汾阳路45号等十余处重要文物建筑的设计方案审核及施工指导和现场监督检查工作；完成数十处国家级及市级文物保护单位建设控制地带内的工程设计方案审核工作。

【考古发掘】

上海市认真贯彻“保护为主，抢救第 ，合理利用，加强管理”的文物工作方针，地下文物保护与考古工作取得了显著成绩。

（一）重要考古项目

1. 青浦福泉山遗址

在2009年对全国文物重点保护单位福泉山遗址发掘的基础上，2010年12月，对吴家场遗址再次进行了发掘。此次发掘确认了地点主体是良渚晚期人工堆筑的权贵墓地，大致南北长35米，东西宽50多米，面积2000平方米。墓地是有计划地营建的，营建时间开始于良渚文化晚期。

此次发掘最主要的收获是发现和清

理了良渚文化晚期权贵大墓M207。M207为竖穴土坑墓，宽约2米，长约4米，深约0.9米。墓坑内有棺，未见有椁的迹象。根据现场情况推测，棺木可能为独木棺，长约3.2米，宽1.1米。墓坑的西、北和东侧还发现了6只殉葬的狗，这一现象在良渚文化墓葬乃至中国新石器时代考古发现中十分罕见。M207的随葬品也十分丰富，有玉器、石器、陶器、漆器、象牙器、骨器等。因为年代久远，埋藏环境较差，M207的大部分遗物保存状况较差，其中象牙器、骨器等有机质遗物，发现时已经严重朽蚀，随葬品之间的叠压关系也十分复杂。为了有效地保护和保存这些精美文物，获得更多的考古信息，首次在长江下游考古中采用了实验室考古清理的方法：把M207整体从野外迁至室内，对墓葬文物进行提取和文物保护、修复工作。从而成功清理和修复了多件牙骨质文物，如人头盖骨碗、骨质条形器、象牙权杖等。特别是后者，器身表面雕刻多组繁缛的神像兽面纹，工艺精湛。这些文物的发现，显示良渚文化礼器除了玉器之外，还存在以其他材质为代表的重要的礼器系统。此次发掘再次证明，福泉山遗址是良渚文化晚期重要的政治中心。

2. 青龙镇遗址

根据文献记载，青龙镇形成于唐代，鼎盛于宋代，是当时上海地区最大的港口市镇。根据调查，遗址位于今上海市青浦区白鹤镇。虽然历年在此区域附近有零星的考古发现，但是对于遗址的整体布局和地下文物埋藏情况一直没有进行系统的考古工作。2010年11月下旬至2011年1月底，上海博物馆考古研究部首次对青龙镇遗址进行了全面的考古调查和发掘。

考古调查和发掘的重点在老通波塘两岸，调查区域由南到北，从青龙寺到青龙江，涉及区域长达4公里。选择了4处地点进行发掘，发掘面积300多平方米，发现了唐代瓷片堆积、铺地砖，宋代房基、水井等遗迹，出土唐宋瓷器、陶器小件400多件及大量残砖瓦等。

唐代遗迹主要分布在今青龙寺附近的老通波塘沿岸。在老通波塘东岸青龙寺西北油叉宅基地块发现了唐代的建筑遗迹，遗迹主要是两道铺地砖，方向呈西南—东北走向。T 7909探方内的铺地砖相对较好，由平铺砖和侧立砖两部分构成，铺地砖从西南向东北延伸，总长度8米左右。据推测，铺地砖与《营造法式》中记载的散水的做法相似，因此很可能是当时的建筑散水，而遗迹所在处在唐代应该建造有规模比较大的建筑。

在老通波塘西，窑河南岸的探方中还发现了密集的瓷片堆积，中间的一层淤积泥将堆积分为上下二层，堆积最厚处达0.6米。堆积中发现大量的瓷器残件、瓷片及少量陶器残件、碎砖块等。初步整理，瓷器中90%以上为越窑瓷器，少量为长沙窑等窑口的瓷器。器形以碗为大宗，次为钵、罐、壶等，可修复瓷器200余件。陶器残件及碎片经拼对主要为陶锅。

此次发掘发现宋代遗存分布面积很大，几乎遍布已调查的区域，主要遗迹有房基、墙基、铺地砖、水井、灰坑等。F1是宋代的建筑遗迹，正南北向，保存有西、北部砖墙基和铺地砖。其中北部墙基仅存西北角，东西残长0.88米，宽0.12米，残高0.18米，残存4层砖，错缝平砌。西部砖墙基，从北向南残长7.53米，宽0.12米，依据基槽，量出西部墙基长10.5米。房址部分保存了整齐的铺地砖，铺地砖南北残长7.44米，东西残长1.38米，以一顺三平形式铺砌。

此次发掘发现的唐代遗存，一方面

反映出老通波塘西岸有可能是唐代较大型的生活区域，人口众多，瓷器使用量较大。另一方面，浙江越窑、湖南长沙窑等窑口的大量瓷器的发现，从一个侧面反映出唐代青龙镇对外贸易的兴盛。宋代遗存的发现则反映了宋代青龙镇范围及建筑已较唐代扩大且密集，对外贸易较唐代更加繁盛。F1 房基所在地初步推测可能为宋青龙镇三十六坊中的一坊。

3. 广富林遗址

2010 年 4 月 ~ 12 月，上海博物馆考古部和上海大学文物考古中心再次对广富林遗址进行了抢救性考古发掘，发掘总面积约 8000 平方米，发现了新石器时代墓地 3 处，墓葬 279 座，不同时期的房址 2 座、灰坑 469 个、灰沟 52 条、水井 175 口等重要遗迹，同时出土了大量陶器、石器、骨器等各类遗物，考古发掘再获丰硕成果。

2010 年度的重要收获是发现 3 处新石器时代墓地，墓地中发现不同时期墓葬 275 座，是上海考古史上发现墓葬最多的一次。3 处墓地均建于地势较高处，墓地的使用时间由崧泽文化晚期至良渚文化晚期，墓葬为长方形土坑竖穴墓，绝大多数为单人葬。墓主的头向基本为南偏西，以仰身直肢葬为主。

2010 年的发掘又发现了丰富的广富林文化遗存，并出土了许多重要的器物。其中夹砂灰陶袋足鬶、红褐陶带把圈足鬶为首次发现。玉琮是所发现的代表广富林文化的最重要的一件器物，它与广富林文化遗存的其他发现一起，进一步完善了广富林文化的器物组合，探讨广富林文化的属性及与周边文化的关系提供了更加翔实的资料。

4. 水下考古调查

2010 年 7 月，考古部与中国国家博物馆中国水下考古中心合作开展崇明县横沙岛水下考古调查工作。参加工作的有来自中国国家博物、福建考古所、宁波考古所和江西吉安市博物馆等机构的 14 名水下考古队员。在桐沙浅滩北部发现一处水下文物线索，采用浅地层、旁侧等声纳设备对该线索水下情况进行了勘探。

【博物馆与可移动文物保护】

（一）博物馆

截至 2010 年底，经上海市文物局统计，全市共有博物馆 114 座，其中文物系统所属博物馆共 45 座，非文物系统所属博物馆 69 座。全市各级各类博物馆馆藏文物超过百万件，馆藏珍贵文物 145885 件，其中一级文物 842 件，二级文物 37890 件，三级文物 107153 件。

1. 国际博物馆日

2010 年国际博物馆日的主题为“博物馆致力于和谐社会”，根据国家文物局要求，为进一步增强博物馆的社会服务意识和使命感，贴近实际、贴近生活、贴近群众，充分发挥文化平台作用，更好地服务于和谐社会的构建与发展，上海市文物管理委员会组织全市的博物馆、纪念馆积极参与“国际博物馆日”宣传活动。包括协调全市主要的博物馆、纪念馆集中于 5 月 18 日前后进行免费开放。同时，多家博物馆、纪念馆集中推出了精彩展览。

作为序幕，由上海市文物管理委员会、卢湾区文物管理委员会主办，卢湾区文物保护管理署、团中央机关旧址纪念馆承办的“精彩博物馆 · 花样石库门”——上海市文物管理委员会 2010 年上海市“5 · 18 国际博物馆日”宣传活动启动仪式，于 5 月 18 日上午在团中央机关旧址纪念馆举行。启动仪式上，上海市文物管理委员会副主任、上海博物馆馆长、2010 年上海世博会顾问、主题演绎总策划师陈燮君点击开通了“精彩世博·魅力卢湾”——中国·上海·石库门网站。通过这条网上参观通道，市民们在家中点击鼠标就可以轻松了解卢湾的石库门。网站推出了中共“一大”会址纪念馆、新天地、田子坊等一批优秀石库门建筑，多方位展示了石库门建筑的各种艺术形式。

当天，国际博物馆协会在世博中心东侧广场隆重举办了庆祝“5·18国际博物馆日”的荣誉日仪式。国际博物馆协会总干事安弗伦斯和国家文物局局长单霁翔出席并致辞。国际博物馆协会荣誉日仪式活动将上海的“5·18国际博物馆日”宣传活动推向了高潮。

2. 免费开放

2010年，结合上海世博会的举办，上海市文物行政管理部门要求各免费开放的博物馆不断提升社会文化服务，加强博物馆运行管理，并从2010年4月15日开始，坚持对有关博物馆开放情况、展览服务和安全保卫工作一日一报。同时，各家免费开放的博物馆，积极策划，举办了众多展品丰富、文化内涵丰厚，观众反响良好的精品展览。特别是上海博物馆连续推出“意大利乌菲奇博物馆珍藏展：十五世纪——二十世纪”“利马窦——明末中西科技文化交流的使者”“古印度文明——辉煌的神庙艺术”“北方之星：叶卡捷琳娜二世与俄罗斯帝国的黄金时代”“千年丹青：日本中国藏唐宋元绘画珍品展”“鉴真和空海：中日文化交流的见证”等文物大展，受到专家学者、文博同行和海内外观众的一致好评。

2010年，被列入国家文物局免费开放名单的24家博物馆共共举办临时展览78个，接待观众572.5万，包括青少年观众94.9万。

3. 新馆建设

2010年4月22日，由上海张江文化控股有限公司投资的上海动漫博物馆在上海浦东张江高科技园区内落成开放。上海动漫博物馆共有3层，约7000平方米。博物馆以“动漫、体验、科普”为核心，以科普性、互动性、趣味性为特色，内设历史展呈馆、互动体验馆、多功能3D影院、临展区等，藏品和展品逾万件。

【社会文物管理】

（一）民间收藏文物

2010年通过审核新增文物拍卖企业6家，上海市共有文物拍卖企业38家。审核141场文物拍卖会101800余万余件文物，发现疑似出土文物约30件，均作了撤拍处理，有效制止了出土（水）文物进入拍卖市场。同时，审核上海文物商店的售前文物5000余件。配合上海市公安、海关、工商等部门鉴定涉案文物共7批254件，其中包括石雕、钱币、瓷器等各类物品。

（二）文物进境出境

2010年，国家文物进出境审核上海管理处共审核文物携带出境128人次，文物1709件；办理文物临时进境审核307人次，文物5844件；办理文物临时进境复出境96人次，文物1572件；审核文物复仿制品42件。

2010年，全球246个国家和国际组织派员参加了上海世博会。国家文物进出境审核上海管理处为意大利馆、比利时馆、葡萄牙馆、埃及馆、墨西哥馆、黑山馆、蒙古馆和城市足迹馆等展馆办理了文物临时出入境手续，涉及14个国家306件文物。为配合世博年的宣传活动，经文化部和国家文物局的批准，在上海口岸办理对外文化交流项目共计10项，涉及进出境的文物总数近千件。

【科学研究】

上海博物馆积极发挥文物保护技术

优势，组织召开“馆藏文物保存环境科技发展‘十二五’规划战略研究”研讨会。国家科技支撑计划课题“馆藏文物保存环境应用技术”的部分研究成果在中国国家馆、城市足迹馆和世博会博物馆等场馆实施应用。上海博物馆还参加国家科技支撑计划课题《南京报恩寺地宫及出土文物保护技术研究》中的“脆弱易损出土文物预防性保护技术研究”任务。

【机构与人员】

2010 年 9 月 1 日，上海市文物局挂牌，履行政府文物主管部门的职责。上海市文物局首任局长由上海市文化广播影视管理局局长朱咏雷兼任。上海市文物局下属单位有：中国共产党第一次全国代表大会会址纪念馆、上海市历史博物馆、上海鲁迅纪念馆和上海文物商店。上海市文物局直属单位共有职工数 237 人，其中高级职称 27 人，中级职称 65 人。

【对外交流】

（一）国际博物馆协会第 22 届会员大会

2010 年 11 月 7 日～12 日，国际博物馆协会第 22 届会员大会在上海世博中心举办。国际博协大会向来被誉为“博物馆界的奥林匹克”，是国际博物馆界最高规格的盛会；这次大会是 2010 年上海世博会后续利用的首个大型项目，意义重大，影响深远。

大会共有来自全球 122 个国家、地区和国际组织的 3360 多名博物馆及相关领域的代表注册参会，其中境外代表超过 1300 人。不论是注册的代表人数，还是参加国家和地区，都创下了国际博协大会历史上的最高纪录。大会期间，马里前总统科纳雷先生、敦煌研究院院长樊锦诗女士等六位学者的主旨报告阐释了各国博物馆人对和谐的不同理解；30 个国际专业委员会的会议和 3 个开放式论坛为从业者提供了更加广阔的交流平台；大会通过《上海宣言》，提倡增强博物馆在文化交流方面的作用与能力，让博物馆在多元文化交流中扮演更加重要的角色。通过大会选举，更多中国代表进入国际博协或下属国际专门委员会的领导层。

（二）文物出境展览

2010 年 1 月 28 日～5 月 2 日，在爱尔兰都柏林切斯特·比蒂图书馆举办了“描绘中国：15 世纪至 20 世纪的叙事以及人物画”展。

2010 年 2 月 12 日～9 月 5 日，在旧金山亚洲艺术博物馆举办了“上海”展。

2010 年 10 月 14 日～2011 年 1 月 16 日，在哥伦比亚波哥大共和国银行的黄金博物馆举办了“帝王之龙：上海博物馆珍藏展”。

江苏省

【概述】

2010 年是“十一五”的收官之年，江苏省文物工作围绕“文化民生”工作中心，结合文物工作实际，确定 2010 年为“文物事业服务提升年”，确定 10 个方面的年度重点工作项目，按照时序进度逐项推进，内容涵盖文物保护各主要领域，取得预期成效。

【法规建设】

全省文化行政综合执法机构建设。为进一步加强全省文物行政执法力量，推进全省依法保护文物工作，江苏省文物局推动全省文化行政综合执法机构建设，帮助泰州市、南京市江宁区、高淳县、白下区等二十几个地区制定符合当地实际的文化行政综合执法机构的“三定”方案，得到当地党委宣传部门、机构编制部门的认可和肯定。除13个省辖市外，全省共有18个市、县、区成立文化行政综合执法机构并下设文化遗产执法机构。

全省文物行政执法示范单位创建。为切实加强全省文物行政执法力量，规范行政执法行为，提高行政执法水平，提升执法队伍形象，建设政治合格、作风过硬、业务熟练、纪律严明、保障有力、人民满意的行政执法队伍，2010年，江苏省文物局继续在全省开展文物行政执法示范单位创建活动，制定《江苏省文物行政执法机构规范标准》，对申报单位的文物行政执法工作进行抽查。各级文物行政执法部门开展文物行政执法巡查、文物法制培训、文物行政处罚等工作，推进全省文物行政执法工作。9家文物行政执法机构被评为2010年度全省文物行政执法示范单位。

江浙沪文物行政执法合作。为推动长三角地区文物行政执法工作，促进交流，共同提高，自2008年以来，江苏省文物局将推动江浙沪文物行政执法合作作为重点工作。2010年，江苏省文物局和浙江省文物监察总队、上海市文化市场执法总队共同在文物行政执法人员培训和经验交流方面加大力度，江苏举办的文物行政执法人员培训班，邀请浙江省的文物行政执法专家授课，浙江省邀请江苏文物行政执法专家授课。江苏省文物局组织无锡市文化行政综合执法支队人员到浙江交流学习。11月30日～12月1日，江苏省文物局、浙江省文物局、上海市文化市场行政执法总队在南京共同签署《江浙沪文物行政执法合作协议》，发布《江浙沪文物行政执法合作宣言》，并举办首届江浙沪文物行政执法合作联席会议。国家文物局督察司副司长刘铭威到会致辞，江苏省文化厅党组成员、江苏省文物局局长龚良，浙江省文物局副局长陶月彪、上海市文化市场行政执法总队副总队长朱耀人、江苏省文物局书记沐仁和等出席。两省一市文物行政执法机构约60人参加会议。龚良代表合作三方阐述开展文物行政执法合作的目的。

【执法督察与安全保卫】

文物行政执法人员法制培训。为进一步提高全省文化行政综合执法人员的文物行政执法业务素质，江苏省文物局制定下发《2010—2012年度江苏省文化行政综合执法人员文物行政执法业务培训规划纲要》，2010年5月，省文物局举办为期三天的“2010年度江苏省文物行政执法业务培训班”，这是江苏省第一届全省文化行政综合执法人员的文物行政执法业务培训班，全省部分市县文化行政综合执法人员共68人参加培训。培训班采取课堂教学和现场考察相结合、理论讲解和案例分析相结合、文物行政执法理论传授和文物保护专业知识讲解相结合的方法，使培训更具有针对性和可操作性。

据统计，2010年，全省共举办文物法制培训班17起，参加培训人员近600人。

文物行政执法。2010年，全省对全国重点文物保护单位开展执法巡查1139次，安全检查1269次，依法查处文物违法案件11起，制止文物违法行为64起，保护不可移动文物74处。江苏省文物局重点指导督办中国电信股份有限公司苏州分公司擅自在全国重点文物保护单位罗汉院双塔及正殿遗址保护范围内建设小灵通基站案、邹夕生购买国家禁止买卖的文物案、常州市武进区郑陆南城寺擅自在省级文物保护单位保护范围内进行建设工程案、镇江宋元粮仓仓基遗址被损毁案、江苏兴亚建设工程有限公司擅自在考古发掘区域内继续施工案等重大案件。在查办镇江宋元粮仓仓基遗址被损毁案件中，省文物局根据国务院和国家文物局领导的要求，及时获取证据，查清违法事实，为该案的查处提供充足的依据。同时督促镇江市文物主管部门对该案的违法单位实施行政处罚。

在第三届全国文物行政处罚案卷评比活动中，江苏省文物局选送的“常州市二十四中学擅自修缮市级文物保护单位游击府大殿，明显改变其原状案”荣获一等奖，“肖建邦擅自变更已批准的市级文物保护单位悬桥巷肖宅修缮计划和工程设计方案中的重要内容进行施工案”荣获二等奖，“王志伟擅自修缮省级文物保护单位近园，明显改变其原状案”“无锡市崇安城市投资发展有限公司擅自修缮省级文物保护单位锡金公园旧址案”荣获三等奖，获奖成绩位居各省市之首。

文物安全监督检查。2010 年 10 月 ~ 11 月，江苏省文物局配合省人大教科文卫委员会组织相关单位在全省开展《江苏省文物保护条例》执行情况专题调研活动，目的在于督促推动各级地方政府及相关职能部门履行依法保护文物的法定职责。调研组对徐州、扬州、南京等地开展调研和检查。2010 年 4 月，省文物局配合国家文物局、公安部消防总局对全省文博单位的安防和消防情况进行大检查，消除安全隐患，确保珍贵文物资源安全。在全省建立文物行政执法与安全检查信息通报制度，要求各市按季度上报文物行政执法和安全检查信息。11 月，省文物局举办第三届全省文物行政处罚案件评审会，对 2009 年、2010 年全省查处并结案的 20 多起案件进行评审，共评出一等奖 4 名，二等奖 8 名，三等奖 6 名，先进集体奖 2 名。

【不可移动文物保护和管理】

2010 年，全省文物保护工程以加强管理、服务基层为目标，强化基础工作，以重点文物保护工程项目为着力点，推进不可移动文物的保护和合理利用。

大遗址保护。根据国家文物局《关于开展国家考古遗址公园评定工作的通知》，江苏省文物局在开展无锡鸿山遗址申报国家考古遗址公园各项工作的同时，在全省范围内做好宣传发动工作，在国家文物局规定时间内上报扬州城遗址、南京明孝陵申报国家考古遗址公园的申报材料。在国家文物局公布的首批全国 12 个国家考古遗址公园中，江苏的无锡鸿山遗址位列其中，扬州城遗址进入首批 23 个国家考古遗址公园立项名单。以国家考古遗址公园申报工作为抓手，推进全省大遗址保护工作，制定《江苏大遗址名录申报标准》，启动全省大遗址名录申报工作。

第四至六批省级以上文物保护单位保护范围及建设控制地带划定。按照省文物局、省住房和城乡建设厅关于推进全省第四至六批省级以上文物保护单位保护范围及建设控制地带划定工作的总体要求，全省各相关市文物、规划（建设）部门投入人力物力，开展第四至六批省级以上文物保护单位保护范围及建设控制地带划定工作，到 2009 年年底各市初步方案全部完成。江苏省文物局会同省住房和城乡建设厅对各市提交的划定方案进行技术审查，提出修改要求。截至年底，各市将最终定稿方案文本上报省文物局、省住房和城乡建设厅。

第七批全国重点文物保护单位申报后续工作。根据国家文物局和中国文化遗产研究院关于第七批全国重点文物保护单位申报材料的修改要求，对各项申报材料进行修改补充完善，反馈国家文物局和中国文化遗产研究院。根据国家文物局关于同意增补第三次全国文物普查新发现申报第七批全国重点文物保护单位的意见，省文物局组织专家论证并向国家文物局增补推荐扬州双据遗址等8处第三次全国文物普查新发现文物点申报第七批全国重点文物保护单位。全省共有263处文物点被推荐申报第七批全国重点文物保护单位。国家文物局组织有关专家对江苏申报的第七批全国重点文物保护单位中的27个项目进行现场考察。

第七批省级文物保护单位申报。2010年2月，经省政府批准，江苏省文物局下发《关于开展第七批省级文物保护单位申报工作的通知》，正式启动第七批省级文物保护单位申报工作，对申报的范围、标准和申报信息采集、文本编制等内容提出要求。截至规定时限，省文物局共收到全省各市县推荐的申报材料478份，为省级文物保护单位申报数量最多的一次。其中古遗址48处，古墓葬28处，古建筑208处，石窟寺及石刻13处，近现代重要史迹及代表性建筑174处，其他5处，另有扩展项目2处。省文物局在征求社会各界意见的基础上拟定第七批省级文物保护单位推荐名单，提请省政府公布。

第六批省级以上文物保护单位记录档案备案。文物保护单位记录档案备案工作是文物保护的重要基础工作之一。自2006年第六批全国重点文物保护单位和第六批省级文物保护单位公布以后，省文物局部署开展记录档案备案工作。苏州市、常州市、淮安市、镇江市、盐城市、宿迁市、连云港市、南通市等8市已完成第六批省级以上文物保护单位记录档案备案工作。

文物保护工程项目审批验收。2010年，江苏省文物局共受理审核文物保护单位维修方案80余项。按照《文物保护工程管理办法》的要求，加强工程管理，对各地正在实施的工程项目实施监督指导，一大批重要的文化遗产得到科学保护与合理利用。常熟市仲雍墓、溧水县永寿寺塔、溧阳市水西村新四军江南指挥部旧址、中共中央华中分局旧址、高淳县保圣寺塔维修保护等工程通过省文物局组织的专家组验收。

文物保护工程资质管理。根据国家文物局《文物保护工程勘察设计资质管理办法》《文物保护工程施工资质管理办法》和《文物保护工程监理资质管理办法》的有关要求，2010年3月，江苏在全国率先完成全省文物保护工程资质单位的年检工作，组织有关专家对初次申报资质单位及提出资质等级升级申请单位进行集中评审，报局长办公会研究决定。批准文物保护工程勘察设计乙级资质单位1家，丙级1家，暂定级1家；文物保护工程施工二级资质单位4家，施工三级资质单位5家；文物保护工程监理丙级1家，暂定级3家。向国家文物局推荐扬州市建筑设计研究院有限公司等4家单位申报文物保护工程设计甲级或施工一级资质。2010年9月，南京博物院获得文物保护工程勘察设计甲级资质，苏州蒯祥古建有限公司、苏州思成古代建筑工程有限公司获文物保护工程施工一级资质。

世界文化遗产工作。为加强世界遗产地管理工作，2010年6月，江苏省文物局组织召开全省世界文化遗产地“十二五”规划编制座谈会，来自全省2个世界文化遗产地及中国世界文化遗产预备名单项目所在地的文物主管部门参加会议。会议对全省“十二五”期间世界文化遗产和预备名单项目的保护管理提出新的要求。相关规划项目已上报国家文物局。大运河遗产申报世界文化遗产基础工作取得进展。推动落实大运河（江苏段）遗产保护规划第二阶段省级规划编制工作。根据国家文物局安排，由中国文化遗产研究院前院长、研究员张廷皓，北京大学环境学院院长陈耀华，水利部水利科学院总工程师王英华，中国古迹遗址保护协会秘书处副处长马永红，国家文物局文保司遗产处杨非等组成的国家文物局专家组，对大运河（江苏段）遗产点候选项目90余处进行现场考察。

历史文化名城保护。会同省住房和城乡建设厅加强对历史文化名城、名镇名村保护规划的审批管理。2010年，先后参与对《泰兴市黄桥镇历史文化街区保护规划》《南通市唐闸、寺街及西南营历史文化街区保护规划》《扬州城市总体规划（2009—2020）》及《太湖风景名胜区保护规划》《高淳历史文化名城保护规划》《新沂窑湾历史文化名镇保护规划》等的审核论证工作。《江阴市历史文化名城保护规划（2009—2020年）》、《宜兴市历史文化名城保护规划（2009—2020）》、《泰州历史文化名城保护规划（2008—2020）》和《溱湖历史文化名镇保护规划》已经省政府批准实施。泰州市、宜兴市申报国家历史文化名城工作进展顺利，国家住房和城乡建设部、国家文物局联合组成的专家组对两市进行实地考察评估。

名人故居古民居抢救保护工程。首批名人故居古民居抢救保护工程项目已全部完成，扬州阮家祠堂于2010年11月2日通过专家验收，如皋集贤里古民居群维修保护工程进入提请验收程序。第二批名人故居古民居抢救保护工程项目进展顺利，镇江陆小波故居、常州瞿秋白故居、仪征盛成故居维修保护工程已完工并通过验收，淮安周信芳故居维修保护及环境整治工程、苏州俞樾旧居保护工程及南京江宁杨柳村古建筑群二期维修保护工程已开工。同时，启动第三批名人故居古民居抢救保护工程项目的先期遴选工作。

大运河沿线重点文物抢救保护工程。江苏省大运河沿线重点文物抢救保护工程，是省文物局为配合国家文物局大运河申遗、推进全省文化遗产保护事业健康发展、提升社会各界文化遗产保护意识而启动的系统工程。首批大运河沿线重点文物抢救保护工程得到运河沿线各市的高度重视与支持。截至到3月底，共收到上报项目31项，省文物局组织专家对各申报项目进行现场考察，形成调研报告，确定徐州市窑湾赵信隆酱园店等10个项目列入首批大运河沿线重点文物抢救保护工程。6月12日，省文物局在苏州举行首批江苏省大运河沿线重点文物抢救保护工程启动仪式，国家文物局及省、市各级领导、专家出席启动仪式，宣布入选首批江苏省大运河沿线重点文物抢救保护工程项目名单。7月7日，省文物局与各项目所在地文物部门在扬州签订项目实施责任书。徐州市新沂窑湾镇赵信隆酱园店、苏州关税司署旧址维修工程已竣工。

基本建设中的考古工作。科学规范全省基本建设考古工作程序，依据《文物保护法》等相关法律法规，根据国家文物局《关于加强基本建设工程中考古工作的指导意见》，江苏省文物局制定并下发《关于进一步做好我省基本建设考古的通知》，提高省文物主管部门考古决策的科学性与正确性，推进全省考古工作科学化、规范化。

2010年，江苏省文物局向国家上报考古申请60多起。组织开展对郑徐铁路（江苏段）、上海大屯能源公司等20多个国家建设项目占地范围内的前期文物资源调查勘探与评估工作，做好南水北调二期（江苏段）控制性项目、西气东输二线工程（江苏段）等大型基本建设的考古工作。与省南水北调办公室、中石油管道建设项目经理部等单位多次协商，签订了文物保护协议书。组织专家对2009年开展的宁杭、沪宁城际铁路、溧阳抽水蓄能电站工程等考古工作进行竣工验收，总结推广工作经验。江苏张家港东山村遗址入选“2009年度全国十大考古新发现”。

全省第三次全国文物普查。2010年，江苏省政府召开全省第三次全国文物普查领导小组第三次全体（扩大）会议。省普查办在全国率先组织第三次全国文物普查十大新发现评比活动，举办“江苏省第三次全国文物普查十大新发现”评选揭晓仪式暨《江苏省第三次全国文物普查——新发现》一书首发式。指导各地编印文物普查丛书，《第三次全国文物普查南京重要新发现》《盐城市第三次全国文物普查成果汇编》《常州市第三次全国文物普查成果集》先后出版。省文物局与省基础地理信息中心合作，组织研发江苏省第三次全国文物普查不可移动文物地理信息数据库，提供1：10000的不可移动文物地图服务，为全省不可移动文物点的信息动态管理提供技术平台。

省普查办组织专家会同南京、扬州、连云港、徐州市普查办对高淳县、雨花区、宝应县、灌云县、赣榆县、新沂市、睢宁县等县区普查数据登录工作进行检查。下发《关于进一步做好全省文物普查数据登录工作的通知》，要求各地普查机构在做好实地文物调查的基础上，重点提升普查数据质量。召开文物定名专家论证会，以国家文物局普查办提供的《江苏省数据修订意见》为蓝本，对全省20000余处不可移动文物点进行逐一筛查，确保普查数据的定名、分类等基础数据符合第三次全国文物普查标准规范。制定不可移动文物GPS坐标数据修正技术路线，对全省各县（市、区）普查基层技术人员开展培训，为普查数据的全面修正提供技术保障。

截至年底，全省共调查登记不可移动文物21639处，其中新发现13633处。省普查办把新发现中有重要价值的不可移动文物申报为各级文物保护单位，在江苏省第七批全国重点文物保护单位申报名单中有30多处是此次普查新发现的，在江苏省第七批省级文物保护单位申报名单中有70余处是此次普查新发现的。

【博物馆与可移动文物保护】

2010年，全省博物馆工作围绕深化免费开放、提升服务水平，增强博物馆公共服务功能。常熟农家民俗陈列馆、苏州砖雕博物馆、泰州单声珍藏文物馆、扬州杭集牙刷博物馆等一批民办博物馆、行业博物馆成立。考古发掘工作配合大型基本建设工程有序展开。

博物馆免费开放。结合财政部、国家文物局博物馆免费开放调研工作，做好对全省已实施向社会免费开放的博物馆纪念馆的调查与跟踪服务工作。在各地上报与核实的基础上，江苏省文物局向省委宣传部推荐上报第二批拟向社会免费开放的博物馆、纪念馆名单。会同省委宣传部、省财政厅，研究制定有关博物馆免费开放考评办法。

全省馆藏文物精品巡回展览。为了更好地适应免费开放后社会对博物馆服务的需求，丰富基层博物馆的展览内容和活动，发挥博物馆在构建公共文化服务体系中的重要作用，国际博物馆日当天，江苏省文物局在宿迁举行“2010年全省馆藏文物精品系列巡回展览”启动仪式，确定“盛世虎——2010 虎年虎展”“金与玉——明代贵族首饰展”“宣炉吉金——苏州博物馆馆藏宣德炉精品展”“皇家风范——清代宫廷官窑瓷器展”“云想霓裳——南京云锦艺术展”“锦心神针——苏绣与仿真绣”“大汉王朝——徐州汉画像石艺术展”等 7 个展览，在南京、苏州、无锡、盐城、泰州、常州、淮安、连云港、宿迁、镇江、南通等 11 个市巡回展出，接待观众 20 余万人。

县级博物馆展览展示和服务水平提升工程。江苏省文物局继续实施“全省县级博物馆展览展示与服务水平提升工程”，确定翁同和纪念馆等 10 家博物馆、纪念馆列入 2010 年服务提升项目，召开工程推进会，省文物局与 10 家博物馆签订项目责任书。

全省文化文物系统博物馆（纪念馆）历史文物鉴定定级。2010 年，江苏省文物局数次组织专家，开展对苏州、常州、无锡、泰州、徐州、宿迁、淮安等 7 市的历史文物鉴定定级工作，对 1 万余件馆藏文物进行审核鉴定，按照国家文物局珍贵文物定级标准进行文物定级，其中 200 余件一级文物报国家文物局确认。

文物调查及数据库管理系统建设。按照国家文物局《关于全面推进文物调查及数据库管理系统建设项目的通知》要求，2009 年，全省完成馆藏一级文物的数据采集，2010 年 9 月，按时完成全省馆藏二级、三级珍贵文物调查及数据库建设工作，全省 236256 件（套）珍贵文物数据全部上报中国文物信息咨询中心（国家文物局数据中心），其中一级文物 2565 件（套），二级文物 14928 件（套），三级文物 218763 件（套）。全省共有 89 家单位 300 多人参与此项工作。

南京博物院由于二期建设工程施工原因，馆藏文物全部装箱移库封存，调查建库存在实际困难，该院保管部和信息中心联合成立 3 个工作小组，明确职责分工，拆箱采集数据，在规定时间内完成工作任务。南京市博物馆在该市其他文博单位一次性调集 30 余名专业人员，分成 6 个小组投入工作，集中 20 多天时间完成数据采集任务。

【社会文物管理】

按照“拍前审核、拍中监督、拍后备案”的原则，江苏省文物局依法加强对文物拍卖活动的管理。全年共审核文物拍卖活动 30 场（次）。审核、推荐上报一批企业申请国家文物拍卖企业资质，其中无锡金鼎来拍卖公司、南京经典拍卖公司、江苏中山拍卖公司、南京嘉信拍卖公司获得国家文物局审批同意。推荐上报已获资质的江苏省拍卖总行、江苏省实成拍卖公司、江苏文海拍卖公司增加一类标的经营资质，获国家文物局批准。全省共有文物拍卖企业 17 家，其中具有一类资质的 7 家，二、三类资质的 10 家。

首次召开全省文物拍卖企业座谈会，全省文物拍卖企业及所在地的文物、工商、商贸部门负责人参加会议，邀请省工商局、省商务厅、省拍卖行业协会、国家文物进出境审核江苏管理处的负责人出席会议。会议对省文物局拟订的《江苏省文物拍卖管理工作规范》进行讨论修改，并于 2010 年 12 月起执行。该工作规范对文物拍卖企业依法开展文物标的拍卖经营活动的各环节流程提出了明确的要求。

自 2004 年国家文物局开展文物拍卖资质申报工作以来，江苏获得国家文物局颁发的文物拍卖许可证的企业共有 17 家，数量在全国居于前列。

【文物宣传、科研及人才培养】

江苏省文物事业发展“十二五”规

划及项目库编制。根据国家文物局的统一要求，江苏省文物局在全国较早启动“十二五”规划编制工作：第一，上报国家文物保护项目及经费需求“十二五”项目库；第二，编制江苏本省的文物事业发展规划。省文物局汇总审核并如期向国家文物局上报“十二五”规划江苏项目库、《江苏省文物事业发展“十二五”规划纲要（初稿）》。全省共申报全国重点文物保护单位项目139项，大遗址保护项目3项，拟申报第七批全国重点文物保护单位130项，博物馆及其他类项目164项，水下文物保护项目1项。10月中旬，国家文物局在浙江召开“十二五”国家文物保护重点项目及项目库东部片区论证会，江苏入围项目占上报项目的85%以上。同时，省文物局委托南京工业大学编制《江苏省文物事业发展“十二五”规划》，经多次调研论证，数易其稿，至9月初，规划文本及项目库汇总审核工作全部完成，与省发展改革委员会编制的全省经济社会发展“十二五”总体规划的对接工作已经展开。

文物宣传工作。利用国际博物馆日、中国文化遗产日等节庆活动，借助各级各类媒体，开展文化遗产保护宣传。省文物局下发开展文化遗产日活动通知，要求各地按照国家文物局《关于开展2010年文化遗产日活动的通知》和《2010年度文化遗产新闻宣传工作要点》的要求，结合地方实际，扎实有效、形式多样地开展2010年文化遗产日系列活动，各地组织遗产日活动累计近200项。文化遗产日期间，省文物局推出《中国文化报·江苏文物工作》专版、《江苏文化周讯·文化遗产》专刊。

为加强对县级博物馆建设工作的推进与引领，省文物局与中国博物馆协会、常熟市人民政府、苏州市文广新局在常熟共同主办首届“全国经济百强县博物馆馆长论坛”。协助无锡市做好年度“中国文化遗产保护无锡论坛”的有关组织工作，对文化景观的有关概念及江苏省文化景观遗产保护中要注意的问题进行探讨。

2010年中国文化遗产日苏州主场城市活动。6月11日晚，2010年中国文化遗产日主场活动开幕式在苏州胥门广场举行，文化部部长蔡武，国家文物局局长单霁翔、副局长童明康，江苏省委常委、苏州市委书记蒋宏坤，江苏省副省长曹卫星，苏州市市长阎立，江苏省文化厅副厅长马宁等领导及各界来宾出席开幕式。蔡武、单霁翔、蒋宏坤、曹卫星为2010年中国文化遗产日主场城市活动按动开幕按钮。全国政协副主席厉无畏，文化部部长蔡武，国家文物局局长单霁翔，上海市政协副主席周汉民，苏州市副市长王鸿声，联合国副秘书长沙祖康，联合国教科文组织副总干事汉斯·道维勒，联合国教科文组织助理总干事班德林等出席6月12日晚的闭幕式。厉无畏副主席宣布2010年中国文化遗产日主场城市（苏州）活动圆满闭幕。

浙江省

【概述】

步次全国文物普查实地文物调查任务论证，行，从而2010年，浙江省全面完成第三次全国文物普查实地文物调查，普查成果位居全国前列，成为首个通过国家文物局整体验收的省份。西湖文化景观申遗迈出最关键一步。大运河资源普查及申遗准备工作也取得阶段性成果。文物部门做好世界遗产预备名单的动态管理，推荐了第二批申报世界文化遗产预备名单项目。良渚遗址被列为首批国家考古遗址公园，良渚古城考古调查勘探也有新成果。

2010 年，浙江省完成了衢州南宗孔庙、杭州飞来峰造像（一期）本体的保护实施和一大批省级以上文物保护单位的保护修缮。全省部署了 102 处尚未完成记录档案的省级以上文物保护单位的档案编制，加强了文物保护工程资质单位管理，使全省文保工程资质单位达 65 个。全省相继建成开放了一批综合、专题博物馆，并制定、出台制度，实施馆际资源合作，还积极参与在上海召开的国际博协第 22 届大会，加大了对民办博物馆的扶持力度。浙江省民政厅等八厅局下发《转发国家文物局等七部委关于促进民办博物馆发展意见的通知》，浙江省财政厅向省内各市、县下达了民办博物馆补助经费。浙江省文物局加强了文物市场监管、文物进出境、文物拍卖审核等工作，全年实施历史建筑原址保护、文物保护单位异地迁移保护及建设控制地带内建设项目、技防方案等许可 100 多项，执行、更新了一批新安防工程。全省安防达标率达 82.52%，继续位居全国前列。

2010 年，浙江省完成了“馆藏文物管理系统数据库建设”年度阶段性目标，开展了文物保护单位推荐，共有 186 处不可移动文物申报第七批全国重点文物保护单位（含与现有全国重点文物保护单位合并项目 14 处），373 处不可移动文物申报第六批省级文物保护单位。同时，各地及时公布了一批新市县级文物保护单位和文物保护点，使现有市县级文物保护单位达 3839 处。景宁畲族自治县鹤溪镇、海宁市盐官镇被评为中国历史文化名镇，建德市大慈岩镇新叶村等 9 个村被评为中国历史文化名村。

2010 年，浙江省对外交流取得丰硕成果，文物保护科技工作取得重大突破。全省及时做好涉案文物的鉴定，全年共鉴定各类涉案文物 68 起，可移动文物（仿古工艺品）10294 件（包括瓷片 8463 件），受理涉嫌盗掘、破坏古墓葬、古遗址的案件 27 起，现场勘察盗洞 88 处。浙江省文物部门加强政务信息公开，全年在网站发布各类信息 6427 条。全省组织、开展了文化遗产日、国际博物馆日等重要纪念日的宣传活动，形成了浩大的宣传声势。

【法规建设】

2010 年，浙江省制定了《浙江省〈文物认定管理暂行办法〉实施意见（试行）》，对文物认定的程序、认定标准、认定管辖进行了更加细化的规定，明确了省、市、县文物行政部门的文物认定职责。

自 2010 年 8 月起，浙江省起草、制定了《浙江省文物局行政处罚自由裁量权指导意见》和《文物违法行为行政处罚自由裁量权适用标准（试行）》，于 11 月 30 日正式印发，从而使文物行政处罚更具操作性。

【执法督察与安全保卫】

2010 年，浙江省按计划对全国重点文保单位开展巡查，对省保单位进行重点抽查，还与消防等部门开展联合检查，与当地规划、建设、交通等部门加强沟通宣传。浙江省文物执法监察部门全年依法制止、调查、督办涉及文物违法行为的举报 16 起，会同公安部门打击涉嫌文物犯罪的行为，强化对辖区内文物违法案件查处的督察与指导，开展文物执法培训，组织人员对浙江省首届文物行政执法案卷评比的参评案卷进行评审，参加第三届全国文物行政处罚案卷评比，并选送全省部分地区案卷参加江浙沪文物行政处罚案卷评比，均获得优异成绩。

为期一个月的各设区市之间文物行政执法监察交叉检查活动发现并当场整改了数十家文博单位存在的安全问题，成功制止违法行为两起。浙江省文物执法监察部门开发了覆盖省、市、县三级文物行政执法部门的文物执法网络监管平台，进行了局部试运行，建立起集信息交流、数据传递与处理于一体的运作模式，极大节约了行政成本，提高了工作效率。11 月，浙江省与江苏省、上海市文物部门举办“江浙沪文物行政执法合作签字仪式暨首届联席会议”，达成了合作共识。

【不可移动文物的保护和管理】

2010 年，浙江省共有全国重点文保单位 132 处（其中古遗址 20 处、古墓葬 8 处、古建筑 68 处、石窟寺及石刻 9 处、近现代重要史迹及代表性建筑 25 处、其他 2 处），省级重点文保单位 382 处（2010 年度未新公布全国重点和省级重点文保单位），新公布了武义俞源村古建筑群、文成刘基庙墓、浦江上山遗址等 3 处全国重点文物保护单位的保护规划。全年全省文物保护单位保护及维修项目共投入 1.33 亿元，浙江省政府还于 5 月新公布了宁海古戏台等 2 处全国重点文物保护单位及 29 处省级文物保护单位的保护范围和建设控制地带。

余杭区坚持整体保护和周边环境整治齐头并进的工作思路，稳步推进以良渚古城为重点的良渚遗址保护工作。以良渚博物院为中心的“美丽洲”公园顺利建成开放，莫角山环境整治工作持续开展，良渚遗址保护规划、良渚国家考古遗址公园概念性方案设计、控制性详规等初稿编制相继完成，良渚古城部分城墙、汇观山遗址保护展示工程得到初步实施。2010 年，良渚遗址成为首批国家考古遗址公园。此外，良渚古城考古调查勘探取得新成果，完成了对古城范围的航拍航测，获得了正射影像图，完成了良渚古城内莫角山遗址和城墙内外侧的基础钻探，初步搞清了良渚古城的历史环境。10 月，“良渚论坛——2010 年大遗址考古与大遗址保护学术研讨会”在余杭成功召开。

2010 年，浙江省配合国家文物局完成了第七批国保单位申报遴选专家现场考察工作，全年审查、上报全国重点文物保护单位修缮工程立项申请 5 项，参与审查了全国重点文物保护单位的修缮、施工设计方案，继续推进具有群体规模和环境要素全国重点文物保护单位保护规划的编制，重点对上山遗址等全国重点文物保护单位的保护规划进行审查、论证，对圣井山石殿等一批全国重点文物保护单位的保护范围、建设控制地带内建设项目方案进行审查论证，加强了对全国重点文物保护单位环境景观的保护与控制。

2010 年，杭州西湖文化景观申遗文本通过世界遗产中心形式审查。9 月，国际古迹遗址理事会专家对申遗项目进行实地评估验收并予以高度评价。全省继续大力推进大运河（浙江段）遗产保护规划、申报材料的编制、修改、完善、报批等事宜，积极介入涉及大运河建设项目方案的前期研究和论证。

【考古发掘】

2010 年，浙江省积极开展重大基本建设项目中的抢救性考古工作，全年实施考古调查项目 14 项，实施发掘项目 37 项，调查面积 200 多万平方米，考古发掘面积 15 万余平方米。其中嘉兴马家浜遗址、余杭茅山遗址和玉架山遗址二期、湖州南山商代窑址、桐庐方家洲遗址、海宁小兜里遗址等考古发掘项目均取得重大成果：湖州南山商代窑址发掘项目入选“中国社会科学院考古学论坛·2010年中国考古六大新发现”，余杭茅山良渚遗址、长兴合溪洞旧石器时代遗址入围2009年度全国十大考古新发现初评项目。《七里亭与银锭岗》考古发掘报告出版，《文家山》等5部报告编写工作已完成。

1. 余杭临平茅山遗址

2010年2月起，浙江省文物考古研究所和余杭区江南水乡博物馆联合对茅山遗址实施二期发掘。发掘揭示了良渚文化时期的水稻田，还出土了一艘独木舟。这是良渚文化首次发现独木舟，也是国内考古发掘出土的最长、最完整的史前独木舟，为研究中国水上交通史，了解良渚文化时期先民生产生活状态提供了珍贵的实物资料。

茅山遗址良渚文化聚落布局结构相对清晰完整，是良渚文化聚落考古的新突破。特别在良渚文化中首次发现的大面积水稻田，揭露了明确的道路系统、灌溉系统和完整的长条形田块结构，是长江下游地区史前稻作农业资料中首次发现的新类型，也是国内目前发现保存最好、结构最完整的新石器时代水稻田遗址，对于研究良渚文化时期的聚落形态、稻作生产方式，进而深入理解良渚文化在中华文明起源中的作用等意义重大。

2. 海宁小兜里遗址

2010年3月~7月，浙江省文物考古研究所对小兜里遗址实施第三期发掘，揭露了南北两座崧泽文化晚期人工营建土台。其中南部土台中心清理了一处性质尚待进一步探讨的红烧土建筑遗迹、两排东西向石坎以及上下叠压的两层崧泽文化晚期墓葬。北部土台墓葬埋设除崧泽晚期堆积外，还延续至良渚文化早中期。33号墓南北深约0.6米，中间凹陷处最深约0.85米，人骨明显塌陷，初步可认为是由于独木凹弧棺两端上翘中部内凹的缘故，这在浙北地区是首次发现。

3. 桐庐方家洲新石器时代遗址

2010年10月~2011年1月，浙江省文物考古研究所对方家洲遗址进行了第一期考古发掘，已确定方家洲遗址是迄今长江流域第一处考古发掘的新石器时代玉、石器加工场。此次发掘也是钱塘江中上游这一时期新石器时代考古文化面貌的第一次较大规模揭示，进一步表明钱塘江流域也是浙江古文化的摇篮。该遗址作为专业性的加工场，涉及原始交换、原始贸易等许多课题研究，具有非常重要的学术意义。

4. 余杭玉架山遗址

2010年3月~2011年1月，浙江省文物考古研究所对余杭玉架山遗址进行了发掘在环壕内清理墓葬52座、房址1座、灰坑9座。其中200号墓出土遗物最多，平顶透雕刻纹冠状玉梳背、成双玉箸为首次发现，玉匕形器为野外首次出土。该墓也是继反山、瑶山后发现的良渚文化早期最高等级显贵墓葬。玉架山环壕聚落的发现和发掘是长江下游新石器时代完整环壕聚落认识上的突破。已有初步迹象表明，临平山的西、北部地带在良渚文化时期存在过一个高等级聚落，或以玉架山遗址为中心墓地。

5. 德清小紫山商周土墩墓

2010年9月~2011年1月，浙江省文物考古研究所会同德清县博物馆对小紫山商周土墩墓进行了抢救性发掘，共发掘商周时期土墩12座，清理墓葬近40座，出土了上百件商周时期的原始瓷与印纹硬陶。该墓群墓葬结构复杂、年代跨度大、随葬文物丰富多样，特别是随葬原始瓷的商代土墓葬、西周岩坑与堆坑墓葬的发现，对于探索商周时期江南土墩的起源、墓葬制度的发展、原始瓷与印纹硬陶的制作工艺等方面均具有重要意义。

6. 安吉良朋上马山古墓葬

2010 年 3 月 ~11 月，浙江省文物考古研究所和安吉县博物馆联合对安吉县天子湖工业园区进行发掘，清理了西周至唐宋时期的墓葬 63 座，出土各类器物 497 件。该墓群的发掘不仅为建立、完善本区域西汉墓葬的编年序列提供了极为丰富的资料，也为始建于战国时期的安吉古城的综合研究提供了丰富的信息和有力的支撑。

7. 东苕溪中游商代原始瓷窑址群与南山商代窑址

2010 年初，浙江省文物考古研究所“瓷之源”课题组会同地县文物部门对东苕溪中游商代原始瓷窑址进行了专题调查，共发现窑址 20 多处，主要集中在德清龙胜片区与湖州青山片区两个区域。

2010 年 3 月 ~12 月，青山片区南山商代窑址进行了抢救性发掘，揭露窑炉遗迹三条、灰坑两个，出土了大量原始瓷器。揭露的窑炉遗迹也是目前已发掘的最早的原始瓷龙窑。

此次专题调查与发掘表明，东苕溪中游商代原始瓷窑址群是国内首次发现的大规模商代原始瓷窑址群，也是此前唯一一处时代最早的原始瓷窑址群；南山商代窑址对探索中国瓷器的起源、解决南北方原始瓷产地、建立商代原始瓷编年、探索江南商代考古学文化等都具有重要意义。

8. 上虞道墟积山古墓

2010 年 3 月 ~6 月，浙江省文物考古研究所对上虞市道墟镇长娄村附近山麓进行了二期考古发掘，发掘东汉至六朝墓葬 15 座，出土器物 22 件（套），从而为三国两晋期间上虞地区的墓葬形制、埋葬习俗及早期越窑青瓷的研究提供了重要的实物价值。

9. 丽水处州府城墙行春门遗址

2010 年 5 月 ~9 月，浙江省文物考古研究所会同丽水市博物馆对行春门遗址进行考古发掘，基本探明了行春门的瓮城、城墙基址等情况。处州府城墙是浙西南山区仅存的具备防御、防洪双重功能的古城墙，具有重要的历史、艺术、科学价值，为研究古代丽水的政治、经济、军事、文化等提供了素材。

10. 宁波穿山疏港高速公路建设工程（小横山段）古代墓群

2010 年 3 月底至 5 月中旬，宁波市文物考古研究所联合北仑博物馆对小横山墓群展开抢救性考古发掘，发现了该地区各历史时期的墓葬 24 座、宋代砖瓦窑 2 座。

11. 宁波火车南站南郊盆景园墓葬

2010 年 11 月 20 日 ~2011 年 1 月 18 日，宁波市文物考古研究所对宁波市南郊盆景园进行了抢救性考古发掘，发掘唐代至清代古墓葬 13 座、宋代水井 1 座，出土各类文物 38 件。此次发现再一次证明——祖关山从唐代以来就是墓葬密集区域。明代墓底铺吉祥纹饰砖的现象在宁波属首次发现，对研究明代宁波地区的宗教文化、墓葬形制和习俗等提供了宝贵的资料。

12. 宁波市莲桥街佛教文化遗存

2010 年 4 月 ~7 月，宁波市文物考古研究所配合莲桥街历史街区改造工程进行了抢救性考古发掘，其中宋代地层出土了佛像残件和一块纪年铭文砖。这是宁波地区首次发现佛教戒坛铭文实物。此外，四座形似僧塔的宋代塔基也是宁波地区发现的年代最早的僧侣塔林。

13. 宁波永丰路明代寺庙基址

2010 年 10 月 ~11 月，宁波市文物考古研究所对宁波永丰路明代寺庙基址进行了抢救性考古发掘，揭露了明代寺庙基址一处、明清时期平民墓 3 座，为了解古代宁波城内布局，研究宁波城市发展史提供了新的素材。

14. 宁波市月湖西区崇教寺遗址考古

自 2010 年 9 月起，宁波市文物考古研究所对月湖西区崇教寺遗址进行了考古勘探和发掘，并根据遗物判断，该区域就是文献记载中的崇教寺寺院原址所在地。

15. 宁波东钱湖砖瓦场墓群

2010 年 1 月 9 日 ~31 日，宁波市文物考古研究所对砖瓦场地块地下古墓葬进行了抢救性考古发掘，发掘宋代、金代、清代墓葬 7 座。特别是保存较好宋代墓的墓室结构和金代墓前长而弯曲的“之”字形排水道，为研究东钱湖地区宋代墓葬形制以及北宋末至南宋时期的宁波历史提供了第一手资料。

16. 宁波鄞州栎斜老虎岩窑址

2010 年 5 月 ~6 月，宁波市文物考古研究所和鄞州区文物管理委员会办公室联合对宁波鄞州栎斜老虎岩窑址进行了抢救性考古发掘，清理了应为同一时期建造的窑址 2 座，出土各类文物 270 余件。初步判断，窑址使用时代应为东汉晚期。

【博物馆与可移动文物保护】

2010 年，浙江省努力提升博物馆公共文化服务水平，博物馆免费开放工作得到国家文物局实地调研组的肯定。全省实现了除文物建筑和文物遗址类外所有国有博物馆的向社会的常年免费开放。同时，全省全年共举办展览 817 个，吸引观众 1957.2 万（其中未成年人 547.2 万）。浙江省博物馆继续做好“世纪掇英——中国当代美术名家系列作品特展”“浙江民间收藏精品走进博物馆”等系列品牌展览，分赴陕西历史博物馆等地举办了多个展览，还积极发挥省级博物馆的作用，无偿向 12 家省内博物馆提供展览或展品；为台北故宫博物院“文艺绍兴——南宋艺术与文化特展”提供展品。浙江自然博物馆推出的“迈向生态文明——浙江生态省建设成就展”获浙江省环保厅特别表彰。中国丝绸博物馆举办的“金冠玉饰锦绣衣——契丹人的生活和艺术”展览开幕式暨梦蝶轩辽代文物捐赠仪式是中国丝绸博物馆 2010 年举办的规模最大、影响最广的临时展览。南宋官窑博物馆在三期扩建竣工之际，联手故宫博物院等全国十余家博物馆举办了“清·雅——南宋瓷器精品大展”。宁波市引进了国内顶级文物精品展览“国家宝藏——中国国家博物馆典藏珍宝展”。温州博物馆和北京故宫博物院联合举办了“皇室珍宝——故宫御用金银器特展”。

此外，浙江省制定出台了《加强馆际展览合作，促进文物资源共享实施方案》，引导这项酝酿多年的工作开始启动实施。全省博物馆新馆建设有序推进，民办博物馆扶持力度加大，富有浙江地域特色的博物馆网络日趋健全。文博风险单位安全技防工程及文物库房新建、改造达标工作循序渐进中，馆藏文物未发生重大人为安全事故。

2010 年，浙江省通过年检的各级各类各种所有制博物馆达 234 家，其中文化文物系统博物馆 118 家，行业性国有博物馆 37 家，民办博物馆 79 家；新增文化文物系统博物馆 1 家，民办博物馆 19 家，行业博物馆 6 家。按隶属关系划分，文化文物类博物馆中省级博物馆为 3 家，地市级博物馆 40 家，县（市、区）级 79 家。

列入免费开放博物馆名单的 75 家博物馆、纪念馆及全国爱国主义教育示范基地已全部按规定向社会常年免费开放。

2010 年，浙江省博物馆将文物按不同要求分藏在不同条件库房内，并做好各库房的温湿度监测等工作，对 65 件馆藏文物进行了修复保护。浙江自然博物馆做好库房的消毒保洁等工作，定期抽样检测藏品，整修了云南龙骨骼化石等 80 余件标本，完成了丽水甲龙模型的复制和禽龙化石标本的修理。中国丝绸博物馆及时做好新征文物的消毒、入库建档工作，修复文物（包括制作夹封）51 件，完成了梦蝶轩出土纺织品的纤维测试、病害图绘制和2台大型织机的复制。宁波天一阁博物馆的29部古籍入选第三批《国家珍贵古籍名录》，馆藏所有古籍、字画、碑帖等文物均已迁入新书库。

根据国家文物局统一安排，浙江省全力推进馆藏文物管理系统数据库建设，完成馆藏文物信息数据采集任务94829条，影像信息采集数据超过6TB，如期完成了年度工作任务。

2010年，浙江省文物系统藏品级别、数量如下：

单位：件（套）

	藏品总数	珍贵文物数量	一级文物数量
合计	896263	83433	2216
按单位性质分			
文物科研机构	17971	1567	51
文物保护管理机构	68757	6362	280
博物馆	676477	75504	1885
文物商店及其他文物机构	133058	0	0
按隶属关系分省区市	217849	41931	799
地 市	386387	17493	722
县市区	292027	24009	685

2010年浙江省接收、征集、修复藏品级别、数量如下：

单位：件（套）

	接收藏品数	征集藏品数	修复藏品数		
			珍贵文物	一级文物	合计
1280	12240	1834	231	8	
按单位性质分文物科研机构	0	0	1006	6	0
文物保护管理机构	38	320	0	0	0
博物馆	1242	11920	828	225	8
文物商店及其他文物机构	0	0	0	0	0
按隶属关系分省区市	0	6112	1177	9	0
地 市	218	1581	356	169	8
县市区	1026	4547	301	53	0

2010 年，浙江省各博物馆陈列展览情况如下：

单位：次

	基本陈列数量	展览数量
合计	241	817
按机构类型分		
综合性	153	461
历史类	37	145
艺术类	19	158
自然科技类	14	15
其他	23	38
按隶属关系分		
省区市	15	101
地 市	59	273
县 市	172	443

7 月 29 日，中国文化遗产研究院与宁波市文化广电新闻出版局签署了国家水下文化遗产保护宁波基地的合作框架协议。该基地是国家水下遗产保护中心自 2009 年 9 月 28 日成立以来首个正式挂牌的区域性水下文化遗产保护基地，计划与宁波中国港口博物馆合作建设、资源共享。

2010 年，浙江省按计划开展了浙江省重大科技专项“大型饱水木质文物的真空冷冻脱水研究”，其中“一次性冻干的数值模拟研究和数值计算剩余含水率无损确定古木冻干终点研究”关键技术取得重要研究成果，并进行了实际应用。文物部门在良渚遗址开展了植物硅酸体和种子分析、地球物理探测技术、地理信息系统 GIS 和遥感应用、C14 测年、潮湿环境下土遗址保护关键技术、考古发掘现场摄影测量原型装置、计算机辅助考古制图技术等应用研究。古塔监测技术研究应用开始运用于西湖文物保护监测中。宁波天一阁继续推进纸质类文物保护中心建设，被文化部颁布为首批国家级古籍修复中心。

【社会文物管理】

2010 年，浙江省具有文物拍卖资质的拍卖企业达 28 家，其中 2010 年度增加拍卖企业 1 家（浙江经典拍卖有限公司）；具有一、二、三类文物拍卖资质的拍卖企业共 10 家。全年全省共举办拍卖 55 场，拍卖标的 39163 件，成交额 29.71 亿元。与 2009 年相比，2010 年的拍卖总场次增加 18 场，拍卖标的总数增加 18057 件，总成交额增加 17.15 亿元，增幅达 136.54%。

具体拍卖活动场次、拍卖标的数量、拍卖成交额等详见下表。

2010 年度浙江省艺术品（文物）拍卖情况汇总表

序号	拍卖企业名称	拍卖场次	拍卖标的数量	成交额（万元）
1	西泠拍卖	2	5888	173499
2	浙江皓翰	1	1510	6768.96
3	浙江佳宝	4	2319	13047.26
4	浙江钱塘	2	573	502
5	浙江保利	2	1517	9200
6	浙江经典	2	738	2244.3
7	浙江南北	1	640	3222.1
8	浙江浙商	2	2788	18621
10	浙江中财	9	4561	4902.7
13	浙江萧然	5	2514	5700
15	浙江隆安	1	1506	121.3
16	浙江国拍	2	1353	269.45
17	浙江一通	2	2053	5145.04
18	温州汇丰	1	1506	13.2
20	浙江盛世	2	300	2365.21
21	浙江联合	1	865	501.45
22	浙江长乐	2	1158	39333.3
23	浙江骏成	3	3390	3018.61
24	绍兴翰越堂	2	779	607.45
25	浙江民和	2	365	436.82
27	宁波富邦	3	2840	8108.33

2010 年，浙江全省共有文物商店 20 家，其中国有文物商店 8 家，民营文物商店 12 家。2010 年增加民营文物商店 2 家（绍兴翰海文物有限公司、杭州浣花斋文物有限公司）。全省取得“申报第一类文物拍卖经营资质企业专业人员考试”合格的人员 2 人。

2010 年，浙江省文物鉴定审核办公室（国家文物进出境审核浙江管理处）办理文物临时进境审核登记 22 起、434 件（套），文物复出境许可 13 起、202 件（套）；并办理文物复仿制品出境 2 次（205 件）及宁波等地十余家旧家具经营单位申报的 138 起旧家具出境。经审核，允许出境的一般旧家具（新仿制品）48946件，禁止出境38件。此外，浙江省文物鉴定审核办公室全年共审核国有博物馆文物出境展览6起，查验文物520件（套）；并受国家文物局指派，赴四川对印度现代美术馆“印度现代艺术展：现代性的气质”的97件展品进行了入境查验，还为香港梦蝶轩“金冠玉饰锦绣衣——契丹人的生活与艺术”展览的30件（套）金银玉器办理了文物进出境审核手续。

【科技与信息】

5月25日，浙江省政府和国家文物局共建国家文化遗产保护科技区域创新联盟（浙江省）签约仪式在杭州举行。浙江省政府和国家文物局根据共建协议书成立了共建领导小组，制定了《国家文化遗产保护科技区域创新联盟（浙江省）章程》《国家文化遗产保护科技区域创新联盟（浙江省）理事会章程》，并根据章程召开理事会成立会议，选举产生了理事长等职务。随后，首批6家成员单位正式加入创新联盟。

浙江大学积极参加国家第一个关于文物保护的“973”项目“脆弱性硅酸盐质文化遗产保护关键科学与技术基础研究”的凝练。浙江省古建筑设计研究院与浙江大学联合国内八家文保单位，完成了国家文化遗产保护科技“十二五”重大项目“文物保护传统工艺科学化研究”的相关工作。中国丝绸博物馆参与北京科技大学牵头申报的“丝绸之路中外技术交流及相关文物认知关键技术研究”。浙江大学牵头参与了“基于数字博物馆的公共服务平台及信息增值服务产业化关键技术及其示范应用”“基于文物的创意设计素材再造关键技术研究与示范”项目的申报。此外，浙江省文物局组织创新联盟成员单位积极参与国家“指南针计划”专项和国家2011年度文化遗产保护科学和技术研究课题的申报，“丽水通济堰的价值挖掘与展示研究”项目、“中国古代建筑灰浆及制作技术科学评价研究项目”被列入“指南针计划”专项2011年度项目；“近代脆弱纸质文献资料的脱酸及加固一体化技术集成研究”“东苕溪流域夏商时期原始瓷窑调查与研究”“博物馆馆藏古琴的‘活化’保护与利用研究”课题被列入2011年度文化遗产保护科学和技术研究课题。

12月13日~15日，2010年全国文物保护科技工作会议在北京召开。会上，中国丝绸博物馆成为纺织品文物保护国家文物局重点科研基地，指南针计划试点项目“东周纺织织造技术价值挖掘与展示——以出土纺织品为例”荣获2009年文物保护科学和科技创新奖二等奖。由中国丝绸博物馆主持完成的“糟朽丝织品的丝蛋白复合体系仿生加固”“东周纺织织造技术价值挖掘与展示——以出土纺织品为例”“古代纺织发明创造文化遗产科学价值试点——古代夹缬工具与技术复原”，及浙江大学主持的“古建筑传统黏结材料与技术的科学化”等多项科研成果在国家文物局主办的“百工千慧——中国文物保护科学和技术成果展”中进行了展示。

【文博宣传与出版】

6月3日，浙江省政府新闻办在杭州召开“浙江旧石器考古成果新闻发布会”，向社会公布了近年来浙江省旧石器时代考古工作所取得的重大进展。同一天，合溪洞遗址标志碑揭幕暨旧石器考古长兴工作站授牌仪式在长兴举行。浙江省博物馆也举办了“百万年的文化根系——浙江旧石器考古成果展”。

3月18日，金华市为纪念成功创建国家级历史文化名城，特举办了首个

“历史文化名城日”系列活动。

3月26日，《中国文物地图集·浙江分册》首发仪式在杭举行。《中国文物地图集·浙江分册》先后历时20余年，收录了截至2006年年底浙江省各类不可移动文物单位10892处，是迄今浙江省不可移动文物方面信息量最大、最齐备的研究著作。

7月15日，绍兴市举行建城2500年庆典暨绍兴博物馆越王城馆落成开放仪式。

9月15日~17日，“中国柯桥·越国文化高峰论坛”在绍兴县柯桥举行。

10月28日，由环保部和科技部联合举办的2009年度“国家环保科普基地”授牌仪式在浙江自然博物馆举行。浙江自然博物馆等八家单位被授予2009年度“国家环保科普基地”荣誉称号。

11月18日，越剧博物馆举行纪念开馆20周年庆典。

【机构及人员】

2010年，浙江全省共有各类文物机构211家，从业人员4559人，分别比2009年增加2家和154人。其中文物保护管理机构94家，从业人员1397人；博物馆机构100家（含部分文物系统外博物馆），从业人员2887人；文物商店9家，从业人员63人；文物科研机构5家，从业人员92人；其他文物机构3家，从业人员120人。

在浙江全省各类文物机构从业人员中，高级职称378人（其中文物保护管理机构97人，博物馆229人，文物科研机构35人，其他文物机构17人），较2009年增加5人；中级职称574人（其中文物保护管理机构157人，博物馆380人，文物商店13人，文物科研机构15人，其他文物机构9人），较2009年增加36人。按隶属关系划分：省级文物机构从业人员614人，地市级文物机构从业人员2220人，县市区级文物机构从业人员1725人。

2010年6月，国家文物局公布了第三次全国文物普查实地文物调查阶段突出贡献名单。其中浙江省余杭区第三次全国文物普查队、长兴县第三次全国文物普查队荣膺第三次全国文物普查实地文物调查阶段突出贡献集体奖项，浙江省支援青海省第三次全国文物普查工作小组荣获“对口支援”特别贡献集体奖。谢国旗、吴海红、朱宏中、冯力军、薛骁百、周晓东、陈舟跃、张岫、单涉获第三次全国文物普查实地文物调查阶段突出贡献个人奖。

【对外交流与合作】

2010年2月3日~4月15日，中国丝绸博物馆参与的“丝绸之路——中国丝绸艺术展”在哈萨克斯坦举行。此次展览是中国文化部与哈萨克斯坦文化信息部签署的文化合作纪要重要项目之一。

2月17日~7月4日，浙江省博物馆赴美国斯坦福大学博物馆举办“二十世纪中国国画大师作品展”。

6月25日，由杭州唐云艺术馆和澳门艺术博物馆联合举办的“永锡难老——唐云百龄诞辰纪念展”在澳门开幕。

8月7日~11月28日，由杭州历史博物馆、日本大阪市立东洋陶瓷美术馆共同举办的“幻の名窯——南宋修内司官窑杭州老虎洞窑址发掘成果展”在日本大阪举行。这也是老虎洞出土文物首次赴国外展出。

9月24日~25日，首届跨湖桥国际学术研讨会在萧山举行。

9月28日，“天上人间——5000年中国丝绸文化展”在芬兰埃斯堡开幕。本次展览是“芬兰2010·中国浙江文化节”的重要项目之一，也是中国丝绸博物馆首次对外的商业展览，所有举办展览经费均由外方承担。

11月7日~13日，国际博物馆协会第22届大会暨第25届全体大会在上海举行期间，浙江省不仅派出78位注册代表参加了有关活动，还引进了部分专业委员会会议和论坛，使浙江成为大会代表参观、考察的主要目的地之一。11月8日，宁波市在沪举办首届“全球博物馆志愿者开放论坛”，诞生了《全球博物馆志愿者开放论坛倡议》，举行了“牵手历史——第二届中国博物馆十佳志愿者之星”颁奖典礼。

6月8日~16日，浙江省代表团文化分团抵台进行交流访问，签署了合作举办“文艺绍兴——南宋艺术与文化特展”的协议。吕祖善省长还在访问时表示，为进一步推动浙台两地的文化交流与合作，浙江省博物馆珍藏的《剩山图》可先赴台北合展。“璀璨——良渚文化特展”特意提前到6月15日开幕。

2010年，浙江省博物馆等单位分别与日本京都国立博物馆等文化机构开展学术交流和合作。杭州南宋官窑博物馆和韩国康津青瓷博物馆正式结成友好博物馆。

此外，全省文博单位还在2010年接待了国际博物馆之友联盟（WFFM）主席丹尼尔·本—纳坦等国外嘉宾。

【其他】

2月1日，浙江省文物局长会议在嘉兴举行。会上颁发了2009年度浙江省陈列展览精品奖，并为国家二、三级博物馆授牌。

4月13日，全省第三次全国文物普查转段工作会议暨馆藏文物数据库建设项目推进工作会议在杭州召开。

7月26日~28日，浙江省文物局长座谈会在舟山举行。

9月26日，浙江省历史文化遗产保护管理委员会2010年度（扩大）会议在杭召开，原则审议通过了第六批省级文物保护单位名单。

安徽省

【概述】

2010年，安徽省文物系统深入贯彻落实安徽省委、省政府《关于加快建设文化强省的若干意见》的文件精神，开拓创新，奋力拼搏，加强管理，扎实工作，文物保护工作卓有成效，博物馆事业健康快速发展，文化遗产宣传活动精彩纷呈，文物行政执法和安全监管工作常抓不懈，全面完成了年初确定的各项目标任务。

【法规建设】

与省财政厅联合出台了《安徽省博物馆纪念馆免费开放资金使用管理办法》。下发了《关于进一步加强我省文物保护工程管理的通知》。

【执法督察与安全保卫】

下发了《关于进一步加强建设工程中文物保护监管工作的紧急通知》和《关于对全国及省级重点文物保护单位保护范围、标志说明等情况进行调查的通知》，全面调查全省国保、省保文物单位的“四有”工作，全面摸排各类建设工程中的文物保护监管情况。与省刑警总队建立了打击文物犯罪联席工作机制，成功侦破定远、枞阳两起公安部挂牌案件，成功破获淮南、寿县等地数起盗掘古墓案件，抓获犯罪嫌疑人数十人，追缴涉案文物200多件，珍贵文物近百件。及时查处了繁昌县万牛墩土墩墓群的违法事件。一年来，全省共调查处理各类文物违法案件十余起。

【不可移动文物的保护和管理】

（一）概况

安徽省共有全国重点文物保护单位56处，省级文物保护单位455处。2010年国保与省保单位数量未增加。

2010年安徽省编制上报了《安徽省尉迟寺遗址保护规划》《寿县古城墙保护总体规划》《安徽省凤阳明中都皇城保护与展示控制性详细规划》和《大运河安徽淮北、宿州段保护规划》。

2010年，安徽省文物局上报了14处国保维修方案：泾县查济德公厅屋、洪公祠保护维修方案、祁门古戏台嘉会堂和叙伦堂修缮设计方案、绩溪龙川胡氏宗祠保护维修方案、黟县原宏村小学地块整治方案等；核准6处国保方案：潜口民宅白蚁、粉蠹、木蜂综合防治方案、祁门古戏台白蚁、粉蠹、木蜂综合防治方案、安庆榕锦苑规划建筑方案等；审批了30处省保维修方案：潜山占庄老屋维修方案、绩溪龙川胡炳衡故居修缮方案、枞阳“胡聚书之妻吴氏坊”维修方案、六安观音寺复建方案、寿县孔庙——明伦堂修缮工程设计方案、六安双墩一号汉墓四周清淤及外环境治理施工方案、绩溪周氏宗祠“奉先楼”修复方案等。对国保、省保单位的维修在数量和质量上进一步采取有力措施，取得明显成效。2010年国家支持文物保护经费为1055万元，省本级文保经费为1700万元，红色旅游经费100万元，共计2855万元。

（二）大遗址保护

安徽省共有各类国保、省保大遗址将近100处。2010年11月，召开了全省大遗址保护工作会议，专题总结大遗址保护工作情况与存在问题，研究、讨论推进全省大遗址保护工作的对策，以期形成全面推进的系统工作思路。大遗址保护工作越来越多地得到当地政府的重视，大遗址保护由最初的被动抢救性保护发展到现在的主动性规划性保护，大遗址保护工作已开始编制规划。

（三）全国重点文物保护单位

在国保单位管理上，严格按照文物工作的方针及国家文物局的要求，切实加强管理，一是及时审核、上报、转发及核准各项维修方案，一批国保单位得到及时抢救维修和有效保护。二是加强文物维修工程管理，严把维修前的方案审批关、维修中的检查督促关和竣工后的验收关，逐步提高文物工程质量。三是加强国保单位保护规划编制工作，要求国保单位在编制维修方案的同时编制保护规划，并上报国家文物局请求立项批准。四是及时查处文物违法事件，借典型案例认真反思，要求全省各地切实履行保护职责，加强工作上的主动性，遇到情况及时报告，加强对国保单位的巡查，加大文物执法力度。

（四）世界文化遗产

1. 世界文化遗产项目的申报、评审

扎实推进大运河安徽段保护和申遗工作。一是高度重视，加强申遗工作指导协调。3月，分管副省长谢广祥率队赴现场调研，积极推动申遗进程。7月，成立大运河（安徽段）保护和申遗市厅际会商小组和办公室。宿州、淮北两市亦成立申遗领导小组。省级财政专门安排资金60万元用于淮北市、泗县的运河保护工作，沿线各市县财政也都相应安排了启动资金。二是积极配合，做好申遗点遴选工作。9月，积极迎接国家文物局专家组开展大运河申遗点遴选现场考察工作。11月，接到国家文物局《关于征求对大运河申报世界文化遗产预备名单意见的函》后，省文物局及时征求运河沿线市县意见，并反馈省政府及国家文物局。三是搞好协调，做好规划编制工作。大运河省级规划形成初稿。淮北市级规划已公布实施，宿州市政府已与编制单位中国文化遗产院等进行多次商讨，进行必要调整。四是采取措施，加强运河保护管理。对重要运河遗址点设置保护标志、张贴保护通告等措施。局部调整建设规划，控制运河沿线建设。督促拆除占压河道的违章建筑。五是加强整治，积极改善运河环境。淮北市着手编制《柳孜村搬迁和开发利用规划》、布局柳孜村大遗址的规划保护；积极推进柳孜宋代码头遗址二期考古发掘场地拆迁工作。宿州市在泗县开展大运河遗址保护试点工作，组织清理沿岸违章建筑，清理垃圾，树立界碑。

2. 世界文化遗产保护、管理制度和方法

安徽省现有两处世界文化遗产：皖南古村落（西递、宏村）和黄山。一是加大宣传力度。黟县及黄山风景区通过媒体、网络及展览等多形式宣传百村千幢古民居保护利用工程和文物法律法规，开展“国际博物馆日”“中国文化遗产日”等主题宣传活动。二是加大世界文化遗产的保护工作。黟县编制西递、宏村遗产保护项目670万元，拟争取到省世界文化遗产保护专项资金280万元。向国家文物局争取西递三畏堂、宏村南湖书院修缮资金，完成西递镇胡文光牌楼防雷设施抢修方案及投资估算编制。对西递明经小学进行抢修。强化古民居修缮申请监管，对西递、宏村私有古民居修缮申请进行审批，修缮古建筑18幢，防治白蚁虫害古建筑200余幢。黄山风景区实施慈光阁古建筑综合维修工程。三是全面推进遗产地整体保护。黟县加强对西递停车场改造、水口园林恢复、驿道项目及生态修复工程、宏村步行商业街立面改造及乐彼园建设等项目进行审查、评审并加强服务管理。黄山风景区启动“文物保护体系”建设，初步制定以挖掘考证、维护修缮、安全监管、文物建档为重点的景区文物保护体系框架。编报《黄山风景区文物保护项目及经费需求“十二五”规划》和《黄山风景区文物抢救保护设施建设“十二五”规划项目》。四是加强行政执法，确保古村落安全。黟县按照文物保护相关法律要求，对破坏文化遗产的违法行为进行严厉查处，处理违章建筑11户，依法拆除违章建筑7户；同时做好古建筑安全、消防安全监督管理工作，编制古民居安全应急预案，经常性与乡镇、公安等部门联合开展古民居建筑、消防安全隐患排查、督察活动，确保世界文化遗产的安全。五是启动世界遗产第二轮定期报告。参加国家文物局“世界文化遗产监测管理工作会议”，黟县和黄山风景区管委会分别编制了《皖南古村落－西递宏村世界文化遗产突出普遍价值回顾性声明》《黄山世界文化与自然遗产突出普遍价值回顾性声明》。六是认真做好三普工作。黄山景区“三普”共登记不可移动文物点60处，实地调查覆盖率达100%。黟县三普完成1684幢古民居野外调查、数据采集及数据归档工作，通过国家文物局专家组验收。

【考古发掘】

（一）概况

2010年，安徽省主要配合大中型工程建设，开展文物保护和考古科研工作，相继配合阜六铁路、宁安铁路、宿淮铁路、合福高速铁路、宣宁高速公路、机场高速公路、徐明高速公路、阜新高速公路、泗许高速淮北段、马鞍山大桥连接线、省荣军医院等以及六安、寿县、广德等开发区近30项重点工程考古调查、勘探和发掘工作。全年累计考古勘探200万平方米，发掘古遗址2万平方米，古墓葬1000余座。取得了一批重要考古发现。出版考古发掘报告两部，分别是《凤阳大东关与卞庄》《霍邱堰台—淮河流域周代聚落发掘报告》。固镇垓下大汶口晚期城址发掘，成功入选2009年度“全国十大考古新发现”。

（二）重要考古项目

1. 2009年11月~2010年2月，安徽省文物考古研究所对马鞍山市雨山区银塘镇小山遗址进行了第一次考古发掘。发掘面积2000平方米。共清理灰坑62座，灰沟13条，房址1座，明清墓葬39座、红烧土坑2个，出土铜器、石器、陶瓷器等各类可修复文物标本达200余件。小山遗址发现了新石器时代晚期的文化遗存把马鞍山地区的史前文化提早到了崧泽文化中期（距今5500~5600年）。为研究江南地区西周吴文化面貌、文化谱系和这一时期人们的生产、生活状况等提供了重要资料。

2. 2010年7月~9月，为配合宁安铁路工程建设，安徽省文物考古研究所对马鞍山市雨山区银塘镇前进村西南小村遗址进行了抢救性考古发掘，发掘面积450平方米。主要为西周中晚期~春秋时期文化堆积，仅有少量新石器时代末期相当于广富林文化时期的遗存。其发现和发掘一方面为研究认识江南地区西周时期吴文化的谱系、文化面貌提供了新的资料；另一方面，该遗址与周边已发掘的毕家山遗址、小山遗址以及烟墩山遗址一起，共同构成了采石河流域新石器末期到周代聚落变迁与发展研究的基础材料。

3. 2010年8月~10月，为配合京福高铁工程，安徽省文物考古研究所对歙县西北部的富堨镇下冯塘遗址进行发掘，实际发掘面积300平方米，共发现遗迹6处，其中灰坑4处，沟1处，房1处，并出土一批石器、陶器等遗物。

4. 2010年3月~10月，为配合南京—安庆城际铁路和北京—福州高速铁路建设，安徽省文物考古研究所对铜陵县师姑墩遗址进行抢救性发掘。发掘面积近1300平方米，发现商周时期房址2座、灰坑10个、沟7条、水井1眼。出土陶、石、铜类“小件”文物250余件，另有较多的铜渣和炉壁残块。该遗址的发掘，填补了皖江中下游无夏商时期文化遗存的空白，首次确立了皖江沿岸和皖南地区较完整的夏商—春秋时期的年代框架。青铜冶铸遗存的发现首次明确证明了皖南铜矿的开发早到商代并对研究商周时期青铜生产的社会化问题提供了丰富材料。

5. 2010年6月~12月，安徽省文物考古研究所对六安经济开发区金领欢乐世界建设工程用地进行了考古勘探和抢救性发掘，该墓地出现两处小宋墓群，一处10余座，一处34座，保存状况相对较好，从排列、方向墓室结构等情况分析，应属于两个大家族的墓地。

6. 2010年11月~2011年1月，安徽省文物考古研究所对怀远县荣军医院新址墓群进行了抢救性发掘，清理古墓葬200余座，时代历经汉至唐宋时期，因墓葬时代不同其所分布的位置亦有所差异，汉墓多分布在发掘区东北、东南部；唐宋时期墓葬多分布在东北、东南部，多为砖室墓，形制各异。出土遗物有双耳罐、壶、瓶等遗物，另出土数枚钱币。

【博物馆与可移动文物保护】

（一）博物馆

1. 可移动文物的保护、管理和研究

2010年，为配合安徽省博物馆新馆开馆，安徽省博物馆文物科技保护中心对省博物馆库房馆藏的所有木质文物进行除虫除霉处理，并赴歙县对新馆新征徽州古民居木构建进行防虫防腐保护。此外，该中心为潜山县博物、芜湖市文物管理办公室、湖州市博物馆等多家单位修复、保护了多批多种类文物。该中心还完成了多项科研申报项目，其中包括2010年度国家社会科学基金项目《古籍纸浆修补机及纸浆修补液配方的研制》、文化部科技创新项目开题报告《安徽古建筑彩画病害调查及中长期保护规划制定》、国家文物局重点科研基地《纸质文物保护科研基地》、文物保护行业标准制修订计划项目建议书《古旧字画装裱技术标准》等。

2. 博物馆间的交流与合作

以安徽省博物馆为龙头，加强全省博物馆资源共建共享，做好经常性的文物资源馆际互借互展；积极开展与省外博物馆的双边或多边交流，加强学术研究、科研工作、馆舍建设、人员管理、文物保护、服务模式的经验交流，积极探索建立健全馆际协作交流长效机制。

为深化免费开放工作，为社会提供更多的文化产品和公共服务，安徽省博物馆先后举办、引进“旗装雅韵满族服饰展”、“翰墨华彩书画展”“民国政要手迹展”“潘玉良作品展”“潘学固书法展”“名人名枪展”“德国瓷盘画展”等30多个精彩展览。

安徽省博物馆利用自身优势，积极帮助省内地市文博单位进行展陈的设计工作，提升全省文博单位的陈列水平。一年内先后完成了泗县博物馆的形式设计方案和泗县江上青纪念馆的改陈任务，先后参加了安徽省古生物博物馆、安徽艺术职业学院、九华山文化园、含山县博物馆、皖西博物馆、绩溪县博物馆、黄山徽文化博物馆等相关单位的陈列设计方案及安徽省六大精品陈列的评审工作。

3. 重要陈列展览

据统计，2010年安徽省免费开放的博物馆共举办基本陈列116个、临时展览288个，全年共接待观众总量1180万人次，其中青少年观众565.28万人次。

全省各博物馆、纪念馆本着免费不免责、服务上台阶的宗旨，积极提升服务水平，更新陈列内容，丰富临展类别，完善服务设施。2010年，安徽省博物馆增设“潘玉良美术作品陈列”，遴选出潘玉良各类代表性作品120件，其中一些展品第一次与观众见面。该陈列将作为安徽省博物馆老馆基本陈列将长期对观众展出，此外该馆全年共举办高品位临时展览和专题展览28个。中国徽州文化博物馆与常州市博物馆联合推出了“舞动的天使——世界珍奇蝴蝶展”，深受好评。马鞍山市博物馆为配合安徽省第九届艺术节，特引进外展“圣都美石——陕西宝鸡地区出土先秦时期玉器精品展”“碑临天下——西安碑林名碑拓片展”两大展览，不仅更好地促进了马鞍山与西安、宝鸡两市间的文化交流与合作，而且丰富了群众的精神文化生活，受到了广大观众的高度评价。

此外，为积极推进博物馆陈列展览更新，不断提升全省博物馆、纪念馆免费开放服务水平，安徽省文物局组织开展了“首届全省博物馆六大精品陈列奖”评选活动。这次活动共收到全省各地参选展览项目16个，参赛单位除了文博系统外，还吸引了来自其他系统的李白纪念馆、王稼祥纪念馆参加，通过专家评审组无记名投票，安徽省博物馆获特别奖，中国徽州博物馆等6家单位获六大精品陈列奖，2家其他系统纪念馆获优秀陈列奖。6月10日，在第五个中国“文化遗产日”安徽省启动仪式上对获奖单位进行了颁奖。

（二）可移动文物保护

1. 文物数量、等级等基本情况

安徽历史悠久，文化遗产丰富，是

中国史前文明的重要发祥地之一。截至到2010年，安徽省共有各类文物藏品55万件（套），其中全省文物数据库共收录一级文物1674件（套），二级文物2701件（套），三级文物40927件（套）。文物数量多、历史悠久、品类齐全、内涵丰富、自成流派。江淮方国铜器和楚系铜器、寿州窑和繁昌窑瓷器、徽州契约文书、徽州版画、新安画派书画、文房四宝、潘玉良画作等，风格独特，别具一格，在全国具有较大影响。

2. 可移动文物保护技术和方法及其应用情况

在安徽省文物局的指导下，安徽省考古研究所紧紧围绕文化遗产保护，在可移动文物科技保护、文物科研等方面做了大量的工作，取得了一系列科研新成果。2010年安徽省考古研究所开展珍贵文物及重要出土文物的保护修复工作，对寿县明珠大道出土的车马具、潜山县出土的铁牛和铁猪进行修复。该所采用液态水硬性土遗址加固材料（纳米级二氧化硅和二氧化钙）对寿县明珠大道出土的车马具进行了加固、回填保护，并采用可减缓车马具霉变的氟硅树脂对车马具表面进行封护，再以原土回填，人工夯实，基本保证了车马具不被破坏和道路施工边道的强度要求。由于潜山县潜河中出土的一件铁猪和一件铁牛文物表面腐蚀严重，并且存在铁牛牛角脱落、铁猪腿部和耳部残缺等病害情况。该所根据测试分析，潜山县出土的铁牛和铁猪为白口铁铸造而成，含碳量在2%～4.3%之间，表面的黄褐色锈蚀物为石英、斜长石、正长石、伊利石和赤铁矿的混合物。受潜山县文物局委托，编制了详细的保护修复方案，通过除锈、脱盐、补配、焊接、缓蚀、封护等步骤对潜山宋代铁器进行保护修复，基本恢复了文物原有的风貌，达到了预期的目的和要求，取得了良好的保护修复效果。此外，该所对六安文物局库房和皖西博物馆馆藏的近两百件漆陶进行了信息收集和拍照工作，完成了漆陶保护方案申报前期资料汇总。

【社会文物管理】

全年共完成2起文物临时进境复出境审核和1起海关查验鉴定工作。开展涉案文物鉴定54起。

【科技与信息】

安徽省文物考古研究所承担了国家重点科研项目中华文明探源课题安徽子项目的研究，完成了以孙家城遗址为中心的大沙河流域区域系统调查、凌家滩遗址周边区域的调查；分别与省地震局合作，开展了安徽区域内的地震考古研究；与中国科学技术大学合作开展了灵璧东汉墓壁画保护研究；与国家博物馆合作，开展长江沿岸地区古代冶金考古的研究。

【文博教育与培训】

与省政府法制办合作，分两期对全省453名文物系统行政执法人员进行了行政执法资格培训认证考试，并全部取得文物行政执法资格。

【文博宣传与出版】

在“国际博物馆日”期间，组织全省各地紧紧围绕“博物馆致力于社会和谐”这一主题，开展了一系列丰富多彩的活动。省博物馆通过开展“宣讲小分队走进社区和校园”等系列活动，进行“构建和谐社会，弘扬传统文化”为主题的宣讲活动。全省各地博物馆还精心组织“邀您走进博物馆，聆听文物背后的故事”等大型宣讲活动。组织全省98家博物馆，在全省开展了“百万青少年走进博物馆”活动。省文物鉴定站与各地文化文物部门通力合作，先后在池州、黄山、巢湖和青阳等地举办了“鉴宝江淮行”活动。

6月10日，第五个中国文化遗产日安徽省主场城市活动在黄山市隆重举行。围绕遗产日的活动主题——“文化遗产在我身边”，组织了“鉴宝江淮行”走进黄山、龙湾茶干博览馆开馆典礼、徽州文化专题展览、徽剧表演、徽州民歌等形式多样的物质和非物质文化遗产系列活动，举办了《文物保护法》以及相关法律法规咨询活动。

11月份，安徽省考古学会召开了安徽省考古学会第八次会员代表大会暨第十一次年会，来自全省的各地市县近200名代表参加了会议。此外，安徽省文物考古研究所出版了《凤阳大东关与卞庄》《皖江汉魏古铜镜选粹》《安徽乡土建筑》《霍邱堰台——淮河流域周代聚落发掘报告》等专著和《文物研究》(第十七辑)。

【机构及人员】

全省各类文物管理机构和单位达到212多个，从事文物工作人员达到2432多人，其中中、高级职称人才521人。全省文物机构从业人员2434人，高级职称人员136人，仅占总人数5.6%，中级职称人员385人，占总人数15.8%。如省博物馆现有实际从业人员163人，其中在编102人，聘用61人。据初步统计，近年来及在此轮机构改革中，安庆市、铜陵市、宣城市、马鞍山市、黄山市、六安市、固镇县、泗县等市、县新组建成立了文物局。省文物局、黄山市文化委荣获全国文化遗产日活动组织奖先进集体，张宏明、宋百灵荣获全国文化遗产日活动组织奖先进个人。

【对外交流与合作】

2010年9月，由中国文物交流中心承办的“中国元代艺术展”在美国纽约大都会艺术博物馆展出。安徽省文物局以反映元文化精髓为主旨，从安徽省博物馆、淮南市博物馆、歙县博物馆及岳西县文物局遴选出具有代表性的11件(套)元代文物赴美参展，并派专家参加了巡展工作。本次展览深受观众好评，取得了圆满成功。

福建省

【概述】

2010年，福建省文物工作者坚持以深入学习实践科学发展观为统领，主动融入、主动服务于海峡西岸经济区建设和文化强省建设大局，突出重点，兼顾全局，圆满完成了各项工作任务。

福建省以社会宣传为工作重点，精心组织“国际博物馆日”“文化遗产保护日”系列活动；全省文物行政执法工作者苦练内功，加大对文物保护单位和博物馆安全的巡查与监管力度，行政执法效能显著提高；各类博物馆、纪念馆在免费开放中积极发挥公共服务功能，举办丰富多彩的展览，取得良好的社会效益，促进了博物馆事业的大发展；组织开展对台文化文物交流活动，大力推进涉台文物保护单位修缮工作；全面完成第三次全国文物普查实地调查阶段各项工作，“文物调查及数据库管理系统建设”取得成效；开展文化遗产专题调研，编制《福建省文物保护项目及经费需求“十二五”规划》《福建省“十二五”期间文物抢救性保护设施建设项目规划》《福建省“十二五”地市级博物馆专项建设规划》等专项规划，争取在“十二五”

期间福建省文物保护经费总体上有明显增长。

【法规建设】

福建省文物部门积极配合福建省人大常委会工作部门，深入世界文化遗产地的镇、村开展立法调研，形成了《福建省“福建土楼”世界文化遗产保护管理条例（草案）》提请省人大常委会审议；提出了《福建省“武夷山”世界文化和自然遗产保护条例》等法规的修改意见。

【执法督察与安全保卫】

积极会同公安、消防部门，集中三个月时间在全省范围内开展以文物消防为重点的文物单位消防安全大检查，对全省424处省级以上文物保护单位中的古建筑、近现代代表性建筑、石窟寺，重点博物馆、纪念馆等文物收藏单位，文物考古工地，文物保护工程施工现场等文博单位进行拉网式检查。对检查中发现的安全隐患和消防安全管理问题，及时报告各级政府，行文通报各级文化文物行政部门，督促其整改。随后，福建省文化厅、文物局和省公安厅又联合组织对文物消防安全隐患整改重点单位进行跟踪督办。

加强文物巡查与安全监管工作。密切关注汛期文物安全，及时深入汛区第一线了解文物安全状况，组织抢险救灾工作。通过建立文物灾情信息报告制度，及时统计汇总灾情，采取有效措施，组织抢险救灾和开展灾后文物维修，将受灾的文物损失降到最低程度。全年全省各地受灾的文物单位共有394处，经济损失约23819万元，争取到国家和省财政专项用于抢险救灾和灾后维修经费约6500万元。

依法把好关口，严厉打击各种破坏文物的违法犯罪活动。积极配合公安、边防等部门，严肃查处各类盗窃、盗捞文物的违法犯罪活动，确保文物安全。认真做好涉案文物的审核工作，全年为公安、边防、司法部门鉴定涉案文物23起，其中二级文物1件、三级文物5件、一般文物932件、工艺品81件、标本12件。

【不可移动文物的保护和管理】

（一）概况

福建省拥有全国重点文物保护单位85处182个点，省级文物保护单位511处；市县级文物保护单位近5000处，形成了国家、省和市、县（区）三级文物保护的有效管理体系。漳州古街、泉州中山路入选第二批“中国历史文化名街”，顺昌元坑镇等4个镇、福州闽安村等7个村申报列入第五批中国历史文化名镇（村）。

全面完成福建省第三次全国文物普查实地调查阶段任务。4月28日～29日，召开了福建省第三次全国文物普查第二、三阶段转段工作会议暨文物调查及数据库管理系统建设项目推进会。7月8日，召开福建省第三次全国文物普查领导小组第三次（扩大）会议，省第三次全国文物普查领导小组组长、省政府副省长陈桦主持并作重要讲话。全省84个县（市、区）的实地文物调查工作成果通过了国家文物局“三普办”的整体验收及电子数据的验收与移交。全省共登记不可移动文物33577处，其中新发现23312处，占登记总数的69.5%；复查10265处，占登记总数的30.5%。其中“大田土堡群”等14项文物普查重要新发现列入2008年、2009年《第三次全国文物普查重要新发现》。省文化厅、省文物局授予22个文物普查队（组）“福建省第三次全国文物普查实地文物调查阶段突出贡献集体奖”、96名文物普查队员“福建省第三次全国文物普查实地文物调查阶段突出贡献个人奖”的荣誉称号。其中，永安市、永定县文物普查组荣获“第三次全国文物普查实地文物调查阶段突出贡献集体奖”，林跃先等7人荣获“第三次全国文物普查实地文物调查阶段突出贡献个人奖”。

突出涉台文物、水下文物和中央苏区革命文物的保护。9月29日，福建省文物局召开《福建省涉台文物保护总体规划》初审会。12月17日，国家文物局在福州召开涉台文物保护工程“十一五”绩效评估暨“十二五”规划编制调研会，国家文物局副局长顾玉才出席会议并作重要讲话。组织开展的全省范围的涉台文物保护工程进展情况检查，制定了《福建省涉台文物保护工程专项资金管理暂行规定》，以加强涉台文物保护工程质量和专项资金管理，提高了工作效率。结合福建省政协形成的《关于“革命旧址、纪念馆保护和利用情况”的视察报告》中提出的建议，针对福建省革命旧址、革命纪念馆保护和利用的实际情况，制定全省革命旧址保护和革命纪念馆建设的具体抢救措施、保护和提升规划项目。

规范文物保护工程勘察设计、施工和监理的管理，出台了《福建省涉台文物保护工程管理办法》和《福建省文物局关于加强和规范文物保护工程设计方案管理的通知》，推行文物保护工程专家咨询制度。

有计划、有重点地推动泰宁尚书第、建阳朱熹墓、泉州开元寺双塔、东山关帝庙、建瓯文庙、汀州城墙惠吉门、龙海林氏义庄、安溪文庙和长汀红军长征出发地等一批重点文物保护规划和保护维修方案的编制工作。启动泉州天后宫、漳州林氏宗祠、邵武李纲祠和连城新泉革命旧址等一批重点文物保护工程。完成福州三坊七巷—朱紫坊建筑群中的宫巷林氏民居、福清龙江桥、莆田蒲坂郑氏宗祠等重点保护工程。组织编制德化屈斗宫窑大遗址保护规划和保护工程方案。

（二）全国重点文物保护单位

加强全国重点文物保护单位的管理。福建省文物局每季度组织一次，设区市每月组织一次安全巡查，建立省级季报、设区市月报的安全通报制度。指导各地健全完善全国重点文物保护单位各项管理制度，配备安防和消防设施设备。举办全国重点文物保护单位安全责任人和安全保卫骨干培训班，强化安全防范意识和管理能力。结合各种活动不定期开展安全抽查，督查群众信访件。投入大量经费，做好维护修缮工作，及时消除可能对全国重点文物保护单位安全造成威胁的各类隐患。

（三）世界文化遗产

积极组织将厦门“鼓浪屿”申报列入世界文化遗产，进一步协调争取将“海上丝绸之路：泉州、漳州史迹”、厦门“鼓浪屿”、“闽南红砖建筑”、“福建船政建筑群”、“闽东北木拱廊桥”、“福州三坊七巷历史街区”等申报列入《中国世界文化遗产预备名录》。

【考古发掘】

（一）概况

积极配合经济建设，开展福永高速公路、双永高速公路、古武高速公路武平段、海西网长泰美宫至陈巷高速公路、漳州联络线南靖至龙海高速公路和赣龙铁路扩能改造工程（福建段）的文物调查、勘探和抢救性考古发掘工作，其中较为重要的有双永高速公路龙岩段龙顶山遗址、宁武高速公路政和段六朝墓葬、福永高速公路闽侯段碗窑山窑址、京福铁路武夷山段上七丘岗遗址、向莆铁路将乐段陶窑、东山白塘澳遗址，以及漳平奇和洞等，为研究福建历史文化提供了重要的文物资料。

（二）重要考古项目

1. 双永高速公路龙岩段龙顶山遗址

2010 年 3 月初至 4 月底，福建博物院与龙岩市文化与出版局组建考古队对龙岩市新罗区铁山镇林邦村东面的龙顶山遗址进行了抢救性考古发掘，发掘面积共 500 平方米，揭露二座房屋和一批灰坑、墓葬遗迹。从房屋结构来看，均为干栏式建筑，平面呈圆形，仅存内外二圈圆形柱洞，面积约 6 平方米左右。出土遗物以石器、陶器为主。陶器主要器形有罐、釜、盆、钵、豆、尊、勺、纺轮等，陶片大部分为夹砂陶，胎质紧密，烧成温度较高；器物纹饰网格纹为主，还有方格纹、篮纹、水波纹、曲折纹、云雷纹等。石器主要为磨制石器，此外还有大量的石坯件以及石核等，器形有砺石、石镞、石砧、石锤、石环、石扳指、石球、石管芯、石锛、石斧、石刀、石锥、石戈、石臼等。

从遗址出土砺石数量较多，均有使用痕迹，大部分破碎严重，以及出土较多的石刀、石镞、石锛等石器残件和石器制作材料等，龙顶山遗址可能是个石器加工场所。从出土陶器的器形、纹饰等风格来看，其与粤东商周时期的古文化有着千丝万缕的联系。从出土较多的石镞、网坠、纺轮等来看，说明当时此处人类的经济生活方式应当以渔猎经济为主。

2. 宁武高速公路政和段六朝墓葬

南平市政和段六朝墓葬于 2010 年 7 月 ~10 月，因宁武高速（宁德—武夷山高速公路）建设，对政和县石屯镇长城村、蝴蝶街村、松原村等处的黄泥岭、后门山、上林山、黄泥山、蝴蝶结后山、凤凰山埋葬的六朝墓葬进行抢救性考古发掘。发掘清理了 62 座西晋至南朝时期砖室墓和两座烧制墓砖的陶窑。出土随葬品约 150 余件，有青瓷器、陶器、银器、铜器等。青瓷器有盘口壶、五盅盘、博山炉、唾壶、钵、罐、碗、盘、盅、灯架等；陶器有三足盆、纺轮等；银器有手镯、发钗、指环等；铜器有铜镜、铜钱、铜发簪、铜钉等。

墓砖模印纹饰有龙纹、（双）鱼纹、叶脉纹、篦梳纹、兽面纹、钱纹、莲瓣纹、人像纹、曲折纹、直线纹、篦梳、网格、双线交叉纹，以及莲花化生图和骑马出行图等，其中龙纹、鱼纹、叶脉纹、兽面纹、莲瓣纹变化多样，尤以叶脉纹和兽面纹为最，还有多种纹饰组合等。墓砖模印纪年由西晋至南朝均有，如“永嘉二年八月”“永康元年七月立”“咸和五年八月十五日”“宋大明元年七月起葬”及“元嘉”“元康”“建元”“泰始”等年号，以及“长生富贵”“黄”等字。

3. 福永高速闽侯段碗窑山窑址

碗窑山宋代窑址位于福州市闽侯县南屿镇双龙村东，1952 年发现，1989 年公布为闽侯县第一批县级文物保护单位。由于福州—永泰高速公路拟穿过碗窑山窑址的主体，2010 年 7 月开始，对碗窑山窑址进行抢救性考古发掘，11 月中旬考古发掘田野部分结束。

碗窑山窑址发掘面积 2500 平方米，发现 4 座宋代龙窑的窑炉遗迹，揭露部分保存较好，出土了大批文物标本，取得了重大收获。在省市等各级政府、省文化厅、文物局、福建博物院和高速公路基建部门的共同努力下，高速公路该路段的改线方案已基本确定，碗窑山窑址计划原址保护。

碗窑山窑址保存有较完整的窑炉遗迹（窑墙倒塌堆积、窑门、护窑墙、窑旁工作平台等），其中 Y1 窑底坡度达 35°，是国内已知宋代龙窑中窑底坡度最大的；Y2 的窑炉遗迹，其部分窑墙及窑顶的倒塌堆积保存基本完整，在我国南方龙窑考古中极为罕见。

经过对窑炉遗迹的地层叠压关系、出土瓷器标本的器物特征等的初步分析，碗窑山窑址的大致生产年代为北宋晚期~南宋晚期，产品有青瓷、青白瓷、黑釉器等，体现了这一时期闽江流域窑业达到的水平。

4. 向莆铁路将乐段陶窑

将乐段陶窑位于三明市将乐县。在2009年第一次发掘基础上，2010年11月~12月继续完成未发掘的窑址，并对列入建设用地的火烧岭遗址和调查中新发现的五马山窑址进行了小面积试掘。经过发掘，发现了当时用于擂茶的制陶遗址，其产品与现在仍然流行的将乐擂茶紧密相关，对揭示擂茶具的种类和演变及擂茶习俗的形成提供了宝贵资料。

5. 东山白塘澳遗址

位于漳州市东山县康美镇城垵村西北1500米的尖公山西面坡与白塘澳海滩之间的沙堤上，沙堤平均高于海平面约2米。遗址三面环山，西面面向东山湾，分布面积约5000平方米。

2010年6月~8月对旗滨玻璃厂厂房扩建工程涉及的遗址进行抢救性考古发掘，确定为青铜时代遗存，距今3000年左右。其文化堆积厚，延续时间长，特别是青铜时代遗存的发现，填补了东山县此类考古学文化的空白，为进一步完善闽南沿海地区考古学文化序列提供了重要资料。

6. 漳平奇和洞遗址

坐落在漳平市象湖镇灶头村东北4公里，因周边河谷地带炸石取矿现象严重，而进行抢救性考古发掘。根据洞口所布探方已揭露出的文化堆积层分析，时代从旧石器晚期一直延续到新石器早期（北京大学C14实验室年代测定，距今17000至7000年）。文化内涵极富地域特色。陶器组合为釜、罐、盆（碗）、钵、盘和盅等；器形以敞口、高领或束颈、鼓腹、平底和圜底为特征，口沿处部分有锯齿状压印纹，以锯齿纹、戳点纹及压印纹组合最具特色，还有绳纹、戳点纹、曲折纹、篮纹等。石器有石锛、石斧、砺石、石坯、石球、石刀、石锤、石砧、石凿、凹石、石网坠、砍砸器和磨制石器等。

奇和洞揭露出的旧石器时代石铺面、新石器时代初期人类活动面，表明早在距今17000年前，人类已经开始了在奇和洞的定居生活。遗址出土的两具人类头盖骨和部分肢骨，代表两个时期生活在奇和洞的居民，对研究晚更新世末及全新世初期我国南方人群体质特征，并为结合年代与周口店山顶洞人体质数据比较我国南北古人类体质差异，提供了重要资料。

【博物馆与可移动文物保护】

（一）博物馆

进一步深化博物馆、纪念馆免费开放工作。2010年安排免费开放补助经费2049万元。各级博物馆、纪念馆通过免费开放，不断开拓服务社会功能，总体运转良好。配合财政部、国家文物局调研组来闽开展博物馆免费开放工作调研，并召开“福建地区博物馆、纪念馆免费开放工作座谈会”，围绕着免费开放工作的基本做法、经验体会、工作成效、问题困难展开了探讨和交流。

为了加强博物馆、纪念馆免费开放经费的管理和监督，建立了免费开放专项补助资金落实和使用情况报告制度；健全博物馆、纪念馆免费开放的绩效考评制度；在开展全省各级博物馆、纪念馆免费开放专项经费到位和使用情况自查的基础上，由省文化厅、省文物局组织检查组到各地交叉互查，提高了免费开放经费的使用效益。

加强指导，提高博物馆、纪念馆运行水平。围绕着定性评估、定量评估和现场复核三个环节，精心组织开展国家一级博物馆的运行评估。为了进一步调动社会力量参与博物馆、纪念馆建设的积极性，省文化厅等七个厅局及时转发了国家七部局《关于促进民办博物馆发展的意见》，积极鼓励、支持民办博物馆建设和发展。福建省文物总店充分发挥文物藏品资源优势，依托新修复的全国重点文物保护单位——三坊七巷的二梅书屋，组建福建民俗博物馆，为福州三坊七巷历史文化传统街区增添了一道亮丽的文化风景线。

福建博物院的固定展览“福建古代文明之光”，自2009年开始整改，2010年6月试开放，期间向媒体、专家、观众等社会各界广泛征集整改意见，并将收集到的建设性创意和想法大胆吸收、落实到展览整改之中，从而使该展览从内容到形式上都得到很大提升，正式展出后受到社会各界人士的肯定。闽西革命历史博物馆对陈列展览进行改版，设置“红色闽西”“闽西英烈”“闽西红土名人”“中央苏区·福建”等专题展览，得到了原国家副主席曾庆红、原全国政协副主席张克辉等老领导，以及老将军、老同志及其家属和观众的高度评价。福建·中国闽台缘博物馆展示的17世纪荷兰古籍“被贻误的福尔摩沙”和“第二、三次荷兰东印度公司使节出访大清帝国记闻”等展览亦颇具特色。

福州市博物馆与漳浦县博物馆联合举办的“茶韵飘香——紫砂壶珍品展”，厦门博物馆推出的“故宫藏金银器展”，泉州市博物馆与上海嘉定博物馆联办的“中国科举文化展”，晋江市博物馆的“贴得人间喜气来——晋江博物馆藏中国年画展”赴江苏常熟博物馆、吴江博物馆巡展，以及晋江博物馆从厦门陈嘉庚纪念馆引进的“陈嘉庚与南侨机工”展等，都取得良好的社会效益。

（二）可移动文物保护

“文物调查及数据库管理系统建设”取得成效。根据国家文物局的统一部署，严格按照《福建省文物调查及数据库管理系统建设项目实施工作方案》，采取抓重点带全面、抓试点促全省、单位之间互相帮、骨干交流作指导、人员不足设备补等多种方式，克难攻坚，积极推进文物信息化管理系统建设。8月份按时完成全省馆藏一级文物数据采集、拍摄和录入任务，并将数据报送国家文物局数据中心。截至2010年底，全省完成馆藏珍贵文物80924件（套）数据采集、录入，其中一级文物1031件（套）、二级文物2547件（套）、三级文物77346件（套）；拍摄文物藏品影像366355张，数据总量6894.6GB，首次以数字化手段调查、完善了福建省馆藏珍贵文物的资料。

【社会文物管理】

做好出入境文物鉴定和文物销售、文物拍卖标的审核工作，加强文物流通市场的监督管理。为各类文物进境、出境审核94人次，鉴定文物1773件，工艺品和复制品942件；为海关鉴定查没、收缴文物1800件；为拍卖行鉴定审核拍卖标的21场次，鉴定各类拍卖标的6137件，批准上市拍卖标的6094件，撤拍标的43件。同时，积极配合各地开展馆藏文物数据项目建设，鉴定馆藏文物1926余件，其中一级文物35件、二级文物93件、三级文物1159件、一般文物200件。

【科技与信息】

加强考古科研工作。组织福建博物院考古研究所与国家博物馆水下考古研究中心合作，开展平潭海域至漳州漳浦—龙海海域水下文物普查，基本摸清这一区域水下文化遗址分布情况；组织与国家水下文物保护中心一道完成了龙海半洋礁一号水下遗址的进一步勘探工作。

【文博教育与培训】

全省文化文物系统有130名文物机构管理干部参加了与国家文物局联合举办的“福建省地市文博管理干部和全国重点文物保护单位保护管理机构负责人”培训班学习，有20名文物行政执法人员参加了2010年度全国文物行政执法人员片区轮训。

【文博宣传与出版】

围绕新修订的《福建省文物保护管理条例》的颁布实施，以“国际博物馆日”“文化遗产日”活动作为文物法律法规的普法宣传和文化遗产保护宣传工作的平台，充分发挥各文博单位的重要作用。以第三次全国文物普查实地调查阶段的成果和重要新发现为、配合基本建设考古调查和发掘成果亮点，举办各种形式多样、丰富多彩的展览，以及福建与南岛语族论坛、闽台对渡（城隍）文化研讨会等。

福州市博物馆在“福州晚报”开辟“福州市馆藏文物精品介绍”专栏，每周一期。福州市文物局编写出版《福州涉台文物》。闽西革命历史纪念馆组织编写《永远的丰碑》《图说福建——风展红旗如画》。古田会议纪念馆撰写出版《红色记忆——中央苏区报刊图史》《党建之魂：古田会议开辟党建成功之路》。云霄县博物馆出版《水月楼丛谈》《漳州涉台文物》《漳台圣宗——台湾开漳圣王信仰》等书，对宣传地方文博知识起到了积极的作用。

【机构及人员】

加强文物机构和队伍建设。在福建省委、省政府高度重视下，设区市一级在保留了福州市文物局、泉州市文物局的基础上，厦门、三明、龙岩、宁德市分别在机构合并后的文化广电新闻出版局加挂市文物局牌子。

【对外交流与合作】

组织开展对台文化文物交流活动。以福建省考古博物馆学会名义，牵头组织涵盖了闽台两地共同渊源的百家姓氏117部205册旧族谱、6幅祖图、37部64册新修编族谱的“闽台宗亲交流暨姓氏族谱展”在台南市吴园举办，闽台两地宗亲代表约400余人欢聚一堂，以族谱为中心话题开展交流活动，得到社会各界认可和赞同。由省文化厅、省文物局牵头，先是厦门市博物馆、继而是福建·中国闽台缘博物馆与台湾中华花艺文教基金会联合举办的“书、香、茶、花——两岸文物精品展”，促进了海峡两岸的书法、茶道、香道和插花等传统技艺的互动交流。福建博物院的“‘福建工艺之美’台湾特展”、福建中国船政文化博物馆和台湾长荣海事博物馆在台北联合举办“福建船政——清末自强运动的先驱”特展，皆收到良好效果。

配合法属波利尼西亚议会议长访问福建，福建省昙石山遗址博物馆专门为从法属波利尼西亚驾独木舟漂流百余日到福建开展寻根活动者，举办了“南岛语族‘寻根之路’掠影——‘寻根之路’图片特展”，密切了中国与南岛语族国家的传统友谊。

【其他】

2010年2月13日，农历大年三十，中共中央总书记、国家主席、军委主席胡锦涛参观福建古田会议纪念馆，视察永定客家土楼。在土楼中，胡总书记谆谆叮嘱：“客家土楼是中华文化瑰宝，是大家庭、小社会和谐相处的典范，一定要把祖先留下的这份珍贵遗产守护好、传承好、运用好。”

应厦门市委、市政府邀请，2010 年 9 月 17 日，国家文物局单霁翔局长专程到厦门考察并为厦门市召开由市四套班子成员和市直各部门、各区政府领导等作专题讲座。单局长以“从功能城市走向文化城市”“从文物保护走向文化遗产保护”两个专题，结合生动事例，就我国文化遗产的现状与保护进行了全面、系统的阐述，深受大家欢迎。

江西省

【概述】

2010 年，是完成“十一五”规划、全面实现建设小康社会“三步走”第一步战略目标的收官之年，是江西省文物事业快速发展，成绩显著的一年。全省文物系统深入学习党的十七届五中全会精神，在省委、省政府的正确领导和省文化厅党组的统一部署下，打基础，抓重点，注创新，求实效，积极争取国家文物局和相关部门对江西文物工作的支持，全省文物工作攻坚破难、扎实推进、讲究实效、成绩斐然，全面完成“十一五”规划要求的各项工作任务，系统总结全省文物工作的经验和教训，科学筹划“十二五”规划的目标、任务和措施，编制了《江西省文物事业“十二五”项目经费需求》和《江西省文物事业“十二五”发展规划》，为抢抓机遇、实现“十二五”期间把江西建设成为文物强省的宏伟目标奠定了扎实基础。

【执法督察与安全保卫】

联合开展文物单位消防安全大检查，对全省各级文物保护单位、博物馆（纪念馆）等文物收藏单位、文物考古研究所、文物保护工程施工现场等单位和场所进行全面检查，共检查文物单位 1251 处，发现隐患 188 处，当场下发整改通知 110 处。开展了全省田野文物安全检查、文物单位火灾隐患大排查大整治等行动，通过系列检查，排除了安全隐患，增强文物单位安全意识，确保全年文物的安全。全省文物部门与公安机关密切配合，加大文物违法案件督办力度，严厉打击文物犯罪，先后督办了新建县铁河古墓群被盗案、吉安市安福县盗掘文物案等案件，抓获一批文物犯罪嫌疑人并依法追究刑事责任。

【不可移动文物的保护和管理】

（一）概况

截至 2010 年底，全省共有全国重点文物保护单位 52 处，省级文物保护单位 333 处，市县级文物保护单位 2300 多处，调查的不可移动文物 34611 处。国家级历史文化名城 3 座，省级历史文化名城 4 座，中国历史文化名村镇 21 个，江西省级历史文化名村镇 66 个。

（二）基层文物保护

2010 年是全省基层文物保护工程连续实施的第三年，扎实做好了 50 个不可移动基层文物保护项目的实施工作。全省狠抓文物保护工程全程管理，狠抓文物保护工程质量建设，狠抓文物保护资质培训和文物保护从业队伍建设，7 月 ~ 9 月，组织开展基层文物维修项目调度工作，2008 年安排的 39 个项目基本完成，2009 年的 38 个项目进展顺利，2010 年的 50 个项目有序推进，全省文物保护单位保护状况得到明显改善。全年全省重要文物保护工程中央财政投入 3640 万元，省级财政投入经费 3200 万元。

（三）规划编制工作

对瑞昌铜岭铜矿遗址、星子秀峰摩崖和新干牛头城址、仙水岩崖墓群等保护规划进行初审并上报国家文物局，全省过半全国重点文物保护单位保护规划已经完成编制或开始编制；向国家文物局呈报中央红军长征出发地旧址——中央红五军团团部旧址等一批维修设计方案，吴城遗址保护工程等设计方案通过国家文物局批准；对全国重点文物保护单位洪村光裕堂、理坑村大夫第和闽浙赣省委机关旧址等维修工程进行了验收并下发了书面验收意见。同时，积极做好诚敬堂等一大批省级文物保护单位维修方案批复工作。

（四）大遗址保护

景德镇御窑厂遗址被国家文物局公布为第一批国家考古遗址公园立项名单，御窑厂遗址、吴城遗址、湖田窑遗址等3处大遗址获国家大遗址保护专项经费支持，一批大遗址保护项目顺利实施。

（五）历史文化名村镇保护

做好第五批国家级历史文化名村镇和第四批省级历史文化名村镇申报推荐工作。吉安市青原区富田镇等6处村镇被住房和城乡建设部与国家文物局公布为第五批中国历史文化名镇名村。

【考古发掘】

（一）概况

2010年，江西省考古资质单位配合基本建设工程进行的考古调查、勘探项目共26个。高安华林造纸作坊遗址入选“中国社会科学院考古学论坛·2009年中国考古六大新发现”和“2009年全国十大考古新发现”；承办“中国南方考古工作经验交流会”，进一步扩大了江西文物考古工作在全国的影响；启动全省水下考古调查前期工作，填补水下考古工作空白；配合重大建设项目，完成沪昆铁路江西段、南昌轨道1号线、奉新至铜鼓高速公路等一大批工程的文物资源评估、勘查和抢救性考古发掘工作。

（二）重要考古项目

2010年，与厦门大学历史系考古专业合作共同对靖安高湖乡老虎墩遗址进行了主动性考古发掘。发掘新石器时代晚期的祭祀台遗迹、100多座距今4500年前的古代墓葬，出土了数百件陶器、石器。从遗址的下层出土的距今6000年前的新石器时代中期的红陶遗存，是此次发掘的重大收获，也是近十多年以来江西新石器时代考古的重要收获。

（三）出土文物保护

与中国丝绸博物馆合作，开展靖安县水口乡李洲坳东周墓葬“东周纺织品织造技术挖掘与展示”科研项目。该项目为国家“指南针计划”试点项目，是国家“东周纺织织造技术挖掘与展示——以出土纺织品为例”两大科研项目之一，获国家文物局文物保护科学和技术创新二等奖。

【博物馆与可移动文物保护】

（一）概述

截至2010年底，全省在省级文物行政部门登记的博物馆共116家，其中文化（文物）系统管理的104家，行业博物馆8家，非国有博物馆4家。全年新增博物馆8家，其中3家为江西省首次审批成立的民办博物馆。全省文物系统国有文物收藏单位共有107家收藏珍贵文物，总计42170件（套），其中一级文物1325件（套），二级文物4955件（套），三级文物35890件（套）。全年全省博物馆（纪念馆）举办各类展览500个，吸引观众1900万人次，其中未成年人1200万人次。

（二）博物馆免费开放

首创性提出“博物馆质量建设年”

活动，围绕此项活动开展会议、座谈、培训、评比、考察等18项活动，既冲破了省级文物行政部门经费制约的瓶颈，又最大限度地调动了基层文博单位和职工的积极性。这18项活动中，有一半以上是江西省文博史上的首次，且90%以上是基层单位首次承办全省性的活动，全省博物馆管理和服务水平得到显著提高，博物馆工作社会影响进一步扩大，活动得到了国家文物局的高度评价，称其为“继率先实现博物馆免费开放后江西在全国的又一次创新”。

（三）博物馆馆舍建设

2010年，萍乡市博物馆、抚州市博物馆新馆开馆，八大山人真迹陈列馆、南昌新四军军部旧址陈列馆等新馆主体完工，吉安、宜春、九江三个设区市和德兴、进贤、德安、新干、高安、丰城、玉山、上高、黎川、横峰、星子等十多个县级博物馆新馆工程陆续开工或立项，江西省博物馆、景德镇民窑博物馆、鹰潭市博物馆、靖安县博物馆、永修县博物馆等十多个博物馆改造提升。

（四）文物陈展与交流

全省馆际交流与文物交流活跃。安源路矿工人运动纪念馆倡导发起召开“秋收起义纪念馆、纪念地工作合作座谈会”，两省八地纪念馆负责人共谋秋收起义红色品牌的打造与发展大计；省博物馆立足“展览活馆”，推进基本陈列改陈，引进和推出精品展览21个；省文物考察团赴西欧和台湾进行考察；组织文物精品赴沪参加世博会、赴京参加“中国廉政文物展”、赴美参加“中国元代艺术展”。

1月28日，省博物馆与宁波博物馆联合举办的“竹忆江南——宁波博物馆藏明清竹刻艺术展”在省博物馆展出，共展出文物99件，展期3个月。

3月12日，省博物馆与广西省博物馆联合举办的“千年瓷都——江西省博物馆藏瓷器精品展”在广西省博物馆展出，共展出121件（套）文物，展期2个月。

4月1日，省博物馆与深圳博物馆联合举办的“商代遗珍——江西新干大洋洲出土文物精华展”在深圳博物馆展出，共展出文物125件（套），展期5个月。

7月16日，省博物馆与吉林省博物院联合举办的“明墨菁华——吉林省博物馆院藏明代书画精品展”在省博物馆展出，展出文物65件，展期1个月。

8月20日，省博物馆与黑龙江省博物馆联合举办的“铁笔翰墨——邓散木书画篆刻艺术展”在省博物馆展出，展出文物144件（套），展期1个月。

9月20日，省博物馆选送2件吉州窑瓷器参加在美国大都会博物馆举办的“忽必烈的时代”展览，展期3个半月。

10月1日，省博物馆与首都博物馆、北京福海文化发展有限公司联合举办的“华风欧韵——景德镇清代外销瓷精品展”在省博物馆展出，展出文物141件，展期3个月，并配套出版了《华风欧韵—景德镇清代外销瓷精品展》展览图录。

11月15日，省博物馆与宁波博物馆联合举办的“商代江南——江西新干大洋洲出土文物精华展”在宁波博物馆展出，共展出125件（套）文物，展期2个月。

12月14日，省博物馆选送4件（套）新干大洋洲商代文物参加国家文物局主办、首都博物馆承办的“百工千慧——中国文物保护科学和技术成果展”，展期1个半月。

12月30日，省博物馆与浙江省博物馆联合举办的“千年雷峰塔——雷峰塔暨浙江吴越佛教遗珍特展”在省博物馆展出，展出文物93件（套），展期3个月，并配套出版《千年雷峰塔——雷峰塔暨浙江吴越佛教遗珍特展》展览图录。

（五）文物调查及数据库管理系统

截至到2010年底，江西省馆藏珍贵

文物基本完成了数据采集和入库工作。全省共采集文物文字数据42000条，数码照片210993张，数据总量915.97GB。其中一级文物1325条，照片12844张；二级文物4940条，照片30065张；三级文物35735条，照片168108张。采集的文物信息全部进入省文物数据中心机房，由四名专业技术人员负责更新维护，初步实现了全省馆藏文物信息的动态管理。

【社会文物管理】

社会文物管理工作有条不紊。加强与南昌海关的交流与合作，共同打击文物走私活动。加大对省文物商店的监管和指导，省文物商店全年经营总额首次突破千万，达到1100万元，实现年末库存增值。

【文博教育与培训】

坚持"请进来""走出去"并举，大规模开展全省文物系统在职人员培训。2010年，陆续举办了全省地市文博管理干部和全国重点文物保护单位负责人培训班、全省博物馆保管员和讲解员培训班、田野考古培训班等一系列文博系统综合管理和业务培训班，同时派30名文物执法人员参加了国家文物局在海口市举办的全国文物行政执法培训班。参训人员对上述培训普遍叫好，称"开阔了眼界，学到了本领"，为全省文博工作者把握当前文化遗产事业的发展趋势，掌握文物保护相关法律法规政策，提高业务素质和水平起到了积极作用，全省文博系统人才培养和队伍建设工作迈上了新台阶。

【文博宣传与出版】

结合"国际博物馆日""中国文化遗产日"等宣传日活动，充分利用电视、报纸、网站、展览、横幅标语、黑板报、展板等各种形式，加大《文物保护法》和文物保护利用知识的宣传普及力度，努力提高全社会的文物保护意识。5月18日，为庆祝国际博物馆日，省博物馆举办"瓷艺丹青——景德镇陶瓷馆藏'珠山八友'时期瓷器精品展"，共展出文物105件，展期3个月。6月12日，为庆祝文化遗产日，省博物馆举办"红花墨叶——辽宁省博物馆藏齐白石书画精品展"，共展出文物153件，展期1个月。

开展全省第三次全国文物普查百大新发现评选活动，进一步提升文物普查社会影响。评选活动引起了江西省内外和港台新闻媒体以及社会公众的高度关注，《江西日报》和《江南都市报》均用较多版面对活动评选情况进行了详细报道，省外和港台有关媒体也对活动争相报道，如中国新闻社采写的《章亚若旧居等入选江西省百大普查新发现》的报道在《中国日报》刊发后，台湾中央社、《中国时报》、《联合报》以及香港《大公报》等都进行了全文转发；社会公众积极参与网上投票，江西省文化厅网站共有748247人次参与了投票，共有14项新发现的得票数超过2万票。

【江西省第三次全国文物普查】

截至2010年底，全省共登记不可移动文物34611处，其中新发现29935处，复查4676处。4月底，省普查办对全省99个县（市、区）的验收工作如期顺利完成，10月中旬和11月初，全省"三普"各项电子数据和"三普"实地文物调查阶段工作相继顺利通过国家验收，全省"三普"工作呈现出领导高度重视、新发现增长率高、新发现价值大的特点，不可移动文物总量为普查前的6倍，位居全国第十一位。

表彰了全省第三次全国文物普查工作先进单位和个人；召开了全省第三次全国文物普查成果转换专家座谈会，组织编写《江西文物古迹图典》《江西省馆藏文物珍品》和《赣鄱之光——江西考古大发现》等系列图书，普查成果转换工作顺利进行。

山东省

【概述】

2010 年是“十一五”的收尾之年，也是山东文化遗产事业继续健康高速发展、全面完成“十一五”各项工作的任务、取得辉煌成绩的一年。在山东省委、省政府的正确领导下，全省文物系统以强烈的使命感和责任感，积极投身文物保护事业，开拓创新，迎难而上，拼搏进取，呈现出蓬勃向上的良好发展态势，有力促进了经济文化强省建设。以山东博物馆新馆建成开放、《山东省文物保护条例》颁布实施等重要成果为标志，山东省文物工作迈上新的台阶，为“十二五”奠定了坚实基础。

【重要事项】

（一）山东博物馆新馆

建设山东博物馆新馆，是山东省委、省政府贯彻落实科学发展观、繁荣发展山东文化文物事业、建设经济文化强省的重大举措。新馆工程于 2007 年 12 月 29 日正式奠基，2008 年 4 月 10 日全面开工建设，至 2010 年 6 月全面完成并进入试运行，2010 年 11 月 16 日正式向社会开放。山东博物馆新馆建设工程，是一项民心工程、德政工程、服务工程，是山东文博事业发展史上划时代的里程碑，是山东文化、文物事业发展的一大盛事，更是山东建设经济文化强省建设的丰硕成果。

山东博物馆新馆占地 210 亩，主体建筑 8.3 万平方米，人防配套工程 4.5 万平方米，广场约 10 万平方米，是此前国内省级博物馆中面积最大、结构最复杂、技术含量和现代化程度最高的大型综合性博物馆。

在山东博物馆新馆建设领导小组的正确领导下，新馆建设坚持以科学发展观为统领，实行全过程精细化管理，始终以质量、安全、进度、廉洁为重点，科学管理、精心组织，攻坚克难，较好地解决了工期、质量和安全之间的矛盾，做到了工期、质量、安全“三确保”。

1. 创新设计理念

新馆设计面向国际招标，经过历时一年时间的遴选、磋商、修改、完善，最终确定了由四家国际著名设计单位联合深化设计的建筑方案。主体建筑汲取中华传统文化天圆地方、天人合一、人与自然和谐发展的理念，整体气势宏伟，在体现历史沧桑感和凝重感的同时，又有浓郁的现代气息。以趵突喷涌为形象代表的钢结构穹顶，寓意着山东经济的腾飞，文化的大发展、大繁荣。

2. 创新科技环保

新馆注重新材料、新技术、新能源的广泛应用，努力打造节能、环保，高科技含量的优质、绿色公益文化建筑。太阳能光伏发电、半导体照明等一系列成熟、先进的科技成果在新馆得以示范应用。仅新馆太阳能光伏发电系统，年发电量 56 万千瓦时，每年可节省标准煤 200 余吨，减排二氧化碳 500 余吨，是节能、绿色、环保的典型代表，已被列为国家可再生能源建筑应用示范推广项目。

3. 创新工程管理

针对新馆工期紧、要求高、任务重

的特点，建立了一整套责任明确、高效便捷、规范有序的科学管理体制。靠制度管理，按程序决策，从根本上解决了多专业分包队伍同时进场、交叉作业，工期紧张、管理难度大的问题，保证了工程的快速、顺利、安全推进。始终以“鲁班奖”和“詹天佑奖”为建设目标，以国内建筑行业质量工程管理和科技创新应用的最高标准要求和管理新馆工程，这在国内建成的大型公益性文化建筑中尚属首例。新馆主体结构完工后即被评为“结构杯”优质工程，为争创“鲁班奖”打下了坚实基础。

4. 创新监督机制

始终坚持公开、透明、廉洁的原则。工程立项之初就主动与济南市历下区人民检察院签订《山东博物馆新馆工程预防职务犯罪备忘录》；邀请省审计厅实施项目建设全过程跟踪审计；凡有重大招投标和会议活动都邀请省纪委、省审计厅、历下区检察院等监督部门全程参与，济南市公证处全程公证，自觉接受各监督职能部门的指导和监督。

新馆展陈总面积2.5万平方米，2010年设有“汉代画像艺术展”“佛教造像艺术展”“山东历史文化展”“孔子文化大展”“明代鲁王展”“馆藏书法展”“馆藏绘画展”“山东考古馆”“瓷器精品展”等10余个展览15个展厅，展线总长约2000米，展出各类文物1万余件。

按照“三贴近”的原则，山东博物馆注重培养和发展志愿者队伍，已形成4800余人的规模化、制度化、常态化的志愿者服务队伍。主要来自驻济高校、研究机构、中小学教师和学生，年龄最大的78岁，最小的只有7岁；利用新馆青少年活动中心和“孔子讲堂”的开放平台，积极开展“山东历史文化进校园”活动，覆盖济南小学到大学各个年龄阶段的青少年群体，充分发挥了博物馆作为爱国主义教育基地的积极作用。

新馆建成开放不到一年，已接纳观众近150万人次，李长春等国家领导同志及百余位省部级领导、90余位外国政要、驻华使节、国际友人前来指导参观并给予充分肯定，同时也得到社会各界的广泛赞誉，屡获殊荣，真正成为济南乃至山东省的文化新地标和展示齐鲁文化的重要平台。

（二）第三次全国文物普查

山东省于2007年开展第三次文物普查工作，省领导高度重视，亲自动员、部署，省政府还与各市签订了文物普查政府责任书。各市、各有关部门按照国务院和省政府要求，精心组织，周密安排，做到人员到位、组织到位、经费到位，普查工作进展顺利，于2010年6月全面完成田野调查工作，全面转入第三阶段——成果整理汇总阶段。截至2010年底，山东省调查登记不可移动文物4万余处。

（三）制定实施发展规划

为推进山东文物事业的长远发展，山东省文物局就组织专门力量，广泛征求、吸纳了文物系统以及社会各界专家学者的意见和建议，编制完成《山东省文物事业发展“十二五”规划》。《规划》重点突出了曲阜片区、黄河三角洲片区、半岛蓝色经济区、泰沂片区、沂蒙片区、鲁西片区和大运河、齐长城文化带“七区两带”文化遗产保护片区。《规划》得到国家文物局的充分肯定，“大遗址保护曲阜片区”、大运河山东段、齐长城、沿海明清海防与近代建筑群，以及鲁国故城、南旺分水枢纽工程、大汶口遗址等3处国家考古遗址公园被列入国家《文化遗产事业发展“十二五”规划》“六片四线一圈”战略框架，涉及大型文物保护项目300多个。

【法规建设】

《山东省文物保护条例》于2010年9

月29日经省第十一届人大常委会第十九次会议审议通过，自2010年12月1日起正式施行。这是山东文物依法行政进程中的一件大事，是山东文物工作走向法制化、规范化、制度化的重要一步，对于保护历史文化遗产、促进山东文化大发展大繁荣、推进经济社会和谐发展，都会产生积极而深远的影响。

山东是文物保护法规颁布最早的省份之一。为进一步适应经济社会发展形势和文物保护工作需要，切实解决山东省文物保护管理工作中遇到的诸多新问题，山东省委、省人大、省政府从建设经济文化强省战略全局出发，做出了立新废旧、重新制定《山东省文物保护条例》的重大决定。新《条例》共七章六十八条，框架结构与《文物保护法》《文物保护法实施条例》保持一致。新《条例》以科学发展观为指导，全面贯彻“保护为主、抢救第一、合理利用、加强管理”的文物工作方针，紧密结合山东文物工作实际，具有“切合山东文物保护实际、突出重点、富于创新、法律责任明确、可操作性强”的特点，在文物管理机构和队伍建设、委托执法、未列入文物保护单位的不可移动文物管理等方面做出一系列新规定，有许多突破和创新，其中不少规定在文物保护地方性法规中尚属首次。

【执法督察与安全保卫】

山东各级文物部门根据法定职责，采取切实有效措施，不断加大文物依法行政工作力度。文物资源较为丰富的县（市、区）建立文物局或文物执法稽查队伍，先后组织开展了文物行政执法督察、文物消防安全大检查、文物安全百日督查等多次专项活动。依法查处非法盗掘、法人违法等案件20余起；全省文物安全形势越来越好，田野文物犯罪发案率逐年下降，馆藏文物连续11年实现安全年。

【不可移动文物的保护和管理】

（一）概述

根据第三次文物普查数据，山东省已发现各类不可移动文物4万余处，其中世界文化遗产3处（泰山、“三孔”、齐长城），全国重点文物保护单位101处，省级文物保护单位687处，市、县（市、区）重点文物保护单位近7000处；省级优秀历史建筑373处；历史文化名城18座，其中国家级历史文化名城7座。

2010年，山东省组织开展了各级重点文物保护单位划定保护范围和建设控制地带、树立保护标志、落实保护机构等“四有”工作；县、乡、村三级文物保护网络初步建立。相继开展全国重点文物保护单位记录档案建档、省级以上重点文物保护单位保护状况调查、非文物系统国有文物收藏单位文物信息调查等基础工作，文物保护工作日趋规范化、科学化。

（二）大遗址保护

山东省政府召开大遗址保护协调会议，就规划“曲阜片区”、考古遗址公园、大运河“申遗”，加强保护机构建设，增加大遗址保护经费，落实大遗址保护责任制等提出明确要求，黄胜副省长出席会议并作重要讲话。省财政设立大遗址保护专项经费，着力推进全省大遗址保护工程。截至2010年底，2011～2013年大遗址保护规划全省工作方案已编制完成，“曲阜片区”保护整体规划编制工作接近尾声，齐国故城、两城镇遗址、城子崖遗址、大辛庄遗址、鲁国故城遗址已完成立项申请。

汶上县南旺枢纽遗址保护工程初见

成效。南旺分水枢纽是大运河重要的水利工程，被后人誉为“可与都江堰相媲美的治水工程”，是中国运河申报世界文化遗产的闪亮节点。南旺枢纽考古遗址公园是2010年10月9日国家文物局公布的第一批国家考古遗址公园之一，项目自立项以来，水工科技馆建设、古建筑维修和考古发掘和环境综合整治等工作稳步推进，成为全省大遗址保护工程和大运河保护“申遗”的一个突出的亮点，受到了国家文物局和全国文博界的充分肯定，对推动山东大遗址保护工作起到了良好的示范作用。

（三）世界文化遗产

大运河“申遗”工作稳步推进。山东运河位于京杭大运河中段，北连京冀，南通江浙，全长600余公里，途经5市、17县（市、区）。根据国家文物局的统一安排和大运河（山东段）保护规划协调会会议精神，山东省先后开展了运河资源调查、考古发掘等系列工作，协调中国文化遗产院等五家单位联合开展规划编制、重点地段保护工作，编制完成了《大运河保护总体规划》，运河沿线5市区域保护规划也经各市政府正式批准。大运河山东段6段河段、61个遗产点已被列入“申遗”预备名单。

【考古发掘】

（一）概况

1. 重大考古发现

2010年8月~12月，对聊城土闸遗址进行了考古发掘。对船闸进行全面的清理、对闸墩上祭祀用的大王庙进行部分发掘，出土瓷器近万件。聊城土桥闸的发掘，是京杭大运河山东段船闸的首次发掘，也是大运河上完整揭露的第一座船闸，对于研究大运河的水工设施，运河沿岸的物质文化习俗，认识大运河在我国古代交流与沟通中的重要作用具有重要意义，也为京杭大运河申报世界文化遗产提供一批新的重要资料。

菏泽元代沉船遗址位于菏泽市东部开发区（牡丹区），地处鲁西黄河冲积平原。2010年9月17日至年底，共发掘面积105余平方米，出土了大批珍贵文物。沉船内及周围区域共清理出土文物117件，包括陶器、瓷器、漆器、玉石、玛瑙、石器、铁器、铜器、金饰等。沉船保存基本完整，为研究元代木船形制及制作工艺提供了实物标本。该船的发现为研究菏泽地理环境的变迁提供了依据；船体内及周围出土的文物类型丰富，器形精美，规格很高，对研究当时上层社会文化生活和社会习俗具有非常重要的价值；出土的元代及时代更早的瓷器数量之大、包含窑口之多，尤其是梅瓶等元代青花瓷器，在全国实属罕见。两件寿山石罗汉像，雕刻工艺精湛，是寿山石雕艺术中的精品。

2. 考古发掘报告

2010年完成的考古发掘报告有《东平后屯东汉壁画墓》《山东济宁玉皇顶遗址发掘报告》《枣庄建新遗址2006年发掘报告》等。

3. 获奖情况

济南市大辛庄遗址入选2010年度全国十大考古新发现。大辛庄遗址位于济南市历城区王舍人镇，该遗址以商代遗存为主，并有少量的后李文化、龙山文化、岳石文化遗存，面积约为30万平方米。山东大学等单位于1984年、2003年、2010年先后对该处遗址进行过多次发掘。2010年的发掘又发现了一批墓葬，出土的青铜器物规格高、组合全，在全国范围内少见。发掘所得资料显示，大辛庄遗址是商代东方地区一处规格最高的遗址，在商王朝对东土的经略中占有极其重要的地位。

（二）重要考古项目

1. 苍山后杨官庄遗址

2010年5月～7月，对位于苍山县神山镇后杨官庄村北约700米的后杨官庄遗址进行了考古发掘工作，出土器物300余件，主要有陶器、石器、骨器、蚌器、角器、铜器、铁器等。

2. 平邑邱上北墩遗址

2010年7月21日～9月8日，对该遗址南部管道占压部分进行了发掘。发掘面积共575平方米。共清理各时期灰坑105个、墓葬2座、水井2眼、沟11条。出土遗物有陶、瓷、石、骨器以及部分铜质品等。

该遗址的文化遗存从龙山文化一直到宋元时期，延续时间较长。特别是龙山文化遗存的发现，对研究汶、泗流域与沂、沭流域交汇的鲁中南地区新石器文化面貌、聚落形态、生业环境等具有重要意义。东周、汉代、宋元时期的文化遗存也为深入了解本地区历史时期的社会生活提供了重要资料。

3. 临朐古城遗址

2010年4月19日～5月9日，对该遗址进行了科学的考古发掘，严格按照国家文物局颁布的田野发掘操作规程，布有5×10米探方10个。这次考古发掘，对探讨研究临朐古城一带史前至周代的政治、经济、文化艺术等，均具有极其重要的意义。

4. 寿光市双王城盐业遗址

2010年4月～11月对寿光市双王城盐业遗址SS8、07遗址进行发掘，清埋商代和宋元时期大量与制盐有关的重要遗迹。制盐作坊的布局与014遗址的不同，对制盐方式的研究提供了新的非常重要的资料。宋元时期的盐井、盐灶、沟等遗迹以及体形较大的盆、瓮等制盐器具的发现，为研究当时的制盐工艺提供了重要的实物资料。

5. 费县西毕城墓地

2010年7月～11月，对费县上冶镇万仓庄、西毕城以北、大青太以西的西毕城墓地进行了考古发掘。这次发掘共清理汉代墓葬121座，战国灰坑1个。出土陶、石、骨、铜、玉等各类文物150余件，为研究古费县的历史文化提供了一批重要的实物资料。

该墓地南边不远即为费县故城，墓地应与其有关。这批墓葬的发掘为研究鲁东南地区的丧葬习俗提供了新资料，也为此地区汉代物质资料的研究提供了依据，同时对费县故城布局的研究具有重要的意义。

6. 昌邑辛置墓地

辛置墓地位于昌邑市都昌街道办事处辛置村西侧，平面略呈东西长，南北宽的长方形，面积约6万平方米。发掘区位于高台地西部边缘，共清理墓葬54座，这批墓葬分布密集，时代特征明显。出土陶、铜等各类文物350余件。年代分别为两周、汉代和清代，为研究鲁北地区历史时期的葬俗和社会形态提供了重要的考古资料。

7. 武城大屯水库墓地

从2010年10月20日开始，至12月2日结束，共发掘清理唐代墓葬20余座，其墓葬大都保存完好，一些墓葬曾在前些年修路挖沟时遭到不同程度的破坏。共清理出土陶罐、陶壶、三彩炉、青瓷碗、瓷壶、瓷灯盏、瑞兽葡萄铜镜、开元通宝铜钱、铜带扣、铁釜、铁炉、铁鼎等各类文物30余件，其中有几件保存较好的精美瓷器。

唐代墓葬的清理，极大地丰富了该地区的历史文化内涵，为研究鲁西北一带唐代晚期的政治、经济、文化、艺术以及当时人们的葬制葬俗等，均提供了极其珍贵的实物资料，具有非常重要的研究价值。同时，也为鲁西北黄河下游地区的考古发掘与研究奠定了良好基础。

8. 临清市河限张庄明清“贡砖”窑厂遗址

2010年11月～2011年1月，对该遗址进行了考古发掘。在村东南沿河布设10×10米探方发掘，揭露了4000平方米，发现9座窑址、2条道路、1座取土坑、3个灰坑及一段左侧河堤，另在村东约1000米处清理了窑址1座。遗物主要为大量青砖块，完整者较少，少量在砖侧面戳印款铭。该遗址为明清时代的官砖窑址之一，这为研究烧砖官窑的生产状况提供了宝贵的实物资料。

9. 临朐双沟遗址、墓地

该遗址位于临朐县辛寨镇双沟村北约100米处，总面积约40000平方米。2010年4月底至5月初，对该遗址进行了科学的考古发掘。

该遗址、墓葬的发掘，有利于研究临朐辛寨双沟一带汉代的政治、经济、文化艺术及清代墓葬的葬制葬俗等。

10. 临朐青石崖遗址

2010年5月中旬至月底，对该遗址进行了科学的考古发掘，发现东周时期各类灰坑32个，灰沟2个。在该遗址第二层下，还发现清代墓葬4座。其墓葬形制有2座为土坑竖穴墓，2座石椁墓。

该遗址及4座清代墓葬的发掘，对探讨研究临朐青石崖一带东周时期的政治、经济、文化艺术，以及清代墓葬的葬制葬俗等，具有极其重要的意义。

11. 莒南楼里遗址

该遗址位于莒南板泉楼里村西北约300米处，总面积约30000平方米。2010年7月中旬至8月初，对该遗址进行了科学的考古发掘，在灰坑灰层中出土大量东周、汉代、宋、元、明时期的陶、瓷片，以及铜镞、铜钱、铁器等。

12. 泗水历山遗址

该遗址位于泗水县泉林镇历山村村北500米处，总面积约50000平方米。2010年8月初至9月中旬，对该遗址进行了科学的考古发掘。这次发掘除了墓葬出土了10余件器物外，在各探方中均出土了大量的陶片及瓷片。出土铜簪、瓷碗、瓷盘、瓦当、铁环等20余件器物。

泗水历山遗址的这次发掘，对探讨研究泗水历山一带东周、汉代、宋、元、明时期的政治、经济、文化艺术等，具有极其重要的意义。

【博物馆与可移动文物保护】

（一）博物馆

山东省各级博物馆建设步伐加快，体系日益完善，安全设施得到改善，服务水平不断提高。山东博物馆新馆全面建成开放，枣庄、莱芜、滨州、烟台、诸城、滕县、莒县等市（县）新建了综合性博物馆，“十一五”期间全省新建、改扩建博物馆60余座，160多个文物收藏单位的安全设施得到改善，17市和文物重点县（市、区）均建立了博物馆，文物保护、展示条件大为改善。全省各级各类各所有制博物馆185座，其中35家博物馆分别被评为国家一、二、三级博物馆。山东省博物馆、青岛市博物馆、中国甲午战争博物馆被文化部命名为“公共文化设施管理先进单位”。全省启动博物馆、纪念馆免费开放工作，并在全国率先将参观博物馆纳入学校教学计划和旅游推介项目。截至2010年底，全省向社会免费开放的博物馆、纪念馆达到127家，占总数的85%以上（不包括遗址博物馆），接待观众2648.5万人次。

（二）可移动文物

山东省珍贵文物调查及数据库建设项目于2010年9月圆满结束。全省调查登记馆藏文物150.2万件，其中一级文物10626件。

【机构及人员】

（一）机构

文物保护管理机构得到加强，山东省16个市组建了文物局或文物管理办公室，文物资源较为丰富的县（市、区）建立了文物局或文物执法稽查队伍。截至2010年底，山东省文物机构总数231个，包括文物保护管理机构101个、博物馆114个、文物商店8个、文物科研机构5个和其他文物机构3个。各级文物主管部门17个，其中省级1个、地市8个、县市区8个。

（二）人员

文物保护管理机构从业人员2179人，其中高级职称103人、中级职称376人。按隶属关系分，地市134人，高级职称14人、中级职称40人，县市区2045人，高级职称89人、中级职称336人；按机构类型分，区域性文物保护管理机构1304人，高级职称89人、中级职称302人，专门为一处或几处文物保护单位设立的保护管理机构875人，高级职称14人、中级职称74人。

博物馆从业人员2456人，其中高级职称240人、中级职称570人。按机构类型分，综合类1655人、历史类630人、艺术类77人、其他类94人；按隶属关系分，省区市269人、地市1016人、县市1171人；按系统分，文物系统2407人、非文物系统49人。

文物商店从业人员155人，其中高级职称22人、中级职称40人。按隶属关系分，省区市44人、地市88人、县市23人。

文物科研机构从业人员80人，其中高级职称27人、中级职称24人。从业人员按隶属关系分省区市41人，高级职称17人、中级职称13人，地市39人，高级职称10人、中级职称11人。

其他文物机构从业人员292人，其中高级职称14人、中级职称41人。

河南省

【概述】

2010年，是河南省文物事业快速发展，成绩显著的一年。全省文博系统深入学习党的十七届五中全会精神，在省委、省政府的正确领导下，按照国家文物局的总体工作部署，坚持以科学发展观统领全局，坚持文物工作的方针和原则，全面完成“十一五”规划要求的各项工作任务，系统总结全省文物工作的经验和教训，科学筹划“十二五”规划的目标、任务和措施，积极实施文物博物馆惠民工程，有效加强文物工程维修管理、社会文物管理、文物安全管理等基础性工作，全省文物保护事业继续保持了积极向上、蓬勃发展的良好势头。

【法规建设】

配合省人大完成了《河南省实施〈中华人民共和国文物保护法〉办法》立法调研和修改审议工作。5月28日新修订的《河南省实施〈中华人民共和国文物保护法〉办法》顺利通过省人大常委会审议，于10月1日起正式施行。这是河南省文物法制建设取得的一项重大成果，在河南省文博事业发展进程中具有重要里程碑意义。2010年，积极贯彻落实《河南省实施〈中华人民共和国文物保护法〉办法》，在开封举办了全省文物行政执法培训班，对100余名文物行政执法人员进行了培训，文物执法人员的执法水平有了明显提高。参与《开封城墙保护条例》开封调研，对《河南省实施〈中华人民共和国城乡规划法〉办法（草案）》《河南省消防条例》等10余个法律法规征求意见稿提出修改意见。按省政府法制办要求进行法规清理工作。按要求完成起草《河南省实施〈中华人民共和国文物保护法〉办法》释义工作。

【执法督察与安全保卫】

（一）文物安全工作

与18个省辖市文物部门及5个省直文博单位签订《2010年度河南省文物安全目标责任书》。完成信阳市博物馆等技防方案审核和上报30余个，约10个技防工程了通过了达标验收。按照国家文物局和公安部的联合部署，与省消防主管部门联合开展了文物消防安全大检查工作，并向国家文物局作专题报告。全省共检查文物单位1155个，发现火灾隐患147处，整改火灾隐患147处，其中重大火灾隐患29处。自2009年国家文物局和公安部部署联合开展打击文物犯罪专项行动以来，全省共侦破各类文物案件75起，抓获文物犯罪嫌疑人194名，打掉文物犯罪团伙20个，追缴各类文物300余件。其中，破获盗掘古墓葬案件67起、一般盗窃文物案件5起、倒卖文物犯罪案件3起；追缴国家一级文物3件、二级文物14件、三级文物145件、一般文物160件。其中，驻马店市特大盗掘古墓葬案和刘宗伟为首的两个特大盗掘古墓葬案获得国家文物局和公安部奖励。与公安厅联合表彰9家打击文物犯罪成绩突出单位；开展2009年度全省优秀业余文物保护员评选及表彰工作。配合公安厅督办、处理灵宝市阳店镇西水头村盗掘古墓葬等7起案件。

（二）执法督察工作

完成三门峡职业技术学院破坏古陕州故城遗址等7起文物行政违法案件执法督察工作，并按要求上报国家文物局。进行省级以上文物保护单位日常巡查、检查工作，促进文物保护单位安全，对平顶山叶县文庙等存在较大隐患的10余个单位提出了整改要求。按要求完成了2010年度文物安全与执法督察信息汇总、上报工作，共检查各级文物保护单位3000余次。完成全省执法人员信息统计、审核及向国家局报送工作。

【不可移动文物的保护和管理】

（一）大遗址

截至2010年底，河南省列入国家大遗址保护规划的14处大遗址中，已全部完成保护规划大纲编制，已有11处完成或部分完成保护规划的编制，相继制定了近30个保护展示设计方案，完成了安阳殷墟、汉魏洛阳故城阊阖门遗址、隋唐洛阳城定鼎门遗址、偃师商城西城墙遗址、内黄三杨庄二号庭院建筑遗址保护大棚等一批保护展示项目，隋唐洛阳城宫城核心区、郑州商城东南西南城垣保护展示工程稳步推进，建成了殷墟国家考古遗址公园，隋唐洛阳城国家考古遗址公园初具规模，完成了2处大遗址的专项立法工作，3处大遗址的保护法规得到重申。2010年内主要完成的工作包括：

1. 完成了隋唐洛阳城定鼎门外大街遗迹、定鼎门至厚载门城墙遗址、九洲池遗址、明堂遗址、乾阳门、乾阳殿遗址、宫城天堂遗址，汉魏洛阳故城宫城三号建筑遗址等7个大遗址保护展示方案的编制、审核、报批工作；完成了汉魏洛阳故城遗址博物馆概念设计方案、汉魏洛阳故城永宁寺遗址环境整治设计方案、北阳平西坡遗址本体抢救性保护设计方案、三杨庄汉代聚落遗址本体及出土砖瓦抢救性保护实施方案的编制、审核、报批工作。隋唐洛阳城遗址保护规划、汉魏洛阳故城保护规划终获批准。

2. 隋唐洛阳城宫城核心区保护展示工程顺利推进：隋唐洛阳城宫城核心区的明堂、天堂以及应天门遗址整体保护工程，即隋唐洛阳城宫城考古遗址公园项目是2010年度河南省大遗址保护的重点工程。洛阳市人民政府计划投资13.5亿元，用于这一区域的综合环境整治和拆迁安置工作。2009年11月洛阳大遗址保护高峰论坛期间，河南省人民政府省长郭庚茂等领导亲自为工程奠基，标志工程正式启动，随后，各项工作稳步推进。宫城核心区域218亩土地已划归文物部门管理使用，涉及的原印刷厂、市公交公司、建机厂等近30家企事业单位和800多户居民已拆迁完毕。累计拆迁10余万平方米，并对城市主干道唐宫路实施了改线。实现了和谐拆迁，并为拆迁居民建设经济适用房，进行了妥善安置。2010年11月，明堂遗址保护展示工程已开工建设，天堂遗址保护展示工程预备动工。应天门保护项目已完成前期拆迁和考古发掘工作，开始制定保护展示方案。宫城考古遗址公园景观规划已委托中国文化遗产研究院编制，计划2012年牡丹花会实现局部建成和开放。

3. 汉魏洛阳故城北魏宫城二道宫门遗址和内城城墙遗址保护展示工程顺利推进：2010年，《汉魏洛阳故城总体保护规划》获河南省人民政府批准公布。汉魏洛阳故城内城城墙保护展示项目已完成东北城墙1000米保护围栏工程，汉魏洛阳故城北魏宫城二道宫门遗址的保护展示工程已完成前期的水电、道路、场地等基础设施施工，保护展示主体工程预备开工。

4. 郑州商城东南西南城垣保护展示工程顺利推进：2008年以来，郑州市根据《郑州商城遗址总体保护规划》要求，结合城市旧城区改造项目，围绕郑州商城保存最完好，同时也是保护压力最大的东、南、西三面城墙展开环境综合整治工程，对城墙周边的棚户区进行综合拆迁改造，规划依托城墙遗址建立郑州商城大遗址公园。2010年，郑州市人民政府将郑州商城西、南城墙遗址保护展示工程确定为郑州市2010年度重点工作。3月，郑州市完成《郑州商城考古遗址公园（南片区）概念规划》；6月，城墙周边环境整治（拆迁）工作基本完成；8月，《郑州商城城垣遗址保护展示设计方案》获批；10月，郑州商城被列为首批国家考古遗址公园立项项目。郑州商城国家考古遗址公园建设各项工作开始全力推进。

（二）世界文化遗产

2010年，河南省世界文化遗产工作取得重要成果。8月1日，经在巴西召开的第34届世界遗产大会审议批准，登封“天地之中”历史建筑群顺利列入《世界遗产名录》。至此，河南省已有洛阳龙门石窟、安阳殷墟和登封“天地之中”历史建筑群3处世界文化遗产。按照国家文物局有关世界文化遗产第二轮定期报告工作的要求，完成了洛阳龙门石窟和安阳殷墟的回顾性突出普遍价值声明编制工作。协助国家文物局专家组对大运河（河南段）申遗预备名单进行了遴选。补充完善了丝绸之路（河南段）申遗文本编制所需的基础资料。

【考古发掘】

（一）概况

2010年，河南省各考古发掘研究机构主要配合各类基本建设项目开展考古发掘研究工作。截至2010年12月底，河南省已获国家文物局批准的考古发掘项目179项，累计发掘遗址总面积173030平方米，累计发掘墓葬2636座，出土了一大批珍贵的地下文物。本年度，河南省文物考古研究所主持的安阳西高穴曹操高陵、郑州市文物考古研究院与北京大学文博学院联合发掘的新密李家沟遗址入选“2009 年度全国十大考古新发现”。其中曹操高陵还入选了中国社会科学院考古研究所“考古论坛：2009 年度全国六大考古新发现”。2010 年度河南省各考古发掘研究机构共出版考古报告 3 部，分别是：河南省文物考古研究编写出版的《灵宝西坡墓地》《永城黄土山汉墓与酂城汉墓》和洛阳市文物工作队编写出版的《洛阳瞿家屯遗址发掘报告》。

（二）重要考古项目

1. 新郑望京楼夏商时期城址

望京楼遗址位于新郑市新村镇杜村和孟家沟村以西及周边区域，北距郑州市 35 公里。2010 年 9 月，为配合郑州南出站口暨郑新快速通道基本建设，经国家文物局批准，郑州市文物考古研究院正式对该遗址进行考古发掘。发掘工作共揭露遗址面积 3000 余平方米，发掘遗迹包括三重城墙及三重护城河、城门、道路、大型夯土建筑基址、房基、墓葬等 200 余处，其中以夏代和商代城址的发现最为重要。望京楼夏代城址面积仅次于夏代都城偃师二里头，其面积之大在夏代聚落中极为罕见，初步推测其可能为夏代方国都邑；望京楼商代城址是继郑州商城、偃师商城之后河南境内新发现的又一座商代前期城址，其规模虽逊于都城，但远大于其他建于同时期的城址，彰显出高等级的聚落地位。望京楼商城城门设施突出体现了浓厚的军事防御色彩，为我国最早形制完备的瓮城。望京楼夏代城址和商代城址位于同一地点，对于探讨夏商历史、夏代晚期文化与商代早期文化更替及中国早期城池建设等问题都具有重要意义。

2. 淇县宋庄墓地

2010 年，河南省文物考古研究所继续对遭盗掘威胁的淇县宋庄墓地进行抢救性发掘。钻探发现战国墓葬 30 余座，发掘了 9 座，其中 6 座为甲字形墓葬，3 座为土坑墓。除 M1、M3 被盗严重外，其他墓葬保存完好。出土一批青铜器、玉器、陶器等，M10 出土的青铜戈上还发现有铭文。该墓地应为东周时期豫北地区一处重要的贵族墓地，它的发掘为研究豫北地区东周列国的历史提供了重要的实物资料。

3. 安阳西高穴 2 号墓和 1 号墓

2010 年，河南省文物考古研究所继续开展安阳西高穴 2 号墓和 1 号墓的清理工作，修复陶器等文物 200 多件。针对社会各界对安阳曹操高陵的关注，积极进行答疑和考古知识普及工作，配合中央电视台进行现场直播，组织力量编写《曹操墓之真相》《曹操高陵考古发现与研究》两书，及时向社会各界展现曹操高陵研究的最新进展和成果。同时，积极组织技术力量进行考古勘探，年底前已完成勘探面积约 20 万平方米，基本摸清陵园内部结构，发现部分陪葬墓、陪葬坑以及相关建筑遗迹。

4. 灵井许昌人遗址

2010 年，河南省文物考古研究所继续开展灵井许昌人遗址的考古发掘工作，新布探方 1 个，发掘面积 30 平方米，对其下文化层的清理，获得了直观的地层剖面与遗物分布情况。在上文化层清理出大量细石器、少量动物化石等遗物，并发现了 20 余块夹砂陶片。陶片主要以灰、黑色为多，以夹粗砂、蚌为主，结构松散，测定的年代为 12010 ±41BP，这批陶片的发现提供了中原地区陶器起源的重要线索。还发现 2 件钻孔的鸵鸟蛋壳，采用对钻方式，制作精细，是我国有确切测年的第一例鸵鸟蛋壳钻孔标本。同时，在灵井许昌人遗址西部新发现了李井遗址，面积约 4 万平方米，地层内含有丰富的属灵井动物群的化石和石器。化石中以烧过的骨头占多数，一些骨头经多次烧烤，烧骨的大量存在符合居住遗址的特征。李井遗址的发现，使灵井许昌人遗址成为国内重要的旧石器时代遗址群。

5. 栾川蝙蝠洞洞穴遗址

2010年，河南省文物考古研究所配合第三次文物普查，开展了栾川蝙蝠洞洞穴遗址调查试掘工作。洞穴文化遗物和伴生动物群化石等主要出土于红色黏土中，共清理出土人牙化石1枚、旧石器时代石制品7件、骨器1件，此外还发现包括灵长类在内的大量动物化石，共计62种。蝙蝠洞旧石器时代洞穴遗址，是河南省境内发现的第一个含古人类化石的洞穴遗址，是继灵井许昌人化石发现后的又一次古人类化石及人类文化的重要发现，填补了中原地区未在洞穴中发现古人类的空白。

【博物馆】

2010年，河南省博物馆事业蓬勃发展。平顶山、新乡、许昌、周口、信阳博物馆，渑池仰韶文化博物馆、淮滨淮河博物馆等建设加快推进。配合做好中原民俗博物馆有关工作。完成南水北调博物馆可行性研究报告初步论证工作。河南省文物科技保护中心、中国文字博物馆二期工程、洛阳丝绸之路博物馆等前期工作抓紧进行。新野汉画砖博物馆建成开放。信阳城阳城遗址博物馆开工建设。列入省委、省政府十项民生工程的全省博物馆免费开放工作深入推进，博物馆功能提升和服务展示工作得到加强，文物保护成果进一步惠及广大公众。

【社会文物管理】

完成文物拍卖企业一类资质申报及专业人员培训、考试，资格证换发工作。按国家文物局要求，对文物拍卖企业年检初步审核；批准文物拍卖10余场次。完成对10家文物商店检查和年检工作；审核批准成立漯河市博古文物商店。2010年河南省新成立文物拍卖企业1家，全省文物拍卖企业已达9家，文物商店10家。

共完成涉案文物鉴定60余起，其中，对被盗掘现场鉴定7次，鉴定涉案疑似文物400多件，其中，一级文物4件，二级文物19件，三级文物111件，一般文物107件。完成全省涉案文物移交统计工作。

【文博教育与培训】

成功举办了第二期文化遗产保护境外培训班，从全省文物系统选派23名文物科技保护专业人员，赴意大利进行了为期21天的培训，收到了良好效果。河南省文物局被省外国专家局授予“河南省引进国外智力工作先进集体”称号。举办了全省文物系统领导干部文物法制培训班、文物行政执法培训班等。

【河南省第三次全国文物普查】

截至2010年底，河南顺利完成十一五时期国家确定的文物普查任务，实地调查阶段顺利通过国家验收，普查工作取得重要阶段性成果。长城资源实地调查阶段任务基本完成。2010年4月，河南省普查办采取了统一组织、分层次验收的方法完成了全省159个普查单元文物普查实地调查阶段的验收工作。6月，第五个中国文化遗产日期间，河南省文物局成功举办了“河南省第三次全国文物普查新发现重要成果展”。8月11日，河南省政府在郑州召开第三次全国文物普查领导小组扩大会议，学习国务院第三次全国文物普查领导小组扩大会议精神，省文物局局长陈爱兰汇报了全省文物普查实地调查阶段工作情况，省委常委、宣传部长、副省长孔玉芳出席会议并作重要讲话。11 月 16 日，河南省第三次全国文物普查实地调查阶段电子数据通过验收，国家数据验收组认为：河南省各普查基本单元数据填写规范，与自查报告数量相符，数据运行正常，整体数据质量符合第三次全国文物普查标准规范的要求。11 月 25 日，河南省第三次全国文物普查实地调查阶段顺利通过国家整体验收。验收组认为：河南省第三次全国文物普查实地调查阶段组织得力，措施得当，全面细致，相关专题调查设置合理，史前遗存、传统民居、水利设施等新发现成果较为突出；文物认定、计量把握准确，对零散石刻等按照可移动文物登记较为合理，符合国家文物普查相关规定。国家文物局普查办对河南省第三次全国文物普查工作给与了高度的肯定，并对河南在试点期间所做的工作表示感谢，对普查取得的成绩表示祝贺，同时希望河南省进一步深化成果，使普查数据更科学、更规范，继续加大对新发现文物的保护力度。

【对外交流合作】

全年独办和参与国家文物局举办的文物展览 4 个，独办文物图片展 2 个。其中，独立举办了赴日本“华夏文明之源——河南文物珍宝展”和“细小石器的宏大故事”图片展、赴瑞典“河南仰韶文化”图片展；参加国家文物赴美国“元代艺术展”、赴印度“华夏瑰宝展”、赴台湾“千古英雄：大三国特展”，共计参展文物 224 件（套）。

顺利办理了省直文物系统 25 个公务团组 87 人的出访手续，分别赴日本、韩国、美国、法国、比利时、意大利、丹麦、巴西等 10 多个国家，或执行与展览有关的活动和任务，或参加国际学术会议、洽谈合作等。

湖北省

【概述】

2010 年，湖北省文物工作坚持以科学发展观为指导，解放思想，锐意创新，在有效保护、加强管理的同时，注重加大合理利用力度，积极推动文物工作融入经济社会发展，服务当代，使更多的成果，惠及广大人民群众，取得了突破性成果，文物保护基础性工作进一步加强，博物馆免费开放成果进一步巩固，文物合理利用成效明显增强。

【执法督察与安全保卫】

（一）加强文物执法督察，严厉打击文物犯罪活动

2010 年 3 月，为贯彻落实国家文物局和公安部联合召开的全国文物安全及执法督察工作会议和湖北省委、省政府主要领导的指示精神，湖北省政府召开电视电话会议，全面部署开展严厉打击盗掘古遗址、古墓葬犯罪专项行动。全省各级文物与公安部门密切配合，认真贯彻落实会议精神，全年共破获文物犯罪案件 95 起，摧毁文物犯罪团伙 8 个，抓获犯罪嫌疑人 73 名，追缴文物 105 件。襄阳、荆州、荆门、十堰、宜昌等地均创下破获盗墓案件和追缴被盗文物数量的新纪录。

2010 年 7 月，阳新半壁山太平天国古战场遗址违章建筑事件发生后，湖北省文物局随即派员赴阳新同当地政府沟通协调并现场督察，先后拆除了违建猪圈和一幢三层楼违章建筑，并对遗址维修保护、环境整治、恢复历史风貌等工作进行了部署和指导，事后，湖北省文物局将督办情况报告国家文物局和湖北省政府。中央政治局委员、国务委员刘延东批示“湖北对文物的保护和修复工作做得及时稳妥”，湖北省省委书记罗清泉批示“要以延东同志的重要批示为动力，进一步做好我省文物保护工作”，湖北省省长李鸿忠批示“延东同志的重要批示是对我们的鼓励和鞭策。我们要举一反三，以阳新县半壁山文物遗址保护的整改为借鉴，推动有关的问题的解决”。2010年，湖北省文物局还分别调查和妥善处理了鄂州城隍庙面临被拆除、荆州古城内违法开发、荆州周梁玉桥遗址遭破坏、鄂州武汉港工业园项目施工破坏吴胜桥古墓葬、枣阳琚湾镇三房村高奄东干渠改造工程古墓葬遭破坏等文物行政违法案件。

（二）建立和完善文物保护单位安全责任制

按照湖北省文物局《关于进一步建立和完善文物保护单位责任制的通知》要求，全省各地全国重点文物保护单位分别与责任主体签订了安全责任书，省级文物保护单位建立了安全责任登录制度。宜昌、随州市政府与各县（市）、乡（镇）、村逐层签订了文物安全工作目标管理责任状，将文物安全工作纳入年度目标考核内容，市、县两级文物主管部门与县级以上文物保护单位也逐一签订了文物保护责任书，按照“谁所有谁负责，谁使用谁负责，谁管理谁负责”的原则，明确文物安全管理责任单位、责任人以及文物安全工作的内容和具体要求，文物保护考核体系长效机制初步建立。

（三）开展安全大检查，督促隐患整改

2010年，按照国家文物局、公安部下发的《关于2010年元旦、春节期间加强文物安全工作的通知》《关于加强馆藏文物安全工作的紧急通知》《关于加强汛期文物安全工作的通知》《关于加强文物保护单位消防安全工作的紧急通知》《关于开展2010年度文物行政执法专项督察工作的通知》《关于联合开展文物单位消防、安全大检查的通知》等文件要求，湖北省各级文博单位、公安部门认真贯彻落实文件精神，密切合作，形成合力，对全国重点文物保护单位、世界文化遗产地、博物馆、纪念馆的重点区域、要害部位按照有关规章制度的要求逐一排查，并及时整改安全隐患。2010年2月，国家文物局副局长童明康一行对湖北省博物馆、荆门市博物馆、沙洋严仓墓地考古发掘工地及中共五大旧址、白云楼等单位进行了文物安全检查，童局长对湖北省近年来文物安全工作取得的成绩给予充分肯定。

2010年，湖北省文物局向国家文物局报送了《汛期文物灾情信息综合情况周报》《文物行政执法与安全监管情况季报》《关于2010年度文物行政执法专项督察工作情况的报告》《关于文物单位消防安全大检查工作情况的报告》《关于打击文物犯罪专项行动成果的报告》《关于加强田野文物安全保护工作情况汇报》等报告，及时向国家文物局汇报全省文物安全工作情况。

（四）加强安防、消防设施建设，提升安全防范能力

2010年，湖北省文物局指导钟祥市博物馆新馆、黄冈市博物馆新馆、纪山楚墓群、湖北明代藩王博物馆、大悟宣化店中原军区旧址、襄阳米公祠、宜昌黄陵庙古建筑群、宜昌三游洞、黄冈东坡赤壁等单位安防工程设计方案编制工作，会同省公安厅技防办组织有关专家对上述方案进行了初审，并及时报送国家文物局审批；全年累计争取消防、安防设施建设资金近千万元；同时注重对文物安防消防工程施工的监督管理，2010年10月，秭归屈原祠安防系统工程竣工验收合格并正式投入使用。

【不可移动文物的保护和管理】

（一）概况

湖北省全国重点文物保护单位91处，省级文物保护单位825处；组织编制完成了《东坡赤壁保护规划》，并获得了国家文物局的批复。启动了《湖北襄阳城墙和襄阳王府绿影壁文物保护规划》《三游洞摩崖石刻文物保护规划》《凤凰山古建筑群文物保护规划》《慈孝沟“采皇木”摩崖石刻文物保护规划》《中原军区文物保护规划》《新四军第五师司令部旧址文物保护规划》《五祖寺文物保护规划》《武当山古建筑群文物保护规划》等多处全国重点文物保护单位保护规划的编制工作。

（二）大遗址保护

湖北省列入全国重点大遗址项目的有楚纪南故城、龙湾遗址、盘龙城遗址、屈家岭遗址、石家河遗址。2010年，大遗址保护展示工作有较大进展。一是湖北省政府与国家文物局签订了《大遗址保护荆州片区共建协议》，楚纪南城、龙湾遗址以及相关10余全国重点文物保护单位纳入片区建设范围，楚纪南故城（含八岭山、熊家冢墓群）国家考古遗址公园获得国家文物局批准立项建设。二是屈家岭遗址保护规划编制完成并上报国家文物局。三是在石家河遗址内开展小规模学术性考古发掘研究工作。

【考古发掘】

（一）概况

主要围绕南水北调和“西气东送二线”“麻城至竹山高速公路”“潘口水电站”等国家重点基本建设项目开展考古发掘工作。开展襄阳市西张坡墓地、王坡墓地、马集墓地，浠水县忠三湾遗址，谷城县田家凹墓地，房县许家坟墓地、何家村遗址，竹山县轻土坝遗址、李家坪遗址，鄂州杜山墓群，随县簸箕湾墓地等考古发掘项目23处，发掘面积8000余平方米。

（二）重要考古项目

浠水县忠三湾遗址，2010年5月~6月发掘，发掘面积400平方米，有新石器时代和西周时期的文化堆积，以西周文化堆积为主。西周遗址在鄂东南地区较少发现，该遗址的发掘为建立和完善本地区文化谱系和年代框架提供了新的重要材料，发掘出土的炼渣，扩展了鄂东南地区西周矿冶遗存分布的地域范围，为探讨西周时期鄂东南地区的社会发展和文化交流提供了重要线索。

襄阳王坡墓地，2010年5月~6月发掘，发掘面积1000平方米，共清理墓葬12座，考古信息反映出的葬制葬俗以及社会文化面貌，为探索邓国历史文化、建立本地区秦汉文化的分期序列及研究楚、秦、汉文化的演进历程和多种文化的交流提供了有力的材料支撑。

鄂州杜山墓群，是一处六朝时期的家族墓地，2010年5月~6月发掘，发掘面积500平方米，共发掘墓葬13座，发掘的一座大型墓葬（M11）南北残长20.7米，东西最宽8.76米，最深3.56米；规模为湖北境内六朝考古史上首次发现。出土的青瓷、铜、铁、金、银、石、玛瑙、料珠等各类文物共计170余件。墓地反映的信息为六朝历史研究提供了新的考古资料。

2010年完成南水北调丹江口库区考古发掘面积3.3万平方米，累计完成考古发掘面积26.1万平方米，占库区总工作量的78%；组织湖北省文物考古研究所等8家单位，对汉江中下游治理工程（引江济汉、兴隆水利枢纽）沙洋县黄歇村墓群、荆州套嘴遗址等12处地下文物保护项目开展抢救性保护，2010年完成考古发掘面积1.875万平方米，累计完成考古发掘面积6.35万平方米，占汉江中下游治理工程总工作量的87%。

2010年2月，国家文物局批复同意采取原地垫高方案保护遇真宫；湖北省文物局先后邀请有关专家在北京和武当山召开遇真宫原地垫高施工设计方案专家咨询会和遇真宫原地垫高方案施工设计讨论会；组织湖北省文物考古研究所自2010年4月起，历时7个月，对武当山遇真宫东宫进行了7300平方米的考古清理，对遇真宫外神道、金水桥、遇真桥、排水渠等宫墙外的附属建筑进行了详细的勘探、发掘；委托科洛博上海数字科技有限公司对遇真宫进行三维激光扫描留取翔实的信息资料。

郧县结合当地“十二五”规划已完成搬迁复建点和平岛的测绘和复建效果图设计，并组织湖北太岳园林古建有限公司完成郧县赵文同老屋、赵保长老屋等地面文物拆迁工作。

成果出版方面。湖北省文物局于2010年11月出版《湖北省南水北调工程重要考古发现Ⅱ》，收录了重要考古发现32个，其中丹江口北泰山庙墓群、龙口林场墓群及郧县乔家院墓群因其重要的学术价值受到社会各界的广泛关注。

2010年6月12日，全国第五个文化遗产日，屈原祠正式对外开放。11月24日~27日，由中国考古学会主办，湖北省文物局和重庆市文物局协办，湖北省文物考古研究所和湖北省博物馆承办的“中国考古学会第十三次年会——三峡地区考古发现与研究暨纪念夏鼐先生诞辰100周年”在武汉东湖宾馆召开。

【博物馆与可移动文物保护】

（一）博物馆

湖北省共有博物馆、纪念馆145所，其中文化（物）系统博物馆、纪念馆118所，民办博物馆15所，行业博物馆12所。初步形成了以湖北省博物馆等省直博物馆为龙头，以武汉、荆州等市、州级博物馆为骨干，以行业博物馆和县级博物馆为基础，以民办博物馆为补充的门类齐全、特色鲜明、分布广泛的博物馆体系和发展新格局。

湖北省博物馆新一轮大规模改扩建工程建设方案（三期工程）完成国际征集；中等城市及部分重点县级博物馆建设持续推进，鄂州、黄冈、咸宁等市博物馆新馆建设完成主体工程，钟祥、丹江口等一批县（市）级博物馆完成博物馆新馆后期工程。

湖北省达到免费开放条件并列入免费开放名单的博物馆、纪念馆共有79家，全年共接待观众数量近800万人次。与此同时，博物馆陈列展览、藏品管理、科学研究、社会教育、安全保卫等工作也取得了新的成绩，博物馆事业呈现蓬勃发展的良好局面。

1. 可移动文物的保护、管理和研究

2010年，湖北省共申报国家文物局重点文物保护方案7个，国家文物局批复4个，批复经费336.8万元。截至2010年12月31日，湖北省共有6家文物博物馆单位具有文物修复保护资质。其中湖北省博物馆、荆州文物保护中心为可移动文物修复一级资质，武汉博物馆、襄阳市博物馆、鄂州市博物馆、武当博物馆为可移动文物修复二级资质。2010年，6家文博单位共维修保护可移动文物近4000件（套），经费近400万元，维修保护可移动文物种类包括青铜器、漆木器、简牍、丝织品等。

2. 博物馆间的交流与合作

11月4日~5日，“中英文化连线”中英博物馆交流活动英国博物馆代表团来湖北访问，“博物馆馆藏的教育功能”研讨会在湖北省博物馆多功能报告厅举行。英国代表团代表、国家文物局、湖北省文物局、湖北省博物馆有关负责同志以及湖北省高校代表近200人参加了研讨会。

11月7日~12日，以“博物馆致力于社会和谐”为主题的国际博物馆协会第22届大会在上海召开。湖北省博物馆、荆州博物馆、武汉市属博物馆参展，全省72名文博单位代表参加，并向论坛提交学术报告20余篇。

湖北省博物馆越王勾践剑及九连墩楚墓文物先后到深圳、吉林、台湾展出，襄阳市博物馆3件一级文物借给中国文字博物馆进行陈列展览，武汉博物馆与加拿大国际文化交流协会联合推出《第十届环太平洋国家艺术巡展》；湖北省博物馆培训外馆讲解员近80人，武汉博物馆为武汉市硚口区民族工业博物馆、随州博物馆、中南民族大学博物馆等培训讲解员70人；湖北省博物馆为赤壁市博物馆、新疆博州博物馆等博物馆修复可移动文物503件（套），荆州文物保护中心维护保护外单位藏品2309件（套），经费179万元。

3. 重要文物陈列展览

2010年，全省博物馆陈列展览总数为510个，基本陈列展览293个，临时展览217个。各博物馆在继续深入推进博物馆免费开放工作的同时，对陈列展览进行改造提升，并结合各馆特色，推出了丰富多彩的临时展览及专题展览。湖北省博物馆举办“意大利乌菲齐博物馆珍藏展”“走进世博会——中国2010年上海世博会暨世博会历史回顾展览”“自然的吟唱——重庆中国三峡博物馆馆藏花鸟画精品展”等；辛亥革命武昌起义纪念馆举办“孙中山与台湾展”；武汉博物馆举办“欧洲瓷器历史展”“古砚奇葩——古代砚台珍品展”“晷运时成——古代钟表展”等；各市州也引进推出了一系列展览，如“草原古韵——内蒙古包头唐卡岩画文物展”“‘我本楚狂人’——随州·鄂州首届书法展”“丹青武当 翰墨飘香”等等。其中，为期3个月的“意大利乌菲齐博物馆珍藏展”影响最为广泛，该展是自新中国成立以来湖北省引进的规模最大、规格最高的一次外展，为配合此次展览，湖北省博物馆还聘请专家、学者在展览期间举办一系列免费专题讲座，为社会公众提供了一次精神文化大餐的同时，也提供了一个近距离感受西方艺术大师名作的难得机会。

（二）可移动文物保护

1. 文物数量、等级

湖北省全省博物馆收藏各类文物和自然标本超过150万件（套），文化文物系统管理的博物馆藏品总量为123.6件（套），其中一级文物2514件（套）。

2. 可移动文物保护修复基地建设

2010年，通过完善制度、加强管理、开放合作，全省可移动文物保护修复基地科研基础条件明显改善，合理的人才体系逐步建立。出土木漆器保护国家文物局重点科研基地（荆州工作站）由国家投资9400万元，面积为12800平方米的科研大楼建设项目正式启动，土建部分将于2011年11月完成；鄂州市青铜器保护修复基地基础建设全部完成，文物库房和文物修复间面积近3000平方米，项目总投资300万元。注重人才培养，通过中、短期培训以及岗位技能培训等方式培训400人次，科研人员得到锻炼成长，结构进一步优化，形成了团结合作、朝气蓬勃、学科结构更趋合理的人才队伍。

3. 可移动文物保护技术和方法及其应用

湖北省博物馆使用残损变形青铜器矫形定位修复新技术，改变了以往传统修复青铜器的矫形方法不足之处，大大提高了工作效率及修复效果，降低了修复时间，避免对器物造成二次损伤；将纤维素的伸展整形技术用于干缩变形漆木文物修复，并申请专利2项。荆州市文物保护中心主要以使用成熟技术为主，木漆器类文物选用复合乙二醛法进行脱水，采用传统工艺进行修复；简牍类文物选用连二亚硫酸钠法脱色，鲸蜡醇填充法脱水；纺织品类文物主要采用逐渐完善的生物法进行清洗、加固等保护工作，修复复原以针线法为主。

【社会文物管理】

2010年，湖北省文物局进一步加强文物拍卖管理。湖北金信拍卖有限公司和湖北诚信拍卖有限公司取得二、三级文物拍卖资质。武汉市大唐拍卖有限责任公司和武汉市中信拍卖有限公司文物拍卖资质通过国家文物局年审。湖北省文物局组织专家审核了武汉中信拍卖有限公司和武汉市大唐拍卖有限责任公司文物艺术品拍卖标的共四批次1934件(套)，撤拍7件，并将审核意见报国家文物局备案。制止不具备文物拍卖资质的湖北长江拍卖有限责任公司从事文物拍卖活动。

配合公、检、法、海关等单位，积极开展涉案文物鉴定工作。组织专家为省检察院、长阳、沙洋、武穴、当阳、随州公安部门和武汉海关鉴定涉案文物百余件，其中一级文物2件，二级文物9件，三级文物22件。

开展文物征集和民间收藏文物鉴定工作。组织专家对辛亥革命武昌起义纪念馆、汉川市博物馆百余件拟征集文物进行了鉴定。赴通城鉴定民间收藏的“大顺朝”（李自成）疑似文物约2000件，经鉴定均为现代工艺品。

【文博教育与培训】

为加强全省博物馆讲解员队伍建设，全面展示湖北省讲解员风采，12月9日~10日，湖北省全省博物馆、纪念馆讲解员大赛在武汉隆重举行。大赛由湖北省文物局主办，湖北省博物馆、武汉博物馆协办，是近年来全省博物馆行业规模最大、影响范围最广的讲解员大赛。大赛分初赛、复赛、决赛三个阶段，历时半年。共有16支队伍、64名讲解员参加此次大赛，并最终决出个人一、二、三等奖和团体一、二、三等奖及组织奖。此次大赛得到了省委、省政府的高度重视，省政府副省长张通、省政协副主席陈春林、省委宣传部副部长陈连生等领导出席了大赛闭幕仪式，并为获奖单位和个人颁奖。

【文博宣传与出版】

出版《三峡湖北库区报告集第五卷》《湖北库区考古报告集第六卷》两本简报集，《秭归东门头》《巴东红庙岭》《巴东旧县坪（上）、（下）》《秭归陶家坡》和《三峡湖北段沿江石刻》等五本专题报告；《地理信息系统技术与三峡地区聚落考古研究》《峡江地区夏商时期考古学文化研究》《三峡古代文化变迁——巴文化寻根》《峡江地区古代族群互动与文化变迁》《守望大三峡——三峡工程文物保护与管理》等五本学术课题研究。湖北省博物馆编辑出版《荆楚百件馆藏珍宝》《中国传世玉器全集》《湖北文物典》等一系列展览图录；湖北省考古所编写出版《秭归东门头报告》《湖北丹江口库区东汉墓》《考感市叶家庙屈家岭文化城址》等考古报告；武汉博物馆与江汉大学城市研究所合作完成《图说武汉城市史》的编撰出版工作；襄阳市博物馆编辑出版《襄阳博物馆文物陈列》一书。

【机构及人员】

按单位类型分：湖北省文物科研机构3个、文物保护管理机构35个、博物馆120个、文物商店1个、其他文物机构5个。文物科研机构从业人员120人，其中高级职称35人，中级职称27人；文物保护管理机构从业人员471人，其中高级职称8人，中级职称105人；博物馆从业人员2233人，其中高级职称160人，中级职称630人；文物商店从业人员64人，其中高级职称17人，中级职称22人；其他文物机构从业人员334人，其中高级职称9人，中级职称88人。

按隶属关系分：湖北省级机构数9个；地市级机构数38个；县（市、区）机构数117个。省级机构从业人员484人，其中高级职称95人，中级职称99人；地市级机构从业人员985人，其中高级职称106人，中级职称322人；县（市、区）机构从业人员1753人，其中高级职称28人，中级职称451人。

“湖北省文物事业管理局”更名为“湖北省文物局”，副厅级，参照公务员管理事业单位，编制36人，省编办于2010年12月批复。

来凤县文物事业管理局，事业单位，编制5名，县编办于2010年7月批复成立；五峰土家族自治县文物事业管理局，正股级事业单位，编制3名，县编办于2010年10月批复成立；长阳土家族自治县文物局，副科级事业单位（与长阳土家族自治县文化体育局合署办公），编制3名，县编办于2010年10月批复成立。

湖北省秭归县被文化部、国家文物局评为2009年全国文物工作先进县。

2010年，组织有关专家组成评审组，本着“公开、公正、公平”和坚持学术性、广泛性、代表性的原则，对湖北省2009年度30个考古发掘项目及其领队、9家协调协作单位进行了评审，评选引江济汉工程沙阳县严仓墓群为重要考古发现、郧县中合子遗址等三处为优秀考古工地、李超荣等四人为优秀领队、荆门市文物局等两家为协调协作先进单位、郭崇喜等五人为协调协作先进个人，并予以表彰。

6月，麻城市文物普查组、南漳县普查组获“第三次全国文物普查实地文物调查阶段突出贡献集体奖”，罗建平、黄大建等7位同志获“第三次全国文物普查实地文物调查阶段突出贡献个人奖”。

12月，钟祥显陵管理处、鄂州市博物馆获得湖北省文化遗产日活动组织奖先进集体奖，肖承云、戴德明获得湖北省文化遗产日活动组织奖个人奖。

【对外交流与合作】

3月29日，湖北省文物局发文同意“辛亥革命百年颂中山——孙中山先生与湖北特展”书画复制品出境以及将15件（套）馆藏书画复制件赠送给台北国父纪念馆。4月，辛亥革命武昌起义纪念馆在台北国父纪念馆逸仙书坊成功举办“孙中山与湖北特展”，作为两馆展览交流项目，台北国父纪念馆于6月29日~7月7日，在武汉举办“吾土吾民——孙中山与台湾展”。

7月，湖北省文物局同意省博物馆举办“剑舞楚天——越王勾践剑及楚国出土文物展”。

9月20日~26日，武汉中山舰博物馆部分文物赴台举办“中山舰出水文物展”。

10月，国家文物局同意湖北省博物馆应邀赴香港参加“辛亥革命百周年纪念大展”，展期为2011年3月2日~5月6日。

11月，湖北省文物局同意辛亥革命武昌起义纪念馆于2011年3月8日~15日，赴台湾举办“流年似水——旧上海广告月份牌真迹展”。

11月中旬，辛亥革命武昌起义纪念馆应邀派员赴马来西亚参加第22次孙中山宋庆龄纪念地联席会议，并联合举办展览。

11月12日～2011年2月20日，湖北省博物馆应台湾鸿禧艺术文教基金会的邀请，在台北台湾博物馆举办“剑舞楚天——越王勾践剑暨楚国出土文物展”。

11月29日，国家文物局同意湖北省博物馆于2011年2月4日～4月26日赴澳大利亚新南威尔士艺术博物馆举办“敬天崇祖——楚地礼仪艺术展”。

11月，接待英国博物馆代表团参观湖北省博物馆并召开“博物馆馆藏的教育功能”研讨会。

湖南省

【概况】

2010年，湖南省文物系统在省委、省政府的高度重视下，在国家文物局的大力支持下，在文化厅党组的正确领导下，深入贯彻落实科学发展观，牢牢把握新时期文物工作面临的新机遇新特点，围绕“富民强省”和“四化两型”主题，探索建立“文物大保护大利用”理念，立足自身实际，担当社会责任，融入经济社会发展，积极服务民生，全省文物事业继续呈现又好又快发展态势。

【文物法规与执法督察】

加强行政法规建设，严格落实依法行政。《长沙铜官窑遗址保护条例》于2010年10月27日由长沙市十三届人大常委会第二十六次会议通过，并报省第十一届人大常委会第十九次会议批准，自2011年1月1日起施行。根据省政府行政审批制度改革工作领导小组办公室《关于开展扩大县（市）部分经济社会管理权限工作的方案》要求，经认真自查清理、讨论研究，下放1项行政审批项目到县（市），取消2项行政审批项目。制定了《湖南省文物行政处罚自由裁量权基准（试行）》并报省政府法制办予以审核公布。

建立文物安全保障机制，开创文物安全新形势。联合省公安消防总队开展文物单位消防安全大检查，强化消防安全监管，督促落实消防安全责任制。为改变田野文物安全单纯依靠人防的局面，尝试运用高科技手段，在汉长沙国王陵等地试点采取无线视频监控系统、电子报警设备系统等先进设备来加强监控，有效保证了文物安全。

【不可移动文物的保护和管理】

（一）概况

截至2010年12月31日，湖南全省共有全国重点文物保护单位60处73个点，省级文物保护单位381处，市县级文物保护单位2685处，进入国家设立的世界文化遗产预备名单1处、世界文化与自然双遗产预备名单2处。国家历史文化名城3处、省级历史文化名城4处、国家级历史文化名镇名村5处。安江农校作为杂交水稻科研的重要载体和见证，于8月被特批增补为第六批全国重点文物保护单位，并举行了隆重的挂牌庆典，中国工程院院士、著名科学家、湖南省政协副主席袁隆平，国家文物局局长单霁翔等出席了庆典仪式。

为加强不可移动文物保护和管理，根据湖南文物资源特点，突出历史文化与地域特色，全省继续开展了“十大文物保护展示体系”建设。其中包括“湖湘文化”文物保护展示体系中的濂溪故里古建筑群、岳阳楼、湘阴文庙、三潭书院等的保护工程，近现代名人文物保护展示体系中的邓华故居、周小舟故居、陈明仁故居、蔡锷公馆等的保护工程，革命文物保护展示体系中的湘鄂川黔革命根据地旧址、湖南省苏维埃政府旧址锦绶堂等的保护工程，抗日战争文物保护展示体系中的常德会战阵亡将士公墓、塘田战时讲学院旧址等的保护工程；古城古镇古村文物保护展示体系中的洪江古建筑群、张谷英村古建筑群、上甘棠村古建筑群等的修缮工程；宗教文物保护展示体系中的沅陵龙兴寺、凤凰寺等的维修工程，大遗址保护展示体系中的老司城遗址、长沙铜官窑遗址等的保护工程等等。承办了“第四次全国文物保护工程汇报会”。

（二）大遗址保护

10月，长沙铜官窑遗址、里耶古城遗址、老司城遗址三处大遗址由国家文物局批准公布进入首批23处国家考古遗址公园立项名单。其中里耶古城国家考古遗址公园于10月28日正式建成开园，国家文物局局长单霁翔，中共湖南省委书记、省人大常委会主任周强等领导出席了开园仪式。铜官窑遗址完成了规划修编、遗址博物馆设计招标、谭家坡龙窑遗迹馆设计，启动了前期考古工作。老司城遗址完成了抢救性维修方案的编制，启动了考古遗址公园规划、文物影响评估报告与考古规划的编制及考古工作。组织省文物考古研究所、澧县城头山管理处、湖南城市学院编制了《澧阳平原片区文化遗址“十二五”规划》《澧阳平原文化遗产保护规划》文本；实施了八十垱的部分抢险加固工程。舜帝庙遗址区共征地142亩，投入2800万元用于土地征用、看护用房、库房建设与环境整治项目，已揭露古遗址面积5000平方米。炭河里遗址园区规划面积80万平方米，核心区面积15000平方米，已完成保护规划编制并上报国家局。

（三）全国重点文物保护单位

全年完成了里耶古城遗址本体保护第一期工程、芋头侗寨古建筑群修缮第一期第三标段工程（牙上鼓楼、古驿道）、洪江古建筑群报馆（主体）与常德会馆（一号栋）的修缮工程、岳阳楼主楼抢救性维修工程、炭河里遗址回填保护工程。实施了抗日胜利芷江洽降旧址的修缮保护工程。启动了长沙铜官窑谭家坡龙窑遗迹馆建设工程、上甘棠村古建筑群修缮第一期工程（忠厚祠、前芳寺、九母庙、南槽门等）、张谷英村古建筑群第一期修缮工程（当大门中轴线建筑群）、芋头侗寨古建筑群第二期修缮保护工程（芦笙鼓楼、侗戏台、中步风雨桥、会馆与芋头小学、杨进安老宅、古驿道、下寨古井亭）、龙兴寺弥陀阁的修缮工程、洪江古建筑群报馆附属建筑以及湘鄂川黔革命根据地旧址、塘田战时讲学院旧址、蔡锷公馆等的修缮保护工程。

湖南省文物局组织专家对蔡锷故居及公馆、龙兴寺的安防工程设计方案，南岳庙、塘田战时讲学院旧址的安防、消防工程设计方案，向警予故居安全技术防范工程设计方案，谭嗣同故居消防自动报警工程设计方案等进行了初审，并上报国家文物局审批。

（四）世界文化遗产

5月，成立了由郭开朗副省长任组长的湖南省凤凰古城申报世界文化遗产领导小组。6月，省政府召开专题会议，研究凤凰古城申报世界文化遗产相关事宜。包括南岳衡山在内的五岳申遗正式进入2010年国家提名项目。配合省住房与城乡建设厅全力推进崀山申报世界自然遗产取得圆满成功，湖南省文物局被评为先进集体。

【考古发掘】

（一）概况

全省配合建设工程进行的考古调查勘

探发掘项目共有87个（其中调查勘探45项、考古发掘42项），调查勘探面积14万平方米，考古发掘古遗址和遗存面积15万平方米，清理出各类文物1万余件，发表考古学术论文28篇。省文物考古研究所主持发掘的永顺老司城遗址、长沙铜官窑遗址、道县鬼崽岭遗址、澧县优周岗遗址、望城县高砂脊遗址、桂阳壁画墓，长沙市文物考古研究所主持发掘的五一广场汉代古井，岳阳市文物管理处主持发掘的龙窖山遗址、七星墩遗址、川高走廊遗址群等都取得了重大成果。如：长沙五一广场地铁建设工地汉代古井中发现大量东汉简牍，为中国南方地区发现东汉简牍最多的一次，对研究长沙地区东汉时期的社会政治、经济、文化、法律等诸多方面具有重要价值；永顺老司城遗址发掘，大面积地揭露了明代永顺土司的宫殿、衙署、街道、墓地等，为解读中国整个西南地区实行近千年的土司制度提供了重要的考古学资料，考古遗址公园建设取得实质性成果。

（二）重要考古项目

1. 优周岗遗址

优周岗遗址位于常德市澧县澧东乡优周村东部，文化层分布范围达13万平方米。因在建之东常高速公路从遗址西侧穿过，为配合公路建设，湖南省文物考古研究所组织考古队自2009年冬季开始对遗址进行抢救性考古发掘。2010年，先后在3月~7月和10月~12月对遗址进行了两次规模较大的发掘，揭示出一大批分属汤家岗文化、大溪文化、屈家岭文化和石家河文化等不同文化和时期、时间跨度达两千余年的新石器时代遗存，发掘出土半地穴式建筑遗迹、祭坛、兽骨坑、牛首、木雕人面、各种类型陶杯，以及大量陶器残片。

2. 五一广场

6月，长沙市地铁2号线“五一广场站”地表下6米处古井出土近万枚汉代简牍，根据年号与文字内容，可确认该古井为东汉前期官方档案埋藏处。

古井位于长沙市五一大道与走马楼巷交界处东南角，距地表6米。由于地铁2号线“五一广场站”地下管道改造施工贯通古井底部，古井横截面暴露部分为1.4米，井底以上暴露部分为0.4米，井底距管道底部0.8米。该批简牍的发现是继长沙走马楼吴简之后出土历史文献的又一次重大发现，填补了湖南地区东汉前期简牍发现的空白，也是我国南方地区出土东汉简牍数量最多的一次。出土简牍保存的历史信息丰富，对研究东汉时期长沙地区的政治、经济、文化等提供了极其宝贵的实物资料。

3. 桂阳刘家岭宋代壁画墓

7月6日，桂阳县城北区刘家岭发现北宋时期壁画墓。7月16日，湖南省文物考古研究所派出考古人员进行抢救性发掘，探明古墓占地面积50余平方米，分甬道、前室、主室。前室和主室四壁都有壁画。其壁画保存相当完好，尤其是主室壁画完整无损，内容也相当丰富，有楼阁、门神、青龙、白虎、十二生肖、花卉、文武官员及侍女等图案。壁画墓在南方发现甚少，此次发现意义重大。

4. 鬼崽岭遗址

根据国家文物局局长单霁翔8月24日现场考察的指示精神，湖南省文物局在全省抽调业务骨干9人，于9月初对道县鬼崽岭遗址进行了为期18天的田野调查和考古勘探工作。工作基本完成后，请国家文物局在京组织召开了鬼崽岭遗址专家研讨会。通过这些工作，鬼崽岭遗址的年代、性质、发现的意义和以后的保护有了科学结论与依据。

【博物馆与可移动文物保护】

（一）概况

2010年，全省共有各级各类博物馆、

纪念馆116家，其中国有馆100家、民办馆16家。在各级地方政府的大力支持下，里耶秦简博物馆、耒阳纸博物馆、资兴五岭农耕文明博物馆、南县厂窖惨案纪念馆新馆以及全国第一个村级博物馆——上甘棠村博物馆等相继建成开馆。"湖南·中国书院博物馆"主体工程全面竣工，建筑面积达1.6万平方米的湘潭市博物馆新馆也于12月奠基开工。

湖南省博物馆改扩建工程进展顺利。11月，徐守盛省长主持召开了省博物馆改扩建工程领导小组第1次会议，研究决策了一些关键性的问题；12月，省博物馆改扩建工程概念设计方案国际征集顺利签约，6家国内外著名建筑设计公司及设计师应邀参与该项工作。通过此次改扩建，湖南省博物馆的馆舍规模将达7.8万平方米，建设总投资预计为8.5亿元人民币，整个工程预计2013年完工。

（二）博物馆、纪念馆免费开放

2010年，全省博物馆、纪念馆免费开放工作深入推进，博物馆观众数量成倍增长，全省64家免费开放博物馆、纪念馆参观人数达2516万人次。服务质量大幅提升，实现了参观人数大增长、接待服务零投诉、安全工作零事故的目标。省博物馆被人力资源和社会保障部、文化部授予"全国文化系统先进集体"称号，被湖南省委、省政府授予"文化强省建设有突出贡献先进集体"称号。2010年5月，中宣部、财政部、国家文物局组成免费开放专题调研组来湖南进行了专题调研与检查，调研组对湖南的免费开放工作给予了充分肯定和高度评价。

（三）重要文物陈列展览

2010年，湖南省文物局积极组织各级博物馆、纪念馆开展优秀文物陈列展览的创作与制作，全省举办各类展览200多个，相继推出了"大秦迁陵""草原牧歌""五岭农歌""永明有甘棠——走进历史文化名村上甘棠"等陈列展览。特别是龙山里耶秦简博物馆的"大秦迁陵"展览，主题鲜明、气势宏大，艺术表现生动、丰富，得到国家文物局局长单霁翔和省委书记周强的充分肯定，也得到了文物业界专家和普通观众的高度评价。

（四）馆藏珍贵文物数据库建设

全省国有文物收藏单位共收藏有珍贵文物56737余件（套）。其中一级文物1626件（套），二级文物5631件（套），三级文物49480件（套）。至2010年底，全省国有馆藏珍贵文物文本采集率100%，文物信息必填项采集率100%；各市州影像采集率100%；影像采集角度、方向、清晰度符合技术规范，电子文本检索符合技术规范要求。全省数据已按时、按质、按量上报中国文物信息咨询中心，数据报送率100%。

（五）民办博物馆

湖南省文物局组织开展了民办博物馆评审工作。从全省申报的20余家单位中，批准设立山江苗族博物馆、湖南沙坪湘绣博物馆等9家民办博物馆。加上此前已批准同意设立的4家民办博物馆，湖南省文物局于"国际博物馆日"为这13家民办博物馆举行了隆重的授牌仪式。至年底，湖南省文物局共批准设立民办博物馆16家。

【对外交流与合作】

2010年，湖南组织和参与了30多批次的文物及博物馆行业文化交流活动，其中参与了10余批次文物国际展览及学术交流活动，境外共有5批次文博同行来湖南进行参观考察与学术交流。10月，由朝鲜国家观光总局副总局长带队的朝中友谊参观团来湖南进行考察，并参观了中共湘区委员会旧址、湖南省立第一师范学校旧址、岳麓书院、刘少奇故居等文博单位。11月，作为"中英文化连线"活动的一部分，英国博物馆代表团9

人在英国大使馆、国家文物局、中国文物交流中心相关同志的陪同下，来湘进行访问、交流，先后参观了湖南省博物馆、岳麓书院等文博单位。瓦努阿图总理纳塔佩访华代表团、新加坡总理李显龙一行等也先后参观访问了湖南省博物馆。11 月，湖南省博物馆承办了国际博协区域博物馆委员会 2010 年年会，得到了国际博协区域博物馆委员会的高度评价。为更好地学习交流美国在博物馆管理方面的经验，省博物馆启动了美国博物馆协会博物馆学管理丛书的翻译出版工作。

【社会文物管理】

加强对社会流散文物的管理，组建了湖南古玩城，进一步规范了长沙清水塘文化艺术品市场等 7 处较大规模的古玩、旧货市场，2010 年总交易额达到 1.66 亿元。4 月、10 月分别举行了第三届全国文物艺术品交流会和 2010 全国国有文物商店文物艺术品联合展销会，商客云集。加强了文物拍卖资质行政审批、文物拍卖许可证年审和文物拍卖标的备案工作。支持湖南省国际商品拍卖有限公司获得了文物拍卖许可证，累计进行各类专场拍卖会十余次。2010 年 12 月，由中国收藏家协会、湖南省文化厅、湖南省文史馆、湖南省文物局主办，省收藏协会承办的“全国第十届民间收藏文化高层（长沙）论坛”取得圆满成功。

【文博宣传】

充分利用电视、报纸、网络、内刊等各种传播手段，积极与媒体合作，开展了“湖南发现之旅”“公众走进考古工地”等宣传活动，在社会上产生了良好影响。充分利用《湖南文化遗产》杂志、湖南文化遗产网等自有阵地开展宣传教育。结合中国文化遗产日、国际博物馆日、国际古迹遗址日和文物保护法宣传周，全省各地充分利用办展览、展演、发短信、送资料、挂彩球、拉横幅和出动宣传车等多种形式进行文物保护知识宣传，提高全民文物保护意识。全年全省文博单位向省级以上媒体供稿 500 余篇（条），其中向国家级媒体供稿 80 多篇（条）。

【教育培训及重要会议】

6 月 9 日 ~11 日，国家文物局副局长董保华到湖南就文博培训工作开展调研，并在长沙召集广东、广西、湖南、湖北四省 13 个单位的 16 名相关同志举行文博培训工作座谈会。董保华在会上指出：历时 7 年的大培训工作，取得了非常显著的成效。下一阶段培训工作的重点内容为：最基础的工作，最前沿的学术成果及学术难题、学术重点，最重要的阶段工作（重点项目、重点工程）及最根本的保障；在“十二五”学习培训规划中将突出三个方向：一是继续开展“四长培训”，二是加强文博专业技术培训，要建立师资库、课题库，三是开展执法人员培训。

8 月 16 日 ~18 日，由湖南省文物局和永州市人民政府主办，湖南省考古学会、湖南省文物考古研究所、永州市文化局与永州市文物管理处共同承办的“湘赣粤桂考古峰会”暨“湖南省考古学会第十一次年会”在湖南省永州市召开。中国考古学会理事长张忠培、北京大学考古文博学院院长赵辉、北京大学考古文博学院教授李伯谦、国家文物局文物保护与考古司司长关强等专家和领导出席了会议，来自中国考古学会、北京大学考古文博学院、中国社会科学院考古研究所、中国文物报社、科学出版社考古分社等单位的领导、专家，江西、广东、广西、湖南四省（区）文物局与考古所的学者、嘉宾，以及湖南各市州文物部门的一百五十余名业内代表参加了会议。

在学术讨论会上，12 名代表就湖南永州潇湘上游商周遗址群、湘桂粤赣交界地区的考古新发现与新思考、区域考古合作、岭南地区晚更新世晚期古人类的技术与行为、史前南方文化的交流与传播、考古与文化遗产保护等方面分别做了主题发言，并与台下代表进行学术互动与讨论。会议围绕着南岭地区在考古学上的重要性这个学术重点从多方面进行了探讨。

9 月 12 日 ~18 日，全国文物行政执法人员第三片区培训班在长沙举办，共有来自上海、江苏、浙江、湖北和湖南 5 省、市的代表 150 余人参加了培训。在五天的时间里，就执法实践与文物保护法、文物安全宏观形势分析、推进文化遗产保护法制化等主题进行了培训和讨论。国家文物局执法督察司司长叶春、副司长刘铭威和湖南省政府法制办副主任张维杰、湖南省文物局局长陈远平等领导出席了开班典礼。

10 月 8 日 ~11 月 19 日，由湖南省文物局主办，湖南省文物考古研究所承办，在常德市澧县优周岗遗址举办了为期一个半月的“2010 年湖南省田野考古培训班”。此次培训班共有学员 30 名，都是来自各市（州）县基层文物部门的业务人员。培训目的：一是为了提高湖南基层文物部门业务人员的田野考古技术和业务水平；二是普及国家文物局刚颁布的新版田野考古工作规程。

12 月 9 日 ~10 日，第四次全国文物保护工程汇报会在湖南长沙召开，全国各省文物行政部门、业务单位的代表共 350 多人参加会议。国家文物局党组书记、局长单霁翔，副局长童明康，湖南省委常委、宣传部部长路建平，湖南省人民政府副省长郭开朗等领导出席会议。

单霁翔局长在工作报告中回顾了两年来的文物保护工程开展情况，强调要编制好文物保护工程“十二五”规划，继续深化文物保护工程科学研究，加强高素质专业人才队伍建设，不断完善有中国特色的文物维修保护理论体系和工程管理体系，让文化遗产保护成果惠及广大民众。

湖南、四川、山西、河北、福建、西藏等省、自治区文物机构和中国文化遗产研究院、清华城市规划设计研究院的代表在会上分别汇报了有关文物保护工程的进展情况，另有北京、新疆等 20 余省区文物机构向大会提交了过去两年文物保护工程情况的汇报。

此次会议是历届文物保护工程汇报会规模最大的一次。

【科技与出版】

省马王堆古尸和文物研究保护中心《马王堆古尸“整体—细胞—分子”三级保护模式的建立与运用》获国家文物局 2009 年度文物保护科学和技术创新奖二等奖；由湖南省博物馆等多方承担的“十一五”文化遗产保护领域国家科技支撑计划课题《古代建筑保护技术信息系统研发》《古代建筑虚拟修复及 web 表现技术研究》顺利通过国家文物局验收；启动了“湖南省博物馆藏品研究大系”项目，编辑出版的《湘楚物华——阅读湖南省博物馆》荣获首届“紫禁城杯”（2009 年度）全国文化遗产优秀图书。由湖南省文物考古研究所具体实施的 3.6 万余枚里耶秦代简牍的清洗、脱色、照片拍摄、脱水保护、有机玻璃包夹式保护包装和释文工作已全部完成，并编辑出版一部共五册的专著。长沙简牍博物馆已基本完成所藏 14 万余枚出土简牍的整理工作，其中字迹清晰的 7000 多枚已经科学保护并入库保存。经整理、拍照、剪贴、释文，长沙简牍博物馆已编辑出版《竹简》四卷。岳麓书院藏秦简的整理工作已完成，项目计划出版图书六卷，2010 年已出版第一卷。

【机构与人员】

湖南省文物局编制 29 人，设综合处、文物保护处、博物馆处、政策法规处、世界文化遗产申报管理处、执法督察处等 6 个处室，其中执法督察处为 2010 年新增。下辖湖南省文物保护利用中心（事业编制），在编工作人员 8 人。

全省基层文物管理机构建设得到了明显加强。市州文物部门力量逐步得到壮大，所有县（市）区都挂牌成立了文物管理部门，大部分还设立了专职的文物管理所或文物管理局，干部职工身份由原来的非公务员身份转变为参照公务员管理。自 2010 年 5 月永顺县文物局升格为正科级文物局后，该州在全省率先实现辖区内所有文物管理机构的升格和更名。

【第三次全国文物普查】

全年，省文物局组织全省文物部门顺利完成了第三次全国文物普查的田野调查工作。全省共调查登记不可移动文物 2.33 万处，其中新发现文物 1.3 万处，复查 1.03 万处，普查覆盖率达 100%，全面实现国家文物局既定的工作目标。省“三普办”通过自主创建的“湖南省实地文物调查阶段市本级垂直验收工作方案”和高度量化的“市本级垂直验收工作模板”，指导 14 个市州先后完成了本辖区的县域实地文物调查阶段工作验收。10 月～11 月，实地文物调查阶段工作通过了国家“三普办”专家组的整体验收，实地文物调查应急数据库建设也通过了中国文物信息咨询中心普查数据验收专家组的验收。株洲市文物局受湖南省文物局的委托，承担了国家文物局重点课题——湖南省近现代工业文化遗产保护与展示规划的编制工作。为此，株洲市文物局制定了湖南省工业文化遗产信息采集技术参数，对 14 个市州的工业文化遗产开展了调查测绘工作，普查登记全省近现代工业文化遗产 100 余处。

根据文物普查结果，湖南上报了 368 处不可移动文物申报第七批全国重点文物保护单位，其中 140 余处获得国家文物局专家评审通过；上报了 475 处不可移动文物申报第九批省级文物保护单位，其中 392 处获得省政府办公会审查通过。

广东省

【概述】

2010 年，是广东省文物事业快速发展，成绩显著的一年。全省文博系统深入学习党的十七届五中全会精神，在省委、省政府的正确领导下，按照国家文物局、省文化厅的总体工作部署，坚持以科学发展观统领全局，坚持文物工作的方针和原则，全面完成“十一五”规划要求的各项工作任务，系统总结全省文物工作的经验和教训，科学筹划“十二五”规划的目标、任务和措施，积极实施文物博物馆惠民工程，有效加强文物工程维修管理、社会文物管理、文物安全管理等基础性工作，全省文物保护事业继续保持了积极向上、蓬勃发展的良好势头。

【执法督察与安全保卫】

注重日常安全防范工作。2009 年 12 月～2010 年 3 月，广东省各级文物行政部门会同公安部门开展了全省文物单位消防安全大检查工作，重点对全省全国重点文物保护单位、省级文物保护单位、市县级文物保护单位和博物馆、纪念馆共1894处文物单位进行了全面检查，共发现一般隐患212处，较为严重的火灾隐患7处，下发整改通知61处，整改完毕183处。2010年3月，针对全省相继发生的多起文物安全事故，广东省文物局下发了《关于近期我省发生的文物安全事故的通报》，对比较典型的文物安全事故进行通报，并就保护文物提出了相关要求。3月，转发了国家文物局《关于加强馆藏文物安全工作的紧急通知》和《关于加强文物保护单位消防安全工作的紧急通知》；5月，转发了国家文物局《关于加强博物馆公共安全工作的紧急通知》，要求各地建立文物定期巡查制度和重大文物安全事故公告制度；9月，转发了国家文物局《关于加强考古发掘工地安全工作的紧急通知》，要求全省考古部门严格按照《考古发掘管理办法》《田野考古工作规程》开展考古工地安全检查，重点针对工地的安全制定、防范措施及落实情况，确保施工人员和当地人民群众生命财产安全，确保工地和文物安全。

加强了文物执法督察力度。2010年，广东省文物局会同省文化市场综合执法局分别查处了佛山市三水银基贝丘遗址文物破坏等10多起案件，有效遏制文物案件上升势头。

【不可移动文物的保护和管理】

（一）概况

截至2010年12月31日，广东省共有全国重点文物保护单位66处，省级文物保护单位405处，市县级文物保护单位2500多处，调查的不可移动文物38000余处。国家级历史文化名城6座，省级历史文化名城16座，中国历史文化名镇10个，广东省历史文化名镇5个，广东省中国历史文化名村15个，广东省省级历史文化名村13个，广东省级历史文化街区8个，全国近现代优秀建筑9处。

加大文物保护基础工作的力度。2010年，广东省文物局组织开展各级文物保护单位保护规划、勘察设计方案的评审工作，完成了一批文物保护工程验收工作。包括：参加肇庆市、增城市、揭阳市、珠海市、中山、茂名、云浮等城市总体规划成果审查；参与广州市沙面建筑群文物保护和南粤先贤地块控规导则调整的协调工作；组织召开苏氏私塾重建方案、南汉二陵德陵陈列馆及文物本体保护方案、十九路军陵园爱国主义教育中心大楼建设项目的方案论证；组织专家完成邓演达故居、中共广东省委暨粤北省委机关旧址、国民党“一大”旧址等18家文物保护单位的维修方案和15处濒危历史建筑抢险方案编制和论证；完成省级以上文物保护工程验收项目9项。会同国家文物局、省公安厅审核批复佛山祖庙修缮工程安全防范系统设计方案等4家安防方案，验收广东海上丝绸之路博物馆、农讲所旧址纪念馆、孙中山大元帅府纪念馆等5家单位的安防系统工程。全年全省重要文物保护工程中央财政投入1937万元，省级财政投入经费950万元。

（二）大遗址保护

广东省大遗址保护工作稳步推进。林则徐销烟池与虎门炮台旧址东莞部分的保护规划经国家文物局批复原则同意，二期维修工程勘察设计方案正在编制当中。虎门炮台旧址广州部分保护规划编制业已启动，广东省文化厅安排30万元补助经费。南越王宫博物馆筹建处在大力推进博物馆建设的同时，结合亚运会期间局部开放要求，完成建筑工程协调、陈列展览、文物保护、教育推广、后勤保障、安全保卫等工作，为正式开馆打下了坚实基础。此外，石峡遗址和马坝人遗址、新会崖门炮台遗址等遗址保护研究工作也有序开展。

（三）全国重点文物保护单位

广东省全国重点文物保护单位有效保护与合理利用相得益彰。2010 年，广东省文物局完成了佛山祖庙、沙面建筑群部分建筑、三元里平英团旧址、大鹏所城 16 栋民居等一批全国重点文物保护单位的修缮工程，向国家文物局推荐申报第七批全国重点文物保护单位 45 处。

2010 年，广东省文物局与省旅游局合作开展首批全省旅游示范单位评选工作，陈家祠、黄埔军校旧址、孙中山故居、佛山祖庙、南社村古建筑群等 19 处全国重点文物保护单位被评为全省旅游示范单位。

（四）世界文化遗产申报与保护

广东省世界文化遗产申报与保护齐头并举。开平碉楼与村落是广东省唯一的一处世界文化遗产 ，自申报成功以来，已发挥较好的社会效应，带动当地旅游、经济、社会的全面发展。2009 年 3 月，中共中央政治局委员、省委书记汪洋视察开平碉楼，指出“碉楼是一种特殊文物，要从大处着眼，整体规划，解放思想，理清思路，坚持保护与开发并举”，提出了“应当动员全社会的力量，包括动员海外华侨来筹集开发保护的资金”来“认养”的文化遗产保护新模式。2010 开平碉楼的“认养”工作全面铺开。

2010 年，广东省“海上丝绸之路”广东段、梅州客家围龙屋两个项目提出申报世界文化遗产，并进行了前期的资料整理，编制保护规划等工作，争取列入国家文物局的世界文化遗产预备名单。

【考古发掘】

（一）概况

2010 年，广东省考古资质单位配合基本建设工程进行的考古调查、勘探项目共 14 个。水下考古工作成绩显著，由广东省文物考古研究所和国家水下文化遗产研究中心联合组队的“南澳 I 号”考古队，开始实施“南澳 I 号”明代古沉船的发掘与保护项目，该项目已入选中国社科院考古所“考古论坛”2010 年度新发现。2010 年 4 月，汕头市云澳边防派出所获国家文物局文物保护特别奖，同年 8 月，“南海 I 号”发掘与保护项目获国家文物局科技创新奖一等奖。

（二）重要考古项目

1. “南澳 I 号”明代沉船

2010 年“南澳 1 号”明代沉船水下考古发掘从 4 月开始，至 7 月下旬结束，历时 4 个月。项目由广东省文物考古研究所、国家水下文化遗产研究中心组建的“南澳 1 号”考古队承担，国家博物馆、海南、福建、浙江、天津以及广东省等地水下考古及文物保护专业人员共同参与完成此项工作。截至 2010 年工作，“南澳 1 号”水下考古队已经基本完成了对遗址的初步调查与试掘工作，基本摸清了沉船的埋藏环境、船体结构、文物种类及分布情况，总计出土水下文物 11248 件，瓷器 10624 件，陶器 145 件，金属器 113 件，铜钱 312 件，其他器型 54 件。“南澳 1 号”明代沉船遗址考古调查和发掘，开创了我国在 28 米深度开展大规模水下考古科研工作的先河。

2. 肇庆广宁龙嘴岗墓地

广东省文物考古研究所 2010 年 4 月～6 月发掘。出土文物尤其是青铜器数量之多、种类之丰富为近年来配合基建考古发掘项目所少见，对于研究粤西乃至整个岭南地区战国秦汉时期社会历史具有极重要的科研价值。

3. 先烈南路中山大学工地

广州市文物考古研究所承担发掘。发掘面积8000多平方米，共出土两汉、三国晋南朝、隋唐、宋及明清时期古墓葬120座，各类质地文物近900件（套）。

4. 广州增城市增江街白湖村浮扶岭

广州市文物考古研究所承担发掘。清理古墓葬525座，出土文物2000余件（套），其中一座墓葬被考古专家认定为岭南地区规模最大的铺石子木椁墓。

【博物馆与可移动文物保护】

（一）概述

截至2010年12月31日，广东省年检合格的博物馆共177家，其中系统内国有博物馆141家，行业博物馆12家，民办博物馆24家。全省国有博物馆共有文物藏品755886件（套），其中，一级文物1291件（套），二级文物14329件（套），三级文物57269件（套）。2010年，全省博物馆新接受和征集文物藏品7602余件（套），修复文物15667件（套），举办各类展览1077个，吸引观众2590万人次，其中未成年人540万人次。

（二）博物馆免费开放

博物馆免费开放机制体制逐渐走向成熟。2010年，广东省一些行业博物馆和民办博物馆也开始加入免费开放大军。截至2010年12月31日，共有免费开放博物馆150余家，其中系统内国有博物馆140家。暂不能完全免费开放的文物建筑和遗址类博物馆已实行低票价政策，并继续对未成年人、老年人、现役军人、残疾人等社会群体实行免费或优惠参观，并向社会承诺定期免费日。一些暂时未免票的文物保护单位通过制定灵活多样的门票制度，或采取更加人性化的服务手段，鼓励和吸引更多的公众走进博物馆和纪念馆，如发行参观套票和特定时段票等。总体来看，免费开放使博物馆的人气急剧上升，出现了令人惊喜的变化，更多的民众开始走进博物馆、了解博物馆，博物馆藏品的公共价值得到较大发挥，博物馆建设得到全面发展，逐渐走出了一条管理规范、服务创优、活动出彩的创新之路，赢得社会各界普遍赞誉。

（三）博物馆陈列展览

博物馆陈列展览精彩纷呈。2010年，全省博物馆以广州亚运会为契机，精心策划了各类主题鲜明、内涵丰富的展览，最大限度地满足不同层次观众的需求，获得社会广泛好评。广东省博物馆新馆开馆7个月迎客150万。作为全省最大的综合性博物馆，开馆之时，省博物馆隆重推出了精心筹备的广东历史、自然及馆藏艺术篇三大系列六个展览，让观众在欣赏博物馆新馆建筑的同时，领略到广东的文化及自然资源的深厚与丰富。此外，省博物馆还在亚运期间引进了大型展览“考古中华——中国社会科学院考古研究所60周年成果展”“TCL互动艺术展”等，深受广大观众的喜爱，好评如潮。

“广东历代绘画展”由广东省政协主办，省文化厅、省文联、广州市委宣传部、广州市文化局协办，2010年8月2日开展。此次绘画展览共筹备了三年，从全省各地和港、澳、台地区30多家文博机构、数十位收藏家征集到3000多件画作，经专家鉴定甄别、遴选，展出了300多件作品。这些作品形成的时间跨度较大——从史前到建国前，地域上包括历史上广东的辖地，有今之广东、海南、香港、澳门、广西钦州等地，画种包括中国画、油画、版画、漫画、水彩画、铅笔画和漆画等。中共中央政治局委员、广东省委书记汪洋，省委副书记、省长黄华华，省政协主席黄龙云参加了开幕仪式。

“吴南生捐赠书画作品展”2010年12月24日在深圳博物馆老馆开展。此次展览共展出前广东省委书记吴南生同志自20世纪50年代以来捐赠的48件书画佳作。

“许鸿飞雕塑·摄影展”2010年3月8日~19日在广州艺术博物院展出。

“十万山人孙星阁捐赠书画作品选展”由汕头市文化广电新闻出版局、汕头市博物馆主办，2010年5月11日在汕头市博物馆开展，展出了孙星阁先生无偿捐赠给汕头市博物馆的120件艺术作品。

“‘大河之马’赵太极画展”由肇庆市文广新局、市博物馆举办，2010年6月3日在肇庆市阅江楼开展，共展出画家赵太极以马和人物为主要题材的优秀画作40多幅，至6月10日结束。

“王易霓李长松国画艺术联展”由梅州市文化广电新闻出版局、市文学艺术界联合会、市美术家协会、梅州画院主办，2010年5月28日~6月6日在中国客家博物馆华侨馆展出，展品为王易霓、李长松两位艺术家的山水画、花鸟画等66幅。

“万里双楫　岭南吟墨——路毓贤李廷华书法联展”由惠州市委宣传部主办，市文化广电新闻出版局、市住房和城乡规划建设局联合承办，2010年6月28日在惠州博物馆开展，共展出60幅路毓贤、李廷华的书法作品，大多为表现岭南胜迹及追怀苏东坡等名贤的自作诗词及联句。

“岭南情韵——东莞市博物馆藏居巢居廉绘画精品展”由东莞市博物馆和辽宁省博物馆共同主办，2010年6月25日在辽宁省博物馆开幕。此次参展作品共计120幅，其中居巢、居廉绘画109幅，葛绪堂、高剑父、高奇峰等居廉传人作品11幅，是一次难得的南北文化交流活动。

“恒久的收藏 声音的记忆”由中山市博物馆、绍兴博物馆主办，2010年8月5日上午在绍兴博物馆开幕。

（四）广东流动博物馆

“广东流动博物馆”以广东省博物馆为中心，整合全省博物馆陈列展示资源，组织、策划和制作具有较高水平的展览，到2010年底，广东流动博物馆已制作巡回展览42个，成员单位74家，在全省举办展览195场次，参观者高达550多万人次。其中，1月制作的“粤西木偶艺术展览”，以粤剧和白戏的传统剧目为主，木偶造型逼真传神、栩栩如生、叹为观止。2010年的巡展“走进神秘的大自然——立体科普图片展”采用3D立体图片，图文并茂、生动逼真、科普性强、寓教于乐。在珠海博物馆展出时，曾创下单日参观人数超过万人的记录。

（五）文物调查及数据库管理系统

截至到2010年9月30日，广东省全部馆藏珍贵文物完成了数据采集和入库工作。共录入一级文物数据1291条（总数1301件）、二级文物数据14329条、三级文物数据57269条，文物影像数据共计388637张，存储总量达1000GB。全省共配置电脑185台，测量工具156套，称量工具129套，照相工具112套，其中43套普查设备移交给文物数据库使用。初步实现了全省馆藏珍贵文物数据化管理，为下一阶段工作打下良好基础。

【社会文物管理】

社会文物管理工作有条不紊。2010年7月，转发了国家文物局《关于进一步加强文物临时进境审核管理工作的通知》，要求广东省文物鉴定站结合工作实践，加大对临时进境文物来源的审核力度，从源头上杜绝不法分子蓄意利用临时进境审核登记表以及临时进境标识来掩盖文物的非法来源。完成了广东省文物总店转企改制工作。委托广东省博物馆接收黄埔海关、珠海拱北海关、江门海关等罚没的文物千余件。审核文物拍卖会25场，其中涉及文物标的的拍卖会17场，无文物标的的拍卖会8场。

加强与海关的交流与合作，共同打击文物走私活动。2010年6月28日～30日，广东省文物鉴定站配合广州海关缉私局在番禺莲花山举办了海关人员文物鉴定培训班，讲授了书画、陶瓷、玉器、青铜器、钱币、杂项等六项课程，课程安排针对性和实用性较强，受到海关人员的一致好评。12月21日～28日，海关总署和国家文物局联合主办，广东省文物鉴定站承办的文物专业知识培训班在海关总署广州莲花山教育培训基地进行，讲授了古典家具、漆器、珐琅器、鼻烟壶等课程，有效地提高了海关执法人员查缉文物走私的专业技能。

【文博教育与培训】

文博教育与培训内容丰富。2010年，广东省文物局采取“自己办”和“送出去”两种培养方式，大力抓干部队伍建设，共组织全省文博专业人员200余人参加国家和自办的专业培训班10期以及各类研讨会20余项，包括文物保护技术、行业标准、考古领队、文物鉴定、行政执法、财务预算、宣传教育等专业方向的内容，全面提升了从业人员的业务素养和工作能力。2010年3月组织参加广东省直机关党支部书记“抓落实促发展”专题培训班。广东省文物局全体干部职工5月参加省文化厅新电子办公系统培训班，9月参加了省文化厅系统领导干部“党纪、政纪、法纪”教育培训班，12月参加了公务员职业道德教育全员培训。在广东省文物局内部，积极开展争先创优、建设学习型党组织、加强廉政教育等活动，通过编制《广东省文物局廉政风险点排查流程图》《广东省文物局信息公开指南》《广东省文物局信息公开目录》，树立法治观念，加强作风建设，有效提升了局机关依法行政和防腐拒变的能力。

12月14日～20日，举办了广东省宣传教育业务高级培训班，参共有50余家博物馆业务骨干，以及来自海南、广西地区博物馆的专业人员共80人参加了培训，有效地提高了全省博物馆宣传教育队伍的业务水平。

12月27日～30日，广东省文物普查办举办文物普查数据汇总管理系统培训班，各地级以上市文物普查办公室20多人参加培训，为全省文物普查下一阶段工作打下良好的基础。

【文博宣传与出版】

（一）国际博物馆日活动

为配合国际博物馆协会2010年大会在中国上海召开，同时庆祝广东省博物馆新馆开馆，国家文物局决定将2010年“国际博物馆日”活动的主会场设在广东，并举办以“博物馆致力于社会和谐”为主题的“走近ICOM2010年大会·广州国际博物馆高峰论坛”等活动。活动开幕仪式由广东省副省长雷于蓝主持，中共中央政治局委员、广东省委书记汪洋出席并宣布活动启动、新馆开馆。国家文物局局长单霁翔，国际博物馆协会总干事朱利安，广东省委常委、宣传部部长林雄，国际博物馆协会中国国家委员会主席、中国博物馆学会理事长张柏出席仪式并先后讲话。广东省博物馆新馆在5月18日下午2时正式对公众免费开放。这一透雕宝盒式博物馆以其独特的建筑风格，丰富的展览内容吸引了大批观众前往。截至到2010年底，日均观众量超8000人次。

（二）博物馆惠民宣传活动

广东省各地博物馆以免费开放为契机，加强公共文化服务建设，积极开展形式多样的博物馆惠民宣传活动。

广东省博物馆新馆为了更好地践行“市民博物馆”发展理念，在提高教育功能、举办精品展览的同时，大力引进、开发公共文化优质服务项目和高端文化服务产品。2010年5月18日开馆以来，积极引进“广东历代绘画展”“迷彩丹青颂南粤——广东预备役师画院作品展”等临时展览和“因性施教与习惯养成”“广州简史”“广州与亚洲”“广州与西方世界”等“广州讲坛”，开展“小小讲解员”招募、培训活动和“广东省博物馆镇馆之宝你来选”网上评选活动等。通过“形象策划”与“品牌拓展”，让博物馆文化深入城市生活的肌理，让普通市民乐于亲近博物馆。

东莞市展览馆开展了“小小志愿者”培训活动。2010年7月，举行了2009年度“小小志愿者服务之星”颁奖仪式暨2010年度“小小志愿者”培训班开班仪式，40名“小小志愿者”参加了此次颁奖仪式，并开始在展览馆接受为期两周的“小小志愿者”培训和为期一年的志愿服务。培训包括普通话、礼仪、演讲、志愿者服务规范和现场讲解等。东莞展览馆自2007年起已连续四年免费开办了“小小口才家”培训班，旨在使青少年通过志愿服务增进认知东莞，回馈社会的兴趣和热情，给青少年提供一个接触社会、展示自我的舞台。

中山市博物馆深入开展送展下乡活动。中山市博物馆开展“走出博物馆，服务新农村”送展下乡活动，先后制作了“中山市非物质文化遗产图片展览”“中山华侨历史文物征集品图片展”到各个镇文化活动中心展出。

【广东省第三次全国文物普查】

2010年，广东省文物普查办采取“成熟一个，验收一个”的方式，完成了全省124个县（市、区）普查单元的实地调查阶段省级验收工作。2010年12月19日，广东省第三次全国文物普查实地调查阶段顺利通过了国家验收，国家验收组对广东省文物普查工作给予了高度的肯定，认为广东“实地文物调查工作细致认真，积极开展专题调查，涉侨涉台文物、传统建筑、近现代遗产等新发现成果较为突出”。至2010年底，全省共登记不可移动文物3.8万多处，其中新发现2.8万多处，文物普查的覆盖率、总调查数、总登录数、新发现数量、参战人数和信息上报数量均位居全国前列，有16个新类型文化遗产被列入2010年第三次全国文物普查重要新发现。

广西壮族自治区

【概述】

2010年，桂林靖江王府及王陵、甑皮岩遗址列入第一批国家考古遗址公园立项名单。北海市入选国家历史文化名城，南宁市江南区江西镇杨美村入选第五批国家历史文化名村，公布第一批自治区历史文化名镇5个、名村12个。对桂林靖江王陵等文物保护单位进行文物行政执法督察。完成宁明花山岩画本体一期抢险加固保护和平台加固工程、凭祥大连城等69处各级重点文物保护单位的保护维修工作，编制了连城要塞和友谊关等文物保护规划，白莲洞遗址、莫土司衙署保护规划获得国家文物局批复。柳州市、藤县文物普查队获第三次全国文物普查实地文物调查阶段先进单位。加大左江岩画申报世界文化遗产力度。完成27项基本建设工程用地范围文物调查、勘探和发掘，继续海上丝绸之路始发港汉代合浦港研究并初步确认汉代城址。继续推进博物馆、纪念馆免费开放工作。制定和实施自治区人民政府关于建设百家博物馆的意见，龙胜龙脊壮族生态博物馆建成并对外开放，自治区第一家民办博物馆——柳州票证博物馆正式登记注册。

【法规建设】

根据自治区要求，取消了一项由自治区文化厅、建设厅、旅游局联合发布的《关于发布在西部大开发中文物保护与利用的暂行规定的通知》（桂文物发［2001］088号）。开展《广西壮族自治区文物保护管理条例》（由广西壮族自治区第十届人民代表大会常务委员会于2004年7月31日通过，自2004年8月1日起实行）修订工作，计划2011年报请自治区人大常委会审议。

【执法督察与安全保卫】

对桂林靖江王陵、全州洮阳城址、兴安灵渠、柳城五眼桥、永福永宁州城等文物保护单位进行文物行政执法督察，对损坏文物事故、文物违法案件和严厉打击盗窃野外文物的违法行为进行查处，对自治区博物馆在布展时发生的文物损坏事故做出了《广西壮族自治区文化厅关于自治区博物馆布展损坏文物事故处理问题的批复》（桂文函［2010］387号），对事故有关责任人做出行政处理；对桂林靖江王陵文物被盗文物违法案件的4名犯罪嫌疑人，经桂林市人民法院审理后分别判处3年有期徒刑。对柳江县进德镇槎山村拆毁三普新发现的文物点五眼桥事件进行现场调查，并责成当地政府给予责任单位和责任人严处，柳江县人民政府做出修复决定。

按照国家文物局《文物行政执法与安全监管情况公告制度工作方案（试行）》，向国家文物局报送了2010年三个季度的全区文物行政执法与安全监管工作情况，内容包括文物执法信息、文物安全案件信息、文物行政执法机构信息等，并受到了国家文物局的通报表扬。

【不可移动文物的保护和管理】

（一）概况

2010年广西各级文物保护单位共有2255处，其中全国重点文物保护单位42处200多个点，自治区文物保护单位355处。国家、自治区和地方投入2872.2万元对部分文物保护单位进行保护维修，维修总面积43692平方米。对宁明花山岩画、凭祥大连城等13处全国重点文物保护单位，南宁广西壮族自治区土改工作团第二团团部旧址、永福永宁州城、龙州法国驻龙州领事馆旧址二期、恭城朗山民居二期等24处自治区文物保护单位，以及南宁商会旧址、秦家祠堂戏台等32处市（县）文物保护单位进行保护修缮。连城要塞遗址和友谊关、江头村和长岗岭古建筑群、白莲洞遗址、胡志明旧居、莫土司衙署等文物保护规划的编制工作扎实开展。12月29日~30日，组织召开广西连城要塞遗址和友谊关文物保护总体规划评审与研讨会。此外，由广西文物保护研究设计中心承担勘察设计的广东佛山祖庙文物保护工程项目被列为全国十大文物维修工程之一。

截至2010年4月30日，广西第三次全国文物普查第二阶段实地文物调查阶段县域验收任务全部完成，共调查登记不可移动文物11504处，其中新发现6124处，复查5380处。11月5日，广西第三次全国文物普查电子数据移交中国文物信息咨询中心工作。11月28日～12月2日，国家文物局第三次文物普查验收组对广西第三次文物普查第二阶段工作进行整体验收，109个普查基本单元均通过验收。

（二）遗址保护

广西靖江王府及王陵、合浦汉墓群被列入国家大遗址名单。2010年度国家投入100万元，用于靖江王陵保护规划的编制、保护与展示等项目工作。由中国文化遗产研究院编制的《靖江王陵保护规划》获得国家文物局批复，靖江王陵昭和王陵、安肃王陵、温裕王陵等遗址维修保护和环境整治方案编制工作也已启动。

11月13日～15日，中国桂林·史前文化遗产国际高峰论坛暨中国博物馆协会史前遗址博物馆专业委员会第八届研讨会在桂林举行。由中国博物馆协会、广西壮族自治区文化厅和桂林市人民政府联合主办，主题为“史前文化遗产保护与考古遗址公园建设”，是2009年12月国家文物局颁布实施《国家考古遗址公园管理办法（试行）》以来，中国史前考古界及史前遗址博物馆界围绕史前文化遗产保护与考古遗址公园建设召开的首次国际会议，旨在加强史前文化遗产的保护和研究，促进史前文化遗产研究保护管理的国际交流与合作，推进甑皮岩国家考古遗址公园的建设。中国考古学会理事长张忠培、中国科学院院士袁道先、联合国教科文组织驻北京办事处文化遗产保护专员杜晓帆、国际博物馆协会副主席马丁·施尔等专家以及来自中国、瑞士、澳大利亚、日本等国家与台湾地区的文化遗产管理部门和专业机构代表100余人出席论坛。

（三）世界文化遗产

组织赴广东开平、越南考察世界文化遗产地，学习申报工作经验；指导宁明县成立申报世界文化遗产办公室。6月9日，在北京召开左江岩画申报世界文化遗产专家咨询会，对左江流域岩画考古遗址调查、左江岩画文物点调查登录和岩画本体保护勘察研究等3个子项课题开展研究。9月16日～19日，自治区文化厅召开花山岩画岩体开裂病害机理研究报告验收会暨花山岩画第一期抢救性修复加固工程设计和花山岩画第一期抢险加固保护试验工程评审会，花山岩画环境监测、开裂病害专项勘察、病害机理研究、花山岩画开裂岩体第一期抢险加固工程4项前期项目通过验收。

【考古发掘】

（一）概况

2010年，广西开展湘桂铁路改扩建工程、贵阳至广州高速铁路，马山至平果、柳州至武宣高速公路，玉林大容山25.5MW风电项目，柳州市古赏河供水水利枢纽等27项基本建设工程用地范围文物调查、勘探和发掘，继续海上丝绸之路始发港汉代合浦港研究并初步确认汉代城址。广西文物考古研究所及广西自然博物馆实施考古发掘项目10项，其中抢救性发掘2项，基本建设考古发掘5项，主动性发掘3项。完成考古勘探面积919.5万平方米，考古发掘面积1.66万平方米，发掘墓葬96座，形成考古报告5篇，抢救了一批珍贵文物，发现了一批重要的遗迹，为考古科学研究提供了新线索、新依据。

广西自然博物馆开展桂西南地区洞穴哺乳动物化石、桂北地区洞穴哺乳动物化石、扶绥那派盆地恐龙化石地点的调查以及桂西南中越边境地区两栖爬行动物多样性调查与研究。

（二）重要考古项目

1. 永福窑田岭窑址

2010年1月～11月，广西文物考古研究所对永福窑田岭窑址进行发掘。此次发掘面积7185平方米，新揭露了9条宋代龙窑，发现1处作坊遗迹，出土一大批青瓷器产品和工具，青瓷器产品中的铜绿釉和铜红釉、腰鼓具有特色。此次发掘发现了有纪年的印模，对判断该窑址的时代起了关键作用。作坊的发现弥补了广西宋代陶瓷研究的空白，发现的大量铜红釉产品对于认识宋代铜红烧造技术有重要参考价值。

2. 钟山铜盆墓地

2010年3月～7月，广西文物考古研究所对钟山铜盆墓地进行发掘。此次发掘共清理墓葬61座，其中汉墓41座，清墓12座，另有8座时代不清。出土文物以陶器为主，青铜器极为少见。陶器组合主要为瓮、罐、壶，少数墓葬有联罐和灯，极个别墓葬有鼎，未发现井、仓、灶等模型明器。此次发掘为了解汉代桂东北地区的墓葬类型及形态的发展演变提供了宝贵的资料。

3. 贵港梁君垌、马鞍岭古墓

位于贵港市港北区贵城镇黎湛铁路沿线，属自治区级文物保护单位——贵县古墓群的分布范围。2010年8月～10月，广西文物考古研究所为配合南宁至广州高速铁路修建，在梁君垌与马鞍岭的用地范围内勘探发现古墓29座，发掘墓葬15座，除1座近代墓外，其余墓葬分土坑墓和砖室墓两种。出土铜器、铁器、银器等各类遗物200余件，其中梁君垌古墓出土陶制牛车、船、俑及狗、猪、羊、鸡、鸭等各种动物模型80余件器物。此次发掘不仅为研究广西汉晋墓葬提供了新的资料，也为研究广西汉代航运交通提供了生动的实物资料。

【博物馆与可移动文物保护】

（一）博物馆

2010年，自治区人民政府颁布关于建设百家博物馆的意见，计划在5年时间内，调动行业、企业、社会组织和个人建设博物馆的积极性，利用市场办法建设行业博物馆、国有企业博物馆、民办博物馆，力争在全自治区新建、改扩建博物馆100家左右，提升博物馆现代化、专业化、社会化水平。广西完成北部湾博物馆、西江文化博物馆、柳州工业博物馆等区域性博物馆项目建议书的编制、立项等前期工作。龙胜各族自治县龙脊壮族生态博物馆建成并对游人开放。广西第一家民办博物馆——柳州票证博物馆正式登记注册。

1月25日，中共中央宣传部、财政部、文化部、国家文物局联合下发《关于印发免费开放博物馆纪念馆名单的通知》（文物博发［2010］9号），确定广西免费开放博物馆、纪念馆36家，其中文物系统占34家。国家和自治区安排博物馆、纪念馆免费开放专项经费2913万元。全年免费开放的博物馆纪念馆先后举办“瓯骆遗粹——广西百越文化文物精品展”“中国与东盟”等基本陈列136个，引进推出“印度尼西亚国家博物馆文物精品展”“妙笔丹青——馆藏齐白石、黄宾虹、徐悲鸿、张大千绘画艺术精品展”“清冶铜华以为镜 莹光如水照佳人——陕西历史博物馆馆藏铜镜特展”“久远的记忆——中国少数民族地区岩画联展”等临时展览203个，全年接待观众876万人次，其中未成年人227.3万人次。

3月19日，自治区文化厅在柳州市召开2010年全区博物馆纪念馆免费开放工作会议，总结2009年全区博物馆纪念馆免费开放工作实施情况，研究部署

2010年免费开放各项工作任务。5月10日~12日，国家文物局董保华副局长一行调研柳州市博物馆、自治区博物馆、田东右江革命纪念馆、田东县博物馆免费开放工作。5月12日下午，自治区文化厅主持召开了广西博物馆、纪念馆免费开放工作座谈会，自治区党委宣传部、自治区财政厅、自治区教育厅和自治区博物馆等14个免费开放博物馆、纪念馆馆长参加会议。会上，国家文物局领导就广西博物馆纪念馆免费开放工作情况作了重要指示。

2010年，广西全面完成承担国家文物局馆藏文物调查及数据库管理系统建设项目试点任务，采集登记馆藏珍贵文物28816件（套），其中一级文物301件（套），信息数据已报送中国文物信息咨询中心。同时，完成广西文物信息中心机房建设设备配置工作。

【文博教育与培训】

11月20日~22日，自治区文化厅在南宁举办全区文博单位管理干部理论学习班，来自全区地市文化局和文博单位的120名管理干部参加了学习，国家文物局政策法规司政策法规处处长陈培军就党中央、国务院和中央领导同志关于保护发展文化遗产的文件和论述作了理论学习辅导，上海博物馆馆长陈燮君作了世博会与文博工作创新体会介绍。自治区文化厅副厅长、文物局局长覃溥等领导出席学习班开班仪式并参加培训。

【文博宣传与出版】

2010年，广西围绕“博物馆致力于社会和谐”和“文化遗产在我身边”两大主题，开展形式多样、内容丰富的全区文化遗产保护宣传月活动，宣传月里举办了启动仪式、纪念大会、表彰大会、全区文化遗产保护宣传讲解大赛、媒体采访团深入基层采访报道等系列活动，掀起文化遗产保护宣传的高潮。广西民族博物馆与《南国早报》、南宁电视台共同推出“文化遗产在我身边——追寻老物件”活动；桂林市桂海碑林博物馆先后与桂林联达置业公司、桂林“1+1”爱心公益会、桂林市外国语学校等单位联合举办打制石器、钻木取火、古陶仿制、原始狩猎、鉴宝有奖等特色体验活动；自治区文物局和广西文化信息中心推出文化遗产保护宣传月深入基层采访系列活动，邀请广西主流媒体记者10人分赴柳州、桂林、钦州、东兴等地采访，宣传报道近年来广西在文化遗产保护工作方面所取得的经验和成果、广西文化遗产保护工作特别是第三次文物普查工作情况、博物馆免费开放、博物馆建设、重大文物保护等内容，先后在国内各大报刊、网络发表文章40多篇。2010年，广西壮族自治区博物馆和广西文物考古研究所编著、文物出版社出版《广西壮族自治区博物馆馆藏书画精品选集》；广西文物考古研究所出版《广西考古文集》第4辑。

【机构及人员】

广西共有各级文物博物馆机构136个，其中博物馆（纪念馆）65个、文物管理所（站）61个、文物商店4个，文物科研机构5个，文物拍卖企业1个，形成了覆盖全自治区100%的三级文物保护网络。2010年新增博物馆5个。

全区文博系统从业人员1508人，获得高级专业技术职称人员111人，中级专业技术职称人员281人。新增从业人员47人，新增高级专业技术职称人员11人，减少中级专业技术职称人员2人。

11月1日，合浦县机构编制委员会下发《关于成立合浦县文物管理局的通知》（合编［2010］36号），同意成立合浦县文物管理局，为县政府直属的相当正科级全额拨款事业单位，核定事业编制6名。这是广西第一个成立的县级文物管理局。

【对外交流与合作】

4月，应新加坡国家文物局邀请，以自治区文化厅副厅长、自治区文物局局长覃溥为团长的广西文物博物馆考察团一行3人对新加坡进行了为期5天的工作访问，与新加坡国家文物局就开展博物馆领域的交流与合作进行了探讨。

8月24日~29日，在广西举办的中越青年大联欢活动中，来自越南58个省、5个直辖市的3000多名越南青年分别从广西友谊关、东兴、水口、龙邦等口岸分赴柳州、桂林、北海、钦州、防城港、百色、崇左等7市，参观了广西民族博物馆、柳州市博物馆、柳州胡志明旧居、桂林育才学校旧址、八路军桂林办事处旧址、百色起义纪念馆、钦州刘永福故居、凭祥友谊关、龙州胡志明展馆等12个博物馆、纪念馆以及文物保护单位，占所有参观点的三分之二。

8月11日~22日，应新加坡国家文物局邀请，广西民族博物馆组织那坡黑衣壮女服等展品参加新加坡第七届文化遗产节活动之一“异族风情·大同世界——世界传统服装展”。

11月2日，借承办“第五届东盟10+3文化人力资源开发合作研讨班”之际，文化部、自治区文化厅在广西民族博物馆举行了“中国—东盟文化交流培训中心”揭牌仪式，该中心以广西民族博物馆为硬件设施为依托，整合国家、各省区和广西各项资源包括师资、政策、网络、教育等资源，与广西现有艺术院校、区直剧团、群众艺术馆、图书馆、博物馆、艺术研究院等有形与无形的文化文物资源相结合，承接国家层面在中国与东盟各国间文化文物交流培训的任务，搭建全国各省区与东盟的文化文物合作交流平台。

12月19日，以覃溥副厅长为团长的广西博物馆代表团回访缅甸文化遗产部，双方约定在更宽领域加强合作。

经国家文物局批准，2009年10月18日~2010年1月10日，广西民族博物馆与印度尼西亚国家博物馆在广西南宁联合举办“印度尼西亚国家博物馆文物精品展”，展出展品81件（套），实际件数87件，其中印尼民族工艺品73件（套），古代青铜器8件，总估价为1186100美元。该展览展示了印尼国家博物馆收藏的青铜器、面具、首饰、祖先雕像、槟榔与烟草用具、刀剑工艺、木偶（娃扬）、织染艺术等珍贵文物，其中织染艺术（巴迪克布料）、刀剑工艺（克里斯剑）、木偶（娃扬）是印尼民族手工艺品的杰出代表，被联合国教科文组织认定为世界非物质文化遗产。自治区政协副主席李达球、自治区党委宣传部副部长李海容、自治区文化厅厅长余益中和印尼国家博物馆馆长秘书Safe'i先生、接待部主任Trigangga先生、保管部主任Widodo先生等出席了开幕式。据不完全统计，该展览共接待观众77275人次。

【表彰】

6月27日~29日，自治区文化厅在南宁市举办2010年全区文化遗产保护宣传讲解大赛，来自全区11个市31个文博单位的104名选手参加比赛。经过激烈的角逐，大赛最后决出个人一等奖14名、二等奖28名、三等奖40名，另有15个单位获得组织奖。6月30日上午，自治区文化厅党组副书记、副厅长李民胜，自治区文化厅副厅长、文物局局长覃溥出席了颁奖仪式并为获奖个人和单位颁奖。

2010 年，国家文物局和自治区第三次文物普查领导小组办公室先后表彰在第三次文物普查实地调查阶段工作成绩突出的集体和个人，柳州市文物普查队、藤县第三次文物普查工作队荣获全国突出贡献集体奖，黄之勇等 7 人获全国突出贡献个人奖；南宁市第三次全国文物普查队等 28 个普查队获自治区先进集体奖，陆彩红等 84 人获自治区先进个人奖，广西文物考古研究所获自治区级特别奖，南宁市等 13 个第三次全国文物普查领导小组办公室获自治区级组织奖。

【其他】

8 月 13 日，广西壮族自治区人民政府公布第一批自治区历史文化名镇 5 个、名村 12 个。历史文化名镇是灵川县大圩镇、阳朔县兴坪镇、昭平县黄姚镇、兴安县兴安镇和北海市铁山港区南康镇；历史文化名村是玉林市玉州区城北街道办事处高山村、富川瑶族自治县朝东镇秀水村、灵山县大芦村、南宁市江南区江西镇扬美村、宾阳县古辣镇蔡村、灵川县青狮潭镇江头洲村、北流市民乐镇萝村、北海市海城区涠洲镇盛塘村、平乐县张家镇榕津村、贺州市八步区莲塘镇仁冲村、三江侗族自治县丹洲镇丹洲村和永福县罗锦镇崇山村。

12 月 28 日，自治区党委宣传部、教育厅、民政厅、文化厅联合下发《关于确定第五批自治区爱国主义教育基地的通知》（桂宣发［2010］70 号），广西民族博物馆、广西自然博物馆、南宁邓颖超纪念馆、桂林甑皮岩遗址博物馆、钦州冯子材旧居建筑群、博白王力故居等 16 处列入第五批自治区爱国主义教育基地名单。

海南省

【概述】

至 2010 年，海南省共有国家重点文物保护单位 14 处 17 点，省级文物保护单位 94 处，市县级文物保护单位 375 处。全省有各类博物馆、纪念馆 29 家，其中有 19 家文化文物部门归口管理的公共博物馆、纪念馆列入国家免费开放名单，还有一批博物馆、纪念馆自行向社会免费开放。全省国有文物收藏单位文物总量约 9 万多件，其中一级文物 81 件，二级文物 250 件，三级文物 1325 件。

【法规建设】

海南建省后，为了加强文物保护管理工作，省政府一方面认真贯彻执行国家制定的各项文物法律法规，同时根据海南经济特区开发建设的实际情况，加强文物法规建设。1990 年，省政府办公厅下发了《关于加强文物市场管理的通知》，于 1991 年下发了《关于在基本建设中加强文物保护的通知》。1994 年，省人民政府发布《海南省文物保护管理办法》。为了加强对水下文物的保护，1998 年，海南省人民政府办公厅下发《关于立即制止盗掘倒卖西沙水下文物的紧急通知》。1999 年，为保护省级文物保护单位东山岭摩崖石刻群，万宁市政府公布了《东山岭文物保护管理办法》，成为海南省第一部针对某一处文物而制定的专项规章。

【执法监督与安全保卫】

自文物保护法颁布实施以来，海南省政府及文物保护部门按照“保护为主，抢救第一，合理利用，加强管理”的方针，认真落实科学发展观，不断加大文物保护工作力度，扎实开展文物保护、管理、宣传等各项工作，使文物保护法得到切实有效的贯彻执行，文物保护事业得到了健康有序的发展，文物保护工作走上了科学、规范、法治化的轨道。为强化文物行政执法督察和安全监管职能，2006年，海南省文物局在省文化市场稽查总队体制内成立了海南省文物执法大队，负责全省文物执法督察工作。各有关部门加大文物行政执法力度，确保文物保护安全：一是加大安全巡查、检查力度，及时排除安全隐患。与公安部门紧密配合，开展打击文物犯罪活动，打击文物保护单位保护范围内的违法违规建设活动，与城建、土地、公安和部分乡镇密切配合，打击文物保护单位保护范围内的违法违规建设活动（例子）。多年来，海南省文物局与琼海市潭门边防派出所联合，先后破获非法盗窃、买卖西沙文物刑事案件30起，追回各类珍贵历史文物2012件，2009年潭门边防派出所荣获“文物保护特别奖”。

为配合第三次全国文物普查工作，加强对西沙海域水下文化遗产的保护，2010年5月~6月，海南省文物局组织开展了2010年西沙水下文化遗产调查工作。来自北京、海南、福建、上海等地的20余名专业队员组成的水下考古队经过35天，行程600多海里的海上作业，先后对华光礁、盘石屿、玉琢礁、石屿、银屿、七连屿、北礁等海域水下文化遗产进行调查，共调查水下文化遗存42处，其中复查10处，新发现32处，并首次在南海海域发现元代青花瓷器。在这42处水下文化遗存中，沉船遗址14处，遗物点27处、线索地点1处。14处沉船遗址中，北宋晚期至南宋早期2处，元代2处，明代中期1处，明代晚期3处，清代中晚期4处。其他20余处遗物点中，元代、明代晚期的遗存最为丰富。水下考古队初步完成对本岛沿海、西沙群岛、中沙群岛和南沙群岛发现的水下文化遗存登录，据统计，已发现南海古代文化遗存和水下文化遗存83处。

【不可移动文物的保护和管理】

（一）概况

完成天后宫保护修缮设计方案、琼山城墙修缮方案、崖城古城文明门修缮工程方案、儒符石塔修缮方案、溪北书院、秀英炮台等方案编制工作。推动有关市县完成或启动五公祠拜亭维修、东坡书院载酒亭维修、文笔塔维修、海瑞墓安防、中共琼崖一大旧址安防、文昌孔庙维修、张岳崧故居维修等文物保护工程；推动海口骑楼老街、文昌骑楼老街等保护规划编制和法规建设工作；编制完成东坡书院、儋州故城保护规划；开展海瑞墓、五公祠保护规划编制；完成第七批全国重点文物保护单位申报工作，全省共推荐22处文化遗产申报第七批国保；完成省文物保护项目及经费需求十二五规划；文物保护经费大幅度增长，其中国家级文物保护经费增至1270万元，省级文物保护经费增至80万元；完成海南省文物浏览和古城三维仿真系统建设，此系统是全国首个基于这种技术平台的全省行政区域的文物保护数据系统，获文化部《文化遗产》2010年度盘点十大文化实践之一；举办海南省文化遗产日活动；协助国家文物保护基金会举办文化遗产万里行活动。

（二）全国重点文物保护单位

2010年，共有全国重点文物保护单位

14 处，其中古遗址 4 处：落笔洞遗址、甘泉岛遗址、北礁沉船遗址、儋州故城；古墓葬 2 处：海瑞墓、藤桥墓群；古建筑 4 处：美榔双塔、丘浚故居及墓、东坡书院、五公祠；近现代重要史迹及代表性建筑 4 处：中共琼崖第一次代表大会旧址、秀英炮台、蔡家宅、陵水县苏维埃政府旧址。全国重点文物保护单位“四有”工作基本完成，2010 年安全状况良好，儋州故城、海瑞墓、美榔双塔、丘浚故居、丘浚墓、东坡书院、五公祠、中共琼崖一大旧址 8 处设立了专门的管理处，其他单位由当地文体局设专职人员负责管理；落笔洞遗址、儋州故城、海瑞墓、丘浚故居及墓、东坡书院、五公祠、中共琼崖第一次代表大会旧址编制完成了保护规划，其中中共琼崖一大旧址及丘浚墓保护规划已通过省人民政府审批；美榔双塔、丘浚墓、五公祠、秀英炮台、蔡家宅、陵水县苏维埃政府旧址编制了维修方案；着手开展北礁沉船遗址海上监测项目的前期调研工作。

【考古发掘】

按照项目性质和法律明确权限，组织有关单位先后完成洋浦 30 万吨级原油码头及配套储运设施工程、海南液化天然气（LNG）站线项目、海口美兰国际机场二期扩建工程、新建西环铁路项目等基本建设中的陆地考古工作；完成文昌铺前大桥项目水下考古工作；开展洋浦成品油保税库项目用地海域部分及陆地部分考古工作；为做好定安老县衙重修工作，开展定安老县衙遗址的全面揭露工作，为定安老县衙重修方案设计提供科学依据

【博物馆与可移动文物保护】

（一）博物馆

2010 年，海南省博物馆基础工作扎实推进。协调完成财政部、中宣部、国家文物局组织的海南省博物馆、纪念馆免费开放调研工作，至 2010 年，全省有各类博物馆、纪念馆 29 家，其中有 19 家文化文物部门归口管理的公共博物馆、纪念馆列入国家免费开放名单，还有一批博物馆、纪念馆自行向社会免费开放。2010 年度全省文物陈列 168 个，展览 69 个，参观 148 万人次，门票收入 89 万元；完成全省馆藏文物调查及数据库管理系统建设项目。

国有文物系统博物馆共有 16 家，其中历史类 7 家，专题类 4 家，建筑类 2 家，有机构无馆舍 3 家。

非国有文物系统博物馆 3 家，分别为海南师范大学生物多样性博物馆、五指山蝴蝶博物馆、海南天涯雨林博物馆。

国有文物收藏单位文物藏品总量约 4 万件，其中经鉴定为一级文物的 80 多件，二级文物 250 件，三级文物 1280 件。

全省博物馆陈列展览约 69 个，延续 2009 年的陈列展览 6 个，2010 年举办的陈列展览 60 个，博物馆陈列展览投入经费约 180 万元。

【社会文物管理】

海南省有泰达拍卖有限公司和安达信拍卖有限公司 2 家文物拍卖企业，均为二类文物拍卖资质企业。

2010 年审核文物拍卖活动 1 场次，为海南泰达拍卖有限公司申报的 2010 春季拍卖会。

【机构与人员 】

2010 年全省文物机构数量为 30 个，其中文物保护管理机构 13 个，博物馆 16 个，文物科研机构 1 个，其中省级文物保护管理机构 1 个，博物馆 2 个，文物科研机构 1 个，市级文物保护管理机构 12 个，博物馆 2 个，其他文物机构 13

个，县级博物馆12个。

截至2009年12月31日，海南省文物机构从业人员280人，其中高级职称10人，中级职称30人。

重庆市

【概况】

2010年是全面落实文物事业“十一五”规划各项重点任务，科学编制“十二五”文化遗产事业发展规划的重要一年，也是实现《国务院关于加强文化遗产保护的通知》提出的“到2010年，初步建立比较完备的文化遗产保护制度，文化遗产保护状况得到明显改善”目标的最后一年。重庆市紧紧抓住国务院《关于推进重庆市统筹城乡改革和发展的若干意见》（国发［2009］3号）和市委三届五次全委会出台的《关于促进文化大发展大繁荣决定》的重要历史机遇，积极推进国家文化遗产地、历史文化名城、抢救性文物、抗战遗址、工业遗产、博物馆免费开放等重点工作，履职尽责，奋力拼搏。全年实现了“五个第一、五个首次（届）”，即：《重庆抗战遗址保护利用总体规划》经市委、市政府审议通过，是第一个通过市委、市政府审议通过的文物保护专项规划；世界上第一座水下遗址博物馆——白鹤梁水下博物馆正式对外开放；《白鹤梁题刻原址水下保护工程研究与实践》科研课题获全国文物保护科学和技术创新一等奖；合川钓鱼城考古遗址公园顺利入围第一批国家考古遗址公园立项名单；重庆文化遗产保护中心、重庆文华置业公司成功获得文物保护勘察设计一级资质和施工甲级资质；国家文物局领导首次为市委中心组作“走有中国特色文化遗产保护之路”专题讲座；首次水下文化遗产保护、展示与利用国际学术研讨会在重庆成功举办；重庆市文物考古单位承担的合川钓鱼城南水军码头及一字城墙遗址考古发掘项目首次列入“2009年全国十大考古新发现”备选名单；沙坪坝区磁器口古镇首次被评为第二届“中国十大历史文化名街”；成功策划并举办重庆市首届“文化遗产宣传月”活动。

【不可移动文物的保护和管理】

2010年，重庆文博工作备受领导关注，机遇前所未有。一是国家领导亲切关怀。中共中央政治局常委李长春、全国政协副主席孙家正率全国政协考察团专程来渝考察三峡文物保护工作，并提出了指导性意见；国家文物局局长单霁翔5次来渝检查指导工作，并首次就文化遗产保护工作为市委中心组作了专题讲座。二是市委、市政府高度重视。将文化遗产保护工作列为市委、市政府的重点工作，市委常委会、市政府常务会专题研究抗战遗址保护规划，明确了文物保护工作的方向、重点和目标任务。三是社会各界积极建言献策。全年共办理市人大建议、政协提案41件。四是争取国家项目及政策效果明显。国家文物局将重庆全国文物保护单位文物保护资金中央补贴比例由以前的2∶1提高到4:1,后三峡文化遗产保护资金由原规划的5.2亿元增加到8.1亿元。五是文物保护工作更加贴近民生。实施了李子坝抗战遗址群和陈诚公馆抢救维修等文物保护工程并逐步对外开放，文物保护工作与“五个重庆”建设和民生工作联系更加紧密。

2010年，三峡工程重庆库区地面文

物保护剩余任务基本完成，文物保护项目销号工作完成90%以上；成功解决世界第一座水下遗址博物馆——涪陵白鹤梁水下博物馆水下保护体内水质不清的问题；《白鹤梁题刻原址水下保护工程研究与实践》科研课题获全国文物保护科学和技术创新一等奖；忠县石宝寨文物保护工程顺利通过国家文物局组织的综合验收；市政府对三峡库区文物保护工作10个先进集体和50名先进个人进行了表彰。

2010年，抗战遗址保护工作取得突出成绩。市委、市政府审议通过《重庆抗战遗址保护利用总体规划》（这是重庆第一个通过市委、市政府审议通过的文物保护专项规划），决定对重庆395处抗战遗址进行全面保护，每年安排不低于2000万元的抗战遗址抢救维修专项资金；对在危旧房改造中保存下来的抗战遗址，在文物建筑容积率、绿地覆盖率及产权二次确认方面给予政策优惠。完成重要抗战遗址和革命遗址抢救维修19处，开始施工9处，已编制维修方案15处。渝中区在抗战遗址相对集中的李子坝片区投资4.6亿元，对11处、面积8000余平方米抗战遗址进行了抢救保护，并以此为依托建成全长1.8公里、面积12万平方米的抗战遗址公园，成为“五个重庆”建设与抗战遗址保护利用和重庆抗战文化品牌打造相结合的重要成果。

开展了第三次全国文物普查实地文物调查工作，并顺利通过国家验收。全市共出动文物普查人员832人，各级财政投入文物普查经费1944.31万元，共调查登记不可移动文物近3万处，居全国第12位；其中新发现20103处，居全国第12位，占全市不可移动文物总数的68.3%；复查9333处，居全国第15位，占总数的31.7%。对在实地文物调查阶段的15个先进集体和60名先进个人进行了表彰。

2010年，重点文物保护工程成果显著。完成了大足石刻千手观音造像抢救性保护工程《中期试验技术方案及加固材料评价》《贴金层漆艺中期修复试验技术方案》并已通过评审，完成千手观音中期2平方米的修复试验；合川钓鱼城始关门维修工程全面完成；潼南大佛抢救保护工程顺利启动；大足石质文物保护中心建设项目完成建筑主体装饰改造，开始进行设备采购国际招标商务谈判；市文物考古所周转库房及办公大楼改造工程全面完成并交付使用；重庆文化遗产保护中心大渡口基地建设项目已完成土地规划调整。

【考古发掘及大遗址】

2010年，考古及大遗址保护工作收获累累硕果。全年配合32项基建项目进行了调查、勘探和文物保护工作，调查21项，里程389.5公里、面积27.267平方公里；勘探6项，面积约26500平方米；发现文物点42处。合川钓鱼城南水军码头及一字城墙遗址考古发掘项目列入“2009年全国十大考古新发现”备选名单；合川钓鱼城考古遗址公园顺利入围第一批国家考古遗址公园立项名单。渝中区老鼓楼遗址考古取得重大发现，被指定申报国家文物保护单位，其填补了南宋时期重庆主城区城市考古的空白，丰富了重庆的历史内涵，在重庆城市发展史上具有重要地位，对研究宋代衙署建筑、抗蒙山城体系具有重要的学术价值。

2010年，磁器口古镇首次被评为第二届“中国十大历史文化名街”；巫溪宁厂镇、江津白沙镇、荣昌路孔镇成功申报第五批国家级历史文化名镇。

【博物馆与可移动文物】

2010年，博物馆免费开放实现数量、

质量双提升。重庆免费开放的博物馆全年共接待观众1450万人，同比2009年增加12%，其中三峡博物馆参观人数为167万人，红岩联线观众首次突破600万人大关，达到641万人，同比2009年增长100万人次。重庆火锅博物馆、中国民间医药博物馆、重庆巴渝名匾文化艺术博物馆等3家民办博物馆主动免费开放，使全市免费开放博物馆达到35家。免费开放博物馆共推出临时展览108个，全市共有31个文博展览下乡，累计展出天数859天，文化影响力进一步提升。

2010年，博物馆新馆建设、推进再提速。重庆自然博物馆新馆、巫山县博物馆、三峡移民纪念馆、奉节县博物馆、巫溪县博物馆、酉阳县博物馆等6个新馆建设主体工程完工，建成面积达59300平方米；铜梁匾额博物馆、南岸空军坟完成“志在冲天”陈列布展并对外开放；綦江博物馆已经建成，准备对外开放；开县、云阳、巴南、永川、秀山等5个区县新建博物馆开工建设，为实现三届五次全委会确立的“多数区县建有博物馆”的目标更近一步。

2010年，馆藏珍贵文物数据库建设顺利收官。重庆市是2009年全国第三批文物调查项目推广省份，重庆市文物局在项目启动实施后，按照国家文物局的统一领导和中国文物信息咨询中心的工作部署，工作模式设计精准，组织发动科学有力，提前五个月全面完成全市文物调查及数据库管理系统建设任务，共采集上报21760件（套）珍贵文物信息数据，其中682件（套）一级文物信息数据报国家文物信息数据中心审核入库，21078件（套）二、三级文物信息数据报国家文物数据中心备案。

2010年，馆藏文物保护工作扎实、有序推进。涪陵、巫山、万州区域性中心文物库房主体工程接近完成，文物集中保护格局有望形成。抢抓拉动内需机遇，落实到位铜梁县、云阳县、奉节县文物库房建设中央资金520万元。组织评审、上报歌乐山烈士陵园陈列总馆等12项文物安全、消防方案，申报资金2181万元。市级财政为红岩魂陈列馆维修改造工程安排专项资金300万元，为自然博物馆、白鹤梁水下博物馆以及奉节县等11个区县博物馆争取到位市级博物馆设备购置费800万元；全年落实到位1100万元市级文体传媒资金，用于博物馆陈列改造和设备购置。开展馆藏文物、涉案文物、文物拍卖鉴定25次，鉴定文物3600余件，其中，新增馆藏一级文物190件，二级文物534件，三级文物479件。

2010年4月，由重庆中国三峡博物馆、云南省博物馆、四川博物院、贵州省博物馆、广西壮族自治区博物馆、西藏自治区博物馆共同发起成立的西南博物馆联盟在重庆正式成立，来自重庆、云南、四川、广西、贵州、西藏等24家省级和地（市）级博物馆的近40名馆长参加了大会。中国博物馆学会副理事长王川平到会祝贺。大会审议并通过西南博物馆联盟章程及宣言，选举产生了西南博物馆联盟秘书处。西南博物馆联盟的成立标志着西南地区博物馆加强交流合作、实现文物资源、展览资源、人才资源协作共享和优势互补的重要平台初步形成。

5月11日，参加第五届世界华侨华人社团联谊大会的海外华侨华人代表团的100位著名侨领参观重庆中国三峡博物馆。

5月19日，重庆中国三峡博物馆制作完成“突发火灾背景下的消防应急桌面推演”系统。市政府应急办、市文化广电局等相关领导观摩了应急推演，并实地参观了该馆的安全防护设施。

6月13日，由中国先秦史学会、重庆中国三峡博物馆、西南大学历史文化学院、四川师范大学巴蜀文化研究中心主办，重庆中国三峡博物馆承办的“长江·三峡古文化学术研讨会暨中国先秦史学会第九届年会”在重庆召开，会期3天。来自中国社会科学院、北京大学、清华大学、南京大学、复旦大学、南开大学、吉林大学、中山大学等50多家大专院校、科研机构、文博考古单位的近200名专家学者参会，并就长江、三峡历史文化和考古、先秦史等相关领域的问题进行了广泛的学术交流。同时，中国先秦史学会“长江·三峡古文化研究基地”落户重庆中国三峡博物馆。

8月15日，大陆与台湾首次合作举办的“重庆岁月——海峡两岸抗战文物展”在重庆中国三峡博物馆正式展出。8月19日，国家文物局局长单霁翔一行在重庆市副市长谭栖伟、重庆市文化广播电视局领导的陪同下，参观了展览。

8月27日，中共中央政治局常委李长春率领国家“十二五”时期文化体制改革和发展规划纲要编制工作调研组一行，在中共中央政治局委员、重庆市委书记薄熙来、重庆市政协主席邢元敏、市委常委、宣传部部长何事忠、常务副市长马正其、副市长谭栖伟等陪同下视察重庆中国三峡博物馆。

10月28日，由重庆市文化广播电视局、新疆维吾尔自治区文化厅、文物局联合主办，重庆中国三峡博物馆、新疆维吾尔自治区博物馆、新疆维吾尔自治区文物考古研究所承办的“大漠遗珍 丝路传奇——新疆出土文物展”在重庆中国三峡博物馆开幕。

11月24日～26日，由联合国教科文组织、中国文化遗产研究院、重庆市文物局联合主办，国家水下文化遗产保护中心、重庆中国三峡博物馆、重庆市文化遗产保护中心承办的首届“水下文化遗产保护展示和利用国际学术研讨会”在重庆召开。来自9个国家和联合国教科文组织的80多名专家、学者参加了会议，提交了23篇高水平论文，国家文物局局长单霁翔出席会议并作了主旨发言；会议通过了《加强水下文化遗产保护的重庆建议》，这是中国第一次举办水下文化遗产保护的国际性会议，具有里程碑意义，对各国政府、社会各界水下文化遗产保护工作也具有较强的指导意义。

2010年，红岩联线完成了渣滓洞、白公馆复原陈列调整展览、“中美合作所史实”展览，红岩魂陈列馆、红岩村、特园中国民主党派陈列馆等展览，景区参观接待量突破600万人次大关；开展义务先锋岗活动达830余人次；为观众义务讲解4741场；开展党员干部进机关、进学校、进社区150余人次；渣滓洞、白公馆每天举行情景剧展演，情景诗歌诵读等全年已达到2300余场；为观众、社区、学校、部队、机关讲红色革命故事200余场；《厉华说红岩》100集已出版发行了70余集。

2010年，红岩联线为配合中国民主党派历史陈列馆的展览，全面加大文物征集力度。派出征集人员十多批次、六十多人次，拜访了全国政协、中央统战部、各民主党派中央及地方组织，参访了三十多位民主人士故居、纪念馆，并与民主人士后代建立广泛联系，发动一切可以利用的资源开展征集工作。文物征集人员先后到北京、天津、上海、山东、陕西、辽宁、上海、浙江、河北、云南、广东、安徽、江苏、四川、台湾等地，共征集到文物原件147件，档案资料1260份，照片2005张，图书5500册，声像资料34人1800分钟。其中，特别珍贵的文物有：《范朴斋日记》十六册，冰心、胡厥文、邵力子、黄琪翔、苏子蘅、郭秀仪、钱昌照、楚图南、鲜英、侯方岳、邓稼先、谢立惠等的文物原件，洽谈购买了周海婴先生在新政协召开前夕拍摄的民主人士照片70余祯。

2010年，红岩联线策划推出展演剧《红岩风——写在党旗上的名字》《清贫财神肖林》《百万富翁的无产者卢绪章》《红色女特工张露萍》，整理“马叙伦”“张澜”等故事文稿。推出“千秋红岩”“红岩魂陈列展”“中国民主党派陈列展”等3个重点展览。出版发行了《红岩事件风云录》《红岩革命历史博物馆文物档案目录大全》《往事如烟——一个参加11·27营救的老人的回忆》《走进红岩》《“11·27”烈士60周年祭》纪念册，《小萝卜头》卡通书，《江竹筠》《齐亮》《刘国志》《罗广斌》等烈士年谱。

2010年，红岩联线充分利用和整合红色文化资源，成立了重庆歌乐山文化实业开发公司、重庆鼎原展览展示设计有限公司、重庆立阳红色旅游景区管理有限公司、重庆亿典文化传播有限责任公司、重庆市京剧团有限责任公司、重庆市话剧团有限责任公司。红岩文化产业已形成红色旅游服务、纪念品销售、书籍出版、影视制作、网络多媒体、物业管理、展览设计、舞台演出、剧场经营等系列产业业务。全年实现书刊纪念品销售117万元，剧场经营收入113.8万元，展览策划收入500万元。

【文博教育与培训】

2010年，重庆市文物局首次组团赴意大利开展了为期21天的文物保护与博物馆管理培训，联合重庆师范大学举办了重庆文博机构负责人培训班，组团赴甘肃兰州开展了三峡出土文物培训，在层次和培训深入程度上均远超以往，取得了良好的培训效果。

【社会文物管理】

恒升、华夏拍卖公司双双成功取得一级文物拍卖资质，文物交易平台建设取得重大突破；文物交易活跃，全年共举行3场文物拍卖，成交文物722件，成交金额达5698.86万元，同比去年增加83.8%。

四川省

【概述】

2010年，成都市、自贡市、乐山市、泸州市、雅安市成立文物局，“国家文物进出境审核四川管理处”正式挂牌。灾后恢复重建工程——都江堰二王庙、江油李白故里、什邡龙居寺、剑阁觉苑寺、德阳文庙、荥经开善寺、庞统祠、七曲山大庙等92处竣工并通过验收，第三次全国文物普查第二阶段实地文物调查工作全面完成。国家文物局与四川省人民政府签署《共建大遗址保护成都片区框架协议书》，广汉三星堆遗址和成都金沙遗址被国家文物局授予首批国家考古遗址公园。世界文化遗产都江堰—青城山、峨眉山—乐山大佛抢救保护和日常管理工作扎实开展，配合基本建设的各项考古勘探发掘工作有序进行，地震遗址遗迹和地震纪念馆建设工作按计划稳步推进，北川、汉旺地震遗址遗迹局部开放，北川地震纪念馆建设工程按计划开工。“全国民办博物馆发展成都论坛”成功举办，全省珍贵文物调查及数据库管理系统建设项目顺利完成。全年博物馆陈列展览562个，引进“大三国志归国汇报展”“印度现代艺术展”，并达成“古蜀文明展览”赴台意向。“国家文物局2010年度全国文物行政执法人员片区（第五片区）轮训班”在成都举办，国家文物局、公安部联合开展的文物单位消防安全大检查工作深入开展，“三星堆进校园”大型公益活动、“大篷车”流动博物馆收效明显，文博科研工作成绩斐然。

【执法督察与安全保卫】

1月20日，四川省人民政府在成都召开全省文物单位消防安全工作会议，黄彦蓉副省长出席会议并作重要讲话。讲话深刻阐述了文物单位消防安全工作的重要性和必要性，客观分析了当前四川省文物单位消防安全工作所面临的形势和任务，要求全省各地要进一步加强组织领导，各部门要通力合作，坚持全面检查、彻底整改，共同做好文物单位消防安全大检查工作。

3月11日~17日，四川省文物管理局、四川省公安消防总队组成文物单位消防安全联合检查组，对全省八市七县部分文物单位消防安全大检查工作进行了重点抽查。针对抽查中发现的问题，检查组要求各地一定要高度重视文物单位安全工作，严防文物消防安全事故发生；一定要加强消防基础设施建设，进一步提高消防安全管理水平。

【不可移动文物的保护和管理】

（一）概况

截至12月31日，全省共有全国重点文物保护单位128处，省级重点文物保护单位578处。

不可移动文物灾后抢救保护工作全面推进。全年共开展文物保护工程79个，包括灾后文化遗产抢救保护项目67个，其余维修保护项目12个；累计召开18次方案评审会，完成评审39个极重灾县（市、区）不可移动文物抢救维修方案、规划共计136个。截至12月31日，四川省39个极重灾县（市、区）不可移动文物恢复重建项目开工率为100%。3月30日~4月1日，四川省文物管理局召集有关专家组成检查组，先后对阿坝州理县桃坪羌寨、建威将军墓、茂县黑虎羌寨等灾后文物抢救保护工程进行专项检查。4月9日，国家文物局和四川省文物管理局在都江堰召开“世界文化遗产都江堰二王庙古建筑群灾后抢救保护工作协调会议”。5月12日，河南援建江油李白故里灾后文物抢救保护工程竣工仪式在四川省江油市隆重举行，国家文物局局长单霁翔、河南省人民政府副省长张大卫和四川省人民政府副省长黄彦蓉出席仪式并作重要讲话。5月18日，四川省文物管理局组织相关人员赴广汉市对灾后文物抢救保护工程和澳门基金会援助工程进行专项督察。

第三次全国文物普查第二阶段工作圆满完成。4月28日，四川省“三普办”对各地野外调查情况进行实地验收。8月2日，四川省人民政府在成都召开第三次全国文物普查电视电话会议，黄彦蓉副省长要求全省各地切实做好第三阶段文物普查各项工作。8月16日，四川省第三次全国文物普查领导小组办公室在成都召开第三阶段工作会议，对第三阶段工作进行了全面部署，并就文物普查汇总软件及基础地理信息平台的运用对相关人员进行了培训。10月18日~22日，四川省第三次全国文物普查第二阶段工作通过国家文物局“三普”办公室整体验收，四川省“三普”调查登记不可移动文物总量和新发现文物数量排名全国第三。

第七批全国重点文物保护单位申报工作扎实开展。四川省文物管理局组织有关专家对全省各地上报的文物保护单位和具有重要价值的“三普”新发现文物点的申报材料进行了初审，并迅速组织地方文物部门根据初审意见对符合申报条件的文本进行修改并上报国家文物局审定。经统计，四川省分两批共申报第七批全国重点文物保护单位764处。

宜宾向家坝水电站淹没区不可移动文物抢救保护工作有序进行。1月18日，四川省文物管理局会同四川省扶贫与移民工作局联合召开“向家坝水电站淹没区文物保护工程专题协调会”，确定《地面文物迁建总体规划》由中南院统一负责编制。3月26日，四川省文物管理局联合四川省扶贫与移民工作局组织水规总院、中南院、三峡公司、移民综合监理部等有关部门的专家，对《向家坝水电站地下文物实物指标复核报告及保护工作计划》进行了资金审查。

“4·14”玉树地震发生后，四川省文物管理局及时联系石渠县、德格县、白玉县、甘孜县等受灾县，在第一时间将受损文物点的图文材料上报国家文物局。同时，四川省文物管理局还及时完成了四川省在此次地震中文化遗产受损情况和地震灾后恢复重建公共服务设施建设专项规划文物保护部分的统计工作，并上报国家文物局、四川省人民政府及相关部门。

（二）大遗址保护

11月17日，国家文物局局长单霁翔和四川省人民政府省长蒋巨峰签署《共建大遗址保护成都片区框架协议书》。文化部部长蔡武、国家文物局副局长童明康、中共四川省委宣传部部长黄新初、四川省人民政府副省长黄彦蓉等领导同志及相关人员出席签字仪式。按照《共建大遗址保护成都片区框架协议书》的要求，国家文物局和四川省人民政府计划在2011年至2015年内建成以“成都片区”为中心、辐射西南的大遗址保护示范区和长江上游生态文化旅游中心。

11月18日，“大遗址保护工作会议暨首批国家考古遗址公园授牌仪式”在成都隆重举行。国家文物局局长单霁翔、中共成都市委书记李春城、国家文物局副局长童明康以及来自全国各省级文物行政部门、文化遗产保护研究机构、获得首批国家考古遗址公园和申报立项的单位代表、专家学者共120余人参加会议。会议公布了首批十二家“国家考古遗址公园”名单，四川省广汉三星堆遗址、成都金沙遗址榜上有名。同时，会议还研究探讨了当前大遗址保护中新的理念和手段，对如何提升大遗址保护管理水平、规范各地考古遗址公园建设以及进一步做好“十二五”时期大遗址保护工作提出了宝贵意见。

（三）全国重点文物保护单位

全年共开展全国重点文物保护单位维修保护工程14个。其中，灾后文化遗产抢救保护项目有松潘毛尔盖会议会址、都江堰二王庙、芦山樊敏阙及石刻、芦山平襄楼、芦山青龙寺、彭州云居院塔、彭州镇国寺白塔、罗江庞统祠墓等8个，其余维修保护项目有遂宁广德寺、泸县龙脑桥、武侯祠孔明殿院落、新都宝光寺、成都杜甫草堂博物馆西方丈院落、安岳华严洞等6个。

全年共完成新都宝光寺、雅安高颐墓阙、宣汉罗家坝遗址、汶川姜维城遗址、乐山郭沫若故居5处全国重点文物保护单位的保护规划编制和审核报批工作。

3月16日，四川省人民政府《关于公布广元皇泽寺等26处全国重点文物保护单位文物保护规划的通知》（川府函［2010］45号）批准公布实施四川省皇泽寺摩崖造像等26处全国重点文物保护单位的文物保护规划。

（四）世界文化遗产

1. 都江堰—青城山

2月1日，已竣工的都江堰伏龙观古建筑群正式移交青城山—都江堰旅游景区管理局。3月1日，国家文物局文物保护司副司长许言、四川省文物管理局局长王琼对都江堰二王庙古建筑群保护工程进展情况进行督查。5月26日，国家审计署对都江堰古建筑群保护工程进行检查。8 月 5 日，二王庙古建筑群一、二期和岩土加固工程通过国家文物局验收。9 月 16 日，四川省文物管理局组织有关专家对二王庙维修工程进行检查。10 月 29 日，二王庙灾后文物抢救保护工程（三期）通过国家文物局验收。

11 月 18 日，都江堰二王庙古建筑群灾后抢救保护工程竣工仪式隆重举行，文化部部长蔡武、四川省人民政府省长蒋巨峰、国家文物局局长单霁翔、中共四川省委宣传部部长黄新初、四川省人民政府副省长黄彦蓉等领导同志出席竣工仪式。都江堰二王庙古建筑群灾后抢救保护工程是四川省第一个开工的灾后文化遗产抢救保护工程，该项工程的竣工，不仅成功恢复了文物建筑的历史原貌，也为四川省灾后文化遗产抢救保护积累了极为宝贵的实践经验。

2. 峨眉山—乐山大佛

4 月 20 日 ~23 日，峨眉山—乐山大佛景区管委会对乐山大佛佛身进行了清理维护，对大佛周边岩体变化情况进行了检查。5 月，中国文化遗产研究院在峨眉山召开“中国世界遗产大型石窟寺保护‘十二五’规划专项研讨会”，与会专家建议在“十二五”规划中建立乐山大佛监测系统并开展乐山大佛保护维修材料研究和乐山大佛本体修缮工程。

3. 蜀道文化线路

6 月 9 日，四川、陕西两省政协在成都召开“蜀道文化线路保护和申遗工作”调研座谈会。四川省政协副主席黄润秋、陕西省政协副主席李晓东等领导同志及有关专家 20 余人参加了会议。会议就如何进一步做好蜀道文化线路保护和申遗工作，推动蜀道文化旅游资源合理有序的开发利用提出了宝贵建议。针对当前“蜀道文化线路保护和申遗工作”中存在的问题，会议代表一致认为，两省政协文史部门要站在民族和历史的高度，充分发挥政协工作的优势，为推动蜀道文化线路申请世界文化遗产建言献策，贡献力量。

【考古发掘】

（一）概况

四川省文物考古研究院全年共完成 40 余项基本建设项目考古调查勘探工作，发现各类文物点 300 余处，勘探面积超过 10 万平方米；完成 30 余项基本建设、灾后重建项目的考古发掘工作，发掘面积 4 万余平方米，发现墓葬、灰坑、房址等遗迹 2600 余座（个）、出土文物 15000 余件（套）、各类标本数万件。其中，屏山沙坝墓地、简阳龙垭旧石器遗址被列入国家文物局编制的《2010 年中国重要考古发现》。成都市文物考古研究所全年共完成考古勘探和发掘 305 个，发现各类文物点 157 处，出土文物 2000 余件（套），勘探面积超过 3 万平方米，并编辑出版《龙兴寺考古发掘报告》。

（二）重要考古项目

1. 汉源富林旧石器时代遗址

为配合瀑布沟水电站工程建设，四川省文物考古研究院于 2009 年 12 月 ~ 2010 年 1 月、2010 年 5 月 ~6 月两次对汉源富林旧石器时代遗址进行抢救性考古发掘，发掘面积 270 平方米。该遗址位于汉源县富林镇农政村六组，属典型小石器传统，共发掘出土哺乳动物骨骼化石 20 余块，石制品近 300 余件，石制品碎屑数以千计，木炭标本近 10 个，对研究四川省旧石器时代晚期的先民生活生产情况具有重要意义。

2. 屏山沙坝墓地

为配合向家坝水电站建设，四川省文物考古研究院于 6 月 ~10 月对屏山沙坝墓地进行发掘，发掘面积约 20000 平方米。该墓葬位于宜宾市屏山县楼东乡沙坝村三组，共发现战国晚期至西汉早期墓葬 27 座，出土陶器、瓷器、铁器和铜器等各类文物200余件。

3. 屏山石柱地墓地

为配合向家坝水电站建设，四川省文物考古研究院于5月~8月、11月~12月对屏山石柱地墓地的Ⅰ区、Ⅲ区进行了两次考古发掘，发掘面积共4000平方米。该墓地位于宜宾市屏山县楼东乡田坝村七、八组，共发现新石器时代、商周时期、汉代、明清时期各类遗迹280余处，出土铜器、陶器、铁器、石器等小件器物千余件，清理战国、秦汉时期墓葬61座。

4. 简阳龙垭旧石器遗址

7月~9月，四川省文物考古研究院对简阳龙垭旧石器遗址进行抢救性发掘，发掘面积87平方米，出土哺乳动物骨骼、牙齿、角化石标本180余件，动物骨骼化石碎块、砾石3000余件，石制品700余件。该遗址是四川省新发现的一处旧石器时代晚期遗址，集中体现了南方砾石工业传统特征。

5. 荥经县高山庙西汉土坑木椁墓群

2010年初，四川省文物考古研究院对荥经县高山庙西汉土坑木椁墓群进行抢救性考古发掘，发掘面积2500平方米。该墓群位于四川省雅安市荥经县古城村，共清理墓葬11座，出土随葬品主要有陶罐、陶壶、陶瓮；铜器有盆、钫、镜、铃、剑、带钩、半两钱；漆木器有漆圆盒、双耳长盒、木璧和彩绘陶壶等近100件。

6. 桐子梁崖墓群

6月，四川省文物考古研究院对桐子梁崖墓群进行考古发掘。该墓群位于绵阳市涪城区新皂镇石梯子村二组桐子梁山山腰两侧，依山势分4排布列，墓与墓之间间距大致相同，排列密集，相互之间打破关系较少，共发掘崖墓123座，出土完整或可复原陶、铜、铁、瓷器等近1000件，是近年来四川地区发掘的规模较大的崖墓群。

7. 汉源桃坪墓地

为配合瀑布沟水电站建设，1月~3月，四川省文物考古研究院对汉源桃坪墓地进行考古发掘，发掘面积5000平方米。该墓地位于四川省汉源县市荣乡桃坪村及新民村，发掘清理各时期墓葬109座，出土陶、铜、铁、瓷器等各类文物近1000件。

8. 新都区褚家村遗址

2010年，成都文物考古研究所会同新都区文物管理所，在新都区褚家村三、四组发现一处商周时期古遗址，分布面积达上万平方米，出土大量白釉、青釉、酱釉瓷器和泥质灰陶容器残片，器形以碗、盘、盏、罐、盆为主。该遗址是近年来成都地区先秦考古的又一重大发现，与古蜀文明的中心——十二桥遗址和金沙遗址存在着密切的联系，为构建和研究成都平原先秦考古学的文化序列提供了珍贵材料。

9. 双流山坡岭墓群

2009年8月~2010年6月，成都文物考古研究所会同双流县文物管理所对双流山坡岭墓群进行考古发掘，共发现墓葬35座，其中汉代墓葬29座，年代从西汉中晚期到东汉晚期，发掘面积2000余平方米，出土器物上千件，包括陶器、铜器、漆器、铁器等。该墓群分布集中，封墓地规划有序，对研究汉代社会生活、丧葬习俗及墓葬形制等具有重要价值。

10. 成都东御街汉代遗存

11月8日，成都人和新天地公共设施有限公司在成都东御街地下人防工程施工过程中发现文物。成都文物考古研究所即派考古专业人员赴现场工作，发现两通汉代石碑深埋地下约4米，由碑座、碑身、碑首三部分组成，碑身正反两面共有文字约1400字。两通石碑制作规整，书法精致，是四川迄今出土内容最丰富、字数最多的汉代石碑之一，为进一步研究四川汉代的经济、社会、文化提供了重要史料。

【博物馆与可移动文物保护】

（一）博物馆

全年博物馆陈列展览562个，其中2009年延续展览220个，2010年举办的展览342个。其中，四川博物院举办“留在云贵高原的艺术足迹——徐悲鸿作品展”“率真瓷——李铁映工艺美术作品展”等临时展览23个。

6月24日，中共中央政治局常委李长春在中共四川省委书记、省人大常委会主任刘奇葆，省委副书记、省长蒋巨峰等有关领导同志陪同下视察成都金沙遗址博物馆。视察结束，李长春同志为成都金沙遗址博物馆题词，并对金沙遗址博物馆近年来所取得的成绩进行了高度评价。

11月18日～19日，国家文物局在四川省成都市召开“全国民办博物馆发展成都论坛”。国家文物局局长单霁翔、四川省人民政府副省长黄彦蓉等领导同志及有关代表共100余人参加了此次论坛。与会代表围绕“提高民办博物馆的专业化水平”这一主题，就如何完善法人治理结构、强化藏品保护与研究等问题进行了广泛而深入的研讨。最后，论坛一致通过《全国民办博物馆发展成都倡议》，充分表达了大家渴求加强民办博物馆专业化建设，办好一批高水平民办博物馆的心声。

12月31日，新建成的雅安市博物馆正式开馆，汉嘉神韵、辟疆拓土、汉风流被、雅风流韵、边茶藏马等展览向公众开放。

（二）可移动文物保护

共有藏品总数1538506件（套），其中珍贵文物155158件（套），一级文物4385件（套）。

【科技与信息】

四川省文物调查及数据库管理系统建设项目全面完成。共采集102912件（套）文物信息，文物数据93675条，照片43万张，2010年度增加数据约5万条。

【文博教育与培训】

8月22日～27日，由四川省文物管理局承办的“国家文物局2010年度全国文物行政执法人员片区（第五片区）轮训班”在成都举办，来自重庆、四川、贵州、云南和西藏5省（自治区、直辖市）的各级文物行政执法机构负责同志共115人参加了培训。

国家文物局副局长童明康作了题为《以执法监督为保障，推动文化遗产事业健康发展》的专题报告，国家文物局督察司副司长刘铭威、四川省人民政府法制办主任张渝田、四川省文物管理局副局长朱小南、浙江省文物局监察总队总队长吕可平等领导同志为轮训班作了专题讲座。

轮训班学员考察了成都金沙遗址和广汉三星堆遗址的文物安全设施及两市文物行政执法基本情况，并通过严格的结业考试领取了国家文物局颁发的《文博行业业务培训证书》。

【文博宣传与出版】

四川省文物考古研究院“三星堆进校园”大型公益活动，走进成都、广汉、雅江、宜宾等地的数十所中、小学和高校，向学生介绍四川悠久的历史文化，宣传文化遗产保护理念，普及考古科学知识。

四川省博物院“大篷车”流动博物馆，送展到德阳、泸州、巴中、雅安等地共计13次，参观流动博物馆展览人数达30余万人次。

四川省文博系统共出版文献专著8部：《四川省全国重点文物保护单位保护规划文本集（上、中、下）》《广汉三星堆》《绵阳龛窟》《云南耿马石佛洞》《巴中石窟研究》《中国盐业史辞典》《中国古代井盐及油气钻采工程技术史》《三星堆与金沙》；出版文献图录7部：《四川博物院文物精品集》《清风雅雨间》《大千世界 云生胜境——张大千、孙云生作品集》《梦幻古蜀——三星堆和金沙遗址出土文物精华》《古蜀探秘——三星堆/金沙遗址出土文物精品集》《三星堆出土文物全纪录》《汉州古代艺术撷珍》；发表论文72篇。

【机构及人员】

11月26日，国家文物局在成都举行“国家文物进出境审核四川管理处”揭牌仪式。

在2010年乐山市政府机构改革中，乐山市委、市政府决定在新组建的市文化体育新闻出版局中成立乐山市文物保护局，并任命市文化体育新闻出版局局长薛钢兼任市文物保护局局长。乐山市文物保护局的成立不仅充分体现了乐山市委、市政府对文物保护工作的高度关心与重视，也必将加速推动乐山文物保护事业的繁荣与发展。

【对外交流与合作】

10月12日～18日，四川省文物管理局局长王琼率四川博物院、成都博物院、三星堆博物馆等单位赴台湾与台湾新光三越文教基金会商谈“古蜀文明展览”赴台有关事宜并基本达成展览意向。

11月8日～9日，由津巴布韦国家博物馆与古迹委员会局长戈弗雷·马哈奇为团长的津巴布韦文物代表团一行5人赴四川进行访问考察。代表团先后参观了成都杜甫草堂博物馆、成都金沙遗址博物馆和四川博物院，并就博物馆营销、博物馆陈列展览及考古发掘和利用等问题进行了广泛深入的交流。

贵州省

【概述】

2010年是完成“十一五”规划各项任务以及科学编制“十二五”规划的重要之年。一年来，贵州省文物事业在贵州省委、省政府的领导下，在国家文物局的指导下，深入贯彻落实科学发展观，坚持文物工作方针和原则，稳步推进各项重点工作，在法规建设、执法督察、不可移动文物的保护与管理、博物馆纪念馆免费开放、民族文化遗产保护等方面取得显著成绩，开创了贵州省文物事业科学发展的新局面。

【法规建设】

2010年，贵州省文物局制定并下发了《贵州省文物巡查制度》和《关于试行文物行政执法与安全监管情况公告制度》。使得文物安全工作检查有章可循，着力推进了贵州省文物行政执法巡查工作。

按照中共中央和贵州省委的要求，坚持加强制度建设，规范行政管理，转变机关工作作风，增强服务意识，不断提高服务水平。贵州省文物局行政审批项目从原来的22项，缩减、下放、合并为8项，大大提升了工作效率。

【执法督察与安全保卫】

年初，贵州省文物局与贵州省消防局开展文物消防安全大检查，对遵义市、铜仁地区、毕节地区、黔东南州、黔南州所辖13个县40余处文物保护单位进行了文物安全检查，针对存在安全隐患和问题提出了整改意见，要求限期整改。2月，调查处理全国重点文物保护单位织金东山古建筑群火灾事故。3月，按照国家文物局要求，结合贵州省气候情况，贵州省文物局及时部署了全省范围内文物单位抗旱防火工作。4月，调查处理全国重点文物保护单位湄潭浙江大学旧址保护范围内违章进行建筑工程一事。5月~6月，安排各地做好汛期文物安全工作。

此外，贵州省还利用“国际博物馆日”“文化遗产日”等各种纪念日活动推动文物保护工作的法制化进程。

【不可移动文物的保护和管理】

组织编制安顺文庙等保护规划。组织遵义海龙屯、贵阳文昌阁和甲秀楼、阳明洞和阳明祠、开阳马头寨古建筑群、黔西观音洞遗址以及雷山郎德上寨古建筑群等保护规划专家评审，其中，遵义海龙屯保护规划获国家文物局批准。

修改完善天台山伍龙寺、思唐古建筑群、遵义会议会址毛泽东旧居、红军四渡赤水战役旧址等文物保护修缮方案。经国家局审核，批准了织金古建筑群、浙江大学旧址、遵义会议会址红军总政治部旧址等文物保护修缮方案。组织了贵阳大觉精舍、凤冈玛瑙山营盘、威宁石门坎、桐梓周西成祠等省级文物保护单位修缮设计方案的评审。组织审查了贵阳甲秀楼等3处全国重点文物保护单位的消防、安防方案和省博物馆、息烽集中营旧址的防雷方案。

指导实施了增冲鼓楼、黄平旧州古建筑群、铜仁东山古建筑群、袁祖铭旧居、安龙兴义府试院、天柱王天培王天锡故居、尚稽陈公祠、遵义海龙屯飞虎关、荔波水庆小学旧址、桐梓周西成祠等12处文物保护修缮工程。

为配合贵州省第四届旅游发展大会召开，贵州省文物局全力支持和指导了铜仁东山古建筑群飞山庙、杨家大院和铜岩阁等维修项目，撬动当地政府2000余万元用于铜仁中南门古建筑群的保护工作。

贵州省文物局与贵州省住建厅共同开展了历史文化名镇名村调查、保护工作，参与评审了黎平历史文化街区、安顺旧州古镇、安龙历史文化名城等保护规划。

贵州省文物局委托国家发改委宏观经济研究院编制的《渝黔、贵广高速铁路沿线文化遗产保护和文化产业发展专项规划》通过省级评审。12月初，上报省人民政府审批。

经国家文物局评定，贵州省赫章可乐遗址获得第一批国家考古遗址公园立项。

贵州省第三次文物普查阶段性工作已全面完成，顺利通过国家文物普查办验收。7月，贵州省文物局组织召开了全省第三次文物普查领导小组扩大会议。11月，由贵州省政府主持，向国家文物局文物普查办公室移交调查登记不可移动文物16000余处，其中新发现10000余处，至此，贵州省文物普查田野调查工作取得阶段性成果。

【博物馆与可移动文物保护】

2010年10月30日，举行贵州省博物馆新馆建设开工奠基仪式，贵州省委常委、省委宣传部长谌贻琴、贵州省副省长谢庆生等领导和有关单位应邀出席了新馆建设开工奠基典礼。

至2010年，贵州省拥有各级各类博物馆62个，其中列入中央免费开放的有33家。继续贯彻执行《关于进一步做好公共博物馆纪念馆免费开放工作的意见》，制定了《2010年贵州省博物馆纪念馆免费开放绩效考评方案》，开展博物馆、纪念馆免费开放绩效考评，对免费开放资金实行动态管理，形成长效管理机制。贵州省文物局与财政部驻贵州专员办、贵州省财政厅、贵州省文化厅联合组成绩效考评组，对全省免费开放博物馆、纪念馆进行了绩效考评，同时，在“金黔在线”网站开展一个月的“公众满意度评选投票活动”，近20万人参与了投票，引起社会高度关注。

按照贵州省馆藏可以动文物数据库建设项目工作方案要求，完成馆藏二、三级文物的数据采集、录入、审核工作。贵州省共完成5459件馆藏珍贵文物信息采集录入工作，数据总量达63.1G，拍摄照片46500余张，按时上报国家文物局。

6月~8月，贵州省项目组专家下到各地对馆藏二、三文物的定级等工作进行帮助指导，共鉴选7200余件文物藏品，发现了不少珍贵藏品，其中许多藏品被定为一级文物。全省一级文物由原来的287件（套）提升至524件（套）。

【文博教育与培训】

贵州省文物局委托北京大学文博学院举办的“文物考古与博物馆学研究生课程进修班”全体学员顺利结业。

4月，在召开全省馆藏文物调查项目工作会议，以“以会代训”的方式就馆藏可移动文物项目工作的组织实施、藏品信息采集、影像拍摄、数据审核规范及质量监管等方面进行专业培训。

8月，贵州省文物局联合贵州省委宣传部、贵州省文化厅在遵义举办了全省博物馆、纪念馆讲解员培训班，来自全省35家单位的58名讲解员参加了培训并通过考核，获得岗位培训证书，培训班取得圆满成功。

【文博宣传与出版】

认真贯彻落实国家文物局《关于开展“5·18国际博物馆日”宣传活动的通知》精神，根据贵州省博物馆、纪念馆的特色，结合免费开放工作，开展丰富多彩的文物宣传普及活动。

6月，两地故宫博物院重走文物南迁路考察团抵达贵州，在贵阳市、安顺市考察了故宫南迁文物存放旧址，走访知情人。贵州省文物局参与考察并协调、配合组织工作。

在“中国文化遗产日”期间，贵州省文化厅、贵州省文物局组织了系列宣传和文物指示普及活动。

9月，贵州省文物局承办了《中国文物报》年度通联会议，来自全国各省、直辖市、自治区和计划单列市的《中国文物报》特约通讯员56人参加会议，并参观考察了文物点和民族村寨。

10月，贵州省文物局在贵阳召开了全省文物调查及数据库管理系统建设项目总结表彰大会。会上，总结了项目工作情况，并向在项目工作中有突出表现的14个单位和20名个人授予了奖励。

继续在贵州省博物馆小舞台展演民族歌舞，全年共演出场次204次，接待省内外观众数达11777人次。该演出丰富了人民群众的精神文化生活，宣传了贵州的民族文化，有力促进了贵州省旅游业的发展。

【机构及人员】

到2010年底，贵州省文物保护机构总数为155个，其中文物保护管理机构

90个，博物馆62家，文物商店1家，文物科研机构2个。文博从业人数为929人，其中，具有博士学位的1人，硕士16人，大学本科366人，大专294人，大专以下252人；具有正高职称5人，副高37人，中级职称122人，初级职称216人。

【其他】

3月26日，贵州省文物局派员参加了在武汉召开的国家文化创新工程会议，对贵州开展“多民族地区村寨文化建设与社区发展”的项目实施情况进行了汇报。3月~6月，分别对荔波水利、雷山控拜、锦屏文斗、黎平黄冈文化创新项目工作，对湄潭柏杨坝文化创新工作进行了调研。并邀请文化部民族民间艺术中心、清华大学等高校和研究机构专家到村寨调研考察。

云南省

【概述】

云南保存于全省各地的历史文物古迹和非物质文化遗产种类繁多，内涵深厚，地方和民族特色鲜明，是云南各民族生存发展的历史见证，也是促进全省经济社会进步的物质财富。据统计，截至2010年12月，云南省129个县、市、区共发现15886多处文物保护点，有各级文物保护单位2764项，其中全国重点文物保护单位76项，省级文物保护单位285项，州、市级文物保护单位452项，县区级文物保护单位2079项。国家级名城5个，国家级历史文化名镇5个、国家级历史文化名村3个，省级名城11个，省级名镇18个，省级历史文化名村27个，省级历史文化街区2个。全省有各级博物馆、纪念馆129个，馆藏文物40余万件。

【不可移动文物保护】

1. 保护规划

云南省文物局通过编制《云南省文物保护项目及经费需求“十二五”规划》，建立了云南省包括文物保护单位维修、规划编制、大遗址保护、考古发掘、技防安防、文物征集、藏品保护、馆藏环境达标、展览提升、馆舍维修、文物库房建设、人口较少民族博物馆建设等各类文物保护项目及经费需求“十二五”规划项目库，涉及保护项目797个，经费21.55亿元，基本摸清了“十二五”期间云南省文物保护工作的基本状况，为云南省“十二五”期间争取中央和地方资金支持奠定了坚实的基础。其中哈尼梯田申遗、茶马古道保护和“东南亚、南亚考古研究和文物保护基地”建设被列入国家文物局“十二五”文化遗产保护规划和重点项目。

组织编制了全国重点文物保护单位允燕塔、孟连宣抚司署文物保护规划，孟连宣抚司署、姚安龙华寺安防方案，及时论证、修改并上报国家文物局审批。

启动石龙坝水电站、会泽会馆建筑群、蒙自海关旧址保护规划编制工作，石寨山古墓群保护规划获国家文物局批准实施。

邀请国家文物局领导及专家对全国重点文物保护单位建水双龙桥、大姚白塔、白沙壁画、沙溪兴教寺壁画维修方案以及姚安龙华寺、孟连宣抚司署、秀山古建筑群消防安防方案等10余个保护方案进行论证审批，大部分项目已进入实施阶段。

组织专家对省级文物保护单位大慈

寺、宝丰隆商号、绮罗文昌宫、团山民居、龙门石窟、安宁曹溪寺宝华阁、建水双龙桥等项目40余个维修方案进行论证、审批。

积极推进小湾电站、龙开口电站、向家坝电站淹没区文物保护工作，完成对小湾电站淹没区霁虹桥文物建筑迁移保护工程规划调整方案和龙开口水电站淹没区金龙桥文物建筑原址抬高复原重建工程方案的审核。云南省文物局积极会同省移民局共同组织了向家坝电站淹没区文物建筑迁移保护工程规划方案评审会。

2. 安全检查

国家文物局、公安部《关于联合开展文物单位消防安全大检查工作的通知》（文物督发［2009］38号）（下简称《通知》）下发后，云南省文物、公安消防部门统一思想，周密部署，扎实推进，迅速在全省组织开展了文物单位消防安全大检查工作。接到《通知》后，云南省文物局、公安厅立即出台了《转发国家文物局、公安部关于联合开展文物单位消防安全大检查工作的通知》，及时向各地传达了《通知》精神和云南省的贯彻实施方案，各地文物消防部门迅即开展了文物单位消防安全联合大检查，在被检查单位做好自查自检的基础上，进行了为期近两个月的联合检查和隐患整改，基本完成文物单位消防安全大检查任务。

据统计，各地文物（文物保护、文物执法机构）、消防部门联合组织出动执法检查组376个，检查文物单位1328处，发现火灾隐患1407处；针对检查中发现的消防安全管理和消防设施设备不合格等一般性问题，下发《责令改正通知书》44份，督促整改了1363处。通过联合检查，各级政府管理部门掌握了文物安全现状的第一手资料，为分析文物安全面临的形势、提出解决问题的方法、确定工作思路提供了充分的参考依据。

省文物局、省消防总队加强沟通、密切合作、强化监管，认真指导各地工作，很好地影响并推动了各地的工作，也为探索并建立省级文物单位消防安全联合监管的管理模式和监督检查的长效管理机制积累了经验。各文物管理使用单位（人）文物消防安全的主体意识和责任意识大大加强，防控火灾、排除隐患的现场处置能力均有所提高。

3. 保护工程

按照中央领导批示，实施蒙自西南联大文物建筑遗迹保护工程，论证审批文物建筑方案和环境整治方案，启动哥胪士洋行抢救性修缮项目和陈列展览提升改造工程。

全国重点文物保护单位姚安龙华寺分三期工程进行维修，古木建筑得到整体保护。启动会泽会馆第二期维修、李家山古墓群保护设施建设工程、石寨山古墓群保护设施建设工程以及通海秀山古建筑群、孟连宣抚司署等消防、安防，避雷工程等10余项全国重点文物保护单位维修保护项目。

启动宜良文庙维修，石羊盐井保护工程、兴教寺壁画、宁蒗扎美戈喇嘛寺、宾川杨氏宗祠名人题刻、腾冲英国领事馆、兰坪兔峨土司衙署、陆良大觉寺、云龙顺荡火葬墓、开远南桥电厂、宜良文庙及大姚庆丰古盐井等30余项省级文物保护单位和文物普查新发现文物的抢救维修工程。

4. 滇越铁路和茶马古道

2010年3月31日，在滇越铁路通车100周年之际，由云南省文化厅主办，省外办、省旅游局、省政府新闻办，省政协文史委、昆明铁路局协办的“滇越铁路保护与利用论坛”在昆明成功举办。在论坛上，云南省文化厅厅长黄峻与越南驻昆明总领事阮洪海，携众专家达成共识——中越两国联手共同为滇越铁路申遗。来自中、越、法三方的官员和学者，在这个为纪念滇越铁路通车百年而举行的论坛上，就未来这条铁路的保护和开发问题，提出了许多可行性建议。

滇越铁路保护引起了全国政协的高度重视，为推进滇越铁路保护和管理工作，全国政协于9月10日组成了由中共中央候补委员、中国行政学院院长陈奎元为团长，国家发改委、国家文物局、国家旅游局等部门领导和专家59人组成的调研组，对昆明、玉溪、红河的昆明博物馆、滇越铁路沿线文物进行考察。副省长刘平汇报了滇越铁路保护和利用工作，省委宣传部张田欣部长听取了考察团的情况反馈。通过考察和交流，统一了思想，坚定了信心，对加强滇越铁路保护提出了新的要求。

受国家文物局委托，云南省文物局组织有关学术机构开展了“茶马古道文化线路”研究项目，形成了“茶马古道文化线路”研究成果。2010年1月21日上午，“茶马古道文化线路”研究成果评审会在昆明市召开，“茶马古道文化线路”研究成果顺利通过西藏、四川、青海、甘肃等文物局领导和专家的评审。6月3日~6日，由国家文物局、云南省政府主办，省文物局、普洱市政府承办的“中国文化遗产保护普洱论坛”在普洱市成功举办。国家文物局局长单霁翔、云南省政协副主席顾伯平出席论坛开幕式并做了重要讲话，西藏、四川、甘肃、青海、贵州及云南省文物局领导分别做了专题发言。论坛形成了《茶马古道遗产科学保护普洱倡议》，标志着茶马古道国家保护行动启动，茶马古道整体保护行动启动。由云南省文化厅，云南省旅游局、普洱市政府主办，宁洱县承办的“首届普洱茶马古道节”活动于10月22日~23日在宁洱县举行。省文化厅副厅长熊正益出席开幕式。通过举行千人重走茶马古道、万人签名保护茶马古道和演艺、商贸等活动，进一步加强茶马古道的宣传力度，扩大茶马古道的影响力。

5. 名城名镇名村保护

指导会泽、通海两县做好历史文化名城申报文本、保护规划的修编工作。联合省住房和城乡建设厅，共同协同国家住房和城乡建设部、国家文物局专家组对申报国家级历史文化名城的会泽和通海进行考察，积极申报会泽和通海为国家级历史文化名城。会同省建设厅开展通海、会泽、香格里拉县申报国家历史文化名城工作。

会同省住房和城乡建设厅审查论证彝良县牛街历史文化名村和宣威市杨柳乡可渡历史文化名村保护规划，并获得省政府的批复。协同省发展和改革委、省住房和城乡建设厅共同落实建水县建中路历史文化街区、巍山县历史文化街区、建水县太史巷历史文化街区保护设施建设项目。会同省住房和城乡建设厅审查论证鹤庆县松桂镇、建水县官厅镇苍台村、红河县甲寅作夫村、香格里拉县白地村、维西县茨中村和尼西村等9个村镇申报省级历史文化名镇名村工作；开展“中国历史文化名街”工作，积极推荐申报大理龙首街为中国历史文化名街，加大对乡土文化遗产的保护力度。组织专家对永平县曲硐和云龙县宝丰省级历史文化名村保护规划进行评审，并上报省政府批准实施。

6. 世界文化遗产保护

为了应对联合国教科文组织世界遗产委员会对世界文化遗产丽江古城的反应性监测，维护丽江古城世界文化遗产的地位，云南省文物局组织完成了《世界文化遗产丽江古城保护规划》的编制工作，组织国家文物局专家进行现场考察和论证，将修编后的丽江古城三个遗产地保护范围区划方案上报国家文物局审批，上报世界遗产中心备案并提交世界遗产委员会审议。为更好地保护丽江古城，再现古城风貌，根据世界文化遗产管理的有关规定，组织编制“世界文化遗产丽江古城狮子山片区环境整治工程方案”上报国家文物局，获得国家文物局批准。

2010年6月24日，由云南省人民政府高峰副省长召集红河哈尼梯田申报世界文化遗产领导小组成员单位召开领导小组全体会议，省文物局局长熊正益、红河州副州长谭萍做了哈尼梯田保护管理工作汇报，哈尼梯田保护规划编制单位、“申遗”文本编制单位分别做了说明，领导小组各成员单位领导也发表了各自的意见及建议，最后，高峰副省长做了重要讲话。6月24日，由省文物局、红河州政府召开了红河哈尼梯田保护规划、“申遗”文本论证会，会上对保护总规和申遗文本提出了修改完善意见。9月30日，申遗文本编制完成，由省文物局上报国家文物局，正式进入申报程序。

7. 第三次全国文物普查

截至2010年底，云南省129个县（市、区）共调查登记不可移动文物15866处，其中新发现11885处，复查3981处，从文物类别上看，古遗址1674处，古墓葬1258处，古建筑5548处，石窟寺及石刻1758处，近现代重要史迹及代表性建筑5112处，其他516处。调查登记消失文物919处。11月5日~9日，国家文物局数据中心（暨国家文物局第三次全国文物普查办公室数据接收组）对云南省第三次全国文物普查电子数据进行了验收。11月15日~19日，国家“三普办”实地文物调查验收工作组对云南省第三次全国文物普查实地文物调查进行验收。云南省文物普查数据准确、完整，通过整体验收，云南省第三次全国文物普查实地文物调查阶段圆满结束，转入编写名录、成果转化及应用等工作。

2010年5月，云南省文化厅、云南省文物局发文授予安宁市文物管理所普查队等58个单位“云南省文物普查实地调查阶段突出贡献先进集体”荣誉称号；授予马洪云等289位同志“云南省文物普查实地调查阶段突出贡献先进个人”荣誉称号，并分别发给奖金。

6月，在中国第五个文化遗产日，国家文物局宣布对云南省第三次全国文物普查实地调查阶段的先进集体和突出贡献的先进个人进行表彰。

【可移动文物保护】

1. 博物馆建设

云南省博物馆新馆项目概算资金5亿元，截至2010年底，累计到位资金3亿元，新馆各项工作进展顺利，年度建设任务已大部分完成。

西双版纳民族博物馆完成了民族博物馆主展区临时展览两大部分陈列。通过文物陈列和非物质文化遗产的形式，展示了西双版纳的历史沿革、世居民族丰富多彩的文化，生态多样性等特点。

云南省文物局认真落实中央领导指示，优质、高效地完成了西南联大蒙自分校的阵列布展工作，帮助昆明市进一步加强对新挂牌博物馆的行业指导和博物馆的规范运作，为发展民办博物馆事业进行了有益的探讨。指导了昭通、曲靖等州市的博物馆建设陈列大纲的编制工作。

为贯彻落实中共中央宣传部、财政部、文化部、国家文物局《关于进一步做好公共博物馆、纪念馆免费开放工作的意见》，总结交流云南省博物馆（纪念馆）免费开放经验，积极推进云南省各博物馆、纪念馆的免费开放工作，云南省文物局组织召开了云南省博物馆免费开放工作座谈会，各免费开放博物馆、纪念馆统一了思想，充分认识到：免费开放对满足各族群众日益增长的精神文化需求，弘扬优秀文化传统，增强民族团结，维护祖国统一，推动社会主义文化大发展大繁荣，具有十分重要的意义。

根据《博物馆管理办法》的相关规定和国家文物局《关于做好2009年度博物馆年检备案工作的通知》要求，云南省文物局对全省2008年国家登记在册的63家博物馆、纪念馆进行了年检备案工作。经检审，63家博物馆、纪念馆中，有60家符合年检规定的相关规定，予以年检。通过博物馆、纪念馆年检工作，进一步加强了行业自律，规范了博物馆的发展。

2. 陈列展览

2010年6月12日，丽江市普查办在丽江市博物院举办了"丽江市第三次全国文物普查成果展"，展出了丽江各类不可移动文物共200余幅精美图片，生动形象地展示了丽江市文物普查的最新成果，引起了强烈的社会反响。

6月，大理白族自治州弥渡县精选一批以名人故居、古建筑、桥梁、墓葬、古字画、碑刻、青铜器等不可移动和馆藏文物的照片制作成宣传展板，以"弥渡县第三次文物普查成果展"为主题在城区和各乡镇集中展出，取得了很好的宣传效果。

8月，楚雄州普查办在州博物馆举办"探寻文明的踪迹——楚雄州第三次全国文物普查图片展"，展出500余张图片，配以大量文字和图表。展出3个月期间共接待观众3万余人，引起了社会各界的高度关注。

【考古发掘】

完成了澜沧江黄登水电站、元江桥头水电站、昆明市倘甸至禄劝一级公路、昆明螺蛳湾国际商贸城仓储二期项目、昆明螺蛳湾国际商贸城小商品加工基地一期产业项目、昆明螺蛳湾国际商贸城小商品加工基地一期居住项目、XQ32线贡山—独龙江公路改建工程和大理—丽江高速公路、昭通市彝良县殡仪馆建设工程、楚雄（连汪坝）至南华县城一级公路、中石油云南1000万吨/年炼油项目、祥云县清华洞景区项目和昆明市精神病院搬迁项目等30余处工程考古勘探调查工作。省文物局经过论证和审核为建设方出具了《云南省建设工程文物保护意见书》。

配合基本建设工程完成了普洱市镇源庄房遗址、景谷怕叠新石器遗址、个旧市保和乡麻玉田古遗址、个旧黑马井汉墓、昭通市盐津县柿子乡崖墓和大理龙首关遗址等6处考古发掘工作。

【社会文物管理】

云南省文物局指导、帮助云南典藏拍卖公司、昆明雅士得拍卖公司完成了国家文物局开展的"文物拍卖许可证"年审工作；审核批复了云南典藏拍卖公司春秋两季文物艺术品拍卖会，确保拍卖企业严格按照国家文物拍卖的相关法律、法规规范运作，促进省文物艺术品拍卖市场健康、有序发展。

积极帮助云南国信拍卖公司向国家文物局申报文物拍卖资质。该企业最终获得二、三类文物拍卖许可，从而使云南省具有文物拍卖资质的企业达到了三家。

西藏自治区

【概述】

截至2010年12月31日，西藏已调查登记的各类文物点有4268处，各级文物保护单位743处，其中全国重点文物保护单位35处，自治区级文物保护单位224处，县市级文物保护单位484处。世界遗产一处，即布达拉宫及其扩展项目大昭寺、罗布林卡。馆藏文物10万件。

2010年，在自治区党委、政府的高度重视和亲切关怀下，拉萨市、山南和林芝地区成立一套人马三块牌子的正处级文物局，日喀则、昌都、那曲和阿里地区成立副处级文物局。拉萨市城关区、日喀则市和林周、达孜等63个县（市、区）相继成立了正区级文物局。区、地、县三级文物管理机构和区直文博事业单位的建制及内设机构的建立健全，极大地提升了自治区文物保护管理的整体实力。全区有各级文物管理机构73个、博物馆3个、文物科研机构1个、文物总店1个和文物鉴定机构1个。

西藏从事文物工作的人员有347名，其中藏族占85%。具有大专以上学历的226人，占总人数的65%。专业技术人员118人（获得文博副研究员以上的12人，文博馆员30人，文博助理馆员以下的76人），占总人数的34%。

【文物工作会议】

2010年2月4日~5日，全区文物工作会议在拉萨召开。自治区人大常委会副主任新杂·单增曲扎出席会议，自治区副主席甲热·洛桑丹增出席会议并作重要讲话。自治区文化厅党组成员、副厅长、文物局局长喻达瓦作了题为《牢记使命 服务大局 务实创新 着力推进全区文化遗产事业更好更快更大发展》的工作报告，全面总结了2009年全区文化遗产工作，安排部署了2010年全区文化遗产工作。会议还表彰了2009年度文物保护、安全、信息、重点维修工程、普查、施工和监理、田野文物保护共七个方面工作的先进集体和先进个人，与各地市文化（文物）局和区直文博单位签订了《2011年度文物安全责任书》。区党委宣传部等13个部门的分管领导出席会议，各地市文化文物局局长（书记）、科长和区直文博单位的副科级以上干部以及高级职称专业技术人员近200人参加了会议。

【法规建设】

1. 法规的制定

2010年2月，西藏自治区文物局会同相关部门编制了《2006〈西藏自治区建设工程工程量清单计价定额〉装饰装修—古建修缮（暂行定额）》，为申报、组织、实施文物保护维修工程统一了标准。

2. 普法宣传

2010年6月12日，是我国第五个“文化遗产日”。按照国家文物局及自治区文化厅的统一安排，自治区文物局对全区文物系统开展“文化遗产日”活动进行了专题部署，制定了在全区开展文化遗产日活动的方案。当天，紧紧围绕“文化遗产，在我身边”这一主题，组织布达拉宫管理处、罗布林卡管理处、西藏博物馆、西藏文物总店、西藏文物保护研究所、拉萨市文物局等单位，在拉萨市宗角禄康公园开展“文化遗产日”宣传咨询活动；其他地区、县均举行了相关的活动。5月18日，在西藏博物馆展区、雪新村等地开展了以“博物馆致力于社会和谐”为主题的“国际博物馆日”宣传咨询活动。一年来，还邀请中央电视台、人民日报、新华社西藏分社、中央人民广播电台、中国国际广播电台、中国新闻社、中国西藏网以及西藏电视台、西藏日报、西藏人民广播电台等中央在藏和区内新闻媒体，及时宣传“十一五”重点文物保护工程进展情况和重大意义，宣传自治区文物事业所取得的重大成就。

为进一步加大干部队伍的培训力度，提高在职干部的理论水平和业务技能，在国家文物局的关心支持下，在西安西北大学文博学院举办了“西藏文博干部业务知识培训班”。来自西藏各县文物管理部门的负责人和区直文博单位、局机关各处室的业务骨干共68名在职干部参加了此次培训，进一步提升管理水平、业务技能。

全区各级文化文化部门利用节假日或物交会，在人员较集中的地方设立文物宣传咨询点，向广大群众散发《文物法》宣传单，讲解文物保护的相关知识。同时，还利用自治区寺教办每年举办的“全区寺庙民管会主任培训班”的机会，向学员讲述《中华人民共和国文物保护法》《西藏自治区文物保护条例》《西藏自治区文物单位消防安全管理办法》及文物保护管理和安全防范知识。

3. 接待服务

布达拉宫、罗布林卡和西藏博物馆等自治区文物单位作为重要的文化旅游景点，是展示西藏传统文化魅力、展现西藏文化遗产保护成果的重要场所。布达拉宫管理处自筹资金近30万元对游客下山道路进行了改道，解决了原来的“人车混行”的问题；罗布林卡管理处筹集资金300多万元，对东M2大门、北门进行了整治，对罗布林卡内的园林、部分道路等进行了整治，美化了环境；各级文物单位努力加强基础设施建设、提高讲解人员水平、增强服务能力。一年来，布达拉宫圆满完成了贺国强、刘云山、汪洋等党和国家领导人以及中央、国家机关和兄弟省市重要客人1900多人次的接待工作，接待了国外贵宾和记者128人次。全区县级以上文物保护单位共接待游客和朝佛群众658万人次，其中：布达拉宫为101.12万人次，同比增长29.2%，再次突破百万人次；罗布林卡为68.84万人次，同比增长46.2%；西藏博物馆为13.4万人次，同比增长45.1%，是接待人数最多的一年，体现了免费开放的社会效益。

【执法督查与安全保卫】

为进一步加强全区文物安全工作，西藏自治区文物局在年初召开的全区文物工作会议上与各地市文化（文物）部门和区直文博单位签订了《2010年度文物安全责任书》，随后各地市文化（文物）部门也与各县和文保单位层层签订了《年度文物安全责任书》，始终将安全工作作为文物工作的生命线、建立健全安全防范长效机制和奖惩机制、将文物安全责任落实到基层单位、落实到每一个岗位、落实到人的重大举措。使文物单位安全防范工作建设进一步得到加强。同时，在三大节日和重大活动期间加大对文物单位的安防、消防检查和督导力度，坚持定期会同公安、消防等部门组成检查组开展全区文物单位安防、消防和施工现场大检查，对存在的问题和隐患及时排查、及时整改。截至2010年底，全区“三级”文保单位没有发生安全责任事故，有力地确保了文物系统的古建筑安全和文物安全。

2010年，仅区文物局就组成由局领导和处（室）负责人带队的工作组42个共168人次，深入七地（市）和文物重点县（区）开展调研、业务指导和安全督导、检查工作，对基层文物工作给予了强有力的扶持，逐步解决了部分基层单位的突出问题和实际困难，受到了基层单位的普遍欢迎和赞誉，所做的调研为促进西藏文化遗产事业的发展提供了重要的决策依据。

【不可移动文物保护和管理】

（一）保护规划

根据自治区关于编制“十二五”规划的总体要求，按照党的十七届五中全会和自治区党委七届七次全委（扩大）会议精神，依照国家文物事业发展“十二五”规划，组织开展了西藏文物事业“十二五”发展规划的编制工作。同时，根据自治区的统一部署，按照中央第五次西藏工作座谈会和自治区党委工作会议精神，组织编制了西藏自治区文物保护“十二五”规划项目方案，并经自治区党委、政府批准列入西藏自治区“十二五”规划项目方案，上报国家。根据自治区发展改革委的部署，组织开展了自治区“十二五”规划项目方案中“重点文物保护设施建设项目”“近现代重要史迹和爱国主义教育基地建设项目”的专项规划编制工作，并委托相关专业机构，编制白居寺、乃宁寺等12处保护维修工程的可行性研究报告、保护维修方案等工作。

（二）文物保护工程

国家批复三大文物工程总投资38059万元，到位资金37061万元。2009年安排和完成投资6411.55万元，开工建设了布达拉宫、罗布林卡、萨迦寺的安防、消防、给排水和电气照明系统工程等12项。三大工程自2002年6月开工建设以来，累计开工154项子项目，完工142项，完成投资35726.79万元，已经完成了布达拉宫、罗布林卡、萨迦寺的主体古建筑维修工程，并顺利通过了国家文物局专家组的检查验收。

三大工程2010年完成投资1，741.82万元。布达拉宫火灾报警系统和安防监控系统工程以及人群荷载控制值研究、结构检测设计方案已编制完成；布达拉宫马基康维修工程完成50%。罗布林卡公辅工程年底完成。萨迦寺公辅工程完成85%。

12月12日，西藏“十一五”重点文物保护工程——古格王国遗址文物保护维修工程开工仪式在古格王国遗址举行。至此，国家投资5.7亿元、共22项的西藏“十一五”重点文物保护工程已全部开工建设。拉萨大昭寺、小昭寺和科迦寺、哲蚌寺措钦大殿等文物建筑维修工程已竣工并通过了初验。扎什伦布寺、江孜宗山抗英遗址、乃宁寺等保护维修工程在建项目进度顺利。2010年自治区财政下达工程资金8425.75万元，完成5506.82万元；发改委下达资金3780万元，完成2049.89万元。

甲日寺、阿沛管家庄园、唐波切寺、帕拉庄园4项文物应急抢救性工程已经竣工验收；噶玛丹萨寺、卓玛拉康、拉隆寺、4项工程进展顺利。同时，自治区文物局向自治区财政厅申请2010年全区文物抢救性维修保护资金。2010年，自治区文物局共安排资金828万元，对31处文物单位进行维修保护，改善了13处文物单位的安全防范设施，支持全区各地市文物部门开展文物征集和普查工作，有力地推动了基层文物行政部门的保护和抢救工作。

自治区文物局安排资金1000多万元，对昂仁县曲德寺等边远地区31处文物单位进行维修保护，还用于昌都等地13处文物单位的安全防范设施以及革命文物的征集。根据自治区重要历史和革命文物领导小组的部署，组织开展了山南地区烈士陵园、错那张国华将军指挥所保护展示工程的勘察设计、方案论证等工作。

文物维修是一项农牧民参与性强的工程。在实施三大文物工程和“十一五”重点文物保护工程中，自治区文物局认真贯彻自治区党委、政府“支农扶农”“确保农牧民增收”等一系列决策部署，注重引导当地群众参与，在保证质量的前提下，尽可能吸纳当地农牧民群众参与工程建设，帮助群众增收，让农牧民群众参与文化建设，共享文化成果。据不完全统计，在2010年已经开工建设的各项文物保护工程中，仅昌都和山南地区，就有700多万元直接用于农民工工资，1200多万元用于购买当地的原材料；且无一拖欠农牧民工工资现象。

为进一步加强自治区文物保护工作力度，各地市向自治区文物局推荐135处文物单位为自治区级文物保护单位，文物局在征求相关部门的意见后，向自治区人民政府推荐了清代亚东海关遗址等112处文物保护单位，并建议公布为自治区级文物保护单位。9月27日，自治区人民政府第15次常务会议经过研究，于10月16日下发了《关于同意正式公布清代亚东海关遗址等112处为第五批自治区级文物保护单位的批复》。至此，全区自治区级文物保护单位由112处增加到224处。

根据国家文物局的部署，各地市共推荐了50处文物单位申报全国重点文物保护单位，自治区文物局在征求了自治区民宗委、社科院、西藏大学等单位的意见后，向自治区人民政府推荐了拉萨关帝庙等36处文物保护单位，经9月27日自治区人民政府第15次常务会议研究同意，申报材料已按要求编制并上报。同时，依照国家文物法规的相关规定，为扶持自治区文物保护施工企业的发展，向3家施工企业发放了文物保护工程施工二级资质，向区内1家设计单位发放了文物保护工程勘察设计二级资质，向国家文物局申报4家施工单位升级为文物保护工程施工一级资质。

【博物馆与可移动文物保护】

按照自治区贝叶经保护抢救领导小组的部署和要求，已完成全区贝叶经的保存状况调查工作，并制作成珂罗版影印件，其保护方案业已制定完成。

按照国家文物局《关于全面推进文物调查及数据库管理系统建设项目的通知》要求，结合自治区国有文物收藏单位的实际，自治区文物局安排资金55万元用于国有文物收藏单位数据库管理系统建设工作，组织专人开展并完成了布达拉宫、罗布林卡、西藏博物馆和山南雅砻历史博物馆馆藏一级文物数据采集和汇总、整理工作，已上报国家文物局。

【社会文物管理】

依照国家文物法规的相关规定，为扶持自治区文物保护施工企业的发展，积极争取国家文物局批准自治区5家施工单位具有文物保护工程施工一级资质，1家监理单位具有文物保护工程监理甲级资质；自治区文物局向3家施工企业发放了文物保护工程施工二级资质。同时，对西藏收藏家协会和民间文物收藏活动进行规范和业务指导工作，对文物征集工作和丰富馆藏活动给予有力扶持。开展了山南地区隆子、错那、洛扎、措美和浪卡子共5个边境县26个乡镇63处文物单位的2153件文物的鉴定和建档工作，完成了昌都、林芝、日喀则、山南四个地区的2800多件馆藏文物电子档案的制作工作，对司法部门追缴的文物和私人文物共100多件进行了鉴定。布达拉宫、西藏博物馆、罗布林卡共对馆藏4887件文物建立电子和纸质的档案，对5880多部文献典籍进行了整理编目和登记造册，布达拉宫接受群众捐赠文物159件，西藏博物馆征集文物23件（套）。

【文物普查】

2010年8月，自治区第三次全国文物普查领导小组召开了第四次（扩大）电视电话会议，传达学习了国务院第三次全国文物普查领导小组第三次（扩大）会议精神，总结了自治区第三次全国文物普查第二阶段实地调查工作情况，安排部署了自治区文物普查第三阶段的工作。自治区六地一市实地调查工作于2010年9月通过了国家第三次全国文物普查领导小组办公室的整体验收，向国家文物普查验收组移交了普查电子数据。第三次全国文物普查第二阶段工作圆满完成，转入第三阶段工作。全区共完成73个（区）629个乡镇实地文物调查工作，调查面积约117.6万平方公里，普查区域覆盖率达到98%（除藏北无人区外），共登录不可移动文物点4283处，其中新发现文物点3019处，复查文物点1264处。

【文博出版】

《西藏文物》（半年刊）出版两期，每期印刷600册，向全区各级文化文物部门和文物保护单位无偿发放。

按照自治区的统一部署和要求，《西藏自治区志·文物志》的终校工作已经完成，计划于2011年10月出版印发，此项工作受到了自治区地方志办公室的充分肯定。

【文博信息化】

截至2010年底，全区各级文化（文物）部门报送信息382条；其中，自治区文物局撰写、报送信息78条，被国家文物局采用23条、区党委办公厅《业务通讯》采用22条、区政府办公厅《内部情况通报》采用18条。这些文物信息的报送和采用，为各级领导了解自治区文物发展态势、指导自治区文物保护工作发挥了积极作用。

【对外交流与合作】

2月6日，布达拉宫管理处举行捐赠仪式，无偿接收尼泊尔联邦民主共和国内政部部长拉瓦尔一行捐赠的一尊铜镀金现代释迦牟尼佛像（高156.5厘米、底径112厘米，带钵）。

在文物外事交流合作工作中，西藏始终坚持“以我为主，于我有利”的外事工作方针，积极探索，充分发挥独特的宣传作用，努力推进自治区文物外事工作的发展。2010年5月，由中央统战部、国家文物局主办，中国文物交流中心、西藏自治区文物局承办的“西藏考古与艺术展”结束了在日本大阪、仙台一年零两个月的展览，共有47万多人次参观了展览。2010年下半年，该展览先后在台北故宫博物院和高雄自然科学工艺博物馆展出，约33万人次参观了展览。西藏文物出国（境）展览的成功举办，展示了西藏悠久的历史和灿烂的文化，展现了国家保护西藏文化遗产的成果。西藏还与区外相关单位合作，在拉萨成功举办了“涌泉木雕西藏唐卡艺术展”。

陕西省

【概述】

2010年，陕西省文物工作深入贯彻落实科学发展观，着眼于全省经济平稳较快发展和转变发展方式，自觉把创先争优活动融入文物事业和文化产业的实践中，按照“提升文物保护水平，加快展示利用步伐，促进西部强省建设”的发展思路，紧扣目标任务，明确责任，创新发展，狠抓落实，文物保护基础、博物馆建设、文物安全管护、对外交流等工作得到了全面加强，为陕西经济社会发展起到了积极的促进作用。

【法规建设】

建立了陕西省文物系统文物保护政

策法规工作联席会议制度，使文物法规建设工作形成了上下联动、齐抓共管的良好局面；组织人员深入咸阳、延安、安康等市，对全省文物保护法规执行情况进行了调研，配合省人大对《延安革命遗址保护条例》执行情况进行评估形成评估报告；按照省人大、省法制办要求完成全省现行文物地方性法规、规范性文件、省本级行政许可项目的清理工作，制定了《陕西省文物局起草地方性法规政府规章规范性文件工作规程》。同时，通过严格依法行政，加强了文物拍卖、复制、鉴定和出入境管理工作，使得社会文物管理进一步规范。

【执法督察与安全保卫】

2010年度，对陕西省文物局直属单位"五五"普法工作进行了检查验收，完成了《陕西省文物局"五五"普法工作总结》和"五五"普法十大法治事件评选表彰活动，碑林博物馆"让'五五'普法走进青少年的心灵"活动被推荐为普法十大法治事件。督察了汉长安城遗址违章建筑、富平县唐帝陵保护范围内开山炸石等各类违法事件132次；指导唐帝陵所在市、县文物行政部门制定了唐帝陵定期巡查制度和唐陵开山采石治理巡查办法，并要求唐陵所在县政府全面启动唐陵保护规划的编制工作；调整充实和加强了文物执法队伍建设，在全国重点文物保护单位和省级文物保护单位密集区增设了510名文保员。

文物安全工作方面，除了继续坚持与省直文博单位和各市（区）文物管理部门签订年度文物安全和消防安全责任书外，2010年度的一项重要机制创新是建立了以副省长景俊海为召集人，省文物局、省公安厅、省国土资源厅等10个厅局领导为成员的全省文物安全工作联席会议。省文物局与省公安厅联合下发了《关于建立文物公安联合执法长效机制的通知》，建立了联合联席会议制度及信息互通、专项打击、案件督办、表彰奖励等工作制度，不断加大打击文物犯罪的力度。全年协同公安机关积极开展打击文物犯罪专项行动，共破获文物案件140余起，追回文物1043件。特别是将流失海外长达6年之久的珍贵文物——唐贞顺皇后敬陵石椁成功从美国追索回国，在社会上产生了积极影响。2010年，陕西省文物局被国家文物局、公安部表彰为全国重点地区打击文物犯罪专项行动组织协调先进单位。

【不可移动文物的保护和管理】

（一）概况

截至2010年底，经过第三次全国文物普查，全省登记不可移动文物点4.9万余处（2009年公布数字为8.4万余处。根据国家局文新的认定标准和统计方法，该数字调整为4.9万余处），其中新发现34187处，复查14871处。有各级文物保护单位3050处，其中全国重点文物保护单位140处、省级文物保护单位668处、市县级文物保护单位2242处；2010年共争取各方资金16711万元，其中国家文物局大遗址经费7270万元，国家文物局专项补助经费2491万元（总3332万元）。在规划修缮方案编制评审与文物工程实施方面，全年共编制完成并上报国家文物9个文物保护规划，获批3个，同意2个编制工作立项。上报保护维修工程9个，获批9个。上报保护、展示方案等16个，获批9个。

（二）大遗址保护

2010年，秦始皇陵和大明宫遗址公园建成开放是陕西创立大遗址保护与利用"四个结合"的典型范例。前者共征地3386亩、拆迁建筑48万平方米、搬迁居民1007户和企事业单位26家，投资5.83亿元；后者将遗址3.2平方公里范围内的所有群众和企事业单位全部迁出遗址区以外重新安置，遗址区用于文物保护展示，带动了该地区19.16平方公里的旧城改造，改善了遗址区群众住房条件。

陕西在大遗址保护方面的经验是：大遗址保护与当地经济社会发展相结合，与当地群众生活水平提高相结合，与当地城乡建设相结合，与当地环境改善相结合。

（三）全国重点文物保护单位

截至2010年12月，陕西省共有全国重点文物保护单位140处（其中跨省2处）。汉阳陵、秦始皇陵、大明宫3处古遗址2010年入选首批国家考古遗址公园名录，入选数为全国省区最多，占总数的四分之一。另外，汉长安城遗址、秦咸阳城遗址入选第一批国家考古遗址公园立项名录。

（四）世界文化遗产

2010年度，陕西省丝绸之路“申遗”工作有了新的进展。组织参加了国家文物局召开的“世界文化遗产监测工作会议”，编制了陕西世界文化遗产第二轮监测报告，向中国古迹遗址保护协会报送了陕西“申遗”文本补充资料，组织大明宫、汉长安城、含光门遗址和法门寺地宫、张骞墓等“申遗”文物点所在单位开展文物保护展示工作。完成了茂陵本体围栏式保护和彬县大佛寺木楼加固支撑工程，开展了乾陵无字碑及述圣记碑和其他石刻文物的保护，完成了《含光门遗址病害抢救性治理方案》的报审工作，实施了张骞墓石刻文物保护修复和法门寺地宫排水等保护工程；组织“申遗”文物点开展“申遗”环境整治和档案建立等工作。截至2010年底，全省各“申遗”点环境整治工程进展顺利，档案建设已进入实质性工作阶段。

【考古发掘】

（一）概况

2010年，陕西省在主动考古调查和发掘工作中，申报发掘项目75项，获批47项，组织开展了汉茂陵从葬坑的考古勘探与试掘、唐景陵的考古调查勘探与发掘、杨官寨遗址考古发掘、周公庙遗址考古发掘等项目。在配合基本建设考古发掘方面，配合大型基本建设完成考古调查项目共计6项，线路总长度约400公里、总面积约120平方公里。组织开展西安至商州天然气管道、西安至安康铁路第二线等项目考古勘探工作，西安咸阳国际机场二期扩建工程、西安至平凉铁路、省级高速公路榆商线洛南至岔口铺公路等项目考古发掘工作。全年完成配合基本建设勘探项目共计353项，勘探总面积2300万平方米，公路、铁路里程830.3公里。完成配合基本建设考古发掘项目共计75项，发掘古墓葬2100余座，灰坑、窑址、建筑基址等其他古代文化遗存12处。富县秦直道遗址、西汉帝陵考古调查入选“2009年度全国十大考古新发现”。秦兵马俑考古项目荣获西班牙阿斯图里亚斯王子奖社会科学奖，这是中国首次获得这个在欧美具有较高知名度的奖项。

（二）重要考古项目

1. 秦直道遗址

主要对延安市富县、甘泉县段进行了考古调查，总计调查秦直道路线约150公里，发现秦汉建筑遗址6处，墓葬群5处，绘制道路柱状剖面图14张，采集文物标本100余件。在兴隆关一带发现了秦直道的四叠层路面。秦直道在兴隆关以南仅一条线路，一直从秦沿用至唐宋或更晚；在兴隆关以北则向东行穿越子午岭，继而北行，一直沿用至西汉晚期；东汉开始，东线废弃，改从兴隆关直向北行，一直沿用至唐宋；而所谓的西线则与秦直道无关。在黄陵兴隆关以东发现了秦直道上最宽的堑山路面，宽66米。通过对两座方形和圆形烽燧的解剖，搞清了秦直道沿线烽燧的形制和使用方式。对甘泉方家河直道的发掘，解决了秦直道下山、过洛河的线路问题，即：不是在圣马桥直接过河或向下游延伸过河，而是围绕圣马桥墩台下坡并转弯180度后从上游过河，而圣马桥墩台或可认为是中国古代道路交通转盘的首次发现。

2. 秦始皇帝陵

继续对一号坑9号、10号过洞进行考古发掘。出土小件器物包括车马器、兵器、生产工具等类型，共计310余件(套)；揭露陶马3组12匹，陶俑编号120余件；清理战车2乘、战鼓2处、兵器柲10处、弓弩箭箙12处、漆盾1处、另有建筑材料朽迹如木、席、夯窝等痕迹多处。其中9号过洞新出土的一件将军俑，别与以往一号坑出土的其他8件将军俑不同之处是，做工非常精细，甲片较小，铠甲边缘处有几何彩绘图案。此外，还发现秦盾、弩韬、漆鼓等重要文物。此次发掘出土的盾，属于9号过洞的第二辆车的右侧，尺寸大小恰好是以前秦陵一号铜车马上铜盾的一倍，但因使用者级别的关系，纹饰差别很大。原一号铜车马上铜盾出土于秦陵一号铜车马车舆右栏板内侧前部，为实用盾的一半大小，铜盾边栏内绘有天蓝色的流云纹饰，云头波折卷曲相互勾连，流云外的空白区域填满白色的谷壁纹，在边栏围绕的中央界域内绘有四条变相夔龙纹，两两左右相对回顾成为一组。而此次在一号坑清理的漆盾目前看到的边栏绘制多层几何纹，线条隐约，有红有绿有白。背面朝上，因此可也看到握手部分，只髹漆未彩绘，虽然因为等级的区别，此次出土的秦盾比不上秦陵一号铜车马上铜盾的精致，但这是三座俑坑中出土的第一件皮质漆盾，正确的称呼是"孑盾"，其功用应是与剑、矛等武器配合使用的。除了首次出土的皮质漆盾外，还在发现了较为完整的装弓弩的袋子——韬，总长150厘米，完全脱落在陶俑脚下，织物炭化组织结构清楚，甚至边缘地区还有白色的缝合线迹。彩绘漆鼓遗迹在俑坑中虽多有发现，但鼓面却一直未获得重要实物资料，本次发掘广泛开展小面积解剖的"精工细作"，意外地找到了两处彩绘鼓面遗留。

秦始皇帝陵园考古勘探主要围绕"秦始皇陵遗址公园"建设项目展开，共完成47.6万平方米的考古勘探，其中秦陵园内完成约32.3万平方米，内城垣南墙以南区域完成约15万平方米，共发现古墓葬6座，丰富了秦始皇帝陵园地下文化遗存的内涵。内城垣以内西北部区域为秦始皇帝陵园陵寝建筑遗址区，通过考古勘探，搞清了这一区域地下建筑遗址的分布范围、内涵及具体形制结构，为秦始皇遗址公园的建设及后续展示利用打下了坚实的基础。

3. 西汉帝陵

2010年，西汉帝陵考古主要对汉惠帝安陵、汉哀帝义陵、汉高祖长陵、武帝钩弋夫人云陵展开了大规模的考古调查、勘探和测绘工作。其中，安陵调查区域10余平方公里，普探面积逾250万平方米，详探约150万平方米。确定了安陵陵园和陵邑的形制与范围，发现外藏坑168座，建筑遗址2处，探明陪葬墓50余座。安陵陵区由陵园、陵邑、陪葬墓区三部分组成；义陵调查范围约6平方公里，普探面积300余万平方米，详探120万平方米。确定了义陵陵园以及帝、后陵寝的范围和布局，发现建筑遗址9处，外藏坑17座，古墓葬300余座，确定为汉墓者20座；茂陵外藏坑的发掘工作始于2009年9月，截至2010年底，MDNK26的工作已经结束，MDNK15的工作已开始。MDNK15 由斜坡通道与坑体两部分组成，该坑清理长度 10 米，出土马骨 18 具。MDNK26 由斜坡通道、坑体及洞室三部分组成。斜坡通道位于坑体南端中部，坑体平面为长方形，四壁向下内收，坑体东西两壁下部各开挖 10 个洞室。每个洞室内放置两匹马骨，大多数洞室内放置 1 件陶俑，个别放置 2 件。经鉴定，K26 出土的马骨均为成年公马的骨骼。为全面了解、掌握了西汉早期安陵，晚期义陵的范围、布局及结构，为西汉帝陵制度的深入研究奠定了基础；为西汉帝陵的保护提供了可靠的资料；此次考古工作利用现代测量、计算机等科技手段，建立了汉惠帝安陵、汉哀帝义陵的 GIS 地理信息系统，为这些田野考古成果后期的资料整理、推广使用奠定了基础；茂陵外藏坑的发掘为了解西汉中期帝陵外藏坑的结构、内涵提供了重要资料。

4. 唐代帝陵

2010 年，主要进行了唐景陵考古调查。唐景陵为唐宪宗李纯的陵墓，位于蒲城县城西北 7 公里的金帜山，依山建陵，坐北朝南，围绕陵山四周修建有夯土城垣，城垣四角有角阙，四面各有门址，门前有石狮和三出门阙；南门神道两侧列置翁仲、仗马、鸵鸟、翼马、华表等石刻；北门神道两侧列置仗马三队；陵山西南约 3 公里有下宫遗址，南神道正南 2 公里有鹊台遗址；这些遗址以陵山为中心构成了景陵陵园的完整结构。景陵的田野考古工作以考古发掘为主，同时对景陵陵园区域内的广阔面积进行了详细的踏勘调查。共完成考古调查面积 20 平方公里，在陵区内角阙、门址附近采集各类建筑材料标本 20 余件。完成考古发掘面积 700 平方米，出土文物 200 余件。种类包括筒瓦、板瓦、瓦当、条砖、方砖、鸱尾等各类建筑材料，及铜钱、瓷碗、瓷盏、陶盏、陶罐等生活用品。此次发掘发现唐、宋两期建筑遗址。唐代建筑为下宫大殿遗址，平面为长方形，东西宽 34 米，南北进深 24 米；宋代建筑为宋代在唐代建筑基址上新建的“唐宪宗庙”建筑遗址，建筑平面大致呈“凸”字形，由于晚期修建梯田埂，建筑东侧已遭毁坏，东西残宽 27 米，南北进深 16.7 米。通过这次发掘，首次了解了唐陵下宫遗址内大殿建筑的布局和构造工艺，并且验证了宋代在下宫立碑、翻修、重建等史实。也为下阶段对其他唐陵下宫遗址的考古勘探提供了重要参考。

5. 白水下河遗址

白水下河遗址位于白水县雷村乡下河西村，2010 年 8 月 ~11 月，在下河遗址揭露了 1100 平方米，发现了仰韶中期向晚期过渡阶段的两座大型房址。两座房址平面均为五角形，与泉护村 F201 及灵宝西坡 F106 相近。

6. 凤栖原西汉家族墓地

2010 年度，主要发掘了 M25、M8 主椁室及 4 座从葬坑，发掘总面积约 800 平方米，发现漆、木、革器等痕迹多处，出土各类遗物 600 多件（套），主要有青铜器、铁器、原始瓷器、陶器等。截至 11 月下旬，椁室内部填土已经基本清理完毕，发现了大量的砖块堆积以及大量的火烧灰烬。从葬坑 K1 内发现大量俑所配置的武器，包括铁剑、弩机、铜镞等。比较重要的是，在坑的前端部位发现了一枚“步兵都尉”铜印，该枚印的出土揭示了坑内“兵卒”可能为“步兵都尉”所属领。从葬坑 K1、K5、K6 坑内均出土有一枚高级军官铜印，由此推测，大型墓葬 M8 的每一座从葬坑均为一位高级军官所属，这些高级军官应为当时的国家军队最高首领——大司马卫将军张安世的部下。有明晰时代脉络和墓主的“列侯”级西汉家族墓园的发现，在陕西乃至全国极为罕见，它的发现不仅丰富了汉代高等级贵族墓葬的研究资料，同时对于汉代社会丧葬礼仪制度的研究也有重要的参考价值。

7. 尧上遗址

尧上遗址内灰坑分布密集，有复杂的叠压打破关系。灰坑形制大致可以区分为两种，一种是比较规范的方形或者长方形坑，坑壁处理规整、光滑。大部分为平底状灰坑，最深者可至9米。坑内出土了大量罐、釜、盆、钵、甑、井圈、食槽等日用生活陶器残片及筒瓦、板瓦、瓦当等建筑材料。另一类灰坑的平面形制为不规则形、圆形及椭圆形，坑底形状多样，锅底状较多，显示出较大的随意性，同样出土有建筑材料以及日常生活用具等器物残片。在个别灰坑中还发现了一批范的残片，包括瓦当范、人物俑范、青铜器范模具、瓦唇外模以及一些铸铜陶范残块、陶拍、陶托垫、支垫等生产工具。此外，在发掘区西部的个别灰坑内还出土了大量经过加工的动物骨骼废料，或与制骨活动有关。尧上遗址出土了数量庞大、种类繁多的板瓦、筒瓦以及回纹铺地砖及空心砖。板瓦、筒瓦外饰细绳纹、粗绳纹、交错绳纹等多种，内为素面或饰布纹、麻点纹、方格纹、粗绳纹及细绳纹等。值得注意的是，本次发掘还发现了一些带有陶文的陶器残片，分别刻有“南舍”“蘱亭”“利日”以及“霸陵过氏□”等陶文。本次发掘出土瓦当数百面，多已残损。瓦当以图案瓦当居多。当面多以双线和单线十字分格，内区多饰方格纹、乳钉纹、曲尺纹等，外区间缀以卷云纹、连云纹、蘑菇云纹，还出土有“长乐未央”、“千秋万岁”及“利”等文字瓦当。这些瓦当与关中地区出土的秦汉瓦当有许多共同点，但也存在一些不同之处。上述建筑材料的集中出土及陶文暗示着当年这一区域可能存在着大型建筑遗址，但在此次发掘中并未见到建筑遗迹。根据出土的砖瓦及陶器特征初步判断，尧上遗址的年代大概为战国晚期至东汉晚期，其地理位置与文献记载的两汉时期眉县县治大致相符。尧上遗址对研究秦汉时期的中小型聚落的特征、辨析汉代普通人群的物质遗存、了解秦汉时期普通人群使用的日常生活器物的特征及建筑材料特点提供了重要实物资料，也为确认秦汉时期该区域城址的地理位置提供了有力的证据。

【第三次全国文物普查】

2010年，按照国家文物局普查办将长城资源调查成果纳入第三次全国文物普查的通知，陕西省及时进行安排部署。5月底，榆林、延安、渭南三市完成了长城资源调查数据转填《第三次全国文物普查不可移动文物登记表》的相关工作。7月15日，省政府召开陕西省第三次全国文物普查领导小组（扩大）会议，会议由陕西副省长景俊海主持，赵荣汇报了省第三次全国文物普查工作进展情况和下一阶段的工作计划。8月14日，国家文物局普查办数据验收组对陕西省第三次全国文物普查电子数据进行校验和接收，此次校验内容包括：普查数据清点、普查数据汇总、汇总管理系统验收三个方面。经校验，验收组认为：陕西省各普查基本单元数据填写规范，与自查报告数量相符，数据运行正常，整体数据质量符合第三次全国文物普查标准规范的要求。8月17日～20日，由国家文物局普查办验收专家组赴陕西检查验收文物普查实地调查阶段工作。认真听取了汇报，审阅报表材料，采用GPS定位仪复测经纬度和海拔高度，审核登记表的准确性。使用第三次全国文物普查数据汇总管理系统对全省不可移动文物登记数量、各普查基本单元普查数据、电子地图等进行了查验。经全面调查了解和审核，专家组认为陕西文物普查实地调查阶段组织得力，措施得当，质量控制较好，符合国家文物普查相关规定，通过整体验收。

继续完善标本库的设施，建立健全标本库相关规定，研发了《文物普查标本登录检索系统》软件，使普查标本的数据化管理进一步规范化、科学化。2010年全面完成了全省107县（市、区）的标本入库工作。

【博物馆与可移动文物保护】

（一）博物馆

1. 概况

截至2010年底，陕西省有各类博物馆、纪念馆178座，其中国家一级博物馆6座、二级博物馆10座、三级博物馆13座；2010年设立或开放的各类博物馆14座。2010年审批设立了秦砖汉瓦博物馆、陕西万达博物馆、西安美都艺术博物馆、西安于右任艺术博物馆等8家民营博物馆。公布了全省第二批43座免费开放博物馆、纪念馆名单，全省免费开放博物馆增至48家。全省9个设区市有免费开放博物馆，其中免费的一级博物馆2座、二级博物馆6座、三级博物馆6座。

2. 馆间交流与合作

2010年度，为了支持上海世博会的举办，陕西省文物局精心组织秦陵一号铜车马首次出省在上海世博会中国馆展出，同时还组织陕西历史博物馆、西安博物院、法门寺博物馆等单位收藏的31件（套）一级文物参加了中国馆和城市足迹馆的展出，向全世界充分展示了陕西辉煌灿烂的古代文明。为了配合国家局“关中—天水经济区”规划的实施，陕西省文物局与甘肃省文物局在秦兵马俑博物馆联合举办了“渭水之滨 秦陇一脉——关中天水先秦文化巡礼”展，两省共有18家文博单位的224件（套）文物参展。为了配合国家环渤海经济区规划的实施，陕西省文物局在大连现代博物馆举办了“永远的长安——陕西历史博物馆藏唐代文物精品展”。为了配合深圳经济特区成立30周年，陕西省文物局与深圳市文物局共同举办了“三秦瑰宝——陕西出土周秦汉唐文物展”，共有7家文博单位300件（套）精品文物参加了展览，向世人展示了陕西文化遗产保护的成果。

3. 陈列展览

2010年陕西省文博系统共举办各类临时陈列展览54个，接待观众1250万人次。省直博物馆举办各类临时陈列21个，陕西省文博单位在国内举办和参与举办陈列展览13个。全年协调文物出省展览12批1064件（套），其中等级以上文物130件（套），协调省内文物借展6批921件（套）。陕西省文物局组织、联系西北五省区22家文博单位在陕西历史博物馆举办了“丝绸之路——大西北遗珍”展“大唐遗宝——何家村窖藏出土文物展”“陕西省‘十一五’配合基本建设考古成就展”等各具特色的展览。

4. 服务工作

2010年度，博物馆服务工作进一步提升。积极推进博物馆教育纳入国民教育体系工作，为全省义务教育阶段中小学生组织编写陕西文化遗产乡土教材，截至年底已完成大纲和教材初稿。参加了第14届东西部经贸洽谈会，完成了20多个展位的布展工作，省文物局被评为西洽会工作“先进单位”、获旅博会“最佳组织奖”和“最佳布展奖”。

（二）可移动文物保护

全省馆藏文物约100万件（套），其中已确认的三级以上珍贵文物10.5万件（套）。陕西省共有国家级文物保护修复基地四处，分别为：

1. 砖石质文物保护国家文物局重点

科研基地

截至2010，建成了文物保护专业实验室、修复室的建设工作，完成了X荧光、离子色谱、热释光、生物实验室、石质文物保护实验室、石质文物清洗技术实验室、文物数字化实验室、文物环境监测数据平台联合实验室、X光探伤实验室等9间实验室的建设工作，完成了分析检测仪器设备的采购、安装，和陶质文物、金属文物、壁画、前期研究等8间文物修复室的建设及修复仪器、工具的配置工作。2010年，文物保护实验室、修复实验室的基础检测分析设备已经到位，并已经在文物保护研究工作中发挥作用。

2. 陶质彩绘文物保护国家文物局重点科研基地

陶质彩绘文物保护国家文物局重点科研基地在完成依托单位（秦始皇帝陵博物院）日常文物保护修复任务外，通过科研课题的研究工作保持和提高本科研基地的学术水平。2010年度进行的主要科研工作：联合中科院上海硅酸盐研究所、中科院上海有机研究所、西安交通大学、西北大学为承担国家科技支撑计划《中华文明探源及其相关文物保护技术研究——考古发掘现场陶质彩绘文物保护关键技术研究》进行了前期准备工作；成功申报了国家文物局《指南针计划——物联网在文化遗产管理中的应用》课题；继续卄展《陕西省陶质彩绘类文物调查与研究》《馆藏陶质彩绘文物保护修复技术规范化预研究》《拉曼光谱在陶质彩绘文物保护中的应用及方法学研究》等课题的研究；基本完成了文物保护行业标准编制课题《陶质彩绘文物病害与图示》《陶质彩绘文物保护修复方案编写规范》和《陶质彩绘文物保护修复档案记录规范》等三项文物保护行业标准的编写，并继续承担了国家文物局《文物彩绘保护修复技术要求》《可移动文物病害评估技术规程（陶质文物）》两个标准的编写工作。

科研基地重视科研成果转化，推动本领域文物保护修复科研工作开展，积极发挥科研基地的示范带头作用，2010年继续开展“青州香山汉墓出土陶质彩绘文物保护修复项目”；完成了《山东临淄山王墓地出土汉代陶质彩绘文物保护修复方案》《三原县城隍庙铁旗杆的保护修复方案》《陕西省洛川县水陆道场画修复保护方案》，提升了陶质彩绘文物保护国家重点科研基地在文物保护领域的科研能力和影响力。同时成功参与承办了“全国第十一届考古与文物保护化学学术研讨会”。

3. 考古发掘现场文物保护国家文物局重点科研基地

2010年陕西省考古研究院成功申报“考古发掘现场文物保护国家文物局重点科研基地”。

4. 科技部文物保护“国际科技合作基地”

2010年共启动中外合作科研项目3项，申报中外合作课题2项，推荐上报陕西省首届“国际科学技术合作荣誉奖”候选人1名；邀请国外近十名专家、学者到单位开展合作研究和业务交流；选派8名中青年科研人员赴国外开展合作研究和保护修复工作；支持2名文物保护专家赴美开展文物保护与修复工作；推荐1名科研人员获得美国基金会的资助，作为访问学者即将赴美国开展文物合作研究。

【社会文物管理】

为了加强文物拍卖、复制、鉴定和出入境的管理工作，陕西省文物局对陕西文德拍卖有限公司等9家企业进行了拍卖许可证年审，对大唐西市诚挚拍卖有限责任公司和曲江盛世拍卖有限公司的法人、住所变更进行了初审，并上报国家局审核。审核批准设立了陕西星中龙、陕西博古等两家文物商店，组织专家9次对5家拍卖企业的356件（套）拟拍卖文物标的进行审核，对3家文物商店的6824件（套）拟销售文物进行审核，审核办理文物复仿制品出境共8批210件（套）。对西安、宝鸡、铜川、咸阳等地的20余家文物拍卖企业、文物商店、文物复仿制企业进行了调研，并起草了调研报告。对所属7个文物监管品市场约2000余家商店进行检查，并对其中33家提出了整改意见。

【科技与信息】

2010年，陕西省文物系统共完成国家文物局的课题5项，在研的国家科技部“十一五科技支撑计划”课题3项、国家科技部国际合作课题1项、国家文物局课题10项、国家财政部课题1项、省文物局代管及省文物局课题5项；对外合作项目9项；立项的科研课题3项；举办各类学术会议10余次；出版各种图书38部；发表各类学术文章、报告或专业文章405篇。由西安文物保护修复中心承担的科研课题“古代建筑油饰彩画保护技术及传统工艺科学化研究”和“古代壁画脱盐关键技术研究”均获得国家文物局文物保护科学和技术创新二等奖。陕西省文物局推荐的德国文物保护专家沃尔夫·施奈斯拉格博士（Rolf Snethlage），荣获2010年度陕西省国际科学技术合作荣誉奖。

文物信息化方面，按照陕西省政府信息化工作要求，积极推进陕西省文物局电子政务网络建设；组织召开了全省数据库工作会议，通报了全省数据库工作进展情况，讨论通过了《数据库管理暂行办法》；先后对铜川、咸阳、汉中、安康、渭南市文物数据库工作人员进行系统培训；高标准完成了130个文博单位馆藏一般文物的数据采集、报送工作和25万件馆藏一般文物数据录入工作，规范了一级文物类别划分、文物名称、出土地点和收藏单位的数据；完成了全省近200个节点的链接，每一个链接单位都能登陆数据库查询、阅览相关文物数据信息，这是全省文物数字化管理一次质的飞跃；完成了陕西省文物信息网的域名申请，启动了全省数字博物馆建设工作。

【文博教育与培训】

结合陕西省文物局实际，制定了《陕西省文物局“十二五”人才队伍建设规划》和《陕西省文物局“十二五”教育培训规划》，明确了“十二五”期间的人才和教育培训工作任务。组织参加中组部、国家文物局组织的培训4项7人次，省委组织部、省公务员局等单位组织的培训30项42人次；举办了后备干部培训班、档案管理及事业单位绩效工资管理培训班；承办了国家文物局组织召开的西部“三省一校”文博教育培训效果评估调研会。

【文博宣传与出版】

成立了省文物局文化遗产宣传基地，创建了利用手机群发宣传短信的机制。2010年，指导并组织全省文物系统在国际博物馆日、文化遗产日、法制宣传日期间围绕主题开展了丰富多彩的宣传活动。

全年全省文物系统开展法律“六进”活动300次。组织完成了《陕西文物年鉴·2009》编撰出版工作；编发《陕西文物信息》12期；11月《陕西文化遗产》报创刊。各种媒体宣传陕西文物工作达4600余条（幅）；及时向省委、省政府和省委宣传部报送各类信息69条、刊发38条，信息的报送量、刊发总数均列省直宣传文化系统前列，获得省委宣传部“舆情信息先进单位”；《法门寺文物图释》、《西安东汉墓》（上、下）、《客死长安——解读文化遗产背后的沧桑故事》等3部图书在首届“紫禁城杯”（2009年度）全国文化遗产十佳图书评选中分别获得十佳图书、最佳考古发掘报告最佳普及图书奖；有8件外宣品在全省优秀外宣出版物评选活动中获奖，占省级单位获奖数的三分之二；《秦始皇帝陵》一书获得被誉为全球印刷“奥斯卡”的第61届美国印刷大奖——班尼金奖；与媒体合作，先后组织进行了“陕西第二批43家博物馆纪念馆免费开放”“秦始皇陵园考古新发现”“陕西10个考古项目候选年度十大新发现”等10次集中的宣传报道，多数报道在国内外引起较大反响，引起全国“两会”代表、委员和中央媒体或大型网站关注。此外，陕西民间人士王勇超、赵生祥和中德文物保护合作陕西项目德方负责人苏珊娜女士成功入选第三届“薪火相传——中国文化遗产保护年度杰出人物”，对全社会参与文物保护起到了积极的宣传作用。

【机构及人员】

截至2010年底，陕西省省直机构总数13个，含局直属事业单位10个、直属企业1个，事业单位下属企业2个。2010年设立非文博系统国有博物馆1座：大明宫遗址博物馆。局机关和省局直属单位共提拔晋升干部19人，机关内部调整交流6人。全年共办理调动关系16人，各类转入关系32人，公务员登记4人，干部任免审核备案19人。2010年陕西省文物局建议表彰文保先进个人，由陕西省政府下发了《关于表彰全省大型建设工程文物保护工作先进单位和先进个人的通报》（陕政函［2010］89号），西安大唐西市文化产业投资有限公司等20个先进单位和吕建中等27名先进个人受到表彰。

【对外交流与合作】

陕西省2010年度组织出国（境）团组71批229人次，邀请国外专家12批42人次；完成接待法国总统萨科奇、国际博协欧洲委员会主席等外宾和港澳台客人80批1451人次。全年在8个国家和地区举办文物外展12个、引进展览2个。在瑞典东方博物馆举办的“中国的兵马俑展览”。赴台参加了“2010台湾陕西周”活动。

2010年文物出境展览10项，参观观众100多万人次，展费收入918万元。10项展览分别是日本奈良“大遣唐使展”、加拿大“中国秦兵马俑展”、瑞典“中国的兵马俑展”、日本“平城迁都1300年纪念特别展：花鸟画（中国·韩国与日本）、台湾“法门寺地宫与唐代文物大展”、澳大利亚“秦始皇及其地下大军展”等。协助国家文物局、中国文物交流中心举办的展览有意大利“秦汉—罗马文明展”、比利时“通往亚洲之路展”、日本“丝路之马”等展览。

甘肃省

【概述】

“十一五”时期，全省文物保护法制体系不断完善，文物机构队伍体系得到加强，文物安全形势持续稳定，文物资源调查全面完成，文物保护基础不断夯实，丝绸之路申遗有序推进。在中央和地方资金的支持与带动下，全省文物保护经费投入较“十五”时期增加了141%，实施了300余个文物保护项目，包括29个全国重点文物保护单位维修项目。文物考古配合国家重大基本建设项目和学术研究，成果丰硕，礼县大堡子山遗址等3个考古发掘项目入选全国十大考古新发现。全省文物系统所属博物馆（纪念馆）数量由“十五”时期的73座增加至127座；新增各级各类馆藏文物6924件（套），其中征集社会流散文物4855件。全省已有88座博物馆和纪念馆实行了免费开放（其中60座得到中央财政补助），新增和改造陈列展览69个，举办临时和流动展览300余个，接待观众2100余万人次，其中青少年观众340余万人次，境外观众21余万人次。全省文物系统完成科研项目和课题近30个，在壁画修复与病害治理、馆藏文物保护修复、文物保护数字化等领域形成了特色与优势；运用最新科技手段保护修复馆藏文物2700余件。文物宣传、对外合作与交流等工作稳步开展，有力地提升了甘肃文化的影响力。

【舟曲山洪泥石流灾后文物保护】

2010年8月7日夜，甘南藏族自治州舟曲县发生特大山洪泥石流灾害，文博系统有干部职工及家属遇难。山洪泥石流灾害造成舟曲全县17处不可移动文物受损，其中省级文物保护单位和县级文物保护单位各2处，已经普查登记尚未定级的文物点13处。保存在县文化馆的7件可移动文物（石碑、石狮等）被泥石流掩埋。7月下旬以来，陇南、平凉、庆阳、天水等市也相继遭受暴雨和洪水侵袭。据不完全统计，2010年夏季甘肃省东南部暴雨洪水泥石流灾害造成40余处文物保护单位受损，其中全国重点文物保护单位4处，省级文物保护单位8处，县级文物保护单位及文物点30余处。灾情发生后，省文物局立即启动应急机制，按照省上有关要求，及时了解灾情，下拨应急救灾款，局领导带队赴舟曲等重灾区慰问文博系统干部职工，实地勘察文物受损情况，指导基层文物部门开展抢险救灾和受损文物抢救保护工作。与此同时，组织完成了《舟曲灾后恢复重建文物保护规划》，确定了17个受损文物保护维修项目；编制了其他受灾地区11个国家和省级文物保护单位保护维修方案，上报国家文物局并申请资金。汶川地震灾后文物保护工作进展顺利，康县平洛龙凤桥、文县文昌楼等7处文物保护单位保护工程竣工，福津广严院、徽县文庙大成殿保护工程基本完成，徽县栗川白塔保护工程已开始实施，徽县新修白水路记摩崖保护工程完成了前期工作，两当文庙大成殿保护工程完成了初步设计。

【法规建设】

为进一步适应经济社会发展对文物工作的要求，省文物局积极配合省人大对《甘肃省文物保护条例》中有关文物保护单位保护范围内涉及基本建设和城市改造的条款进行了修改。2010年9月29日，省十一届人大常委会第十七次会议《关于修改部分地方性法规的决定》对《甘肃省文物保护条例》进行了修正，明确规定应保证文物安全并在建设前依法办理审批手续。

【执法督察与安全保卫】

（一）安全保卫

2010年，全省文物安全形势总体平稳，馆藏文物实现绝对安全，田野文物基本安全，文博单位自身安全防范能力得到进一步加强。省文物局和省消防局以有效预防和遏制文物建筑火灾事故为目标，联合对全省各级各类文物保护单位进行了消防安全大检查，共出动执法人员5260人次，检查各级各类文物保护单位3100余处（次），发现和整改了近千处文物保护单位消防安全隐患。省文物局组织开展了全省文物系统文物安全制度落实年活动，进一步加强了文物安全制度落实情况的督促和检查。加大了文博单位安防消防设施的建设力度，对庆阳北石窟寺、合水县博物馆等6个文博单位安防工程进行了验收，对省文物考古研究所、天水胡氏民居（北宅子）、敦煌市博物馆等8个文博单位安防工程设计方案进行了论证，为部分文物保护单位安装了安防、消防和防雷设施，有效增强了全省文物系统的安全防范能力。

（二）执法督查

省文物局组织开展了文物行政执法专项督察工作，对4市（州）14县（区）的文物安全及行政执法情况进行了检查，依法查处了酒泉汇鹏矿业有限公司在全国重点文物保护单位果园—新城墓群保护范围内建厂等涉及文物的违法案件，完成了各市（州）县（市、区）文物行政部门和具有行政执法权的省直文博单位执法人员行政执法证换发审核报批工作。

（三）打击文物犯罪

按照国家文物局和公安部的统一部署，省文物局和省公安厅联合组织开展了全省范围的打击文物犯罪专项行动，各地文物部门和公安机关对近年来涉及文物犯罪的嫌疑人情况进行了梳理上网，实现了打击文物犯罪信息共享。专项行动期间，全省破获3起涉及盗掘古墓葬（遗址）、盗窃（抢劫）文物的案件，其中公安部挂牌督办案件1起，抓获犯罪嫌疑人20名，追缴涉案文物17件。

【不可移动文物保护管理】

（一）概况

截至2010年底，甘肃省有敦煌莫高窟和嘉峪关关城两处世界文化遗产地，全国重点文物保护单位73处，省级文物保护单位517处，市县级文物保护单位3880处；国家级历史文化名城4座、省级历史文化名城8座，国家级历史文化名镇7座、省级历史文化名镇（村）19座；全省第三次文物普查第二阶段工作即野外实地调查任务全面完成，顺利通过国家文物局第三次全国文物普查办公室验收组的整体验收，全省共调查登记各类文物点18004处，其中新发现6982处，包括工业遗产、20世纪遗产、文化线路遗产、文化景观遗产等3000余处。省文物局统一协调，组织13支调查队开展了省内秦、汉等早期长城调查，共调查早期长城2003.1千米，其中战国秦长城410.2千米，汉长城1592.9千米，烽火台815座，关堡83座，相关遗存70处。

（二）文物保护单位

省文物局组织开展了第七批全国重点文物保护单位申报工作，配合国家文物局专家组对甘肃省部分申报点进行了复核，申报的139处文物点中有90余处通过了国家文物局专家组评审，已报国务院审批；启动了第七批省级文物保护单位推荐申报工作，各市州共上报350多处文物点的申报材料。2010年，庆城县政府公布了149处县级文物保护单位，肃南裕固族自治县政府公布了30处县级文物保护单位，清水县政府公布了16处县级文物保护单位。

（三）文物保护规划

省文物局组织相关单位完成了430处省级文物保护单位保护范围和建设控制地带划定方案，组织开展了18处全国重点文物保护单位保护规划编制工作，其中敦煌莫高窟、许三湾城及墓群、水帘洞石窟群、骆驼城遗址保护规划已由省政府公布实施。

（四）文物保护工程

重点文物保护维修工程持续推进，全年共组织开展文物保护维修项目50多处。兰州黄河铁桥维修加固工程开工实施；东千佛洞、居延遗址、武威文庙、民勤瑞安堡和东镇大庙、天水胡氏民居（北宅子）、武山水帘洞石窟群、八路军兰州办事处酒泉路旧址、兰州府城隍庙、兰州金天观等文物保护维修工程顺利实施，有的已完工并组织开展了竣工验收；组织编制并申报的永昌圣容寺塔等10余处文物保护单位保护维修方案获得国家文物局批准立项；组织开展了省内古代桥梁和陇东地区窑庙建筑调查工作。《甘肃境内历代长城保护方案》获得国家文物局批准，重点地段长城抢险加固、防洪及保护设施建设等工程开始实施。

（五）世界文化遗产

1. 丝绸之路

按照国家文物局统一部署，甘肃省列入丝绸之路整体申报世界文化遗产预备清单的11处备选遗产点的本体保护、环境整治、基础设施建设、保护规划编制等工作有序推进。张掖大佛寺、麦积山石窟等申遗点大规模环境整治工作取得了实质性进展，相关保护设施建设项目开始实施；炳灵寺石窟、骆驼城遗址、水帘洞石窟群、锁阳城遗址的保护性设施建设项目可行性研究报告获省发改委同意并报国家发改委审批。在文物本体保护方面，各申遗点加强了文物的日常监测和养护工作，麦积山石窟、炳灵寺石窟、榆林窟壁画塑像修复工作继续开展，水帘洞石窟群危岩体加固工程主体已完工，壁画塑像保护工程通过了阶段性验收，张掖大佛寺维修工程竣工，炳灵寺石窟171窟大佛维修工程开始实施。

2. 莫高窟

敦煌莫高窟保护利用工程各子项目按照进度顺利实施，其中，游客服务中心地下工程全部完成，地上部分主体工程完成70%的工程量，整体建筑初具规模；完成了莫高窟6个洞窟近470平方米的高精度壁画数字化摄影工作，为数字电影的制作提供了高质量的素材；莫高窟安防工程、栈道改造工程和风沙防护工程等子项目顺利完成了年度任务。

【考古发掘】

（一）概况

2010年，针对境内重大基本建设项目数量显著增加的实际，甘肃省进一步加强了基本建设工程中的文物保护管理工作，进一步规范了相关审批流程，责成有关单位对配合基本建设考古调查发掘工作中出现的问题进行了认真整改。省重大项目建设协调领导小组增补省文物局为成员单位，进一步加大了与有关部门和项目单位的沟通协调力度，及时高效地协调解决工程中的文物保护问题，确保了建设项目的顺利实施。全年共配合省内16项重点基本建设工程组织开展了考古调查勘探、文物保护方案编制和抢救性发掘工作，其中包括兰新铁路第二双线、宝鸡至兰州客运专线等6项铁路建设工程，永登至古浪高速公路、金昌至武威高速公路等3项公路交通建设工程，兰州至成都石油管道等4项能源输送工程，以及其他3项涉及水利、电力、旅游开发的重点建设工程。对其中12个工程项目涉及范围进行了考古勘探，共勘探遗址墓葬12座，勘探面积63.5万平方米；配合兰新铁路第二双线等4个重点工程建设项目进行了考古发掘，共发掘清理汉、魏晋、十六国等不同时期墓葬200余座，出土各类文物近400件。《张家川县马家塬战国墓地2008～2009年发掘简报》《牛头河流域考古调查》《肃北马鬃山古玉矿遗址调查简报》陆续发表；武威磨嘴子遗址、秦安王洼墓地、礼县西山坪、礼县大堡子山遗址、敦煌佛爷庙湾墓葬、悬泉遗址、齐家坪遗址发掘报告基本完成。

（二）早期秦文化调查与研究

先后实施了秦安王洼遗址、张家川马家塬战国墓葬、清水李崖遗址等考古发掘项目，发掘清理墓葬和古文化遗存250余处，勘探面积28万余平方米，为早期秦文化研究提供了新材料。组织召开了2010年度早期秦文化学术研讨会。临潭磨沟遗址发掘工作继续实施，发掘面积2900余平方米，清理墓葬280余座。

（三）黑水河冶金遗址

甘肃省文物考古研究所和中国社会科学院考古所、北京科技大学联合开展的黑水河冶金遗址考古发掘项目开始实施并获得重要发现。

【博物馆与可移动文物保护】

（一）博物馆

1. 博物馆建设与管理

2010年，张掖、金昌两市批准成立了市级博物馆，庆阳市博物馆新馆建成，武威市博物馆新馆开工建设，定西市、临夏州博物馆新馆建设的前期工作完成；敦煌、礼县、庄浪、陇西、正宁、镇原、阿克塞、积石山等县博物馆新馆建成，开始装修布展，静宁、民乐等县博物馆进行了改扩建，天水市麦积区博物馆新馆准备开工建设；甘肃地质博物馆、兰州市非物质文化遗产陈列馆等行业性、专题性博物馆建成开馆，进一步完善和丰富了甘肃省博物馆的品类和内涵。同时，还组织部分市县博物馆对文物库房进行了新建或维修改造，改善了馆舍条件。省文物局指导各博物馆不断完善馆藏文物建档工作，全省馆藏珍贵文物纸质档案和电子档案基本完成；甘肃省博物馆学会正式成立，由省博物馆牵头发起的中国博物馆协会丝绸之路沿线博物馆专业委员会在兰州成立。

2. 重要陈列展览

2010年，全省各级各类博物馆新增陈列展览13个，改造和提升原有陈列展览29个，全省博物馆展览的整体水平有了很大提高。省博物馆新增了基本陈列“庄严妙相——甘肃佛教艺术展”，引进了吉林博物院的“张大千书画精品展”、云南民族博物馆的“彩云之南——云南民族民俗风情展”，兰州市博物馆引进了国际友谊博物馆的“至尊国礼——丝绸之路沿线国家国务礼品展”，更好地满足了观众的文化需求。为了进一步提升全省博物馆陈列展览整体水平，启动开展了全省陈列展览精品奖评选工作。

3. 免费开放

为了更好地推进免费开放工作，省文物局组织制定了《甘肃省博物馆纪念馆免费开放绩效考核办法》及相应的评价指标和评分标准，举办了全省博物馆馆长培训班，对全省文物系统及行业、民办博物馆的104名馆长进行了培训。2010年，全省各级博物馆共接待观众600余万人次，其中青少年观众240余万人次，境外观众8万余人次。在免费开放工作的带动下，各地建设博物馆的热潮持续升温，博物馆新建或改扩建项目陆续实施，博物馆陈列展览、接待服务、社会教育水平不断提升，藏品建档、安全管理、学术研究等基础工作得到加强，博物馆免费开放社会影响不断扩大，社会效益显著提高。

4. 社会教育

2010年，全省各级博物馆按照“三贴近”要求，不断加强内部管理，完善接待条件和服务设施，不断提高讲解和接待服务水平。兰州市文物局、兰州市博物馆协会举办了兰州市首届博物馆纪念馆讲解员比赛，武威市举办了全市文博系统讲解员培训班。省博物馆通过加强培训等方式提高了讲解服务水平，发展壮大了志愿者队伍，一名志愿者被评为首届“中国博物馆十佳志愿者之星”。省博物馆组织开展的“甘肃省博物馆十大珍品”评选活动历时半年，吸引了3800多人的踊跃参与，极大地促进了博物馆与广大观众的联系和交流。在做好进馆参观观众接待服务工作的同时，各级博物馆积极拓展社会教育和服务的内容和方式，制作并组织流动展览84个，走进学校，走进社区，走进部队，走进农村，取得了良好社会效益。

5. 社会文物管理

省文物局组织指导地方文物行政部门对兰州市内3处古玩市场和文物监管物品市场进行了规范整治；加强了对拍卖行业的监管，完成了4次文物艺术品拍卖活动的标的审核、备案工作；组织各级博物馆征集社会流散文物近800件，省博物馆接受捐赠文物50件；组织省文物鉴定委员会做好社会服务，全年鉴定民间收藏文物752件，鉴定涉案文物627件。

（二）可移动文物

1. 可移动文物概况

截至2010年底，甘肃省初步建立了以省博物馆为龙头，市州级博物馆为骨干，县级博物馆为支撑，行业和民办博物馆为补充的具有甘肃特色的丝绸之路博物馆体系。全省有各级各类博物馆、纪念馆138个（国家二级博物馆4个，三级博物馆9个），其中文物系统管理的博物馆和纪念馆127个，行业和民营博物馆11个，共保存藏品近43万件，其中珍贵文物共11万余件，含一级文物3240件、二级文物11386件、三级文物96299件。

2. 可移动文物保护

全省馆藏木质文物保护修复项目结项，共修复馆藏珍贵木质文物308件，并通过了专家组验收；结合张家川县马家塬出土文物保护修复项目的实施，承办了国家文物局举办的全国金属文物保护修复培训班，完成了63件金属文物的修复保护工作。

【文物科研】

2010年，挂靠在敦煌研究院的国家古代壁画工程技术研究中心完成的3项科研课题通过了国家验收，其申报的科技部支撑计划“中华文明探源工程及相关文物保护技术研发”项目中的3项课题获准立项；该院承担的“文物出土现场保护移动实验室（车）研发”和“古代壁画脱盐关键技术研究”两个项目分别获得2009年度国家文物局文物保护科学和技术创新奖一、二等奖，“土遗址保护关键技术研发”获得2010年度省级科技进步二等奖；承担的7项国家级文物保护行业标准中，2项已经颁布实施，其余5项已完成征求意见稿；承担的“多光谱无损分析技术及相关文物保护技术研发”等5项国家课题顺利完成。敦煌研究院院藏42000多张文物档案全部实现了数字化存储，建成了敦煌学研究文献论著篇名数据库和敦煌学艺术专题数据库，并在敦煌壁画数字化技术规范制定、洞窟摄影技术改进等领域进行了深入研究和实践；省文物局组织制定了《中国古代石窟寺信息指标体系研究》项目建议书，申报了国家指南针计划项目。省博物馆和武汉大学共同完成的“基于数码相机可测量影像构建及文物三维模型重建”项目通过了省级鉴定。

【合作框架协议】

2010年11月，国家文物局和甘肃省人民政府签署了《关于合作加强甘肃文化遗产工作的框架协议》，提出了加强甘肃文物工作的若干措施，为甘肃省文物事业更好更快地发展奠定了重要基础。

按照协议精神，双方会加强协作，共同指导做好甘肃文化遗产保护、管理和利用工作，在推进彰显华夏文明历史文化基地（甘肃区域）建设、加快甘肃特色博物馆体系建设、编制甘肃文化遗产事业发展规划、加大甘肃重要历史文化遗产保护力度、拓展文化遗产利用途径、建设国家级文物旅游示范区等方面开展重点合作。甘肃省计划进一步加大对文化遗产事业的投入，加强文物机构建设，将文化遗产工作纳入地方经济社会发展总体规划。国家文物局也计划在政策、项目、经费等方面给予甘肃相应的倾斜和支持。

【机构和人员】

2010 年，在省委、省政府重视关心下，省文物局恢复成立，明确甘肃省文物局是省政府主管全省文物博物馆事业的职能部门，副厅级建制，内设办公室(计划财务处)、政策法规处、文物保护与考古处、博物馆与社会文物处、安全督察处和机关党委，机构职能和人员编制同时得到加强。嘉峪关市、甘南藏族自治州成立了文物局，截至 2010 年底，全省共有 7 个市（州）、14 个县区成立了相对独立的文物行政管理机构，全省文物系统有从业人员 3000 余人，其中具有高级职称的 127 人，本科及以上学历的 700 余人。入选甘肃省领军人才的有 10 人。

【对外交流与合作】

省文物局及省直各文博单位举办了“敦煌文献、考古、艺术综合研究——纪念向达教授诞辰 110 周年国际学术研讨会”“2010 敦煌论坛——吐蕃时期敦煌石窟艺术国际研讨会”“庆贺饶宗颐先生 95 华诞敦煌学国际学术研讨会”“纸之路——第四届东亚纸张保护修复国际学术研讨会”等国际性学术交流活动；组织文物参加了赴美国“忽必烈的时代——中国元代艺术展”、赴意大利“秦汉—罗马文明展”、赴比利时“丝绸之路展”、赴韩国“丝绸之路大文明展”、赴台湾“张大千书画展”等重要外展；与美、英、日等国科研机构在石窟保护及环境监测领域的合作与交流继续开展，卓有成效，取得了一批研究成果。组织甘肃省文物在北京举办了“走近敦煌展”，在陕西举办了“麦积山石窟壁画临摹展”，在吉林举办了“甘肃彩陶展”；与陕西合作举办的“渭水之滨、秦陇一脉：关中—天水先秦文化巡礼展”在陕西成功举办；与西北其他四省联合举办的“丝绸之路——大西北遗珍”展先后在陕西和浙江省巡回展出。

【文博宣传出版】

省文物局围绕“文化遗产在我身边”的主题精心策划，在全省范围内组织开展了文化遗产日集中宣传活动，省文物局主办的“我身边的文化遗产”征文活动、文化遗产知识竞赛等活动取得了广泛的社会影响；在上海世博会上，文物元素成为甘肃馆的焦点和亮点，“敦煌艺术展”的展品、原大复原的莫高窟洞窟及大地湾史料前先民生活场景极大地烘托了甘肃馆的丝绸之路主题，为世界了解甘肃、认识甘肃开辟了新的窗口。甘肃省博物馆编撰的《甘肃出土魏晋唐墓壁画》荣获甘肃省第十二届社会科学优秀成果三等奖，省文物局编纂的《甘肃文物事业六十年纪事》及省级文博物科研课题项目《中国近代文物事业简史》、省文物考古研究所编纂的《兰州红古下海石：新石器时代遗址发掘报告》荣获甘肃省第八届优秀史志成果文史类一等奖。

青海省

【概述】

2010年，青海省文物工作以玉树地震灾后文化遗产抢救保护为重点，坚持贯彻十六字文物工作方针，严格遵循既有利于文物保护，又有利于经济发展的原则，稳妥处理好经济发展与文物保护之间的关系，充分发挥文物主管部门和文博单位的职能作用，加强玉树地震灾后文化遗产抢救保护工作、文物普查实地调查阶段工作、加大全国重点文物保护单位申报和保护力度、开展长城调查工作、完成文物调查及数据库管理建设项目、编制并完成各项规划、积极参与文物立法工作、加强文物考古发掘工作和文物执法力度。

【法规建设】

青海省文物局起草了《青海省宗教寺庙文物管理办法》《青海省文物安全管理条例》《青海省配合基本建设工程文物保护管理办法》《青海省文物钻探管理办法》《青海省移交罚没文物管理办法（征求意见稿）》，完成了《青海省实施〈中华人民共和国文物保护法〉办法》立法调研工作。

【执法督察与安全保卫】

2010年，根据公安部和国家文物局统一安排，青海省文物部门紧密配合公安部门，加大打击文物犯罪专项工作力度，积极提供涉案文物鉴定等业务帮助，破获文物案件9起，抓获犯罪嫌疑人23人，打掉犯罪团伙5个，缴获文物60余件（套）。盗掘古文化遗址、古墓葬的犯罪行为得到有效遏制；在防火防洪期、重大节日期间，认真组织开展文物安全大检查，对全省重要的文物保护单位存在的安全隐患进行严格整改，杜绝了文物单位重大安全事故的发生。

【不可移动文物的保护和管理】

（一）概况

截至2010年12月，青海省第三次全国文物普查已完成全省全部43个县域单位的普查工作，共调查乡镇305个，行政村3233个，普查登记文物点6411处，其中新发现2416处，复查3995处，调查消失文物点370处，其中，已公布为全国重点文物保护单位18处（古遗址类6处；古墓葬1处；古建筑7处；石窟寺及石刻1处；近现代重在史迹及代表性建筑3处）；省级文物保护单位383处（古遗址类164处；古墓葬45处；古建筑122处；石窟寺及石刻18处；近现代重在史迹及代表性建筑28处；其他6处）；县（市）级文物保护单位369处（古遗址类219处；古墓葬58处；古建筑70处；石窟寺及石刻9处；近现代重在史迹及代表性建筑10处；其他3处）。

完成青海省文物保护项目及经费需求“十二五”规划编制工作、《青海省“十二五”文物抢救性保护设施建设规划》、《玉树灾后文化遗产恢复抢救保护规划》、《青海省藏区文物保护工作规划》、《青海省近期长城工作总体计划》及《循化县人口较少民族文化遗产保护的情况报告》的编制上报工作。

负责起草上报了《关于玉树地震受损文物保护修缮资金管理的请示》，经省政府同意后，明确了全国重点文物保护单位由青海省文化和新闻出版厅负责抢救保护维修，省级以下文物保护单位由玉树藏族自治州负责，同时向省玉树地震灾后重建现场指挥部起草上报了《玉树地震灾后文物保护工程建设指导意见（草案）》，向玉树藏族自治州文体广电局提出了《玉树地震灾后省级及以下文物保护单位和一般文物点文物保护工程建设分期实施计划建议》。

完成玉树地震灾区文化遗产抢救保护工程启动仪式的筹备实施工作；组织实施了玉树藏族自治州玉树县东仓《大藏经》珍藏馆围墙、大门等附属设施的恢复重建工作；开展了玉树地震灾区部分文保单位的紧急排险支护工作；为防止玉树地震灾后次生灾害的发生，为藏娘佛塔及桑周寺、结古寺、格宗佛塔分别拨付5万元、2万元、1万元文物抢救经费，排除险情，减少损失；开展了对新寨嘉那嘛呢的紧急排险支护、安全警示、保护宣传等工作；配合青海省住房城乡建设厅、民宗委完成了涉及宗教寺院文物保护单位、文物建筑的鉴定评估工作。

塔尔寺、隆务寺等全国重点文物保护单位的维修工程按计划继续进行；由国家、省及各地财政投资或由使用单位自筹资金，完成了湟源县火祖阁，贵德县河西文昌庙、德欠寺大经堂、共和县千卜录寺、同德县石藏寺、平安县洪水泉清真寺大殿外地面、西宁市总堡寨门楼、循化县文都寺、街子拱北等古建筑的修缮工程，完成了格尔木市将军楼、西宁班禅办事处、贵德县乜那寺塔、湟源县日月亭、湟源县明清一条街、西宁烈士陵园纪念设施等保护、恢复整治以及其他附属项目。贵德县古城整体保护利用项目，已由当地政府组织实施。

贵德县尕让千户庄园、同仁县郭麻日古城堡、尖扎县昂拉千户庄园等保护修缮工程已批准立项，准备实施。

（二）大遗址保护

为有效保护好青海省境内明长城，青海省文物行政主管部门委托敦煌研究院和兰州大学文物保护研究中心，编制了《青海西宁境内明长城大通段（一期）抢险加固工程勘察报告》《青海西宁境内明长城大通段（一期）抢险加固工程病害调查图集》《青海西宁境内明长城湟中段（一期）抢险加固工程设计报告》《青海西宁境内明长城湟中段（一期）抢险加固工程病害调查图集》。上述两处明长城抢险加固工程方案已报国家文物局，国家文物局已拨付部分资金，该两处及海北州门源县明长城保护工程已由三县开始各方面准备，进入实施阶段；民和县喇家遗址保护展示工程项目，2010年完成了一号保护棚陈列布展。

（三）全国重点文物保护单位

针对玉树地震灾后全国重点文物保护单位的抢救性保护工作，为全国重点文物保护单位藏娘佛塔及桑周寺拨付5万元、文物抢救经费，排除地震险情；开展了对新寨嘉那嘛呢的紧急排险支护、安全警示、保护宣传等工作。全国重点文物保护单位塔尔寺、隆务寺等全国重点文物保护单位的维修工程按计划继续进行；全国重点文物保护单位喇家遗址的保护展示工程项目，完成了一号保护棚陈列布展。

【考古发掘】

配合基本建设，积极做好青海省考古工作。组织开展了兰新铁路第二复线工程建设青海段文物保护、考古、发掘工作，完成了黄河班多水电站建设征地范围内2760米高程下文物调查、勘探工作及都兰县哈日赛地区墓葬的抢救性发掘工作等21项涉及基本建设的考古发掘项目，考古钻探面积384866平方米，考古发掘面积1525平方米。

【可移动文物保护与管理】

（一）博物馆

至2010年8月25日，圆满完成文物

调查及管理建设项目，全面摸清了截至到2006年的全省馆藏三级以上珍贵文物家底：珍贵文物2387件，其中一级文物457件，二级文物870件，三级文物1060件。截至2010年12月，全省国有博物馆可移动文物总藏品量为181865件。

基本陈列："江河源文明——青海历史文物展""七彩经纬藏毯艺术展""造像艺术展""唐卡艺术展""西宁古代民族融合展""汉魏晋墓葬展""民和县出土文物展览""湟源县历史文物展"等；"八方支援 见证大爱——4·14玉树抗震救灾图片及实物展"等24个陈列展览。

展览交流有了新的突破，省内博物馆赴省外举办各类展览3次，接待观众11万余人次。通过文物展览交流，极大地提高了青海的知名度。

2010年，全省各级免费开放博物馆接待观众83万人次，其中青少年27万人次。全省各级文博系统国有博物馆全部免费开放，无门票收入。

【不可移动文物保护与管理】

（一）第三次文物普查

截至2010年12月，青海省第三次全国文物普查已完成全省43个县域单位的普查工作，共调查乡镇305个，行政村3233个，普查登记文物点6411处，其中新发现2416处，复查3995处，调查消失文物点370处，其中，已公布为全国重点文物保护单位的18处，省级文物保护单位的383处，县（市）级文物保护单位的369处。

（二）长城资源调查

2010年5月6日~8月23日，调查了海东地区、西宁市、海南藏族自治州、黄南藏族自治州、海北藏族自治州及海西蒙古族藏族自治州21个县（市）的长城资源。8月24日~10月20日，在调查资料初步归档整理的基础上，依据《长城资源调查手册》，对所有资料进行整理汇总、查遗补缺，对文字资料进行一次全面的修改校对，以达到长城资源调查行文规范的要求，并把所有调查资料打印、装订成册。

【社会文物管理】

青海省有文物商店有限责任公司1个，从业人员11名，其中中级职称2人，文物库存数量4411件（套），2010年度营业收入56万元。

【文博教育与培训】

青海省文物局针对全省文博系统职工的年龄结构、学历结构、知识结构、专业结构等方面的基本情况，举办了一期由120名学员参加的"文博管理干部培训班"，设置"文物保护法律法规""中国文物古迹保护准则案例阐释""博物馆藏品管理规范"等课程；先后选派4人次到国家文物局及其直属业务单位和培训中心参加"中日韩合作丝绸之路沿线文物保护修复技术人员培养计划2010年度文物保护修复培训班"等专业培训。

【文博宣传】

2010年"国际博物馆日"和"文化遗产日"期间，青海省文物局组织直属单位，联系多家省内媒体和教育部门，在西宁市新宁广场开展了形式多样、内容丰富的宣传教育活动。青海省各文博单位也同时举办宣传活动，共展览图片1.5万余幅、印发宣传资料10万余份。通过设立现场宣传咨询点、图片展览、发放文化遗产宣传资料、开展专题讲座及文化遗产日书画展等形式，增强了广大群众对文化遗产保护的意识。

【机构及人员】

青海省博物馆共有18个，其中省级

博物馆4个，州（地市）级博物馆6个，县级博物馆8个；文物考古科研机构有1个；文物管理所25个，其中州（地市）级文物管理所3个，县级文物管理所22个。全省各级博物馆、文管所中，一套编制两块牌子的有12家。

截至2010年12月，青海省国有文博单位从业人员共301人，其中具有高级职称的33人，具有中级职称的92人。

宁夏回族自治区

【概述】

2010年是宁夏回族自治区文物事业加快发展的一年。一年来，在自治区党委、政府的正确领导和国家文物局的大力支持下，坚持文物工作方针，按照年初的工作部署，狠抓落实，开拓奋进，全区文物工作的各个方面都取得了新的进展。组织编制并完成了《宁夏“十二五”文物保护项目及经费需求规划》《宁夏文物事业发展“十二五”规划》和《“十二五”宁夏长城保护总体工作计划》；完成了宁夏第三次全国文物普查实地调查阶段任务，全区文物普查电子数据已通过中国文物保护信息中心专家组验收，实地调查阶段工作通过了国家文物局第三次全国文物普查办公室专家组验收；引进各类文物展览12项，推出展览10项；各类博物馆达到66座，完成自治区党委政府确定的每10万人1座博物馆目标任务；全面完成对宁夏境内明长城、隋及战国秦长城实地调查工作；编制完成了《水洞沟段长城保护修缮工程施工设计方案》；组织实施董府保护修缮加固工程、西夏陵六号陵保护工程；组织编制同心清真大寺等重点文物保护单位的保护规划；组织协调实施须弥山石窟文物保护基础设施、旅游设施建设和西夏陵文物保护基础设施建设；开展了彭阳小河湾秦汉遗址、中宁石空寺等考古钻探调查测绘工作；组织包兰铁路复线、西气东输二线、宁东能源化工基地等国家重点建设项目中的文物保护勘探调查工作。

截至2010年，宁夏共有文物科研机构3家，文物保护管理机构21个，行业博物馆66座；全区已登记不可移动文物3818处，其中全国重点文物保护单位18处，自治区文物保护单位143处，市县文物保护单位264处，国家历史文化名城1处；中国历史文化名镇（村）1处。

【法规建设】

2010年进一步完善了宁夏地方文物法规体系，健全完善考古发掘调查、馆藏文物、社会文物、文物安全责任体系。建立和完善行政执法与文物安全各项执法检查制度，加大了文物保护法宣传力度，加强了文物行政执法力度，加强了与公安部门的密切协作，建立和完善了部门联合打击文物犯罪的长效机制，加大了打击文物犯罪的力度，积极查办各类文物违法案件，沉重打击了犯罪分子的嚣张气焰。加大了对文物单位安全和消防的检查力度，切实提高文物单位的安全防范意识，确保文物安全。为加强岩画的保护和管理，依据《中华人民共和国文物保护法》和《宁夏回族自治区实施〈中华人民共和国文物保护法〉办法》，宁夏文物局起草了《宁夏回族自治区岩画保护条例》，已提交自治区人大。根据国家文物局的部署和要求，宁夏文物局还组织相关人员定期对全区文博单位贯彻落实《宁夏回族自治区实施〈中华人民共和国文物保护法〉办法》执行情况进行检查。通过检查全面了解宁夏文物保护工作情况，对进一步落实文物保护法律法规、加强文物保护工作提出了新的要求。

制定、印发了《宁夏文物安全事故行政责任追究规定》、《宁夏文物收藏单位文物安全工作规范及检查标准》《宁夏文物违法事件安全事故报告制度》《宁夏文物局突发事件应急预案》《宁夏回族自治区文物安全工作规范及检查标准》《文物行政处罚程序》等规章制度。为便于文物安全和文物行政执法人员依法行政，宁夏文物局编印了《文化遗产保护法律法规汇编》。

【执法督察及安全保卫】

2010年，宁夏回族自治区野外文物安全态势总体平稳，没有出现重大文物犯罪案件和文物安全事故。宁夏文物局针对文物安全形势，大力加强了文物安全管理工作：一是采用重点检查和日常巡查相结合，落实文物安全检查制度，确保不可移动文物安全；二是加大行政执法督察工作力度，按照国家文物局统一部署，与公安部门组成联合检查组，对区直属文博单位和各市、县（区）文物安全和消防设施、文物保护范围内违规建设、野外文物安全专项治理、各地公安机关打击文物犯罪及追缴移交等方面进行了专项检查和重点执法督察。

【不可移动文物的保护和管理】

（一）概述

截至2010年底，宁夏登记的不可移动文物3818处，各级文物保护单位425处，其中全国重点文物保护单位18处，自治区文物保护单位143处，市、县级文物保护单位264处。18处全国重点文物保护单位中，古建筑7处、古遗址7处、古墓葬1处、石窟寺及石刻2处、重要史迹及代表性建筑1处。西夏王陵和水洞沟遗址被列入全国100处大遗址。开城遗址、须弥山石窟被列入“丝绸之路跨国联合申报世界遗产”推荐名单。2009年申报第七批全国重点文物保护单位20处。

（二）大遗址

2010年，在国家文物局的大力支持下，自治区党委、政府高度重视大遗址保护工作，各级政府和文物行政部门认真贯彻落实《中华人民共和国文物保护法》，坚持“保护为主、抢救第一、合理利用、加强管理”的文物工作方针，以国家文物局《“十一五”时期大遗址保护规划》为指导，坚持规划先行，突出重点，侧重本体，分步实施原则，大力推进大遗址保护各项工作，大遗址本体和环境的整体保护明显改善，为谋取区域社会效益、生态效益与经济效益的和谐与可持续发展做出了积极贡献。一是强化认识，不断加强对大遗址保护的组织领导。自治区党委、政府高度重视大遗址保护工作，把大遗址保护工作作为全区文化遗产保护重点工作来抓。自治区党委、政府领导同志专门听取大遗址保护情况的汇报，多次亲临现场视察、指导大遗址保护工作，及时解决大遗址保护工作中的重大问题。自治区文化厅、自治区文物局不定期组织召开相关大遗址保护协调会议，自治区财政、自治区发改委安排专项资金，用于大遗址道路改造、环境整治等基础设施建设，极大地改善了大遗址保护的条件。二是立足实际，坚持不懈地做好大遗址保护基础工作。不断完善大遗址保护地方法规，使大遗址保护有法可依，有章可循。加快编制大遗址保护规划。《西夏陵保护规划》《水洞沟遗址保护规划》已经国家文物局审核批准、自治区人民政府公布实施。使大遗址保护始终沿着科学的道路有序进行，大大提高了遗址保护工作的可操作性。加强大遗址保护管理机构建设。银川市成立了西夏王陵管理处，为政府直属事业单位，灵武市成立了水洞沟遗址保护管理所，固原市原州区成立了开城遗址管理站。积极做好大遗址考古调查、勘探和发掘工作，全面掌握大遗址的范围、布局及地上、地下文物分布和埋藏情况。三是科学规划，精心组织和实施大遗址保护项目。实施了西夏陵保护管理设施、环境整治和防范自然灾害设施、科普展示设施建设和遗址保护设施建设项目等系列保护项目。实施了水洞沟遗址环境整治工程，建设了看护用房，铺设沙石路，修建防护围栏，购置安防控设备。四是保护与展示、利用结合，大遗址保护成果惠及民众。大遗址保护工作实现了从被动的抢救性保护到主动的规划性保护，从“打补丁式”的局部保护到着眼于遗址规模和格局的全面保护，从单纯的本体保护到涵盖遗址环境的综合性保护，从“画地为牢式”的封闭保护到引领参观的开放式保护，从专一的文物保护工程到推动城市发展、改善民生的文化工程五大变化。

（三）全国重点文物保护单位

2010年，自治区文物局加大了对全国重点文物保护单位的保护与管理。一是立足实际，坚持不懈地做好全国重点文物保护单位基础性保护工作。大力推进文物保护法制化进程。加快编制全国重点文物保护单位保护规划。《西夏陵文物保护规划》《水洞沟遗址保护规划》《一百零八塔保护规划》《贺兰山岩画保护规划》《董府文物保护规划》已经国家文物局审核批准、自治区人民政府公布实施。二是强力推进“四有”建设。划定公布了18处全国重点文物保护单位保护范围和建设控制地带、树立了保护标志、建立了记录档案。8处全国重点文物保护单位设置了专门保护管理机构，实施专业保护管理，三是科学规划，精心组织和实施全国重点文物保护单位本体保护维修和抢救性保护基础设施建设工程。实施了西夏陵、水洞沟遗址、董府、须弥山石窟、开城遗址、贺兰口岩画保护工程。

【考古发掘】

2010年，宁夏回族自治区考古工作在田野考古方面，有为了配合基本建设而发掘的彭阳小河湾遗址和彭阳海子塬隋唐墓地，还有围绕课题而进行的长城调查以及中宁石空大佛寺考古测绘和发掘。

（一）彭阳县新集小河湾战国秦汉遗址

小河湾遗址位于彭阳县城南约15公里的新集乡下马洼村西侧的冲积台地上，总面积达30万平方米。根据出土遗物可推定其时代大致在战国中期至西汉早期。2009～2010年，为配合基本建设，对该遗址进行了大面积考古勘探，共发掘面积3000多平方米，勘探面积近50万平方米，出土遗物有板瓦、筒瓦、瓦当等建筑材料，以及陶器、铁器、铜器、铜钱、骨器等，还出土较多的动物碎骨骼。小河湾遗址是宁夏首次发掘的战国中期到西汉早期的聚落遗址，也是宁夏首次发现的面积最大的秦汉时期聚落遗址。

（二）海子塬隋唐墓地

海子塬隋唐墓地位于彭阳县以南约10公里的新集乡姚河村海子组。2010年7月～9月对其进行抢救性发掘，清理发掘墓葬26座，墓葬的时代跨度较大，从北魏一直延续到清代早期，其中多数为隋唐时期。出土了包括波斯卑路斯银币、四神仁寿铭带纹铜镜在内的陶器、瓷器、金银器、铜器、漆器等珍贵文物百余件。

（三）中宁石空大佛寺

从2010年7月底开始，宁夏文物考

古研究所与首都师范大学等高校合作，共同对石空大佛寺石窟进行考古测绘和清理发掘。测绘了已发掘的13座石窟，重点是千佛洞和眼光洞。石空寺最大洞窟九间无梁殿在八十年代发掘过程中坍塌，大量泥塑被压埋，后一直未做清理。

（四）长城资源调查

2010年，主要进行了隋长城资源调查。野外调查工作从2010年5月中旬开始，至10月上旬结束。以往的资料显示该线长城近20公里，主要分布在盐池县城以东向西至红沟梁一带。经过本次调查，发现隋长城墙体长度共计90多公里，墙体沿线敌台11座。经调查统计，全线实有墙体遗迹约47公里，消失约43公里，消失原因主要为流沙掩埋、被明长城覆压及后期人为破坏等。

【博物馆与可移动文物保护】

2010年，宁夏博物馆事业稳步向前推进，已建成、充实和完善66座独具特色、形式多样、内容丰富的行业专题博物馆，馆舍总面积23.7万平方米。涉及工业、农业、交通、电力、通信、科技、自然地理资源开发利用和革命历史等多个门类，初步形成了以宁夏博物馆为龙头，各行业专题博物馆为支撑的现代博物馆体系的雏形。

2010年，全区博物馆共接待游客近100万，其中宁夏博物馆共接待游客25万多人次，比2009年同期增长10%。接待省部级领导2000多人，外宾1000多人，中小学生100436人次，旅行团132823人次，全年免费义务讲解36390人次，实现零投诉。2010年3月，中共中央总书记、国家主席、中央军委主席胡锦涛，在自治区党委书记陈建国、自治区政府主席王正伟等领导的陪同下，参观宁夏博物馆并签名留念。2010年7月，第二届文艺旅博会期间，宁夏博物馆接待了全国政协副主席李兆焯、文化部副部长赵少华及旅博会代表团300多人；2010年9月，中阿经贸论坛期间，先后接待了约旦前首相、斐济总统以及与会代表500多人，均受到好评。

2010年，宁夏博物馆、固原博物馆与兄弟省市博物馆交流频繁，合作举办的展览数量多，影响大。其中有在福建博物院展出的“塞上古韵——宁夏文物特展”；在陕西历史博物馆展出的由陕西历史博物馆、甘肃省博物馆、青海省博物馆、新疆博物馆、宁夏博物馆、宁夏固原博物馆共同筹办的“丝绸之路——大西北遗珍”大型巡展；与自治区伊协合作完成的“中国（宁夏）穆斯林书画展”；与山西博物院联合举办并圆满完成的“大夏遗珍——西夏文物精品展”等。配合展览完成了《大夏遗珍》文物图录的编撰出版工作。完成了“贺兰山岩画”在青岛、济南、潍坊等博物馆的巡展。协助策划筹备的展览还有中国近现代书画名家作品系列展览之三“红花墨叶——齐白石书画精品展”“青海省藏传佛教艺术展”等。宁夏博物馆、固原博物馆除常规展览、合作展览外，还举办了“乡间画记——山东木版年画展”“明月和风　国际友谊博物馆藏伊斯兰国家国际礼品特展”“中国（宁夏）回族文物精品展”“人民币的摇篮——中国革命根据地货币展”“米光江阿文书法展”“中国西北穆斯林摄影展”“伊朗《古兰经》阿拉伯文书法艺术展”“青岛博物馆模板年画展”“曾杏绯画展”“典藏之韵”等专题展览。

截至2010年，宁夏各级文物单位共有馆藏文物84093件（套），其中国家一级文物367件（套），二级文物3418件（套），三级文物7416件（套）。2010年，宁夏文物局组织宁夏博物馆专家先后修复残损严重但需展览的陶器20余件，装裱“穆斯林书画展”作品40余幅，金属器10余件。还组织了相关专业人员对吴忠市文物管理所收藏的20余件鎏金铜器进行了技术维护。宁夏博物馆顺利通过了2010年可移动文物保护设计资质的年检。组织相关专家完成西夏朱漆彩绘木座具的拍照、消毒等维修前期准备工作。派遣专业人员赴丹东、北京等地学习探伤仪和PVC纸质文物保护的操作，并进行了实际操作训练。同时与钱币学会协作，对部分西夏钱币做了检测，为西夏钱币研究与鉴别提供了数据上的支持。

【文博宣传与出版】

2010年6月12日是中国第五个“文化遗产日”，宁夏围绕“保护文化遗产，建设和谐家园”的主题，精心策划、认真组织，在宁夏全区范围开展了隆重热烈的文化遗产保护专题系列活动。遗产日当天，各地举办了集中宣传活动，自治区政协副主席安纯人出席了银川市的活动仪式。活动期间，通过非物质文化遗产展演、文物法制讲座、免费发放宣传资料、图片展览等方式向社会普及文化遗产知识，并系统介绍了近年来宁夏文化遗产事业取得的成绩。宁夏对外开放的文化遗产地、文物保护单位、博物馆、岩画馆等免费或优惠向社会开放，并举办讲座等向广大观众讲解文化遗产的有关知识。

2010年5月18日，宁夏文物局组织开展了国际博物馆日宣传活动。活动期间，“石刻史书——宁夏岩画展”在济南市博物馆开展；推出了由宁夏古陶瓷研究会投资印制，宁夏邮政发行的纪念封。

2010年6月27日，银川市人民政府、宁夏回族自治区文化厅、宁夏回族自治区旅游局在宁夏银川市贺兰山岩画景区共同举办了以“古岩画与新时尚”为主题的第三届贺兰山岩画艺术节暨国际岩画学术研讨会开幕式。研讨会活动丰富，包括“共识文明”第三届贺兰山岩画学术研讨会；“古岩画与新时尚”文化发展论坛；著名艺术大师韩美林“石魂心得”岩画艺术作品展；著名岩画专家、美术家陈兆复先生“回归岩画”暨董明洋先生、张学智先生、齐聿山先生岩画绘画作品展；贺兰山岩画时尚品、艺术品展；贺兰山岩画修学、科考文化探秘摄影和征文比赛等。整体活动持续到10月。

“文化遗产日”“宁夏长城保护宣传日”“国际博物馆日”以及“贺兰山岩画艺术节”等宣传活动的举办，增强了社会各界保护文化遗产的意识，推动了宁夏文化遗产保护工作。

2010年，宁夏文物局出版了《中国文物地图集·宁夏分册》，以及《盐池县冯记圈明墓》考古报告。《岩画研究》杂志出版了4期。

【机构及人员】

2010年，宁夏共有文物保护管理机构30个，从业人员561人，比2009年增加了43人，具有高级职称的33人，比2009年增加了4人；具有中级职称的98人，比2009年增加了9人。

新疆维吾尔自治区

【概述】

2010年，在新疆维吾尔自治区党委、人民政府的高度重视和领导下，在国家文物局的大力支持下，在相关部门和各地的支持协助下，新疆维吾尔自治区文物工作战线认真贯彻落实中央新疆工作座谈会和自治区党委七届九次全委（扩大）会议精神，坚持文物保护工作方针，服务发展稳定大局，抓住机遇、锐意进取、扎实工作，推动文物事业保持加快发展的态势，各项业务工作取得了显著的进展和成果。

坚持服务经济社会发展大局，实现文物保护与经济协调发展。围绕基本建设重点工程开展抢救性文物保护，积极支持配合自治区经济建设的需要，组织考古勘探现场作业，保证了各项基本建设工程如期开工。

努力发挥文物服务民生工程的效益，提供更多更好的文物保护成果。继续扩大博物馆免费开放，据统计，新疆2010年共有53家博物馆、纪念馆免费开放，博物馆、纪念馆公益性作用得到进一步发挥。

继续推进重点工作进展，带动文物工作整体水平提高。“三普”工作于2010年上半年顺利完成实地文物调查工作，各地启动普查资料的整理建档和普查成果的宣传、转化工作的同时，新疆文物局抓紧制定《新疆长城（烽燧线）保护“十二五”总体工作计划》。“丝绸之路”重点文物抢救保护工程成效显著，丝绸之路申报世界文化遗产工作继续推进。

各项工作顺利开展，为以后的发展打下了坚实的基础。进一步强加强文物行政执法工作，强化文物执法职能。教育培训工作取得实质性进展，文物宣传工作力度进一步加大。

【法规建设】

为增强文博系统干部职工依法行政能力，2010年，新疆维吾尔自治区文物局印发《新疆维吾尔自治区文物行政执法手册》《新疆文物法制专刊》。《新疆维吾尔自治区文物行政执法手册》已印制一、二两册，收录了包括《文物保护法》《文物保护法实施条例》《文物行政处罚程序暂行规定》《自治区实施〈文物保护法〉办法》《国务院办公厅关于西部大开发中加强文物保护和管理工作的通知》《自治区文物局行政许可事项》等在内的与文物保护工作密不可分的法律法规、规范性文件。其中《执法手册（一）》已翻译印制维文版。这些书籍已经成为新疆文博系统干部职工的案头书，积极推动了新疆文物保护及执法工作的开展。

【执法督察与安全保卫】

（一）文物普法工作

利用“文化遗产日”“文物保护宣传周”“国际博物馆日”等活动，举办发放文物法制宣传材料、制作文物法制宣传展板、免费参观博物馆等活动，加大宣传力度，充分利用多种形式和手段，深入宣传文物保护法律法规，提高宣传效果，扩大影响，既提高了广大群众的文物保护意识，更提高了文物系统干部职工的文物法制意识。

充分发挥广播、电视、报刊、网络等传媒的积极作用，与强势媒体合作，广泛宣传文物保护法律法规，新疆文物系统工作人员自觉树立起知法、懂法、用法的法律意识，从而带动法制宣传和教育工作；以新疆维吾尔自治区第三次全国文物普查为契机，由普查队伍将文物法律法规送到田间地头，增强了全民文物保护意识，在开展公益性法规宣传教育工作中起到了积极推进作用。

（二）打击文物盗窃、走私犯罪

近年来，新疆文物违法案件呈上升趋势，新疆维吾尔自治区文物局进一步加强文物行政执法工作，协同相关部门在本行政区域内开展执法专项行动，加大了对盗掘、盗窃、走私文物等违法犯罪活动的打击力度，破获多起文物犯罪案件，有效维护了我国文物保护法律法规的严肃性、权威性。文物部门与公安机关密切配合，相互协作，2010年成功告破两起重大文物违法案件：一是全国重点文物保护单位楼兰古墓被盗案。经审判，主犯被依法判处有期徒刑12年，其他3名从犯被依法判处有期徒刑各判10年。二是全国重点文物保护单位热瓦克佛寺遗址被盗案。经审判，五名犯罪分子分别判处7年至12年有期徒刑，没收作案汽车一辆，并处罚金。

（三）文博系统安全保卫

为进一步加强文物安全工作，新疆维吾尔自治区文物局要求各地及时部署开展文博单位消防安全大检查，以检查为契机发现、整改、根除火灾隐患。各文博单位按照指示迅速行动，制定和完善了工作人员上岗制度、安防检查制度等各种安全管理制度和岗位责任制，制定完善了应对蓄意破坏、文物损毁及危及观众人身安全等突发事件的安全预案。各单位努力调动安全保卫人员的工作积极性和主动性，落实安全责任制和岗位责任制，加强日常巡逻和监督管理，从自身源头上加强防范，切实保证文物安全。

【不可移动文物的保护和管理】

（一）概况

截至2010年底，新疆维吾尔自治区共有文物点3969处，其中全国重点文物保护单位58处（包括古遗址25处，古墓葬18处，古建筑5处，石窟寺及石刻7处，近现代重要史迹及代表性建筑3处）；自治区级文物保护单位373处（古遗址195处，古墓葬79处，古建筑40处，石窟寺及石刻23处，近现代重要史迹及代表性建筑36处）；市县级文物保护单位1931处；其他未公布级别的不可移动文物1607处。

文物保护工程管理：实施完成了昭苏圣佑庙、伊犁将军府（二期）、努拉塞铜矿、小南湖佛塔、玛纳斯陕西会馆等10项国家级和自治区级文物保护单位保护工程、委托基层文博单位组织实施了奇台县甘省会馆（前后殿）、独山子石油工人俱乐部、夏合力克庄园、于田清真寺、新麦德热斯、石棚古墓群及阿敦乔鲁克岩画、和静黄庙建筑群等23项保护维修项目和哈密回王墓、伊犁将军府等国保单位的安全防范技术系统项目。加强了文物保护工程实施中的监督管理工作，1月～10月，分别到伊犁、喀什、和田、吐鲁番、哈密等地重点检查保护修缮项目质量、组织程序、招投标、财务管理等情况。

（二）大遗址保护

北庭故城国家考古遗址公园：4月，北庭西大寺遗址博物馆暨北庭考古中心揭牌；5月，北庭西大寺遗址博物馆完成室内设计装修对外开放；6月25日，北庭故城国家考古遗址公园建设正式启动，国家文物局局长单霁翔出席启动仪式；7月，中国建筑历史研究所承担的《北庭故城遗址公园规划》编制工作顺利开展；《吉木萨尔北庭故城考古工作计划》已获得国家文物局批准立项；10月9日，国家文物局公布第一批国家考古遗址公园名单和立项名单，昌吉回族自治州吉木萨尔县北庭故城遗址被列入第一批国家考古遗址公园立项名单。

新疆坎儿井保护：吐鲁番坎儿井保护一期工程（31条坎儿井）保护加固工程顺利竣工，据统计，吐鲁番坎儿井一期工程的31条坎儿井经淘捞加固后出水量提高了69%，灌溉面积提高了82.6%；《吐鲁番坎儿井保护总体规划》编制工作完成中期评审；《2010年度吐鲁番地区坎儿井保护加固工程设计方案》获国家文物局批准立项。12月17日，举行“吐鲁番坎儿井保护与利用一期工程总结表彰暨二期工程启动仪式”。哈密坎儿井保护项目获国家文物局批准立项，正式启动，开始编制《哈密坎儿井保护总体规划》，并开展新疆坎儿井保护传统加固方法的考古调查研究。

吐峪沟石窟综合保护项目：《吐峪沟石窟保护加固工程方案》和《吐峪沟石窟保护加固前期考古发掘计划》获国家文物局批准。中铁西北科学研究院承担的吐峪沟石窟保护加固一期工程完工。中国社会科学院考古研究所主持的吐峪沟石窟考古发掘取得重大成果，发掘清理并重新编号的洞窟共计56处，新发现壁画面积约100平方米，出土了汉文、粟特文、藏文、回鹘文、婆罗迷文等多种文字的文书残片，入选国家文物局“2010年重大考古发现”、中国社会科学院“2010年全国六大考古发现”。

（三）世界文化遗产的保护和管理

6月，配合丝绸之路申报世界文化遗产宣传，完成《新疆丝绸之路文化遗产》图录的出版工作；9月，西北大学文化遗产学院承担的《苏巴什佛寺遗址载体布局和分布考古调查》项目完成野外调查的年度任务；“丝绸之路（新疆段）重点文物抢救保护工程”项目使一批重点文物保护单位得到有效抢救保护；10月，丝绸之路遗产地抢救性保护设施项目经国家发改委立项，投资2000万元的克孜尔千佛洞、楼兰故城保护设施建设项目先期启动。

【考古发掘】

（一）配合基建考古

配合新疆维吾尔自治区各地州市100余处煤化工、煤电、风电、石油天然气、交通等基础建设工程项目，完成750余座墓葬、300平方米遗址的发掘及前期调查任务；88配合新疆维吾尔自治区实施富民兴牧水利工程，完成了28座列入计划的富民兴牧水利工程建设项目淹没区的前期文物调查工作，并制定了水库工程涉及文物的保护工作计划。

（二）东黑沟综合考古

2010年6月~11月，西北大学承担的新疆哈密地区东黑沟遗址综合考古项目，完成了1座大型墓葬、5座石围居址和1座祭祀堆，以及中高台南部（Ⅲ、Ⅳ区）的5座中小型墓葬、1座祭祀堆、1座石堆和1条列石遗迹的发掘，发掘总面积2000平方米。同时对2006~2010年东天山地区的考古调查、发掘资料进行了整理，完成了《2006~2007年巴里坤石人子沟遗址发掘报告》《2004~2005年伊吾拜其尔墓地发掘报告》初稿，以及2008年巴里坤红山口遗址调查简报、伊吾托背梁遗址发掘简报等初稿。12月28日，由陕西天润科技有限责任公司承担的“红山口—石人子沟古代游牧民族大型聚落遗址群考古与文物保护全数字航空摄影测量项目”通过验收。

（三）达玛沟佛寺遗址综合考古

达玛沟佛寺遗址考古发掘取得突出成就，《和田达玛沟佛寺遗址考古工作计划》获得国家文物局批准立项；10月中旬，国家文物局副局长董保华赴现场调研，对达玛沟佛寺遗址的下一步保护工作做重要指示。12月8日，为落实国家文物局关于达玛沟佛寺遗址保护工作的重要指示精神，推动达玛沟佛寺遗址保护工作，新疆维吾尔自治区文物局与和田行署在和田市共同召开“达玛沟佛寺遗址保护展示工作座谈会”，就达玛沟佛寺遗址的考古勘探、文物本体的保护、遗址的规划展示利用、管理机构的建设等方面的问题进行座谈。

【博物馆与可移动文物保护】

（一）博物馆

2010年，新疆文化文物系统列入财

政部、国家文物局经费补助、实行免费开放的有 53 家，从业人员 499 人，藏品总数 119370 件，其中一级文物 707 件，二级文物 1339 件，三级文物 4038 件。

1. 可移动文物的保护、管理和研究

2010 年 10 月 11 日，由国家文物局主办，新疆维吾尔自治区文物局和中国丝绸博物馆承办，吐鲁番地区文物局协办的“全疆博物馆专业人员纺织品修复培训班”在吐鲁番博物馆开班。来自新疆各地州市的 28 名文物修复保护专业人员进行了为期 12 周的纺织品修复理论和实践技能培训。

此次培训班是国家文物局对口援疆工作的一个重要援助项目，为新疆可移动文物保护专业人才的培养提供了一个广阔的平台。

2. 文物陈列展览

2010 年新疆各级博物馆共举办基本陈列 124 个、展览 191 个，接待观众 366.4 万人，其中青少年观众 117.3 万人次。

2010 年 6 月，新疆维吾尔自治区博物馆在“中国文化遗产日”期间推出大型民族团结教育主题展览“永远和祖国在一起”。整个展览用通俗易懂的文字将历史学、地理学、考古人类学、古文字学、民族学、宗教学知识贯穿始终，向各族观众传达一种信息：各民族之间的团结和睦是繁荣昌盛的基础，和则两利，分则俱伤；团结稳定是福，分裂动乱是祸。2010 年 9 月，国家领导人李长春同志参观了《永远和祖国在一起》专题展览，并给予了高度评价，要求“博物馆要实现社会效益最大化”。自开幕以来，该展直接参观人数达 40 多万人次，受到了广大群众的欢迎。并且得到了全国文博界的重视和认可。

2010 年 6 月，新疆维吾尔自治区博物馆举办的“瀚海霓裳——西域服饰的记忆”隆重开幕。展览内容有：第一部分，暖裘毛褐巧装扮——西域先秦服饰；第二部分，锦帛素棉典雅风姿——西域汉晋服饰；第三部分，万千威仪 雍容气度——隋唐五代服饰；第四部分，回鹘风范 蒙元英姿——西域宋元服饰；第五部分，丝路奇葩 民族瑰宝　明、清时期的西域服饰。该展共展出丝棉毛麻等各类质地纺织品文物 110 件（套），这些文物既具有中原文化的气息，又受中亚地区文化的影响，具有典型的地方特色。该展通过展示新中国成立以来新疆考古发现的西域服饰文化遗存的万千风貌，揭示了西域服饰文化的源流以及与中原服饰文化相互影响、交流融汇、创新发展的轨迹，为各民族增强对中华文化一体多元的深入了解提供了更丰富的感性认识。

2010 年 3 月 14 日，新疆维吾尔自治区博物馆两件国家一级文物“木亭模型”“打马球俑”起运上海，参加上海世博会开幕当日在中国馆举办的“智慧长河”中国文物精品展。

10 月 1 日，由国家文化部和新疆维吾尔自治区人民政府共同主办的“新疆历史文献暨古籍保护成果展”在新疆维吾尔自治区博物馆展出。

（二）可移动文物保护

2010 年度共修复文物 160 件，其中二级文物 10 件，三级文物 18 件。

4 月 20 日，在新疆维吾尔自治区博物馆成立了新疆维吾尔自治区博物馆馆藏文物保护修复中心，面向全疆开展馆藏文物保护修复工作。

【社会文物管理】

2010 年新疆无文物拍卖企业，没有进行文物拍卖活动；文物进出境审核机构开始筹备建立；文物商店有 1 家，为新疆文物总店，文物库存数量 25851 件，无珍贵文物。

【科技与信息】

经过三个多月的努力，7 月 31 日，新疆馆藏珍贵文物的全部数据正式上报国家文物信息咨询中心（外展文物的补充数据于 12 月 10 日上报）。经国家文物信息咨询中心专家组审核，新疆上报的各项数据指标总体质量优秀，符合藏品信息指标体系规范及著录规范要求。通过这次开展“文物调查及数据库管理系统建设”，基本摸清了新疆馆藏珍贵文物的数量，为以后开展馆藏文物研究、陈列、展示，发挥馆藏文物的欣赏、教育、娱乐作用，奠定了良好基础。

【文博教育、培训情况】

2010 年 10 月 16 日 ~23 日，由新疆维吾尔自治区文物局主办、新疆维吾尔自治区博物馆承办的“全疆公共博物馆、纪念馆讲解员培训班”在乌鲁木齐市举办。来自新疆各地州市的 60 名讲解员参加了为期 3 天的培训。

10 月 21 日，新疆维吾尔自治区文化厅、新疆维吾尔自治区文物局与北京大学考古文博学院联合举办的“新疆文博系统博物馆学高级研修班行前动员会”在自治区文化厅举行。此次培训班共培养全区各地州市博物馆学专业人员 26 人，学期两年。

【机构及人员】

截至 2010 年底，新疆维吾尔自治区共有文物业机构 172 个，其中文物保护管理机构 98 个，博物馆 70 家，文物科研机构 2 个，文物总店 1 个，其他文物机构 1 个。新疆文物行业从业人数 1840 人，其中具有高级职称的 78 人，中级职称 166 人。

【文博教育与培训】

2010 年 9 月 2 日，新疆龟兹研究院 1 人参加了为期 3 个月的由国家文物局主办，中国文化遗产院承办的馆藏文物彩绘保护修复培训班。

9 月 5 日 ~12 日由国家文物局主办，新疆文物局和石河子大学联合承办的“新疆地市文博管理干部和全国重点文物保护单位管理机构负责人培训班”，有 80 人参加了为期 6 天的专业培训。

10 月 9 日，受国家教育部等部委委托，在新疆文化厅和新疆文物局的大力配合下，新疆文博系统 30 人在南京大学接受一年的博物馆学方向的专业培训。

10 月 9 日，受国家教育部委培，在新疆文化厅和新疆文物局的大力配合下，新疆文博系统 32 人在南京大学接受 1 年的文物保护维修方向的专业培训。

10 月 10 日，在新疆维吾尔自治区党委、政府的支持下，经各地文博单位的推荐，新疆文化厅和新疆文物局选拔，新疆文博系统有 26 名学员前往北京大学考古文博学院接受 2 年制的博物馆学方向的专业培训。

10 月 11 日 ~12 月 30 日，由国家文物局主办，新疆文物局和中国丝绸博物馆承办，叶鲁番地区文物局协办了“全疆博物馆专业人员纺织品修复培训班”，来自全疆各地州市县的 28 名专业人员参加了为期 3 个月的纺织品修复理论和实践技能的培训。

【对外交流与合作】

2010 年 3 月，经国家文物局批准，新疆维吾尔自治区文物局与美国加州宝尔博物馆、休斯敦自然科学博物馆和费城宾夕法尼亚大学人类考古博物馆联合举办了“丝路奥秘——新疆文物展”，这是新疆首次在北美地区独立举办文物展览。展览在美国引起了广泛关注，来自中央电视台、凤凰卫视、洛杉矶电视台、中天电视等众多媒体及报纸、杂志的记者进行了详细报道，成为美国民众近距离了解新疆的重要平台。

3月，新疆文物考古研究所名誉所长一行4人赴日参加“中日合作小河墓地出土小麦等动植物标本项目研讨会”，就中日合作小河墓地出土小麦等动植物标本研究项目的阶段性进展等情况同合作方——日本综合地球环境学研究所进行了座谈。

4月，应新加坡管理大学邀请，新疆维吾尔自治区文物局文物保护处处长、清华大学建筑学院在读博士乌布里·买买提艾力赴新加坡参加演讲会，作了题为“丝绸之路总体价值——以新疆段为例”和“东西方文化交流在古代西域的痕迹”的演讲。

为感谢日本友人、自治区人民政府文化顾问小岛康誉先生近30年来对新疆文物工作的大力支持，由新疆维吾尔自治区文物局推荐，经过社会公众网络投票和专家投票等环节，2010年6月13日，小岛康誉被评为第三届“薪火相传——中国文化遗产保护年度杰出人物”。

11月，新疆文物考古研究所在北京主办了“中日小河墓地环境及动植物合作研究项目成果交流会”，北京大学考古文博学院、吉林大学边疆史地考古中心、北京科技大学和日本综合地球环境学研究所的20余位国内外学者参加了会议。会议期间，除对小河文化遗存的新发现及区域性文化特征给予介绍和对该项目工作情况进行全面回顾外，两国学者就各自承担的课题进行了深层次的探讨和交流。

12月，新疆维吾尔自治区文物局选送文物参加了由中国文物交流中心与韩国国立中央博物馆共同举办的“丝绸之路大文明展”，新疆参展文物达到145件（套）。

其他

故宫博物院

2010年，故宫博物院迎来了85年周年院庆，也是紫禁城修建590周年。故宫博物院认真贯彻科学发展的理念，在故宫学蕴含的开放的工作思路、自觉的创新意识、对传承弘扬中华文化强烈的责任感、使命感的推动下，锐意进取，开拓创新，在安全开放与公众服务、藏品与古建保护、陈列展览、学术研究与出版、信息化建设、对外交流与合作等方面，为文化遗产事业可持续发展和文化大发展大繁荣作出了新的贡献。

【科学谋划“十二五”发展】

在全面推进故宫事业发展中，根据遇到的新情况、新问题，创新思路，从规划安排和机构设置上谋篇布局。启动并基本完成了《故宫博物院2011～2015年工作计划》的编制，确定了发展目标：坚守故宫博物院特色，完整保护紫禁城及其藏品，同时，妥善处理故宫保护与博物馆建设的关系，把故宫博物院建设成为与紫禁城的国际知名度相适应的一流博物馆，更好地承担保护、传承、弘扬中华民族优秀文化的使命。

强化工作保障机制，构建充满活力、富有效率、更加开放、有利于科学发展的体制机制。在完成新一轮全员聘任的同时，稳步推进紫禁城出版社转企改制。为顺应博物馆社会化发展的趋势，成立北京故宫文物保护基金会和故宫会，以增强与社会各界的联系，更好地保护故宫。调整、完善院内设机构，理顺体制，建立故宫学研究所，成立出版部，以促进科研水平的提升并扩大学术影响力。

【安全开放】

社会发展的新形势对故宫的安全工作提出了更高的要求。受来院观众量逐年攀升、基础设施老化以及故宫特殊的地理位置等的影响，故宫博物院的安全工作情况复杂，形势紧迫，责任重大。2010年安全接待中外观众创1200万的历史新纪录。空前的参观人数也给故宫保护事业带来了空前的风险。当前，我国正处于经济社会转型的特殊时期，一些社会矛盾和社会问题得不到及时解决，事主往往会在热点区域采取过激手段来制造事端，扩大影响。在这种情况下，由于故宫博物院未雨绸缪，重在安全防范上下工夫，防控和处置措施恰当，仍确保了故宫的安全有序开放。全年接待购票观众1275.7万人次，票款收入6.2亿元。

始终坚持多年来摸索出的行之有效的安全工作的好方法。不断建立健全安全管理工作制度，努力提高安全管理水平和组织实施能力，扎实抓好经常性安全管理和教育培训工作，确保安全教育经常化，安全管理规范化，安全检查制度化，安全工作管理水平、处置突发事件能力以及队伍综合素质建设等方面得到进一步锻炼和提高。新近修订发布了《故宫博物院交通安全管理规定》《故宫博物院安全用电管理规定》等规章制度。同时，通过开展经常性全院安全大检查、启门检查、岗位值勤和封门清场检查、封门安全检查演习，严格执行存验包制度，举办定期安全会议与培训、年度义务消防队业务比赛、消防演习，把安全工作落到实处。

创新工作思路，破解安全与开放的难题。每年上千万的观众量、以及黄金周和重要节假日动辄10多万的日流量，给故宫安全开放带来了沉重的压力与实际接待困难，形成了故宫安全工作的最大隐患、故宫保护中的重大课题。为破解这一难题，故宫博物院创新工作思路，走出故宫，“问计”社会专业机构，进行故宫旅游风险研究。在经过多次调研后形成的《故宫博物院旅游风险管理报告》进入征求专家意见阶段。下一步要根据该《报告》的分析和建议，健全风险防范的管理制度体系和各项措施，科学化解风险，排除安全隐患。同时，稳步推进游客管理信息系统建设，在全部实现电子售票的基础上，争取在2011年全面实现电子检票，实时监控客流情况，及时采取应对措施，确保故宫安全和观众有序参观。

故宫博物院基础设施（包括消防、供电、热力、雨水、污水、电话通讯、广播、防盗报警、消防报警、高压消防管网、信息网络等）的大部分系统建于上世纪50至80年代，损坏、老化现象严重，且受当时技术水平制约，存在安全隐患，对基础设施进行增容、维修与改造刻不容缓。但由于故宫古建筑保护的特殊性，在“一揽子”整体推进的工作设想短期内难以取得专家共识而工作又不能再等待的局面下，转变工作思路，确定了整体考虑、抢修为主、分区域逐步推进的方式，首先划定了西河沿区域作为基础设施改造的第一步，进行勘察、设计等前期筹备。同时，积极推进安防基础设施建设，安防改造的关键项目——院中控室改扩建工程于10月举行了奠基仪式。

【藏品保管】

藏品清理工作善始善终，藏品保护工作进入新的阶段。自2004年开始的大规模藏品清理工作到 2010 年年底终告完成，标志着故宫博物院藏品保护工作进入新的阶段。经过全面、系统的普查整理，确定馆藏文物总数为 180 万余件。这次彻底的藏品普查工作，摸清了家底，为以后的藏品保护和文化弘扬工作奠定了坚实基础，提供了科学准确的信息和参考依据。作为藏品清理工作的见证和成果，《故宫博物院藏品大系》已经出版 30 卷。有 47 部古籍入选《第三批国家珍贵古籍名录》，继续开展孤本、善本古籍的数字化工作。认真做好日常文物修复和文物熏蒸等工作。配合灵沼轩工程，进行瓷砖、石质构件等的科技保护工作。

【古建保护】

接收大高玄殿和端门，古建筑保护工作打开新局面。在国务院、文化部的支持协调下，被部队借用多年的大高玄殿主体部分已回归故宫博物院管理。由国家博物馆使用多年的端门区域也会在 2011 年“五一”前移交故宫博物院。这两处古建筑已经纳入故宫博物院“完整保护、整体维修”的专业化保养维护范围。

根据《故宫保护规划大纲》，着手编制《故宫保护规划》，规范保护程序，论证保护方式，细化保护内容。按照世界遗产保护要求，稳步实施故宫整体监测项目，为专业保护、合理利用提供科学依据。按照古建筑维修计划，继续进行寿康宫、慈宁宫和御史衙门等 3 项跨年度工程并基本完成。与大修工程同步，及时搜集古建筑全面资料，《武英殿修缮报告》基本定稿。西玉河基地业务用房及库房建设工程主体完工，继续进行西河沿的文物保护综合业务用房建设工程的前期工作。

【非物质文化遗产的系统整理和保护】

继续把更多的传统手工技艺纳入遗产保护范围，将“青铜器修复及复制技艺”“古书画临摹复制技艺”两项传统手工技艺整理并成功申报为国家级非物质文化遗产，保护和传承工作逐步开展。记录反映故宫博物院传统文物修复技术的电视资料片《故宫绝活》也正在拍摄。

【陈列展览】

不断推出精品展览，弘扬传统文化。紧扣故宫的皇家特色，丰富展示内容，以皇家收藏为重点，配合生活原状复原，搭建展示立体全面的皇家文化景观。在 8 个常设原状陈列、9 个常设特色专馆、10 个常设展览互为呼应的展示大格局下，不断推出新的短期特展。2010 年在院内共举办包括明永乐宣德文物特展、宋代官窑瓷器展、明代中央机构刻书展、清代禁毁书展、萧龙友捐献文物精品展等 15 个新的特展。这些短期特展，成为宣传故宫特色文化、弘扬传统文化的活跃力量。

同时，故宫博物院还积极支持各地兄弟博物馆 14 个展览，其中赴山东博物馆的“乾隆大帝展”、赴成都武侯祠的“清代宫廷生活展”等都成为各馆的重点展览，深受欢迎。

【科研与出版】

故宫学在海内外引起反响。故宫学进入高校。台湾清华大学从 2009 年秋季起，开设“故宫学概论”课程，计入学分，80 个选修名额，电脑报名者达 2000 人，十分踊跃。中国社会科学院研究生院已正式决定培养故宫学方向的硕士研究生，并与故宫签订十年的合作协议。浙江大学已决定成立故宫学研究中心。中国艺术研究院研究生院培养了第一位故宫学博士。

不断创新科研体制机制，继成立科研处、古陶瓷等5个研究中心之后，在建院85周年之际，正式成立故宫学研究所。以故宫学学科建设、吸引和培养人才、策划实施重大故宫学建设项目、推出故宫学研究成果为己任，研究所对故宫博物院的学术研究、事业发展有独特的、重要的作用。4月召开的故宫学研究现状与未来发展座谈会、9月召开的故宫学研讨会及其三个分会（中国紫禁城学会第七次学术研讨会、宋代官窑及官窑制度研讨会、明代宫廷史学术研讨会），邀请专家、各大文博机构负责人等汇聚一堂，让故宫人与院外专家充分交流，为故宫博物院的学术研究带来活力和启示。

一批科研成果相继问世：编辑出版了《故宫学术讲谈录》（第一辑）《故宫治学之道》《故宫博物院学术成果总目（1925.10～2010.6）》《倦勤斋研究与保护》、明代宫廷史系列丛书四种、《单士元集》（1～4卷）《罗福颐集》完成两种、《故宫博物院藏历代墓志汇编》《明清论丛》（第十辑）《清乾隆内府绘制京城全图》《清宫金砖档案》等图书。作为故宫学学术基础建设重大工程的《故宫百科全书》正在努力推进。《故宫学研究资料丛编》开始整合启动。《故宫学刊》《故宫博物院院刊》《紫禁城》等专业学术刊物和普及刊物按期出版。

稳步推进紫禁城出版社的转企改制工作。紫禁城出版社网站“故宫文化网”（www.culturefc.cn）于7月初正式上线，给渴望了解故宫和传统文化的人们开辟了一个充盈着传统文化氛围的新空间。围绕利用故宫出版资源，发掘故宫文化底蕴，坚持“个性化出版、品牌化经营、市场化运作”的理念，初步实现图书系列化、规模化、特色化发展。全年出版品种达到230种，部分图书获得国家级奖项：紫禁城出版社出版的《天府用藏：两岸故宫博物院文物藏品概述》荣获第三届中华优秀出版物图书奖提名奖。《故宫经典》《故宫博物院藏品大系》《守望经典》等10余种图书入选赴澳文化国礼。《故宫退食录》《故宫问学》被评为2009年度全国文化遗产十佳图书。《天地之吻：紫禁城图像》被评为2009年度全国文化遗产优秀图书。

【宣教及公众服务】

精心组织形式多样的文化活动。通过举办“故宫知识课堂”“宫中过端午、夏日‘粽’动员”“霓裳彩绘”“皇帝的新衣”“巧手撷芳造办学堂”等系列活动，普及故宫特色传统文化。以“国际博物馆日”“中国文化遗产日”“世界地球日”等重大节日为契机，开展内容丰富的主题日特别教育活动，做好文化弘扬。在展览中，增加与观众的互动环节，引导观众动手操作，如“蓬莱宿约”汉魏碑刻展，指导观众现场拓片。

通过与中小学校、大专院校等其他社会教育机构相互配合，普及传统文化知识。到中央美术学院等高校举办“永远的故宫”系列讲座。到国防大学、北京外国语大学等举办紫禁城图片展，现场发放宣传资料，累计参观人次达10万人。

【信息化建设】

加大信息化建设步伐，继续保持故宫博物院信息化建设在行业内的领先地位。以先进的数字技术发展成果，为故宫博物院的科学管理与决策服务，为故宫的保护与文化弘扬事业服务。

加强基础建设，完善信息化的硬件平台。完成远程数字会议系统的建设，顺利实现两岸故宫视频通话。完成了嘉宾门票申请系统，开展院预算管理系统、办公自动化系统 4.0 版、文化遗产监测信息管理系统等的建设。完成了自建院以来所有院史档案的影像扫描。建成“《清宫陈设档》全文数据库”并在内网共享，为研究不同时代陈设物品的变迁、宫廷文化风格提供了极大便利。

借助数字新技术，文化展示领域喜报频传。11 月，在国际博协视听与新技术委员会举办的“国际文化遗产视听与多媒体艺术节”上，“故宫博物院网站”获得了网络艺术综合类金奖，文化专题视频片“朱棣肇建紫禁城”获得最佳中篇视听作品金奖。

虚拟现实作品有《紫禁城：天子的宫殿》《三大殿》《养心殿》。

《倦勤斋》，是诠释故宫特色传统文化最直观最生动的经典作品，每一部都受到观众的好评，成为来院中外嘉宾纷纷申请欣赏的“必选课”和保留节目。

【文化产品开发】

从发展文化产业是满足人民群众日益增长的精神文化需求、实现文化弘扬的重要途径的角度出发，重视故宫的文化产品开发工作。承办国家文物局主办的全国博物馆文化产品开发成果展、文化产品评奖活动以及文化产品开发工作座谈会。故宫博物院选送的文化产品分别荣获一、二、三等奖和优秀奖。同时，这一系列活动也交流了经验，对故宫博物院的文化产品开发工作带来启示。

利用藏品资源，不断开发富含故宫元素的文化产品，文化产品种类更为丰富。全年开发文化产品近 400 余种，使故宫特色文化产品种类达到 3000 种。探索文化产品网络营销模式，开通故宫淘宝网。10 月，故宫专属文化产品的网络家园（gugong1925. taobao. com）故宫淘宝网正式开通运营。在线销售的多是适合年轻人的 Q 版文化纪念品，以后还会不断充实产品内容，使更多人通过这一渠道“把故宫带回家”，实现对故宫文化的传播和弘扬。

【共建合作】

探索共建合作模式，调动社会各方面力量参与支持故宫博物院建设，文化弘扬能力逐步增强。

6 月，与北京首都国际机场股份有限公司签署合作协议，加强彼此在展示和传播中国传统文化方面的公益性合作，共同打造“第一国门”文化展示平台。同时，与微软亚洲研究院和北京大学三方共同合作研发的“走进清明上河图”沉浸式数字音画展示项目正式完成。

9 月，会同一批知名企业和文化机构，共同发起成立“北京故宫文物保护基金会”和“故宫会”。通过这一对平台，故宫博物院可以加强与国内外企业界、艺术界、文化界的联系与合作，让一切有志于传统文化弘扬事业的各界有识之士的积极性得到充分发挥。

鉴于 2003 年与中央电视台联合制作电视系列片《故宫》在海内外产生的巨大良好的社会反响，2010 年双方再度携手，正式签署《故宫》（第二部）拍摄补充协议，继续进行合作。

【对台对外文化交流】

发挥紫禁城的独特优势，贯彻文化“走出去”的战略，扩大交往空间，故宫博物院对外交流工作在服务于国家外交大局和祖国统一大业的同时，自身实力和影响力也不断提升。2010 年接待国宾 21 批，共计 798 人次。

与台北故宫的交流日益密切，合作常态化。2010 年首次举办的两岸故宫领导人的视频连线活动，确定了双方此后的合作计划。6 月，两岸故宫以“温故知新——两岸故宫重走文物南迁路”考察活动的形式，共同回顾纪念上世纪三四十年代故宫文物南迁的历史，继承先辈保护祖国文化遗产、弘扬中华民族文化的可贵精神。11 月，台北故宫冯明珠副院长率团来访，参加“两岸故宫第二届学术研讨会”。

与卢浮宫博物馆深化合作，签署五年合作协议。11 月 4 日，在中法两国元首——胡锦涛主席和萨科奇总统的共同见证下，故宫博物院与卢浮宫博物馆签署了 2011～2015 年合作协议。协议规定 2011 年故宫在卢浮宫举办大型故宫文物特展，打破了中国文物只能在吉美博物馆等东方文化博物馆展出的惯例，实现了具有历史意义的突破。

2010 年，还与加拿大皇家安大略博物馆以及英国维多利亚和阿尔伯特博物馆签署了“战略合作备忘录”。

精心组织文物精品展览走出国门，弘扬中华文化。2010 年的赴外展览和参展项目共有 6 项，包括赴荷兰的“自鸣钟：紫禁城珍品展”，赴美国的“乾隆花园古典家具与内装修设计展”、赴英国的“紫禁城皇家服饰展”等。这些展览，都吸引了相当数量的当地观众，产生了较大的社会反响。

借力国际先进技术和经验，文化弘扬能力继续提高。在头两期为期十年的合作期满后，10 月，与日本凸版印刷株式会社签署了第三期文化资产数字化应用研究合作协议，继续利用先进的数字技术采集和保存文化遗产信息，利用虚拟现实等手段，把紫禁城文化遗产介绍给中外观众。与德国柏林马普学会科学史所合作编辑出版了《宫廷与地方：十七至十八世纪的技术交流》。与荷兰国家自动音乐博物馆合作项目、与美国世界文物建筑保护基金会合作保护故宫乾隆花园等合作项目、与法国科学院的合作也都继续推进。

中国国家博物馆

2010 年，国家博物馆在文化部和国家文物局的正确领导下，在蔡武部长直接分管下，馆领导班子带领全馆职工贯彻落实十七届五中全会精神，用科学发展观统领各项工作，紧紧把握新馆建设的历史机遇，坚持“人才立馆、藏品立馆、业务立馆、学术立馆”的办馆方针，积极推进各项事业建设，全馆呈现出蓬勃向上的崭新局面，为新馆顺利开馆奠定了良好基础。

【以科学发展观指导工作】

2010 年，国家博物馆坚持以科学发展观为统领，坚决贯彻中央决策，贯彻文化部、国家文物局的部署，坚持“抓建设、求改革、促发展”，各方面工作都取得进展。

2010 年，中央领导同志，文化部、国家文物局领导对国家博物馆给予高度关心和支持。12 月 17 日，刘延东国务委员来馆视察改扩建工程建设情况，对工程建设给予充分肯定和高度评价。同时要求国家博物馆以改革创新的精神，加强制度建设，规划好、设计好新馆开馆展览，设置好观众服务设施，继续坚持质量第一、精益求精的原则，把国家博物馆建成精品工程；2 月 11 日，蔡武部长在国家文物局划拨 39 万余件文物的交接仪式上指出，国家博物馆改扩建工程是国家重大文化工程，也是我国公共文化服务体系建设中的重点工程，具有标志性意义，有必要提升其藏品的数量和质量，使其与日益增长的综合国力相称，与五千年文明的文化大国的影响相称。单霁翔局长希望国家博物馆切实加强这批文物的保护、展示和利用，发挥其在构建社会主义和谐社会中的重要作用。7月27日，蔡武部长、单霁翔局长到馆视察工程建设用地，重点考察“古代中国陈列”筹备情况。再次肯定国家博物馆各项工作，并要求把“古代中国陈列”办出国家水平，体现出民族特色、大国气派和时代精神。9月30日，杨志今副部长来馆检查安全工作，明确要求要按照质量第一，安全第一的原则，采取各项措施，确保工程建设的质量和安全。11月11日，欧阳坚副部长来馆视察改扩建工程，在充分肯定工程建设成绩的同时要求国家博物馆再接再厉，精益求精，圆满完成工程施工任务。

这些重要讲话和指示，充分体现了中央领导同志，文化部、国家文物局领导对国家博物馆的高度关心、期望和支持。馆领导班子多次向全馆干部职工传达指示精神并带领大家在实际工作中认真贯彻落实，采取各种措施，扎实推进新馆开馆前的各项准备工作。

【党建工作】

2010年，馆党委紧紧围绕馆中心工作，贯彻落实党的十七届五中全会精神，以馆党委理论中心组学习为先导，认真学习胡锦涛同志关于努力开创文化改革发展新局面的讲话精神，以学习型党组织建设和创先争优活动为主线，以党支部换届选举和重新调整为基石，不断加强党委自身建设，持续发挥党的组织和思想政治优势，共在五个方面取得工作成效：第一，胜利召开党建工作暨党风廉政建设工作会议；第二，有序推进学习型党组织建设工作；第三，认真开好领导班子民主生活会；第四，进一步加强支部建设，顺利完成全馆党支部的调整、划分和换届选举工作；第五，全面开展创先争优活动，认真部署贯彻习近平副主席在国土资源部专题调研时重要讲话精神，具体提出创建“五好”党支部、争做“五带头”优秀共产党员的要求，将创先争优活动不断推向深入。

【改扩建工程】

国家博物馆改扩建工程是党中央、国务院确定的国家重大文化工程项目。2010年国家博物馆改扩建工程面临全面竣工，工程进入了决战阶段，工程任务十分艰巨，必须进行科学部署，周密安排，必须坚持以“优质工程、阳光工程”为目标，全力以赴保证工程顺利进行。6月21日，馆领导主持召开“抓质量、保安全、促进度、大干一百天”动员大会。会议要求各参建单位必须高度统一思想，提高认识，精心管理，精心施工。用最优质的材料，最好的工程质量，向党和人民交出一份满意的答卷。经过统筹协调，精心安排，国家博物馆与工程设计、施工和监理各方达成一致，紧密配合，以“质量无缺陷、安全无隐患、管理无漏洞”的原则要求，坚持施工材料现场检验制度，坚持每周进行安全生产检查，坚持落实纪检监督管理机制，形成一整套行之有效的运行管理机制和办法，扎扎实实推进工程进度，实现施工现场基本没有发生重大事故的良好局面，基本达到年底改扩建工程全面竣工的目标。同时，本年度国家博物馆对端门城楼古建筑进行维修并于9月8日竣工，通过验收。

【文物划拨、清理移库】

为充分发挥文物资源的社会效能，支持国家博物馆新馆建设，国家文物局将中国文物信息咨询中心代局管理的39万余件文物整体划拨国家博物馆收藏，使国家博物馆文物藏品数量由65万件猛增到约105万件，大大丰富了藏品的数量和质量。这是国家博物馆历史上最大规模的一次文物划拨接收，也是我国文物收藏史上的重大事件。在2月11日的文物交接仪式上，蔡武部长对国家博物馆寄予厚望，希望国家博物馆珍视这批文物，为文化大发展大繁荣做出应有的贡献。单霁翔局长要求国家博物馆充分发挥这批文物在构建社会主义和谐社会中的重要作用。

遵照部局领导指示精神，国家博物馆快速制定了移库清理、分类建账、逐步进行鉴别定级的工作方案，期间多次得到单霁翔局长的具体关心支持，得以克服困难，顺利打开移库工作局面。6月17日~12月8日期间，国家博物馆派出45人的专业团队，冒着酷暑严寒，克服粉尘干扰，奋战105天，在确保安全、账目清楚的前提下，共装箱运输文物225155件，工作量完成了大半，成绩显著。

【基本陈列】

2010年，“古代中国”陈列已完成与17家文物收藏机构签署商借文物合同，商借文物218件（套）。完成馆藏2500余件展品的核查、包装和运送工作，确定了展览形式设计方案，进行了展览设备招标工作。7月，蔡武部长、单霁翔局长、馆领导和相关专家对局部展览场景的模拟展厅效果进行了审看，为确定各类展陈设备最终设计方案奠定了基础。为落实蔡武部长和单霁翔局长要求的“希望下一步要从观点、手段以及细节方面继续做好”的更高要求，国家博物馆继续反复认真修订方案细节，为2011年3月开馆完成布展任务做好充分准备。

“复兴之路”基本陈列修改任务繁重。正式启动陈列修改工作后，经多次组织研讨论证，形成陈列方案第六稿报送领导小组审议。7月，中宣部原则同意所报方案，并提出具体调整意见，国家博物馆据此继续对方案进行修改完善，调整展厅格局，提出陈列方案第七稿，经中宣部报请中央领导审定批准。9月，方案获批，陈列项目施工正式开始。12月底，大部分文物已进入展厅，拟于2011年2月底重新开展。

【国家宝藏——国家博物馆馆藏精品展】

“国家宝藏”展是国家博物馆赴日本东京国立博物馆展出的“悠久之美——中国国家博物馆名品展”的归国展。自2007年3月回国后，为回馈地方博物馆对国家博物馆长期以来的支持，在闭馆期间继续发挥国宝级文物的重要社会效能，国家博物馆决定与有关地方博物馆合作，开展“国家宝藏”展览的巡展工作。展品涵盖青铜器、玉器、陶瓷器、金银器等几大类，包括四羊方尊等国家瑰宝。自2007~2010年，“国家宝藏”在湖南、重庆、河南、辽宁、内蒙古、宁波、深圳、浙江、福建、海南等省市地区进行巡展，展出行程12站，吸引观众近千万，引起强烈的社会反响，取得了良好的社会效果。巡展的成功举办，标志着国家博物馆与地方博物馆在友好合作，探索共同办展，服务更广大观众等方面取得了巨大进展，为推动博物馆高品位展览的合作模式，为推动博物馆事业发展作出了切实有效的努力。

【中长期发展规划】

根据文化部的部署，结合国家博物馆发展实际，国家博物馆于2010年5月启动《中国国家博物馆中长期发展规划》编写工作。6月~7月，国家博物馆组织召开了28次座谈会，全体馆领导、知名专家及各部门负责人广泛参与，深入讨论。经过反复论证，国家博物馆中长期发展规划初稿于2010年9月出台，对国家博物馆未来发展的方向性、整体性和基本性问题进行了思考，对未来中长期发展目标进行了规划，同时设计出实现目标的整套方案。初稿形成后，经过两轮征求意见和修改，得到全馆上下认同。规划稿已经修改完毕，并进入报审程序。国博发展规划的编制和落实，为国博实现快速、协调、持续发展提供了纲领性的规划文件。

【“百年国博”庆典系列活动】

中国国家博物馆的前身为1912年7月9日成立的“国立历史博物馆筹备处”，2012年恰值国家博物馆百年诞辰。为反映国家博物馆百年历史成就，见证中华民族百年历史沧桑和复兴之路，计划在2012年举办一系列庆典活动。为切实推进工作进展，国家博物馆成立了“百年国博”庆典活动领导小组并于2010年5月召开第一次协调会，明确了庆典活动项目：举办百年展览，拍摄百年国博文献纪录电视片，召开学术会议和纪念大会及出版纪念册等，要求有关部门和人员着手收集相关资料并撰写大事记，为纪念活动做好各方面准备。

【对外文化交流】

随着改扩建工程顺利实施，国家博物馆日益受到国际社会及博物馆界的强烈关注，对外文化交流工作更加活跃。2010年，国家博物馆共接待来访团组50批次，国际来宾近200人，其中包括英国首相戴维·卡梅伦等众多外国政要和西方大国国家博物馆主要负责人。国家博物馆先后派出团组33个，出访22个国家和地区。

由德国柏林国家博物馆、德累斯顿国家艺术收藏馆及巴伐利亚国家绘画收藏馆联合举办的大型主题展览“启蒙的艺术”前期筹备工作顺利完成，已进入设计、备展阶段。此展计划于2011年4月1日开展。11月5日，成功举办第五届中日韩三国国家博物馆馆长会议等等。与港澳台的文化交流合作进一步扩大和增强。

【开馆前各项基础准备工作】

2010年，全馆各部门以“四个立馆”办馆方针为指导，努力做好各项基础性建设工作，为新馆开馆做好各项准备。

6月17日，启动了39万余件文物移库点交工作，已清点移库225155件。2010年征集到188件古代文物和近现代藏品4200余件（套）。

精心筹备“中国古代青铜艺术展”“中国古代佛教造像艺术展”“中国古代瓷器艺术展”和潘天寿、李可染、黄胄艺术展等。完成了上海世界博物馆博览会中国国家博物馆展区的展陈设计。

根据开馆工作实际，规范公共服务业务流程，修订观众服务制度，积极推进票务、综合导览等公共服务子系统的深化设计和开发部署工作，完成新员工招募和岗前培训工作。国家博物馆重新设计制作了新馆网站，与微软公司合作建设在线虚拟展厅，在新浪网站开通了认证微博。

成立了学术委员会。举办了中德“启蒙之对话”等学术讲座。如期发行《中国历史文物》和《近代中国与文物》，进行两刊合并为《中国国家博物馆馆刊》的申报工作。2010年度全馆共出版专著5部、译著1部、合著3部、图录11部、论文114篇。

为适应新馆开馆需要，国家博物馆着力打造一支素质过硬的安全保卫队伍，积极开展安全培训工作，提高安保人员的业务素质。高度重视安全制度的落实工作，完善各项应急预案，组织进行消防安全演练，提高火灾处置能力。顺利完成了2010年安全保卫任务。

2010年，国家博物馆藏品日常管理与文物修复保护工作进一步加强，展览策划与管理工作启动，信息化建设进一步扩大，新馆图书馆开馆积极筹备，综合考古工作成果显著，蜡像艺术馆努力制作和丰富展品，美术工作不断扩展，已形成特别能战斗的专业效率物业服务团队，文保中心物业服务不断改进，后勤服务保障职能进一步发挥，设备保障服务开始运行，人才建设全面推进，财务管理规范有序，综合服务职能进一步发挥，文化产业筹备工作积极进行。

中国古迹遗址保护协会（ICOMOS/China）

【概述】

2010年，中国古迹遗址保护协会（ICOMOS/China，以下简称协会）继续积极发挥专业咨询机构的优势，参与了我国一系列申报世界文化遗产的相关咨询和服务工作；主办、承办和协办了一系列学术研讨会、专业培训，继续开展我国世界文化遗产地保护与管理的有关活动；进一步加强和完善协会自身建设，为承担更专业、更重要的任务打好基础。

【重要工作会议和活动】

1. 协会理事会会议

10月13日，协会2010年度理事会在北京召开，理事长童明康在会上做协会2010年工作报告，常务副秘书长朱晓东受财务总监顾玉才委托，做协会财务工作报告。常务副理事长关强主持会议。20多位来自全国文物行政管理部门和文化遗产保护与研究科研机构、高等院校的理事，讨论通过了工作报告和财务报告。

2. 协会理事长会议

10月13日，协会理事长会议在北京召开，理事长童明康主持会议。常务副理事长关强、副理事长兼秘书长郭旃、副理事长安家瑶、吕舟、陈同滨、侯卫东，常务副秘书长朱晓东和副秘书长陆琼参加了会议。会议讨论并通过了财务总监顾玉才委托常务副秘书长朱晓东代理负责协会财务工作的提议，同意在下届会员大会召开之前，由常务副秘书长朱晓东代理执行财务总监工作。讨论并原则通过秘书处起草的《协会财务管理办法》（征求意见稿）、《协会工作规则》（征求意见稿）等8项制度。会上，理事长童明康还对此后及下一年度协会重点工作进行了部署。

3. 协会石窟专业委员会理事会会议

11月23日，协会二级机构石窟专业委员会在河南洛阳龙门石窟研究院召开石窟专业委员会理事会会议，选举龙门文化旅游园区管理委员会主任王永兴担任常务副主任。会议期间，由石窟专业委员会和龙门石窟研究院合办、文物出版社出版的《石窟寺研究》一书创刊首发式同时举行。

4.《中国文物古迹保护准则》修订项目

根据国际文化遗产保护理论与实践

的发展，成立《中国文物古迹保护准则》（以下简称《准则》）修订工作组，制定修订计划。

4月23日，组织召开《准则》修订座谈会，介绍工作背景，并就《准则》修订内容、补充建议等征求专家意见，形成框架性思路。5月初，协会理事长童明康访美与合作方盖蒂保护所交换了意见。6月8日，协会常务副理事长关强主持召开“《准则》修订第二次专家座谈会”，讨论了副理事长吕舟起草的“关于《准则》修订的若干建议”，与会专家在《准则》修订原则和工作进度上达成共识，确定了《准则》项目完成的时间表。10月13日，召开《准则》修订中国专家预备会，对《准则》修订稿进行了讨论。10月18日，召开《准则》修订中外专家座谈会，美国盖蒂保护所和澳大利亚遗产委员会的专家，与中国专家共同就《准则》的修订进行了讨论，并原则上达成共识。12月10日，在湖南长沙组织召开由专家和各省文物局负责人、文物古迹保护专业人员参加的《准则》修订座谈会，征求了地方文物管理部门对《准则》修订稿的意见。

为便于中外专家的交流与讨论，10月前开通了为《准则》修订项目设立的FTP服务器。

5. 专业培训

9月4日~10日，在山西太谷举办了“《中国文物古迹保护准则》——文物古迹保护规划理论与实践”培训班，国家文物局文物保护与考古司司长、协会常务副理事长关强，出席开幕式并讲话。中国文化遗产研究院党委书记、副院长，协会常务副秘书长朱晓东出席结业式并作总结讲话。来自全国各省、自治区、直辖市文物局文物保护管理人员，全国文物保护规划甲级资质勘察设计单位相关专业人员等共103人参加了培训。培训中还就《准则》的修改向学员们征求了意见和建议。

【内外交流】

4月10日，协办了以文化景观遗产保护为主题的2010年文化遗产保护无锡论坛。来自中国、日本、韩国的专家、学者共100多人参加了会议，会上讨论形成了《关于文化景观遗产保护的无锡建议》。

4月7日~12日，协会专家、中国建筑设计研究院建筑历史研究所副所长王力军，参加了在马耳他举行的国际古迹遗址理事会历史村镇科学委员会（CIVVIH）2010年度会议“历史城镇——城市可持续发展政策的参照”。

受国家文物局委托，为我国代表参加7月25日~8月3日在巴西召开的第34届世界遗产大会提供技术支持，包括有针对性地提出申报策略，为参与大会主题研讨提供发言素材。在本次会议上，河南的“登封‘天地之中’历史建筑群”申遗成功。

7月30日~31日，协会副理事长、中国建筑设计研究院建筑历史研究所所长陈同滨，陪同国际古迹遗址理事会顾问委员会主席兼土遗址专业委员会主席约翰·赫德（John Hurd）对元上都遗址进行了考察。

9月，协会专家、中国建筑设计研究院建筑历史研究所副所长王力军受国际古迹遗址理事会委托，对日本2011年申报世界遗产项目“平泉——代表佛教净土思想的寺庙、园林和考古遗址”进行考察。

11月23日~24日，协会委托文化遗产保护规划国家文物局重点科研基地（中国建筑设计研究院）和扬州市文物管理委员会，在扬州共同举办了“大地与水：景观美的认知”国际学术研讨会，国家文物局局长单霁翔参加会议并作了题为《文化景观遗产——天地古今之杰作》的主旨报告。国际古迹遗址理事会副主席、协会副理事长兼秘书长郭旃，协会副理事长、中国建筑设计研究院建筑历史研究所所长陈同滨，及国际古迹遗址理事会景观专业委员会主席莫妮卡·卢恩戈（Monica Luengo），国际古迹遗址理事会英国国家委员会秘书长苏珊·丹耶尔（Susan Denyer），分别主持了为期两天的研讨会。国际古迹遗址理事会菲律宾国家委员会主席奥古斯都·韦拉隆（Augusto Villalon），韩国国家委员会主席李相海，澳大利亚文化遗产专家茱丽叶·拉姆齐（Juliet Ramsay），中国文化遗产研究院规划设计研究所副所长张谨，北京公园管理中心主任高大伟，江苏省扬州市文物局局长顾风等20多位专家学者相继作了交流发言，就“大地与水”这一新兴的重要话题，共同探寻新的认识和方向，研讨景观美的发现和保护。

11月，协会会员、中国建筑设计研究院建筑历史研究所副所长傅晶加入国际古迹遗址理事会文化线路专业委员会。

【世界文化遗产申报】

发挥协会专业优势，为我国申报世界文化遗产提供咨询、资料汇总，翻译、审校，组织专家考察、文本论证会等一系列服务。

1. 大运河

4月，受国家文物局委托，承担大运河申遗预备名单遴选工作，按照大运河保护和申遗省部际会商小组确定的“大运河申遗预备名单遴选工作方案”，制定遴选实施方案，于4月下旬筹备召开“中国大运河核心价值与遴选标准专家座谈会”，研讨大运河核心价值与遴选标准，整理各地申报材料，形成基础名单。

6月28日～30日，协助国家文物局世界遗产处，在北京召开“大运河申报世界文化遗产预备名单专家会议”，组织专家对基础名单中315个遗产点进行初步筛选，形成239个待现场考察项目。

8月～9月，组织专家完成了对大运河沿线八个省、市运河河道和遗产点的现场考察，形成专业评估意见，完成大运河申遗预备名单遴选准备工作。

10月14日，在北京组织召开“大运河申遗预备名单遴选专家研讨会”，讨论考察专家的评估意见，形成推荐预备名单。

11月11日，在北京组织召开“大运河申遗预备名单遴选专家会议”，对222项遗产点、段进行审查，并以无记名投票方式决定了申遗预备名单立即列入、后续列入和不列入的项目。

2. 登封“天地之中”历史建筑群

参与了河南“登封‘天地之中’历史建筑群”申遗项目，具体承担了“登封‘天地之中’历史建筑群”申遗补充文本的翻译组织工作和具体审校工作。

3. 杭州西湖文化景观

参与了“杭州西湖文化景观”申遗项目，具体承担了申遗文本的翻译组织和审校工作；组织召开三次专家论证会，使文本顺利通过世界遗产中心的格式审查；与国际古迹遗址理事会沟通，进一步说明杭州西湖文化景观的突出普遍价值；参与国际专家考察杭州西湖的接待工作；协会副理事长郭旃、陈同滨具体指导了杭州方面开展国际古迹遗址理事会专家现场评估的接待准备工作；秘书处派员全程陪同国际专家并担任翻译。

5月20日，协会副理事长、中国建筑设计研究院建筑历史研究所所长陈同滨，参加了国家文物局、协会主办的世界文化遗产监测管理工作会议（回顾性登录培训），并在会上介绍了西湖文化景观的突出普遍价值编写和遗产保护区划图。

4. 其他

7月16日，组织召开“世界文化遗产申报文本专家评审会”，邀请来自中国世界遗产专家委员会，和全国文化遗产保护与管理相关科研机构、高等院校的专家、学者，对“元上都遗址”、“牛河梁遗址”、“红河哈尼梯田”三个申报文本进行评审。并根据专家意见形成《世界文化遗产文本专家评审会会议纪要》和《关于文本评审会的补充汇报》上报国家文物局。

11月15日～16日，受国家文物局委托，在北京筹备召开“中国世界文化遗产第二轮定期报告工作会议暨《世界遗产公约操作指南》研讨会”，组织专家对我国遗产地即将提交世界遗产中心的第二轮定期报告进行审核，并举办了《实施保护世界文化与自然遗产公约操作指南》培训班。

11月23日，协会副理事长、中国建筑设计研究院建筑历史研究所所长陈同滨，参加了国家文物局与国际古迹遗址理事会西安保护中心主办的丝绸之路价值与申报世界遗产工作研讨会。

【自身建设和文保宣传】

发展团体会员59个，个人会员628人。

以专业研讨会论文为主要内容，编印了《大遗址保护良渚论坛论文专刊》《世界文化遗产地保护管理的理论与实践培训班专刊》《中国文化遗产保护——文化景观遗产保护专刊》，向广大会员宣传文物保护理论的新发展，介绍文物保护新成果。

纪事篇

1月

1月4日 在全国文化厅局长会议上，文化部部长蔡武表示，要紧密围绕党和国家工作大局，坚持改革和发展并重，抓住重点工作和关键环节，努力开创2010年文化工作新局面。

1月6日 文化部在北京举行2010年驻外文化处（组）及文化中心负责人年会。

1月8日 “春华秋实——国家文物局六十年展”在北京新文化运动纪念馆开幕。

1月10日 中国妇女儿童博物馆在北京举行开馆仪式。

1月11日～12日 由深圳博物馆、深圳文物管理办公室、深圳文物考古鉴定所、望野博物馆联合举办的中国红绿彩瓷器专题学术研讨会在深圳博物馆召开。

1月13日 由中国社会科学院主办、中国社会科学院考古研究所和考古杂志社共同承办的“中国社会科学院考古学论坛——2009年中国考古新发现”在北京举办。

1月14日 中国社会科学院考古研究所公共考古论坛在北京召开，详细解析了被社会持续关注的河南安阳西高穴大墓。

1月14日 国家文物局直属机关团委组织机关团员青年参观北京新文化运动纪念馆并与老专家座谈。

1月15日 国家文物局向各省、自治区、直辖市文物局（文化厅、文管会），各直属单位发布《关于加强和改进文物、博物馆行业作风建设的意见》。

1月16日 屈原祠建设工程竣工典礼在秭归凤凰山举行。

1月16日～17日 中国博物馆学会兵器与军事历史专业委员会成立大会暨第一次学术研讨会在云南景洪市召开。

1月17日 云冈石窟研究院与北京建筑工程学院在北京联合主办“云冈石窟三维激光扫描技术成果应用展评会”。

1月18日 “江苏省第三次全国文物普查十大新发现”揭晓仪式在南京举行。

1月20日 西安唐大明宫丹凤门遗址主体保护展示工程竣工，这是唐大明宫国家遗址公园内率先启动的标志性示范工程。

1月26日 中共中央宣传部、财政部、文化部、国家文物局在北京召开全国博物馆纪念馆免费开放工作会议。

1月26日　“指南针计划”专项研究试点项目“中国古代白瓷发明创造科学价值挖掘与标本库建设”通过专家验收。

1月27日　在宋庆龄诞辰117周年纪念日到来之际，宋庆龄故居举办了“鲜花敬伟人”活动。

1月28日　“全国科技馆巡展项目汇展”在中国科技馆开幕。

2 月

2月1日　中国博物馆学会主办的国际博协“中国濒危文物红色目录”第一次编委会会议在北京香山中国博物馆学会北京培训中心召开。

2月1日　陕西省人民政府新闻办公室召开新闻发布会，宣布陕西省出台的《陕西省黄帝陵保护管理办法》当日开始实施。

2月2日　央视网邀请中宣部、财政部、国家文物局有关负责同志在线交流博物馆纪念馆免费开放工作。

2月3日　国家文物局在北京召开全国博物馆文化产品开发工作座谈会。

2月6日　“利玛窦——明末中西科学技术文化交融的使者展”在首都博物馆开幕。

2月7日　湖北省委省政府与国家文物局协商共建荆州大遗址保护片区。

2月8日　国家文物局领导会见意大利文化遗产与活动部代表团。

2月9日　由中国社会科学院主办的夏鼐先生百年诞辰纪念座谈会在中国社会科学院考古研究所举行。

2月11日　国家文物局在中国国家博物馆新馆举行文物交接仪式，将其管理的39万件文物整体划拨国家博物馆收藏，从而使国家博物馆的藏品总量突破100万件。

2月12日　国家文物局召开干部大会。

2月20日　全国红色旅游工作协调小组在北京召开第七次会议。

2月23日　中国和肯尼亚合作实施拉穆群岛地区考古项目签字仪式在北京举行。

2月24日　“卫温从台州远航台湾1780周年研讨会暨首日封发行仪式”在北京举行。

2月25日~26日　国家文物局在北京召开2010年第一次局扩大会议。

2月26日　国家文物局召开2010年党风廉政建设工作会议。

2月26日　国家文物局向各省、自治区、直辖市文物局（文化厅、文管会），各直属单位下发紧急通知，要求加强文物保护单位消防安全工作。

2月28日　中国海关博物馆建设项目正式开工。

3 月

3月1日~3日　国家文物局组织专家考察四川震后文物抢救保护工作。

3月2日　国家文物局在北京召开文物系统全国人大代表、政协委员座谈会。

3月3日　中国人民政治协商会议第十一届全国委员会第三次会议在人民大会堂开幕。

3月4日　国家文物局、湖北省人民政府签署协议共建大遗址保护荆州片区。

3月5日　第十一届全国人民代表大会第三次会议在人民大会堂开幕。

3月9日　西安大明宫遗址保护办公

室与日本奈良文化财研究所在西安签署文化遗产保护发展协议。

3月16日 长沙铜官窑国家考古遗址公园考古工作启动。

3月17日 国家一级博物馆运行评估培训班在北京举办。

3月18日 上海科技馆被国家旅游局正式授予国家5A级旅游景区称号。

3月19日 中澳两国代表在北京签署《中华人民共和国文化部与澳大利亚外交贸易部关于2010年至2012年互办文化年谅解备忘录》。

3月20日 由浙江省博物馆与杭州市集邮协会共同举办的《黄公望·富春山居图》特种邮票首发式在浙博武林馆区举行。

3月21日 2010博鳌国际旅游论坛大会在海南三亚举行。

3月22日 第十八届世界水日，也是第二十三届中国水周的第一天，我国纪念世界水日、中国水周主题活动暨中国水利博物馆开馆仪式在杭州举行。

3月23日 国家文物局在北京组织召开会议，回顾总结“三普”工作成果，安排部署下一阶段文物普查工作。

3月23日 中国国家文物局局长单霁翔在北京会见了前来访华的印度文化部副部长贾哈尔·索尔卡和印度驻华大使苏杰生。

3月24日 文化部在江苏常州宣布正式启动“平安世博”文化市场专项保障行动。

3月25日 “2010·中国女性艺术大展——纪念国际劳动妇女节100周年”开幕式在中国妇女儿童博物馆隆重举行。

3月26日 国家文物局党组中心组集体学习《中国共产党党员领导干部廉洁从政若干准则》。

3月26日 国家旅游局、国家工商行政管理总局、国家质量监督检验检疫总局、国家宗教事务局、国家文物局、国家标准化管理委员会联合召开规范全国宗教、旅游场所燃香活动电视电话会议。

3月28日 中国藏学研究中心西藏文化博物馆开馆仪式暨“雪域宝鉴——见证西藏历史、弘扬藏族文化”大型主题展览在北京举行。

3月30日 国家文物局在北京组织召开全国水下文化遗产保护工作会议。会上，国家文物局授予云澳边防派出所“文物保护特别奖”。

3月31日 国家文物局召开总结表彰会，对历时20余年的《中国文物地图集》的编辑、出版工作进行全面总结和表彰。

3月31日 国务院第三次全国文物普查领导小组办公室第三次会议在国家文物局召开。

4月

4月1日 国家文物局组织的“十一五”国家科技支撑计划项目中最大的课题——“空间信息技术在大遗址保护中的应用研究（以京杭大运河为例）”通过专家验收。

4月2日 大运河保护和申遗省部会商小组第二次会议在文化部召开。

4月9日 第二届“中国历史文化名街”评选推介活动新闻发布会在北京举行。

4月10日~11日 第五届中国文化遗产保护无锡论坛召开，呼吁加强文化景观遗产保护。

4月14日 青海省玉树藏族自治州玉树县发生7.1级强烈地震。

4月14日 中国文化遗产研究院选派了两名水下文化遗产保护工作人员前

往南沙群岛进行实地考察。

4月16日 “中国西南博物馆联盟”在重庆三峡博物馆宣告成立。

4月18日 国家文物局系统第六届职工运动会在北京举行。

4月19日 国家文物局党组举行向青海玉树地震灾区人民捐款活动。

4月23日 民办博物馆专业委员会成立大会在北京举行。

4月23日 国家文物局召开2010年预算执行工作会议。

4月24日 “古都的恩人梁思成”演讲会暨为梁思成在日本奈良树立铜像启动仪式在北京全国政协礼堂举行。

4月26日 “纪念海南解放60周年大型图片展”在海南省博物馆开展。

5月

5月1日 国务院总理温家宝在青海玉树主持召开会议研究灾后恢复重建工作。

5月11日 上海世博园埃及馆举行开馆仪式。

5月12日 河南援建江油李白故里灾后文物抢救保护工程竣工仪式在四川省江油市举行。

5月13日 共青团文化部直属机关第十三次代表大会在北京召开。

5月13日 国家文物局印发《关于切实加强博物馆公共安全工作的紧急通知》。

5月14日 青海省人民政府和国家文物局联合在全国重点文物保护单位新寨嘉那嘛呢堆举行玉树地震灾区文化遗产抢救保护工程启动仪式。

5月15日～16日 由北京师范大学历史学院中国古代史研究中心主办的商周文明学术研讨会在北京召开。

5月17日 国家文物局“指南针项目进校园”巡展走进中央民族大学，向各民族师生展现中国古代发明创造的成果，传达其体现出来的科学精神内涵。

5月17日 由江西省文物考古研究所主办的中国南方考古工作经验交流会在南昌召开。

5月18日 国际博物馆日主会场活动在广东省博物馆举行。

5月18日 上海世博会园区“国际博物馆协会荣誉日”。

5月18日 由联合国教科文组织支持的亚太地区非物质文化遗产国际培训中心在北京揭牌。

5月18日 无锡阖闾城遗址博物馆奠基仪式在无锡举行。

5月18日 依托2007年全国十大考古新发现——李洲坳东周墓葬的江西省靖安县博物馆新馆开馆。

5月19日～20日 国家文物局在北京召开世界文化遗产监测工作会议，部署世界文化遗产第二轮定期报告的相关工作。

5月19日～20日 主题为“脆弱性硅酸盐类文化遗产保护关键科学与技术基础”的东方科技论坛（第148期）在上海召开。

5月20日 “2010非洲文化聚焦”大型文化交流活动在北京开幕。

5月20日～22日 国家文物局数据中心文物调查项目数据审核工作组赴广西壮族自治区开展文物调查及数据库管理系统建设项目数据审核工作。

5月21日 国家文物局党组中心组组织集体学习。

5月21日 国家文物局在北京组织召开“4·14”玉树地震灾后重建规划文物抢救保护修复专项规划论证会。

5月22日～23日 以“共同的遗产、共同的责任”为主题的2010年中国文化遗产保护与传承高峰论坛在北京举行。

5月23日 中华之源与嵩山文明研究会成立暨郑州嵩山文明研究院揭牌大会在郑州召开。

5月24日 全国首家以文学名著命名的专题性博物馆——“骆驼祥子”博物馆在青岛建成开馆。

5月25日 由国家文物局和浙江省共建的我国首个文化遗产保护科技区域创新联盟正式成立。

5月26日 由西北农林科技大学创建的中国农业历史博物馆在陕西杨凌农林博物园开馆。

5月28日 中央国家机关第三届职工运动会在国家奥林匹克体育中心举行开幕式。

6月

6月1日 军队营区文物保护与管理培训班在北京大学举行开班仪式。

6月3日 由故宫博物院举办的“重走故宫文物南迁路”考察活动正式启动。

6月3日~4日 中国文化遗产保护普洱论坛在云南普洱举行。

6月5日 “世界文化遗产保护和遗产地经济发展研究”国际会议在北京召开。

6月7日 国家文物局局长单霁翔与国家测绘局局长徐德明在北京签署《国家文物局、国家测绘局关于加强战略合作的协议》。

6月9日 国际博协第22届会员代表大会筹备委员会第二次会议在北京召开。

6月11日 2009年度全国十大考古新发现揭晓。

6月11日 “国家珍贵古籍特展”在国家图书馆开幕。

6月11日 “中国古代建筑经典模型展”在北京开幕。

6月12日 我国第五个文化遗产日。

6月12日 由国家文物局主办、中国文物信息咨询中心等单位承办的第二届全国青少年文化遗产知识大赛决赛在苏州落下帷幕。

6月12日~13日 以“城市更新与文化传承”为主题的论坛在文化遗产日主场城市苏州举行。

6月13日 第三届“薪火相传——中国文化遗产保护年度杰出人物”颁奖典礼暨事迹报告会在无锡市举行。

6月16日 首届中国农民艺术节在全国农业展览馆开幕。

6月18日 安徽省亳州博物馆新馆建成开放。

6月22日~23日 全国文化文物系统对口支援新疆工作会议在乌鲁木齐市召开。

6月22日 国务院第三次全国文物普查领导小组第三次（扩大）会议在北京召开。

6月24日 2010年全国文物局长座谈会在新疆维吾尔自治区昌吉回族自治州召开。

6月25日 新疆首个国家考古遗址公园北庭故城国家考古遗址公园建设工程正式启动。

6月28日 中国拍卖行业协会在北京举办“《文物艺术品拍卖规程》宣传贯彻新闻发布会暨执行承诺签字仪式”。该《规程》7月1日起正式实施。

6月29日 “印缘——李岚清篆刻艺术展”在北京恭王府开幕。

7月

7月1日 国家文物局召开文物系统

党的基层组织深入开展创先争优活动动员大会。

7月1日 “圣地西藏——最接近天空的宝藏”特展在台北展出。

7月5日 中国航海博物馆开馆仪式在上海举行。

7月5日 “华夏文明之源——河南文物珍宝展”在日本东京国立博物馆开幕。

7月6日 2010年大运河保护和申遗工作会议在江苏省扬州市召开。

7月7日 国家文物局与陕西省人民政府在北京签署《合作共建彰显华夏文明历史文化基地框架协议》。

7月7日 为纪念世界反法西斯战争胜利65周年，中国人民抗日战争纪念馆与俄罗斯卫国战争纪念馆在中国人民抗日战争纪念馆共同举办“回顾胜利——俄罗斯专题展”。

7月7日 教育部语言文字应用研究所和中国文字博物馆在安阳市签署战略合作协议。

7月8日~9日 国家文物局第二次局务扩大会议在北京召开。

7月9日 国家文物局与国家旅游局在北京签署《旅游发展与文物保护战略合作框架协议》。

7月9日 2010年上海世博会城市最佳实践区案例馆馆长西湖沙龙在中国湿地博物馆举行。

7月12日 全国文物安全工作部际联席会议办公室第一次会议在北京召开。

7月12日 中国博物馆学会登记著录专业委员会在四川成立。

7月15日 “至尊国礼 明月和风——国际友谊博物馆藏伊斯兰国家国际礼品特展”作为中国（宁夏）文化艺术旅游博览会系列展览在宁夏博物馆开展。

7月16日 首届“紫禁城杯”（2009年度）全国文化遗产十佳图书评选颁奖仪式在四川博物院举行。

7月19日 第七批全国重点文物保护单位评选会在北京召开。

7月22日 2010长城保护宣传万里行大型公益活动新闻发布会在中国人民对外友好协会和平宫召开。

7月25日 第34届世界遗产大会在巴西首都巴西利亚开幕。

7月25日 首届“北京国际茶城杯”紫砂精品大赛暨紫砂拍卖会在马连道北京国际茶城正式启动。

7月25日~26日 国家文物局与中国科学院在北京联合举办了文化遗产保护科学和技术发展专题研讨会。

7月26日 《中国文化手机报》在北京创刊，中国文化传媒集团与中国联通集团签署了战略合作协议。

7月26日~28日 文博旅游专家走进甘肃肃南，开展“中国文化遗产探访之旅”活动。

7月27日 中国社会科学院考古研究所建所60周年庆祝大会在北京举行。

7月28日 国家文物局正式发出《关于加快馆藏珍贵文物数据采集、报送工作的通知》。

7月29日 “考古中华”——中国社科院考古研究所60年成果展在首都博物馆开展。

7月29日 全国文物法制宣传工作座谈会在秦皇岛召开。

7月29日 国家水下文化遗产保护宁波基地暨宁波中国港口博物馆建设工程奠基仪式在浙江省宁波市北仑港举行。

7月29日~30日 首都博物馆在北京举办“博物馆展陈体系研讨会”。

7月31日 河南省文物局在郑州召开全省文物藏品信息化、博物馆免费开放及《中国博物馆志·河南卷》组稿等项工作推进会。

7月31日 河南登封“天地之中”历史建筑群经联合国教科文组织世界遗产委员会批准，被列入《世界遗产名录》。

8 月

8月1日 “中国丹霞”经联合国教科文组织世界遗产委员会批准，正式列入《世界遗产名录》。

8月3日 “沈阳故宫缘——灵山胜会”在沈阳展出。

8月3日 “残园惊梦——奥尔末圆明园历史影像展”在中华世纪坛世界艺术馆开幕。

8月4日 应故宫博物院团委邀请，国家文物局团委组织系统团员青年参观了“故宫藏历代书画展”。

8月6日 由中国文物保护基金会和清华大学等单位联合主办的“2010中国文化遗产保护万里行”活动在清华大学启动。

8月8日 丝绸之路复兴之旅中国主流媒体联合报道团支持跨国申遗大型采访考察活动在西安大明宫国家遗址公园举行出发壮行仪式。

8月8日 内蒙古赤峰博物馆新馆落成开放。

8月8日 “莫高余馥：饶宗颐敦煌书画艺术特展”暨饶宗颐九十五华诞庆典在甘肃敦煌举行。

8月9日~11日 全国第十届科技考古学术讨论会在中国科学院研究生院召开。

8月11日 国家文物局局长单霁翔在北京会见厄瓜多尔政府代表团。

8月11日 国家文物局在北京召开了部分省市“文物调查及数据库管理系统建设”项目工作会。

8月12日 全国重点文物保护单位安江农校纪念园挂牌仪式在湖南怀化职业技术学院举行。

8月14日 《罗哲文从事文物保护70周年》图书首发式暨庆祝会在北京举办。

8月15日 由重庆市抗日战争大后方历史文化研究会和台湾中正文教基金会联合举办的“重庆岁月——海峡两岸抗战文物展”在重庆展出。

8月15日 在日本军国主义宣布无条件投降65周年纪念日，追悼和缅怀3万遇难同胞的“厂窖惨案纪念馆”在惨案发生地湖南南县厂窖镇落成开馆。

8月16日 首次由西北五省区文博单位共同举办的“丝绸之路——在西北遗珍”大型联合展览在陕西历史博物馆开幕。

8月16日 “遗产保护与教育”论坛在海南三亚举行。

8月17日 参加“情系八桂——两岸文化联谊行”的150余位两岸文化界人士到南宁东效的昆仑关战役旧址，凭吊在战役中牺牲的抗日将士。

8月17日 “玉树不倒 青海长青——玉树抗震救灾主题展览”在中国人民革命军事博物馆开幕。

8月18日 由北京市公园管理中心和北京市公园绿地协会主办的“皇家园林保护与世界城市建设”主题沙龙在香山公园举行。

8月18日 “走向辉煌——元代文物精品特展”在内蒙古博物院开幕。

8月22日 大型展览“改革开放设计师邓小平”在深圳博物馆开幕。

8月22日 “全国青少年文化遗产夏令营”开营仪式在甘肃省天水市麦积山下举行。

8月22日 2010年度全国文物行政执法人员片区（第五片区）轮训班在四川成都举办。

8月23日 青海省国家级热贡文化生态保护实验区建设项目启动仪式在黄

南藏族自治州尖扎县坎布拉镇俄家台施工现场举行。

8月24日 国际动物考古学会第11届世界大会在法国巴黎召开。

8月25日 “北方之星：叶卡捷琳娜二世与俄罗斯帝国的黄金时代”特展在上海博物馆开幕。

8月25日 位于西藏自治区拉萨市墨竹工卡县的松赞干布纪念馆开馆。

8月25日 全国人大常委会组成人员分组审议了非物质文化遗产法草案。

8月25日 国家水下文化遗产保护青岛基地揭牌仪式在青岛奥帆中心举行。

8月25日 广西铜鼓文化生态保护区建设在“中国民间文化艺术之乡”河池市东兰县举行。

8月26日 “忽必烈的时代——中国元代艺术展”赴美国大都会博物馆展品启运仪式在北京中华世纪坛举行。

8月26日 由广州博物馆和上海市历史博物馆联合举办的“东风西渐——欧洲瓷器历史展”在广州博物馆专题陈列厅开幕。

8月26日 孔子博物馆总体展陈策划方案专家论证会在北京举行。

8月27日 “中国兵马俑展”在瑞典首都斯德哥尔摩东方博物馆开幕。

8月27日 “玉树临风 浴火重生——青海玉树赈灾图片展”在香港会展中心揭幕。

8月27日~29日 国家文物局专家组到山东省考察工作，重点复核申报的第七批全国重点文物保护单位。

8月30日 中国博物馆协会会员代表特别大会在北京召开。中国博物馆学会更名为中国博物馆协会。

8月30日 中国文物保护基金会主办的首届大学生中国文物摄影大赛项目启动暨著名表演艺术家王刚担任公益形象代言人签约仪式在北京举行。

8月29日~30日 全国第十一届考古与文物保护化学学术研讨会在吉林长春召开。

8月30日~31日 国家文物局2009年度文物保护科学和技术创新奖励评审会议在北京召开。

9月

9月1日 上海召开全市文物系统干部大会，宣布上海市文物局正式挂牌。

9月1日 青海玉树藏族自治州东仓《大藏经》珍藏馆在玉树结古镇竣工验收。

9月1日 山西省文物局投资兴建的文博小学竣工典礼在山西平顺县石城镇豆口村举行。

9月3日 由中国宋庆龄基金会培训交流中心和环球慈善杂志共同主办的“大爱·感动中国——中国百位慈善人物肖像画展”新闻发布会在北京宋庆龄故居举办。

9月4日 中国博物馆协会丝绸之路沿线博物馆专业委员会在兰州宣布成立。

9月6日 由中华文化联谊会和台湾沈春池文教基金会联合举办的“2010年两岸文化论坛”在台北举行。

9月6日 以“保护、创新、融合、发展”为主题的“中国石家庄·正定古城文化保护高峰论坛”在河北石家庄市举行。

9月7日 由中宣部等组织的延安革命纪念馆陈列布展经验交流会在延安召开。

9月7日 第四届中国芷江·国际和平文化节在湖南省芷江侗族自治县开幕。

9月7日~8日 国家文物局第四批重点科研基地评审会议（初评）在北京召开。

9月10日 “金冠玉饰锦绣衣——契丹人的生活和艺术”展览开幕式暨香港梦蝶轩辽代文物捐赠仪式在中国丝绸博物馆举行。

9月11日 作为西藏“十一五”重点文物保护工程之一的色拉寺维修工程举行开工仪式。

9月13日 “法治与责任——全国检察机关惩治和预防渎职侵权犯罪展览”在中国人民革命军事博物馆开幕。

9月14日 国家文物局现场督察镇江双井路宋元粮仓遗址损毁事件。

9月15日 2010年中日韩博物馆国际学术研讨会在首都博物馆开幕。

9月15日 香港特区政府公布第二批“活化历史建筑伙伴计划”。

9月15日 由中央统战部、国家民委共同举办的民族团结主题宣传画展览在北京民族文化宫开幕。

9月15日 由国家博物馆水下考古研究中心、天津市文化遗产保护中心联合开展的天津市水下文物普查探测、探摸工作在塘沽正式启动。

9月16日 《谢辰生先生往来书札》和《谢辰生文博文集》两书的首发式暨座谈会在故宫博物院举行。

9月16日 第八届全国文物修复技术研讨会在河南安阳召开。

9月16日 “范正锡美，巧夺天工——侯马陶范艺术展”在北京大钟寺博物馆开幕。

9月16日 “两岸汉字艺术节”在北京太庙隆重开幕。

9月17日 长春市伪满皇宫博物院举办纪念“九·一八”事变79周年社会各界人士宣誓仪式，以此警示人们牢记历史，弘扬爱国主义精神。

9月17日 “汉代城市和聚落考古与汉文化国际学术研讨会”在河南安阳市内黄县召开。

9月18日 “日本百名漫画家笔下的8·15系列漫画画展”在北京中国人民抗日战争纪念馆开幕。

9月18日 “忽必烈的时代——中国元代艺术展”在美国纽约大都会博物馆开幕。

9月21日 “梅香翠雅——四川遂宁宋代窖藏瓷器展”在北京恭王府开幕。

9月23日 “往昔世界——虚拟重生”国际学术研讨会在北京举行。

9月26日 故宫博物院举办研讨会、文物展览等系列活动，纪念建院85周年。

9月28日 黑龙江省博物馆新馆在哈尔滨市正式开工建设。

9月28日 北京市民政局正式批准成立“北京故宫文物保护基金会”。

10月

10月7日 “文艺绍兴——南宋艺术与文化特展”在台北故宫博物院举行开幕式。

10月7日 国家文物局与意大利文化遗产与活动部签署《关于促进文化遗产保护合作的谅解备忘录》。

10月9日 国家文物事业发展“十二五”规划研讨会在北京召开。

10月10日 “中国文房四宝特色区域荣誉称号授牌仪式”在人民大会堂举行。

10月11日 “首届全国经济百强县（市）博物馆馆长论坛暨县级博物馆馆长研讨会”在江苏省常熟市召开。

10月11日~13日 第七批全国重点文物保护单位专家评选会第二次全体会议在北京召开。

10月12日 中埃政府签署了《中华人民共和国政府与阿拉伯埃及共和国关

于保护和返还从原属国非法贩运被盗文化财产的协定》。

10月13日 中国古迹遗址保护协会2010年理事会议在北京召开。

10月13日 由国家文物局主办，南京博物院承办的“纸质文物保护行业标准推广实施培训班”在南京举行。

10月13日 以“文字与民族文化”为主题的第二届中国文字发展论坛在中国文字博物馆举行。

10月14日 北京博物馆学会保管专业第十届学术研讨会在四川博物院召开。

10月15日 以“保护传承、合理利用”为主题的首届中国非物质文化遗产博览会在山东济南市开幕。

10月15日 “日本近现代戏剧史展”在北京人艺戏剧博物馆举办。

10月15日～17日 “良渚论坛·2010大遗址考古与大遗址保护学术研讨会”在杭州良渚召开。

10月18日 以“加快北京拍卖市场发展，促进国际商贸中心建设”为主题的2010北京拍卖季在荣宝斋大厦开幕。

10月18日 “‘高山流水’——古琴艺术展”在国家大剧院东展厅举行。

10月18日 “关中—天水经济区”秦文化学术研讨会在西安召开。

10月20日 “中国古陶瓷学会2010年会暨磁州窑学术研讨会”在河北邯郸举行。

10月22日 西班牙向秦兵马俑考古项目颁发王子奖。

10月23日 中国铁道博物馆开馆。

10月24日 “抗战将领文物展”在北京中国人民抗日战争纪念馆开幕。

10月24日 香港冯燊均国学基金会向北京大学捐赠300万元人民币仪式在北京大学举行。

10月25日 国家文物局党组中心组集体学习党的十七届五中全会精神。

10月25日 “丝路新篇——中意文化遗产保护合作成果展”在首都博物馆开幕。

10月27日 全国文博教育培训工作座谈会在郑州召开。

10月28日 里耶古城考古遗址公园开园仪式在湖南湘西龙山县举行。

10月31日 克罗地亚政府文化代表团到周口店遗址交流座谈。

11 月

11月1日 “中欧博物馆西安论坛”在陕西省历史博物馆举办。

11月3日 全国文物安全工作部际联席会议第一次会议在北京召开。

11月4日 故宫博物院与卢浮宫博物馆签署框架合作协议。

11月5日 由国家文物局、英国驻华大使馆教育处及湖北省文物局共同主办的中英文化连线“博物馆馆藏的教育功能”研讨会在湖北省博物馆召开。

11月5日 中国建筑学会工业建筑遗产学术委员会在清华大学成立。

11月7日 国际博物馆协会第22届大会暨第25届全体会议在上海世博中心开幕。

11月8日 “全球博物馆志愿者开放论坛”在上海世博中心举行。

11月9日 国际博物馆协会在上海世博中心公布了《中国濒危文物红色目录》。

11月9日 文化部发出《关于印发〈全国文化市场知识产权保护专项执法行动方案〉的通知》。

11月10日 中国科技史及其与世界其他文明的相互影响国际会议在中国科学技术馆开幕。

11月11日 大运河申遗预备名单遴

选专家评审会在北京召开。

11月13日 中国传统建筑文化传承与创新论坛在北京举办。

11月13日 史前文化遗产国际高峰论坛在桂林举办。

11月15日 国家文物局、甘肃省人民政府合作加强甘肃文化遗产工作框架协议在兰州签署。

11月15日 中国申报的《中国水密隔舱福船制造技艺》《中国活字印刷术》《麦西热甫》被列入2010年“急需保护的非物质文化遗产名录”。

11月15日 “世界文化遗产第二轮定期报告工作会议暨《世界遗产公约操作指南》研讨会”在北京召开。

11月15日 “中日文物建筑抗震技术研讨会”在成都召开。

11月16日 国家文物局文物外事工作座谈会在江苏省无锡市召开。

11月16日 山东博物馆新馆开馆。

11月17日 国家文物局、四川省人民政府签署协议共建大遗址保护成都片区。

11月17日 “众志成城 雷霆出击——全国重点地区打击文物犯罪专项行动成果展”在中国人民革命军事博物馆开幕。

11月18日 “世界文化遗产都江堰二王庙古建筑群灾后抢救保护工程”圆满竣工。

11月18日 国家文物局大遗址保护工作会议在成都召开。

11月18日 国家文物局组织召开“全国民办博物馆发展成都论坛”。

11月22日 国家文物局与国家海洋局在北京签署《关于合作开展水下文化遗产保护工作的框架协议》。

11月24日 “水下文化遗产保护展示与利用国际学术研讨会”在重庆开幕。

11月24日 位于重庆市北碚的老舍旧居正式挂牌“四世同堂纪念馆”。

11月25日 “中国考古学会第十三次年会·三峡考古发现研究暨纪念夏鼐先生诞辰一百周年”在武汉召开。

11月27日 中国文物保护技术协会成立30周年纪念典礼在成都举行。

11月27日 中国政府援助柬埔寨吴哥古迹二期茶胶寺保护修复工程开工。

11月27日 第十三届中国民族建筑年会暨民族建筑文化保护、传承与创新发展高峰论坛在北京人民大会堂开幕。

11月28日 京师大学堂甲骨文书法研究院在北京成立。

11月30日 《抗战纪念建筑》一书首发式在山西武乡举行。

12月

12月1日 中厄两国在北京签署《中华人民共和国国家文物局和厄瓜多尔共和国自然与文化遗产协调部2011年至2014年谅解备忘录》。

12月1日 “第六届西部考古协作会暨三峡文化遗产保护学术研讨会”在重庆举行。

12月1日 西安汉长安城未央宫遗址系列保护工程开工仪式在未央宫遗址前举行。

12月1日 重庆市文物考古所举行建所十周年庆典。

12月6日 “纸之路”第四届东亚纸张保护国际学术研讨会在兰州举行。

12月8日 “大运河与海上丝绸之路”论坛在宁波举行。

12月9日 全国文物保护工程汇报会在长沙召开。

12月10日 豫陕晋冀四省博物馆理论与实践研讨会在郑州举行。

12月10日 “曹禺戏剧史料展”在

北京鲁迅博物馆开幕。

12 月 10 日 "丝绸之路——大西北遗珍"大型文物展在浙江省博物馆武林馆区开幕。

12 月 11 日 元中都博物馆建成开馆。

12 月 13 日 全国文物保护科技工作会议在北京召开。

12 月 13 日 第五批中国历史文化名镇名村在北京授牌。

12 月 14 日 "百工千慧——中国文物保护科学和技术成果展"在首都博物馆开幕。

12 月 14 日 "魂铸瓯窑"展览和"瓯窑学术研讨会"在浙江瑞安举行。

12 月 15 日 "海峡两岸文化遗产保护论坛——闽系红砖建筑的保护与传承"在福建省泉州市举行。

12 月 15 日 纪念辛亥革命 100 周年大型展览在香港大会堂举行开幕仪式。

12 月 16 日 "2010 博物馆文物保存环境国际学术研讨会"在上海召开。

12 月 17 日 "丝绸之路大文明展"在韩国国立中央博物馆开幕。

12 月 18 日 "中国书画名家作品邀请展"在北京开幕。

12 月 20 日 "华夏遗韵——中原古代音乐文物特展"开幕仪式在国家大剧院举行。

12 月 21 日 2010 年全国文物局长会议在北京召开。

12 月 22 日 "风雨同舟，舟曲不屈——甘肃舟曲特大山洪泥石流灾害抢险救援主题展览"在中国人民革命军事博物馆开幕。

12 月 22 日 "草原古韵，塞外风情——内蒙古包头岩画唐卡文物精品展"在武汉博物馆开幕。

12 月 23 日 "走进漓江——桂林山水花鸟北京特展"在中国人民革命军事博物馆展出。

12 月 24 日 "曹操高陵保护方案专家座谈会"在河南安阳举行。

12 月 28 日 "中国石窟寺网"正式开通。

12 月 28 日 "民族团结进步展"在湘西土家族苗族自治州博物馆开幕。

12 月 28 日 "草原华章——契丹文物精品展"在山西博物院开展。

12 月 28 日 北川地震纪念馆建设工程正式开工。

12 月 28 日 《中国文物地图集·宁夏分册》首发式暨文化遗产保护座谈会在银川市举行。

12 月 29 日 《广西连城要塞遗址和友谊关文物保护总体规划》专家评审与研讨会在南宁召开。

12 月 29 日 成都武侯祠"孔明殿院落文物维修"工程通过竣工验收。

12 月 30 日 四川雅安市举行雅安博物馆开馆暨雅安市文物局挂牌仪式。

附录

2010年全国文物业基本情况

	机构数(个)	从业人员(人)	高级职称	中级职称	文物藏品(件/套)	一级品
总　计	**5207**	**102471**	**5813**	**14261**	**28642200**	**67208**
按单位类型分						
文物科研机构	108	3846	770	903	870223	2307
文物保护管理机构	2436	30171	866	3264	2149366	4896
博物馆	2435	57431	3761	8893	17552482	58649
文物商店	76	1737	92	376	7748943	67
其他文物机构	152	9286	324	825	321186	1289
按隶属关系分						
中　央	14	2645	437	539	2510414	13342
省区市	257	17421	1962	2805	13170546	24182
地　市	1064	32363	2161	5301	7267495	15257
县市区	3872	50042	1253	5616	5693745	14427
按部门分						
文物部门	4947	97392	5584	13767	27605115	64725
其他部门	260	5079	229	494	1037085	2483

续表1

	二级品	三级品	考古发掘项目(个)	基本建设中考古发掘项目	抢救性发掘项目	主动性发掘项目
总　计	**1369**	**25164**	**2123**	**1169**	**726**	**117**
按单位类型分						
文物科研机构	80	1734	1151	725	278	47
文物保护管理机构	131	2209	433	204	188	38
博物馆	1158	21221	539	240	260	32
文物商店						
其他文物机构						
按隶属关系分						
中　央	37	9	8			8
省区市	529	3313	798	528	171	42
地　市	361	17706	838	443	318	29
县市区	442	4136	479	198	237	38
按部门分						
文物部门	1364	25120	2121	1169	724	117
其他部门	5	44	2		2	

二级品	三级品	本年考古出土文物及标本数(件/套)	本年从有关部门接收文物数(件/套)	本年藏品征集数(件/套)	本年修复藏品数(件/套)	一级品
967176	**3290227**	**25552**	**38600**	**333054**	**55354**	**1891**
8827	102247	25552	171	297	14752	74
17527	142179		3702	13003	6720	1441
933334	3020925		20900	314026	33871	376
59	1001					
7429	23875		13827	5728	11	
641870	1187775			1508	248	27
210995	1186519	10823	2466	37163	14088	280
64147	507195	14712	24749	209040	28832	56
50164	408738	17	11385	85343	12186	1528
965876	3283386	25552	37315	159516	54159	1891
1300	6841		1285	173538	1195	

考古钻探面积(千平方米)	考古发掘面积(千平方米)	发掘墓葬数(个)	基本陈列(个)	举办展览(个)	参观人次(千人次)	未成年人参观人次(千人次)
151997.91	**4025.26**	**23292**	**8630**	**11117**	**520979**	**135414**
97457.09	1007.84	14076	13	20	2208	369
21979.24	2488.26	6610	1411	1006	111978	20632
32561.58	529.17	2606	7206	10091	406793	114413
10000.00	3.00	13	53	63	15866	2747
79137.91	637.44	9004	316	1044	68510	17799
42511.98	2153.32	10758	1594	3302	168806	36327
20348.02	1231.50	3517	6667	6708	267797	78541
151797.91	4023.16	23291	8183	10407	463511	121680
200.00	2.10	1	447	710	57468	13734

续表2

	门票销售总额(千元)	本年收入合计(千元)	财政拨款	事业收入	经营收入	其他收入
总　　计	**3661764**	**18704277**	**12243671**	**3317354**	**437150**	**918247**
按单位类型分						
文物科研机构	125720	1207666	407682	659302	122	122255
文物保护管理机构	1623699	3659036	1879729	1186986	303598	173980
博物馆	1912345	9611760	7288771	1369346	127609	557858
文物商店		652086	9922			
其他文物机构		3573729	2657567	101720	5821	64154
按隶属关系分						
中　央	692736	1370874	1010594	177907	64021	23013
省区市	613157	5859488	3527856	1058643	17930	398040
地　市	1043659	6025030	3893011	1296841	33697	264834
县市区	1312212	5448885	3812210	783963	321502	232360
按部门分						
文物部门	3482812	18162215	11940646	3224768	392249	842502
其他部门	178952	542062	303025	92586	44901	75745

续表3

	福利费	各种税金支出	对个人和家庭补助支出	抚恤金和生活补助	其他资本性支出
总　　计	**101123**	**210407**	**854563**	**28585**	**2391089**
按单位类型分					
文物科研机构	13167	10914	53944	1142	164916
文物保护管理机构	23100	25851	144008	5233	309777
博物馆	48334	58743	576107	19119	1392167
文物商店	8052	42286			
其他文物机构	8470	72613	80504	3091	524229
按隶属关系分					
中　央	3686	29041	108707	1314	224036
省区市	30576	127766	257455	8882	691476
地　市	27808	32068	308920	8257	817281
县市区	39053	21532	179481	10132	658296
按部门分					
文物部门	96871	205328	831028	26846	2346698
其他部门	4252	5079	23535	1739	44391

本年支出合计（千元）	基本支出	项目支出	经营支出	在支出合计中:		
				工资福利支出	商品和服务支出	
					差旅费	劳务费
17429844	**7497368**	**8228907**	**356549**	**3539433**	**237973**	**484461**
1102146	500093	565757	2899	174142	60233	112683
3307482	1857168	1023468	218104	913887	30673	125406
8787265	4458800	4013625	128943	2139534	96927	185315
542087				8052	7683	
3690864	681307	2626057	6603	303818	42457	61057
1326481	459348	759367	60071	192798	24897	26528
5275120	1597578	3017182	23800	709594	101998	150052
5515315	2653185	2454855	48580	1240205	57827	171160
5312928	2787257	1997503	224098	1396836	53251	136721
16846021	7186150	8022740	314477	3393982	232117	476703
583823	311218	206167	42072	145451	5856	7758

各种设备购置费	资产总计（千元）	固定资产原值	公用房屋建筑面积（千平方米）	展览用房	文物库房
397437	**35394311**	**21412016**	**16207.71**	**5344.99**	**1261.98**
39100	2050055	1003711	279.35		77.99
32399	5476802	3162711	4583.64	612.20	106.68
286228	22870290	15958030	10882.44	4732.79	1003.72
	1546595	399290	171.66		71.92
39710	3450569	888274	290.63		1.68
109597	2765661	1154107	583.14	153.80	102.29
128913	12123054	6221468	2167.32	727.61	422.01
84606	11010143	6904560	6040.46	1990.01	360.82
74321	9495453	7131881	7416.80	2473.57	376.86
390732	32079705	18694248	15090.72	4857.72	1194.66
6705	3314606	2717768	1116.99	487.28	67.32

2010年全国文物保护管理机构基本情况

	机构数(个)	从业人员(人)			藏品数(件/套)
			高级职称	中级职称	
总　　计	**2436**	**30171**	**866**	**3264**	**2149366**
按隶属关系分					
中　央					
省区市	12	595	15	33	79849
地　市	327	8276	371	910	581721
县　市	2097	21300	480	2321	1487796
按部门分类					
文物部门	2415	29672	864	3257	2148709
宗教部门					
园林部门					
其他部门	21	499	2	7	657
按机构类型分					
区域性文物保护管理机构	1979	18195	697	2638	1956007
专门为一处或几处文物保护单位设立的保护管理机构	457	11976	169	626	193359

续表 1

		基本陈列(个)	举办展览(个)	参观人次(千人次)	
	三级品				未成年人参观人次
总　　计	**2209**	**1411**	**1006**	**111978**	**20632**
按隶属关系分					
中　央					
省区市	1	4	10	1863	92
地　市		106	178	28482	2989
县　市	2208	1301	818	81633	17551
按部门分类					
文物部门	2209	1410	1006	109724	20169
宗教部门					
园林部门					
其他部门		1		2254	463
按机构类型分					
区域性文物保护管理机构	2205	1254	835	65517	14329
专门为一处或几处文物保护单位设立的保护管理机构	4	157	171	46461	6303

一级品	二级品	三级品	本年从有关部门接收文物数（件/套）	本年藏品征集数（件/套）	本年修复文物数（件/套）	一级品	二级品
4896	**17527**	**142179**	**3702**	**13003**	**6720**	**1441**	**131**
364	353	352			2		
706	3089	19775	120	805	779		
3826	14085	122052	3582	12198	5939	1441	131
4858	17403	141813	3702	13003	6720	1441	131
38	124	366					
3860	15554	132165	3568	10366	6570	1441	131
1036	1973	10014	134	2637	150		

门票销售总额（千元）	考古发掘项目（个）				考古钻探面积（千平方米）	考古发掘面积（千平方米）	发掘墓葬数（个）
		基本建设中考古发掘项目	抢救性发掘项目	主动性发掘项目			
1623699	**433**	**204**	**188**	**38**	**21979.24**	**2488.26**	**6610**
74063							
548966	181	106	63	12	6772.65	1639.09	3770
1000670	252	98	125	26	15206.60	849.17	2840
1553497	433	204	188	38	21979.24	2488.26	6610
70202							
704435	432	204	188	38	21098.94	2484.06	6607
919264	1				880.30	4.20	3

续表2

	本年收入合计（千元）	财政拨款	事业收入	经营收入	其他收入
总　计	**3659036**	**1879729**	**1186986**	**303598**	**173980**
按隶属关系分					
中　央					
省区市	110308	26242	77041		2092
地　市	1370722	607367	606529	21163	86518
县　市	2178006	1246120	503416	282435	85370
按部门分类					
文物部门	3636652	1864672	1185947	297604	173980
宗教部门					
园林部门					
其他部门	22384	15057	1039	5994	
按机构类型分					
区域性文物保护管理机构	2138678	1440062	251791	266598	102436
专门为一处或几处文物保护单位设立的保护管理机构	1520358	439667	935195	37000	71544

续表3

	福利费	各种税金支出	对个人和家庭补助支出	抚恤金和生活补贴	其他资本性支出
总　计	**23100**	**25851**	**144008**	**5233**	**309777**
按隶属关系分					
中　央					
省区市	155	277	8140	152	3914
地　市	6086	11957	66597	1704	164402
县　市	16859	13617	69271	3377	141461
按部门分类					
文物部门	22927	25754	143260	5230	309668
宗教部门					
园林部门					
其他部门	173	97	748	3	109
按机构类型分					
区域性文物保护管理机构	10581	8556	80038	3823	218221
专门为一处或几处文物保护单位设立的保护管理机构	12519	17295	63970	1410	91556

本年支出合计(千元)	基本支出	项目支出	经营支出	在支出合计中:			
				工资福利支出	商品和服务支出	差旅费	劳务费
3307482	**1857168**	**1023468**	**218104**	**913887**	**1221389**	**30673**	**125406**
55759	43327	12278		18608	19016	959	542
1100141	670964	361114	25416	297352	444365	10245	39941
2151582	1142877	650076	192688	597927	758008	19469	84923
3285372	1841331	1022726	212574	904281	1210938	30214	125286
22110	15837	742	5530	9606	10451	459	120
2001392	964533	806964	163131	497452	763780	22596	108633
1306090	892635	216504	54973	416435	457609	8077	16773

各种设备购置费	资产总计(千元)	固定资产原值	公用房屋建筑面积(千平方米)	展览用房	文物库房
32399	**5476802**	**3162711**	**4583.64**	**612.20**	**106.68**
313	122841	30642	18.29	3.33	0.49
8981	2829837	1274724	1699.08	166.89	23.58
23105	2524124	1857345	2866.27	441.98	82.61
32290	5311919	3100679	4572.35	607.97	106.63
109	164883	62032	11.29	4.23	0.05
16701	3050559	1552739	3860.86	391.13	86.82
15698	2426243	1609972	722.78	221.08	19.86

2010年全国博物馆基本情况

	机构数（个）	从业人员（人）	高级职称	中级职称	安全保卫人员（人）	藏品数（件/套）
总　计	**2435**	**57431**	**3761**	**8893**	**11613**	**17552482**
其中：免费开放	1893	41081	2865	6795	8147	13096846
按机构类型分						
综合性	1142	25123	1983	4631	5296	10490657
历史类	913	24724	1219	3241	4880	4847585
艺术类	124	3205	298	490	539	801043
自然科技类	71	1442	134	198	324	820836
其他	185	2937	127	333	574	592361
按隶属关系分						
中　央	8	2124	341	455	453	2510414
省区市	101	11534	1210	1809	2419	6327354
地　市	599	19920	1506	3786	3813	4965785
县　市	1727	23853	704	2843	4928	3748929
按系统分类						
文物系统	2199	52888	3535	8413	10627	16517930
非文物系统	186	3932	173	430	813	703224
私人	50	611	53	50	173	331328

续表 1

	考古发掘项目（个）	基本建设考古发掘项目	抢救性发掘项目	主动性发掘项目	考古钻探面积（千平方米）	考古发掘面积（千平方米）
总　计	**539**	**240**	**260**	**32**	**32561.58**	**529.17**
其中：免费开放	443	173	231	32	29639.08	494.04
按机构类型分						
综合性	485	212	241	26	29805.34	465.53
历史类	39	19	17	2	2313.24	39.04
艺术类	3	1		2		8.00
自然科技类	2			2		0.10
其他	10	8	2		443.00	16.50
按隶属关系分						
中　央	8			8	10000.00	3.00
省区市	24	13	5	6	1607.50	23.11
地　市	280	127	143	6	15962.66	120.73
县　市	227	100	112	12	4991.42	382.33
按系统分类						
文物系统	537	240	258	32	32361.58	527.07
非文物系统	2		2		200.00	2.10
私人						

一级品	二级品	三级品	本年从有关部门接收文物数(件/套)	本年藏品征集数(件/套)	本年修复文物数(件/套)	一级品	二级品	三级品
58649	**933334**	**3020925**	**20900**	**314026**	**33871**	**376**	**1158**	**21221**
39274	273624	1604781	18935	286590	14736	285	934	4809
31540	189615	1356842	14194	89944	28007	161	792	19286
21884	692560	1474808	5965	69872	4666	201	348	1877
1933	43861	155086	415	11755	517	5	10	21
824	2826	10100	32	7605	505	7	1	15
2468	4472	24089	294	134850	176	2	7	22
13342	641870	1187775		1508	248	27	37	9
21538	197784	1123990	2300	37163	5081	206	449	1709
14097	59464	439664	11317	203735	22331	56	361	17600
9672	34216	269496	7283	71620	6211	87	311	1903
56204	932159	3014451	19615	140488	32676	376	1153	21177
2445	1156	5541	1285	37649	1138		5	39
	19	933		135889	57			5

发掘墓葬数(个)	基本陈列(个)	举办展览(个)	参观人次(千人次)	未成年人参观人次(千人次)	门票销售总额(千元)	本年承担课题、项目数(个)	省部级以上课题、项目数	结项课题、项目数
2606	**7206**	**10091**	**406793**	**114413**	**1912345**	**613**	**277**	**136**
2262	6011	8448	319594	99243	28717	408	216	93
1898	3479	5039	144872	49985	244327	228	128	57
353	2868	2835	206592	52180	1466044	238	82	53
280	254	1311	20464	3469	92797	48	22	6
	151	217	9691	2508	47795	68	36	16
75	454	689	25174	6271	61382	31	9	4
13	53	63	15866	2747	692736	113	20	6
454	305	1026	66036	17634	466050	239	170	51
1462	1483	3112	139426	33219	442017	136	49	43
677	5365	5890	185465	60813	311542	125	38	36
2605	6760	9381	351579	101142	1803595	530	240	109
1	351	578	50674	12826	98944	69	30	23
	95	132	4540	445	9806	14	7	4

续表 2

	科研成果			科研成果(册)		本年收入合计(千元)
	专利(个)	专著或图录(册)	论文(省级及以上刊物公开发表)(篇)	考古报告	古建维修报告	
总　计	**88**	**13820**	**4118**	**124**	**145**	**9611760**
其中：免费开放	54	13635	2840	90	125	7071124
按机构类型分						
综合性	26	8959	2117	112	30	4589160
历史类	15	4800	1625	11	113	3917189
艺术类	15	26	193			557945
自然科技类	32	16	108	1	1	149792
其他		19	75		1	397674
按隶属关系分						
中　央	3	114	569			1013801
省区市	2	7854	1649	16		3109586
地　市	9	2683	1241	48	11	3247976
县　市	74	3169	659	60	134	2240397
按系统分类						
文物系统	44	10762	3767	123	143	9100699
非文物系统	41	53	334	1	1	503191
私人	3	3005	17		1	7870

续表 3

	商品和服务支出	差旅费	劳务费	福利费	各种税金支出	对个人和家庭补助支出	抚恤金和生活补贴
总　计	**3546820**	**96927**	**185315**	**48334**	**58743**	**576107**	**19119**
其中：免费开放	2630990	73577	144414	33725	14677	397046	12836
按机构类型分							
综合性	1672337	47263	102246	20922	10186	291433	11127
历史类	1467775	36805	62372	20098	44737	218480	6849
艺术类	208692	5801	7139	3451	1558	30396	602
自然科技类	44268	2331	3203	1168	860	10532	252
其他	153748	4727	10355	2695	1402	25266	289
按隶属关系分							
中　央	375262	8667	11179	1849	12604	95009	1289
省区市	1321950	29309	66760	11210	33526	189974	7878
地　市	1141708	31686	65292	16269	5846	206384	5123
县　市	707900	27265	42084	19006	6767	84740	4829
按系统分类							
文物系统	3284777	91614	177677	44293	54558	553320	17383
非文物系统	257871	5115	7358	3947	4047	22707	1676
私人	4172	198	280	94	138	80	60

财政拨款	事业收入	经营收入	其他收入	本年支出合计(千元)	基本支出	项目支出	经营支出	在支出合计中:工资福利支出
7288771	**1369346**	**127609**	**557858**	**8787265**	**4458800**	**4013625**	**128943**	**2139534**
6128432	328204	28355	459286	6361999	2996134	3198126	35205	1475431
3803856	441361	11569	188579	4028942	1961330	1980195	13054	911010
2658251	797402	93536	280738	3680644	1992084	1520089	95383	938188
452721	56946	7435	32370	523353	219944	296699	5965	137834
104604	19082	7853	5059	171697	80150	72211	6197	44892
269339	54555	7216	51112	382629	205292	144431	8344	107610
784840	101310	60757	20523	887970	353952	473920	60070	163300
2293103	493218	15251	279927	2602504	1080005	1485541	14835	526453
2485103	496664	12534	145725	3082677	1653536	1345088	22628	791979
1725725	278154	39067	111683	2214114	1371307	709076	31410	657802
7000803	1277799	88702	482113	8232879	4163419	3808200	92401	2003727
287558	88429	36089	74221	541222	288311	201306	35127	130775
410	3118	2818	1524	13164	7070	4119	1415	5032

其他资本性支出	各种设备、交通工具、图书购置费	资产总计(千元)	固定资产原值	公用房屋建筑面积(千平方米)	展览用房	文物库房
1392167	**286228**	**22870290**	**15958030**	**10882.44**	**4732.79**	**1003.72**
1055850	227740	15943387	11297884	8048.77	3664.22	787.20
608715	180251	10171070	6690350	5173.20	2220.97	571.15
626888	72442	8631763	6320012	4183.34	1889.41	264.05
108805	26100	1959506	1412573	572.98	221.43	102.78
13610	2002	1170739	985298	246.05	134.42	28.60
34149	5433	937212	549797	706.86	266.55	37.14
206945	97208	1848035	733298	483.69	153.80	100.55
387262	84781	7820783	5100346	1848.93	724.28	324.75
514673	60169	6803370	5128697	4131.91	1823.12	285.20
283287	44070	6398102	4995689	4417.91	2031.60	293.22
1347885	279632	19738844	13302682	9777.25	4249.75	936.49
41409	5339	3023506	2612039	1006.90	440.74	57.20
2873	1257	107940	43309	98.28	42.30	10.02

2010 年全国文物商店基本情况

	机构数(个)	从业人员(人)			库存文物数(件/套)			
			高级职称	中级职称		一级品	二级品	三级品
总　计	**76**	**1737**	**92**	**376**	**7748943**	**67**	**59**	**1001**
按隶属关系分								
中　央								
省区市	25	975	65	227	6143623	48	36	36
地　市	47	726	23	142	1388048	19	23	965
县　市	4	36	4	7	217272			
按系统分类								
文物系统	75	1723	91	372	7747067	67	58	1000
非文物系统	1	14	1	4	1876		1	1

续表

	损益(千元)							
	营业总成本					营业利润	营业外收入	
		养老、医疗、失业等各种社会保险费	住房公积金和住房补贴	差旅费	工会经费			政府补助(补贴收入)
总　计	**542087**	**24958**	**10704**	**7683**	**2087**	**109999**	**18581**	**9922**
按隶属关系分								
中　央								
省区市	324829	15609	6900	3958	1354	93314	11107	6967
地　市	215808	9187	3782	3675	723	16905	7308	2955
县　市	1450	162	22	50	10	-220	166	
按系统分类								
文物系统	540340	24941	10704	7674	2084	110054	18581	9922
非文物系统	1747	17		9	3	-55		

资产、负债、所有者权益(千元)							损益(千元)	
资产总计	固定资产原价	当年提取的折旧总额	负债合计	所有者权益合计	实收资本	国家资本金	营业总收入	主营业务收入
1546595	**399290**	**20417**	**451162**	**1095433**	**197257**	**187907**	**652086**	**609521**
1137383	273716	13363	262589	874794	135128	129163	418143	393502
401318	124989	6867	184919	216399	59250	56084	232713	214789
7894	585	187	3654	4240	2879	2660	1230	1230
1537206	399189	20407	443423	1093783	195257	187907	650394	607829
9389	101	10	7739	1650	2000		1692	1692

		工资、福利费、税金(千元)			公用房屋建筑面积(千平方米)		
营业外支出	利润总额	本年发放工资总额	本年支付的职工福利费	本年应交税金总额		营业用房	文物库房
5799	**122781**	**100131**	**8052**	**42286**	**171.66**	**67.07**	**71.92**
2542	101879	64653	4669	30133	119.87	37.42	53.20
3088	21125	34948	3312	12058	50.62	29.14	18.37
169	-223	530	71	95	1.18	0.51	0.36
5799	122836	100005	8046	42206	171.41	66.90	71.87
	-55	126	6	80	0.25	0.17	0.05

2010 年全国文物保护科学研究机构基本情况

	机构数（个）	从业人员（人）			藏品数（件/套）			
			高级职称	中级职称		一级品	二级品	三级品
总　计	**108**	**3846**	**770**	**903**	**870223**	**2307**	**8827**	**102247**
按性质分类								
考古研究	72	3026	611	667	853109	2219	8633	100309
古建研究	10	355	59	115				
其他研究	26	465	100	121	17114	88	194	1938
按隶属关系分类								
中　央	1	130	57	47				
省区市	41	2591	546	593	611930	2049	7900	59456
地　市	62	1083	167	262	257295	253	920	42555
县　市	4	42		1	998	5	7	236
按经费来源分类								
文物经费	91	3281	657	740	641650	2135	8459	100258
科研经费	11	489	105	145	225046	111	293	1228
其他经费	6	76	8	18	3527	61	75	761

续表 1

			考古钻探面积（千平方米）	考古发掘面积（千平方米）	发掘墓葬数（个）	规划及方案设计（个）	承担文物保护项目（个）
	抢救性发掘项目	主动性发掘项目					
总　计	**278**	**47**	**97457.09**	**1007.84**	**14076**	**341**	**382**
按性质分类							
考古研究	273	47	96767.13	1004.34	14036	198	112
古建研究						110	199
其他研究	5		689.96	3.50	40	33	71
按隶属关系分类							
中　央						11	
省区市	166	36	77530.41	614.34	8550	281	345
地　市	112	11	19776.67	393.50	5526	49	36
县　市			150.00				1
按经费来源分类							
文物经费	220	39	96649.38	847.87	10759	255	292
科研经费	55	8	807.71	156.97	3317	86	60
其他经费	3			3.00			30

本年考古出土文物及标本数（件/套）	本年从有关部门接收文物数（件/套）	木年藏品征集数（件/套）	木年修复文物数（件/套）				考古发掘项目（个）	
				一级品	二级品	三级品		基本建设中考古发掘项目
25552	**171**	**297**	**14752**	**74**	**80**	**1734**	**1151**	**725**
25455	166	8	14237	4	30	1695	1144	723
97	5	289	515	70	50	39	7	2
10823	166		9005	74	80	1603	774	515
14712		285	5722			106	377	210
17	5	12	25			25		
25189	5	20	11699	74	72	1469	920	601
363	166	4	3053		8	265	228	124
		273					3	

			基本陈列（个）	举办展览（个）	参观人次（十人次）		门票销售总额	本年完成科研项目（个）	
国保单位	省级保单位	市、县级保单位				未成年人参观人次			获国家奖
173	**126**	**56**	**13**	**20**	**2208**	**369**	**125720**	**180**	**5**
32	40	29	9	19	1581	273	73140	161	3
103	68	23			613	93	52573	2	
38	18	4	4	1	14	3	7	17	2
164	111	54	7	8	611	73	73044	98	4
9	14	2	5	12	898	119	52676	82	1
	1		1		699	177			
132	100	40	12	19	2189	363	125632	178	5
23	18	12			9	3	88	2	
18	8	4	1	1	10	3			

续表2

		科研成果					
	获省、部奖	专利(个)	专著或图录(册)	论文(省级及以上刊物公开发表)(篇)	考古报告(册)	古建维修报告(册)	主办刊物(种)
总　计	**21**	**12**	**73**	**849**	**153**	**49**	**8**
按性质分类							
考古研究	9	9	61	718	153	32	6
古建研究			2	38		14	
其他研究	12	3	10	93		3	2
按隶属关系分类							
中　央		3	4	53		3	1
省区市	13	1	55	629	126	46	6
地　市	8	8	14	167	27		1
县 市							
按经费来源分类							
文物经费	21	8	56	756	109	36	7
科研经费		4	14	93	44	13	1
其他经费			3				

续表3

	商品和服务支出	差旅费	劳务费	福利费	税金支出	对个人和家庭补助支出	抚恤金和生活补贴
总　计	**584822**	**60233**	**112683**	**13167**	**10914**	**53944**	**1142**
按性质分类							
考古研究	478503	48338	92330	12277	6130	41557	962
古建研究	34717	2215	7771	160	306	4159	142
其他研究	71602	9680	12582	730	4478	8228	38
按隶属关系分类							
中　央	60504	8449	9654	147	3932	5544	10
省区市	379361	48437	69064	11807	6583	37439	635
地　市	143937	3334	33938	1209	399	10898	497
县 市	1020	13	27	4		63	
按经费来源分类							
文物经费	466704	48913	86256	3550	10155	43849	692
科研经费	114615	10987	25559	9203	228	9412	447
其他经费	3503	333	868	414	531	683	3

本年收入合计(千元)	财政拨款	事业收入	经营收入	其他收入	本年支出合计(千元)	基本支出	项目支出	经营支出	在支出合计中:工资福利支出
1207666	**407682**	**659302**	**122**	**122255**	**1102146**	**500093**	**565757**	**2899**	**174142**
979181	320155	551951	108	96159	811871	375834	404207	108	136149
110322	28165	63547		16343	158826	43058	115123		14054
118163	59362	43804	14	9753	131449	81201	46427	2791	23939
70110	30688	39255	14	153	84289	49481	34807	1	8643
835107	257975	475940	108	91347	683079	354612	297129	2362	105751
297031	114089	143720		30654	329376	91598	232821	536	55479
5418	4930	387		101	5402	4402	1000		4269
1020795	344349	550298	122	113007	934284	434639	467080	109	147498
177111	58128	109004		8297	158682	60772	96533	536	23419
9760	5205			951	9180	4682	2144	2254	3225

其他资本性支出	各种设备购置费	资产总计(千元)	固定资产原值	公用房屋建筑面积(千平方米)	文物库房(含标本室)面积	实验室面积	国际合作 项目数(个)	国际合作 外方投资(千元)
164916	**39100**	**2050055**	**1003711**	**279.35**	**77.99**	**5.30**	**10**	**662**
55533	26249	1610885	721810	224.38	67.89	1.19	10	662
84928	3109	68906	42358	10.34	0.03	0.11		
24455	9742	370264	239543	44.62	10.07	4.00		
9598	6229	280631	205719	29.33	1.74	2.50		
62503	24402	1435155	624142	158.29	43.10	1.30	9	500
92765	8469	333963	173544	91.47	33.05	1.50	1	162
50		306	306	0.25	0.10			
158981	34620	1782024	917884	226.21	58.65	4.68	10	662
5630	4240	218835	79181	50.05	16.81	0.62		
305	240	49196	6646	3.09	2.53			

2010 年各地区文物产业基本情况

地区	机构数(个)	从业人员(人)	高级职称	中级职称	文物藏品(件/套)	一级品	二级品	三级品
总计	**5207**	**102471**	**5813**	**14261**	**28642200**	**67208**	**967176**	**3290227**
北京	95	5043	104	300	3735879	725	10261	53240
天津	27	941	101	230	955735	1004	2750	39562
河北	236	6530	330	648	554831	1204	12382	51233
山西	224	5798	176	620	775959	3545	8067	74550
内蒙古	143	1946	159	439	461499	1834	4210	9826
辽宁	131	3391	252	809	724758	1588	13914	126400
吉林	110	1421	185	317	299574	562	3350	18531
黑龙江	179	1703	225	426	218877	420	1627	19689
上海	35	1233	112	245	1444185	1335	46349	149860
江苏	295	4884	401	889	2490474	2683	94492	433541
浙江	211	4559	378	574	896263	2216	10639	70578
安徽	212	2434	136	385	822095	2376	5199	56191
福建	155	1528	110	246	445866	964	2200	85349
江西	180	3187	140	398	643335	1395	6023	41044
山东	231	5162	406	1051	1448056	3212	10892	90248
河南	260	7994	354	940	1833281	2278	16123	221736
湖北	164	3222	229	872	1464517	2514	5906	61468
湖南	207	3681	138	447	857677	3470	5513	50139
广东	213	3808	173	484	1121797	1289	14909	70383
广西	135	1515	111	282	347472	332	4909	28395
海南	26	308	9	21	58398	81	239	1325
重庆	89	1895	131	252	754363	1094	2288	21053
四川	284	5567	173	659	1147088	4059	7917	118477
贵州	145	1665	43	150	119594	601	1737	6977
云南	246	1844	194	408	453712	809	1762	15472
西藏	212	4094	12	31	143071	454	470	577
陕西	347	8472	327	840	946083	7077	13705	76403
甘肃	156	3443	122	394	546332	3282	11825	97544
青海	44	371	34	101	186276	389	882	1141
宁夏	30	561	33	98	84093	367	3418	7416
新疆	171	1626	78	166	150646	707	1348	4104

本年考古出土文物及标本数(件/套)	本年从有关部门接收文物数(件/套)	本年藏品征集数(件/套)	本年修复藏品数(件/套)	一级品	二级品	三级品	考古发掘项目(个)	基本建设中考古发掘项目
25552	**38600**	**333054**	**55354**	**1891**	**1369**	**25164**	**2123**	**1169**
	8	178	458	1	64	78	24	
		3197	74				1	1
	14	5881	442	4	31	264	67	53
	2689	205	188	30	13	21	69	38
	1903	26321	959	115	139	323	40	18
	167	5893	3255	4	49	194	28	16
	4396	8753	310		4	10	20	1
2	1150	7698	89	2	4	16	8	2
	219	3022	35	4	6	23	3	1
80	2762	152430	1914	23	55	464	181	106
3128	1280	12240	1834	8	161	62	78	44
	629	2906	420		2	81	82	35
	2	6168	118	1	8	79	18	8
	724	1514	352	36	120	192	51	28
2392	348	3770	2268	22	32	615	102	49
13063	2768	4378	5607	6	79	1916	339	246
72	622	2620	4170	7	58	1793	151	81
258	1157	16720	992	4	63	290	123	44
216	1332	8437	16553	5	64	15023	34	30
	311	6590	345	4	1	30	10	5
	336	298	55				1	1
	319	9341	2356	1	8	1263	74	33
	252	18659	6846	1377	103	1741	235	110
	7587	3961	131	1	3	11	20	9
	55	12021	1913			5	29	12
	14	61	21				3	3
4326	744	3710	2469	207	159	453	256	148
15	6613	1486	478	1	45	18	20	11
		333	24			11	21	21
	117	73	213	1	51	161	8	1
2000	82	2682	217		10	18	19	14

续表 1

地　　区			考古钻探面积（千平方米）	考古发掘面积（千平方米）	发掘墓葬数（个）	基本陈列（个）	举办展览（个）
	抢救性发掘项目	主动性发掘项目					
总　　计	**726**	**117**	**151998**	**4025**	**23292**	**8630**	**11117**
北　　京			8992	37	1470	117	170
天　　津			200	1	20	63	68
河　　北	11	2	3015	78	270	124	264
山　　西	31		1691	63	326	106	124
内 蒙 古	22		7881	111	157	162	141
辽　　宁	9	3	10415	65	253	110	214
吉　　林	13	5	636	13	17	272	182
黑 龙 江	3	2	128	14	18	168	265
上　　海		2		8	280	62	132
江　　苏	72	2	7620	51	834	558	1093
浙　　江	30	4	1431	156	705	307	879
安　　徽	45	2	551	200	2621	468	545
福　　建	8	2	101	26	103	404	445
江　　西	21	2	1	36	298	924	509
山　　东	49	1	12054	506	697	376	651
河　　南	78	12	15099	296	6679	323	691
湖　　北	59	10	6698	113	1007	346	341
湖　　南	78	1	8728	79	309	200	257
广　　东	2	1	22984	23	712	396	1107
广　　西	2	3	9195	16	96	136	203
海　　南			27	0		168	69
重　　庆	37	4	156	50	222	123	227
四　　川	113	12	10471	694	1667	587	716
贵　　州		11	32	22	135	136	159
云　　南	10	7	28	81	507	469	777
西　　藏				0		2	
陕　　西	19	15	11079	67	2479	1023	176
甘　　肃	5	4	0	7	510	260	341
青　　海			385	2		23	45
宁　　夏	6		599	4	34	30	46
新　　疆	3	2	1800	1203	853	134	217

参观人次（千人次）	未成年人参观人次	门票销售总额（千元）	本年收入合计（千元）	财政拨款	事业收入	经营收入	其他收入	本年支出合计（千元）	基本支出
520979	**135414**	**3661764**	**18704277**	**12243671**	**3317354**	**437150**	**918247**	**17429844**	**7497368**
17121	2612	436440	1885700	914236	282404	245375	20215	1807649	574317
4222	1495	10023	411198	225620	26529	1327	38788	229311	112884
22596	6254	288136	629376	322584	256255	6802	17153	583269	367065
18334	2663	235020	865402	532824	181222	10867	59307	960032	336621
6495	1833	4690	336960	288719	36634		10599	329804	189061
12436	3079	76684	526667	405069	43490	4146	16855	440704	210304
5304	1408	37117	197549	140020	43583	168	9486	174188	91836
7607	3025	4336	182738	142928	6305	2193	28419	176971	131256
6416	990	42397	509482	328822	57861	1913	11270	444969	153750
47991	12828	92886	1024047	652833	147173	26347	68518	953436	396804
33609	6603	260636	1679271	1217770	325715	8472	47410	1489997	563176
13512	5968	16028	367814	272203	32938	1969	50015	340381	160181
17000	4371	220	292253	244121	6841	339	20334	258861	86205
21189	6242	6087	297218	244287	19585	1859	12396	271713	144909
22882	7035	287670	728813	492220	144792	15879	11631	731981	342329
24131	6004	204354	898668	504962	273749	8060	23145	803876	467636
20854	9508	7568	412058	315332	29531	5525	42786	424713	178950
31696	10228	8080	566313	429849	49381	4370	16156	548024	273095
29753	6314	72094	908392	691025	119530	1743	20297	812710	323837
8760	2273	1721	243131	198627	15305	80	10095	214562	87314
1480	449	890	50861	41399	2249	2	1588	55242	12600
16203	4512	55988	355106	215423	51308	176	58077	322387	95543
39331	11417	168214	1105362	733491	285374	2665	36740	1049700	316087
16292	3974	3333	167942	149673	10006	1771	1493	173347	95713
19623	4261	234	302075	206197	22983	2966	44653	225390	89542
2426	130	78890	258618	154162	75279	5470	8885	216020	34842
21724	2784	463781	1148713	547120	418304	11927	145709	1078801	775900
8439	2545	82701	452706	278551	132410	439	28697	413131	249264
850	274		49107	41201	2943		2869	50488	28719
2086	324	7908	104378	60432	9661	215	10481	60813	34641
4751	1264	14902	375485	241377	30107	64	21167	460893	113639

续表 2

地区	项目支出	经营支出	本年支出合计(千元) 在支出合计中: 工资福利支出	商品和服务支出 差旅费	劳务费	福利费	各种税金支出
总计	**8228907**	**356549**	**3539433**	**237973**	**484461**	**101123**	**210407**
北京	840383	137362	242786	9225	16144	8203	56512
天津	19778	1327	48094	1066	1176	937	11082
河北	190372	7911	208538	5955	20661	2597	2123
山西	584346	11039	158338	12772	19986	3716	3060
内蒙古	140018	100	69612	11090	29318	996	258
辽宁	195693	3588	113898	3852	16196	1290	1148
吉林	74618	5	43926	5556	3279	1650	218
黑龙江	36177	4271	55827	3791	2955	363	460
上海	220686	34	107447	1872	2167	4697	18661
江苏	417385	24248	194878	10877	28471	4860	8099
浙江	883113	5867	267434	12906	26488	11861	10467
安徽	163717	2452	60741	12057	7569	2354	404
福建	139771	212	47098	3951	4666	850	798
江西	95890	1412	61889	5999	2607	3115	1198
山东	194313	36689	183123	6775	9040	2115	12260
河南	297164	8767	192585	12117	75394	11056	4496
湖北	228594	5433	96989	8682	17295	5342	447
湖南	197274	11978	116884	9443	15106	5608	4235
广东	436140	810	191002	18158	12060	3994	6919
广西	114954	2297	42058	3823	2231	1894	1589
海南	36359	2	9836	936	632	56	26
重庆	210498	156	72842	5035	16572	1736	2862
四川	666361	5045	172673	11085	74888	3634	1706
贵州	59483	1203	39551	3000	5568	556	618
云南	114386	1697	47399	4898	9631	940	1280
西藏	152465	12255	22796	694	90	664	185
陕西	255523	8820	296467	9767	17896	8283	25574
甘肃	147383	971	90553	9601	9283	2812	2790
青海	20449	300	16744	1928	707	13	267
宁夏	20988	122	15657	1547	3149	491	25
新疆	315259	105	58970	4618	6708	754	1599

对个人和家庭补助支出	抚恤金和生活补助	其他资本性支出	各种设备购置费	资产总计（千元）	固定资产原值	公用房屋建筑面积（千平方米）	展览用房	文物库房
854563	**28585**	**2391089**	**397437**	**35394311**	**21412016**	**16207.71**	**5344.99**	**1261.98**
74045	529	470992	9895	2021809	597569	333.38	112.09	35.81
29207	450	1528	595	874818	63391	134.38	82.58	23.77
27386	1520	70772	10148	1246256	838710	390.32	175.20	36.26
19879	1060	190003	13181	630066	377973	498.81	110.18	34.56
12820	730	24686	11221	499477	334181	377.70	164.29	27.58
41173	585	64731	9598	1104886	745496	409.21	148.28	41.07
18509	357	10670	1864	535176	167922	165.25	98.90	9.16
17160	299	10522	2375	737661	651609	301.47	176.40	17.32
10763	448	79688	10015	1699201	958820	181.24	65.07	81.48
58721	3123	128928	16130	3457651	2654665	1131.52	590.30	74.98
59657	1030	273981	27408	2790194	1688827	664.92	285.50	56.73
24832	366	21637	5509	503847	318920	416.03	186.60	33.54
11213	499	27949	3485	297526	160940	484.26	194.01	27.46
19283	699	15878	6241	519410	346783	409.34	191.01	32.15
34554	473	82740	6803	1800770	1115294	600.63	277.93	55.84
31438	788	32502	16853	1962746	902469	1398.01	257.59	87.05
22013	761	38131	6725	1078767	787286	601.94	281.51	49.07
19786	1375	59552	23665	1093496	858320	436.57	190.50	47.80
61539	2282	51906	15284	1485140	1106334	899.83	371.57	65.14
10440	494	24035	7787	349978	213351	230.89	96.37	25.26
609	133	5686	3267	92128	61418	59.74	23.83	3.49
9949	1570	10225	3562	683567	434668	282.45	99.17	24.61
31963	1663	62966	11440	2084307	1335841	1143.60	264.71	66.04
9500	572	14452	7053	802732	712178	267.91	138.53	12.75
8847	162	17947	4301	529439	310393	328.89	143.73	31.24
4834	292	268	268	116671	42866	2147.56	3.29	13.60
37844	2575	274489	27096	1720383	1221438	602.12	179.02	75.68
18814	1811	59272	13752	1070412	753907	252.15	111.60	34.86
2839	151	4749	3775	151005	136169	49.81	17.31	7.67
4291	121	2136	866	108547	80298	72.25	28.86	8.66
11948	353	34032	7678	580584	279870	352.41	125.28	19.10

2010年各地区省级文物业基本情况

地　区	机构数(个)	从业人员(人)			文物藏品(件/套)			
			高级职称	中级职称		一级品	二级品	三级品
总　计	**257**	**17421**	**1962**	**2805**	**13170546**	**24182**	**210995**	**1186519**
北　京	47	1739	92	219	3692708	607	9790	50636
天　津	8	731	89	189	936335	1004	2745	39485
河　北	7	388	94	74	292666	464	3422	25897
山　西	15	924	61	82	261516	1842	1514	55594
内蒙古	3	294	49	62	152543	764	1374	2631
辽　宁	4	324	44	60	342109	492	5047	45410
吉　林	4	186	45	52	129791	295	2404	13886
黑龙江	7	442	122	84	126231	180	1069	15478
上　海	7	711	95	181	1410922	1092	45076	143794
江　苏	7	687	69	101	546658	1062	88438	360422
浙　江	8	614	134	95	217849	799	5499	35633
安　徽	6	295	45	52	443781	889	2465	13040
福　建	7	355	29	42	203392	559	452	37290
江　西	8	770	47	94	283742	543	1730	11340
山　东	6	406	52	81	445899	1423	1560	46051
河　南	5	523	93	128	451153	616	3181	42032
湖　北	9	484	95	99	443364	928	1633	18059
湖　南	14	899	54	101	429917	583	2103	23833
广　东	7	329	44	70	404557	407	6503	12110
广　西	7	379	57	73	130938	183	2396	8124
海　南	2	119	8	14	48650	58	135	707
重　庆	15	1159	86	138	366241	929	1900	15138
四　川	5	395	27	58	184368	778	1901	50189
贵　州	3	120	18	25	38748	437	1166	4213
云　南	4	149	35	25	234617	509	1400	12157
西　藏	6	559	11	28	114434	398	442	552
陕　西	9	1585	178	222	421755	3614	5100	18386
甘　肃	11	1155	96	212	182887	1731	6426	76589
青　海	6	161	24	39	107546	273	579	593
宁　夏	5	220	25	43	56845	281	2834	5619
新　疆	5	319	44	62	68384	442	711	1631

本年考古出土文物及标本数(件/套)	本年从有关部门接收文物数(件/套)	本年藏品征集数(件/套)	本年修复藏品数(件/套)	一级品	二级品	三级品	考古发掘项目(个)	基本建设中考古发掘项目
10823	**2466**	**37163**	**14088**	**280**	**529**	**3313**	**798**	**528**
		6	458	1	64	78	24	
		67	74				1	1
		614	154	4	13	107	41	39
	326	43	64	30	13	21	46	23
		338	80	6	22	52	31	15
	6	178	3118		39	79	12	9
		192	207		2	5	13	
2	1140	1550	19	2	2	15	3	
	179	1480	25	4	3	18	3	1
		300	30			30	8	4
3128		6112	1177		4	5	30	30
		460	276				17	17
		436	29			29	7	5
	107		49	20	2	27	23	22
2000		467	964	3	10	430	23	21
167	166	655	546	1	13	460	74	40
		474	158	2	15	125	36	36
		11861	262	4	30	209	45	
	13	945	572		60	6	9	9
	26	2558	272	4	1	14	10	5
	336	238	52				1	1
	40	6590	1491	1	8	1258	53	26
		383	2018		6	100	35	30
		211	25				4	4
		210	734				11	9
	4	61	3				3	3
3526		374	700	197	116	38	183	133
	6	82	210		45	17	16	11
		99	24			11	21	21
	117		213	1	51	161	1	
2000		179	84		10	18	14	13

续表 1

地　区			考古钻探面积(千平方米)	考古发掘面积(千平方米)	发掘墓葬数(个)	基本陈列(个)	举办展览(个)
	抢救性发掘项目	主动性发掘项目					
总　计	**171**	**42**	**79138**	**637**	**9004**	**316**	**1044**
北　京			8992	37	1470	47	79
天　津			200	1	20	17	47
河　北		2	2600	34		5	19
山　西	23		1	45	248	8	44
内蒙古	16		7878	100		3	7
辽　宁	2	1	8000	13	240	1	40
吉　林	10	3	617	5		2	17
黑龙江	1	2	127	3	9	10	43
上　海		2		8	280	14	20
江　苏	3	1	1180	7	86	25	40
浙　江			201	68	638	15	101
安　徽			17	15	600	6	38
福　建	2		100	6	65	12	28
江　西		1		5	235	18	33
山　东	2		8000	19	200	11	5
河　南	28	6		27	854	6	27
湖　北				33	160	16	38
湖　南	45		50	12	120	7	21
广　东			22643	11	26	6	66
广　西	2	3	9195	16	96	7	75
海　南			27			6	43
重　庆	26	1	135	34	135	17	59
四　川	4	1	100	50	438	10	19
贵　州			10	3		1	13
云　南	1	1		45	252	3	15
西　藏						1	
陕　西	4	14	8100	30	1500	9	27
甘　肃	1	4		6	506	7	7
青　海			385	2		7	23
宁　夏			580	3	26	10	36
新　疆	1				800	9	14

参观人次（千人次）	未成年人参观人次	门票销售总额（千元）	本年收入合计（千元）	财政拨款	事业收入	经营收入	其他收入	本年支出合计（千元）	基本支出
68510	**17799**	**613157**	**5859488**	**3527856**	**1058643**	**17930**	**398040**	**5275120**	**1597578**
3445	337	13842	963747	497742	95973	2571	14817	818259	176900
2375	1311	3500	379907	203044	21326		36603	197898	86744
422	142		87581	52419	30042		2559	101854	45959
2247	914	443	249895	213172	17711		15420	345872	30067
1400	420	2100	96278	62274	26835		7135	98759	17707
416	130		121062	97574	8503		6396	72327	32754
600	230		49925	38918	6774		3526	34861	16675
2602	1525		59586	54424	1122	1438	2584	60859	34205
2869	475		374699	253467	13662		1863	305674	66896
3442	147	66152	210983	105087	76945	5384	10524	162948	41185
3737	1687	64	213225	192930	16365		3107	204996	52503
745	390		106579	72373	25210		6258	100358	26243
1715	628		108436	95323	354		4802	88327	16111
7676	2011		132096	101906	10633		2913	114295	32889
300	100		181021	122349	24484		1662	142659	23586
1970	328		136364	94664	24126		3899	128725	55866
1966	384		156665	116981	7701	5154	24232	151936	30596
4872	1190	1633	191734	105798	28302	2812	645	187271	57671
1811	102	1088	143968	102583	31035		5502	135520	35815
1147	391		124512	97619	11046		6593	104407	25311
695	200		22181	20803			604	32412	7651
10319	3293	42226	284725	173658	38242		50247	241636	53262
975	27		161205	59381	76769		3987	210533	19046
500	150		34507	25952	7009		338	31168	7252
960	326		164714	96779	18130	463	36142	78217	24061
1844	93	69752	229164	150792	71059		280	188879	29452
5032	62	335942	485674	108436	272336		101886	446860	385767
1224	457	75015	216918	98169	89471		24892	189105	107926
268	1		24847	17501	2783		2769	27061	15105
557	222		44554	38778	668	108	3912	37932	21115
379	126	1400	102736	56960	4027		11943	233512	21258

续表 2

地区			本年支出合计(千元)				
			在支出合计中:				
	项目支出	经营支出	工资福利支出	商品和服务支出			
				差旅费	劳务费	福利费	各种税金支出
总计	**3017182**	**23800**	**709594**	**101998**	**150052**	**30576**	**127766**
北京	390421	2570	63413	5454	13801	1449	54119
天津	16245		37565	998	122	778	10952
河北	55273		12739	2729	14578	171	284
山西	308165	4024	27235	7002	9961	1355	1349
内蒙古	81052		9652	7086	19285	282	232
辽宁	31368		9245	1014	5582	219	486
吉林	17659		8235	4141	26	30	1
黑龙江	24410	2243	16304	1552	2071	57	89
上海	168780		62777	1105	1003	2906	17622
江苏	108227	4164	21173	3361	4710	91	2556
浙江	152206		41832	4732	8863	703	548
安徽	71780		8734	8736	4679	1259	280
福建	68873		11492	1208	1505	158	142
江西	62813		18329	3034	1430	1038	607
山东	86012		11564	2702	3665	176	1685
河南	65517		21402	1694	9357	7913	1296
湖北	111308	5154	24830	3554	10265	1209	101
湖南	70432	2811	26607	2417	2602	629	3117
广东	95011		21537	14084	273	647	347
广西	71576	2254	13216	2140	1164	1639	1443
海南	24361		5116	584	367		23
重庆	178997		51857	4054	14396	781	1760
四川	172810	9	19072	1533	592	691	1004
贵州	23755		2287	159		43	305
云南	42064	463	6265	3000	7193	543	852
西藏	145868		18699	482	90	7	185
陕西	61093		77011	2511	2878	3610	23682
甘肃	78448		29932	6898	5837	1443	908
青海	11308		7514	1653	601	3	267
宁夏	15577	108	7788	1062	1760	374	5
新疆	205773		16172	1319	1396	372	1519

对个人和家庭补助支出	抚恤金和生活补助	其他资本性支出	各种设备购置费	资产总计（千元）	固定资产原值	公用房屋建筑面积（千平方米）	展览用房	文物库房
257455	**8882**	**691476**	**128913**	**12123054**	**6221468**	**2167.32**	**727.61**	**422.01**
42895	102	207803	4420	1557133	304592	209.91	76.98	33.75
25707	442	554	255	857638	51241	103.94	57.90	22.95
4602	156	12354	3265	202425	72417	42.97	13.62	14.86
7724	101	7768	6724	202282	79723	100.85	36.74	17.20
2179	85	7829	7829	129519	33006	75.31	20.45	12.00
5217	60	7009	481	373872	249855	91.78	8.53	7.96
5532	6	1233	1233	316859	29389	30.00	4.00	2.94
11196	34	2748	375	433704	387331	61.79	37.58	6.33
6387	303	63461	6286	1227401	775120	109.89	23.55	76.01
9477	2213	13761	4901	1123080	919627	96.31	61.35	13.48
11133	26	44793	18117	505018	221205	66.37	22.29	14.32
8050	99	3842	3642	125460	61859	29.55	11.54	5.36
4545	91	2641	2111	64485	35338	70.16	38.44	7.25
6959	56	3506	1732	212406	192850	71.70	39.57	7.44
7363	33	15012	3791	518910	140363	37.24	13.78	6.22
6782	147	3976	3542	402890	295350	79.47	22.89	16.41
8809	172	17225	3297	502652	302477	129.64	29.46	11.57
7514	627	23298	7651	328993	220808	76.46	28.25	11.30
11458	135	7896	646	265545	216116	45.51	12.68	13.50
3207	182	9899	5243	155298	59436	56.84	13.00	6.52
299	127	1979	1917	27713	16985	38.58	13.99	0.64
7324	1005	5099	2845	366280	204113	140.05	32.68	8.46
4660		4210	4210	127705	35815	43.48	6.50	6.90
1531	106	2588	2588	63910	13389	7.46	3.81	2.57
3040	87	1247	1104	144953	26806	15.40	8.64	4.14
4636	222	268	268	98057	35321	14.40	0.10	13.14
19255	1316	177301	13440	999182	691881	142.61	32.87	42.28
10467	750	25004	9540	498562	335465	61.11	9.35	18.55
2385	145	3914	3290	130137	116812	34.86	11.25	5.47
2987	43	520	500	70151	43710	47.74	18.00	7.34
4135	11	12738	3670	90834	53068	35.93	17.23	5.17

2010年各地区地市级文物业基本情况

地区	机构数(个)	从业人员(人)	高级职称	中级职称	文物藏品(件/套)	一级品	二级品	三级品
总计	**1064**	**32363**	**2161**	**5301**	**7267495**	**15257**	**64147**	**507195**
北京								
天津								
河北	34	2354	142	235	75041	296	6869	13783
山西	54	1590	74	245	139252	429	1152	5954
内蒙古	20	751	61	172	188056	491	1454	2967
辽宁	44	1794	169	516	259068	919	7653	68789
吉林	26	628	100	112	86954	203	688	3287
黑龙江	38	665	72	155	53167	115	360	2862
上海								
江苏	136	2778	246	572	1728512	1142	4826	65200
浙江	58	2220	149	231	386387	722	2520	14251
安徽	42	730	41	140	148001	448	962	18696
福建	37	609	52	118	131989	315	731	17578
江西	35	1113	54	152	134755	156	1211	6766
山东	48	1349	176	362	418957	767	4719	20998
河南	73	2877	206	519	976033	1069	8122	102297
湖北	38	985	106	322	568650	1146	2634	34354
湖南	34	710	53	130	215975	2392	1570	11286
广东	74	2010	109	300	502851	777	6810	39633
广西	29	583	42	125	127791	66	1471	9575
海南	8	100	1	4	2472	4	18	100
重庆								
四川	44	2091	91	259	471463	1189	2489	22718
贵州	15	472	9	36	53388	88	273	987
云南	31	421	71	120	70817	106	158	1549
西藏	8	1699			24559			
陕西	65	1929	85	277	294584	1624	5201	36121
甘肃	24	919	18	79	131361	534	1551	5533
青海	11	64	5	22	15299	20	158	102
宁夏	8	183	3	20	6424	44	77	261
新疆	30	739	26	78	55689	195	470	1548

本年考古出土文物及标本数(件/套)	本年从有关部门接收文物数(件/套)	本年藏品征集数(件/套)	本年修复藏品数(件/套)				考古发掘项目(个)	
				一级品	二级品	三级品		基本建设中考古发掘项目
14712	**24749**	**209040**	**28832**	**56**	**361**	**17706**	**838**	**443**
		4454	38			8	10	6
	2350	140	124				14	7
	1104	11910	180	10	62	11	3	2
	45	2604	130	1	6	115	13	7
	2247	7537	76				3	1
	6	4862	10				1	
80	1282	148588	1335	15	21	227	120	67
	218	1581	356	8	145	16	17	12
	108	1109	103		2	71	30	9
		1178	37	1		6	3	2
	301	1081	45	4	32	8	11	4
392	57	1070	245			6	50	21
12896	1280	3426	3450	5		145	257	203
72	434	1610	3635	1	31	1656	68	23
258	631	1000	537		33	75	67	37
216	997	3722	15874	5	2	15000	21	18
		1412	34			6		
		35						
	69	805	701	4	1	10	68	7
	7540	683						
	2	7638	379			5	10	2
783	71	1723	1388	1	26	341	64	13
15	6007	428	133	1			4	
		166						
		28					2	1
		250	22				2	1

续表 1

地　区			考古钻探面积（千平方米）	考古发掘面积（千平方米）	发掘墓葬数（个）	基本陈列（个）	举办展览（个）
	抢救性发掘项目	主动性发掘项目					
总　计	**318**	**29**	**42512**	**2153**	**10758**	**1594**	**3302**
北　京							
天　津							
河　北	4		215	14	234	32	112
山　西	7		1480	6	56	31	37
内蒙古	1		2	4	144	29	27
辽　宁	5	1	1155	13	11	61	120
吉　林	2		6	3	16	52	98
黑龙江				2		58	79
上　海							
江　苏	52	1	6049	37	615	263	591
浙　江	2	3	1180	9	51	87	308
安　徽	21		171	133	274	80	158
福　建		1		8	33	46	70
江　西	7			7	5	106	77
山　东	27		2606	220	398	82	285
河　南	45	6	11383	150	5714	91	173
湖　北	43	2	4318	52	768	75	69
湖　南	29	1	8441	55	154	53	103
广　东	1	1	65	9	665	148	588
广　西						33	60
海　南						17	11
重　庆							
四　川	54	7	2405	189	349	53	68
贵　州					1	23	31
云　南	3	5	21	23	254	52	72
西　藏							
陕　西	9	1	1196	16	955	45	32
甘　肃	4			1	4	28	65
青　海						7	6
宁　夏	1		19		5	9	2
新　疆	1		1800	1202	52	33	60

参观人次（千人次）	未成年人参观人次	门票销售总额（千元）	本年收入合计（千元）	财政拨款	事业收入	经营收入	其他收入	本年支出合计（千元）	基本支出
168806	**36327**	**1043659**	**6025030**	**3893011**	**1296841**	**33697**	**264834**	**5515315**	**2653185**
4030	516	165821	278780	82172	166666	228	5693	226878	156178
2995	372	97679	347685	162817	110410		34342	379703	145098
1714	582	1939	135780	127907	4373		2806	129699	98119
8342	1782	68452	328482	257197	27202		1419	300210	134430
2993	409	33747	104178	64428	33607		5857	93342	55583
3069	920	3745	80651	47306	4128	701	25705	73968	62487
30407	6930	16865	608615	399318	47774	6885	39762	588910	240862
18012	2207	243815	1073610	693880	298860	2038	27840	903688	392127
5200	2610	3871	99320	88063	6233		3254	88519	52977
6372	1757	1	92192	69826	1906	209	9939	92055	35139
2880	1122		74031	67286	2909		2881	64567	46616
6235	1599	12686	184601	146217	12137		6100	227058	134065
9473	2174	156661	474681	230635	192145	6687	13229	416956	233420
6822	1992	1970	135781	106291	13837	41	4728	131196	63827
5234	2357	60	104207	90803	4251	820	1906	110154	65561
16981	2500	46778	527505	387757	67826	780	7777	462194	189071
3544	795	645	81084	71503	2862	78	2623	77044	36719
496	116	240	19099	12696	1568		863	13910	3210
16608	2398	131466	425619	209767	179423	1160	22836	388416	131331
2145	369	7	57247	53838	581		207	59605	45125
2850	616		60034	44377	2365	143	6067	55033	23326
142	16	8888	18223	474	4150	5370	8129	15985	2521
6762	951	26214	332182	241755	52023	8557	20767	318774	159228
2347	489	3539	128625	83820	40323		1403	115685	70605
441	205		8741	8416	160			7878	5537
566	6	6718	47879	12229	7039		6196	11231	4755
2146	537	11852	196198	132233	12083		2503	161857	65268

续表 2

地区	本年支出合计(千元)						
	项目支出	经营支出	在支出合计中:				
			工资福利支出	商品和服务支出			
				差旅费	劳务费	福利费	各种税金支出
总计	**2454855**	**48580**	**1240205**	**57827**	**171160**	**27808**	**32068**
北京							
天津							
河北	53008	403	100229	1043	2748	1024	1573
山西	224078		53449	3627	5429	955	283
内蒙古	31140		31096	1469	1465	392	4
辽宁	148156		79368	2466	9524	802	270
吉林	37742		22820	856	1442	48	5
黑龙江	6624	1971	24167	1078	404	95	
上海							
江苏	235143	7576	122193	6015	20032	2928	5284
浙江	482038	1579	151286	5234	9136	6281	9241
安徽	34919		20838	1375	864	484	18
福建	48824	82	18784	1374	2294	335	564
江西	13032		19244	1017	135	966	133
山东	80253		61010	1722	2881	1446	922
河南	159160	6359	84277	7004	59026	1433	2935
湖北	63288	28	36667	2053	3738	1485	34
湖南	33918	8450	33231	2483	8977	2456	492
广东	230305	156	116110	2917	7868	2314	6360
广西	39484	41	16655	885	623	193	134
海南	6195		3185	206	154	33	
重庆							
四川	221883	2542	82706	4905	14982	842	557
贵州	10524	42	12076	1216	3971	71	237
云南	31489	195	14669	1401	1199	265	86
西藏		11880	1128	3		657	
陕西	145126	7164	75372	3977	10173	1370	1348
甘肃	39002	112	25174	933	964	650	1573
青海	2081		3116	180	71	10	
宁夏	3952		2652	187	411	18	
新疆	73491		28703	2201	2649	255	15

对个人和家庭补助支出	抚恤金和生活补助	其他资本性支出	各种设备购置费	资产总计（千元）	固定资产原值	公用房屋建筑面积（千平方米）	展览用房	文物库房
308920	**8257**	**817281**	**84606**	**11010143**	**6904560**	**6040.46**	**1990.01**	**360.82**
15542	742	41066	4021	215070	112442	156.54	67.92	7.37
7728	848	162158	3807	233791	158056	216.95	31.00	9.09
7873	295	12674	894	229769	175124	140.66	61.03	6.65
30399	360	54147	6758	588115	375160	226.66	103.13	24.34
10936	290	4312	95	172501	110003	86.64	66.15	2.91
3892	229	4396	1693	209261	175358	172.65	91.01	5.16
37379	609	91476	8234	1660708	1211487	675.65	340.30	42.47
38739	647	125786	4981	1594168	950126	321.08	135.99	19.78
7575	154	2682	581	137244	101314	139.52	67.68	10.58
4763	276	22262	833	132456	64757	152.52	63.91	11.02
6803	325	4204	2959	85447	46776	128.38	61.27	6.34
17308	148	60199	1238	545813	373903	206.60	85.94	18.36
18435	392	11457	8588	1272306	361464	951.30	134.49	51.24
7525	147	2292	792	303547	228307	161.53	72.73	24.37
5933	427	14014	6595	277482	250062	116.46	47.83	18.49
35186	458	34981	12683	744055	543264	494.76	202.60	34.93
4637	196	10464	1077	126886	91063	85.36	30.31	8.93
230	2	2189	208	43947	32951	10.09	3.31	1.70
18387	568	32531	3957	730750	352581	459.95	90.53	15.20
4175	56	5373	1520	539908	524168	59.87	20.61	3.19
2843	1	4123	1607	158906	91459	87.28	40.27	9.02
70	70			491	491	611.30	1.40	0.46
11419	395	81171	5097	313425	190127	177.98	76.17	17.65
4220	539	24639	2329	251634	190507	80.95	38.60	3.60
403		525	465	7164	5739	9.12	4.20	1.04
732		539		13433	11642	14.10	5.66	0.31
5788	83	7621	3594	421866	176229	96.57	37.97	6.64

2010年各地区县级文物业基本情况

地区	机构数(个)	从业人员(人)	高级职称	中级职称	文物藏品(件/套)	一级品	二级品	三级品
总计	**3872**	**50042**	**1253**	**5616**	**5693745**	**14427**	**50164**	**408738**
北京	48	3304	12	81	43171	118	471	2604
天津	19	210	12	41	19400		5	77
河北	195	3788	94	339	187124	444	2091	11553
山西	155	3284	41	293	375191	1274	5401	13002
内蒙古	120	901	49	205	120900	579	1382	4228
辽宁	83	1273	39	233	123581	177	1214	12201
吉林	80	607	40	153	82829	64	258	1358
黑龙江	134	596	31	187	39479	125	198	1349
上海	28	522	17	64	33263	243	1273	6066
江苏	152	1419	86	216	215304	479	1228	7919
浙江	145	1725	95	248	292027	695	2620	20694
安徽	164	1409	50	193	230313	1039	1772	24455
福建	111	564	29	86	110485	90	1017	30481
江西	137	1304	39	152	224838	696	3082	22938
山东	177	3407	178	608	583200	1022	4613	23199
河南	182	4594	55	293	406095	593	4820	77407
湖北	117	1753	28	451	452503	440	1639	9055
湖南	159	2072	31	216	211785	495	1840	15020
广东	132	1469	20	114	214389	105	1596	18640
广西	99	553	12	84	88743	83	1042	10696
海南	16	89		3	7276	19	86	518
重庆	74	736	45	114	388122	165	388	5915
四川	235	3081	55	342	491257	2092	3527	45570
贵州	127	1073	16	89	27458	76	298	1777
云南	211	1274	88	263	148278	194	204	1766
西藏	198	1836	1	3	4078	56	28	25
陕西	273	4958	64	341	229744	1839	3404	21896
甘肃	121	1369	8	103	232084	1017	3848	15422
青海	27	146	5	40	63431	96	145	446
宁夏	17	158	5	35	20824	42	507	1536
新疆	136	568	8	26	26573	70	167	925

本年考古出土文物及标本数(件/套)	本年从有关部门接收文物数(件/套)	本年藏品征集数(件/套)	本年修复藏品数(件/套)	一级品	二级品	三级品	考古发掘项目(个)	基本建设中考古发掘项目
17	**11385**	**85343**	**12186**	**1528**	**442**	**4136**	**479**	**198**
	8	172						
		3130						
	14	813	250		18	149	16	8
	13	22					9	8
	799	14073	699	99	55	260	6	1
	116	3111	7	3	4		3	
	2149	1024	27		2	5	4	
	4	1286	60		2	1	4	2
	40	1542	10		3	5		
	1480	3542	549	8	34	207	53	35
	1062	4547	301		12	41	31	2
	521	1337	41			10	35	9
	2	4554	52		8	44	8	1
	316	433	258	12	86	157	17	2
	291	2233	1059	19	22	179	29	7
	1322	297	1611		66	1311	8	3
	188	536	377	4	12	12	47	22
	526	3859	193			6	11	7
	322	3770	107		2	17	4	3
	285	2620	39			10		
		25	3					
	279	2751	865			5	21	7
	183	17471	4127	1373	96	1631	132	73
	47	3067	106	1	3	11	16	5
	53	4173	800				8	1
	10		18					
17	673	1613	381	9	17	74	9	2
	600	976	135			1		
		68						
		45					5	
	82	2253	111				3	

续表 1

地　　区			考古钻探面积(千平方米)	考古发掘面积(千平方米)	发掘墓葬数(个)	基本陈列(个)	举办展览(个)
	抢救性发掘项目	主动性发掘项目					
总　　计	**237**	**38**	**20348**	**1232**	**3517**	**6667**	**6708**
北　　京						70	91
天　　津						46	21
河　　北	7		200	31	36	87	133
山　　西	1		210	13	22	67	43
内 蒙 古	5		2	7	13	130	107
辽　　宁	2	1	1260	39	2	48	54
吉　　林	1	2	13	6	1	218	67
黑 龙 江	2			9	9	100	143
上　　海						48	112
江　　苏	17		390	7	133	270	462
浙　　江	28	1	50	79	16	205	470
安　　徽	24	2	364	52	1747	382	349
福　　建	6	1	1	12	5	346	347
江　　西	14	1	1	24	58	800	399
山　　东	20	1	1449	267	99	283	361
河　　南	5		3715	118	111	226	491
湖　　北	16	8	2381	27	79	255	234
湖　　南	4		237	12	35	140	133
广　　东	1		276	3	21	242	453
广　　西						96	68
海　　南						145	15
重　　庆	11	3	21	16	87	106	168
四　　川	55	4	7966	454	880	524	629
贵　　州		11	22	19	134	112	115
云　　南	6	1	7	14	1	414	690
西　　藏						1	
陕　　西	6		1783	22	24	969	117
甘　　肃						225	269
青　　海						9	16
宁　　夏	5			1	3	11	8
新　　疆	1	2		1	1	92	143

参观人次(千人次)		门票销售总额(千元)	本年收入合计(千元)					本年支出合计(千元)	
	未成年人参观人次			财政拨款	事业收入	经营收入	其他收入		基本支出
267797	**78541**	**1312212**	**5448885**	**3812210**	**783963**	**321502**	**232360**	**5312928**	**2787257**
13676	2275	422598	921953	416494	186431	242804	5398	989390	397417
1847	184	6523	31291	22576	5203	1327	2185	31413	26140
18144	5596	122315	263015	187993	59547	6574	8901	254537	164928
13092	1377	136898	267822	156835	53101	10867	9545	234457	161456
3381	831	651	104902	98538	5426		658	101346	73235
3678	1167	8232	77123	50298	7785	4146	9040	68167	43120
1711	769	3370	43446	36674	3202	168	103	45985	19578
1936	580	591	42501	41198	1055	54	130	42144	34564
3547	515	42397	134783	75355	44199	1913	9407	139295	86854
14142	5751	9869	204449	148428	22454	14078	18232	201578	114757
11860	2709	16757	392436	330960	10490	6434	16463	381313	118546
7567	2968	12157	161915	111767	1495	1969	40503	151504	80961
8913	1986	219	91625	78972	4581	130	5593	78479	34955
10633	3109	6087	91091	75095	6043	1859	6602	92851	65404
16347	5336	274984	363191	223654	108171	15879	3869	362264	184678
12688	3502	47693	287623	179663	57478	1373	6017	258195	178350
12066	7132	5598	119612	92060	7993	330	13826	141581	84527
21590	6681	6387	270372	233248	16828	738	13605	250599	149863
10961	3712	24228	236919	200685	20669	963	7018	214996	98951
4069	1087	1076	37535	29505	1397	2	877	32311	25284
289	133	650	9581	7900	681	2	121	8920	1739
5884	1219	13762	70381	41765	13066	176	7830	80751	42281
21748	8992	36748	518538	464343	29182	1505	9917	450751	165710
13647	3455	3326	76188	69883	2416	1771	948	82574	43336
15813	3319	234	77327	65041	2488	2360	2444	92140	42155
440	21	250	11231	2896	70	100	476	11156	2869
9930	1771	101625	330857	196929	93945	3370	23056	313167	230905
4868	1599	4147	107163	96562	2616	439	2402	108341	70733
141	68		15519	15284			100	15549	8077
963	96	1190	11945	9425	1954	107	373	11650	8771
2226	601	1650	76551	52184	13997	64	6721	65524	27113

续表 2

地区	项目支出	经营支出	本年支出合计(千元) 在支出合计中: 工资福利支出	商品和服务支出 差旅费	劳务费	福利费	各种税金支出
总计	**1997503**	**224098**	**1396836**	**53251**	**136721**	**39053**	**21532**
北京	449962	134792	179373	3771	2343	6754	2393
天津	3533	1327	10529	68	1054	159	130
河北	82091	7508	95570	2183	3335	1402	266
山西	52103	7015	77654	2143	4596	1406	1428
内蒙古	27826	100	28864	2535	8568	322	22
辽宁	16169	3588	25285	372	1090	269	392
吉林	19217	5	12871	559	1811	1572	212
黑龙江	5143	57	15356	1161	480	211	371
上海	51906	34	44670	767	1164	1791	1039
江苏	74015	12508	51512	1501	3729	1841	259
浙江	248869	4288	74316	2940	8489	4877	678
安徽	57018	2452	31169	1946	2026	611	106
福建	22074	130	16822	1369	867	357	92
江西	20045	1412	24316	1948	1042	1111	458
山东	28048	36689	110549	2351	2494	493	9653
河南	72487	2408	86906	3419	7011	1710	265
湖北	53998	251	35492	3075	3292	2648	312
湖南	92924	717	57046	4543	3527	2523	626
广东	110824	654	53355	1157	3919	1033	212
广西	3894	2	12187	798	444	62	12
海南	5803	2	1535	146	111	23	3
重庆	31501	156	20985	981	2176	955	1102
四川	271668	2494	70895	4647	59314	2101	145
贵州	25204	1161	25188	1625	1597	442	76
云南	40833	1039	26465	497	1239	132	342
西藏	6597	375	2969	209			
陕西	49304	1656	144084	3279	4845	3303	544
甘肃	29933	859	35447	1770	2482	719	309
青海	7060	300	6114	95	35		
宁夏	1459	14	5217	298	978	99	20
新疆	35995	105	14095	1098	2663	127	65

对个人和家庭补助支出	抚恤金和生活补助	其他资本性支出	各种设备购置费	资产总计（千元）	固定资产原值	公用房屋建筑面积（千平方米）	展览用房	文物库房
179481	**10132**	**658296**	**74321**	**9495453**	**7131881**	**7416.80**	**2473.57**	**376.86**
31150	427	263189	5475	464676	292977	123.47	35.11	2.07
3500	8	974	340	17180	12150	30.44	24.68	0.82
7242	622	17352	2862	828761	653851	190.81	93.67	14.02
4427	111	20077	2650	193993	140194	181.01	42.44	8.28
2768	350	4183	2498	140189	126051	161.73	82.81	8.93
5557	165	3575	2359	142899	120481	90.76	36.62	8.77
2041	61	5125	536	45816	28530	48.61	28.75	3.31
2072	36	3378	307	94696	88920	67.03	47.81	5.84
4376	145	16227	3729	471800	183700	71.35	41.52	5.47
11865	301	23691	2995	673863	523551	359.57	188.65	19.03
9785	357	103402	4310	691008	517496	277.47	127.21	22.63
9207	113	15113	1286	241143	155747	246.96	107.38	17.60
1905	132	3046	541	100585	60845	261.58	91.66	9.19
5521	318	8168	1550	221557	107157	209.27	90.17	18.36
9883	292	7529	1774	736047	601028	356.79	178.21	31.27
6221	249	17069	4723	287550	245655	367.24	100.21	19.40
5679	442	18614	2636	272568	256502	310.76	179.32	13.12
6339	321	22240	9419	487021	387450	243.66	114.42	18.01
14895	1689	9029	1955	475540	346954	359.56	156.28	16.72
2596	116	3672	1467	67794	62855	88.69	44.46	9.81
80	4	1518	1142	20468	11482	11.07	6.53	1.14
2625	565	5126	717	317287	230555	142.40	66.49	16.15
8916	1095	26225	3273	1225852	947445	640.17	167.68	43.94
3794	410	6491	2945	198914	174621	200.58	114.11	6.99
2964	74	12577	1590	225580	192128	226.20	94.83	18.08
128				18123	7054	1521.86	1.79	
7170	864	16017	8559	407776	339430	281.53	69.98	15.76
4127	522	9629	1883	320216	227935	110.09	63.66	12.71
51	6	310	20	13704	13618	5.83	1.86	1.15
572	78	1077	366	24963	24946	10.41	5.19	1.01
2025	259	13673	414	67884	50573	219.92	70.08	7.29

2010年各地区文物保护管理机构基本情况

地　区	机构数(个)	从业人员(人)			藏品数(件/套)			
			高级职称	中级职称		一级品	二级品	三级品
总　计	**2436**	**30171**	**866**	**3264**	**2149366**	**4896**	**17527**	**142179**
北　京	26	2901	6	66	23900	88	421	1632
天　津	8	119	16	20	2733		2	57
河　北	161	4118	127	365	109503	261	1519	10855
山　西	110	1376	24	125	105002	301	541	2421
内蒙古	87	666	48	143	38045	113	263	856
辽　宁	59	857	22	124	69666	77	565	8173
吉　林	48	330	42	104	21188	19	96	736
黑龙江	92	373	43	157	19696	39	101	1133
上　海	4	77	2	10	5680	109	36	56
江　苏	60	299	27	57	30024	70	226	841
浙　江	94	1397	97	157	68757	280	748	5334
安　徽	84	535	29	109	81433	474	866	15621
福　建	57	131	8	25	4213	2	7	388
江　西	64	195	10	38	10510	24	125	1066
山　东	101	2179	103	376	267718	520	3120	10095
河　南	125	2335	72	238	557743	385	3506	31789
湖　北	35	471	8	105	12809	71	201	689
湖　南	112	1008	13	119	108235	185	755	6566
广　东	30	270	4	10	3311		1	6
广　西	61	274	8	57	24118	20	342	3218
海　南	10	127		4	1099			
重　庆	39	112	9	29	77865	16	204	2127
四　川	170	1129	34	198	212376	866	1707	27708
贵　州	83	373	11	51	15270	49	200	872
云　南	120	607	49	191	65254	188	152	1497
西　藏	207	3948	2	12	104821	337	283	300
陕　西	203	2534	25	232	79374	270	862	6098
甘　肃	45	444	3	25	1256	28	44	101
青　海	24	85	5	31	7429	34	71	109
宁　夏	21	296	7	46	17735	65	551	1796
新　疆	96	605	12	40	2603	5	12	39

本年从有关部门接收文物数（件/套）	本年藏品征集数（件/套）	本年修复文物数（件/套）				基本陈列（个）	举办展览（个）	参观人次（千人次）
			一级品	二级品	三级品			
3702	**13003**	**6720**	**1441**	**131**	**2209**	**1411**	**2008**	**111978**
	35	1			1	22	41	12126
	40					3	1	215
14	183	115		4	34	26	46	10136
5						1	1	6926
	4447	211	74	8	20	34	45	656
	797					14	17	2100
1858	252	27		2	5	76	17	226
4	386	41			1	20	46	444
	192					3	11	170
294	2					28	30	2420
38	320					61	62	13339
161	99	11			10	42	112	1458
						11	1029	998
	12	1			1	314	12	396
	766	262		13	33	33	46	9038
	281	1746		66	1260	13	28	6168
	15					10	8	1803
548	889	43			6	31	56	9697
	1803	25				8	30	3928
285	763	20				12	9	1101
	12	3				15	9	495
236	104	34				14	28	669
38	180	3011	1366	37	836	68	102	5760
18	732	7	1	1	2	32	55	4521
7	57	1137				199	109	4332
10		19						2277
186	483	5				279	13	6741
						21	8	1430
	20					3	11	18
	73					12	5	1336
	60	1				6	21	1054

续表 1

地　区	未成年人参观人次	门票销售总额（千元）	考古发掘项目（个）	基本建设中考古发掘项目	抢救性发掘项目	主动性发掘项目	考古钻探面积（千平方米）	考古发掘面积（千平方米）
总　计	**20632**	**1623699**	**433**	**204**	**188**	**38**	**21979**	**2488**
北　京	1920	420032						
天　津	60	2363						
河　北	2688	229548	18	7	10		395	34
山　西	694	65375	3	2	1		2	1
内蒙古	210	2197	6	2	4		2	7
辽　宁	406	8230	3		2	1	649	39
吉　林	96		6	1	2	2	13	6
黑龙江	164	103	3	2	1		0	8
上　海	50							
江　苏	271	2508	1	1			101	4
浙　江	954	234694	21	12	5	4	330	76
安　徽	552	1887	37	7	29	1	302	178
福　建	257	220	2	1	1		1	4
江　西	169	1588						
山　东	2635	276523	11	1	10		218	210
河　南	1085	150970	129	86	41	2	7720	160
湖　北	1070	5254					1010	
湖　南	2172	4710	3	2	1		1	7
广　东	914	25451						
广　西	203	1235						
海　南	136	890						
重　庆	106	8	20	6	11	3	16	12
四　川	920	12390	126	65	53	8	7919	465
贵　州	394	177	14	3		11	21	14
云　南	1210	227	16	3	9	4	28	37
西　藏	117	78890						
陕　西	776	68991	2	1			1434	21
甘　肃	225	7828						
青　海	1							
宁　夏	89	7908	7	1	6		19	1
新　疆	88	13502	5	1	2	2	1800	1203

发掘墓葬数(个)	本年收入合计(千元)	财政拨款	事业收入	经营收入	其他收入	本年支出合计(千元)	基本支出	项目支出
6610	**3659036**	**1879729**	**1186986**	**303598**	**173980**	**3307482**	**1857168**	**1023468**
	474486	42575	179146	242679	4097	583787	347274	95917
	18255	15373	2076	355	109	17449	15592	1502
269	265153	85700	167319	4355	7779	227495	195309	27647
22	131668	58508	22065	10867	26910	115452	87902	15968
40	93075	89491	2854		691	83489	49606	33878
2	114324	91855	7822	4146	9037	71286	28527	36990
1	21547	21437			110	20606	16580	4025
9	28268	26705	665		874	25059	19652	4301
	16463	15643	4		221	26995	9845	17150
9	79507	65657	12130		1720	79459	45823	33636
47	509481	191701	289009	1140	16977	427115	298017	126104
1888	57010	45406	3147	1582	3721	51282	34303	14489
4	23870	13826	470		4369	19420	7673	11175
	16359	10163	2459		3487	13523	9174	3688
15	269627	137297	106025	15149	2005	271588	108319	17897
2941	213876	68413	124775	6760	10166	167871	114925	39155
3	53327	43517	5726		4024	53041	19236	33168
22	114018	91821	11164	708	9385	103122	55151	44262
	43162	21530	18179	100	1941	43536	28020	15506
	19827	16298	1574		985	19361	11843	6840
	17397	14207	2249	2	838	12067	2799	3595
34	16075	14551	933		365	17353	6442	8643
878	351779	324686	11839	1315	9735	286731	64346	214877
98	30454	27416	1916	71	581	27163	14015	11872
255	64618	55860	1563	143	2840	60363	30697	23300
	95676	6134	75007	5470	8872	42367	28053	140
13	257263	154517	62513	8588	26906	240053	114973	97377
	58466	16485	40911	32	930	56535	27724	22755
	6170	5895	190			5640	4862	416
8	56684	18631	8993	107	6452	20128	12487	4661
52	141151	88431	24263	29	7853	118146	47999	52534

续表 2

地区	经营支出	本年支出合计(千元) 在支出合计中: 工资福利支出	商品和服务支出	差旅费	劳务费	福利费	各种税金支出
总　计	**218104**	**913887**	**1221389**	**30673**	**125406**	**23100**	**25851**
北　京	134670	152121	272704	2184	1135	6514	1808
天　津	355	5534	8889	1	30	29	
河　北	4529	130254	75397	1490	3340	1621	1812
山　西	7015	30057	35156	836	1637	870	212
内蒙古		25761	37415	2156	6933	254	6
辽　宁	3588	18685	13174	446	840	230	407
吉　林		9423	4939	209	195	19	
黑龙江	3	12513	6767	991	233	132	371
上　海		6184	4739	76	866	169	
江　苏		17359	55349	686	3458	701	
浙　江	1426	112843	236550	2928	10428	3851	7157
安　徽	1062	13025	19515	1192	1161	310	35
福　建		4012	7963	714	496	11	21
江　西		3678	4957	411	120	250	1
山　东	36073	75911	52579	1521	1553	290	9495
河　南	6382	52410	69727	2522	22463	705	1218
湖　北		10309	11788	573	710	1354	103
湖　南	709	25210	23277	2272	1570	1451	445
广　东	10	9414	26624	177	1205	343	1
广　西		6291	5753	436	63	12	2
海　南	2	2888	2442	104	85	4	3
重　庆		3424	6847	422	1026	103	
四　川	2004	32594	103278	2017	57625	1273	99
贵　州	154	8765	4527	504	620	77	
云　南	239	17217	15268	661	1125	94	202
西　藏	12255	13460	10882	460	18	657	181
陕　西	7039	71712	30265	1934	1548	833	554
甘　肃	175	11711	13194	578	718	692	1691
青　海	300	3588	698	106	13		
宁　夏	14	6239	4895	427	1360	62	20
新　疆	100	21295	55831	1639	2832	189	7

对个人和家庭补助支出	抚恤金和生活补贴	其他资本性支出	各种设备购置费	资产总计（千元）	固定资产原值	公用房屋建筑面积（千平方米）	展览用房	文物库房
144008	**5233**	**309777**	**32399**	**5476802**	**3162711**	**4583.64**	**612.20**	**106.68**
24114	369	70420	4093	187900	162869	82.81	11.88	1.00
2580	13	446	231	10427	3694	10.16	8.32	0.38
11802	729	7620	2018	379132	195846	97.53	36.14	9.11
2917	149	5972	824	131829	111232	69.03	8.70	3.23
2225	113	4446	2002	54988	32273	44.68	15.83	3.18
4479	97	28390	704	102657	38432	38.37	12.53	3.96
2546	212	1636	85	15440	9973	10.99	6.21	1.44
3053	54	867	24	36587	25551	24.17	13.50	2.72
495		1275	24	66273	30392	8.13	4.31	0.58
5931	74	820	639	226673	90620	52.89	22.56	2.96
31755	749	36223	1659	1106646	682799	155.80	69.24	5.05
5310	84	3921	733	107332	35184	53.73	22.38	3.60
1377		542	15	20920	6714	45.12	5.24	0.38
1162	19	413	32	16746	14977	10.43	2.43	0.26
5288	147	4289	1223	310473	250574	75.67	42.71	6.63
6287	125	4809	2449	887869	227856	858.66	26.53	14.90
1630	54	5580	848	25709	23263	111.49	93.60	1.32
1819	263	8920	7392	103109	82066	77.84	32.53	6.06
1418		1121	90	90046	33618	42.62	26.99	0.55
942	62	3190	338	35651	16558	22.36	11.79	2.31
214	4	2824	881	44281	37972	7.55	4.62	1.83
715	49	201	96	22458	11823	23.04	12.20	4.26
6479	950	4077	1085	601615	476155	174.64	34.27	16.23
1784	110	2206	688	47122	36334	43.79	11.45	1.84
2964	8	11177	678	164248	137779	81.42	14.22	2.55
3346	187	268	268	82054	12162	2127.99	2.82	0.46
4247	230	70809	619	201215	148028	163.57	39.38	6.51
1443	33	17880	264	158709	122476	20.55	3.37	1.18
242		46	20	3482	3397	4.23	0.62	0.59
1250	78	1582	351	17305	15497	18.49	6.50	1.11
4194	271	7807	2026	217906	86597	25.90	9.33	0.52

2010年各地区博物馆基本情况

地区	机构数(个)	从业人员(人)	高级职称	中级职称	安全保卫人员(人)	藏品数(件/套)	一级品
总计	**2435**	**57431**	**3761**	**8893**	**11613**	**17552482**	**58649**
北京	41	1162	54	125	226	1138476	454
天津	18	719	79	186	107	579740	1004
河北	65	1827	115	199	309	232455	482
山西	89	2493	76	267	541	453355	2824
内蒙古	54	1214	96	272	173	408471	1514
辽宁	61	2160	189	610	287	351402	1478
吉林	57	918	127	190	154	237522	539
黑龙江	76	1245	152	244	213	192158	379
上海	27	1009	104	203	94	327455	1226
江苏	213	4190	346	757	860	1527507	2612
浙江	100	2887	229	380	673	676477	1885
安徽	120	1548	81	230	362	503247	1746
福建	94	1307	93	206	288	382327	962
江西	108	2544	105	307	437	425788	1319
山东	114	2456	240	570	543	692829	2668
河南	111	3619	170	447	825	725093	1570
湖北	120	2233	160	630	406	1211525	2423
湖南	81	2148	96	251	505	443174	3193
广东	169	3136	146	427	617	844627	1273
广西	64	1096	78	204	219	279452	312
海南	16	169	8	17	55	57299	81
重庆	37	1431	106	209	181	488955	1078
四川	108	4052	97	398	714	885543	3059
贵州	59	1148	22	76	229	74826	542
云南	120	1154	125	202	260	358457	619
西藏	2	65	6	15	12	32605	117
陕西	106	4373	212	466	1089	767086	6449
甘肃	102	2015	53	203	548	439654	2226
青海	18	178	19	40	30	118984	333
宁夏	6	212	15	35	34	66209	302
新疆	71	599	21	72	169	119370	638

二级品	三级品	本年从有关部门接收文物数(件/套)	本年藏品征集数(件/套)	本年修复文物数(件/套)	一级品	二级品	三级品
933334	**3020925**	**20900**	**314026**	**33871**	**376**	**1158**	**21221**
4895	48793	8	143	457	1	64	77
2748	39505		3157	74			
7447	15752		5698	173		14	123
7106	70094	2683	204	188	30	13	21
3879	8676	1903	21874	748	41	131	303
13044	115544	167	4353	255	4	49	194
3224	17642	2538	8501	83		2	5
1518	15255	1146	4037	48	2	4	15
46313	149804	219	2830	35	4	6	23
94259	432625	2468	152428	1614	23	55	464
9655	63964	1242	11920	828	8	161	56
4111	38467	468	2770	409		2	71
2193	84961	2	6168	101	1	8	79
5618	36849	724	1472	351	36	120	191
7738	80020	348	2997	1306	22	19	582
11632	144878	2578	4097	632	6	5	291
5663	60613	604	2605	3630	7	58	1793
4291	40852	534	15670	777	4	63	284
14899	69774	1332	6634	15714	5	64	15023
4567	24023	26	5827	325	4	1	30
239	1325	336	286	52			
2084	18926	83	9180	1119	1	5	63
5927	89126	214	18074	1923	11	66	905
1509	5774	47	3161	124		2	9
1596	13945	48	11964	776			5
185	272	4	61	2			
12189	66093	541	1989	1185	137	109	414
8054	69162	438	1483	297	1	39	1
724	882		313	24			11
2867	5599	117		213	1	51	161
1290	3955	82	2622	160		10	18

续表 1

地　区	考古发掘项目(个)	基本建设考古发掘项目	抢救性发掘项目	主动性发掘项目	考古钻探面积(千平方米)	考古发掘面积(千平方米)
总　计	**539**	**240**	**260**	**32**	**32562**	**529**
北　京						
天　津	1	1			200	1
河　北	6	5	1			9
山　西	6	6			209	12
内蒙古	3	1	2		2	4
辽　宁	6	3	3		633	11
吉　林	1		1		6	2
黑龙江	2		1			3
上　海	3	1		2		8
江　苏	153	94	57	1	4358	37
浙　江	27	2	25		900	12
安　徽	28	11	16	1	233	7
福　建	16	7	7	2	100	17
江　西	28	6	21	1	1	31
山　东	28	8	16	1	1650	265
河　南	1	1			50	1
湖　北	112	45	56	10	5469	74
湖　南	58	25	32	1	8086	10
广　东	7	4	2		279	4
广　西	2			2		
海　南	1	1			27	
重　庆	2	1		1	5	4
四　川	29	15	14		52	9
贵　州	2	2			1	5
云　南	2			2		
西　藏						
陕　西	7	1	6		300	
甘　肃						
青　海						
宁　夏						
新　疆						

发掘墓葬数(个)	基本陈列(个)	举办展览(个)	参观人次(千人次)	未成年人参观人次	门票销售总额(千元)	本年承担课题、项目数(个)	省部级以上课题、项目数	结项课题、项目数
2606	**7206**	**10091**	**406793**	**114413**	**1912345**	**613**	**277**	**136**
	95	129	4995	692	16408	20	10	9
20	60	67	4007	1435	7660	7	7	
1	98	218	12460	3566	58588	2	1	1
3	105	123	10815	1881	117154	1	1	
117	128	96	5839	1623	2493	6	4	2
4	96	197	10336	2673	68454	12	7	2
16	196	165	5078	1312	37117	9	2	4
	148	219	7163	2861	4233	12	12	
280	59	121	6246	940	42397	32	20	5
474	528	1063	45568	12557	90371	75	54	27
20	246	817	19572	5472	25942	39	19	5
133	426	433	12054	5416	14141	6	2	3
99	393	418	16002	4114		10	4	8
63	608	485	20730	6050	4499	15	1	
85	343	605	13844	4400	11147	16	8	3
83	310	663	17942	4914	53302	15	3	6
792	336	333	19051	8438	2314	30	15	7
139	169	201	21999	8056	3370	25	20	2
111	388	1077	25825	5400	46643	21	4	4
	124	194	7441	2067	390	31	7	4
	153	60	985	313				
53	109	197	15509	4406	55980	20	13	8
51	519	614	33571	10497	155824	41	17	15
37	104	104	11771	3580	3156	6	2	4
	270	668	15291	3051	7	28	6	2
	2		149	13				
11	742	163	14981	2008	394790	14	13	7
	237	333	6467	2253	3229	3	1	2
	20	34	832	273				
	17	40	740	232		1	1	
1	124	191	3664	1173		3	3	

续表 2

地区	科研成果			科研成果(册)		本年收入合计(千元)	财政拨款
	专利(个)	专著或图录(册)	论文(省级及以上刊物公开发表)(篇)	考古报告	古建维修报告		
总计	**88**	**13820**	**4118**	**124**	**145**	**9611760**	**7288771**
北京		22	180			277278	231935
天津		1	30	2		277835	207945
河北		2527	121	2	2	218916	149971
山西		13	41	1		258952	162655
内蒙古		42	54	3		201114	178746
辽宁		40	169	2	1	347479	278220
吉林	1	8	93	1	5	158448	108594
黑龙江		8	61	1		145016	106906
上海		1525	30			371538	298179
江苏	12	3058	511	39	4	764707	542722
浙江	10	43	230	1		831928	736247
安徽		8	91	2	6	171664	151463
福建		12	111	6	6	197551	169835
江西		6	71	1	7	229317	208231
山东	1	8	122	1	6	342926	309539
河南	23	13	220		3	314384	227895
湖北		11	97	7	1	274299	229475
湖南		16	162	2	2	308482	284679
广东		55	186			621526	508558
广西		6	135	7		172392	142442
海南		3200	16	4		27275	25257
重庆	28	12	63	5	3	287879	186151
四川	3	10	77		6	573304	330545
贵州		7	78	5	10	103186	98045
云南	7	8	24	1		174105	118475
西藏						15864	13136
陕西		29	215			594315	197272
甘肃		3	141	1	3	204113	184489
青海			11	30		25343	22003
宁夏		11	166			32530	30379
新疆		3004	43		80	74293	63942

事业收入	经营收入	其他收入	本年支出合计(千元)	基本支出	项目支出	经营支出	在支出合计中:工资福利支出
1369346	**127609**	**557858**	**8787265**	**4458800**	**4013625**	**128943**	**2139534**
23843	125	14502	297331	169576	124967	122	64955
24453	972	38679	116953	97292	18276	972	42206
59768	2447	6726	211407	110606	97419	3382	57541
89328		2162	245148	123421	118660		67576
13780		8306	204077	133789	70008	100	41654
27319		7554	308258	162802	132174		84430
39092	168	7894	135113	69142	62540	5	31003
5638	2193	27507	142431	103411	30589	4268	39623
57857	1913	11049	332485	143905	188536	34	99174
131189	26347	64449	689863	339916	325699	24248	169883
26706	7332	29286	735435	234997	486480	4441	136691
6591	387	10688	160963	94458	62704	1390	36370
6131	339	15965	181141	75900	82457	212	41481
9731	1859	8503	212128	127034	66950	1412	53197
21700	730	4606	349497	200078	146551	616	94649
58514	1300	10151	278781	200394	74328	2385	85928
13413	5525	17395	299068	129108	158658	5433	68764
8962	3662	6762	302601	187534	99022	11269	75051
71504	1643	17808	594716	261823	321271	800	158628
13417	80	8217	143436	71919	68864	43	33071
		750	34876	8735	25976		6611
32544	176	57618	258646	81901	172704	156	66123
208510	1350	22620	546036	232939	278376	3032	120464
1869	1700	856	111837	73054	26592	1049	26443
4051	2823	41222	102341	40199	58695	1458	27541
272			13749	601	774		4589
300960	3339	86555	567073	455684	101549	1245	157103
6229	407	4864	203749	122642	73572	796	53974
701		2639	28179	13945	13974		8116
668		412	28767	12702	14619		6799
3296	35	1590	63210	25341	36721	5	16596

续表 3

地区	本年支出合计(千元)					
	在支出合计中:					
	商品和服务支出	差旅费	劳务费	福利费	各种税金支出	对个人和家庭补助支出
总计	**3546820**	**96927**	**185315**	**48334**	**58743**	**576107**
北京	173259	2618	14604	387	2650	34986
天津	46433	586	1146	554	554	26627
河北	85833	1445	4465	649	27	9647
山西	85264	1961	2494	823	1288	6615
内蒙古	99676	3596	8096	661	247	9887
辽宁	123959	2272	12826	685	40	33235
吉林	45495	1508	2058	1362	111	14237
黑龙江	50467	2310	2475	230	89	11651
上海	135297	1444	1301	2439	993	10268
江苏	344761	7598	24000	2960	4065	51108
浙江	303096	6980	8844	7394	2458	23360
安徽	43604	1920	1638	1596	63	12245
福建	49915	2558	3998	440	125	9587
江西	79556	3466	1159	2256	580	16649
山东	122247	1990	3081	959	663	24205
河南	120317	5052	7117	1794	819	14693
湖北	116513	4405	13840	2726	279	16515
湖南	133811	5107	10020	3486	1155	13480
广东	202647	3181	8393	2440	988	48942
广西	62706	2581	2082	1316	930	9041
海南	18101	608	466	52	23	337
重庆	151972	3764	11565	1512	1380	9115
四川	215736	7703	8321	1967	483	21982
贵州	41364	2031	3758	402	123	6036
云南	33848	1776	1991	310	226	4964
西藏	1245	88	11			669
陕西	182139	4564	7700	5829	24772	24058
甘肃	60632	3443	4336	889	573	9428
青海	11281	536	245	11	141	1563
宁夏	5189	167	39	214	3	2175
新疆	25195	1002	2067	142	291	3793

抚恤金和生活补贴	其他资本性支出	各种设备、交通工具、图书购置费	资产总计（千元）	固定资产原值	公用房屋建筑面积（千平方米）	展览用房	文物库房
19119	**1392167**	**286228**	**22870290**	**15958030**	**10882**	**4733**	**1004**
141	7862	4671	384877	217943	214	100	19
437	1082	364	645680	51685	111	74	15
519	56244	5561	659572	600492	278	139	19
672	62091	6231	190100	139214	396	101	24
598	13641	2820	325716	274992	323	148	20
383	32715	8760	893949	675524	356	136	32
120	7911	656	481224	136962	146	93	7
77	8525	2351	668056	610550	275	163	14
448	78413	9991	1380964	870295	155	61	66
3024	124111	15162	2954490	2506954	1056	568	66
278	221578	23983	1543255	957860	495	216	49
234	9132	979	276524	240536	342	164	29
366	27356	3425	234255	138207	433	189	25
672	14213	5113	455929	306214	366	189	30
283	75490	4581	1224591	805151	506	235	45
367	8807	5985	684707	533228	448	231	49
614	29120	4980	783580	684511	425	188	42
975	35727	12872	870070	729738	344	158	38
766	45988	14502	1267585	1001347	823	345	57
314	20455	7086	232609	183039	199	85	20
127	2162	1775	44977	21873	52	19	2
1521	8189	3042	621470	413633	259	87	20
665	52825	4397	1209819	762490	938	230	47
452	11377	5583	677664	642324	218	127	10
153	6028	3024	277876	162192	245	130	28
69			2136	2136	14	0	13
1862	179496	19568	1238178	943509	401	140	60
1538	28254	5976	471509	347162	190	108	28
90	3366	3071	134227	124551	41	17	5
	355	316	73804	55892	52	22	8
65	12709	2195	112782	84528	299	116	16

2010 年各地区文物系统博物馆基本情况

地区	机构数（个）	从业人员（人）	高级职称	中级职称	安全保卫人员（人）	藏品数（件/套）	一级品
总计	**2199**	**52888**	**3535**	**8413**	**10627**	**16517930**	**56204**
北京	40	1104	54	119	214	1135974	453
天津	18	719	79	186	107	579740	1004
河北	63	1531	108	184	269	229750	460
山西	89	2493	76	267	541	453355	2824
内蒙古	54	1214	96	272	173	408471	1514
辽宁	57	2074	189	596	282	323494	1193
吉林	57	918	127	190	154	237522	539
黑龙江	63	915	136	207	141	175899	355
上海	27	1009	104	203	94	327455	1226
江苏	135	2825	262	584	609	987517	2566
浙江	90	2693	227	370	647	658932	1885
安徽	101	1277	67	213	292	451413	1685
福建	94	1307	93	206	288	382327	962
江西	108	2544	105	307	437	425788	1319
山东	109	2407	240	570	533	682477	2666
河南	107	3522	169	442	799	721020	1567
湖北	115	2191	159	626	394	1210933	2423
湖南	74	1596	91	208	325	368398	1302
广东	164	2956	130	391	590	807102	1273
广西	64	1096	78	204	219	279452	312
海南	16	169	8	17	55	57299	81
重庆	21	1120	92	185	133	440385	1078
四川	103	3961	85	362	694	749014	2949
贵州	56	1086	22	76	207	72931	542
云南	61	595	71	142	95	296960	619
西藏	2	65	6	15	12	32605	117
陕西	106	4373	212	466	1089	767086	6449
甘肃	102	2015	53	203	548	439654	2226
青海	18	178	19	40	30	118984	333
宁夏	6	212	15	35	34	66209	302
新疆	71	599	21	72	169	119370	638

二级品	三级品	本年从有关部门接收文物数（件/套）	本年藏品征集数（件/套）	本年修复文物数（件/套）	一级品	二级品	三级品
932159	**3014451**	**19615**	**140488**	**32676**	**376**	**1153**	**21177**
4871	48557	8	142	457	1	64	77
2748	39505		3157	74			
7422	15658		5691	173		14	123
7106	70094	2683	204	188	30	13	21
3879	8676	1903	21874	748	41	131	303
12738	115544	165	4306	255	4	49	194
3224	17642	2538	8501	83		2	5
1427	15086	1146	3839	48	2	4	15
46313	149804	219	2830	35	4	6	23
94170	432531	1433	10769	1409	23	55	462
9655	63414	1242	8993	818	8	161	56
4048	38051	468	1656	379		2	71
2193	84961	2	6168	101	1	8	79
5618	36849	724	1472	351	36	120	191
7736	80019	348	2997	1306	22	19	582
11613	143475	2578	4097	632	6	5	291
5661	60613	604	2500	3630	7	58	1793
4059	39851	286	2701	735	4	58	247
14899	69774	1332	6450	15714	5	64	15023
4567	24023	26	5827	325	4	1	30
239	1325	336	286	52			
2078	18901	83	8226	294	1	5	58
5611	86641	214	8789	1880	11	66	905
1509	5774	47	3161	94		2	9
1596	13945	48	7876	766			5
185	272	4	61	2			
12189	66093	541	1989	1185	137	109	414
8054	69162	438	1483	297	1	39	1
724	882		313	24			11
2867	5599	117		213	1	51	161
1290	3955	82	2622	160		10	18

续表 1

地　区	考古发掘项目(个)				考古钻探面积(千平方米)	考古发掘面积(千平方米)	发掘墓葬数(个)
		基本建设考古发掘项目	抢救性发掘项目	主动性发掘项目			
总　计	**537**	**240**	**258**	**32**	**32362**	**527**	**2605**
北　京							
天　津	1	1			200	1	20
河　北	6	5	1			9	1
山　西	6	6			209	12	3
内蒙古	3	1	2		2	4	117
辽　宁	6	3	3		633	11	4
吉　林	1		1		6	2	16
黑龙江	2		1			3	
上　海	3	1		2		8	280
江　苏	153	94	57	1	4158	35	473
浙　江	27	2	25		900	12	20
安　徽	26	11	14	1	233	7	133
福　建	16	7	7	2	100	17	99
江　西	28	6	21	1	1	31	63
山　东	28	8	16	1	1650	265	85
河　南	1	1			50	1	83
湖　北	112	45	56	10	5469	74	792
湖　南	58	25	32	1	8086	10	139
广　东	7	4	2		279	4	111
广　西	2			2			
海　南	1	1			27		
重　庆	2	1		1	5	4	53
四　川	29	15	14		52	9	51
贵　州	2	2			1	5	37
云　南	2			2			
西　藏							
陕　西	7	1	6		300		11
甘　肃							
青　海							
宁　夏							
新　疆							1

基本陈列（个）	举办展览（个）	参观人次（千人次）	未成年人参观人次	门票销售总额（千元）	本年承担课题、项目数（个）	省部级以上课题、项目数	结项课题、项日数
6760	**9381**	**351579**	**101142**	**1803595**	**530**	**240**	**109**
94	126	4529	614	16408	20	10	9
60	67	4007	1435	7660	7	7	
95	215	9400	2588	58588			
105	123	10815	1881	117154	1	1	
128	96	5839	1623	2493	6	4	2
90	194	8918	1715	68454	12	7	2
196	165	5078	1312	37117	9	2	4
123	204	5011	2211	430	8	8	
59	121	6246	940	42397	32	20	5
359	774	21889	7222	21146	56	40	20
234	805	18624	5217	9320	39	19	5
392	404	10373	4750	5841	1		
393	418	16002	4114		10	4	8
608	485	20730	6050	4499	15	1	
341	605	13588	4353	10677	16	8	3
300	654	17599	4837	53104	15	3	6
325	329	18814	8377	2314	30	15	7
159	185	13277	5618	2640	23	18	2
382	886	24482	5210	45555	21	4	4
124	194	7441	2067	390	31	7	4
153	60	985	313				
77	159	12665	3975	48996	15	13	6
497	606	33380	10404	155614	22	9	4
98	98	11141	3558	2036	5	1	3
173	584	8047	2059	7	2	1	
2		149	13				
742	163	14981	2008	394790	14	13	7
237	333	6467	2253	3229	3	1	2
20	34	832	273				
17	40	740	232		1	1	
124	191	3664	1173		3	3	

续表 2

地区	科研成果			科研成果(册)		本年收入合计(千元)	
	专利(个)	专著或图录(册)	论文(省级及以上刊物公开发表)(篇)	考古报告	古建维修报告		财政拨款
总计	**44**	**10762**	**3767**	**123**	**143**	**9100699**	**7000803**
北京		22	180			276967	231935
天津		1	30	2		277835	207945
河北		2521	93	2	2	200356	133060
山西		13	41	1		258952	162655
内蒙古		42	54	3		201114	178746
辽宁		40	169	2	1	326268	257824
吉林	1	8	93	1	5	158448	108594
黑龙江		4	46	1		93137	89114
上海		1525	30			371538	298179
江苏	3	34	417	39	4	568867	470047
浙江	10	43	230	1		810653	734246
安徽		6	87	2	5	153532	140140
福建		12	111	6	6	197551	169835
江西		6	71	1	7	229317	208231
山东	1	8	122	1	6	341876	309539
河南	23	13	220		3	311314	225093
湖北		11	97	7	1	274130	229306
湖南		14	97	2	2	211995	194704
广东		53	133			586492	482369
广西		6	135	7		172392	142442
海南		3200	16	4		27275	25257
重庆		2	60	5	2	257376	165953
四川	3	9	53		6	569112	330175
贵州		5	28	5	10	100859	96838
云南		3	9			163084	112515
西藏						15864	13136
陕西		29	215			594315	197272
甘肃		3	141	1	3	204113	184489
青海			11	30		25343	22003
宁夏		11	166			32530	30379
新疆		3004	43		80	74293	63942

事业收入	经营收入	其他收入	本年支出合计（千元）	基本支出	项目支出	经营支出	在支出合计中:
							工资福利支出
1277799	**88702**	**482113**	**8232879**	**4163419**	**3808200**	**92401**	**2003727**
23843	125	14191	286377	158686	124903	122	57554
24453	972	38679	116953	97292	18276	972	42206
59768	2447	5077	193267	92466	97419	3382	47628
89328		2162	245148	123421	118660		67576
13780		8306	204077	133789	70008	100	41654
27296		7502	285928	156332	116967		81466
39092	168	7894	135113	69142	62540	5	31003
1835	54	1303	91576	61378	25981	54	28050
57857	1913	11049	332485	143905	188536	34	99174
59463	2982	36375	495436	260605	228412	6419	125754
26363	657	28377	704969	229520	474602	498	131064
6586	307	4899	142954	82271	57302	1140	32559
6131	339	15965	181141	75900	82457	212	41481
9731	1859	8503	212128	127034	66950	1412	53197
21700		4286	348167	199364	146551		93955
58308	1298	10151	275711	197326	74328	2383	84399
13413	5525	17395	295869	125989	158578	5433	67090
7452	1472	4132	199129	120414	70949	2990	55710
67891	1643	12880	553544	244436	297697	800	146592
13417	80	8217	143436	71919	68864	43	33071
		750	34876	8735	25976		6611
25336		54771	222410	62054	157824		60586
205635	1160	22445	541030	230961	278356	2822	118963
1749	700	856	109254	72339	25717	949	25674
3936	463	39365	89204	33274	55218	515	20233
272			13749	601	774		4589
300960	3339	86555	567073	455684	101549	1245	157103
6229	407	4864	203749	122642	73572	796	53974
701		2639	28179	13945	13974		8116
668		412	28767	12702	14619		6799
3296	35	1590	63210	25341	36721	5	16596

续表 3

地区	本年支出合计(千元)						
	在支出合计中:						
	商品和服务支出	差旅费	劳务费	福利费	各种税金支出	对个人和家庭补助支出	抚恤金和生活补贴
总　计	**3284777**	**91614**	**177677**	**44293**	**54558**	**553320**	**17383**
北　京	170630	2615	14388	177	2520	34126	141
天　津	46433	586	1146	554	554	26627	437
河　北	79164	1256	3633	606	27	8089	450
山　西	85264	1961	2494	823	1288	6615	672
内蒙古	99676	3596	8096	661	247	9887	598
辽　宁	118197	2228	12826	682	40	31198	317
吉　林	45495	1508	2058	1362	111	14237	120
黑龙江	36274	1097	1983	189		10565	77
上　海	135297	1444	1301	2439	993	10268	448
江　苏	207587	6242	22331	2203	1688	43979	1972
浙　江	299650	6647	8480	6951	1618	23328	278
安　徽	36548	1591	1434	1433	63	10906	234
福　建	49915	2558	3998	440	125	9587	366
江　西	79556	3466	1159	2256	580	16649	672
山　东	121631	1990	3081	939	663	24205	283
河　南	119517	4932	7098	1792	819	14236	347
湖　北	115107	4405	13840	2690	279	16482	614
湖　南	78356	4051	7623	2246	512	9243	942
广　东	188215	2964	8232	2239	988	46292	766
广　西	62706	2581	2082	1316	930	9041	314
海　南	18101	608	466	52	23	337	127
重　庆	142721	3449	10505	701	1380	8139	1172
四　川	215636	7703	8321	1967	483	21954	659
贵　州	41058	2026	3758	389	123	5957	375
云　南	31100	1643	1767	252	120	4678	89
西　藏	1245	88	11			669	69
陕　西	182139	4564	7700	5829	24772	24058	1862
甘　肃	60632	3443	4336	889	573	9428	1538
青　海	11281	536	245	11	141	1563	90
宁　夏	5189	167	39	214	3	2175	
新　疆	25195	1002	2067	142	291	3793	65

其他资本性支出	各种设备、交通工具、图书购置费	资产总计（千元）	固定资产原值	公用房屋建筑面积（千平方米）	展览用房	文物库房
1347885	**279632**	**19738844**	**13302682**	**9777**	**4250**	**936**
7798	4607	355022	217943	210	97	19
1082	364	645680	51685	111	74	15
56244	5561	539684	493183	258	128	18
62091	6231	190100	139214	396	101	24
13641	2820	325716	274992	323	148	20
23838	8642	857636	645486	340	127	31
7911	656	481224	136962	146	93	7
6280	1598	335235	322476	143	88	11
78413	9991	1380964	870295	155	61	66
118116	12508	1470203	1224449	737	398	52
221447	23932	1252766	707859	453	196	47
4221	853	264933	228965	246	133	24
27356	3425	234255	138207	433	189	25
14213	5113	455929	306214	366	189	30
75490	4581	1204591	785151	498	232	45
8523	5701	605679	499230	436	225	49
29120	4980	662970	563901	409	178	42
29259	12431	621808	516526	254	123	32
38493	14166	1175266	917787	781	330	46
20455	7086	232689	183039	199	85	20
2162	1775	44977	21873	52	19	2
4853	2978	455591	287884	187	56	15
50542	4247	1162469	715140	771	216	42
10641	5283	672034	637524	215	125	9
4571	1769	230752	125621	177	81	15
		2136	2136	14	0	13
179496	19568	1238178	943509	401	140	60
28254	5976	471509	347162	190	108	28
3366	3071	134227	124551	41	17	5
355	316	73804	55892	52	22	8
12709	2195	112782	84528	299	116	16

2010年各地区文物商店基本情况

地区	机构数（个）	从业人员（人）	高级职称	中级职称	库存文物数（件/套）	一级品	二级品	三级品
总计	**76**	**1737**	**92**	**376**	**7748943**	**67**	**59**	**1001**
北京	2	191	4	42	2565409			
天津	1	103	6	24	373262			
河北	3	13			14464			
山西	1	16	3	4	134862			
内蒙古	1	11		2	501			
辽宁	3	70	3	6	294010	1	20	20
吉林	1	13	1	1	32623			
黑龙江								
上海	1	76	2	16	1111050			
江苏	8	250	6	58	924858			
浙江	9	63		13	133058			
安徽	2	68	4	13	224547	12		455
福建	2	55	4	12	59326			
江西	4	68	1	9	172631			
山东	8	155	22	40	462019	16	18	9
河南	4	118	6	37	203001	16	12	100
湖北	1	64	17	22	201794	4		
湖南	2	55	3	22	232507	8	7	2
广东	6	107	1	19	239587	10		410
广西	4	55	2	7	42748			
海南								
重庆	2	19	2	2	187383			
四川	2	57	2	6	26127			
贵州	2	11			19337			
云南	2	24	2	8	27548			
西藏	1	9			5645		2	5
陕西	1	7		1	780			
甘肃	1	14			29604			
青海	1	11		2	4411			
宁夏								
新疆	1	34	1	10	25851			

资产、负债、所有者权益(千元)							损益(千元)	
资产总计	固定资产原值	当年提取的折旧总额	负债合计	所有者权益合计	实收资本	国家资本金	营业总收入	主营业务收入
1546595	**399290**	**20417**	**451162**	**1095433**	**197257**	**187907**	**652086**	**609521**
265397	121237	1514	62968	202429	16870	16870	105699	91752
218711	8012	594	59285	159426	25188	25188	115108	115108
731	220		4674	-3943	275	275	295	
8494	1678	621	204	8290	2373	1	3526	2996
465	465			465	465	465	653	653
46745	5350	1670	25755	20990	6950	6940	14523	14239
4396	212	150	2600	1796	1931	1931	707	75
197897	54549		15497	182400	14990	14990	66916	66578
215662	43089	1226	116794	98868	14887	14887	122958	119217
44506	18472	1739	18452	26054	11709	11709	27455	27255
19917	7322	5048	1062	18855	1570	1570	2091	2045
23322	13691	438	6281	17041	12234	12234	10102	9833
10548	6175	242	720	9828	7368	7368	12144	12135
82166	19334	3295	42543	39623	8827	8608	33458	29994
24013	7112	147	12531	11482	7053	3978	15105	12838
147536	14899	750	8765	138771	3740	3740	1816	1793
39126	14571	692	12260	26866	12259	12259	14180	13835
71463	26757	919	12245	59218	19451	19451	46470	35371
11339	2017	10	3991	7348	6592	6511	3237	2998
6473	406	9	2256	4217	1856	1856	2317	2317
37661	3977	35	18285	19376	6669	6669	26437	23969
24242	19778	867	497	23745	600	600	2376	2376
23094	3282	144	11317	11777	3271	3271	12776	11593
3869	2366		823	3046	2366	2366	173	173
3032	402	81	677	2355	2105	2105	2000	2000
5121	999	60	4294	827	1500	1500	2741	2741
635	567	18	275	360	400	400	566	525
10034	2351	148	6111	3923	3758	165	6257	5112

续表

地区	损益(千元)							
	营业总成本	养老、医疗、失业等各种社会保险费	住房公积金和住房补贴	差旅费	工会经费	营业利润	营业外收入	政府补助(补贴收入)
总计	**542087**	**24958**	**10704**	**7683**	**2087**	**109999**	**18581**	**9922**
北京	67486	5256	2091	95	359	38213	5	
天津	94909	3178	1642	479	331	20199	2337	2302
河北	295	36	11					
山西	3497	-111	35	104	3	29		
内蒙古	440					213		
辽宁	14747	1130	561	326	60	-224	271	271
吉林	527	214	2	24	3	180		
黑龙江								
上海	34140	2716	505	325	278	32776		
江苏	111341	4256	1397	2315	273	11617	2364	
浙江	25410	539	172	263	31	2045	472	
安徽	2548	127	263	75	15	-457	546	486
福建	9529	377	313	385	47	573		
江西	9413	594	121	212	2	2731	439	
山东	33297	1452	805	462	75	161	2389	2378
河南	15026	1387	252	435	38	79	3264	
湖北	4878	120	496	242	176	-3062		
湖南	15480	223	140	213	10	-1300	2621	2423
广东	40885	1719	1017	291	281	5585	140	78
广西	4014	351	74	140		-777	873	403
海南								
重庆	1012	114	9	28	2	1305	166	
四川	25002	492	289	326	41	1435	1	
贵州	3677	86	153	200	13	-1301	1008	
云南	11629	180	116	274	28	1147	300	300
西藏	1185			30	4	-1012	1151	1151
陕西	1865	22	46	9		135	9	
甘肃	2727	172	4	126		14		
青海	648	87	30	24	7	-82	5	
宁夏								
新疆	6480	241	160	280	10	-223	220	130

		工资、福利费、税金(千元)			公用房屋建筑面积(千平方米)		
营业外支出	利润总额	本年发放工资总额	本年支付的职工福利费	本年应交税金总额		营业用房	文物库房
5799	**122781**	**100131**	**8052**	**42286**	**172**	**67**	**72**
148	38070	18455	324	1837	17	2	14
	22536	16562	354	10528	13	5	8
		248			1	0	1
	29	632	134	172	5	0	2
	213	35		4	0	0	0
106	-59	2998	224	701	4	2	2
	180	185	24	1	1		
	32776	9352	1794	11848	18	3	15
418	13563	13515	1101	3880	21	14	6
26	2491	2796	317	798	4	2	1
380	-291	1552	80	285	3	1	1
1	572	2466	196	648	5	2	1
32	3138	1138	105	329	5	3	2
2079	471	5366	740	1089	9	4	3
	3343	2157	58	570	11	6	3
1183	-4245	1999	619	42	28	9	4
	1321	1670	161	555	2	0	1
50	5675	10208	1064	5893	11	6	4
2	94	1113	148	126	1	0	1
1298	173	405	31	231	1	0	0
2	1434	2262	314	1118	6	1	0
	-293	308	6	234	2	1	1
	1447	1379	8	852	1	1	0
	139	1151		4	1	1	
52	92	157	6	9	0	0	0
	14	257	86	57	0	0	0
10	-87	331		31	0	0	0
12	-15	1432	158	444	3	3	0

2010年各地区文物保护单位保护、维修基本情况

地区	维修项目数（个）	项目总预算（千元）	累计拨入项目经费（千元）	中央补助	省专项补助
总计	2345	109552269	5760500	2416779	1184730
北京	20	59465	37573		19505
天津	3	35030	26030		
河北	67	818052	222315	128907	9320
山西	260	556172	214597	157975	13310
内蒙古	18	340425	136414	45482	6417
辽宁	24	36742	33451	5140	22639
吉林	22	59715	54852	28942	17220
黑龙江	17	16458	15850	13980	750
上海	45	590181	543050		33658
江苏	95	254098	183694	10170	19589
浙江	231	322979	179540	19650	43603
安徽	145	160542	491217	16950	458857
福建	55	262579	66581	25350	12780
江西	172	170964	84459	23345	46098
山东	39	130809	94614	20593	2900
河南	145	1627762	490606	175228	79015
湖北	63	540389	383886	355340	4228
湖南	110	100103729	48131	24488	9005
广东	85	760181	306159	10418	46890
广西	78	87655	37075	26266	4802
海南	38	42694	32574	11298	820
重庆	29	240306	206524	37240	142561
四川	317	1290326	1101728	972303	45769
贵州	43	66992	57469	38728	10399
云南	64	83111	64727	16160	10996
西藏	11	122450	122450	122450	
陕西	66	418978	337948	11730	94016
甘肃	38	190530	73813	31960	7790
青海	1	100	100		100
宁夏	8	27156	15219	8120	6180
新疆	36	135699	97854	78566	15513

本年项目资金来源合计(千元)	财政拨款	中央补助	省级补助	其他资金	本年支出合计(千元)	项目累计支出(千元)	维修面积(千平方米)
5451816	**4714247**	**1575601**	**405000**	**454474**	**4729647**	**6785615**	**12158.97**
31785	25693		8814		34561	44206	35.68
21833	10803			10030	4284	4284	17.30
132951	112199	55519	6000	20752	122042	181863	74.97
199017	183583	154090	11200	15434	127460	137076	164.33
98700	21200	16050	135		113019	132789	22.27
19873	18893	3040	12510	880	14253	23195	67.28
34768	33048	14747	16940	1720	30392	47211	670.57
13080	13080	11100	350		3638	4907	3.03
205550	84625		30418	120925	205539	542637	135.15
93756	80306	4400	17969	13040	93538	171688	118.31
133148	105105	6500	20679	25049	127435	120767	467.61
110753	39315	16730	15485	71047	95810	32931	2226.46
36764	27699	10300	6450	6990	50366	115198	38.28
130145	98347	37243	46538	26389	77665	80275	228.79
54295	39025	8958	2900	6370	46473	89604	73.91
79443	76903	50878	19975	2540	183045	252340	197.73
119227	96803	40990	6066	7284	115388	416240	383.35
2079286	2058231	40747	8105	13334	2064632	2552940	183.35
166210	131335	5928	23360	33259	118236	200841	500.64
20722	28157	18166	4595	103	17150	20722	43.69
28034	24314	6318	600	3720	21102	22702	67.82
162536	23591	6900	2080	14445	158682	191237	16.44
1019417	990680	904330	38089	18797	529056	820774	799.94
40459	24811	6332	6138	7023	30796	17831	44.28
49453	25714	8340	10090	22809	46554	54657	134.54
122450	122450	122450			44632	44632	
174976	160447	6730	66073	7459	172941	302117	4316.38
36823	35320	16440	4430	1503	16236	63324	33.49
100	100		100		100	100	
5339	4947	300	3828	292	4964	7709	13.95
22923	17223	2075	15083	3280	59658	88818	1079.44

2010年各地区国家级文物保护单位保护、维修基本情况

地　区	维修项目数(个)	项目总预算(千元)	累计拨入项目经费(千元)		
				中央补助	省专项补助
总　计	**824**	**105884001**	**3731382**	**1855948**	**609905**
北　京	6	26945	20773		17004
天　津	2	35030	25030		
河　北	44	228004	160172	126350	6240
山　西	175	424315	160495	141205	6250
内蒙古	12	237245	127714	41902	6297
辽　宁	14	20193	20334	4240	11116
吉　林	8	30010	28542	19942	300
黑龙江	10	12228	11650	11650	
上　海	10	251966	239466		1966
江　苏	38	134954	110588	10170	7239
浙　江	44	196667	89283	19650	23008
安　徽	23	32637	322050	14750	301500
福　建	13	92240	30210	11550	6100
江　西	49	93447	29585	22745	6740
山　东	14	49462	35700	19820	400
河　南	47	1547808	449421	159128	57790
湖　北	31	509314	366810	349940	1730
湖　南	30	100066576	28250	23879	2200
广　东	23	169064	138787	8878	15640
广　西	21	77623	29076	25356	1224
海　南	14	13934	10874	8518	820
重　庆	11	73842	66285	36240	10680
四　川	80	715338	609988	554829	21859
贵　州	16	8380	8380	3320	808
云　南	14	25592	16770	14160	1266
西　藏	8	105150	105150	105150	
陕　西	31	384737	315487	7630	78525
甘　肃	18	168170	69723	29460	6200
青　海					
宁　夏	2	24075	13200	8120	5080
新　疆	16	129055	91589	77366	11923

本年项目资金来源合计(千元)	财政拨款	中央补助	省级补助	其他资金	本年支出合计(千元)	项目累计支出(千元)	维修面积(千平方米)
3853306	**3551936**	**1059762**	**161799**	**170205**	**3456585**	**4628202**	**7156.08**
12097	6125		6125		15633	26336	21.13
20833	10803			10030	3284	3284	17.30
79038	59349	54312	3000	19689	64124	122190	22.75
150485	148421	134580	4750	2064	99551	108447	125.64
93580	16080	16050	15		104319	124089	18.45
8356	7976	3040	1687	380	6831	13623	57.19
9547	7847	6947	300	1700	6719	23252	150.74
10450	10450	10450			2318	3037	0.88
55466	1966		1966	53500	55466	239466	70.57
36565	29265	4400	6780	7300	38469	101474	52.10
59205	57335	6500	7682	1870	52035	36268	216.17
16987	16720	14750	1300	237	6837	13487	52.23
16945	15845	8000	1300	125	10711	19367	22.40
71760	44173	36443	7580	22178	30862	33546	54.10
30756	18926	5400	400	3230	27503	29038	63.63
61058	60928	49778	7790	130	162143	214987	61.65
98818	81678	35390	4230	2000	99500	396432	256.56
2050077	2043389	39839	2120	6238	2043769	2019469	79.87
68620	56621	5428	12040	11563	37753	44460	360.92
20396	20346	16956	1224	50	12330	15423	16.41
7134	7134	2118			4434	6034	21.91
22313	11863	5900	760	10300	21163	52036	6.97
522876	508447	470459	17229	5489	270489	488384	213.40
8180	8077	3217	608		8054	8254	16.35
9890	8300	7440	860	1590	9527	12718	77.13
105150	105150	105150			37333	37333	
156295	143136	2630	53572	6159	154264	282530	3995.39
29133	27630	12210	2900	1503	11925	62024	22.70
3958	3958	300	3658		3583	5398	8.72
17338	13998	2075	11923	2880	55656	85816	1072.80

2010年各地区省级文物保护单位保护、维修基本情况

地区	维修项目数（个）	项目总预算（千元）	累计拨入项目经费（千元）		
				中央补助	省专项补助
总计	**862**	**2597098**	**1233978**	**356473**	**358762**
北京	3	1786	1386		
天津					
河北	20	588648	60743	2157	3080
山西	42	36584	17525	8370	5200
内蒙古	5	103160	8680	3580	100
辽宁	7	14255	10823	900	9823
吉林	6	10094	6820		6450
黑龙江	2	780	780	530	250
上海	16	158735	143636		6292
江苏	32	79925	48563		8150
浙江	54	51870	32181		15500
安徽	99	115310	162572	1200	155402
福建	32	166084	34337	13800	6600
江西	56	44954	29828		25830
山东	17	72872	57261		2500
河南	86	77624	39295	15800	19785
湖北	16	17830	9832	1200	2442
湖南	42	23345	11565	200	3440
广东	35	502057	140393	1000	30900
广西	22	4957	3569	150	1475
海南	12	23880	16820	1200	
重庆	8	10291	4241	1000	1731
四川	145	351764	281650	246278	14840
贵州	20	55364	46003	34508	9291
云南	17	16132	16125	1800	8330
西藏	3	17300	17300	17300	
陕西	30	32807	22011	4100	15041
甘肃	11	8930	1720	200	1520
青海	1	100	100		100
宁夏	6	3081	2019		1100
新疆	17	6579	6200	1200	3590

本年项目资金来源合计(千元)	财政拨款	中央补助	省级补助	其他资金	本年支出合计(千元)	项目累计支出(千元)	维修面积(千平方米)
870003	**694481**	**314796**	**161937**	**152869**	**734221**	**1492185**	**3850.05**
500	500				500	812	0.36
52513	52450	807	3000	63	56518	58273	51.92
25015	20795	10310	4850	4220	13503	15663	33.29
5100	5100		100		8680	8680	3.30
9223	9123		9123		5798	7948	3.73
7710	7710	800	6290		6257	4684	269.63
780	780	530	250		250	250	0.20
38848	5089		4052	33759	39047	143835	27.27
38327	32407		6354	5520	38494	46760	45.85
23376	19519		9002	1963	19463	26225	166.62
86641	15725	980	11605	70710	83298	14319	2167.09
17825	10670	2300	5100	6555	37661	93798	12.21
29814	29630	200	27730	184	23321	22670	58.15
14641	14341		2500		14518	56670	8.10
15865	13885	800	10985	1980	18722	35573	130.19
9108	7830	1400	1420	1278	8921	11043	12.92
19263	9398	639	2620	2594	10777	524549	83.50
71255	62466		10970	7909	63480	127881	113.64
3864	3861	450	1475		1913	2130	16.75
17000	16300	3600	600	700	13028	13028	28.07
4080	3420	1000	1220	310	3230	4091	4.39
287771	285563	263365	12690	2208	197734	217955	228.36
31031	15539	3115	5330	6970	20721	6559	23.84
14161	10207	800	7730	3954	14625	15837	20.97
17300	17300	17300			7299	7299	
18231	16861	4100	12051	1300	18245	19065	320.55
3760	3760	2300	1460		2800	1190	7.69
100	100		100		100	100	
1381	989		170	292	1381	2311	5.23
5520	3160		3160	400	3937	2987	6.24

2010年各地区文物保护科学研究机构基本情况

地区	机构数(个)	从业人员(人)			藏品数(件/套)			
			高级职称	中级职称		一级品	二级品	三级品
总计	**108**	**3846**	**770**	**903**	**870223**	**2307**	**8827**	**102247**
北京	2	115	12	19	153		23	130
天津								
河北	4	172	57	44	197780	458	3397	24469
山西	11	280	43	90	6768	39	85	542
内蒙古	1	46	15	22	14479	204	68	294
辽宁	5	126	31	37	4604	18	196	2277
吉林	3	66	15	20	8241	4	30	153
黑龙江	2	46	20	10	3541	2	6	3301
上海								
江苏	5	38	10	12	5446			
浙江	5	92	35	15	17971	51	236	1280
安徽	1	46	12	7	202	27	22	153
福建	1	12	4	2				
江西	2	45	14	12	1385	9	31	381
山东	5	80	27	24	22943			
河南	12	442	81	106	317402	47	211	35697
湖北	3	120	35	27	8395			
湖南	3	116	18	20	34791	34	196	810
广东	5	116	16	18	31742			
广西	5	69	16	11	1154			1154
海南								
重庆	1	97	11	5				
四川	3	157	33	38	12520			
贵州	1	20	7	6	1001			
云南	2	42	17	7	2453	2	14	30
西藏	1	15	3	1				
陕西	13	365	71	96	50217	301	497	3114
甘肃	5	807	65	157	68612	1025	3682	28181
青海	1	41	9	22	55452	22	87	150
宁夏	3	49	10	17	149			21
新疆	2	96	26	11	2822	64	46	110

本年考古出土文物及标本数(件/套)	本年从有关部门接收文物数(件/套)	本年藏品征集数(件/套)	本年修复文物数(件/套)	一级品	二级品	三级品	考古发掘项目(个)	基本建设中考古发掘项目
25552	**171**	**297**	**14752**	**74**	**80**	**1734**	**1151**	**725**
							24	
			154	4	13	107	43	41
							60	30
							31	15
			3000				19	13
			200				13	
2		5					3	
80			300				27	11
3128			1006			6	30	30
							17	17
			17					
							23	22
2392			700				63	40
13063	166		3229		8	365	209	159
72			540				39	36
258			172				62	17
216			814				27	26
							8	5
			1203		3	1200	52	26
			1912				80	30
							4	4
							11	9
							3	3
4326	5	289	1268	70	50	39	247	146
15		3	181		6	17	20	11
							21	21
							1	
2000			56				14	13

续表 1

地　区			考古钻探面积（千平方米）	考古发掘面积（千平方米）	发掘墓葬数（个）	规划及方案设计（个）	承担文物保护项目（个）	
	抢救性发掘项目	主动性发掘项目						国保单位
总　计	**278**	**47**	**97457**	**1008**	**14076**	**341**	**382**	**173**
北　京			8992	37	1470	10	100	60
天　津								
河　北		2	2620	36		20	7	6
山　西	30		1480	50	301	55	33	14
内蒙古	16		7878	100				
辽　宁	4	2	9132	15	247		43	15
吉　林	10	3	617	5				
黑龙江	1	2	127	3	9			
上　海								
江　苏	15	1	3160	10	351	1		
浙　江			201	68	638		1	
安　徽			17	15	600			
福　建				5				
江　西		1		5	235		2	1
山　东	23		10187	30	597	6	6	
河　南	37	10	7329	135	3655	54	34	12
湖　北	3		220	39	212	6	11	
湖　南	45		641	62	148	23	9	5
广　东		1	22705	19	601			
广　西	2	1	9195	16	96	9	42	18
海　南								
重　庆	26		135	34	135	79	1	1
四　川	46	4	2500	220	738	13	5	3
贵　州			10	3				
云　南	1	1		45	252	28	28	10
西　藏						10	10	2
陕　西	13	15	9345	46	2455		42	22
甘　肃	5	4		7	510	16	8	4
青　海			385	2				
宁　夏			580	3	26			
新　疆	1				800			

省级保单位	市、县级保单位	基本陈列(个)	举办展览(个)	参观人次(千人次)	未成年人参观人次	门票销售总额	本年完成科研项目(个)	获国家奖
126	**56**	**13**	**20**	**2208**	**369**	**125720**	**180**	**5**
20	20							
1								
10	2			593	88	52491		
28								
		2		3		7	1	
1				698	177			
1		2	12	63	23			
5	1						2	
11	11			21	5	82	7	1
3	1							
15	9			218	3	96		
			2	25			1	
2							75	
							1	
8	1						57	
2	6							
15	5	2		2			15	2
4		2		542	67	71644	21	2
		1	1	10	3			
		4	5	33	3	1400		

续表 2

地区	获省、部奖	科研成果					主办刊物(种)
		专利(个)	专著或图录(册)	论文(省级及以上刊物公开发表)(篇)	考古报告(册)	古建维修报告(册)	
总　计	**21**	**12**	**73**	**849**	**153**	**49**	**8**
北　京							
天　津							
河　北			3	27	1		
山　西			3	10	40	13	
内蒙古			7	12	10		
辽　宁			4	22	2		
吉　林				21	10		
黑龙江			1	18			
上　海							
江　苏	1	4	1	5	3		
浙　江			1	31	1		
安　徽			1	32	2		
福　建							
江　西		1		35			1
山　东			4	23	12		
河　南	3		13	59	19		2
湖　北			1	43	6		1
湖　南			1	7	1		
广　东		4	2	14			
广　西				19	5		
海　南							
重　庆			3	5	1	1	
四　川	3		5	93	2		
贵　州	1			20			
云　南			1	17	20	21	
西　藏				5		10	
陕　西	11		7	87	16		1
甘　肃	2		9	145		1	1
青　海							
宁　夏			2	4	2		
新　疆				42			1

本年收入合计(千元)	财政拨款	事业收入	经营收入	其他收入	本年支出合计(千元)	本年支出合计(千元)			
						基本支出	项目支出	经营支出	在支出合计中:工资福利支出
1207666	**407682**	**659302**	**122**	**122255**	**1102146**	**500093**	**565757**	**2899**	**174142**
83091	10622	72120		349	43810	10446	4540		4576
53730	20491	29168		2519	58140	33493	24647		5706
106828	20787	63938		22096	149173	28673	120500		10906
33459	11857	20000		1602	21901	4331	17570		1905
28257	16327	8144		264	26807	11452	15355		7196
15530	9271	4491		1482	13955	5902	8053		3047
4635	4597			38	4662	3387	1274		1983
8749	2546	3854		2349	8165	4327	3838		2517
25489	14516	10000		973	28671	13163	15508		7017
32307	8562	23160		585	24123	5069	19054		2166
977	737	240			887	887			531
9510	3591	5753		166	8415	3090	5175		2281
28624	6237	17067		5020	24543	10830	13713		4001
85376	26620	52787		2666	79546	52438	24295		16620
31164	4293	9426		17444	16783	9188	7505		6253
39051	9787	29255		9	39403	9317	30086		5317
45520	15653	29019		540	36100	14075	22025		10470
6623	1789	314		893	6865	2874	1736	2254	2011
19880	2051	17735		94	22886	7140	15746		3167
131857	62597	65025		4235	114792	8777	106015		12567
8573	2296	6221		56	7381	2779	4602		692
24539	6579	17369		591	20067	18444	1623		2522
1295	1282			13	1295	1215	80		967
118363	50835	45116		21053	100061	81160	16848	536	20195
151269	43089	85270		22901	117850	89154	28695		20035
6785	4503	2052		230	5904	5039	865		2441
10824	7082		108	3617	8688	6872	1708	108	2409
25251	8397	2523		10317	26984	7090	19894		6001

续表 3

地区	本年支出合计(千元)						
	在支出合计中:						
	商品和服务支出	差旅费	劳务费	福利费	税金支出	对个人和家庭补助支出	抚恤金和生活补贴
总　计	**584822**	**60233**	**112683**	**13167**	**10914**	**53944**	**1142**
北　京	9645	94		17	3958	2532	
天　津							
河　北	38657	1954	10798	100	273	2559	178
山　西	33398	1848	10805	1044	33	3039	65
内蒙古	19059	4463	6819	31		601	
辽　宁	5969	539	1516	147		2537	3
吉　林	8059	3675	1026	6		1726	25
黑龙江	1458	476	145			1221	6
上　海							
江　苏	5311	171	507	48		240	
浙　江	19119	1337	6135	112		1620	
安　徽	19451	8165	4511	247		1427	29
福　建	196	10	50	65	4	133	133
江　西	5227	922	1135	11		658	
山　东	17493	1794	3961	13		2396	4
河　南	49831	1472	20406	7883	576	3605	98
湖　北	7619	1181	1638	265	10	2064	5
湖　南	5400	154	1822	121	5	2002	64
广　东	18735	13566	1260	25		3202	44
广　西	1495	158	52	418	531	406	118
海　南							
重　庆	13065		3893	13		119	
四　川	94442	614	8795	30		2305	45
贵　州	6220	12		12	261	91	
云　南	16115	1946	6428	528		910	1
西　藏	291	46	60	6		36	36
陕　西	59444	849	5019	516		3020	41
甘　肃	50880	4597	3271	1049	469	7271	131
青　海	2269	796	402	2	95	806	61
宁　夏	4897	553	1750	215	2	866	43
新　疆	10573	392	825	96	765	1008	2

							国际合作	
其他资本性支出	各种设备购置费	资产总计（千元）	固定资产原值	公用房屋建筑面积（千平方米）	文物库房（含标本室）面积	实验室面积	项目数（个）	外方投资（千元）
164916	**39100**	**2050055**	**1003711**	**279.35**	**77.99**	**5.30**	**10**	**662**
		114621	9758	3.38	1.20	0.01		
6348	2240	52265	24951	10.93	7.52			
84090	1803	65714	43870	13.75	5.00	0.22		
335	335	97577	24859	9.97	4.00			
763		50691	21286	3.85	3.11			
1123	1123	32895	19717	7.60	1.01			
		30117	12625	1.80	0.51	0.26		
97	97	9409	2596	1.00				
915	915	32512	10653	5.13	1.92			
1078	1078	59960	17966	8.05				
27	27	1717	1717	0.30	0.30			
149		12872	4914	1.86	0.12		1	162
652	427	44423	9168	5.07	1.80	0.04		
8088	7426	91277	55649	44.14	19.81	0.40		
227	27	54894	14911	12.36	2.00	1.40		
10567	774	22840	12412	5.75	2.52	0.05		
1157	599	17521	17521	6.67	2.70			
277	250	61385	11270	7.94	1.71	0.20		
511		3496	3496					
1735	1735	217297	79559	24.79	2.50			
378	378	18326	3498					
520	520	63479	6921	1.91	0.80		2	
		638	638					
15247	4103	155119	65467	17.08	8.40	0.10		
11811	6885	385873	272615	41.12	5.88		4	
388	271	7417	5099	3.80	1.59			
199	199	15536	7007	1.59	0.04			
8636	1659	49553	37849	10.18	1.81	0.12	3	500

2010年全国文物行政主管部门基本情况

	机构数(个)	从业人员(人)	高级职称	中级职称	藏品数(件/套)	一级品	二级品	三级品	本年从有关部门接收文物数(件/套)	本年藏品征集数(件/套)
总　计	**752**	**6620**	**180**	**587**	**255133**	**1052**	**2344**	**20041**	**8025**	**4722**
中　央	1	86								
省区市	32	535	36	25						
地　市	153	1593	80	133	23615	180	639	4141	7522	3270
县市区	566	4406	64	429	231518	872	1705	15900	503	1452

续表

	本年支出合计(千元)					资产总计(千元)		公用房屋建筑面积(千平方米)	举办出国(境)文物展览(个)
	在支出合计中:								
	各种税金支出	对个人和家庭补助支出	抚恤金和生活补贴	其他资本性支出	各种设备购置费		固定资产原值		
总　计	**921**	**67763**	**2761**	**509395**	**31310**	**1999788**	**627766**	**179**	**48**
中　央		6150		750	750	266770	55209	3	
省区市	57	14054	108	230021	16691	620627	117600	10	48
地　市	45	22199	742	45144	6735	553955	180657	40	
县市区	819	25360	1911	233480	7134	558436	274300	127	

本年收入合计(千元)					本年支出合计(千元)			在支出合计中:				
	财政拨款					基本支出	项目支出	工资福利支出	商品和服务支出			
		行政运行	一般行政管理事务	文物保护等经费						差旅费	劳务费	福利费
2859114	**2559748**	**340170**	**116944**	**1278388**	**3068052**	**556742**	**2470310**	**250759**	**1644541**	**28286**	**32596**	**3874**
164467	163926	9892	12632	59155	200568	23895	176672	5782	186990	5256	619	
932396	899064	69515	32514	644106	1269075	87263	1180598	32997	723069	8524	12437	435
786096	666936	115483	33207	374670	706095	183962	511128	80765	450550	8226	10217	554
976155	829822	145280	38591	200457	892314	261622	601912	131215	283932	6280	9323	2885

本年度培训情况(人次)									各级文物保护专项资金设立情况	
接受国内培训人员数				出国接受培训人员数	本辖区文物点(处)	全国重点文物保护单位	省级重点文物保护单位	市县级文物保护单位	省级(千元)	市县级(千元)
	国家级培训班	省级培训班	市县级培训班							
7684	**896**	**3136**	**2724**	**132**	**582902**	**2225**	**12248**	**65302**	**453166**	**267989**
12										
4791	887	2964	315	132	582902	2225	12248	65302	453166	660
1283	8	79	1072							233523
1598	1	93	1337							33806

2010年各地区文物行政主管部门基本情况

地区	机构数（个）	从业人员（人）	高级职称	中级职称	藏品数（件/套）	一级品	二级品
总计	**752**	**6620**	**180**	**587**	**255133**	**1052**	**2344**
北京	17	204	15	17	151		
天津	2						
河北	12	305	26	31	629	3	19
山西	86	1354	16	112	70935	380	330
内蒙古	2	9			3	3	
辽宁	12	121	7	31	5076	14	89
吉林	2	7					
黑龙江	4	22	3	11	3482		2
上海	1						
江苏	29	64	7		668		
浙江	28	103	12	7			
安徽	26	220	6	23	12666	117	200
福建	4	23	1	1			
江西	25	37	3	7	33021	43	249
山东	17	257	10	35	2547	8	16
河南	49	1373	20	95	30042	260	762
湖北	52	305	3	82	29994	16	42
湖南	23	262	7	27	38970	50	264
广东	49	154	1	2	2530	6	9
广西	9	11	2	3			
海南	2	12	1				
重庆	1						
四川	17	169	7	18	10522	134	283
贵州	19	113	3	17	9160	10	28
云南	2	9					
西藏	5	57	1	3			
陕西	118	866	13	26	3661	6	13
甘肃	101	141		6	1076	2	38
青海	18	56	1	6			
宁夏	1	4	1				
新疆	18	276	14	27			

三级品	本年从有关部门接收文物数(件/套)	本年藏品征集数(件/套)	本年收入合计(千元)	财政拨款			
					行政运行	一般行政管理事务	文物保护等经费
20041	**8025**	**4722**	**2859114**	**2559748**	**340170**	**116944**	**1278388**
			682558	617721	32055	3873	175133
157			75014	65728	20928	8204	36199
1439	1	1	326151	272019	43575	21105	147727
			8659	8625	793		7290
386		743	17962	17069	353	260	6847
			212	212	201	11	
		3270	3073	2993	1061		1932
			15000	15000			15000
4			43402	41789	5296	8336	28157
			280277	271318	7570	8585	238725
1495		37	68260	65049	10747	7731	26534
			59753	59723	991	902	57830
2748		30	22247	21901	355	100	16659
124		7	40271	36668	15850	2070	15651
9272	24		228691	178783	35864	10077	59951
166	18		36064	27548	9610	811	12637
1909	75	161	47372	41139	14301	4181	13259
193			147644	142349	28049	4116	28671
			38152	37692	540	103	30102
			6189	1935			1119
			13220	12220			12220
1643		405	21526	15354	2772		470
331	7522	68	23353	21916	5892	3034	12529
			25140	24086	96	610	23380
			145610	132459	2731		127706
115			148744	137964	77492	15571	40360
59	385		35584	34031	4895	236	27146
			10243	8800	2702		4160
			4340	4340	40	1982	2278
			119636	79391	5519	2414	49561

续表 1

地区	本年支出合计(千元)	本年支出合计(千元)					
		基本支出	项目支出	在支出合计中:			
				工资福利支出	商品和服务支出	差旅费	劳务费
总计	3068052	556742	2470310	250759	1644541	28286	32596
北京	646539	36491	609965	14620	101346	413	404
天津							
河北	67493	26834	40659	14465	45227	987	2058
山西	411008	79806	319418	43841	277008	3940	4790
内蒙古	19897	1335	18562	292	13233	875	7470
辽宁	17165	6353	10812	2718	3549	114	827
吉林	212	212		201	11		
黑龙江	3073	3073		959	580	12	55
上海	15000		15000				
江苏	60831	6649	54182	3918	47853	100	500
浙江	269130	15030	253041	8965	234532	940	966
安徽	64480	25110	31730	8601	16715	543	245
福建	47884	1745	46139	878	43657	284	122
江西	23288	3211	20077	918	20624	770	193
山东	39662	23001	16152	7634	15001	858	445
河南	232336	71288	157704	33465	168358	2535	5677
湖北	36005	19437	16306	9466	11594	1571	945
湖南	45296	21093	23904	11003	23089	1474	1694
广东	93466	17699	75551	9775	22618	719	1075
广西	38192	678	37514	537	1635	508	34
海南	8299	1066	6788	337	3424	224	81
重庆	13405		13405		12081	368	88
四川	76828	9890	66937	6613	61675	369	124
贵州	23289	5865	16417	3645	16356	253	1190
云南	30161	156	30005	89	25521	234	87
西藏	157424	4973	151471	3780	38423	70	1
陕西	141553	103668	32060	37878	42367	1983	917
甘肃	31789	9337	22361	4376	17086	857	958
青海	10117	4873	5194	2599	1320	466	47
宁夏	3230	2580		210	40	400	
新疆	240432	31394	202284	13194	192628	1163	984

本年支出合计(千元) 在支出合计中: 福利费	各种税金支出	对个人和家庭补助支出	抚恤金和生活补贴	其他资本性支出	各种设备购置费	资产总计(千元)	固定资产原值
3874	**921**	**67763**	**2761**	**509395**	**31310**	**1999788**	**627766**
30	485	9621	19	390149	914	350358	70998
87		3242	90	559	329	138679	15534
562	203	5316	161	35348	2527	170002	56371
50	1	107	19	6264	6064	20731	1592
4		678	102	2863	134	6276	1856
11							
		404	162	1130		2577	2577
25		1440	25	3900	232	35529	9936
127	29	2650	3	15019	851	56050	15068
39	21	5572	19	7200	2413	38441	16417
138		116		24	18	17312	611
188		251	8	1103	1096	11762	10782
12	80	2653	39	2309	572	117120	28645
582	20	6472	198	10746	947	229032	71575
374	13	1604	79	2651	870	50221	39377
247	57	2485	73	4338	2627	22979	16276
44	1	6664	1385	3567	20	31366	22214
		51		113	113	541	470
		58	2	700	611	2870	1573
				1324	424	3541	1256
47	6	1191	3	4329	4223	17677	13660
59		1589	10	491	404	35378	10244
		7		186	43	706	183
1		783				27974	25564
1075		5356	240	8421	2290	105463	57788
66		634	109	1327	627	48546	10597
		228		949	413	5244	2555
						1902	1902
106	5	2441	15	3635	1798	184741	66936

续表 2

地　区	公用房屋建筑面积(千平方米)	举办出国(境)文物展览(个)	本年度培训情况(人次)			
			接受国内培训人员数	国家级培训班	省级培训班	市县级培训班
总　计	**179**	**48**	**7684**	**896**	**3136**	**2724**
北　京	8	5	923	7	80	176
天　津						
河　北	2					
山　西	9		475	5	7	454
内蒙古		2	120	20	100	
辽　宁	6		56			54
吉　林						
黑龙江	1					
上　海						
江　苏		4	462	2	28	426
浙　江	5	16	17	3		14
安　徽	7		608	454	92	26
福　建	1		446	161	81	195
江　西	8		13			5
山　东	5	2	123	11	23	87
河　南	35	3	652	56	502	82
湖　北	24		59	12	3	36
湖　南	7	1	255	8	70	160
广　东	16		281		7	267
广　西	0		160	30	130	
海　南			71		65	6
重　庆						
四　川	1		465	5	400	50
贵　州	4		250	2	5	237
云　南			10	2	8	
西　藏	5		14		1	2
陕　西	17	10	1477	22	1216	225
甘　肃	0	5	348	3	130	200
青　海	0		133	45	75	8
宁　夏	0		7	7		
新　疆	14		247	41	113	14

出国接受培训人员数	本辖区文物点(处)	全国重点文物保护单位	省级重点文物保护单位	市县级文物保护单位	各级文物保护专项资金设立情况 省级(千元)	市县级(千元)
132	**582902**	**2225**	**12248**	**65302**	**453166**	**267989**
	3550	98	224	568	150000	100
	1300	15	113	155		
	32312	168	930	2834	12000	
	35000	271	428	6085	30000	10111
10	22701	79	316	700	15000	
						418
	10721	29	192	420	2000	
	601	19	163	419		
	3883	120	645	3118	35000	5090
1	76379	132	748	3839	43000	232090
	2511	56	455	2000	25120	633
	4196	85	511	3600		
	34087	52	333	2500	32000	10
	7622	101	687	6834	10000	2665
22	70000	189	1047	6000	20000	6492
	38513	91	825	4115	14487	982
	23256	60	362	2685	21000	3877
					9500	2548
	11504	42	355	1732	1200	
	4405	14	108	313		836
	27184	20	337	1329		
	91810	128	576	3035	2191	
	2533	39	342	2152	1100	550
	5300	76	243	1727	280	
	4283	35	224	484		
94	35964	140	669	2090		517
	13284	72	516	3146	4900	
	6421	18	383	369	1000	520
	3870	18	143	264	1788	490
5	9712	58	373	2789	21600	60

全国博物馆分级别按藏品排序

单位：件/套

名次	单位名称	藏品数	名次	单位名称	藏品数
	一、省级		38	青海柳湾彩陶博物馆	37925
1	首都博物馆	1021385	39	贵州省博物馆	37747
2	江苏省南京博物院	450122	40	广东美术馆	31865
3	天津自然博物馆	400133	41	江西省井冈山革命博物馆	30198
4	陕西历史博物馆	381741	42	西藏博物馆	29491
5	湖北省博物馆	235930	43	海南省民族博物馆	28891
6	安徽省博物馆	219417	44	山西省艺术博物馆	23000
7	云南省博物馆	204616	45	海南省博物馆	19759
8	福建博物院	180364	46	宁夏固原博物馆	18699
9	重庆中国三峡博物馆	178088	47	江西省瑞金中央革命根据地纪念馆	11709
10	广东省博物馆	167198	48	广西民族博物馆	11141
11	四川博物院	159135	49	青海省博物馆	9758
12	天津博物馆	147277		**二、地级**	
13	上海博物馆	134924	1	四川省成都中国皮影博物馆	163882
14	内蒙古自治区博物院	133544	2	江苏省侵华日军南京大屠杀遇难同胞纪念馆	151845
15	河南博物院	130526	3	江苏省常州市戈小兴中外烟标烟具博物馆	146000
16	浙江自然博物馆	124307	4	湖北省荆州市博物馆	135560
17	湖南省博物馆	120790	5	陕西省西安博物院	120175
18	辽宁省博物馆	115740	6	内蒙古包头博物馆	109731
19	山东博物馆	113857	7	山西省青岛市博物馆	109022
20	黑龙江省博物馆	113385	8	湖南省长沙市简牍博物馆	100000
21	江西省博物馆	102000	9	四川省成都博物院	99638
22	山西博物院	96794	10	安徽省中国徽州文化博物馆	97266
23	河北省民俗博物馆	93697	11	河南省开封市博物馆	87676
24	重庆红岩革命历史博物馆	92000	12	广东省惠州市博物馆	86093
25	吉林省博物院	89168	13	江苏省南京市博物馆	79027
26	甘肃省博物馆	84902	14	湖北省恩施州博物馆	76948
27	上海鲁迅纪念馆	84670	15	湖北省鄂州市博物馆	76858
28	重庆自然博物馆	82648	16	浙江省宁波市天一阁博物馆	75860
29	浙江博物馆	79528	17	湖北省荆门市博物馆	60725
30	北京艺术博物馆	74714	18	浙江省宁波博物馆	60000
31	湖南省韶山毛泽东同志纪念馆	55833	19	山西省大同市博物馆	60000
32	广西壮族自治区自然博物馆	49977	20	湖北省武汉博物馆	56549
33	广西壮族自治区博物馆	41792	21	江苏省苏州戏曲博物馆	55816
34	上海市历史博物馆	41294	22	山西省烟台市博物馆	54751
35	新疆维吾尔自治区博物馆	39711	23	河南省鹤壁市博物馆	52944
36	上海市中国共产党第一次全国代表大会会址纪念馆	38984	24	江苏省南通博物苑	50028
37	宁夏回族自治区博物馆	37997	25	江苏省南通板鹞风筝艺术博物馆	50000

续表

单位：件/套

名次	单位名称	藏品数	名次	单位名称	藏品数
26	河南省许昌市博物馆	46823	13	安徽省歙县博物馆	30440
27	甘肃省武威市博物馆	44733	14	湖北省秭归县屈原纪念馆	30245
28	广东省江门市博物馆	44273	15	安徽省源泉徽文化民俗博物馆	30000
29	四川省成都杜甫草堂博物馆	42989	16	山东省青州市博物馆	28601
30	广东省广州博物馆	41034	17	重庆市中国民间医药博物馆	27222
31	湖北省襄阳市博物馆	40000	18	浙江省嵊州市越剧博物馆	27047
32	广西柳州市博物馆	37507	19	四川省成都中医药大学博物馆	24800
33	湖北省十堰市博物馆	33038	20	吉林省长白山自然博物馆	21430
34	甘肃省天水市博物馆	32513	21	山东省平度市博物馆	21000
35	陕西省延安革命纪念馆	31613	22	浙江省上虞博物馆	20092
36	辽宁省旅顺博物馆	27839	23	河北省定州市博物馆	19723
37	广东省河源市博物馆	26761	24	河南省林州市博物馆	19136
38	江苏省无锡博物院	26687	25	山东省即墨市博物馆	18000
39	辽宁省抚顺市雷锋纪念馆	26655	26	河北省平泉县博物馆	17713
40	江苏省镇江博物馆	25373	27	江西省吉水县博物馆	16816
41	河北省承德市避暑山庄博物馆	24986	28	云南泰丽宫珠宝翡翠艺术馆	16000
42	广西桂林博物馆	24918	29	江苏省常熟博物馆	16000
43	江苏省常州市博物馆	24753	30	江西省秋收起义铜鼓纪念馆	15329
44	广东省揭阳市博物馆	24667	31	山东省邹城博物馆	15248
45	广东省广州艺术博物院	24477	32	山东省诸城市博物馆	15000
46	湖南省岳阳博物馆	22234	33	内蒙古巴林左旗博物馆	15000
47	山西省晋城博物馆	21917	34	河南省济源市博物馆	14966
48	广东省深圳博物馆	21758	35	湖北省武穴市博物馆	14928
49	广东革命历史博物馆	21409	36	湖北省鹤峰县博物馆	14882
50	浙江省温州博物馆	21174	37	山东省章丘市博物馆	14820
	三、县级		38	湖北省老河口市博物馆	14530
1	四川省成都理工大学博物馆	60000	39	江西省樟树市博物馆	14362
2	河南省新郑市博物馆	58166	40	湖北省通山县博物馆	13861
3	湖北省浠水县博物馆	51031	41	山东省滕州市博物馆	13555
4	山西省曲沃县博物馆	45616	42	广东省和平县博物馆	13503
5	四川大学博物馆	45600	43	甘肃省敦煌市博物馆	13387
6	河南省偃师商城博物馆	42230	44	湖北省天门市博物馆	13000
7	重庆市万州区博物馆	40151	45	山西省陵川县博物馆	12721
8	湖北省郧县博物馆	40000	46	山东省莒县博物馆	12673
9	河南省舞阳县博物馆	38000	47	湖北省红安县董必武故居纪念馆	12447
10	青海省乐都县博物馆	36322	48	河南省巩义市博物馆	12441
11	四川省南江县博物馆	34215	49	山西省沁源县文物馆	12393
12	甘肃省和政县古动物化石博物馆	31000	50	江苏省睢宁县钱币博物馆	12380

全国博物馆分级别按参观人次排序

单位：千人次

名次	单位名称	参观人次
	一、省级	
1	重庆红岩革命历史博物馆	6710
2	湖南省韶山毛泽东同志纪念馆	3500
3	江苏省南京中国近代史遗址博物馆	3024
4	陕西省秦始皇兵马俑博物馆	3000
5	江西省井冈山革命博物馆	3000
6	江西省南昌八一起义纪念馆	2087
7	河南博物院	1969
8	上海博物馆	1931
9	重庆中国三峡博物馆	1680
10	广东省博物馆	1611
11	浙江博物馆	1570
12	湖南省博物馆	1372
13	黑龙江省博物馆	1342
14	内蒙古自治区博物院	1280
15	陕西历史博物馆	1270
16	重庆自然博物馆	1258
17	湖北省博物馆	1138
18	首都博物馆	1134
19	江西省博物馆	1099
20	浙江自然博物馆	1037
21	天津市周恩来邓颖超纪念馆	1002
22	山西博物院	988
23	四川博物院	975
24	福建中国闽台缘博物馆	972
25	云南省博物馆	960
26	江西省瑞金中央革命根据地纪念馆	950
27	山西省八路军太行纪念馆	860
28	浙江省中国丝绸博物馆	730
29	海南省博物馆	695
30	安徽省博物馆	695
31	重庆大足石刻艺术博物馆	621
32	甘肃省博物馆	605
33	北京艺术博物馆	602
34	北京市孔庙和国子监博物馆	584
35	福建博物院	573
36	上海市中国共产党第一次全国代表大会会址纪念馆	560
37	黑龙江省科学技术馆	560
38	江西省安源路矿工人运动纪念馆	540
39	陕西省西安碑林博物馆	505
40	吉林省博物院	500
41	贵州省博物馆	500
42	广西民族博物馆	500
43	黑龙江省东北烈士纪念馆	483
44	天津博物馆	460
45	辽宁省博物馆	416
46	江苏省南京博物院	415
47	浙江美术馆	400
48	湖北省辛亥革命武昌起义纪念馆	398
49	上海鲁迅纪念馆	372
50	天津自然博物馆	365
	二、地级市	
1	江苏省侵华日军南京大屠杀遇难同胞纪念馆	5710
2	四川省成都武侯祠博物馆	3058
3	广东省鸦片战争博物馆	3000
4	江苏省淮海战役烈士纪念塔管理局(徐州市)	2980
5	四川省乐山市麻浩崖墓博物馆	2500
6	江苏省苏州历史货币博物馆	2000
7	浙江省宁波博物馆	1851
8	四川省邓小平故居管理局	1850
9	浙江省绍兴鲁迅纪念馆	1837
10	四川省内江市张大千纪念馆	1800
11	陕西省延安革命纪念馆	1700
12	广东省孙中山故居纪念馆	1550
13	广州艺术博物院	1423
14	遵义会议纪念馆	1400
15	江苏省茅山新四军纪念馆(镇江市)	1396
16	辽宁省旅顺博物馆	1298
17	河南省中国文字博物馆	1260
18	山东省中国甲午战争博物馆	1200
19	广西百色起义纪念馆	1200
20	江苏省苏州博物馆	1136
21	辽宁省抚顺市雷锋纪念馆	1120
22	江苏省南京市雨花台烈士纪念馆	1100
23	江苏省新四军纪念馆	1053
24	福建省龙岩市古田会议纪念馆	1036
25	广东省深圳博物馆	1000
26	河北省承德市避暑山庄博物馆	983

续表

单位：千人次

名次	单位名称	参观人次	名次	单位名称	参观人次
27	辽宁省沈阳故宫博物院	950	14	广东省五华县博物馆	1500
28	广东省黄埔军校旧址纪念馆	934	15	四川省峨眉山博物馆	1480
29	江西省南昌市博物馆	919	16	江苏省常熟市沙家浜革命历史纪念馆	1400
30	广东民间工艺博物馆	917	17	天津市民俗博物馆	1200
31	湖北省荆州市博物馆	895	18	湖南省中国人民抗日战争胜利受降纪念馆	1200
32	黑龙江省大庆铁人王进喜纪念馆	871	19	山西省灵石县王家大院民居艺术馆	1193
33	江苏省淮安市博物馆	860	20	山西省平遥县中国票号博物馆	1155
34	浙江省杭州名人纪念馆	858	21	山西省平遥县博物馆	1151
35	四川省成都金沙遗址博物馆	846	22	重庆市潼南县杨尚昆故里管理处	1110
36	福建省福州市博物馆	830	23	四川省乐至县陈毅纪念馆	1100
37	广东省深圳美术馆	828	24	江西省赣县博物馆	1100
38	江苏省周恩来纪念馆(淮安市)	800	25	山东省枣庄市台儿庄区台儿庄大战纪念馆	1020
39	福建省三明市博物馆	800	26	四川省朱德同志故居纪念馆	1002
40	安徽省刘开渠纪念馆	790	27	浙江省台州市椒江区博物馆	1000
41	山西省太原市晋祠博物馆	765	28	江苏省新四军黄桥战役纪念馆(泰兴市)	1000
42	辽宁省沈阳“九一八”历史博物馆	760	29	湖南省贺龙纪念馆	989
43	山东省淄博市博物馆	750	30	河北省乐亭县李大钊纪念馆	980
44	广东省佛山市祖庙博物馆	742	31	广西博白县博物馆	965
45	山东省聊城中国运河文化博物馆	737	32	重庆市酉阳土家族苗族自治县赵世炎烈士纪念馆	938
46	福建省福州市林则徐纪念馆	724	33	四川省红四方面军总指挥部旧址纪念馆	876
47	四川省成都杜甫草堂博物馆	717	34	四川省红军四渡赤水太平渡陈列馆	876
48	广西柳州市博物馆	713	35	四川省达州红军文化陈列馆	858
49	江苏省扬州博物馆	710	36	陕西省洛川会议纪念馆	850
50	辽宁省抗美援朝纪念馆	700	37	江苏省昆山昆曲博物馆	820
	三、县级		38	湖北省武当山旅游经济特区博物馆	817
1	湖北省通城县博物馆	3000	39	云南省东川树桔渡红军长征渡口陈列馆	800
2	贵州省黎平县堂安生态博物馆	3000	40	云南省郑和公园碑林馆	800
3	河北省西柏坡纪念馆	2860	41	山西省祁县乔家大院民俗博物馆	800
4	江西省于都县博物馆(中央红军长征出发纪念馆)	2600	42	江苏省吴江博物馆	800
5	湖南省长沙市刘少奇同志纪念馆	2480	43	福建省九华山历史文物馆	800
6	四川省名山县蒙山茶史博物馆	2100	44	贵州省息烽县集中营革命历史纪念馆	722
7	福建省武夷山市博物馆	2100	45	浙江省萧山区博物馆	710
8	四川省资中县博物馆	2019	46	云南泰丽宫珠宝翡翠艺术馆	700
9	福建省长汀县博物馆	1960	47	河南省内乡县县衙博物馆	700
10	上海豫园管理处	1926	48	陕西省乾陵博物馆	689
11	云南省昆明金殿历史文物馆	1900	49	河北省清苑县地道战遗址文物保护管理委员会	650
12	云南煤炭地质博物馆	1900	50	江西省都昌县博物馆	646
13	河南省淮阳县博物馆	1600			

主要统计指标解释

1. 藏品：藏品是文博机构根据收藏品的文化属性、自然属性等情况，所划分的文物藏品、标本藏品、模型藏品（含具有收藏、展示价值的雕塑、绘画等艺术作品）和复制品藏品的总和。本指标所统计的藏品是指报告期末，该机构已经整理并登记入账的藏品数。尚未整理或正在整理的藏品，应在整理造册入账后列入下年统计。一级品、二级品、三级品均根据入账情况如实填写。

藏品数：指按历年来以件、套为计算机构统计的藏品数量。即单件藏品编一个号者按一件计算；成套藏品按整件编一个号者，也按一件计算（其组成部分即使有分号、也按一件计）。不易计数的藏品，如粮食、药材及液体等，不论数量多少，均按一件计算。本指标在本制度执行期内必须填报。

2. 本年从有关部门接收文物数：指本年从公安、工商、海关等司法及检查部门移交接收的文物。

3. 本年藏品征集数：本年从社会上征集为馆藏文物数量（包括标本数）。

4. 修复藏品数：本年运用技术手段进行修复保养的馆藏文物数量（包括标本）。

5. 举办展览：展览指在本机构内设置，由本馆设计布陈，形式比较多样的展出。同一内容的巡回展览，均按一个计算。展览的计量单位不是指每次展出的文物藏品件数。与系统外机构合办的展览，由本馆统计；与系统内机构合办的，由主办馆统计。陈列作为长期展览，并入此指标项中。

6. 参观人次和未成年人参观人次：参观人次指本报告期末，向社会开放的文物保护管理机构当年接待的所有参观人次的累计数。

未成年人参观人次是指接待有组织的集体参观人次与零散观众中能够确切统计的未成年人参观人次的总和。

7. 基本建设中考古发掘项目：是指因基本建设工程需要，在建设工程影响范围内所进行的考古发掘工作。

8. 抢救性发掘项目：指古文化遗址、古墓葬等遇到不可抗拒的自然或人为因素危害而必须进行的考古发掘活动。

9. 主动性发掘项目：因科学研究或文物保护的需要所进行的考古发掘工作。

10. 专著或图录：由本单位人员完成，经过正式出版部门编印出版的科技专著、高等院校教科书、科普著作和论文集。

11. 论文数：是指由本机构的人员完成，并在省级以上刊物公开发表的论文数之和。

12. 古建维修报告：地上不可移动文物维修保护工程全过程记录及应用技术研究介绍的综合性技术报告。

责任印制：张道奇
责任编辑：孙　霞

图书在版编目（CIP）数据

中国文物年鉴·2011／国家文物局编．—北京：文物出版社，2012.12

ISBN 978－7－5010－3689－9

Ⅰ.①中…　Ⅱ.①国…　Ⅲ.①文物工作－中国－2011－年鉴　Ⅳ.①K87－54

中国版本图书馆CIP数据核字（2013）第015556号

中国文物年鉴·2011

国家文物局　编

*

文物出版社出版发行

（北京市东直门内北小街2号楼）

http://www.wenwu.com

E-mail:web@wenwu.com

文物出版社印刷厂印刷

新华书店经销

787×1092　1/16　印张：32.5

2012年12月第1版　2012年12月第1次印刷

ISBN 978-7-5010-3689-9　定价：200.00元